黑龙江省高端智库研究报告
东北农业大学现代农业发展研究中心

乡村振兴与农业农村现代化报告
（2012—2022）

郭翔宇　主编

中国农业出版社
北　京

图书在版编目（CIP）数据

乡村振兴与农业农村现代化报告 .2012—2022 / 郭翔宇主编 . —北京：中国农业出版社，2024.1
ISBN 978-7-109-31649-2

Ⅰ.①乡…　Ⅱ.①郭…　Ⅲ.①农业现代化—研究报告—中国—2012—2022②农村现代化—研究报告—中国—2012—2022　Ⅳ.①F320.1

中国国家版本馆 CIP 数据核字（2024）第 021344 号

中国农业出版社出版

地址：北京市朝阳区麦子店街 18 号楼
邮编：100125
责任编辑：赵　刚
版式设计：小荷博睿　　责任校对：吴丽婷
印刷：北京通州皇家印刷厂
版次：2024 年 1 月第 1 版
印次：2024 年 1 月北京第 1 次印刷
发行：新华书店北京发行所
开本：700mm×1000mm　1/16
印张：29.25
字数：510 千字
定价：128.00 元

编　委　会

主　　任：刘竹青　郭翔宇

副 主 任：寇胜利　余志刚　张启文

委　　员：康立功　朱志猛　杜国明　刘　畅
　　　　　宋志彬

主　　编：郭翔宇

副 主 编：宋志彬　余志刚

参编人员：张有望　刘　旭　王　丹　石　晶

前言

农业农村农民问题是关系国计民生的根本性问题。中国特色社会主义进入新时代以来，以习近平同志为核心的党中央坚持把解决好"三农"问题作为全党工作的重中之重，打赢脱贫攻坚战，历史性地解决了绝对贫困问题，实施乡村振兴战略，推动农业农村取得历史性成就、发生历史性变革。党的十八大以来，习近平总书记坚持用大历史观来看待农业农村农民问题，对做好新时代"三农"工作发表了一系列重要论述，科学回答了"三农"工作的一系列重大理论和实践问题，这是习近平新时代中国特色社会主义思想的重要组成部分，对于推动全党充分认识新发展阶段做好"三农"工作的重要性和紧迫性，举全党全社会之力全面推进乡村振兴，加快农业农村现代化，全面建成社会主义现代化强国、实现中华民族伟大复兴的中国梦，具有十分重要的指导意义。

东北农业大学现代农业发展研究中心，作为"三农"研究智库，成立于1998年。2003年，研究中心被中共黑龙江省委宣传部批准为黑龙江省哲学社会科学研究基地，2007年被黑龙江省教育厅批准为黑龙江省高校人文社会科学重点研究基地，2017年被省委宣传部确定为省级重点培育智库，2020年晋升为省级高端智库。党的十八大以来，智库坚持以习近平新时代中国特色社会主义思想为指导，以服务党和政府决策为宗旨，坚持时代性、人民性和现实性要求，立足黑龙江，服务"三农"，积极开展前沿性、创新性理论研究和前瞻性、针对性政策研究，自觉为党和人民述学立论、建言献策，不断推进高质量发展。

一是积极咨政建言，通过提交专业化、建设性、可操作的政策建议，不断提升智库的决策影响力。新型智库是党和政府科学民主依法决策的重要支撑，坚持把资政建言、提升决策影响力作为推进智库高质量发展的关键和生命线。近年来，通过黑龙江省委办公厅和省人民政府办公厅《专送信息》上报中办、国办，通过农业农村部《"三农"决策咨询》、国家发改委《改革内参》和直报教育部等渠道上报国家有关部门各类资政报告10余项；在黑龙江省委宣传部《成果要报》《智库专报》、省科顾委《决策建议》《专题调研报告》、省社联《社科成果要报》等内刊发表政策建议报告50余项，其中30余项建议报告得到党和国家领导人及省部级领导批示。在政策研究过程中，积极与农业农村部科教司、科技发展中心、科技部中国科技交流中心和省农业农村厅、省乡村振兴局、省统计局等部门开展合作研究，提高研究工作的针对性、实效性。

二是突出理论创新，通过课题研究和发表、出版高水平学术论著，不断提升智库的学术影响力。坚持把突出理论创新、提升学术影响力作为推进智库高质量发展的基础和灵魂。近年来，先后主持完成国家软科学研究计划、国家社会科学基金、国家自然科学基金重大、重点和一般项目30余项，主持农业农村部、教育部、科技部和黑龙江省各类科研项目100余项。在这些科研项目和智库运行经费支持下，智库成员先后在《人民日报》《光明日报》《经济日报》《中国社会科学报》等报纸和国内外高水平学术期刊发表科学阐释党的"三农"理论、及时解读"三农"政策的理论文章与学术论文200余篇；在科学出版社、中国财经出版社、中国农业出版社等出版学术专著30余部，其中《东北地区农地流转与农民增收研究》《俄罗斯农业》分别为国家"十三五"、"十四五"重点出版物出版规划项目，《G20国家农业科技创新能力发展报告》是该领域填补空白之作，《农村合作经济》6部系列专著形成了黑龙江省在全国农村合作经济领域的研究特色和优势。智库科研成果先后获得全国生产力理论与实践成果一等奖2项，获黑龙江省社会科学成果一等奖20余项。智库首席专家当选世界生产力科学院院士，3名成员入选国家"万人计划"领军人才和国家"四个一批"人才，两人分别兼任中国生产力学会、中国农业经济学会、中国农业技术经济学会、中国国外农业经济学会、中国合作经济学会副会长和农业农村部专家咨询委员会委员、教育部高等学校教学指导委员会委员、中宣部国家社科基金学科评审组专家等职务。

三是加强社会服务，通过政策宣讲、媒体访谈、规划制定、咨询论证、培训讲座等渠道，不断提升智库的社会影响力。坚持把强化社会服务功能、提升社会影响力作为推进智库高质量发展的核心和根本目标。智库首席专家和骨干成员多次被聘为黑龙江省委宣讲团成员，先后到地市、省直单位和基层宣讲党的十八大、十九大、二十大及重要中央全会，省十二次、十三次党代会及重要省委全会精神；数十人次利用黑龙江电视台、学习强国等媒体平台，通过智库专家谈振兴、专家访谈等形式解读、阐释党和国家的大政方针与"三农"政策；智库成员广泛参与行业、地方、企业发展战略制定、规划编制、咨询论证等工作，广泛开展对农民、基层干部及农民合作社、家庭农场、农业企业等新型农业经营主体的培训与指导，跟踪进行全国和黑龙江省精准扶贫第三方评估、省人大代表建议办理第三方专家评估等工作；智库首席专家参加完成了省委十二届九次全会《决定》、佳木斯国家农业高新技术产业示范区建设实施方案等文件起草工作。

四是深化学术交流与合作，通过举办和参加国内外学术会议，不断提升智库的国内和国际影响力。坚持把强化学术交流合作、提升国内外影响力作为推进智库高质量发展的重要平台和有效途径。多年来，智库和经济管理学院先后承办了中国农业经济学会、中国合作经济学会、中国农业技术经济学会、中国国外农业经济研究会等国家级学会专题研讨会及中国农林经济管理学术年会，先后主办了"东北亚农业与农村发展国际会议"等国际会议和乡村振兴战略高层论坛、"维护粮食安全、端好中国饭碗"建党百年高端论坛等国内重要会议；智库成员多次出席"世界生产力大会""二十国集团与'一带一路'智库会议""金砖国家智库国际研讨会"等国际会议和"习近平《摆脱贫困》出版30周年理论研讨会""中国农业经济学会年会"等全国性学术会议，作大会报告或专题报告数十人次。通过对外学术交流与合作，在讲好中国故事的同时讲好黑龙江故事，推动国内外更好地了解黑龙江，更多地关注、研究黑龙江发展。

为了集中反映党的十八大以来的智库研究成果、促进智库更好地建设和高质量发展，从今年起陆续编辑出版阶段性智库报告《乡村振兴与农业农村现代化报告》。今年出版的智库报告收集了2012—2022年智库成员完成的各类咨政报告、理论文章、政策宣讲、媒体访谈等智库研究成果。全书按全面推进乡村振兴、加快推进农业农村现代化、保障国家粮食安全、脱贫攻坚与相对贫困治理、推动农业农村高质量发展、实现农业农村绿色发展、耕地保护与农地流转、"三农"问题与县域经济发展、国外农业农村发展及其启示、宏观经济发展与黑龙江全面振兴等主题分为十章，每章按不同主题和研究内容的内在逻辑关系设若干小节。咨政报告是智库成果的主要形式，编入本书的咨政报告主要刊发于中共黑龙江省委宣传部《成果要报》《智库专报》、黑龙江省科技经济顾问委员会《决策建议》《专题调研报告》、中共黑龙江省委办公厅《黑龙江信息》、黑龙江省人民政府办公厅《专送信息》、黑龙江省人民政府发展研究中心《要情专报》、黑龙江省社会科学界联合会《社科成果要报》、中共黑龙江省委党校《调研报告文选》和农业农村部专家咨询委员会《"三农"决策咨询》、国家发展与改革委员会《改革内参》等党政部门主办的决策内刊，部分咨政报告通过中共黑龙江省委办公厅和省政府办公厅上报中办、国办及直报教育部等渠道上报国家有关部门，有些专题研究报告和智库成果直接报送省委、省政府、省人大常委会等相关分管领导。理论文章主要发表于《人民日报》《光明日报》《经济日报》《中国社会科学报》和《黑龙江日报》等报纸理论版，部分文章从国内高水平学术期刊论文中筛选。此外，智库专家围绕"三农"问题所作的政策宣讲和辅导报告，在黑龙江电视台、学习强国等媒体平台进行的专家访谈，在重要国内外学术会议上所作的学术报告，也精选了部分内容作为智库研究成果编入书中。上述部分成果编入本书时对题目和内容进行了适当修改和必要补充或删减，但存在个别章节内容互有交叉、重复的问题，甚至同一主题的有关内容，因作者不同可能存在观点不完全一致的现象。对此，恳请读者理解和批评指导。

在智库建设和本书出版过程中，得到中共黑龙江省委宣传部、黑龙江省教育厅、黑龙江省社会科学工作办公室、东北农业大学等有关部门和单位的指导与支持，东北农业大学科技处石晶、经济管理学院教师张有望、王丹和研究生刘旭参加了相关文献整理和书稿编排等具体工作，在此一并表示感谢！

郭翔宇

黑龙江省高端智库

现代农业发展研究中心主任、首席专家

2023 年 5 月于哈尔滨

目 录

第一章

全面推进乡村振兴

实施乡村振兴战略，是党的十九大从党和国家事业全局出发、着眼于实现"两个一百年"奋斗目标、顺应亿万农民对美好生活的向往作出的重大决策，是新时代"三农"工作的总统领和主要抓手。进入"十四五"时期，"三农"工作重心历史性转向全面推进乡村振兴。2022年，党的二十大对全面推进乡村振兴做出战略部署。

第一节 实施乡村振兴战略的理论分析

2017年，党的十九大报告创新性地提出了实施乡村振兴战略，确立了从根本上解决"三农"问题新的指导思想和工作方针。

一、实施乡村振兴战略的重大意义

（一）实施乡村振兴战略，是从根本上解决好新时代"三农"问题的创新性部署

农业农村农民问题是关系国计民生的根本性问题，必须始终把解决好"三农"问题作为全党工作重中之重。党的十九大报告提出实施乡村振兴战略，继承了党对"三农"问题的一贯重视，并进行了创新发展。实施乡村振兴战略，可以有力促进现代农业建设，加快实现农业现代化；可以进一步促进农民增收，实现农民生活富裕；可以更好地促进农村经济社会发展，实现农村和谐美丽。可以说，实施乡村振兴战略，是新时代"三农"工作的总统领和主要抓手，是促进农业发展、农村繁荣、农民增收的治本之策，有助于从根本上解决我国的"三农"问题。

（二）实施乡村振兴战略，是习近平新时代中国特色社会主义思想在"三农"领域的集中体现

习近平总书记高度重视"三农"问题，自党的十八大以来，对"三农"工作提出了一系列新思想、新理念、新论断，科学回答了新时代"三农"发展的许多重大理论与现实问题，体现了总书记对"三农"问题的深入研究和深厚感情，形成了新时代解决我国"三农"问题的理论探索与顶层设计。习近平新时代中国特色社会主义思想，是内容丰富、体系完整的理论体系，实施乡村振兴战略及其所集中体现的党的新时代"三农"思想是其中的重要组成部分。

（三）实施乡村振兴战略，是"五位一体"总体布局在农村的具体落实

乡村振兴的总要求，即产业兴旺、生态宜居、乡风文明、治理有效、生活富裕，涉及产业发展、生态环境、精神文明、社会治理、农民生活等"三农"问题的方方面面，体现了经济建设、社会建设、文化建设、政治建设、生态文明建设全面提升的内在要求，是"五位一体"总体布局在农村的具体落实。从相互关系来看，这些要求之间是相互联系、相互促进的，统一构成了一个有机整体和振兴系统，是多元一体化的综合建设和全面发展过程。

（四）实施乡村振兴战略，是新时代解决我国社会主要矛盾的迫切要求

中国特色社会主义进入新时代，我国社会主要矛盾已经转化为人民日益增长的美好生活需要和不平衡不充分的发展之间的矛盾。目前，最大的发展不平衡是城乡之间发展的不平衡，最大的发展不充分是农业农村发展的不充分。可以说，"三农"问题是我国经济社会发展不平衡和不充分的主要表现，是新时代中国特色社会主义主要矛盾的主要方面。解决这一新的社会主要矛盾，迫切需要实施乡村振兴战略，坚持农业农村优先发展，加快推进农业农村现代化，缩小城乡差距，实现城乡融合。只有这样，才能促进发展更平衡、更充分，更好地满足人民日益增长的美好生活需要。

（五）实施乡村振兴战略，是决胜全面建成小康社会、开启全面建设社会主义现代化国家新征程的必然要求

实施乡村振兴战略，是党中央着眼"两个一百年"奋斗目标导向和农业农村短腿短板的问题导向做出的重大战略安排。实现第一个百年奋斗目标，全面建成小康社会，短板在农村，难点是农村贫困人口脱贫。实现第二个百年奋斗目标，全面建设社会主义现代化国家，短板也在农村，难点是实现农业现代化，在此基础上实现农村现代化。实施乡村振兴战略，就是要加快补齐农业农村发展的短板，实现农业农村现代化，使农民生活更加富裕，显著缩小城乡差距，这是全面建成小康社会的"最后一公里"，是开启全面建设社会主义现代化国家新征程的必经之路。

（六）实施乡村振兴战略，是贯彻新发展理念、建设现代化经济体系的重要举措

习近平总书记在报告中指出，实现"两个一百年"奋斗目标，不断提高人民生活水平，必须坚定不移把发展作为第一要务，坚持解放和发展社会生产力，推动经济持续健康发展。推动经济持续健康发展，必须贯彻新发展理念，建设现代化经济体系。实施乡村振兴战略，充分体现了创新、协调、绿色、开放、共享五大新发展理念。

（本部分内容节选自《智库专报》2017年第14期，原文标题为"关于实施乡村振兴战略的思考与建议"，作者：郭翔宇。2018年1月15日，黑龙江省人民政府副省长批示。）

二、实施乡村振兴战略的创新思想

党的十九大报告通篇贯穿着鲜明的创新色彩，其中关于实施乡村振兴战略的部署体现创新色彩特别充分。可以说，实施乡村振兴战略本身及其所包含的一系列具体的新思想、新思路，代表了新时代党的"三农"思想的最新发展。

（一）创新性地提出了乡村振兴的总要求，确立了"三农"工作新的发展目标和评价标准

乡村振兴的总要求，既是今后农业农村发展的方向与目标，又是乡村振兴的具体标准。与社会主义新农村建设的总要求相比，新的变化体现在四个方面：一是把生产发展改为产业兴旺，由生产到产业，范围扩大了，在发展农业生产的基础上，要促进农村二三产业全面发展；由发展到兴旺，目标要求更高了，不仅强调发展过程，更强调达到兴旺的结果。二是把村容整洁改为生态宜居，强调乡村的生态环境建设内容更丰富了，目标要求更高了，不仅要美丽，还要适宜居住。三是把管理民主改为治理有效，管理农村侧重的是政府作为主体的行政管理，注重管理过程，强调的是管理行为的民主性；治理乡村则是由政府、社会组织、村民个人等多元主体进行共同治理，更注重结果导向，强调的是治理行为的合理性和有效性。这一条变化，也是要求标准更高了，效果更好了。四是把生活宽裕改为生活富裕，是要在农民收入更快增长的基础上显著提高农民的消费水平，让农民的生活更加富裕。从这四个方面总要求的变化来看，乡村振兴是新农村建设的升级版，是对新农村建设在内容上的丰富和充实，在标准上的进一步深化和提高。

（二）首次提出了坚持农业农村优先发展的新思想，确立了把农业与农村发展摆在更加重要位置的新定位

坚持农业农村优先发展，是实施乡村振兴战略的基本方针，这一思想的创新性体现在，第一次把农业和农村摆在了优先发展的位置。一方面，这是由农业和农村工作的基础地位及其重要性决定的，体现了我们党对"三农"工作的重视程度进一步提高；另一方面，这是由农业与农村发展不充分的薄弱性决定的，是由从根本上解决"三农"问题的复杂性和困难性决定的。农业现代化滞后是"四化同步"发展的短腿，农村发展落后是全面建成小康社会的短板。因此，必须把农业农村发展摆在优先位置，在要素配置上优先满足，在资源条件上优先保障，在公共服务上优先安排。

（三）首次提出了城乡融合发展的新思想，确立了破除城乡二元结构、建立新型工农、城乡关系的新思路

我国过去长期实施的重工轻农、重城轻乡的倾斜式发展战略和政策，造成了典型的城乡二元结构，相对现代、发达的工业和城市与相对传统、落后的农业和农村并存。为改变这种城乡二元结构状态，党的十六大提出要统筹城乡经济社会发展，党的十八届三中全会提出要实现城乡发展一体化。在此基础上，党的十九大进一步提出，要建立健全城乡融合发展的体制机制和政策体系。城乡融合发展新思想的提出，就是要彻底破除城乡二元结构，改变重工轻农、重城轻乡的不平等关系，建立平等的新型工农城乡关系。从经济学和社会学的角度来看，城乡融合发展意味着，城乡之间实现生产要素的合理流动和优化组合，生产力在城乡之间合理分布，城乡经济和社会生活紧密结合，逐步缩小直至消灭城乡之间的基本差别，从而使城市和乡村融为一体。

（四）首次提出了加快推进农业农村现代化的新思想，确立了把农村现代化纳入社会主义现代化国家建设体系的新安排

加快推进农业农村现代化，是实施乡村振兴战略的基本目标。这一思想的创新性在于，在强调农业现代化的基础上，第一次明确提出农村现代化的建设内容和发展目标要求。农业现代化，是产业现代化的概念，属于经济现代化的范畴。党的十九大创新性地提出了农村现代化，这是一个区域现代化的概念，包含经济建设、社会建设、文化建设、政治建设和生态文明建设等多方面内容，具有综合现代化的特征。提出农村现代化这一创新思想的重大意义在于，把农村现代化纳入社会主义现代化国家建设体系当中，使得现代化建设的内涵更全面了，也更科学了。加快推进农业农村现代化，是国家现代化的基础，是建成现代化强国的题中应有之义。

（五）首次提出了实现小农户和现代农业发展有机衔接的新思想，确立了破解农业现代化瓶颈制约因素的新途径

当前，加快推进农业农村现代化，最大的瓶颈性制约因素是传统农户的小规模分散经营。这种小农经济，严重阻碍着现代化的先进农业技术和大型农机装备的广泛使用，影响其与国内外开放的大市场的有效对接。因此，党的十九大报告提出，要将小农户与现代农业发展有机衔接起来。将二者衔接起的途径：一是发展多种形式适度规模经营。经营规模的扩大，有助于大型农机装备的使用，提高农业机械化水平；有助于先进农业技术的采用，提高农业科技化水平。二是培育新型农业经营主体。培育种养大户、家庭农场、农民合作社、农业企业等新型农业经营主体，有助于提高农业生产经营管理水平，提高农业的市场竞争能力。三是健全农业社会化服务体系。完善的社会化服务体系，有助于保障一家一户农民解决自己解决不了或者自己解决起来成本较高的生产业务问题，提高农户的专业化生产水平和经营效率。

（六）首次提出了自治、法治、德治相结合的乡村治理新思想，实现了从民主管理农村到有效治理乡村的思维新跨越

党的十八届三中全会提出了推进国家治理体系和治理能力现代化的全面深化改革目标，反映了党和政府从管理国家到治理国家思维上的跨越。党的十九大把乡村治理作为国家治理体系的有机组成部分，提出了"三治结合"的乡村治理新思想。这一新思想的创新性在于，实现了从民主管理农村到有效治理乡村的思维跨越。健全自治、法治、德治相结合的乡村治理体系，一要加强基层党组织建设，发挥其领导核心作用；二要健全完善村民自治制度，发挥社会各类人才在乡村治理中的积极作用；三要加强农村法治建设，引导广大农民群众自觉守法用法，用法律维护自身权益；四要大力推进农村精神文明建设，弘扬优秀传统文化和文明风尚。

（七）首次提出了培养造就一支懂农业、爱农村、爱农民的"三农"工作队伍的新思想，确立了乡村振兴推进主体的新要求和基本条件

实施乡村振兴战略，关键要素是人。一方面，要有一支高素质的农民队伍，农民是乡村振兴的建设主体，也是乡村振兴的受益者，高素质农民要有知识、懂技术、会经营；另一方面，要有一支强有力的"三农"工作队伍，这是实施乡村振兴战略的推进主体。党的十九大报告第一次提出了要培养造就"一懂两爱"的"三农"工作队伍。这支队伍，一要懂农业，要了解熟悉现代农业的特点和发展规律，能够内行地科学指导"三农"工作；二要爱农村，要真心热爱农村事业，把努力改变农村面貌作为自己的事业追求，作为自我价值的实现形式；三要爱农民，要在工作中对农民充满深厚感情，真心实意地帮助农民解决其所需要解决的困难和问题。培养造就"三农"工作队伍，首先要努力培养造就一支优秀的农业和农村干部队伍，他们能够有力地组织和带领广大农民发展农业和农村经济，增加农民收入；其次要努力培养造就一支高水平的农业科技和理论专家队伍，研发更多的先进实用农业技术，指导农户和新型农业经营主体不断提高农业经营管理水平；第三要努力培养造就一支经验丰富的企业经营管理和服务队伍，能够依托并通过农业企业、农民合作社和市场中介组织将分散经营的小农户联合起来，有效组织他们进行适度规模经营和市场营销。

（本部分内容节选自《智库专报》2017 年第 14 期，原文标题为"关于实施乡村振兴战略的思考与建议"，作者：郭翔宇。）

三、实施乡村振兴战略的鲜明特征

党的十九大以来，习近平总书记在中央会议上、在调研考察中、在讨论学习时，对实施乡村振兴战略发表了一系列重要讲话，多次专门作出指示批示，系统阐释了实施乡村振兴战略的重大意义、总体要求、指导思想、方针原则、目标任务、道路选择、政策举措以及要注意处理好的重大关系，深刻回答了为什么要振兴乡村、怎样振兴乡村、由谁来振兴乡村、为谁振兴乡村等一系列重大理论和实践问题，形成了乡村振兴战略新理念新思想。这是党的"三农"理论的最新发展，具有划时代的、里程碑式的重大意义。在2018 年中央 1 号文件和《乡村振兴战略规划（2018—2022 年）》发布之后的乡村振兴战略推进实施过程中，必须以乡村振兴战略新理念新思想为根本遵循。

（一）指导意义的根本性与全局性

从指导意义来看，乡村振兴战略新理念新思想具有根本性和全局性特征。这一鲜明特征，主要体现在两个方面的重大现实意义和深远历史意义。

一方面，乡村振兴战略新理念新思想是做好新时代"三农"工作的理论指引和行动指南，对于促进我国"三农"发展具有根本性的现实指导意义。实施乡村振兴战略，通过振兴农业与乡村相关产业，促进农业与二三产业深度融合发展，推动农业全面升级，可以有力地促进现代农业建设，加快实现农业现代化；实施乡村振兴战略，通过推动乡村文化振兴以提高乡村社会文明程度，通过推动乡村生态振兴以实现乡村美丽宜居，通过推动乡村组织振兴以构建现代乡村社会有效治理体制，可以有力地推动农村全面进步，在农业现代化的基础上加快实现农村现代化；实施乡村振兴战略，通过不断拓宽农民增收渠道，全面改善农村生产生活条件，实现农民生活富裕，可以有力地增进农民福祉，推动农民全面发展。因此说，实施乡村振兴战略，是新时代"三农"工作的总抓手，是促进农业发展、农村繁荣、农民增收的治本之策，有助于从根本上解决我国的"三农"问题。

另一方面，以乡村振兴战略新理念新思想为基本遵循实现乡村全面振兴，从根本上解决"三农"问题，对于实现"两个一百年"奋斗目标和中华民族伟大复兴中国梦具有全局性的宏观指导意义。在我国社会主要矛盾已经转化为人民日益增长的美好生活需要和不平衡不充分的发展之间的矛盾，而矛盾主要方面又在于不平衡不充分发展的背景下，实施乡村振兴战略可以有效促进城乡之间的平衡发展和农业农村的充分发展，为解决新时代我国社会主要矛盾奠定坚实基础。在全面建成小康社会和全面建设社会主义现代化国家的短板和难点都在农村的情况下，实施乡村振兴战略可以补齐农业农村发展的短板，加快实现农业农村现代化，为实现"两个一百年"奋斗目标奠定坚实基础。在农业是国民经济的基础、农村经济是现代化经济体系重要组成部分的情况下，实施乡村振兴战略可以加快现代农业和农村经济发展，为建设现代化经济体系奠定坚实基础。此外，实施乡村振兴战略，还有利于构建人与自然和谐共生的乡村发展新格局，加快美丽中国建设；有利于在新时代焕发出乡风文明的新气象，进一步丰富和传承中华优秀传统文化；有利于健全现代社会治理格局，推进国家治理体系和治理能力现代化。

（二）思想内容的创新性与突破性

从思想内容来看，乡村振兴战略新理念新思想具有鲜明的创新性和突破性特征。这一鲜明特征，主要从七个方面体现出了党的"三农"理论的最新发展和实践突破。

一是首次提出了实施乡村振兴战略新的总要求，产业兴旺、生态宜居、乡风文明、治理有效、生活富裕这五句话、20个字的新要求确立了"三农"工作新的发展目标和评价标准；二是首次提出了坚持农业农村优先发展的新思想，确立了把农业与农村发展摆在更加重要位置的新定位；三是首次提出了城乡融合发展的新思想，确立了破除城乡二元结构、建立新型工农城乡关系的新思路；四是首次提出了加快推进农业农村现代化的新思想，确立了把农村现代化纳入社会主义现代化国家建设体系的新安排；五是首次提出了实现小农户和现代农业发展有机衔接的新思想，确立了破解农业现代化瓶颈制约因素的新途径；六是首次提出了自治、法治、德治"三治结合"实施乡村治理的新思想，实现了从民主管理农村到有效治理乡村的思维新跨越；七是首次提出了培养造就一支懂农业、爱农村、爱农民"一懂两爱""三农"工作队伍的新思想，确立了乡村振兴推进主体的新要求和基本条件。

（三）要求任务的全面性与系统性

从要求任务来看，乡村振兴战略新理念新思想具有全面性和系统性特征。这一鲜明特征，主要从三个方面体现出乡村振兴是一个全面振兴的系统工程。

一是总要求上的全面性。"产业兴旺、生态宜居、乡风文明、治理有效、生活富裕"五句话的总要求体现了经济建设、社会建设、文化建设、政治建设、生态文明建设等多方面内容，是"五位一体"总体布局在农村的具体落实。这反映出，实施乡村振兴战略是多元一体化的综合建设和全面发展过程。五个方面的总要求构成一个相互联系的有机整体，完整、系统地明确了乡村振兴的内在逻辑，必须注重它们之间的协同性、关联性，要整体部署、统筹谋划、协调推进。其中，产业兴旺是乡村振兴的重点，必须努力提升农业发展质量，培育乡村发展新动能；生态宜居是乡村振兴的关键，必须积极推进乡村绿色发展，打造人与自然和谐共生发展新格局；乡风文明是乡村振兴的保障，必须全面繁荣兴盛农村文化，不断提高乡村社会文明程度；治理有效是乡村振兴的基础，必须切实加强农村基层基础工作，构建自治、法治、德治相结合的乡村治理新体系；生活富裕是乡村振兴的根本，必须大力提高农村民生保障水平，把乡村建设成为幸福美丽新家园。

二是振兴任务上的全面性。2018年3月和4月，习近平总书记在参加十三届全国人大一次会议山东代表团审议和在湖北省宜昌市考察时两次指出，实施乡村振兴战略，要推动乡村产业振兴、人才振兴、文化振兴、生态振兴、组织振兴。7月，在全国实施乡村振兴战略工作推进会议前夕总书记又作出重要指示强调，要坚持乡村全面振兴，抓重点、补短板、强弱项，实现乡村产业振兴、人才振兴、文化振兴、生态振兴、组织振兴，推动农业全面升级、农村全面进步、农民全面发展。实现乡村"五个振兴"与前面的五个方面总要求紧密相关，但提出角度不同，从重点任务上明确了乡村振兴是一个有机统一的整体。其中，要依靠产业振兴奠定物质基础，依靠人才振兴提供主体支撑，依靠文化振兴激发精神动力，依靠生态振兴创造宜居环境，依靠组织振兴强化政治保障。此外，实施乡村振兴战略还要与打好精准脱贫攻坚战有机衔接起来。摆脱贫困是乡村振兴的前提，精准脱贫对全面建成小康社会具有决定性意义。因此，习近平总书记在中央农村工作会议上讲到如何走中国特色社会主义乡村振兴道路时强调，必须打好精准脱贫攻坚战，走中国特色减贫之路。

三是组织领导上的全面性。扎实有序推进乡村振兴，关键在于加强组织领导。习近平总书记明确要求，坚持五级书记抓乡村振兴，让乡村振兴成为全党全社会的共同行动，强调党政一把手都是第一责任人。在领导责任制上，要实行中央统筹、省负总责、市县抓落实的工作机制。对各级党委和政府来说，要坚持工业农业一起抓、城市农村一起抓，把农业农村优先发展原则体现到各个方面。

（四）实施过程的长期性与连续性

从实施过程来看，乡村振兴战略新理念新思想具有长期性和连续性特征。这一鲜明特征，主要体现在实施乡村振兴战略"三步走"的时间表上。

实施乡村振兴战略是一个长期的动态建设过程，将贯穿社会主义现代化国家建设全过程。按照党的十九大提出的决胜全面建成小康社会、分两个阶段实现第二个百年奋斗目标的战略安排，中央农村工作会议提出，实现乡村振兴目标，在战略步骤上要分三步走：到2020年，乡村振兴取得重要进展，制度框架和政策体系基本形成；到2035年，乡村振兴取得决定性进展，农业农村现代化基本实现；到2050年，乡村全面振兴，农业强、农村美、农民富全面实现。

五个方面的总要求、"五个振兴"的重点内容，涉及经济建设、社会建设、政治建设、文化建设、生态文明建设和党的建设等方方面面，表明实施乡村振兴战略是一项关系全面建设社会主义现代化国家的全局性的战略部署、是一个艰巨性的系统工程；"三农"问题的重要性和复杂性、"三步走"的阶段目标及时间安排，表明实施乡村振兴战略是一项前无古人、后无来者的历史性伟大创举，是一个连续性的长期任务。因此，在推进乡村振兴战略实施过程中，要保持历史耐心，按规律办事，避免超越发展阶段，坚持科学规划、统筹谋划、从容建设、有序推进；要坚持立足当前、着眼长远，处理好短期目标与中长期目标之间的关系，通过前一个阶段的建设发展为下一个阶段的目标实现奠定基础。2018年9月21日，习近平总书记在主持中央政治局第八次集体学习时发表讲话指出，在实施乡村振兴战略中要注意处理好四个关系，第一要处理好长期目标和短期目标的关系。他强调，要遵循乡村建设规律，坚持科学规划、注重质量、从容建设，一件事情接着一件事情办，一年接着一年干，切忌贪大求快、刮风搞运动，防止走弯路、翻烧饼。

（本部分内容发表于《中国社会科学报》2018年11月14日，作者：郭翔宇。）

四、实施乡村振兴战略的重要节点

实施乡村振兴战略提出以来，有五个重要节点，应该把握好。

（一）实施乡村振兴战略的正式提出

2017年10月18日，党的十九大第一次提出实施乡村振兴战略。习近平总书记在十九大报告中强调，农业农村农民问题是关系国计民生的根本性问题，必须始终把解决好"三农"问题作为全党工作的重中之重，提出了产业兴旺、生态宜居、乡风文明、治理有效、生活富裕"五句话20个字"的总要求。这是以习近平同志为核心的党中央着眼党和国家事业全局，深刻把握现代化建设规律和城乡关系变化特征，顺应亿万农民对美好生活的向往，对"三农"工作作出的重大决策部署，是全面建设社会主义现代化国家的重大历史任务，是新时代做好"三农"工作的总抓手。党的十九大报告关于实施乡村振兴战略这部分内容，包括标点符号在内，一共434个字，可以分成10句话，20个知识点。虽然文字不多，但内涵丰富，意义重大，而且充满创新色彩，这是党中央对实施乡村振兴战略从宏观上、整体上进行的顶层设计。

（二）实施乡村振兴战略的系统部署

对实施乡村振兴战略进行全面系统部署的是2018年中央1号文件《中共中央国务院关于实施乡村振兴战略的意见》（简称《意见》）。《意见》深刻阐述了新时代实施乡村振兴战略的重大意义，从总体要求上明确了实施乡村振兴战略的指导思想和基本原则，提出了实施乡村振兴战略的目标任务，从乡村振兴的重点（提升农业发展质量——产业兴旺）、关键（推进乡村绿色发展——生态宜居）、保障（繁荣兴盛农村文化——乡风文明）、基础（加强农村基层基础工作——治理有效）、根本（提高农村民生保障水平——生活富裕）、前提（打好精准脱贫攻坚战——摆脱贫困）以及制度创新、人才支撑、投入保障、完善党的领导等十个大的方面进行了全面部署，其中，确定的目标任务是：到2020年，乡村振兴取得重要进展，制度框架和政策体系基本形成；到2035年，乡村振兴取得决定性进展，农业农村现代化基本实现；到2050年，乡村全面振兴，农业强、农村美、农民富全面实现。

2021年中央1号文件《中共中央国务院关于全面推进乡村振兴加快农

业农村现代化的意见》把全面推进乡村振兴作为实现中华民族伟大复兴的一项重大任务，提出要举全党全社会之力加快农业农村现代化，让广大农民过上更加美好的生活。

2022 年中央 1 号文件《中共中央国务院关于做好 2022 年全面推进乡村振兴重点工作的意见》提出，做好"三农"工作，要牢牢守住保障国家粮食安全和不发生规模性返贫两条底线，扎实有序做好乡村发展、乡村建设、乡村治理重点工作，推动乡村振兴取得新进展、农业农村现代化迈出新步伐。

（三）《乡村振兴战略规划》的制定

2018 年 5 月 31 日，中共中央政治局召开会议，审议《乡村振兴战略规划（2018—2022 年)》；9 月，中共中央、国务院正式印发《乡村振兴战略规划》。《规划》以习近平总书记关于"三农"工作的重要论述为指导，按照产业兴旺、生态宜居、乡风文明、治理有效、生活富裕的总要求，对实施乡村振兴战略作出阶段性谋划，分别明确至 2020 年全面建成小康社会和 2022 年召开党的二十大时的目标任务，细化实化工作重点和政策措施，部署重大工程、重大计划、重大行动，确保乡村振兴战略落实落地，是指导各地区各部门分类有序推进乡村振兴的重要依据。

《规划》提出了五年发展目标是：到 2020 年，乡村振兴的制度框架和政策体系基本形成，各地区各部门乡村振兴的思路举措得以确立；到 2022 年，乡村振兴的制度框架和政策体系初步健全。同时，《规划》确定了 22 项具体数量指标及其到 2022 年的目标值，并进行了远景谋划（到 2035 年，乡村振兴取得决定性进展，农业农村现代化基本实现；到 2050 年，乡村全面振兴，农业强、农村美、农民富全面实现）。

（四）《乡村振兴促进法》的出台

2021 年 4 月 29 日，第十三届全国人大常委会第 28 次会议表决通过了《乡村振兴促进法》。2021 年 6 月 1 日开始实施。这是一部全面指导和促进乡村振兴的基础性、综合性法律，在"三农"工作重心历史性转向全面推进乡村振兴这样一个关键时刻出台，具有重要的里程碑意义，为新阶段全面推进乡村振兴、加快农业农村现代化提供了坚实法治保障。

正确理解、贯彻实施这部法律，首先必须把握住、把握好两个大的要领。一是乡村振兴促进法是以增加农民收入、提高农民生活水平、提升农村文明程度为核心的振兴法，根本目的是要推动农业全面升级、农村全面进步、农民全面发展。二是这部法律要解决好农业农村承担的保障好农产品供给安全、保护好农村生态屏障安全、传承好中国农村优秀传统文化等历史任务，明确农业农村发展在国家发展中的战略定位。

乡村振兴促进法，在结构框架上，包括十章74条，第一章是"总则"，第十章是"附则"，中间八章是"5+1+2"，即五个振兴＋城乡融合＋扶持措施和监督检查。从内容来看，有三个鲜明的重要特点：一是明确界定了乡村的概念和范围，第二条规定："乡村，是指城市建成区以外具有自然、社会、经济特征和生产、生活、生态、文化等多重功能的地域综合体，包括乡镇和村庄等（也就是说，乡、镇、村、屯都属于要振兴的乡村范围）"。这是我国第一次在法律中规定乡村的概念，这将进一步强化全社会对乡村的认知和理解。二是充分肯定了乡村的特有价值和多重功能，即保障农产品供给和粮食安全、保护生态环境、传承发展中华优秀传统文化。三是突出了农民主体地位，将坚持农民主体地位、充分尊重农民意愿、保障农民民主权利和其他合法权益，调动农民的积极性、主动性、创造性，维护农民根本利益，作为促进乡村振兴应当遵循的原则写进法律。

《乡村振兴促进法》与2018年以来的中央1号文件、《乡村振兴战略规划（2018—2022年）》以及2019年8月19日起施行的《中国共产党农村工作条例》一起，共同构建了实施乡村振兴战略的"四梁八柱"，从而进一步夯实了乡村振兴的制度体系和法律基础。

（五）全面推进乡村振兴的战略部署

进入"十四五"时期，我国"三农"工作重心，历史性转向全面推进乡村振兴的新阶段。2022年11月，党的二十大报告对全面推进乡村振兴进行战略部署，作出全面建设社会主义现代化国家最艰巨最繁重的任务仍然在农村的正确判断，提出要坚持农业农村优先发展，坚持城乡融合发展，畅通城乡要素流动；要加快建设农业强国，扎实推动乡村产业、人才、文化、生态、组织振兴。

（本部分内容节选自2022年11月26日智库首席专家郭翔宇在"学习党的二十大精神暨'解放思想、振兴发展'龙江社科论坛"上的学术报告。）

第二节　全面推进乡村振兴的路径选择

一、把县域经济作为乡村振兴的关键切口

2021年中央1号文件提出"把县域作为城乡融合发展的重要切入点""壮大县域经济，承接适宜产业转移，培育支柱产业。"黑龙江省国民经济和社会发展第十四个五年规划和二〇三五年远景目标纲要提出"牢固树立县域

兴则全省兴、县域强则全省强思想，依托优势资源禀赋和产业基础，强化招商引资项目建设，做强做优立县特色主导产业。"从地域空间角度看，"县"是连接城市、辐射乡村的关键点，发展县域经济既有助于形成黑龙江省自下而上的经济社会发展支撑体系，也有助于通过产业集聚、要素集聚和人才集聚，形成对乡村振兴的辐射带动效应。"十四五"时期，推动黑龙江省县域经济发展，应进一步增强工作主动性和创造性，放眼长远、明确思路、细化举措，将推动县域经济发展抓好、抓实。

（一）加强基础建设，提升载体功能，筑牢县域经济高质量发展根基

基础不牢，地动山摇。县域经济发展涉及方方面面，任何一方面的短板都会对县域经济发展形成掣肘。因此，推动黑龙江省县域经济发展，既慢不得，也急不得，应全面系统加强基础建设。一要加强县域基础设施建设，打造优质县域经济发展硬环境。基础设施建设是支撑县域经济可持续发展的关键。应进一步聚焦县域经济和县域产业发展需求，统筹推进县、乡（镇）、村基础设施建设，积极拓宽资金来源渠道，进一步创新社会资本参与模式与收益模式，构建财政投入、金融支持、社会资本参与的多元资金保障机制，重点推动县域交通、电力、通信等制约县域产业发展的基础设施建设，保证县域基础设施建设与经济发展需求相匹配。二要优化县域营商环境，加强政府主体与市场主体双向监管。营商环境优，则县域经济兴。营商环境劣，其结果必将是坏了名声，丢了主体，丧失了发展动能。发展壮大黑龙江省县域经济，要推动营商环境建设重心下移，构建省、市、县、乡（镇）垂直监管体系，畅通市场主体、消费者维权信息反馈绿色通道，保证营商环境建设不留盲区，没有法外之地。三要深化财税、金融、土地制度等领域改革，强化县域经济发展政策供给。应进一步树立"算大账、算长远账"意识，围绕减税降费、产业用地供给、金融服务创新等方面，制定透明化、系统化的县域市场主体培育方案，以政策供给推动县域龙头企业引建，促进县域市场主体"个转企、小升规、规升巨"。

（二）加强产业建设，优化产业格局，培育县域经济高质量发展主体

县域产业建设是县域经济发展的重要支撑，能够有效促进乡村一二三产业融合发展，对乡村振兴具有重要的辐射带动作用。一要突出问题导向，做大做强农产品精深加工业。农产品精深加工严重不足，农产品附加值低，是制约黑龙江省资源变效益的"卡脖子"问题。因此，强化县域产业建设，辐射带动乡村振兴，应以大力发展农产品精深加工业为着力点，加大县域农产品精深加工龙头骨干企业的引建工作力度，充分利用龙头骨干企业的品牌优势、技术优势、资金优势，实现黑龙江省农产品精深加工业的快速发展、弯道超车。二要突出协同导向，构建县域"大、中、小"产业主体相互支撑体系。中小微企业是县域产业体系的重要组成部分。应抓紧制定并出台黑龙江省县域中小微企业发展指导性意见和扶持政策，充分发挥县域农业产业园区、工业园区、创业产业园区等载体的产业集聚功能，用好、用足金融支持、财政补贴、税费减免等支持政策，扶持打造一批扎根县域的"小而美"企业，使中小微企业成为县域产业发展的重要补充。三要突出合作共赢导向，打造黑龙江省县际产业发展联合体。将县域经济定位放到更大的区域中去，从全省层面加强县域产业发展宏观规划。鼓励县际打破行政区划约束，按照优势互补原则，组建产业发展联合体。县际联合引建龙头企业，增强适合龙头企业规模化发展需求的政策供给、金融供给、原材料供给等，避免县际产业同质化发展及恶性竞争。

（三）加强机制建设，强化发展驱动，增强县域经济高质量发展动能

县域经济发展，对于促进新型城镇化、辐射带动乡村振兴、筑牢全省经济社会发展根基，具有极其重要的作用。县、乡（镇）党委和政府是推动县域经济发展直接主体，通过机制建设为其赋能，是稳步推动县域经济发展的必然要求。一要创新评价与激励机制。围绕县域经济发展和乡村振兴，积极探索第三方评价机制，面向高校、科研院所等社会组织，引入第三方评价主体。积极探索"以奖代投"激励机制。既要奖励先进典型，也要综合考虑不同地区资源禀赋、发展基础等差异，对起点低但发展快的县、乡（镇）和村，从发展速度的角度进行评价和奖励，进一步激活县域经济发展和乡村振兴主体活力。二要创新干部队伍建设机制。推动县域经济发展，干部人才队伍是关键。进一步统筹县、乡（镇）干部人才队伍建设，将"干部优先配备"落实好。提升干部队伍建设针对性，根据县域产业发展需求，加大从企业、金融机构、高校等选拔干部工作力度，将更多懂业务的专业型人才充实到县域干部队伍中。三要创新"扩权强县"工作机制。推动县域经济发展，县、乡（镇）党委和政府是真正的主体。"权责匹配"是激活其主体活力，增强主体能动性的关键。因此，推动黑龙江省县域经济发展，应积极探索、创新"扩权强县"工作机制，通过重点领域和关键环节的合理赋权，提升县域政府自主谋划发展能力和决策效率。

县域经济发展与乡村振兴联系紧密，发展壮大县域经济有助于推动以县为重要载体的城乡融合，吸纳农业转移劳动力就地就近就业，促进农产品就地就近加工转化，加快补齐农业农村发展软环境与硬环境短板。"十四五"

时期，应准确把握二者间的内在联系，统筹谋划黑龙江省县域经济发展与乡村振兴，促进县域经济发展与乡村振兴的良性互动，在发展壮大县域经济中辐射带动乡村振兴。

（本部分内容发表于《黑龙江日报》2021年4月3日，作者：宋志彬。）

二、以产业兴县域辐射带动乡村振兴

中共黑龙江省委十二届九次全会审议通过的《中共黑龙江省委关于深入贯彻新发展理念　加快融入新发展格局　推进农业农村现代化实现新突破的决定》（以下简称《决定》），明确提出"把县域作为城乡融合发展的重要切入点，推进县域经济高质量发展。"怎样深刻认识《决定》这一部署的重大意义、准确把握其现实背景？如何推进黑龙江省县域经济高质量发展不断取得新成效，实现新突破？记者采访了参与本次全会文件起草工作的省高端智库现代农业发展研究中心专职研究人员宋志彬。

宋志彬说，准确推进黑龙江省县域经济高质量发展具有重大意义，我们需要深刻认识推进黑龙江省县域经济高质量发展的紧迫性，牢牢扭住产业这一推进黑龙江省县域经济高质量发展的核心，着力加强推进黑龙江省县域经济高质量发展的条件保障。

（一）深刻认识推进黑龙江省县域经济高质量发展的紧迫性

近年来，黑龙江省委省政府高度重视并采取了一系列措施推动县域经济发展，取得了明显成效。2020年，黑龙江省县域地区生产总值达到6 075.8亿元，同比增长2.9%，高于全省1.9个百分点；县域一般公共预算收入243.9亿元，同比增长5.2%，高于全省13.9个百分点；县域地方税收收入132.9亿元，同比增长1.1%，高于全省11.1个百分点。县域经济实现了对全省经济的正向拉动。

但是，与经济发达省份相比，黑龙江省县域经济发展仍然较为滞后，经济总量不大、产业结构不优、发展质量不高等问题仍然突出。2020年，黑龙江省县域地区生产总值占全省比重为44.4%，地区生产总值百亿元以上的县（市）有26个，排名黑龙江省县域经济首位的县（市）GDP总量为283.3亿元，仅相当于排名全国县域经济"百强县"末位的县（市）GDP总量的49.5%。县域经济发展滞后，严重制约农村一二三产业融合发展，制约农业转移人口就地就近市民化。在对黑龙江省县域经济发展现状和发展潜能深入调研和准确把握的基础上，经过科学测算，《决定》提出：到2025年黑龙江省县域地区生产总值占全省比重达到50%，年均增长1.12个百分点；地区生产总值百亿元以上的县（市）占比超过 50%，总计达到 32 个以上。

（二）牢牢扭住产业这一推进黑龙江省县域经济高质量发展的核心

产业发展是推进县域经济高质量发展的核心，只有做大做强县域产业，打造县域产业生态系统，才能持续推进县域经济高质量发展，增强对乡村振兴的辐射带动作用。针对黑龙江省县域经济高质量发展中产业短板较为突出的现状，《决定》提出，加快提升主导产业支撑力，每个县（市）至少培育发展 1~2 个优势突出、特色鲜明、竞争力强的立县主导产业。深入实施民营企业梯度成长培育计划和小微企业成长工程，分层次推进个转企、小升规、规改股、股上市，培育一批龙头企业和创新型企业。围绕"五头五尾""百千万工程""百大项目"，立足补链、强链、延链，编制投资清单和产业招商图谱，加大招商力度，做优存量、扩大增量，推进县域产业集群化、全链条发展。

（三）着力加强推进黑龙江省县域经济高质量发展的条件保障

推进县域经济高质量发展是一项系统工程，任何一方面的短板弱项都会对县域经济发展形成掣肘。围绕加强推进黑龙江省县域经济高质量发展的条件保障，《决定》提出，坚持"一县一区、一区多园"，规范园区管理机制，补齐园区基础设施短板，提升配套服务功能，推动园区由企业集中向产业集聚发展。持续优化营商环境，建立县域营商环境评价机制。完善县域经济高质量发展政策，进一步优化土地供应方式，对县域重大项目实行土地直供。鼓励金融机构围绕县域主导产业发展产业链金融、量身定做金融产品。优化调峰电价等政策，降低企业用电成本。强化县域经济考评，继续实行"一图一表一评价"擂台赛机制。《决定》从基础设施建设、政策供给、金融支持、考核激励等方面，对推进黑龙江省县域经济高质量发展的条件保障作出了明确部署，各级党委和政府要以钉钉子精神，将《决定》的部署抓实落地，为县域经济高质量发展创造优质的软硬件环境。

《决定》在充分调研和深入论证的基础上对推进黑龙江省县域经济高质量发展作出的一系列重要部署，具有鲜明的科学性、系统性和可操作性，既规划了蓝图，也明确了行动方案。"十四五"时期，我们应进一步增强责任感、紧迫感，牢固树立争先晋位意识，凝心聚力、务实进取、积极作为，以踏石有印、抓铁留痕的有力行动，把《决定》的部署贯彻好、落实好，真正把县域经济做大做强。

（本部分内容为智库专家宋志彬于 2021 年 8 月 1 日接受《黑龙江日报》记者专访。）

三、以金融科技创新助力乡村振兴

当前，黑龙江省乡村振兴存在多样化金融需求，解决黑龙江省农村金融体系存在的问题，除坚持传统的商业性金融、开发性金融、政策性金融、合作性金融相结合外，更应依靠金融科技创新发展普惠金融。应在系统分析金融科技创新服务黑龙江省乡村振兴战略现状和成效的基础上，结合黑龙江省农村金融科技创新存在的问题，培养金融科技思维、强化大数据应用，发挥科技与人才合力作用，促进金融产品与科技深入融合，以期推进黑龙江省乡村振兴战略的落实。

（一）金融支持黑龙江省乡村振兴战略现状

1. 金融支持乡村振兴战略主要做法

强化政策导向，加大金融支持力度。截至 2018 年一季度，黑龙江省涉农贷款余额达 8 865.4 亿元，同比增长 5.5%，涉农贷款占各项贷款余额比重达 47.1%；全省试点地区"两权"抵押贷款余额 81.7 亿元，同比增长 22%。其中，试点地区农村承包土地经营权抵押贷款余额 77.6 亿元，同比增长 23.6%，以承包土地经营权为单一抵押的贷款余额 27.9 亿元，以承包土地经营权为反担保的贷款余额 2 798 万元，试点地区农民住房财产权抵押贷款余额 4.18 亿元。截至 2018 年一季度，全省共推广五大类 20 余项农村创新金融产品，贷款余额 813 亿元，同比增长 8.6%，受益农户近 65.8 万户、受益农业企业 5 815 家；全省金融机构与农机合作社规范社、示范社开展银企对接共计 1 375 次，累计达成授信额度 3.2 亿元，已落实贷款额度 2.9 亿元，占 90%。

加快现代支付体系建设。制定并下发《黑龙江省改善农村支付环境建设工作考核办法》《黑龙江省改善农村支付环境建设工作考核标准》《黑龙江省银行卡助农取款服务业务管理暂行办法》《农村支付服务环境建设业务指标统计报送制度》《农村及贫困地区支付服务环境建设业务指标统计表》等，科学、有序指导全省农村支付环境建设工作开展。截至 2017 年末，全省农村地区银行网点达 3 388 个，人均持卡 2.12 张，特约商户 3.89 万户，ATM机 5 362 台，POS机 6.32 万台，农村地区支付系统覆盖率达 82%；全省助农取款服务点达 14 654 个，助农取款 1 173.51 万笔、42.9 亿元，现金汇款 897.51 万笔、32.01 亿元，转账汇款 712.47 万笔、109.57 亿元。

完善农村信用体系建设。相继制定并下发《黑龙江省农村信用体系建设方案》《运用货币政策工具支持农村信用体系建设试点实施方案》《关于加快推进黑龙江省农村信用体系建设的指导意见》，积极推进"信用户""信用村""信用乡镇"的"三信"评定与创建。截至 2018 年一季度末，全省 33 个县（市）建立县域信用信息平台，共采集入库 95.8 万户农户、8 953 个农民专业合作社的信用信息，各涉农金融机构共创建信用户 106.3 万户，信用村 2 314 个，信用乡镇 198 个。

2. 金融支持乡村振兴战略的短板

农村金融服务配套扶持政策不完善。一方面，农村金融风险分担机制不完善。农业保险广度和深度不够，农业风险转移和保障能力差。政策性担保缺乏、商业性担保门槛较高，民营融资性担保公司和由财政注资的担保公司未深入农村地区，未有效分担金融机构农村信贷风险；另一方面，缺乏农村交易市场和中介组织。农村土地、财产流转的评估、登记、交易等配套中介服务不健全，农地、农房等资产流转交易实例少。

农村金融生态环境仍需改善。首先，承贷主体实力偏弱。一些新型农业经营主体起步晚、规模小，经营实力弱，可抵押贷款额度有限。其次，农业保险保障能力不足。农业保险覆盖率低、承保险种少、保障能力弱、限制条件多，农户保险保障与经营权抵押贷款无法匹配。最后，农村地区信用体系建设滞后，黑龙江省金融部门无法对农村群体有效授信。

金融支持效率仍需提升。一方面，融资贵问题突出，普通农户和新型农业经营主体均面临融资贵问题；另一方面，信贷产品较单一，大型涉农金融机构产品开发权集中于总行，小型涉农金融机构对农业经营主体的贷款期限短、品种少、额度低，无法满足"三农"贷款资金需求。

（二）金融科技服务黑龙江省乡村振兴战略的成效

科技化支撑助推乡村振兴。黑龙江银监局积极引导银行业加强科技系统建设，将农村各地区基本信息、农民生产生活服务基础信息以及信贷需求动态信息纳入科技系统管理。截至 2018 年一季度，已为 351.5 万户农户建立基础信息数据库，实现农户信息网格化、电子化、便捷化、动态化管理。在风险可控前提下，大力发展线上金融业务。如哈尔滨银行为农村客户定制移动金融产品——小易手机银行，其中"丰收 e 贷"系列线上农贷产品已服务客户 3.1 万户，交易金额达 4.7 亿元；农信社"微 E 贷""E 贷通"等新产品与"支付宝""百付宝""网银在线"等 6 家公司合作开展"第三方支付"功能，让偏远地区农民享受城乡一致的金融服务。

农业区块链激活乡村振兴。江苏中南建设集团股份有限公司联合黑龙江北大荒农业股份有限公司成立"善粮味道数字农业股份有限公司"，打造全球首个区块链大农场，提出"平台＋基地＋农户"的标准化管理模式，激活北大荒农业大数据价值与乡村振兴战略主题。善粮金融为农户、农业、农村引入多方金融机构，利用互联网技术，为农业经营主体提供金融服务。"善粮味道"与"善粮金融"将农业电商与农村金融相结合，建立全程可追溯、互联共享的追溯监管综合服务平台，积极推动金融机构为农户、农业、农村服务，支持乡村振兴战略发展。

互联网金融助力乡村振兴。黑龙江恒远投资集团股份有限公司与黑龙江北联中融节能环保服务有限公司就战略投资签约，双方共同将北方节能环保科技大厦打造为黑龙江省农业特产产品交易中心，构建地区农特产品展销中心新生态圈，助力黑龙江省农业转型升级，提升金融精准扶贫效率和普惠金融水平。2018年，恒远集团与金融机构合作寻找优质资产，新兴产业投资主要集中于消费升级、人工智能和"互联网＋"等领域，结合龙江地区农业产业优势，积极探索"互联网＋农业＋金融"的新模式，助力黑龙江省乡村振兴战略发展。

（三）黑龙江省农村金融科技发展的制约因素

金融科技渗透发展存在局限性。黑龙江省农村地区人口年龄结构相对老龄化，农户对手机银行、网上银行等新型金融产品信任度偏低。农村金融机构缺乏金融科技创新发展的科学规划。农民受教育程度普遍偏低，金融知识普及程度滞后，一定程度上阻碍新型助农金融产品和服务的推广与使用。农民对相关政策了解程度较低，政策宣传与落实惠农扶农措施落实方面存在不足。

缺乏高效数据来源渠道。黑龙江省农村用户数据类型复杂多样，消费行为分散。农村金融机构无法掌握社交媒体、网络日志等非结构化数据。征信数据不完整，客户信息不对称，征信体系主要依赖银行信贷数据，征信数据未覆盖到与银行无借贷关系的涉农小微企业和农户，对借款人的信用审核难、获客成本高、潜在风险大，阻碍农村普惠金融发展。农村金融基础设施完善程度与实现普惠金融全覆盖的工作目标存在差距。此外，信用数据仅局限于农村信用社，无法共享。

金融产品科技含量低。黑龙江省农村金融产品与金融科技的融合点集中于支付结算类，融资类金融产品仍沿袭传统的抵押担保信用思路，与金融科技融合度较低，同质化竞争严重。部分农村商业银行、村镇银行尚未与农村电商平台、微信、支付宝等建立合作关系，未建立网络借贷平台，虽然推出个人网银和手机银行，但其功能单一，理财类产品、融资类产品尚未开发上线。

（四）金融科技创新助力黑龙江省乡村振兴战略的对策建议

培养金融科技思维，强化大数据应用。通过微信等社交网络，加强与各类型电商平台合作，将金融产品和服务全面嵌入农村地区各消费领域中，构建由商家和消费者构成的网络商业生态圈，提升农村用户体验，积累交易数据。农村金融机构首先应确立"科技兴行"发展理念，不断优化网点布局，改造实体网点。普及农村金融科技知识，加强农村居民金融意识、信用观念培养，提高金融科技认知度。农村金融机构可依托电商平台和用户交易数据，分析农户、农村小微企业等经济主体消费习惯、投融资偏好及风险承受能力，有效降低农村地区贷款成本，提高服务效率。建立科学的大数据风控模型，提高资源配置效率和风险防控能力。

发挥科技与人才合力作用。一是加大金融科技投入。以信息科技发展为契机，打造智慧银行发展新模式。运用移动互联网、云计算等信息技术打造网贷平台，营造良好用户体验。二是构建多元化跨界合作渠道。与金融科技公司、电商平台、第三方支付平台等外部机构开展战略合作，实现联合创新和客户资源共享，借助外部力量提升金融科技创新效率。三是健全人才培养机制。有针对性分层次、分重点制定人才培养计划。完善绩效考核管理体系和薪酬管理体系，提高金融科技业务指标权重，激发科技人才创新能动性。

促进金融产品与科技深入融合。打造全面的科技信息服务平台，包括网络借贷平台、农村电商平台及金融支持农业信息综合服务平台和金融支持农产品物联信息追溯平台等，将科技嵌入基础性金融服务，打破传统金融受制于物理网点的局限，降低客户准入门槛，拓展综合性金融服务，为农村地区提供便捷高效的智能终端设备，提高农村普惠金融覆盖面。以科技推动数据化信贷模式，将大数据和云计算等技术应用至信贷服务中，促进农村金融降本增效。创新推广"互联网＋供应链金融"模式，为产业链上下游小微企业提供线上融资，同时优化信贷产品要素设计，包括贷款产品期限设计、业务流程和还款方式的创新等。

（本部分内容刊发于《智库专报》2018 年第 33 期，原文标题为"金融科技创新助力黑龙江省乡村振兴战略的对策建议"，作者：张启文。）

四、让乡村振兴和新型城镇化"双轮驱动"

当前社会中最大的发展不平衡，是城乡发展不平衡；最大的发展不充分，是农村发展不充分。党的十九届五中全会通过的《中共中央关于制定国民经济和社会发展第十四个五年规划和二〇三五年远景目标的建议》再次强调，要优先发展农业农村，全面推进乡村振兴；优化国土空间布局，推进区域协调发展和新型城镇化。虽然新型城镇化与乡村振兴关注点和资源流动方向有所不同，但二者本质上是相互补充、辩证统一的，要正确地把握城镇化与乡村振兴发展的和而不同，统筹推进新型城镇化与乡村振兴战略的协同实施。

（一）新型城镇化与乡村振兴协同发展的现状和问题

当前，黑龙江省城镇化发展进程较快，2019 年常住人口城镇化率达60.9%，高出全国平均水平 0.3 个百分点，位居中西部省份第 4 位；城镇产业结构日趋完善，工业、金融、旅游、文化等行业平稳发展，要素市场化配置更为合理。同时，全省乡村振兴步伐加速推进，农业、畜牧等传统优势产业规模效益明显；农业与休闲旅游、观光农业、农村电商等新业态发展迅速，三产融合不断深化；高素质农民队伍不断壮大；生态环境质量得到显著改善。城乡之间人才、资金、技术、信息等资源要素自由流动加快，乡村支撑城镇、城镇辐射带动乡村能力进一步增强。

但从新型城镇化与乡村振兴协同发展角度来看，还面临一些矛盾和问题。省内资源型城市较多，资源枯竭，转型困难；城乡发展缺乏统一规划，城市扩建导致农田减少，"粮仓"优势减弱；农村人口进城易，留城难，造成"多重身份"的候鸟式迁移；农村人口单向流出，乡村振兴的人员、人才、设备较为匮乏；乡村环境治理进程较慢等。

（二）推动新型城镇化与乡村振兴协同发展的建议

一是明确农民作为新型城镇化的实施主体和受益主体，努力提高农民的幸福感和被认同感。新型城镇化和乡村振兴战略的出发点和落脚点都是为人民服务，力求将人民的利益最大化。要全面深化土地制度改革，保障土地流转中的土地使用者收益；要完善乡村配套基础设施建设，增强农村留守人口的幸福感；要投入更大的财力支持农业农村现代化发展，引导社会资本向农业农村转移。对于进城农民，要充分了解农民为何进城、如何进城，着力解决农民进城住房问题、医疗保障问题、子女教育问题；要针对进城农民工开设相关心理咨询机构，定期进行心理疏导和物质帮助，让其在城市更有融入感。从权益维护、制度保障、社会融入三方面提高进城农民被认同感，破除农民融入城市的无形壁垒。

二是依托现有产业基础，优化乡村产业布局，促进产城融合。产业兴旺是乡村振兴战略的重要要求之一，同时产业发展也为新型城镇化建设提供了无限可能。一方面要加快农业现代化建设，适当运用科学技术手段保证粮食产量，依托省内龙头企业提高技术水平、拓宽市场销路，保证农产品供销平衡；严格把控农产品生产条件，确保农产品质量，打造绿色农业；促进产业链条形成，增强乡镇产业聚集，推进就地城镇化进程。另一方面，利用黑龙江省得天独厚的地理位置优势，将旅游业与农业结合，发展扶持地方特色产业，打造特色旅游业。要抓住新旧动能的转换机遇，加快一二三产业新旧动能转换步伐，以旧变新、以新换旧，大力发展高端、高质、高效产业，对一二三产业进行融合联动，实现产业转型升级和变道换向，进一步提升黑龙江省产业实力。

三是完善相关制度，促进资源要素双向流动，缩小城乡差距。首先，要进行流动人口管理体制改革。要提高农村转移人口质量，根据黑龙江省新型城镇化发展战略要求，提供相应产业培训；要组织省内大专院校农业类专家对其进行定向培养；对于已就业农业转移人口要适当进行技术革新；提供优质就业岗位带动人口迁移，形成定居型城镇化。其次，要进一步推动土地制度改革。利用土地承包经营权、宅基地使用权、集体收益分配权统一规划城乡土地，使农民利益最大化，得到合理的经济收益；按土地类型进行整治，建设高标准农田；进行宣讲，做好土地流转，统筹规划流转后土地用途。第三，要进行户籍制度改革。制定相关购房补贴政策，使进城农民在城内落户，集中消除伪城镇化。生产、资源要素的双向流动已然成为必要趋向，只有实现城乡资源要素双向流动，才能促进城乡共荣。

四是建立资金保障机制，引入社会资本，提供建设保障。要完善城市基础设施公私合营政策法规，规避"破碎化"政策部署，全面推动市政公用事业市场化改革，鼓励社会资本融入并参与城市基础建设。要有效整合利用资源，提升社会资本向城市公益性基础设施项目投资的积极性。同时利用好社会资本的趋利性，把握多元、可持续两个基本要求，多管齐下做好市场运作，加强政府对资本流向的引导。要以实施惠民政策为基础，为农民提供惠民政策，满足农村企业的金融需求；要以服务"三农"为初心，深化农村信用社、农村商业银行、村镇银行等金融机构改革；要鼓励融资创新，按照不同经营类型，区分其投资比例、投融资方式；要改变农村思想观念和金融环境建立资金收益制度，提高投资回报率，支持地方企业做大做强，建立农民、政府与企业三方利益联结共同体；要完善投资保险制度，提高政府补贴，在降低农村企业经营风险的同时，减少投资资金需求，为城乡建设发展及涉农企业提供有力资金支持。

（本部分内容发表于《黑龙江日报》2021年2月6日，作者：余志刚。）

第三节　实施乡村振兴战略的重点任务

一、发展富民乡村产业

全面推进乡村振兴，是现阶段"三农"工作的重心。2021年，黑龙江省"三农"工作成效明显，乡村振兴取得积极进展。2022年黑龙江省《政府工作报告》对2022年全面推进乡村振兴进行重点部署，明确要以农业农村现代化为目标，以防止脱贫人口发生规模性返贫为底线任务，要严格落实"四个不摘"要求，持续落实防返贫的动态监测和帮扶机制，进一步巩固拓展脱贫攻坚成果。

全面推进乡村振兴，最重要的是要大力发展富民乡村产业。通过乡村产业发展促进产业兴旺，是实施乡村振兴战略的基础和重中之重；以产业发展促进农民持续增收，实现生活富裕，是实施乡村振兴战略的根本和中心任务。

首先，要大力发展现代农业，尽快成为全国农业现代化建设的排头兵。没有现代化的第一产业，不可能实现乡村振兴。发展现代农业，首要任务是进一步提升农业综合生产力，特别是提高粮食供给保障能力，关键是要深入实施"藏粮于地""藏粮于技"战略，抓住耕地和种子两个要害，保护好黑土地这个"耕地中的大熊猫"，振兴农业的"芯片"。

其次，要大力发展非农产业，尽快补强黑龙江省农产品加工业水平偏低的短板弱项。没有发达的农村二三产业，同样不可能实现乡村振兴。在此基础上，要大力推进农业与农村二三产业实质性融合，提高农村三产融合的深度和质量，让农民能够更多分享二三产业创造的价值增值和收益分配。

与此同时，要全面推进农村人才、文化、生态和组织振兴，重点是要实施乡村建设行动，加强农村人居环境整治，实施乡村振兴万人计划，进一步提高农村基础设施和基本公共服务水平，加快建设美丽乡村、文明乡村、善治乡村。

（本部分内容为智库首席专家郭翔宇于2022年1月25日在黑龙江电视台"新闻联播"中就黑龙江省《政府工作报告》进行专家访谈："专家带你读报告"。）

二、加快农民持续增收

增加农民收入是"三农"工作的中心任务。特别是2020年，作为我国全面建成小康社会目标实现之年、全面打赢脱贫攻坚战收官之年、乡村振兴要"取得重要进展"的关键之年，促进农民收入持续较快增长具有更加重要的意义。

近年来，黑龙江省农民收入水平相对不高，增长相对缓慢。2018年，黑龙江省农民人均可支配收入为13 804元，在31个省份中排第17位，比全国平均水平低813元。从增长情况看，按当年价格计算，2018年黑龙江省农民收入比2010年增长1.22倍，增长速度在全国排第26位，比全国平均水平低24.7个百分点。在这种形势下，面对新冠肺炎疫情带来的严峻挑战和当前宏观经济的下行压力，为确保黑龙江省与全国同步、农村与城市同步全面建成小康社会，扎实推进乡村振兴战略，必须加大力度促进黑龙江省农民增收，不断缩小城乡居民收入差距。

（一）大力发展富民乡村产业，增加农民经营性收入

在收入构成上，农民收入包括经营性收入、工资性收入、财产性收入和转移性收入。在黑龙江省农民收入中，经营性收入水平及其占比最高。2018年，黑龙江省农民人均经营净收入7 053元，占当年农民人均可支配收入的51.1%。横向比较，黑龙江省农民人均经营净收入高出全国平均水平1 695元，排在吉林、山东和内蒙古之后，居全国第4位；占比高出全国平均水平14.4个百分点，排在第6位。这表明，经营性收入是黑龙江省农民增收的最主要来源。因此，增加黑龙江省农民收入，要大力发展富民乡村产业，重点要建设好现代农业，保障农民经营性收入持续增长。

一要努力提高农产品质量。引导农户不断优化农产品品种结构，更多采用安全、绿色、有机等生产方式，提升农产品品质，改善口感和味道，增强安全性，依托农民合作社、家庭农场、专业大户等规模经营主体打造优质农产品品牌，有效开发销售市场，通过优质优价提升农民生产经营效益。

二要努力促进农业增产。一方面，加大高产品种和先进适用农业技术推广应用，提高农产品单位产出水平；另一方面，大力促进农地流转扩大经营规模，提高经营户的总产量，通过提高农产品产出总量实现总销售收入增加。

三要大力发展农业生产性服务业。近年来，农业生产中的劳动力成本和土地成本大幅度增加，使得农业生产总成本不断抬升，相对降低了农业经营

收益和农产品的国际竞争力。因此，应积极发展土地托管、代耕代种、统防统治等农业生产性服务业，不断提升农业生产服务的专业化水平，扩大服务范围和规模，降低农户单位耕地面积和单位农产品产出的成本支出，实现节本增效。

四要努力推动农业与二三产业深度融合发展。积极在省市县和乡村地域内，支持有能力和条件的农民合作社、家庭农场和乡村集体经济组织等经营主体发展以农产品和农村资源优势为基础的农村二三产业，使农业与这些相关的二三产业在主要由农民构成的同一农业经营主体下进行真正融合发展，实现二三产业创造的价值增值由农民共享。同时，鼓励工商企业在农村发展现代农业和农产品精深加工、销售及相关服务业，通过建立与农民之间的紧密利益联结机制使农民更多分享二三产业创造的价值增值和收益分配。

五要加大政策支持力度，加快推进家庭农场、农民合作社等新型农业经营主体高质量发展，充分发挥其在促进农产品优质优价、增产降本、品牌营销等方面对普通农户的辐射和带动作用。

（二）促进农民充分就业，努力增加农民工资性收入

从全国来看，较长时间以来，工资性收入就是农民收入的最主要来源。2018年，全国农民人均工资性收入近6 000元，占农民人均可支配收入的41％，全国有17个省份农民工资性收入在人均可支配收入中占大头。但是，在黑龙江省农民收入中，工资性收入及其占比偏低。2018年，黑龙江省农民人均工资性收入刚过3 000元，工资性收入占其可支配收入的比重为21.8％，是全国平均水平的53.2％，仅相当于北京、上海、浙江等地的30％左右。这表明，黑龙江省农民工资性收入及其占比偏低是农民增收的劣势和短板。特别是2020年，新冠肺炎疫情导致农民外出务工受阻，对农民工资性收入增长影响最为明显。但是，农民工资性收入具有更大的增长空间，不像经营性收入受耕地等客观条件和自然因素影响那么大。因此，增加黑龙江省农民收入，要努力实现农民充分就业，重点要推动农民工就地就业创业，促进农民工资性收入快速增长。

一要大力支持农民工稳定就业，尽量降低疫情对其全年工资收入的影响。为在城镇已经有了固定岗位、工作比较稳定的农民工提供最大程度的帮助和服务，积极主动地与输入地对接，组织好"点对点、一站式"直达运输服务，帮助其尽快安全返岗复工。对于不能外出的农民工，主动帮助其解决在家务农所需；同时，鼓励、支持有条件的乡村积极开发公益性岗位，优先安排贫困农民工就业。

二要大力开发省内新的就业岗位，吸纳更多的农业富余劳动力转移就业。以县域和乡镇为重点，以带动就业能力强的项目为依托，大力发展现代农业和非农产业，深度挖掘农业农村内部就业潜力，拓宽农民就近就业渠道。一方面，依托当地农产品和资源条件，大力发展现代农产品加工业，延长"粮头食尾""农头工尾"产业链条，努力争取在县域内形成农产品加工产业集群；另一方面，充分发挥乡村资源和生态优势，大力发展适应城乡居民需要的休闲度假、观光旅游、餐饮民宿、养老服务等乡村新型服务业，同时大力开展通屯路、屯内路等基础设施建设和高标准农田建设。

三要开发季节性、灵活性就业岗位，减少农民剩余劳动时间。黑龙江省农民收入，按全年计算处于偏低水平，但如果按实际生产劳动时间计算则不低。黑龙江省农民收入水平低的主要原因在于有效劳动时间短、剩余劳动时间长，在时间上就业不充分。对于农村务农人员，如果在农闲时节和漫长的冬季能够有临时性或短期性的工作，其全年总收入会明显提高。因此，黑龙江省应积极扶持发展可以季节性、灵活性用工的劳动密集型产业和吸纳就业能力强的乡村企业，支持不需要长年连续性生产的企业在乡村兴办季节性生产车间。

四要大力推进农村创新创业，带动更多农民就近就地就业。一方面，加大一次性创业补贴力度，鼓励、支持有能力、有条件的外出农民工返乡创业；另一方面，通过减税降费等政策支持，吸引高校毕业生、城市各类人才下乡创业兴业。同时，加强农民职业技能培训和就业服务及相关政策支持，提高农民创业就业能力。

（三）完善政策制度，稳定农民转移性收入和财产性收入

首先，要进一步加大农业补贴等惠农富农政策力度，完善农村社会保障制度。在黑龙江省农民收入中，转移性收入增长幅度最大。2018年，黑龙江省农民人均转移净收入3 062元，高于农民工资性收入，是农民第二大收入来源。从增长情况来看，按当年价格计算，2018年农民转移净收入比2010年增长了3.5倍，远高于其他收入的增长幅度；从占比来看，2018年黑龙江省农民转移净收入占当年人均可支配收入22.2%，比2010年提高11.2个百分点，仅低于经营净收入占比。黑龙江省农民转移性收入及其占比较高，主要得益于黑龙江省农民因土地经营规模大而得到的国家政策性补贴增多、医疗费报销比例加大、转移性支出减少等因素。在这种情况下，增加黑龙江省农民收入，必须保持农民转移性收入稳定增长，至少要确保农民转移性收入不减少。对此，要坚定地贯彻落实农业农村优先发展方针，保持

好强农惠农富农政策的连续性稳定性，首先从省级层面加大农业补贴力度，同时积极争取国家加大对粮食主产区的利益补偿及相关政策倾斜。

其次，要深化农村改革和制度创新，增加农民财产性收入。农民财产性收入在农民可支配收入中占比最低。2018年，黑龙江省农民人均财产净收入679元，仅占其可支配收入的4.9％，虽然高于全国平均水平，但与发达地区相比有较大差距。究其原因，黑龙江省农民财产性收入来源比较单一，主要是转让承包土地经营权租金净收入，而农民个人金融资产收益、住房等非金融资产租金收益以及乡村集体经济组织财产性收益较少。这意味着，黑龙江省农民财产性收入具有增长空间，基本途径是深化农村改革，推进制度创新。一是有序规范农村承包土地经营权流转，鼓励、支持承包户土地向新型规模经营主体相对集中，增加土地承包户转让土地经营权的租金收入；二是要深化农村宅基地制度改革试点，积极盘活农村闲置宅基地和农房资源，增加宅基地及地上房屋的资产性收益；三是积极推进农村集体产权制度改革，扩大改革覆盖面，有序开展集体资产折股量化、股份合作制改革等工作，探索拓宽农村集体经济发展路径，发展壮大集体经济，增加农民集体性分红收入。

同时，要加快发展政策性农业保险，防范、减轻自然灾害和市场风险对农民增收造成的不利影响。针对黑龙江省是农业大省和粮食主产区的重要地位，根据农户土地等经营规模大、保险需求大、保费负担重等实际情况，黑龙江省应进一步加大政策扶持和财政补贴力度，并争取国家支持，拓宽财政补贴农业保险险种和范围，提高农业保险的保障水平，适当降低农户缴纳保费比例，加快建立农业保险大灾风险分散机制，积极推进农民收入保险试点，提升对农户的保险服务水平。

（四）进一步缩小城乡居民收入相对数差距，降低绝对数差距扩大程度

农民收入水平偏低，城乡居民收入差距较大，是新时代我国社会主要矛盾中不平衡不充分发展的一个重要表现，影响着全面建成小康社会的成色。要确保农村与城市同步全面建成小康社会并保证其成色，就必须在努力增加农民收入的基础上不断缩小城乡居民收入差距。

从全国来看，从2010年开始，农民收入增长速度超过城镇居民，城乡居民收入相对数差距逐年缩小，特别是2014年首次降至3∶1以下，2019年进一步降至2.64∶1。近年来，黑龙江省城乡居民收入相对数差距也呈逐步缩小趋势，并且差距程度低于全国平均水平。2009—2018年，黑龙江省城乡居民人均可支配收入相对数差距由2.41∶1降到2.11∶1。

但是，与发达国家城乡居民收入差距1.5：1的水平相比，相对于我国全面建成小康社会的要求来说，黑龙江省目前的城乡居民收入相对数差距还是较大。更重要的是，城乡居民收入的绝对数差距没有随着相对数差距缩小而减少，而是一直在逐年扩大。2009年黑龙江省城乡居民收入相对数差距最高，为2.41：1，此时的绝对数差距为7 359元，这个差距是当年农民人均纯收入的1.4倍；2019年城乡居民收入相对数差距缩小到2.07：1时，而绝对数差距则扩大到了15 963元，比2009年又增加了8 604元，扩大了1.2倍。只要城乡居民收入相对数差距不缩小到2：1以下，绝对数差距还会继续扩大。

面对这种形势，一方面，我们必须要继续努力加快农民收入增长速度，进一步缩小城乡居民收入相对数差距，争取尽快缩小至2：1以下；另一方面，也是更重要的，要努力降低城乡居民收入绝对数差距不断扩大的趋势和程度，争取使其能逐渐减少。应该说，实现这样的目标是不容易的，因为农民收入，尤其是黑龙江省农民作为主要来源的经营性收入，不像城镇居民工资性收入那样有正常刚性增长机制，受自然和市场风险等因素影响，在农产品价格下跌、因自然灾害而减产时，农民经营性收入还会出现减少。此外，还应该认识到，黑龙江省城乡居民收入差距低于全国平均水平，主要原因不是农民收入高的结果，而是城镇居民收入水平低造成的。2018年，黑龙江省城镇居民人均可支配收入29 191元，比全国平均水平低10 060元。为此，黑龙江省应该更好地贯彻协调发展新理念，加大力度完善促进农民收入增长的支持政策体系，建立农民持续较快增收的长效机制。

（本部分内容发表于《黑龙江日报》2020年3月27日，原文题目为"加快促进黑龙江省农民持续增收的思考"，作者：郭翔宇。）

三、促进农民富裕富足

进入"十四五"时期，在全面打赢脱贫攻坚战、全面建成小康社会的基础上，我国"三农"工作重点转入全面推进乡村振兴的新阶段。《中共黑龙江省委关于深入贯彻新发展理念加快融入新发展格局推进农业农村现代化实现新突破的决定》（简称《决定》）提出，要加快构建农民增收长效机制，促进农民富裕富足。

（一）推进农民收入加快增长，尽快达到并努力超过全国平均水平

增加农民收入，是"三农"工作的关键和中心任务；实现农民生活富裕，是实施乡村振兴战略的根本和主要目的。从黑龙江省农民收入水平及其变化来看，2016 年黑龙江省农民收入开始低于全国平均水平，2020 年黑龙江省农民人均可支配收入为 16 168 元，比全国平均水平低 963 元，仅相当于浙江省的一半，在 31 个省份中排第 18 位，这与农业大省地位不太相称。因此，黑龙江省应该把增加农民收入作为全面推进乡村振兴、实现农业农村现代化新突破的主要目标。《决定》明确提出，到 2025 年，黑龙江省农村居民人均可支配收入要达到全国平均水平以上。这是建成农业强省、推进农业农村现代化实现新突破最重要的综合性数量指标。

（二）大力拓宽农民增收渠道，不断优化农民收入结构

经过数据比对分析，黑龙江省农民收入在"十四五"期末要达到全国平均水平以上，需要在正常增长基础上每年多增收 200 元。为此，《决定》提出，实施农民增收"四项计划"，拓宽增收渠道，优化收入结构。

一要实施脱贫攻坚成果巩固拓展计划，防止脱贫人口返贫。《决定》提出，要扎实做好巩固拓展脱贫攻坚成果同乡村振兴有效衔接，严格落实过渡期内"四个不摘"要求，健全防止返贫动态监测和帮扶机制，建立易返贫致贫人口快速发现和响应机制，分层分类落实帮扶措施，坚决防止规模性返贫。

二要实施乡村产业富民计划，巩固提升农民经营性收入。在黑龙江省农民收入构成中，一直以经营性收入为主，2019 年为 7 196 元，占全部收入的48%，比全国平均水平多 1 436 元，高 12 个百分点。这主要是由黑龙江省农业资源丰富和经营规模大决定的，在较长时间内依然是农民增收的主要来源。《决定》提出，加快发展富民乡村产业，切实把产业链主体留在县域、把价值链增收主要留给农民。一方面，要提高农业生产经营集约化、规模化、组织化水平，促进农业生产节本增效、农产品优质优价；另一方面，要大力发展特色农业、设施农业、农产品产地初加工、农业生产性服务业和农村生活性服务业。

三要实施创业就业扶持计划，努力增加农民工资性收入。2019 年，黑龙江省农民工资性收入 3 330 元，仅相当于全国平均水平的一半；工资性收入占全部收入的比重为 22.2%，比全国平均水平低 18.9 个百分点。黑龙江省农民工资性收入水平偏低，既是当前农民收入总体水平偏低的主要原因，又是今后加快农民收入增长的潜力所在和最大空间。针对这种状况，《决定》提出，要改善农村创业创新生态，推进农民创业创新，实现农民充分就业。一方面，进一步推进农村富余劳动力转移就业，加快农村转移人口市民化进程；另一方面，对于农村务农人员，帮助其充分利用农闲季节的剩余劳动时间，创造更多的就地或就近就业机会。

四要实施改革赋能增收计划，增加农民财产性收入和转移性收入。《决定》提出，加快推进农业农村重点领域和关键环节改革，激发乡村资源要素活力，释放改革红利，促进农民增收。一方面，要深化农村土地制度改革，进一步激活土地要素，发展壮大新型农村集体经济，促进集体资产运营效益最大化，增加农民财产性收入；另一方面，要最大限度释放惠农富农政策效应，稳步提升农民转移性收入。同时，要加快发展政策性农业保险，推动农业保险提标、扩面、增品，开展主要粮食作物完全成本保险和收入保险试点，防范、减轻农民因自然灾害和市场风险而对收入的不利影响。

（三）逐步缩小城乡居民收入差距，促进城乡居民收入均衡化

2020 年，黑龙江省城乡居民收入相对数差距缩小至 1.92：1，首次降至 2：1 以下，且城乡居民收入绝对数差距也开始缩小。而全国的城乡居民收入相对数差距为 2.56：1，绝对数差距还在逐年扩大，只是扩大的幅度和速度在减弱。需要辩证分析的是，黑龙江省城乡居民收入差距小，主要原因不是农民收入高，而是城镇居民收入低。2020 年黑龙江省农民收入为全国平均水平的 94.3%，而城镇居民收入仅相当于全国平均水平的 71%。如果黑龙江省城镇居民收入也能达到全国平均水平的话，那么黑龙江省城乡居民收入差距可能还会进一步扩大。因此，"十四五"时期，黑龙江省在加快农民增收的基础上，一方面要进一步缩小城乡居民收入的相对数差距，另一方面还要继续缩小二者的绝对数差距，逐步实现城乡居民收入均衡化。

（本部分内容为智库首席专家郭翔宇于 2021 年 7 月 28 日接受《黑龙江日报》记者专访，原文题目为"实施增收'四项计划'，促进农民富裕富足"。）

第四节　全面推进乡村振兴的对策措施

一、实施乡村振兴战略的政策举措

（一）深化农村改革

当前，深化农村改革的重点举措，一是深化农村土地制度改革。改革的重点是完善承包地"三权"分置制度，就是在坚持农村土地集体所有权的前提下，使承包权和经营权分离，形成所有权、承包权、经营权三权分置，经营权流转的格局。"三权"分置的关键，是在稳定承包权的基础上放活经营权。中央在强调保持土地承包关系稳定并长久不变的基础上，第一次明确提出第二轮土地承包到期后再延长三十年，这不管对土地的原有承包者，还是对土地的实际经营者，都给他们吃了长效定心丸。二是深化农村集体产权制度改革。改革的核心是探索农村集体所有制经济的有效组织形式和实现方式，明晰集体产权，盘活集体资产，保障农民财产权益，有效增加农民的财产性收入，壮大乡村集体经济。

（二）加快推进农业现代化

推进农业现代化，首要任务是确保国家粮食安全，坚持确保谷物基本自给、口粮绝对安全的基本方针，要把中国人的饭碗牢牢端在自己手中，使自己的饭碗主要装自己生产的粮食。在抓手上，要构建现代农业生产体系、产业体系、经营体系，对于黑龙江省来说，要坚持现代化大农业发展方向，以大产业、大服务为主要内容加快构建现代农业产业体系，以大农机、大科技为主要手段加快构建现代农业生产体系，以大组织、大规模为主要途径，加快构建现代农业经营体系。在推进农业现代化过程中，要坚持深化农业供给侧结构性改革的主线，通过多层次的农业结构调整与优化，减少低效和无效供给，扩大有效供给，提高农业供给质量和效率，更好地满足消费者的多样化需求。在基本路径上，积极促进农村一二三产业融合发展，使农村一二三产业在同一农业经营主体下交叉融合，或者是在具有紧密利益联结机制的不同市场主体之间实现融合，实现农产品产加销、农工贸一体化，推进农业延长产业链，融入供应链，提升价值链，最终让农民更多地分享二三产业创造的价值增值和收益分配。

（三）实现小农户与现代农业有机衔接

实现小农户与现代农业有机衔接，可以把规模狭小、经营分散的小农户纳入农业现代化轨道，具体举措是发展多种形式适度规模经营，培育新型农业经营主体，重点是要健全农业社会化服务体系。在服务主体上，应建立以公共服务机构为依托、合作经济组织为基础、龙头企业为骨干、其他社会力量为补充的多元化服务体系；在服务内容上，应该提供农业生产资料供应、农产品加工销售、农业科技、农村金融、农业保险、农业信息等全方位的服务；在服务环节上，应该进行农业产前、产中、产后各个环节的全过程服务。当前，应重点加强基层公共服务机构为农民提供的公益性服务和农村合作经济组织为社员提供的自我服务。

（四）加强农村基层基础工作

一要健全乡村治理体系，通过"三治结合"，实现治理有效。二要培养"一懂两爱"的"三农"工作队伍。三要加强农村文化建设，实现乡风文明。要提高农村居民的思想觉悟、道德水准、文明素养，提高农村的文明程度。

四要加强农村生态文明建设，实现农村生态宜居。重点是要加强农业面源污染防治，开展农村人居环境整治行动，着力解决突出的农村环境问题；严格保护耕地，扩大轮作休耕试点，健全耕地草原休养生息制度，加大农村生态系统保护力度。

（五）坚决打赢脱贫攻坚战

按照我国现行标准，实现农村贫困人口脱贫，贫困县全部摘帽，解决区域性整体贫困，是实施乡村振兴战略第一步即到 2020 年必须确保完成的政治任务。我们党庄严承诺，要让贫困人口和贫困地区同全国一道进入全面小康社会。要坚持精准扶贫、精准脱贫，不能"手榴弹炸跳蚤"；要坚持中央统筹、省负总责、市县抓落实的工作机制，强化党政一把手负总责的责任制；要坚持大扶贫格局，注重扶贫同扶志、扶智相结合；要深入实施东西部扶贫协作，重点攻克深度贫困地区脱贫任务。特别强调，要做到脱真贫、真脱贫。

（本部分内容刊发于《智库专报》2017 年第 14 期，原文标题为"关于实施乡村振兴战略的思考与建议"，作者：郭翔宇。）

二、创新农村土地流转金融服务

党的十八届三中全会提出，加快构建新型农业经营体系，赋予农民更多财产权利，为深化农村改革指明了方向。黑龙江省作为"中国大粮仓"，拥有耕地 2 亿亩[①]，约占全国的九分之一。加快推进农业现代化，对促进黑龙江省农业生产、农民增收、就业转移和城镇化具有十分重要的意义。随着黑龙江省农村土地制度改革的深入，农村土地流转进程不断加快，将带动土地规模经营、农业经营主体创新、劳动力转移与城镇化同步推进。要围绕现代农业发展产生的新的金融需求，积极研究农村金融服务创新的政策措施，为农村土地流转和农业现代化提供更加有力的金融要素支撑。

（一）农村土地流转背景下的金融服务新需求

土地流转是促进农业规模化、集约化和机械化经营，实现农业现代化的基础条件。随着农村土地确权工作的深入，土地经营权逐渐进入抵押担保领域，将有效缓解涉农贷款抵押担保不足问题。特别是在推动农业规模化经营中形成的新型农业经营主体，将成为土地经营权抵押融资的新支点。一方面，农地产权制度清晰。新型农业经营主体是在农民自主自愿和稳定土地承

---

① 亩为非法定计量单位，1 亩≈667 平方米，下同。

包权的基础上，通过市场化原则引导农民将分散的承包土地经营权入股农场专业合作社，使其能够成为合法有效的承包土地经营权抵押主体，避免了家庭承包土地过小、过散、经营权价值偏低的问题。另一方面，成本投入需要金融跟进。新型农业经营主体为提升农业生产效率，需要进行高标准农田建设，包括土地平整、道路、桥梁、沟渠、大棚等基础设施建设需要投入大量成本，单靠政府财政投入和纯农业产出无法满足建设资金需求。对此，土地流转加快背景下农村金融服务需求将呈现四个新特点：一是金融需求多元化。土地流转后，农村金融需求主体也由原来的传统农户、个体工商户、乡镇企业等向种植养殖大户、农村专业合作组织、农业龙头企业、农村集体经济组织以及其他新型农业经营主体等多种现代农业需求主体转化，需求主体趋向多元化。其中，种植养殖大户、农村专业合作组织、农业龙头企业等成为土地流转后农村金融需求的主要部分。二是农贷额度大额化。土地逐步流向少数工商企业、农业生产合作社或农业大户手中，生产经营规模不断扩大，购买大型农机具、引进农业科学技术等事项使资金需求额度较单个传统农户的需求大大增加，由几千元发展到上万元、十几万元不等，贷款金额明显由小额分散向大额集中转变。三是农贷用途多样化。土地流转规模的扩大，传统农业生产逐步向综合发展的方向转变，生产性需求从原来单纯的种子、化肥、果苗等传统生产需求，向农产品加工、农产品流通储运、农资经营、商业、服务业等综合需求方面发展。因此，资金用途相应由土地流转前的消费和生产为主转向生产、消费、加工、创业和投资为主，资金用途呈现多样化。四是金融服务衍生化。农村土地流转的发展，催生了小额贷款公司和农村资金互助社等新型农村合作金融组织，农村信贷、保险、投资、债券、期货、票据、兑现、清算等衍生性金融服务需求日益增强，为农村金融机构提供服务的评级、担保、财务顾问等农村专业中介机构也应运而生，这都将对提高土地流转金融综合化服务产生积极影响。

（二）可供借鉴推广的农村土地流转金融服务模式

近年来，黑龙江省各地金融机构积极创新信贷产品，完善抵押担保体系，突破不合时宜的法律约束，充分利用金融杠杆促进土地流转整合，已经形成了一些行之有效的土地流转金融服务模式。一是土地流转合同＋农户联保模式。此模式借款人主要为种地大户。借款人以产权关系明晰的土地承包经营合同或土地流转合同作为抵押物向银行机构提出借款申请，银行机构进行审核后，经由村委会、乡（镇）经管站、农业农村局、农委四个部门对其权属真实性进行确认，之后与银行机构签订借款合同和抵押合同，同时引入

3～5户种地大户进行联保。二是"土地承包经营权＋四方协议＋公示＋（公证）"模式。借款人为农户和新型农业经营主体。借款人以土地承包经营合同、土地流转合同或土地承包经营权证作为抵押物向银行提出借款申请，经过银行审核通过，借款人、村委会、乡镇经管站、银行机构签订《资源抵押四方协议书》，银行机构将土地流转合同在土地所在村屯进行公示，公示后借款人与银行机构签订《土地承包经营权抵押合同》。肇源县农信社还增加公证环节，在公示后由县以上司法部门对土地流转合同进行公证。三是土地使用证抵押＋粮食直补折质押模式。此模式主要针对单个农户，以拥有土地使用证的个人承包土地为抵押，追加粮食补贴资金质押环节。借款人提出申请后，由村委会出具土地承包经营权证明，证明土地经营权真实并且权属清晰，借款人与银行机构签订《个人担保借款合同》《粮食补贴资金质押担保合同》，同时签订《土地流转及粮食补贴资金扣划协议书》。四是新型农业经营主体＋土地流转合同＋担保公司模式。此种模式贷款对象为参与土地流转的种植大户或农民专业合作社，土地流转合同作为一种反担保手段抵押给担保公司。土地流转合同的真实性由村委会、乡（镇）经管站、县经管站和主管副县长逐级审核确认，之后借款人将土地流转合同交付县经管站登记备案，反抵押给农业担保公司，农业担保公司为其提供贷款担保。五是土地承包经营权＋信托公司模式。此种模式贷款对象为从事土地规模化经营的公司或农民专业合作社等法人组织。该法人组织要具备土地规模化经营能力，并与农产品收储公司签订产品购销协议。借款人通过信托公司将土地承包经营权转化为信托资产，并以信托资产收益权作为抵押向银行申请贷款。六是土地流转平台融资模式。金融机构通过与县级农村土地流转经营服务中心，以及村级农村土地流转服务站实现对接，积极搭建土地流转融资平台，开展土地经营权转让和抵押登记。七是"土地经营权＋其他物权"综合抵押模式。针对农民专业合作社管理松散、缺乏有效抵质押物等问题，用合作社现有土地经营权作抵押。按国家规定的第二轮土地承包期限的剩余期限15年，每年每亩500元进行协议评估抵押，再用合作社的农机具、股东财产等其他资产作抵押，破解农民专业合作社融资难题。八是农村土地预期收益权抵押贷款模式。搭建农村土地预期收益权抵押价值认定和登记平台，由乡农经管理部门、村委会、贷款人和借款人综合考量所在区域种植品种近三年收益对土地预期收益价值评估后，报县农经总站审核并出具评估报告。县农经总站根据评估报告为借款人办理贷款抵押登记。各乡镇成立土地经营预期收益权抵押监管小组，对预期收益权抵押贷款全程监管，督促贷款人办理农业保险，由乡镇农经部门全程监管农民专业合作社财务收支，借款人粮食销售收入专户存储，严格管控贷款使用和粮食销售，实现贷款封闭运行。上述八种模式，有的可供参考借鉴，有的可因地制宜大力推广。

（三）制约农村土地流转金融服务创新的主要因素

土地集约化规模化经营，为盘活土地资源、实现农业生产经营主体顺畅融资提供了广阔空间，但在实际操作中存在以下制约因素需要解决：一是存在的法律风险。虽然党的十八届三中全会赋予农民对承包地占有、使用、收益、流转及承包经营权抵押、担保权能，允许承包土地的经营权向金融机构抵押融资，但这也只是有了政策支持，还需要人大依据相关政策修改《担保法》《土地承包法》和《物权法》，地方政府相关部门也需要尽早制定出台实施细则和规程。土地承包经营权抵押贷款法律保障条款修改滞后于党的政策，一旦土地经营权抵押贷款出现法律纠纷，司法部门肯定会以法律条款进行裁决而非依据相关政策。二是土地确权难度较大。虽然黑龙江省方正县等一些地区土地确权先行一步并取得实质成效，但是在实际操作中，土地确权登记难度很大。主要原因是土地承包责任制实施多年，其间经过不断地易主和边界的拓展，许多农户承包经营的土地在实地丈量中和签订合同的承包数量有很大出入，使确权过程中纠纷不断，这也是确权工作最大的障碍。三是办理抵押登记手续难。多数县级政府部门缺少土地经营权抵押登记评估交易服务机构，且尚无专业土地经营权价值评估机构和评估人员，没有相对独立的评估价值作参照，银行业机构难以准确认定土地承包经营权的实际价值。由于此类贷款业务刚刚起步，没有较成熟的模式可以借鉴，此类贷款的操作模式就兼备了农户小额信用贷款、土地抵押贷款、财产抵押贷款三种贷款业务的特点，因而涉及环节较多，手续也比较繁琐。四是"两权"抵押物变现难。"两权"的价值评估和产权流转的市场机制还不完善，其价值或价格难以确定，相应的流转中介组织不健全，导致变现能力差。土地承包经营权抵押贷款如果出现风险，借款人失去还款能力，金融机构只能寻求法律支持，通过再流转化解金融风险，但是在再次流转过程中存在变现难。农民住房财产抵押贷款如果出现风险，借款人失去还款能力，考虑农户居住问题，强制执行不符合和谐社会和农村稳定的政策要求，也存在收回抵押物及变现难问题。五是农业风险分散体系不健全。农业是易受自然灾害和市场风险影响的产业，具有高风险特征。在农业保险发展滞后、农业风险补偿机制尚未完善的情况下，开办土地承包经营权抵押贷款不确定性风险较大，农业风险可能派生出金融机构经营风险，一旦遭受不可预测的自然巨灾，土地承包经营权抵押贷款不能到期偿还，制约了土地经营权抵押贷款业务的推广。

（四）推广土地流转金融业务需要把握的关键环节

农村土地经营权抵押贷款是农村土地流转金融服务创新的核心业务，而有效推广复制农村土地经营权抵押贷款业务的关键在于能否在抵押合同操作层面控制住法律风险。目前，各涉农金融机构正在按照《黑龙江"两大平原"现代农业综合配套改革试验金融改革方案》和《黑龙江省农村土地经营权抵押贷款暂行办法》，积极探索推动土地承包经营权抵押贷款试点工作，但土地承包经营权流转期间基于经营权的附加权益的保护涉及的多个细节问题在合同中极易被忽视，容易引起权益纠纷。一是经营权流转后基于经营权的相应权益的受益人是否明确。若抵押合同中未明确经营权流转后基于经营权的粮食直补、农资综合补贴等补贴的享有人，或者经营权流转期间国家对补贴发放对象作出新的规定，经营权流出人与流入人之间极有可能因由谁享有政策补贴而产生权益纠纷。二是经营权流转期内流转价格波动过大时是否进行价格调整或补偿，以保护流转双方的合理利益。目前金融机构试点办理的经营权抵押贷款，多将每垧地（东北地区 1 垧合 15 亩，下同）旱田的贷款额度控制在 3 万元以内，按目前旱田的年流转价格为 3 500～4 500 元推算，若偿还 3 万元贷款的本金及利息需要经营权流转 7～10 年。因可能存在的流转期偏长，若流转期内流转价格波动过大极可能对流转双方的利益产生较大影响。三是抵押人抵押前是否同意经营权可进行再流转。抵押人无法按期偿还贷款时，金融机构作为抵押权人将通过流转抵押人的土地承包经营权获得权益保障，而经营权流入人在其获得经营权的期限内，也可能需要对经营权进行再流转。因此，对于抵押人在抵押合同中是否允许流入人再流转，及再流转产生的风险及权益分配问题，需要在抵押人进行抵押前进行明确。四是新的土地承包经营权登记信息变动是否会使现有权益人利益受损。2014年中央 1 号文件提出，用 5 年时间基本完成农村土地承包经营权确权登记颁证工作，妥善解决农户承包地块面积不准、四至不清等问题。虽然新的确权登记工作原则上不影响现有承包面积及年限，但面积不准、四至不清的承包地的地块、面积、空间位置等信息或发生变动。若承包地二轮合同面积与新的实测面积不符，将按公示后的实测面积据实登记。而实测面积的增减变动将会直接影响抵押人或抵押权人的利益。对此，应以完善抵押合同、避免法律纠纷为切入点，科学设计土地经营权抵押贷款业务体系。一是尽快推出《土地承包经营权抵押贷款合同（示范文本）》，提高抵押合同的法律效力与公平性。政府相关部门应利用掌握土地政策与相关法律的优势，依据《合同法》《农村土地承包法》《农村土地承包经营权证管理办法》等相关法律，制定包括协议书、专用条款、通用条款、补充协议等内容的《土地承包经营权抵押贷款合同（示范文本）》，将其作为规范抵押人与抵押权人签订抵押合同的建设性文本。对于经营权流转后相应权益的受益人、国家相关政策变更后已执行协议如何调整等问题，双方可在专用条款内或签订补充协议约定，最大程度保障抵押人与抵押权人能够公平地分担政策与法律风险。二是完善和规范土地承包经营权流转价格制定、调整和修正机制。鉴于当前土地承包经营权流转价格波动仍然较大，且流转年限有杠杆放大作用，应完善土地承包经营权流转价格制定、调整和修正机制。由当地政府根据当地近年市场价格、市场供求制定流转指导价格。对于流转年限超过一定期限的可采取约定调整时限和幅度、分时段确定流转价格等措施进行调整和修正，以保障流转主体能够规避市场风险及合理受益。三是明确经营权再流转权限及其衍生的细节问题以保障流转双方利益合法化。经营权抵押人与抵押权人签订合同时，先由抵押人向抵押权人出具《土地承包经营权流转委托书》，明确委托的事项、权限和期限等。并在抵押合同中就经营权流入人是否具有再流转权及相应权责分配、流入人是否可在流转期限内对经营权进行抵押、流出人是否具有再流转优先受让权及流出人提供合理经济偿还时是否可提前收回经营权等细节问题进行明确，以保障参与流转的双方利益合法化。四是结合政策预期科学合理设定可抵押的经营权流转年限。建议可抵押的经营权流转年限设定在 4 年内，即 2018 年前。一方面，有利于配合国家在预定时间内完成土地承包经营权确权登记颁证工作；另一方面，可预防因重新确权、登记信息变动引起抵押人权益变动，导致抵押人与抵押权人产生利益纠纷，同时也可以减少金融机构因权证变更与信息变动引发的管理风险。

（五）加快土地流转金融创新的配套政策措施

土地流转金融服务创新是个复杂系统工程，需要相关法律法规和配套政策措施给予全方位保障。一是加快土地法律修改进程。落实十八大报告关于农村土地改革的要求，抓紧启动立法程序，修订完善相关法律法规，在法律层面赋予农户享有相关土地权益，使以土地承包经营权进行资金融资的行为得到法律保障，维护农民和金融机构的合法权益。二是做好土地确权登记颁证工作。指定土地确权颁证机关，按照"集体所有，农地农用，不损害农民基本权益"的原则，开展确权及抵押登记工作。根据具体情况把土地所有权明确到户。完善承包经营权登记和承包经营权证书制度，以登记的方式公示，提高公信力，奠定农村土地金融制度创新及农村土地金融业务开展的产权基础。确定农户住房财产权利，使农户享有属于自己的宅基地使用权和住房财产权。三是完善价值专业评估机制。建立农村土地价值专业评估机制、设立专业评估机构、配备评估人员，出台评估管理、技术规范等有关法律和业务准则，对土地承包经营权价值进行评估，为农村金融机构开展土地承包经营权抵押贷款提供评估服务。统一估价标准，由县级某一政府部门负责出具承包土地经营权价值认定书。四是建立农村土地经营权流转市场。地方政府应在土地流转管理和服务上实施政策倾斜，组建土地流转服务中心，自主经营，自负盈亏。承担土地中介服务职能，为承包土地经营权流转市场提供中介服务，负责承包土地经营权证书的抵押登记、抵押注销等事项。五是建立土地经营权争议仲裁机制。明确仲裁机构和职责，协调供求双方有关事宜，落实契约关系，办理合同签证手续；对土地流转跟踪服务，调解纠纷，协调供求关系，维护土地所有者、承包者和经营者三方的合法权益等。六是加快农业担保机构建设。政府牵头组建和利用农村担保机构分担抵押贷款风险，依托农民专业合作社建立互助型的农业专业担保机构，由农村担保机构为抵（质）押贷款提供担保，实现贷款风险分散。七是构建全覆盖的农业保险体系。依托"政府与保险公司联办共保"模式，在法律法规的框架内开设土地承包经营权抵押贷款保险品种，以降低农村金融机构发放土地承包经营权抵押贷款的风险。八是强化多方协作与监管。商业银行与政府、农民专业合作社、农业产业化公司签订协议，保证承包土地经营权抵押贷款只能用于农业生产。财政局负责各类政府补贴资金在专项账户内封闭运作，农经站负责监督农业收益及时转入专用账户，确保承包土地经营权抵押贷款实现"农地农贷、农贷农用、农用农管、农管农收、农收农还"。

（本部分内容刊发于《决策建议》2014年第35期，原文题目为"农村土地流转金融服务创新问题研究"，作者：张启文等。）

三、加快发展新型农业经营主体保险

农业保险对农业规模化、集约化、产业化经营是个托底的保障，也是发展现代农业的配套措施。2015年11月，中办、国办联合印发《深化农村改革综合性实施方案》提出，要完善农业保险制度，扩大农业保险覆盖面，开发适合新型农业经营主体需求的保险品种，提高保障水平。这对进一步增强新型农业经营主体的抗风险能力、加速农业现代化进程具有重要意义。黑龙江省作为国家现代农业综合配套改革试验区，近年来新型农业经营主体发展明显加快，已经成为转变农业生产方式、增加农业收入、保障国家粮食安全的重要力量。随着新型农业经营主体的不断发展，其面临的各种风险因素相互交织，对农业保险的潜在和实际需求也就越来越迫切，亟待通过创新农业保险体制机制，为新型农业经营主体稳健发展提供保险支撑。

（一）加快发展新型农业经营主体保险的紧迫性

1. 新型农业经营主体较传统农户更需要农业保险

新型农业经营主体生产经营规模大、投资额度高、周期长，自然风险和市场风险大、潜在损失大。小规模传统农户即使全部绝收，损失也不是很大，而新型农业经营主体则完全不同，它们几乎把全部身家都押在农业规模经营上，一旦遭遇自然灾害或市场波动，打击可能是毁灭性的。如无保险为其发挥"稳定器"作用，受灾后短期内很难恢复元气，实现再生产。因此，新型农业经营主体通过农业保险分散化解风险的需求更为强烈。

2. 新型农业经营主体需要更高层次的保险服务

农业保险标的依然偏低，只保成本不保收益。同时，承保公司将新型农业经营主体视为普通农户，未将土地流转费用计入成本，发生严重灾害后得到的最高保险赔付金，常常还不够支付土地租金，对于新型经营主体来说，基本起不到抗风险作用。不少种养大户反映，大户产量一般较高，投入大风险更大，大户跟一家一户农民买同样的农业保险不划算，相对损失保险赔付额太低，应该相应提高保费、提高赔付率。因此，对普通农户和大户制定差异化农业保险政策，有利于增强政策的针对性和实用性，提高规模经营主体的抗风险能力，稳定粮食生产，促进土地流转和规模农业化生产。

3. 现有农业保险不能完全为新型农业经营主体托底

当前，农业保险发育依然不足，存在保险品种少、保障程度低等问题，不能满足新型农业经营主体快速增长的需求，迫切需要健全完善农业保险体系。新型农业经营主体热切期盼开发适应新型农业经营主体需要的保险产品，实现政策性农业保险由保成本向保产量保收益转变；期盼对新型农业经营主体实行独立承保和查勘理赔，简化理赔程序，规范操作、科学查勘、合理定损，做到快速理赔，全面提高政策性农业保险服务水平。政策性农业保险保障力度不够，不利于保护新型农业经营主体发展的积极性。

（二）加快发展新型农业经营主体保险的可行性

1. 政策导向有利于加快发展新型农业经营主体保险

党的十八大以来，从中央到地方，以前所未有的力度支持专业大户等新型农业经营主体。2014年4月，省政府出台《关于促进农业保险发展的若干意见》，提出要根据农业生产新型经营主体规模化发展的需要，为种养大户、家庭农场、农民专业合作社量身定做一揽子保险服务产品。2014年11月，省委办公厅、省政府办公厅联合下发《关于鼓励和扶持新型农业经营主体发展的意见》，改革创新农业补贴方式，政策性农业保险补贴重点向新型农业经营主体倾斜，支持保险机构适应新型农业经营主体保险需求。作为保险公司来说，加快发展新型农业经营主体保险是对中央和地方政策、精神的积极响应，也能借助政策支持为未来"三农"发展探索新路子。另外，随着政策对新型农业经营主体支持力度加大，新型农业经营主体将成为未来涉农保险的"蓝海"。

2. 新型农业经营主体规模经营特性有利于创新商业性农险

种养大户都是规模经营，作物、畜禽等往往品种比较统一，利于设计保险产品。同时，面向新型农业经营主体设立商业性农业保险，面对的目标群体相对较小，保险经营的项目或出售的保险产品其保险责任较窄，保险标的的损失概率较小，赔付率较低。由于集中连片种植，保险公司在承保、查勘、理赔等环节成本相对较低。随着农业保险推广进程的加快，它在防范和分散农业风险方面的优势逐步凸显，新型农业经营主体的农业大户、实体的参保积极性逐步提高。特别是种养大户往往是乡村中的能人或企业老板，他们一方面具有购买商业保险的经济实力，同时思想观念相对开放，具有现代市场意识，比较容易接受政策性与商业性混合保险或纯商业性农业保险。

（三）加快发展新型农业经营主体保险的政策建议

1. 改革创新农业保险发展体制机制

破解农业保险供求匹配难题，促进新型农业经营主体更好更快发展，需要进一步深化改革，不断创新制度和政策。继续沿着"扩面、提标、降费、增品、创新、监管"的工作思路，建立适合新型农业经营主体特征的专项农业保险制度，合理满足新型农业经营主体的保险需求，防范规模经营风险。通过税收减免、财政贴补等措施，鼓励商业性保险公司扩大对新型农业生产经营主体的保险覆盖面。创新农业保险险种，加大农业保险理赔力度，进一步提高保障能力。在商业保险不愿介入的领域，引入政策性农业保险，形成以政策性保险为导向、多层次的农业保险体系。实行差异化的农业保险扶持政策，把规模化设施农业以及大型农机具等纳入省级财政保险补贴覆盖范围，并加大补贴力度。提高省级财政对农业大县的农业保险保费补贴比例。探索建立政府支持的农业巨灾风险补偿基金，健全完善相关权益机制，逐步建立农业巨灾风险分散机制。

2. 加快推进农险产品和服务方式创新

一是农业保险提标。主要依据农业生产的直接物化成本和预期收益，积极研发保障水平相对较高、符合规模经营需求的农业保险产品，如种植业种植补充保险、产量保险、农产品价格指数保险等，逐步由保成本向保产量、保收益推进。在自愿的前提下，将新型农业经营主体的保额标准逐步提高到成本＋收益的 80％以上，由此产生的额外保费，由新型农业经营主体和财政共同承担。二是创新农业保险直接理赔方式。优化对专业合作社、种养大户、家庭农场等规模以上新型农业经营主体的保险服务，做到单独投保、单独开单、单独勘察、单独定损和单独理赔，缩短理赔时间，提高理赔效率。三是探索人性化保险服务方式。实行保险机构主动上门服务，把理赔审核周期缩短，为专业合作社、家庭农场等新型农业经营主体提供免费的市场、科技、气象、灾害信息和防灾减灾服务等，提高农险对新型农业经营主体保驾护航的综合功能。

（本部分内容刊发于《决策建议》2015 年第 29 期，原文题目为"关于加快发展新型农业经营主体保险的建议"，作者：张启文等。）

四、多维度提升农民数字金融素养

2022 年 5 月 6 日，中国社会科学院农村发展研究所与中国社会科学出版社联合发布的《中国乡村振兴综合调查研究报告 2021》指出，随着数字金融的飞速发展，农民的数字金融使用意识逐渐觉醒。但由于城乡"数字鸿沟"等因素的存在，还需多维度提升农民数字金融素养。

在数字经济时代，不论从乡村产业振兴还是从农民生活便利的角度，提升其数字金融意识都十分必要。当前，农村电商、创意农业、云农场、智慧乡村旅游等乡村数字经济新业态的发展，成为驱动乡村产业振兴的新动能。而乡村数字经济新业态能否繁荣发展，与农民数字金融素养密切相关。

一方面，发展乡村数字经济新业态，资金是必不可少的投入要素。因自有资金数量有限，农民需要通过融资获取发展所需资金。而数字金融在降低交易成本、增加信贷可得性、减少信息不对称方面具有显著优势。农民若利用好数字金融，则能以更低成本、更快速度获得贷款，进而快速响应并抓住市场机会，获取市场竞争优势。另一方面，发展乡村数字经济新业态，开通数字支付、转账等数字金融业务，可以为消费者提供便捷的数字支付服务。而农民数字金融意识增强后，可以利用汇集支付、融资、消费等多种功能的数字金融平台，进行缴费、购买生产生活所需物品、转账、理财等，这可以显著降低农民的生产生活成本与时间成本。

进一步提升农民数字金融素养，需多管齐下，稳妥施策。

要增强农民对数字金融的理性认知。整理数字金融相关信息，并以符合农民认知能力的方式呈现，让农民意识到数字金融的重要性和便利性。精准定位农民喜欢的电视剧、综艺节目、短视频等，将数字金融对乡村的重要性、便利性等信息以情节故事或游戏等方式展示给农民，使其直观感受数字金融为其生产、生活带来的好处，形成对数字金融的有用认知。同时，从农民信任的政府、村委会、银行等多种渠道发布数字金融使用等方面的详细信息。农民通过对比和判断从多种信息渠道获取的可验证信息，打消由于对数字金融不了解或者不信任而形成的排斥感。

要提升农民对数字金融特性产生的认知。低成本地获取支撑数字金融的工具，是农民数字金融易用认知形成的物质基础。政府需加大对乡村数字基础设施的投入力度，对农民购买电脑、手机等数字金融工具进行补贴，使其能在可接受价格内获取与数字金融相关的网络与工具。应根据农民既有的数字金融认知水平，设计与其需求相匹配且操作简单的数字金融产品，为农民使用数字金融提供实时在线、通俗有趣的客户服务，成为提升农民数字金融易用认知的关键。银行等数字金融提供主体要开发对口"三农"的数字金融产品和服务，提高数字金融产品的适用性、便利性和有效性。另外，政府、银行等还可以下乡开展数字金融知识、技能培训，提高农民数字金融知识储量与使用技能，从而进一步提升其数字金融素养。

（本部分内容发表于《经济日报》2022年6月13日，作者：郭珍。）

第五节 推进乡村振兴与新型城镇化协调发展

一、推进乡村振兴与新型城镇化协调发展

（一）乡村振兴与新型城镇化的相互关系

乡村振兴与新型城镇化战略之间，既存在着相互促进、相互支撑的紧密联系，也存在着潜在的冲突与矛盾。只有准确把握乡村振兴与新型城镇化之间的相互关系，才能做到科学谋划、精准施策，最大程度避免两大战略实施过程中产生资源要素争夺等冲突和矛盾，稳步推进两大战略协调发展。

1. 乡村振兴是新型城镇化的重要基础

（1）产业兴旺有利于促进就地就近城镇化。产业兴旺的关键在于推进农村一二三产业融合发展，进一步优化产业结构，强化县域产业布局。通过促

进乡村产业兴旺，做强做大县域主导产业、支柱产业，完善县域产业体系，能够为农业转移劳动力提供更多的就业岗位，推动农业转移劳动力就地就近就业，促进以人为载体的各类生产要素回归。

（2）生态宜居有利于推进小城镇建设。小城镇具有连接城市、服务乡村的重要作用，加强小城镇建设已成为两大战略实施的共同关注点。通过促进乡村生态宜居，为小城镇依托优质的生态资源和基础设施，发展休闲农业、观光旅游、生态养老等特色产业奠定了基础，有助于增强小城镇可持续发展能力。

（3）乡风文明有利于促进城乡文化融合。乡风文明蕴含丰富的文化内涵，是乡村振兴战略中最基本、最深沉、最持久的力量。乡风文明不仅强调对农耕文化、乡村传统文化的继承，也强调乡村文化与城市文化的互融共生、相互滋养，有助于以城乡文化融合，破解两大战略协调发展文化障碍。

（4）治理有效有利于推进城乡治理一体化。乡村治理有效包括效率、平等及稳定三个目标维度。推进乡村治理有效，促进农业生产效率提升，实现城乡社会保障与公共服务均等化，切实维护好农民权益，保障乡村社会和谐稳定，有助于推进城乡治理一体化，促进资源要素在城乡间合理流动。

（5）生活富裕有利于优化城乡人口结构。生活富裕的主体是农民。从"人"的角度看，乡村振兴与新型城镇化战略协调发展的关键点在于"宜城则城，宜乡则乡"。通过乡村振兴实现农民生活富裕，能够从物质基础上支撑农民进城安家落户，提升农民进城意愿，加快人口在城乡间合理流动。

2. 新型城镇化是乡村振兴的重要支撑

（1）新型城镇化有助于促进农业现代化水平的提升。2020 年黑龙江省土地适度规模经营比重占全省耕地面积的 60%，规模化经营水平仍有较大提升潜力。推动以"人"为核心的新型城镇化战略，吸纳更多农业转移劳动力进城，对农村耕地流转具有倒逼效应；同时，推动以"县"为载体的新型城镇化，促进县域产业集聚、要素集聚、人才集聚，能够有效衔接和推动乡村振兴。

（2）新型城镇化有助于促进农民发展能力提升。推动以"人"为核心的新型城镇化，需着力构建新生代农民工教育培训体系，提升农民工职业技能水平，提高农民工融入城市的能力素质。

（3）新型城镇化有助于增强乡村振兴合力。新型城镇化进程是"四化"同步发展的进程。对于乡村振兴战略而言，"四化"同步能够通过提供技术支持，促进农村一二三产业融合发展，创造巨大的农产品消费市场，促进农业现代化水平、农业生产效率与质量效益提升。

综上，乡村振兴与新型城镇化两大战略能够形成相互促进、相互支撑的协调发展格局，这也是国家实施两大战略的意图。但黑龙江省两大战略协调发展水平如何，还需进一步建立指标体系进行测算。

（二）乡村振兴与新型城镇化协调发展的问题分析

1. 乡村振兴资源要素匮乏

乡村振兴需要以人、地、钱等各类资源要素为支撑。在城镇化进程中，由于城市的虹吸效应，乡村各类资源要素长期单向流向城市。一是农村人口流失严重，农村老龄化现象突出，2010—2020 年黑龙江省农村人口减少603.788 2 万人，宜城则城、宜乡则乡的人口流动机制尚未形成；二是财政优先保障、金融重点倾斜、社会积极参与的投入格局尚未完全形成，乡村产业发展面临着资金约束；三是科技支撑机制体制不健全，乡村科技人才紧缺，城市科技人才下乡渠道有待进一步畅通。

2. 县域经济发展较为滞后

县域是城乡融合的重要切入点。与其他省份相比，黑龙江省县域经济存在着一系列突出的问题。一是县域经济总量不大。2020 年，黑龙江省县域地区生产总值为 6 075.8 亿元，仅相当于同时期昆山市（县级市）地区生产总值的 1.4 倍；二是县域产业结构不优，三次产业结构为 25.1：25.4：49.5，一产占比明显高于全国平均水平，更远远高于发达地区水平；三是发展质量不高，2020 年，全省县域地方税收占一般公共预算的比重仅为54.5%，全省靠转移支付的县达到 53 个，占比高达 79.1%；四是民营经济偏弱，2020 年，全省民营经济占比仅为 50% 左右，而很多省份民营经济占比早已达到 70% 左右。

3. 乡村振兴与新型城镇化主体建设亟待加强

乡村振兴的主体是农民，新型城镇化是农业转移人口的城镇化，加强主体建设，提升主体能力实现是乡村振兴与新型城镇化协同发展的关键。在劳动力质量上，当前黑龙江省面临着农民受教育水平低、农民工职业技术水平低等问题。2019 年黑龙江省农村人口高中及以上学历占比为 11.8%，低于全国平均水平。同时，进入城市的农民工由于文化和技术水平有限，无法从事专业性较强的工作，工资水平低，2020 年，黑龙江省农民人均工资性收入 3 152 元，比全国平均水平低 3 822 元。工资性收入占黑龙江省农民可支配收入的 19.5%，比全国平均水平低 21 个百分点。

（三）乡村振兴与新型城镇化协调发展的基本思路

实现两大战略协调发展，需准确把握两大战略的契合点，坚持以"人"为核心，以"县"为重要切入点，以产业结构升级与布局优化为引领，从制度设计、政策安排等方面，保证两大战略相向而行。

1. 坚持以乡村振兴为基点，明晰两大战略协调发展实践逻辑

推动城乡融合发展，构建"双轮驱动"发展格局，首要的是解决乡村发展问题，在两大战略中乡村振兴战略具基础性、全局性、紧迫性，而新型城镇化战略则更具支撑性与延续性。推进二者协调发展，应坚持以全面推进乡村振兴为基点，坚持农业农村优先发展，而新型城镇化战略的实施则要更好地支持乡村振兴。

2. 坚持有效市场与有为政府相统一，增强两大战略协调发展合力

乡村振兴与新型城镇化两大战略的实施，既需要强化政府主体作用，也需要充分发挥市场在资源配置中的基础性作用，两大战略的协调发展兼具政治属性和经济属性。在推进黑龙江省乡村振兴与新型城镇化战略协调发展过程中，必须正确处理政府与市场的关系，合理确定市场与政府的权能边界，实现有效市场与有为政府的相互协调与支撑。

3. 坚持以县为切入点，明确两大战略协调发展重要载体

县域兴则全省兴，县域产业与经济发展构成全省经济高质量发展的基石。城镇化快速发展，一定程度上激发了内需潜力，但也导致了乡村资源要素外流问题。因此，推进乡村振兴与新型城镇化协调发展，要坚持以县作为重要切入点，加快县域内城乡融合，促进县域资源要素集聚、产业集聚，辐射带动乡村振兴。

4. 坚持以产业建设为引领，打造两大战略协调发展引擎

县域产业发展是推动农村一二三产业融合发展，实现农业转移人口就地就近城镇化的关键。推进乡村振兴与新型城镇化协调发展，应高度重视县域产业发展引擎效应，着力加强县域产业发展软环境与硬环境建设。应立足县域资源特色，大力发展县域主导产业，以产业发展驱动乡村振兴与新型城镇化协调发展。

5. 坚持以机制建设为保障，激活两大战略协调发展内生动力

乡村振兴与新型城镇化是干出来的，干得实不实、好不好，关系到黑龙江省广大农民群众的福祉，关系到黑龙江省能否借助两大战略实施的历史机遇期，迅速夯实长期发展基础。因此，要加快构建严格的监管机制、科学的评价机制、有效的激励机制，规范相关主体行为，激活两大战略协调发展的内生动力。

（四）乡村振兴与新型城镇化协调发展的对策选择

1. 巩固拓展脱贫攻坚成果，筑牢乡村振兴的前提基础

"十三五"期间，黑龙江省现行标准下 20 个国家级贫困县、8 个省级贫困县全部摘帽，1 778 个贫困村全部出列，但同时，黑龙江省脱贫地区乡村产业发展水平滞后，脱贫人口中存在大量半劳动能力、弱劳动能力和完全丧失劳动能力人口，巩固拓展脱贫攻坚成果、防止规模性返贫任务仍然十分艰巨。因此，推进乡村振兴与新兴城镇化协调发展，要严格落实好过渡期内"四个不摘"要求；健全防止返贫动态监测和帮扶机制；做大做强脱贫地区特色产业，带动农户创业致富，产业致富；健全乡村就业公共服务体系，促进脱贫人口充分就业；运用好政策采购政策，进一步加强产销对接和消费帮扶；把符合条件的丧失劳动能力脱贫人口纳入农村低保或特困人员救助范围。

2. 全面加强乡村基础设施建设，加快补齐农村基础设施短板

基础设施建设是乡村振兴的保障。适应黑龙江省农业现代化发展需求，积极开展生产性基础设施建设及老旧基础设施改造。积极争取国家重大工程、重大项目支持，推动建设一批强基础、增功能、利长远的农业生产性基础设施；适应电子商务等乡村新产业、新业态发展需求，开展县、乡、村仓储冷链物流设施、千兆网、5G 通信等基础设施建设；实施差异化村庄建设策略，将人口较为集中，产业发展潜力较大的乡（镇）、村作为重点建设目标，全面加强基础设施建设，将其建设为具有吸引力、整合力的产业集聚区和生活功能区。对于小、散、偏的村庄，要引导农户有序向中心乡（镇）和中心村转移，一定时期内仍有必要投资建设的，坚持适度原则，避免永久性建设投入。

3. 促进县域产业体系建设，重点推进就地就近就业

县域城乡融合，产业是关键。一要坚持错位发展思路，构建多元化发展格局。依据地理位置、产业基础、自然资源条件等指导和支持各地市、县进行区域主打产业规划，构架黑龙江省生态富农、沿边开发开放富农、绿色食品产业富农、劳务输出富农、特色种养业富农等多元化县域产业发展格局。二要加强市场主体培育。积极培育和引进龙头企业，推动和引导一批龙头骨干企业到县域落户设厂，打造县域产业发展引擎。三要完善县域产业体系。抓紧制定并出台黑龙江省县域中小微企业发展指导性意见和扶持政策，有序推进个转企、小升规、规改股、股上市。四要强化条件保障。加强县域产业园区建设，用好、用足金融支持、财政补贴、税费减免等支持政策，扶持打造一批扎根县域的"小而美"企业。

4. 提升县域基础设施和公共服务水平，避免县域"城市病"的发生

推进就地就近城镇化。一要加强县城建设规划。将县城建设规划纳入到乡村振兴与新型城镇化战略协调发展中统筹谋划，要科学研判本地区产业发展、农业转移人口进城安家落户等的发展趋势，有序推动县级教育、医疗卫生、道路交通等公共基础设施提质扩容。二要加大政策支持力度。着力破解制约农业转移人口进城安家落户的就业、住房、子女入学等关键问题。增加县城内针对农业转移人口的经济适用房、廉租房、公共租赁房等过渡性、保障性住房供给。积极推动县城教育资源提质扩容，弱化按房入学导向，强化成绩优先导向，推动优质教育资源更多覆盖农业转移人口随迁子女。三要提升县城治理能力和公共服务水平。采取县、乡人才队伍一体化建设思路，通过定向培养、选调生、专业人才引进、县、乡、村人才定期交流等办法，壮大县域人才队伍，以"人"兴提升县城治理能力。四要强化精准服务理念。针对农业转移人口，突出普惠性、基础性，围绕"幼有所育、学有所教、劳有所得、病有所医、住有所居"提供精准化服务。

5. 统筹高素质农民和新生代农民工培育，促进人的全面发展

无论是乡村振兴，还是新型城镇化，其核心都在于"人"。统筹高素质农民和新生代农民工教育培训，是实现"宜农则农、宜工则工、宜城则城、宜乡则乡"的关键。一要推动高素质农民培养、评价和认定体系。要有序开展家庭农场主、农民合作社负责人、种养能手、乡村职业经理人、乡村电商等人才培养认定，通过职业素养提升、等级认定、持证上岗等举措，让高素质农民实现高质量就业，把优秀乡土人才留在乡村、留在农业领域。二要建立新生代农民工职业技能教育培训、评价和认定体系。工资性收入是黑龙江省农民收入的短板。2020 年，黑龙江省农民人均工资性收入 3 152 元，比全国平均水平低 3 822 元；占黑龙江省农民可支配收入的 19.5%，比全国平均水平低 21 个百分点。提高黑龙江省农民工资性收入，要着力提高外出务工农民职业技能，增加其单位时间劳动报酬。

6. 创新"评、奖、管"相结合的监管与激励机制，发挥政策导向作用

科学有效的评价机制、奖励机制、监管机制，对于两大战略协调发展具有"指挥棒"效应。一要积极探索乡村振兴与新型城镇化协调发展第三方评价机制。面向高校、科研院所、学术团体等社会组织，通过竞标方式引入第三方评价主体，构建"第三方评价＋上级党委和政府评价""数字化评价＋

实地评价"相结合的评价机制。二要积极推广"以奖代补"机制。将县、乡、村作为主要奖励对象，对推动乡村振兴与新型城镇化协调发展措施得力、成效显著的主体，加大奖励力度。同时，综合考虑各地资源禀赋、发展基础等差异，从发展速度角度进行科学评价，对起点低但发展快的地区，考虑设置进步奖，通过财政奖励给予充分认可和支持。

7. 增强"借力发展"意识，在协同协作中增强发展动能

一要积极争取国家政策、项目和资金支持。围绕乡村振兴与新型城镇化战略的实施，党中央、国务院及国家发展改革委、农业农村部等制定出台了一系列重大规划及配套支持政策。黑龙江省应深入研究相关政策，积极争取国家支持。二要加强省域间协同协作。经济高质量发展、构建双循环新发展格局，蕴含着产业结构、产业布局的调整升级。黑龙江省应充分利用有利契机，主动与经济发达省份对接，以县域为主要载体，积极引入、承接经济发达地区劳动密集型产业和加工组装产业，尽快改变黑龙江省县域产业发展滞后、就地就近城镇化缺乏产业支撑的现状。三要加强黑龙江省县域间协同协作。进一步打破县级行政区划束缚，将县域经济定位放到更大的区域中去，从全省层面加强县域产业发展宏观规划，畅通县域间资源要素流通渠道，实现县域间资源优势互补，形成县域间产业相互衔接与支撑。

（本部分内容为黑龙江省社科基金项目"黑龙江省乡村振兴与新型城镇化协调发展研究"的政策建议报告，2021年7月，作者：宋志彬。）

二、推进新型城镇化发展

（一）以农业现代化助推新型城镇化发展的现状

黑龙江省拥有城镇人口2 284.5万人、常住人口城镇化率达到60.9%，全省城镇常住居民人均可支配收入为30 945元、城镇常住居民人均生活消费支出为22 165元。当前，黑龙江省新型城镇化正处于有序推进时期，逐步成为扩大黑龙江省内需的主要动力，为供给侧改革提供了重要平台。但黑龙江省新型城镇化在快速推进过程中仍存在农民市民化任务繁重、城镇发展特色不足以及城乡二元结构矛盾尚存等问题有待解决。

黑龙江省作为农业大省，拥有得天独厚的农业资源和地域禀赋，机械化耕作率、良种覆盖率以及规模化经营程度均排在全国前列。黑龙江省农业现代化发展在保障国家粮食安全的同时，也为新型城镇化作出了产品贡献、要素贡献和市场贡献，有效缓解了新型城镇化进程中存在的各类矛盾和问题。但当前黑龙江省农业发展仍存在产业大而不强、产品多而不优、科技支撑不

足以及农地流转进程缓慢等问题，极大限制了农业现代化对新型城镇化发展的推动作用。因此，黑龙江省"十四五"时期要深入贯彻党中央、国务院提出的"新型城镇化要找准着力点"精神，转变新型城镇化发展思路，优先发展农业现代化，并以此作为着力点推进黑龙江省新型城镇化发展。

（二）以农业现代化为着力点推进新型城镇化发展的对策

一是加强农业科学技术武装，推动农业节本增效提质。黑龙江省"十四五"时期要践行科技兴农、科技助农，巩固提升黑龙江省国家粮食安全"压舱石"地位，释放更多农村劳动力助力新型城镇化。①推进种业技术研发与创新。加强种质资源保护和种子库建设，合理有序推进生物育种产业化应用，支持开展种源"卡脖子"技术攻关，培育推广优良种子。②加强对"国家耕地大熊猫"黑土地的保护。认真落实《黑龙江省耕地保护条例》的任务要求，加快实施《黑龙江省黑土耕地保护三年行动计划（2018—2020年)》，继续培育黑土地保护利用试点，用科技推动农业减肥增绿，提高黑土地质量等级。③加快绿色农业、数字农业和智慧农业建设。推进黑龙江省农业资源统计数据平台建设，增强农业信息化程度。将遥感、物联网和自动化等技术融入黑龙江省农业生产中，提高农业主产区"无人化"耕作程度。坚持农业科技自立自强，为黑龙江省新型城镇化提供充足的物质基础和劳动力保障。

二是立足特色资源推进产业融合，缩小城乡差距。"十四五"时期要依托黑龙江省农业资源和地域禀赋发展乡村产业，扩大农民转移就业人口规模，增加农民市民化资本投入。一方面，继续推进农产品加工产业建设。以生态保护红线和永久基本农田为准线，在黑木耳、山麻等优势特色农产品主产区、粮食生产功能区以及重要农产品生产保护区合理布局原料基地和烘干仓储初加工基地，支持大宗农产品主产区重点发展粮油棉等农产品精深加工产业，按照国务院关于"更大规模减税降费"部署安排，减免涉农企业税负，引导农村富余劳动力在当地农产品加工区就业和创业。另一方面，培育发展生态文化旅游产业。规范推进黑龙江省12个国家级特色小镇和运动休闲特色小镇建设，发挥各区域大湿地、大森林和大冰雪等地域优势，培育一批旅游特色小镇和旅游度假区，打造特色生态旅游产业。依托农业资源优势引领产业集聚、加快三产融合，吸纳剩余农业劳动力，逐步实现生产性人口聚集向生活性人口聚集的转变。

三是强化乡村治理体系建设，提高农村公共服务质量。新农村建设是农业现代化的依托，也是新型城镇化在乡村社会的表征，"十四五"时期黑龙江省要加快补齐农村建设短板，完善乡村宜居宜业建设。一要深入贯彻农村基本经营制度变革。发挥集体经营、合作经营以及企业经营在对接市场、引入现代生产要素和创新经营模式等方面的比较优势，为黑龙江省新型城镇化发展提供市场要素。二要明晰农村各类资产权属。尽快完成农户家庭承包经营土地、农村宅基地和农家房产的确权颁证工作，建立规范统一的农村土地经营权流转交易市场和农村建设用地市场，扩大城市建设用地规模，提升农户资产性收入，为其"带资进城"提供保障。三要着力改善农村人居环境。统筹推进城乡基础设施建设联动发展，加强排水、电力等基础设施以及医疗、教育等公共服务建设，推进全省美丽乡村建设，消融城市与农村地域边缘差距。加快现代化农村建设，畅通要素在城乡间的双向流动，为黑龙江省新型城镇化建设提供土地要素和社会服务保障。

（本部分内容刊发于《智库专报》2021年第1期，原文题目为"'十四五'时期以农业现代化为着力点推进黑龙江省新型城镇化发展的对策建议"，作者：刘畅。）

三、促进农业转移人口市民化

（一）提高农业转移人口市民化质量

中共黑龙江省委十二届九次全会审议通过的《中共黑龙江省委关于深入贯彻新发展理念　加快融入新发展格局　推进农业农村现代化实现新突破的决定》提出：协同推进乡村振兴战略和新型城镇化战略实施，以建立健全"五项机制"为着力点，加快形成工农互促、城乡互补、协调发展、共同繁荣的新型工农城乡关系，其中，健全农业转移人口市民化机制居于"五项机制"的首位。

1. 正确把握农业转移人口市民化的内涵与条件

农业转移人口有两方面的含义：一是指从农村转移到城镇的人口，二是指从农业转移到非农产业的人口。前者强调地域空间上的转移，后者强调从业领域上的转移。从构成上看，无论是地域上还是从业领域上转移的农业人口，其主体主要是指进城务工经商人员及其随迁家属。

农业转移人口市民化既是一个过程，又是一个结果，是指农业转移人口在取得城镇户籍的基础上，在政治权利、劳动就业、社会保障、公共服务等方面享受城镇居民同等待遇，并在思想观念、社会认同、生活方式等方面逐步融入城市。根据这一定义，实现农业转移人口市民化有这样几个条件：一是取得城镇户籍；二是享受与城镇居民同等的待遇；三是全面融入城市生活。

2. 充分认识提高农业转移人口市民化质量的重大意义

提高农业转移人口市民化质量是坚持以人民为中心发展理念的鲜明体现，是促进新型城镇化战略与乡村振兴战略协同发展的要求。一方面，健全农业转移人口市民化机制，提高农业转移人口市民化质量，就是要着力解决部分农业转移人口进入城市后面临的收入低、保障弱、融入难等问题，让进城农民真正过上好日子。另一方面，宜农则农、宜工则工、宜城则城、宜乡则乡是农业农村现代化的一个重要方向。通过健全农业转移人口市民化机制，促进更多的农业转移人口在城市落户就业，能够有效促进土地流转和适度规模经营，提高农民收入水平和生活质量，拉动内需和扩大消费潜能。

3. 提高农业转移人口市民化质量的具体部署

《决定》围绕健全农业转移人口市民化机制，提高农业转移人口市民化质量，重点围绕三个方面进行部署。

一是深化户籍制度改革，全面取消城市落户限制政策。获得城镇户籍是农业转移人口获得身份认同、享受相关待遇保障的前提。到 2020 年底，黑龙江省户籍人口城镇化率为 50%，而常住人口城镇化率为 60.9%，也就是说还有相当多的一部分城镇常住人口没有取得城镇户籍。按照《决定》部署，全省所有大中小城市，要全部取消落户限制。

二是促进城镇基本公共服务提质扩面。城镇基本公共服务要覆盖未落户常住人口，有条件的地区要将未落户常住人口纳入普惠性学前教育保障范围。也就是要保障未落户常住人口的适龄随迁子女以流入地公办幼儿园和普惠性民办幼儿园为主接受学前教育。简化社保转移接续程序。通过提供更加便捷高效的服务，保证进城农民的养老、医疗等待遇得到充分保障；同时，充分考虑到进城农业转移人口购房难的突出问题，《决定》还提出，要将符合条件的进城落户农业转移人口纳入当地住房保障范围，符合公租房申请条件的人员可在当地申请公租房实物配租。

三是强化农民权益保障，推进农民带权进城。《决定》提出：要保障进城落户农民土地承包权、宅基地使用权、集体收益分配权。探索农村承包地、宅基地依法自愿有偿退出机制。

（本部分内容为中共黑龙江省委十二届九次全会精神宣讲报告，2022 年1 月 15 日"学习强国"黑龙江学习平台发布，作者：宋志彬。）

（二）细化农业转移人口市民化激励政策

完善财政转移支付和城镇新增建设用地规模与农业转移人口市民化挂钩政策，这是此前发布的《中共中央国务院关于加快建设全国统一大市场的意见》提出的一个重要政策着力点。这为人口流入地政府推进农业转移人口市民化提供了激励，为有能力在城镇稳定就业和生活的农业转移人口举家进城落户提供了有力的政策支持。

推进农业转移人口市民化，是新型城镇化的重要任务。农业转移人口市民化并非简单的市民身份获取问题，更为重要的是农业转移人口应享有所在城市提供的保障性住房、子女教育、医疗卫生等基本公共服务，能在城镇安居乐业、平等分享城市发展成果。基本公共服务由地方政府主导提供，人口流入地政府需要为农业转移人口市民化负担相应成本，这在一定程度上抑制了人口流入地政府推动农业转移人口市民化的积极性。提高农业转移人口市民化的速度和质量，一方面需提升人口流入地政府吸纳农业转移人口落户的收益，另一方面需有效降低人口流入地政府为农业转移人口提供基本公共服务的成本，这样才能更好激发人口流入地政府吸纳农业转移人口的内在动力。

进一步而言，各类城市根据资源环境承载能力和经济社会发展实际需求吸纳农业转移人口，有利于实现人口、土地、产业在城市空间的有机耦合，提升整个社会的资源配置效率。不过，在实际操作中，还需进一步细化农业转移人口市民化激励机制。

其一，要加大农业转移人口市民化因素在财政转移支付中的分配权重。应使财政转移支付与人口流动的方向一致，切实降低人口流入地政府提供跟外来人口增长相适应的教育、保障性住房等公共服务的负担，进一步调动人口流入地政府推动农业转移人口市民化的积极性。

其二，要完善规则，更科学分配新增建设用地指标。将城镇新增建设用地规模与农业转移人口市民化挂钩，使建设用地指标的流向与人口跨地区流动的方向一致，经济活力较强地区获得更多的建设用地指标，从而更为集聚高效地发展经济，获得可持续的税收收入，这对于经济活力较强地区吸纳农业转移人口而言是强激励。应通过建设用地指标分配制度创新，激励人口流入地政府吸纳农业转移人口，实现数量与质量并重的农业转移人口市民化。

其三，要赋予农业转移人口更多的选择权。应通过购买城乡建设用地增减挂钩节余指标、补充耕地指标等方式完成耕地保护任务。购买耕地指标需支付较高费用，将拉低人口流入地政府由建设用地指标增加带来的收益增量，这可能减弱人口流入地政府推进农业转移人口市民化的动力。可考虑赋予农业转移人口土地权益交易选择权，降低人口流入地政府购买耕地指标方面的支出。

（本部分内容发表于《经济日报》2022年7月12日，作者：郭珍。）

四、构建"全链条"式农民工就业工作机制

《黑龙江省国民经济和社会发展第十四个五年规划和二〇三五年远景目标纲要》指出："着力提高低收入群体收入，以农民工、新型职业农民、大学毕业生等为重点壮大中等收入群体。"2016—2019 年，黑龙江省年均农业劳动力转移数量为 582.6 万，农业转移劳动力年人均务工收入为 15 194 元。据《中国农村统计年鉴》显示，2019 年全国农民人均可支配收入中工资性收入占比 41.1%，而黑龙江省仅为 22.2%，排名全国第 30 位（数据统计不含香港、澳门、台湾）。课题组研究认为，黑龙江省农民工资性收入增长潜力巨大，激活这一潜力，关键在于构建起环环相扣的"全链条"式工作机制，进一步增强农民工就业工作的系统性、实效性。

（一）构建黑龙江省"全链条"式农民工就业工作机制的必要性

1. 有助于促进农民增收，契合"提低扩中"收入分配目标

农民工群体是黑龙江省"十四五"期间提高低收入群体收入、壮大中等收入群体的重点人群之一。通过构建黑龙江省"全链条"式农民工就业工作机制，有助于破解黑龙江省农民工面临的就业信息不畅、劳动技能不强、劳务输出组织化程度不高等突出问题，最大限度减少黑龙江省农民剩余劳动时间，提升单位时间劳动报酬，促进黑龙江省农民工充分就业、高质量就业和较快增收。

2. 有助于促进农地适度规模经营，契合现代农业发展目标

农业劳动力转移可以相对较长时间、较为稳定地将土地流转给种植户，推进土地适度规模经营。其关键在于已转移劳动力是否能够稳定就业和稳步增收。通过构建"全链条"式农民工就业工作机制，帮助离地农民实现更加稳定、质量更高的就业，就能促使其在相对较长时间内进行土地流转，实现农村土地适度规模经营。

3. 有助于促进农民职业化，契合新型城镇化发展目标

"宜农则农、宜工则工、宜城则城、宜乡则乡"是新型城镇化高质量发展的重要体现。随着规模化经营发展、现代生产技术和设施设备等在农业生产领域的广泛应用，黑龙江省农村劳动力资源将被进一步释放。通过构建"全链条"式农民工就业工作机制，有助于促进农民职业分化，形成长期稳定的职业化农民工群体，提升农民工在城镇就业安家的意愿和能力。

（二）构建黑龙江省"全链条"式农民工就业工作机制的主要对策

1. 提高农民工就业工作信息化建设水平

信息对称是实现农民工"就快业、就好业"的关键。目前，黑龙江省农

民工就业过程中求职与用工信息不对称的问题较为突出，就业更多依靠熟人间相互介绍，导致部分农民工劳动时间浪费、影响收入增长，尤其是兼业型农民工农闲季节短期性务工就业难的现象较为突出。建议黑龙江省各级人社部门充分利用互联网技术，开发集用工信息发布、求职信息采集、相关政策宣传、维权问题反馈等功能于一体的农民工就业信息服务平台。依托信息服务平台，通过手机终端，为黑龙江省农民工提供常态化、全覆盖式就业信息服务。

2. 加强农民工职业技能培训与认证工作

职业技能水平低、不能持证上岗，已成为影响黑龙江省农民工就业增收的重要因素。以省内就业为例，持有焊工、电工等职业技能证书且具有相应技能的务工人员，其日工资为 300 元左右；具有实际技能但不具职业技能证书的务工人员，日工资为 200 元左右；而劳动技能水平低、单纯从事体力劳动的务工人员，日工资只有 150 元左右。建议黑龙江省顺应劳动力市场变化需求，加强农民工职业技能培训与认证工作，力争"十四五"时期，每县（市、区）至少建设一处职业技能培训基地。积极探索市场化路径，支持劳务输出、职业技能培训等企业开展有偿培训活动。县级人社部门应充分发挥服务职能，面向农民工组织开展认证服务。

3. 推进区域性劳务品牌建设

加强劳务品牌建设，是实现劳务输出向技能输出转变、人力资本向人才资本转变的关键，有助于整合区域内富余劳动力资源，实现农民工就业与专业化培训、组织化输出和市场化发展有机衔接，进一步提高劳动附加值。建议黑龙江省进一步加大对劳务品牌建设工作的重视程度，建立省市层面推动、县级抓落实的工作机制，试行"带头人"制，通过硬件支持、财政支持、金融支持等手段，支持乡村种养能手、乡村工匠、下乡返乡创业人员等组建行业协会、注册劳务公司，促进区域性劳务品牌建设，实现农民工抱团发展和团队输出，提升黑龙江省农民工在劳务市场中的竞争力。

4. 提升农民工组织化就业工作能力

黑龙江省农民工外出务工仍具有明显的自发性特征，个体化、家庭式、小团队就业仍是劳务输出的主要形式。建议黑龙江省将农民工组织化就业作为一项重要的政府公共服务职能，以组织化输出促进农民工充分就业。一要实现农民工就业市场开发组织化。相关职能部门应与用工大省、用工企业建立常态化合作机制，为黑龙江省农民工提供相对稳定的就业基地。二要实现农民工管理组织化。依托信息化平台建设，实行农民工就业与失业人员户口所在地备案登记制度，及时掌握农民工就业动态，针对性提供就业服务。三要实现农民工权益维护组织化。农民工在权益维护中处于弱势地位，相关职能部门应进一步畅通信息反馈渠道，当好农民工"娘家人"，为农民工维护自身正当权益提供坚强后盾。

（本部分内容刊发于《社科成果要报》2021年第20期，原文题目为"关于黑龙江省构建'全链条'式农民工就业工作机制的对策建议"，作者：宋志彬。）

第二章

加快推进农业农村现代化

实现农业农村现代化，是实施乡村振兴战略的总目标。习近平总书记强调，要坚持农业现代化和农村现代化一体设计、一并推进，实现农业大国向农业强国跨越。党的二十大提出了加快建设农业强国的目标，其基本要求是实现农业现代化。农业现代化，关键在于农业科技现代化，要加快推进农业科技创新，完善农业社会化服务体系，加快推进农田水利等基础设施建设。

第一节　推进农业农村现代化的意义与目标

一、准确把握农业农村现代化的内涵与评价标准

2021 年中央 1 号文件《中共中央国务院关于全面推进乡村振兴加快农业农村现代化的意见》提出，要把全面推进乡村振兴作为一项重大任务，举全党全社会之力加快农业农村现代化，到 2025 年取得重要进展。在加快推进农业农村现代化过程中，必须首先准确把握农业农村现代化的内涵，在此基础上，研究构建农业农村现代化水平评价指标体系和方法，定量评价和动态监测农业农村现代化进程与水平，这是一项具有重要意义的基础性工作。

（一）农村现代化的内涵

在本质上，农村现代化是指农村地区经济社会等各方面达到或接近城市发展水平，或者达到并保持世界先进水平的历史过程。农村现代化既是一个目标，又是一个过程，是相对传统落后的农村追赶城市发展水平或国际先进水平、逐步实现现代化目标的转变过程；农村现代化还是一个状态，是已经实现了现代化的农村保持城市发展水平或国际先进水平并进一步提高的持续状态。

为了准确把握农村现代化的内涵，需要结合农村与农业、农民的两种不同关系进行深入分析。一方面，农村与农业、农民具有包含与所属关系。农村是一个地域概念，主要由农业和农民构成。农业作为农村的主导产业，是农村发展的基础；农民作为居住在农村的居民，既是农业生产经营主体，又是农村生活消费主体。此时的农村是一个广义范畴。另一方面，农村与农业、农民又具有并列关系，各有侧重，通常被并列称为"三农"，此时的农村是狭义范畴。

相应地，农村现代化也可以分为广义的农村现代化和狭义的农村现代化。广义的农村现代化，就是广义范畴农村的现代化，在内容上包括农村经济现代化、农村文化现代化、农村生态现代化、农村社会现代化、农村政治现代化等，与城市现代化、国家现代化一样，具有全面性、综合性特征。在这个广义角度上，农村现代化包含农业现代化和农民现代化。农业现代化是农村现代化的基础，是农村经济现代化的主要组成部分；农民现代化是农村现代化的实质，是实现农民的全面发展。相对而言，狭义的农村现代化，就是狭义范畴农村的现代化，是指把农业现代化和农民现代化相关内容剔除后的农村经济、文化、生态、社会、政治等的现代化。

（二）农业农村现代化的评价标准

1. 农业现代化水平评价

农业现代化，是现代农业的形成与发展过程，主要表现为农业生产手段与技术科学化、农业生产工具与装备机械化、农田水利工程与设施完备化、农业信息数字网络化、农业生产经营规模适度化、农业经营主体组织化、农业风险保障化等。农业现代化的结果，是农业生产效率和农民收入水平的提高，主要表现在土地生产率、农业劳动生产率等方面。

2. 狭义农村现代化水平评价

狭义的农村现代化，主要包括农村经济现代化、农村生态现代化、农村文化现代化、农村治理现代化等。

农村经济现代化，是农村产业高质量发展、农村生产力水平不断提高的历史过程，可以主要从农业经济发展水平、农村非农产业发展水平、农村集体经济发展水平等方面设置反映农村经济现代化水平的指标。

农村生态现代化，是农村发展与生态系统互利耦合、农村生产和生活环境不断改善的历史过程，可以从农村生产环境与农业绿色发展水平、农民生活环境与农村美化程度方面设置化学投入品使用合理化程度、农作物绿色防控水平、单位农业增加值农业用水量、单位农业增加值能源消耗量、农业废弃物资源化利用水平、乡村绿化覆盖率、农村生活废弃物无害化处理水平、农村卫生厕所普及率等具体评价指标。

农村文化现代化，是农村文化从传统向现代转型、乡风文明程度不断提高的历史过程，可选用县级及以上文明村和乡镇占比、农村学校本科以上学历专任教师占比、乡镇文化站覆盖率和村综合性文化服务中心覆盖率等具体指标进行衡量。

农村治理现代化，是乡村治理体系日趋完善、治理能力和服务水平不断提高的历史过程，可选用村庄选举登记选民投票率、实行财务公开村占比、农村社区综合服务设施覆盖率、村党组织书记兼任村委会主任的村占比、有建设规划行政村占全部行政村的比例、有村规民约的村占比等具体指标进行衡量。

3. 农民现代化水平

习近平总书记指出，农村现代化，既包括"物"的现代化，也包括"人"的现代化。"人"的现代化，就是指农民的现代化。农民现代化，是不断提高农民素质和生活水平、实现农民全面发展的历史过程。农民生活水平的提高，是农村社会现代化的本质；农民素质的提高，是农村综合现代化的关键。因此，农民生活现代化水平可选用农村居民人均可支配收入、农村居民人均消费支出、农村恩格尔系数、农村自来水普及率、具备条件的建制村通硬化道路比例、农村居民居住水平、农村居民家庭平均每百户年末家用汽车拥有量等具体指标衡量，农民素质现代化水平可用农村居民受教育年限和农村居民教育文化娱乐支出占比指标衡量。

4. 城乡融合发展水平

从城乡关系角度来看，农村现代化，既是农村地区发展逐渐达到或接近城市水平的一个动态目标，又是依靠构建城乡融合发展体制机制和政策体系来支撑的推进过程。习近平总书记指出，建立城乡融合的体制机制，形成新型工农城乡关系，目标是逐步实现城乡居民基本权益平等化、城乡公共服务均等化、城乡居民收入均衡化、城乡要素配置合理化，以及城乡产业发展融合化。对于城乡居民收入均衡化程度，可用城乡居民收入相对数差距缩小程度（农民收入相当于城镇居民收入的百分比）和绝对数差距缩小程度指标进行综合测算；对于城乡居民基本权益平等化程度，可用户籍人口城镇化率与常住人口城镇化率之比、城乡义务教育学校生师比的比值、城乡居民财产性收入比等具体指标进行综合测算；对于城乡要素配置合理化程度，可用农林水事务财政支出占比提高程度、涉农贷款余额占比提高程度指标进行测算；

对于城乡公共服务均等化程度，可用城乡社会保障均等化程度、城乡卫生技术人员数量比、城乡人均义务教育经费支出均等化程度等指标进行综合测算。

（本部分内容发表于《农业经济与管理》2021年第6期，原文题目为"农村现代化水平评价指标体系构建与测度分析"，作者：钱佰慧、郭翔宇等。）

二、推进农业农村现代化的目标与原则

为全面贯彻习近平新时代中国特色社会主义思想，深入贯彻习近平总书记在庆祝中国共产党成立100周年大会上的重要讲话精神，认真落实党中央关于实施乡村振兴战略的决策部署，省委决定召开十二届九次全会。2021年7月24日，全会审议通过了《中共黑龙江省委关于深入贯彻新发展理念加快融入新发展格局　推进农业农村现代化实现新突破的决定》。

（一）省委十二届九次全会的主题和重要意义

省委十二届九次全会以农业农村现代化为主题，出台推进全省农业农村现代化实现新突破的《决定》，具有重要的现实意义。

"十四五"时期，是全面推进乡村振兴、加快农业农村现代化的关键五年。党的十九届五中全会对新发展阶段优先发展农业农村、全面推进乡村振兴作出了总体部署。省委十二届八次全会明确提出，"十四五"期末全省农业现代化建设取得新突破。

黑龙江是农业大省，农业农村在全省经济社会发展大局中地位突出。可以说，没有农业农村现代化就没有黑龙江的全面现代化。推进黑龙江省农业农村现代化实现新突破，特别是以农业现代化引领全省农村经济社会实现更高质量、更有效率、更加公平、更可持续、更为安全的发展，走出一条具有黑龙江特色的农业农村现代化道路，可以为建设现代化新黑龙江、实现黑龙江全面振兴全方位振兴打牢"三农"基础。

具体地说，省委全会出台这个《决定》，第一，这是深入贯彻落实习近平总书记关于"三农"工作重要论述以及对东北地区和黑龙江省重要讲话重要指示批示精神的实际行动。通过《决定》的实施，黑龙江省可以更好地肩负起保障国家粮食安全"压舱石"的重大政治责任，争当农业现代化建设排头兵，推动农业大省向农业强省跨越。第二，这是立足"三农"工作重心历史性转移、全面推进乡村振兴的战略举措。通过《决定》的实施，可以加快补齐农村发展短板，促进农业高质高效、乡村宜居宜业、农民富裕富足，打造东北地区乡村振兴样板。第三，这是融入新发展格局、实现黑龙江全面振

兴全方位振兴的根本要求。通过《决定》的实施，以融入新发展格局为重大契机，畅通城乡经济循环，可以为黑龙江全面振兴全方位振兴注入新动能，在建设现代化新黑龙江征程中贡献"三农"力量。

（二）推进黑龙江省农业农村现代化的总体要求与发展目标

在指导思想上，我们要坚持以习近平新时代中国特色社会主义思想为指导，全面落实习近平总书记关于"三农"工作的重要论述，以及对东北地区和黑龙江省重要讲话重要指示批示精神，紧扣当好维护国家粮食安全"压舱石"的战略定位，聚焦争当农业现代化建设排头兵的战略要求，坚持农业农村优先发展总方针，坚持农业现代化与农村现代化一体设计、一并推进的总原则，以实施乡村振兴战略为总抓手，以深化农业供给侧结构性改革为主线，以建设农业强省为目标，以 12545 即"十二项工程""五项行动""四项计划""五项机制"为重点任务，走出一条具有黑龙江特色的农业农村现代化道路，奋力谱写现代化黑龙江建设的"三农"新篇章。

在发展目标上，《决定》确定了"三步走"的时间表和路线图：

第一步，到 2025 年年底，建成农业强省，垦区和具备条件的市县率先基本实现农业现代化，全省农业农村现代化实现新突破。《决定》确定了两个重要的数量指标，一个是全省粮食综合产能达到 1 600 亿斤①以上，二是农村居民人均可支配收入要达到全国平均水平以上。

第二步，到 2035 年，垦区和具备条件的市县实现更高水平的农业现代化，全省基本实现农业农村现代化。《决定》提出，县域内农村基本生活条件要与城镇大体相当，农民收入再迈上新的大台阶，共同富裕要取得实质性成效，乡村振兴要取得决定性进展。

第三步，到 2050 年，全面实现农业农村现代化，全面实现乡村振兴，全面实现农业强、农村美、农民富。

（三）推进农业农村现代化实现新突破必须遵循的原则

（1）坚持党对"三农"工作的全面领导。各级党委都要把解决好"三农"问题作为工作的重中之重。

（2）坚持农业农村优先发展。要构建长效机制，在干部配备、要素配置、资金投入、公共服务方面实现农业农村优先。

（3）坚持以人民为中心的发展思想。要切实维护农民根本利益，保障农民基本权益，让农民成为乡村振兴的建设者和受益者。

---

① 斤为非法定计量单位，1 斤＝500 克，下同。

（4）坚持以改革创新为根本动力。要深化农村重点领域改革，创新乡村振兴体制机制，不断解放和发展乡村社会生产力。

（5）坚持人与自然和谐共生。要牢固树立和深入践行绿色发展理念，推动农业农村绿色低碳发展。

（6）坚持因地制宜、分类施策、循序渐进。要坚持一切从实际出发，既要尽力而为，又要量力而行。

（本部分内容为中共黑龙江省委十二届九次全会精神宣讲报告，2021年10月15日"学习强国"黑龙江学习平台发布，原标题为"推进黑龙江省农业农村现代化的指导思想、目标与原则"，作者：郭翔宇。）

三、加快建设现代化大农业

2018年9月，习近平总书记在东北三省考察时强调，中国现代化离不开农业现代化。这与两年前总书记到黑龙江考察调研时讲到要坚持把发展现代农业作为黑龙江振兴发展的重要内容的思想是一脉相承的。新时代，实现黑龙江全面振兴、全方位振兴，要深入学习领会习近平总书记关于东北振兴的重要思想，从国家发展大局的高度深刻认识东北振兴的重大意义。加快建设现代农业，要深化农垦体制改革，把农业科技放在更加突出的位置，要更好支持粮食生产，保障国家粮食安全，还应保护好黑土地，加快农业绿色发展。

（一）深化农垦体制改革，更好发挥农垦在现代农业建设中的骨干作用

农垦在我国农业发展和国家建设中具有重要的战略地位，为保障国家粮食安全、支援国家建设、维护边疆稳定作出了重大贡献。黑龙江农垦形成了组织化程度高、规模化特征突出、产业体系健全的独特优势，是国家关键时刻抓得住、用得上的重要力量。因此，在新时代东北全面振兴过程中，要更好发挥农垦在现代农业建设中的骨干作用。一方面，要"深化农垦体制改革"；另一方面，要"加快建设现代农业的大基地、大企业、大产业"。

垦区土地资源富集，人均占有资源多，耕地集中连片，发展现代化大农业具有得天独厚的优势。农垦改革，作为全省国有企业改革的重点，要坚持国有农场的性质，坚持垦区集团化、农场企业化的方向，通过改革进一步调动农场工人的积极性、维护好他们的权益、提高他们的素质，要不断提高农业生产的组织化、机械化水平，要全面增强农垦内生动力、发展活力、整体实力。以垦区集团化带动农场企业化，以行政体制改革、经营体制改革带动农场办社会职能改革。垦区集团化、农场企业化以及农场办社会职能改革，

将会促进农垦现代农业大基地、大企业、大产业建设和农场现代化城镇的繁荣，为垦区在黑龙江省乡村振兴战略中发挥示范、引领、带动和辐射作用提供重要支撑。通过深化改革和加快发展，北大荒农垦集团要努力形成农业领域的航母和具有全球竞争力的企业。

（二）把农业科技放在更加突出的位置，给农业现代化插上科技的翅膀

中国现代化离不开农业现代化，农业现代化关键在科技、在人才。早在1998年，党的十五届三中全会就提出，农业的根本出路在科技。2012年中央1号文件提出，农业科技是加快现代农业发展的决定力量。从世界农业发展历史来看，农业增长与发展的源泉主要来自农业科技创新和科技进步。20世纪四五十年代，发达国家农业科技进步贡献率为25％左右，到20世纪70年代以后达到70％左右，目前美国等农业发达国家科技贡献率更是高达90％以上。从我国实际情况来看，农业科技创新能力还不强，农业科技发展水平还不高，农业科技进步贡献率不到60％，远低于发达国家水平。因此，要把发展农业科技放在更加突出的位置，给农业现代化插上科技的翅膀。

现代化大农业是以更加先进的科学技术为生产手段、以更高水平农机装备为生产工具，具有更高技术密集度和更高综合生产能力的现代农业。因此，加快黑龙江省现代化大农业发展，一方面要加大农业科技创新力度，进一步提高农业科技化水平，即加大农业科技体制改革力度，健全激励机制，突破农业科技创新的制度障碍；加大政府农业科技投入力度，真正把农业科研投入放在公共财政支持的优先位置，提高农业科技投入的比重和强度；加强农业技术推广，建立多元化的农业推广组织体系。另一方面要大力推进农业机械化、智能化，进一步提高农机装备水平，即加大农机化工程实施力度，装备更多的具有世界一流水平的现代化大型农业机械，实现主要粮食作物种管收全程机械化。在此过程中，要更好地发挥高等农业院校和农业科研院所的作用，加强农业科技研发与推广以提供更先进的成果支撑，加强智库建设与理论研究以提供更有效的政策咨询，加强农业农村教育与技能培训以提供更有力的人才保障。

（三）要把增强农业综合生产能力作为核心任务

东北地区是我国重要的农业基地，维护粮食安全的战略地位十分重要，关乎国家发展大局。黑龙江省是农业大省和粮食主产区，长期以来为国家粮食安全作出了重要贡献，成为维护国家粮食安全的"压舱石"。粮食是关系国计民生的特殊商品，是社会稳定、经济可持续发展的重要战略物资。解决好全国人民的吃饭问题，始终是治国安邦的头等大事。因此，在发展现代农

业过程中，要不断增强农业综合生产能力，确保谷物基本自给、口粮绝对安全，用总书记的话说就是"中国人的饭碗任何时候都要牢牢端在自己的手上"。

黑龙江省要把增强农业综合生产能力作为核心任务，进一步发挥农业生产优势，稳定发展水稻生产；要扩大大豆种植面积，提高大豆市场竞争力和占有率；要积极发展绿色食品产业，推动黑龙江省成为全国的绿色粮仓。同时，考虑到与黑龙江省粮食生产贡献形成明显反差的是近年来经济增长、财政收入、城镇居民收入等方面相对落后的实际情况。对此，建议国家进一步完善粮食主产区利益补偿机制，加大对黑龙江省等粮食净调出省的利益补偿力度，减轻农业基础设施配套和政策性农业保险保费地方补贴过大的财政支出压力，以更好地支持黑龙江省粮食稳定发展，促进黑龙江省经济社会全面进步；建议黑龙江省深入实施"粮头食尾""农头工尾"，大力发展粮食精深加工，延长粮食产业链条，使"原字号"的粮食资源优势变成拉动地方发展的食品加工业的经济优势。

（四）加快农业绿色发展，保护好黑土地

绿色发展既是现代农业发展的内在要求，也是生态文明建设的重要组成部分。绿色是永续发展的必要条件和人民对美好生活追求的重要体现，必须坚持节约资源和保护环境的基本国策，坚持可持续发展，坚定走生产发展、生活富裕、生态良好的文明发展道路，这是将生态文明建设融入经济、政治、文化、社会建设各方面和全过程的全新发展理念。用绿色发展新理念引领发展行动，就是要坚持绿色富国、绿色惠民，为人民提供更多优质生态产品，推动形成绿色发展方式和生活方式，协同推进人民富裕、国家富强、中国美丽。其中，用绿色发展理念引领农业发展行动，就是要推进农业绿色发展。因此，习近平总书记指出，推进农业绿色发展是农业发展观的一场深刻革命，也是农业供给侧结构性改革的主攻方向。

加快农业绿色发展，基本途径是改变传统的农业生产方式，减少化肥、农药、除草剂等投入品的过量使用，推动农业生产方式绿色化，构建科技含量高、资源消耗低、环境污染少的农业产业结构和生产方式，走出一条产出高效、产品安全、资源节约、环境友好的农业现代化道路。加快农业绿色发展，基本目标是发展绿色食品产业，提供更多优质、安全、特色农产品，促进农产品供给由主要满足"量"的需求向更加注重"质"的需求转变，重点培育绿色有机农产品知名品牌，提高市场知名度和美誉度，推动黑龙江省由大粮仓变成绿色粮仓、绿色菜园、绿色厨房。

　　加快农业绿色发展，还要着力解决好耕地保护问题。我国人多地少，人均耕地面积仅为世界平均水平的 1/3。因此，习近平总书记强调，要像保护大熊猫一样保护耕地，特别是要确保东北黑土地不减少、不退化。黑土地，是地球上珍贵的土壤资源，是东北地区的独特优势。由于长期高强度利用，加之土壤侵蚀，导致黑土地有机质含量下降、理化性状与生态功能退化，严重影响粮食综合生产能力提升和农业可持续发展。因此，保护好黑土地，是推进东北农业绿色发展的重要内容，要把东北黑土区打造成为绿色农业发展先行区。保护黑土地，要坚持用养结合原则，综合施策，统筹粮食增产、畜牧业发展、农民增收和黑土地保护之间的关系，不断优化农业结构和生产布局，推广资源节约型、环境友好型技术，统筹土、肥、水、种及栽培等生产要素，综合运用工程、农艺、农机、生物等多种措施，在保护中利用好黑土地，在利用中保护好黑土地。

　　（本部分内容发表于《黑龙江日报》2018 年 11 月 14 日，作者：郭翔宇。）

四、争当农业现代化建设排头兵

　　黑龙江省第十二次党代会坚决贯彻落实习近平总书记对黑龙江省重要讲话精神，明确提出在奋力走出黑龙江全面振兴发展新路子的过程中，要坚持把发展现代农业作为振兴发展的重要内容，争当农业现代化建设排头兵。

（一）正确认识争当农业现代化建设排头兵的内涵与重大意义

　　农业现代化建设排头兵，是指在农业现代化建设过程中走在最前列，农业现代化程度和水平最高、对全国各地现代农业发展能起到示范和引领作用。一方面，成为农业现代化建设排头兵，要求黑龙江省农业现代化水平排在全国最前列。目前，黑龙江省农业现代化水平已经处于全国前列，尤其是黑龙江垦区农业现代化水平更高。2016 年黑龙江省农业综合机械化率为 96%，高于全国平均水平（65%）31 个百分点；黑龙江省农业科技进步贡献率 60% 多，垦区超过 70%，比全国平均水平高 15 个百分点。最主要的是黑龙江省农业产出水平高，粮食总产量、商品量、调出量已连续六年保持全国第一，人均粮食占有量超过 1 600 千克，约为全国平均数的 4 倍，劳均粮食生产量超过 5 000 千克，是全国平均数的 4 倍多，其中垦区劳均生产粮食 38 吨，是全国平均数的 33 倍，高于世界发达国家平均水平。另一方面，成为农业现代化建设排头兵，要求黑龙江省在推进农业现代化建设、深化现代农业改革和制度创新上走在全国最前列。尤其是正在深化推进的黑龙江省

"两大平原"现代农业综合配套改革试验，是目前国家开展的唯一涉及农业生产关系的重大调整和变革，要为全国推进农业现代化蹚出新路子，起到示范引领作用。

争当农业现代化建设排头兵，是习近平总书记寄予黑龙江省的重要嘱托和殷切期望，是党中央赋予黑龙江省的重大任务和历史使命。首先，保障国家粮食安全，迫切地需要黑龙江省成为全国农业现代化建设排头兵。粮食安全是国家安全的重要基础，黑龙江省作为粮食主产区，长期以来为国家粮食安全作出了突出贡献，是维护国家粮食安全的一块"压舱石"。维护国家粮食安全是黑龙江省不可推卸、义不容辞的政治责任。其次，实现全面振兴发展，内在地需要黑龙江省争当农业现代化建设排头兵。黑龙江省作为老工业基地，要实现全面振兴，要坚持把发展现代农业作为重要内容。因为，振兴老工业基地不是一个产业振兴概念，要振兴的不仅仅是工业；它应该是一个区域振兴概念，要振兴的是老工业基地区域内整体经济和社会发展事业，其中理应包含现代农业的发展。第三，黑龙江省的农业地位、贡献、基础和资源、环境优势，决定了黑龙江省最有条件成为农业现代化建设的排头兵，更应该起到排头兵的作用。

（二）科学确定争当农业现代化建设排头兵的实现路径与推进措施

1. 构建现代农业产业体系、生产体系、经营体系

现代农业是包含产业体系、生产体系、经营体系在内的有机整体。因此，加快发展现代农业、争当农业现代化建设排头兵，首先要加快构建现代农业"三大体系"。一要加快构建现代农业产业体系。现代农业产业体系是由农业内部不同层次产业部门和环节构成的产业系统，要完备农业产业体系，提高农业产业化程度，丰富农业功能，使农业产业向横向拓展，向纵向延伸。二要加快构建现代农业生产体系。现代农业生产体系是由各种农业生产要素有机集合而形成的生产系统，要用现代物质装备武装农业，用现代科学技术提升农业，进一步提高农业机械化和科技化水平。三要加快构建现代农业经营体系。现代农业经营体系是由各种农业经营主体和经营方式构成的经营系统，要在适度规模经营的基础上，培育新型规模化经营主体，发展多元化的农业经营方式，提高现代农业组织化程度。

2. 推进农业供给侧结构性改革

推进农业供给侧结构性改革，是当前现代农业发展的迫切需要，是提高农业发展质量效益和竞争力的必然选择。推进黑龙江省农业供给侧结构性改革，应坚持市场导向、区域比较优势、效益最大化、外向化等原则，抓住

两个关键词作为切入点。首先，应以供给侧为切入点推进改革，减少低效和无效供给，扩大有效供给，提高农业供给质量和效率，更好地满足消费者的多样化需求。其次，应以农业结构为切入点进行改革，多层次地调整优化农业生产和农村产业结构，更好地适应市场需求的变化。一要调整和优化农产品结构，重点是优化农产品品种和品质结构，进一步增加绿色优质安全和特色农产品供给，提高农产品优质化率；二要调整和优化农业生产结构，推进农林牧渔业结合；三要调整和优化种植业内部结构，推动粮经饲统筹，同时调整和优化畜牧业内部结构；四要调整和优化农村产业结构，大力发展农村新产业新业态。

3. 推进农村一二三产业深度融合

当前情况下发展现代农业的另一条根本途径是推进农村一二三产业融合发展，这是拓宽农民增收渠道、构建现代农业产业体系的重要举措，是加快转变农业发展方式、探索中国特色农业现代化道路的必然要求。推进农村三次产业融合发展，关键是要准确把握其内涵实质。农村三产融合，不是一般意义的农村一二三产业的简单相加，其实质是在农产品生产即农村第一产业发展的基础上，进一步发展以农产品加工为主的第二产业和以农产品及其加工品销售为主的第三产业，使农村一二三产业在同一农业经营主体下交叉融合，实现农产品产加销、农工贸一体化，推进农业延长产业链，融入供应链，提升价值链，最终让农民更多地分享二三产业创造的价值增值和收益分配。

4. 提高农业综合生产能力

加快发展现代农业、争当农业现代化建设排头兵，必须以保障国家粮食安全为首要任务，努力提高农业综合生产能力。农业是安天下稳民心的产业，粮食是关系国计民生的特殊商品。解决好全国 14 亿人口的吃饭问题，始终是治国安邦的头等大事。在发展现代农业过程中，要不断增强农业综合生产能力，确保谷物基本自给、口粮绝对安全，把 13 亿中国人的饭碗牢牢端在自己手中，自己的饭碗主要装自己生产的粮食。黑龙江省作为农业大省和国家重要商品粮基地，是我国 21 世纪粮食增产和粮食供给能力潜力最大的地区，维护国家粮食安全是黑龙江省义不容辞的责任。今后，要进一步发挥黑龙江省农业生产优势，按照国务院《关于建立粮食生产功能区和重要农产品生产保护区的指导意见》，积极创建国家水稻、玉米生产功能区和大豆生产保护区。一要进一步发挥黑龙江省农业生产优势，要稳定发展水稻生产，叫响黑龙江大米品牌，使中国人的饭碗装更多的黑龙江米；二要扩大大豆种植面积，提高大豆市场竞争力和占有率；三要积极发展绿色食品产业，培育壮大绿色生态农产品知名品牌和龙头企业，推行绿色生产方式，深入实施"三减"行动，扩大中高端绿色有机农产品供给，推动黑龙江成为全国的绿色粮仓。

5. 促进农民持续增收

增加农民收入是"三农"工作的中心任务。加快发展现代农业、争当农业现代化建设排头兵，必须以促进农民持续增收为目标，争取提前实现农民收入翻一番，并进一步缩小城乡居民收入差距，特别是要努力降低城乡居民收入绝对数差距扩大的程度。一要扩大农业合作化、组织化、规模化经营程度，通过降本增效、优质优价等方式增加农民经营性收入。二要促进农民充分就业，增加农民工资性收入。一方面，进一步推进农村富余劳动力转移就业，加快农村转移人口市民化进程；另一方面，对于农村务农人员，帮助其充分利用剩余劳动时间，特别是在北方农产品主产区较长农闲时期，创造更多的就地或就近就业机会。三要推进农村土地制度、宅基地制度、集体产权制度改革，增加农民财产性收入。四要加大农业补贴力度，完善农村社会保障制度，增加农民转移性收入。五要加快发展政策性农业保险，积极探索实施农产品目标价格补贴，防范、减轻农民因自然灾害和市场风险而对收入造成不利影响。

（三）深化现代农业与农村改革，为争当农业现代化建设排头兵提供动力

加快发展现代农业、争当农业现代化建设排头兵，必须坚持创新发展理念，充分发挥创新引领现代农业发展的第一动力作用。针对现代农业发展中存在的主要问题和矛盾，应从改革体制、完善机制、调整政策、健全体系、理顺关系、优化模式、修改法律等方面进行深化改革和制度创新。

一要推进农村集体产权制度创新，核心是探索农村集体所有制经济的有效组织形式和实现方式，重点是进行土地制度改革。要改革农村土地征收和集体经营性建设用地制度，完善土地增值收益的合理分配机制；改革农村宅基地制度，完善农民住房保障机制，探索宅基地有偿使用与自愿退出机制以及农民住房财产权抵押、担保、转让的有效途径；改革耕地保护制度，完善基本农田保护补偿机制；探索实行耕地轮作休耕制度；改革创新农村集体资产和水利、林业等管理体制。

二要推进农业经营制度创新。一方面，改革农业生产经营组织形式，加快培育新型农业经营主体，构建新型农业经营体系；另一方面，创新农业社会化服务机制，大力培育多种形式的农业经营性服务组织，健全新型农业社会化服务体系。

三要推进农业支持保护制度创新，加大农业支持保护力度，完善农业生产激励机制。要完善财政支农政策，建立农业投入稳定增长机制；改革主要农产品收购收储政策，完善农产品价格形成机制；改进农产品市场调控制度，创新农产品流通方式；改革农业补贴制度，提高农业补贴政策效能；完善粮食主产区利益补偿机制，调动主产区政府抓粮积极性；创新农村金融制度，建立现代农村金融体系，提升农村金融服务水平；创新农业保险品种，完善农业保险制度，提高保障水平。

四要推进管理创新，更好地发挥政府的主导作用。适应市场经济和新常态下现代农业运行与发展变化，为更好地发挥政府的作用，在管理目标上，要在保障主要农产品有效供给的基础上更加注重增加农民收入、促进农民充分就业、优化农业结构、提高农业生产效率、促进农业可持续发展；在管理职能上，主要是科学制定农业发展战略和中长期农业发展规划，调整、优化农业结构与布局，完善农产品市场体系，规范市场行为与秩序，完善农产品质量和食品安全体系；在管理方式上，应以宏观间接调控为主，创新调控思路与政策工具，采取相机调控、精准调控措施，加大定向调控力度，适时预调微调；在管理手段上，应以经济手段和法律手段为主，注重宏观经济政策之间的协调配合，增强宏观调控的针对性和协调性，并及时修改不适应现代农业发展的法律法规，研究制定新的法律法规。

（本部分内容刊发于《智库专报》2017年第3期，原文标题为"关于加快发展现代农业、争当农业现代化建设排头兵的建议"，作者：郭翔宇。2017年8月2日，中共黑龙江省委常委、宣传部长批示。）

五、加快建设农业强省

进入新发展阶段，加快农业农村现代化、建设农业强省，既是全面推进乡村振兴的目标任务，也是建成社会主义现代化强国的必然要求。黑龙江省是全国第一农业大省，但目前还不是农业强省。到2025年建成农业强省、推进农业农村现代化实现新突破，是黑龙江省"十四五"时期的发展目标。为加快农业强省建设，要正确把握农业强省的内涵与基本特征，科学评价农业强省建设程度与优劣势，客观分析黑龙江省农业"大而不强"的主要表现与成因，坚持扬长补短原则，制定更有针对性的对策措施。

（一）正确把握农业强省的内涵与特征

人们普遍认为，黑龙江省是农业大省，但不是农业强省。那么，农业大省和农业强省的本质内涵是什么？用什么标准和指标来评价一个省份的农业大不大、强不强？这是建设农业强省首先应正确认识的一个基本理论问题。

所谓农业大省，是指农业生产规模较大的省份，即农业资源、生产投入与产出在数量上达到较大规模的省份。农业资源数量和生产投入规模大，是指农用地、耕地面积大和农村人口、农业劳动力数量多；农业产出数量和规模大，是指农业综合生产能力大和农产品产量、农业产值高。农业大省是一个可以通过省际比较进行判断的相对概念，强调的是农业生产的"量"，是一种追求数量增长和规模扩大的"数量型、外延式"发展状态。

农业强省，是指在生产经营规模较大和综合产能较高的基础上，农业发展水平达到更高程度的省份，包括农业现代化、农业生产效率、农业产业化、农业市场竞争力以及农民收入等方面达到更高水平。农业强省既是一个可以通过省际比较进行判断的相对概念，又是一个应该通过自身动态比较进行衡量的"绝对"概念，强调的是农业发展的"质"，是一种更注重质量效益和竞争力的"质量型、内涵式"建设过程。

进一步分析，农业强省应具备以下三个条件和基本特征：

（1）农业生产规模较大。农业强省首先应该是农业大省，必须具有较大的农业生产投入规模和产出数量。农业大省是农业强省的前提和基础，不是农业大省不可能建设成农业强省。

（2）农业发展水平更高。农业强省必须是农业大省，但农业大省不一定是农业强省。在一定时期内，农业大省要建设成农业强省，必须同时具备更高的农业发展水平。农业发展水平高，首先表现为农业现代化水平高，包括农业机械化、科技化、组织化、信息化、水利化等；其次表现为农业生产效率高，主要包括农业劳动生产率、土地产出率等；第三表现为农业产业化程度高，重点是农产品加工业、休闲旅游农业的发展水平；第四表现为农业质量效益和市场竞争力高，包括农业品牌竞争力、农产品出口创汇水平等。

（3）农民收入水平更高。农民是农业生产经营主体和乡村振兴主要建设者，实现乡村振兴和农业农村现代化的主要标志就是在农业强的基础上实现农民富，特别是对于农业大省来说，农业生产经营更是农民收入的主要来源渠道。因此，建设农业强省，必须使农民收入达到更高水平，实现城乡居民收入均衡化。

（二）科学评价农业强省建设程度

根据农业强省的内涵与特征，构建由省域农业生产规模指数和省域农业发展水平指数2个一级指标、农业投入规模和农业现代化水平等7个二级指标、农用地规模和农业机械化水平等 17 个三级指标构成的农业强省建设程度评价指标体系（表 2-1）。

表 2-1 农业强省评价指标体系及指标权重

一级指标	二级指标	三级指标
省域农业生产规模指数	农业投入规模	农用地总面积与人均面积
		耕地总面积与人均面积
		乡村人口数量及其占比
		第一产业就业人员数量及其占比
	农业产出规模	第一产业增加值及其占地区生产总值比重
		粮食总产量与人均产量
		畜产品产量（肉蛋奶）
		水产品产量
省域农业发展水平指数	农业现代化水平	农业机械化水平
		农业科技化水平
		农田水利化水平
		农业规模化水平
	农业生产效率	农业劳动生产率
		土地产出率
	农产品加工业发展水平	农产品加工业主营业务收入及其与农业产值比
	农产品国际市场竞争力	农产品出口额及其与农业产值比
	农民收入水平	农民人均可支配收入

在广泛征求专家学者和农业管理部门工作者意见的基础上，经充分讨论和综合权衡确定各级指标权重。采集三级指标原始数据后，利用省域极值等方法进行数据标准化处理，逐级加权汇总得到二级指标、一级指标评价值和农业强省建设程度指数。

评价结果显示，2020 年，黑龙江省农业生产规模指数为 70.32，排在全国首位，比 2010 年上升 10.27 个百分点，是中国第一农业大省；农业发展水平指数为 49.16，排在全国第 14 位，比 2010 年上升 4.92 个百分点，比排在第一位的上海市低 17.74 个百分点。加权汇总农业生产规模指数和农业发展水平指数得到黑龙江省农业强省建设程度指数，2020 年为 56.57%，比 2010 年上升 6.8 个百分点，排在山东省和江苏省之后，位居全国第 3 位。

根据乡村振兴和农业农村现代化的目标任务，参考农业强国的发展过程与趋势，农业强省建设程度达到 60% 可以确定为建成了农业强省目标。此时的农业强省属于初级阶段，在国内处于领先水平；当农业强省建设程度达到 70% 以上时，则进入到农业强省的中高级阶段，农业发展水平将接近或达到国际先进水平。从评价结果来看，山东省农业强省建设程度为 63.58%，已经进入农业强省的初级阶段，黑龙江省还没有达到农业强省的标准。

（三）客观分析黑龙江省农业"大而不强"的表现与成因

综合以上分析，黑龙江省农业具有鲜明的"大而不强"的特征。

黑龙江省农业"大"，表现为农业生产规模大，是全国第一农业大省。一是农业投入规模大，主要是由农用地尤其是耕地规模决定的。2020 年，黑龙江省农用地总面积 3 991.27 万公顷，按乡村人口计算的人均农用地面积 3.65 公顷，分别居全国第 6 位和第 5 位，其中耕地总面积 1 584.57 万公顷，人均耕地面积 1.45 公顷，均居全国首位，分别高出位居第二的内蒙古 70.9% 和 22.1%。二是农业产出规模大，主要是由农业产值占比、粮食产量和奶类产量等因素决定的。2020 年，黑龙江省第一产业增加值占地区生产总值的比重为 25.1%，高出位居第二的海南省 4.57 个百分点；粮食产量 7 540 万吨，按总人口计算的人均粮食产量 2 378 千克，分别高出位居第二的河南省和吉林省 10.5% 和 50%；奶类产量 501 万吨，仅低于内蒙古，居全国第二位。

黑龙江省农业"不强"，表现为农业发展水平不够高。一是农业生产效率不高，主要是受土地产出率影响。2020 年，黑龙江省每公顷耕地种植业产值为 2.55 万元，排在全国第 28 位，仅相当于排位第一的广东省的 17.6%。二是农产品加工业发展落后。黑龙江省农产品生产量大，但农产品加工业规模和水平偏低。2019 年，黑龙江省农产品加工业主营业务收入 5 200 亿元，排在全国第 17 位，仅相当于排位第一的山东省的 13.3%；农产品加工业产值与农业产值之比为 0.88 ∶ 1，排在全国第 25 位。三是农产品出口创汇水平偏低。2019 年，黑龙江省农产品出口额 89 565.6 万美元，排在全国第 19 位，仅相当于排位第一的山东省的 5.0%；农产品出口额与农业总产值之比排在全国第 25 位。四是农民收入增长缓慢。2010 年以来，黑龙江省农民人均可支配收入增长相对缓慢，在全国的排位一直处于下滑状态，2011 年排在第 10 位，2014 年降到第 12 位，2015 年降到第 13 位，2016 年降到第 15 位，2017 年降到第 18 位，2019 年降到第 19 位；从 2016 年起，黑龙江省农民人均可支配收入开始低于全国平均水平，2020 年比全国平均水平低 964 元，仅相当于排位第一的上海市的 46.3%。五是农田水利化水平有待加强。2020 年，黑龙江省耕地灌溉面积占耕地总面积的比重为 39%，排在全国第 21 位。六是肉类和禽蛋产量不高、水产品产量偏低。2020 年，黑龙江省肉类产量 253.2 万吨，排在全国第 16 位，仅相当于排位第一的山东省的 34.8%；禽蛋产量 117.4 万吨，排在全国第 11 位，仅相当于排位第一的山东省的 24.4%；水产品产量 67.4 万吨，排在全国第 16 位，仅相当于排位第一的广东省的 7.7%。

综合分析，黑龙江省农业生产规模指数高于农业强省建设程度指数，对农业强省建设程度起到了正向的拉动作用；农业发展水平指数低于农业强省建设程度指数，对农业强省建设程度起到了逆向的阻碍作用。在三级指标中，农用地投入规模、耕地投入规模、第一产业增加值、粮食产量、农业机械化水平、农业科技化水平和农业规模化水平等 7 个指标评价值高于农业强省建设程度指数，是优势指标，对农业强省建设起到了正向的带动作用；农民人均可支配收入、农产品加工业产值、农产品出口等其他 10 个指标评价值低于农业强省建设程度指数，是劣势指标，对农业强省建设起到了逆向的阻碍作用。

（四）扬长补短，加快推进农业强省建设步伐

加快推进农业强省建设，要坚持扬长补短原则，采取更有针对性的对策措施。对于农业强省建设程度起着正向拉动作用的优势指标，要进一步做大做强；对于产生逆向阻碍影响的劣势指标，要尽力缩小差距，补齐短板。

1. 把提高粮食综合生产能力放在更加突出的位置，让中国人的饭碗装更多的黑龙江米

2021 年中央经济工作会议提出，进入新发展阶段，要正确认识和把握初级产品供给保障问题，尤其是要把提高农业综合生产能力放在更加突出的位置，确保中国人的饭碗任何时候都要牢牢端在自己手中。黑龙江作为农业大省和第一粮食主产区，必须要把提高农业综合生产能力放在更加突出位置的要求落到实处，重点要提高粮食综合生产能力，确保粮食产能稳定在 1 500 亿斤以上，为端牢中国人的饭碗做出更大的贡献。提高粮食综合生产能力，关键在于深入实施"两藏"战略：一是要深入实施藏粮于地战略，实行最严格的耕地保护制度，加强高标准农田建设，确保耕地数量，提高耕地质量，为提高农业综合生产能力奠定坚实的物质基础；二是要深入实施藏粮于技战略，加快农业关键核心技术和装备创新，提高农业科技化水平和机械

化质量，深入实施种业振兴行动，为提高农业综合生产能力提供有力的技术支撑。

2. 大力发展农产品加工业，推进农村一二三产业实质性深度融合

针对农产品加工业发展相对滞后的短板，必须做好"粮头食尾、农头工尾"大文章，延长农业产业链，提升价值链，更好地融入供应链，努力把食品和农副产品精深加工业打造成为全省第一支柱产业，进一步提高农产品加工转化率和农产品加工业产值与农业产值之比。在此基础上，必须深度推进农村一二三产业实质性、高质量融合发展，重点要促进农村一二三产业在同一农业经营主体下进行融合发展，或者在具有紧密、稳定利益联结机制的不同经营主体之间进行融合发展，让农民能够更多地分享二三产业创造的增值收益。

3. 深入实施农业"走出去"战略，推动黑龙江省农产品出口创汇水平稳步提高

一方面，要积极参与"中蒙俄经济走廊"建设，深度融入共建"一带一路"，充分发挥自由贸易试验区、综合保税区、跨境经济合作试验区和农业对外开放合作试验区作用，努力培育黑龙江省农业对外开放新优势；另一方面，要重点对标俄罗斯、日本、韩国、欧盟等国家和地区的市场需求及国际标准，提升农产品质量，增强黑龙江省农产品的国际市场竞争力，扩大黑龙江省优势特色农产品出口规模。

4. 加快畜牧业和渔业发展，提高肉类、禽蛋和水产品生产能力

在加快畜牧业发展方面，坚持以"两牛一猪一禽"为重点，在充分发挥奶牛业优势的同时，加快发展特色肉牛、优质生猪和家禽标准化规模养殖，支持畜禽就地加工和精深加工，推动畜牧业全产业链发展。在加快渔业发展方面，要大力推进鲟鳇等冷水性鱼类及兴凯湖大白鱼、方正银鲫等名优特品种养殖，积极发展水产品加工。

5. 加快农民收入增长，尽快达到并努力超过全国平均水平

黑龙江省农民收入水平偏低，与农业大省的地位和建设农业强省的目标极不相称。加快农民收入增长，总体要求是要大力地拓宽农民增收的渠道，优化农民的收入结构。在具体举措上，要巩固拓展脱贫攻坚成果、防止脱贫人口发生规模性返贫。在此基础上，一要提高农业生产的集约化、规模化和组织化水平，促进农业生产节本增效、农产品优质优价，巩固提升农民的经营性收入；二要促进农民创业创新，实现农民的充分就业，大力增加农民的工资性收入；三要深化农村改革，激发农村的资源要素活力，增加农民的财产性收入；四要最大限度地释放惠农富农的政策效应，增加农民的转移性收入。

（本部分内容刊发于《专题调研报告》2022 年第 5 期，原文标题为"加快农业强省建设的理论思考与对策建议"，作者：郭翔宇、张翔玮、逯一哲、宋志彬等。）

第二节　推进农业现代化的路径与模式

一、以创新理念推进农业现代化

"十三五"时期是全面建成小康社会决胜阶段，农业是全面建成小康社会、实现现代化的基础。"十三五"时期农业发展的主要目标和任务是大力推进农业现代化。推进农业现代化，必须坚持创新发展理念，充分发挥创新引领农业发展的第一动力作用。

（一）以科技创新提供动力支撑

从内容到形式，创新都是一个多元化体系，其中科技创新具有引领作用。早在 1998 年，党的十五届三中全会就提出，农业的根本出路在科技。2008 年，党的十七届三中全会进一步提出，农业发展的根本出路在科技进步。2012 年中央 1 号文件更具体地提出，农业科技是确保国家粮食安全的基础支撑，是突破资源环境约束的必然选择，是加快现代农业发展的决定力量。因此，要依靠科技创新驱动，引领支撑现代农业建设。

与传统农业相比，现代农业是依靠先进的科学技术进步拉动、具有更高技术密集度的农业。从世界农业发展的历史来看，就是农业科学技术不断进步的历史。战后世界农业增长和发展的主要源泉是依靠农业科技创新和科技进步。各国农业现代化过程，在本质上就是现代科学技术在农业中应用的过程。战后初期，发达国家农业科技进步贡献率为 20％～30％，到 20 世纪 70 年代以后达到 60％～80％，目前美国等农业最发达国家更是高达 90％以上。从我国实际情况来看，农业科技创新能力还不强，农业科技发展水平还不高，农业科技进步贡献率不到 60％，远低于发达国家水平。

因此，大力推进农业现代化，必须坚持科技创新，把农业发展的根本途径彻底转到充分依靠科技进步和提高劳动者素质的轨道上来，一方面要加快农业科技创新步伐，提高农业科技进步贡献率；另一方面要大力发展农业与农村教育和农民培训，提高农民素质，培育高素质农民。在具体对策上，一要加大农业科技体制改革力度，健全激励机制，突破农业科技创新的制度障碍；二要加大政府农业科技投入力度，真正把农业科研投入放在公共财政支持的优先位置，提高农业科技投入的比重和强度；三要加强农业技术推广，建立多元化的农业推广组织体系；四要大力发展农村教育和农民专业技能培训，提高农民科技文化素质和经营管理水平；五要充分发挥农业大专院校和科研院所的作用。

（二）以制度创新创造体制机制保障

实现农业现代化，在发展农业生产力层面主要依靠科技创新来驱动，在完善农业生产关系层面主要依靠改革和制度创新来推动。实际上，改革的本质就是创新，农业与农村改革的过程，就是通过制度创新来推动现代农业建设与农村发展的过程。实现创新，是农业与农村深化改革的基本要求，是改革要实现的过程性目标和阶段性结果，最终目的是要促进和加快现代农业的发展；同时，创新也是判断、评价农业与农村改革进展程度与成效的重要标准。因此，大力推进农业现代化，必须全面深化农业与农村改革，加大制度创新力度，破解制约现代农业发展的体制机制障碍和深层次矛盾。

针对我国现代农业建设中存在的主要问题和矛盾，应从改革体制、完善机制、调整政策、健全体系、理顺关系、优化模式、修改法律等方面进行深化改革和制度创新：一要推进农村集体产权制度创新。核心是探索农村集体所有制经济的有效组织形式和实现方式，重点是进行土地制度改革。要改革农村土地征收和集体经营性建设用地管理制度，完善土地增值收益的合理分配机制；改革农村宅基地管理制度，完善农民住房保障机制，探索宅基地有偿使用与自愿退出机制和农民住房财产权抵押、担保、转让的有效途径；改革耕地保护制度，完善基本农田保护补偿机制；探索实行耕地轮作休耕制度；改革创新农村集体资产和水利、林业等管理体制。二要推进农业经营制度创新。一方面，改革农业生产经营组织形式，加快培育新型农业经营主体，构建新型农业经营体系；另一方面，创新农业社会化服务机制，大力培育多种形式的农业经营性服务组织，健全新型农业社会化服务体系。三要推进农业支持保护制度创新。加大农业支持保护力度，完善农业生产激励机制。要完善财政支农政策，建立农业投入稳定增长机制；改革主要农产品收购收储政策，完善农产品价格形成机制；改进农产品市场调控制度，创新农产品流通方式；改革农业补贴制度，提高农业补贴政策效能；完善粮食主产区利益补偿机制，调动主产区政府抓粮积极性；创新农村金融制度，建立现代农村金融体系，提升农村金融服务水平；创新农业保险品种，完善农业保险制度，提高保障水平。

（三）以管理创新更好地发挥政府的主导作用

大力推进农业现代化，要使市场在农业资源配置中起决定性作用，要使农民在农业生产与经营者中发挥主体作用；同时，要更好地发挥政府的主导作用，政府要科学地对农业运行与发展进行宏观管理与调控。受自然和市场双重风险影响，加上农业的基础产业地位和弱质产业特性，政府对农业的管理与调控，尤其是政府支持与保护是必需的，这对加快推进农业现代化至关重要。科学而有效的政府管理与宏观调控，一方面是促进农业生产力各要素高效有机结合的重要因素，另一方面是推动农业科技创新的关键因素和农业制度创新的决定性因素。在既定农业科技水平和制度安排下，政府管理行为与活动的创新，则能提高现有技术和制度的绩效水平。

适应市场经济和新常态下现代农业运行与发展变化，为更好地发挥政府的作用，要在完善的基础上进行管理创新。在管理目标上，在保障主要农产品有效供给的同时，要更加注重增加农民收入、促进农民充分就业、优化农业结构、提高农业生产效率、促进农业可持续发展。在管理职能上，主要是科学制定农业发展战略和中长期农业发展规划，调整、优化农业结构与布局，建立现代农业产业体系；完善农产品市场体系，规范市场行为与秩序；强化监管，完善农产品质量和食品安全体系；强化农业公益性服务机构作用，建立政府购买公益性农业服务机制；统筹协调与农业发展有关的不同地区、部门、行业及经济主体之间的责权利及相互关系，调动各方面的积极性。在管理方式上，应以宏观间接调控为主，创新调控思路与政策工具，采取相机调控、精准调控措施，加大定向调控力度，适时预调微调。在管理手段上，应以经济手段和法律手段为主，一方面注重宏观经济政策之间的协调配合，增强宏观调控的针对性和协调性；另一方面及时修改不适应现代农业发展的法律法规，研究制定新的法律法规。

（四）以理论创新进行科学指导

在大力推进农业现代化和深化农村改革过程中，迫切需要加强理论研究，进行理论创新。理论来源于实践，科学的理论又能指导实践，通过理论研究与思考形成的先进发展理念是发展行动与实践的先导和引领。特别是在推进科技创新、制度创新和管理创新方面，更内在地需要超前的理论研究和理论创新，既要敢于突破某些原有理论体系、框架和方法，又要勇于探索理论禁区和未知领域。

坚持理论创新，就是要对于在推进农业现代化过程中出现的新情况、新问题做出新的理性分析和理性解答，对农业现代化的本质、规律和发展变化的趋势要做出新的揭示和预见。党的十八大和十八届三中、五中全会提出了一系列现代农业发展与农村改革的重大任务与举措，需要国家有关部门和地方政府制定具体实施方案。为稳妥推进现代农业与农村改革，党中央和国务院统一部署了包括农村土地制度、农业支持保护制度、农村集体产权制度及农村金融、农业水价等11项改革试点任务。以黑龙江省"两大平原"现代农业综合配套改革试验为例，这是全新的、具有先行先试性质的探索性实践任务，没有现成的路可走。整体改革试验，要把握正确的方向，要有明确的目标定位；要把握改革的重点内容，要有合理的任务安排；要把握当前改革的背景变化，要有鲜明的时代特征；要把握国家的战略方针，要有基本的原则要求。改革试点中的每一项具体任务都是一个大课题，进行其中任何一个方面的改革试验，都需要全面把握该项改革试验任务的历史演进与现状，客观了解主要问题及其不利影响，深入分析成因与制约因素，比较借鉴国内外发达地区的成功做法和先进经验，科学制定完成改革试验任务的思路途径和政策措施等并付诸实施。所有这些都需要进行深入系统的理论研究和综合设计。同时，在改革实践过程中，还要进行跟踪研究和深化研究，及时考察、评估改革试验进程与绩效，总结分析成功经验或失败教训，进一步修订、完善改革思路和方案。对于改革试验过程中出现的新情况、新问题，要及时分析研究，妥善提出对策建议。在进行理论创新过程中，一方面应加强中央和地方重点智库建设，开展重大现实问题的应用对策研究；另一方面应通过国家科学基金项目引导广大专家学者进行基础理论研究，为改革试验提供理论依据和决策参考。

（本部分内容发表于《光明日报》2016年7月10日，作者：郭翔宇等。）

二、构建现代农业三大体系

2016年初以来，习近平总书记两次就黑龙江工作发表重要讲话，提出一系列新思想新论断新要求，核心内容是希望黑龙江省深化改革开放，优化发展环境，扬长避短、扬长补短，努力走出一条新形势下老工业基地振兴发展新路子。目前，全省上下正在深入学习贯彻落实总书记重要讲话精神。

习近平总书记高度关注黑龙江农业发展，讲话中充分肯定黑龙江作为农业大省和粮食主产区长期以来为国家粮食安全作出的突出贡献，认为黑龙江省是维护国家粮食安全的一块"压舱石"，要求黑龙江省要坚持把发展现代农业作为振兴发展的重要内容，争当农业现代化建设排头兵。

（一）振兴老工业基地不能忽视现代农业发展

振兴老工业基地不是一个产业振兴概念，不仅仅要振兴工业；而是一个区域振兴概念，要振兴的是区域内整个经济和社会发展事业，其中理应包含现代农业的发展。因此，黑龙江省在老工业基地振兴过程中，不能忽视现代农业发展，而要坚持发展现代农业方向。

1. 发展现代农业，要把增强农业综合生产能力作为核心任务，为保障国家粮食安全作出更大贡献

解决好全国 14 亿人口的吃饭问题，始终是治国安邦的头等大事。在发展现代农业过程中，要不断增强农业综合生产能力，确保谷物基本自给、口粮绝对安全，把 14 亿中国人的饭碗牢牢端在自己手中，自己的饭碗主要装自己生产的粮食。因此，确保国家粮食安全，保障重要农产品有效供给，始终是发展现代农业的首要任务。保障国家粮食安全，解决我国当前粮食生产供需结构性矛盾，重在增强农业综合生产能力，提高农业综合效益和竞争力。今后，发挥黑龙江省农业生产优势，要稳定发展水稻生产，使中国人的饭碗装更多的黑龙江米；要扩大大豆种植面积，提高大豆市场竞争力和占有率；要积极发展绿色食品产业，推动黑龙江成为全国的绿色粮仓。

2. 发展现代农业，要把增加农民收入作为首要目标，努力实现农民收入提前翻一番

全面建成小康社会，重点和难点在于持续较快地增加农民收入，缩小城乡居民收入差距。2015 年，黑龙江省农村常住居民人均可支配收入 11 095 元，比 2010 年增加了 5 055 元，按不变价格计算，年均实际增长了 9.6%；到 2020 年实现农民收入倍增目标，"十三五"期间年均需要实际增长 4.8%以上。仅从数字来看，实现农民收入年均增长 4.8%的速度似乎比较容易。但是，如果按照农民收入增长和经济增长同步的要求，特别是要进一步缩小城乡居民收入差距，农民收入则至少需年均增长 6.5%以上，则具有很大难度。尤其是在目前国际大宗农产品价格低迷、国内库存积压严重的情况下，持续较快增加农民收入难度更大。因此，总书记近期指出，促进农民增收，难点在粮食主产区和种粮农民。"十三五"时期，黑龙江省应努力构建促进农民持续较快增收的长效政策机制。

3. 发展现代农业，要深化"两大平原"现代农业综合改革试验，争当农业现代化建设排头兵

深化"两大平原"现代农业综合配套改革试验，"胆子要大"，要积极探索，大胆试验，要敢于突破，勇于创新。实现农业现代化，在发展农业生产力层面主要依靠科技创新来驱动；在完善农业生产关系层面主要依靠改革和制度创新来推动。"两大平原"现代农业改革试验的重点是调整农业生产关系和上层建筑，主要是破解制约现代农业发展的体制机制障碍和深层次矛盾。因此，深化"两大平原"现代农业综合配套改革试验，应突出创新思维，增强创新意识，加大创新力度，要进一步解放思想，更新观念，努力实现制度创新。针对现代农业建设中存在的主要问题和矛盾，应从改革体制、完善机制、调整政策、健全体系、理顺关系、优化模式、修改法律等方面进行深化改革和制度创新，重点是深入推进农村集体产权、农业经营、农业支持保护等制度创新。

（二）以构建三大体系为抓手加快推进农业现代化

如何加快发展现代农业，习近平总书记强调，现代农业是包含产业体系、生产体系、经营体系在内的有机整体，要以构建三个体系为抓手加快推进农业现代化。对于黑龙江省来说，加快构建现代农业三大体系，要坚持现代化大农业发展方向，使农业成为体现黑龙江优势与特色的现代产业。

1. 以大产业、大服务为主要内容加快构建现代农业产业体系

现代农业产业体系是由农业内部不同层次产业部门和环节构成的产业系统，是农业整体素质和竞争力的标志。现代化大农业是产业体系更加完备、产业化程度更高、功能多元化的现代农业。加快构建现代农业产业体系，就是要完备农业产业体系，提高农业产业化程度，丰富农业功能，使农业产业向横向拓展，向纵向延伸。一要突破集中于产中环节、产业体系单一、产业化程度低、产业链条短的传统农业的局限性，努力向农业产前、产后环节延伸，在发展现代种植业和养殖业的同时，积极发展农业生产资料工业、食品加工业，农产品收购、储藏、零售等物流业，农业技术、信息服务业，农产品观赏、采摘以及垂钓、娱乐、度假、民俗等观光旅游产业，不断拓宽农业产业体系。二要进一步调整优化农业生产结构和农村产业结构，深入推进农业产业化经营，促进粮经饲统筹、农牧渔结合，真正实现种养加、产供销、贸工农一体化，促进一二三产业融合发展和农业产业转型升级。三要在充分发挥种植业和养殖业供给人类食物和工业原料的食品保障功能、原料供给功能的基础上，积极开发农业的生态保护功能、观光休闲功能、文化传承功能等多种功能，使农业在为国民经济发展提供产品贡献的基础上提供更多的要素贡献和市场贡献。

从另一个角度来说，现代化大农业是以更完善的社会化服务为保障的现代农业，而且农业现代化水平越高，对农业社会化服务的需求和依赖越大。

因此，加快构建现代农业产业体系，必须同时发展更加健全完善、及时高效的"大服务"：在服务主体上，应该是多元化的，要建立以公共服务机构为依托、合作经济组织为基础、龙头企业为骨干、其他社会力量为补充的农业服务体系；在服务内容上，应该是全方面的，包括农业生产资料供应服务、农产品加工销售服务、农业科技服务、农村金融服务、农业保险服务、农业信息服务等；在服务环节上，应该是全程的，包括农业产前、产中、产后各个环节；在服务性质上，应该是公益性服务和经营性服务相结合；在服务形式上，应该是专项服务和综合服务相协调。当前，在建立健全新型农业社会化服务体系过程中，应重点加强基层公共服务机构为农民提供的公益性服务和农村合作经济组织为社员提供的自我服务。

2. 以大农机、大科技为主要手段加快构建现代农业生产体系

现代农业生产体系是由各种农业生产要素有机集合而形成的生产系统，是农业生产力发展水平的标志。现代化大农业是以更高水平物质装备为生产工具、具有更高综合生产能力的现代农业。加快构建现代农业生产体系，就是要用现代物质装备武装农业，进一步提高农业机械化水平。针对传统农业基础设施薄弱、物质装备水平低下、综合生产能力不强的现状，必须大力加强农业的物质装备建设，使农业基础设施、农田水利建设与排灌条件、农业机械化与电气化程度、耕地质量、农业投入品数量、投入品质量以及农村道路、电力、能源和环境卫生等基础设施均达到较高水平，充分改善农业生产条件和环境。特别是针对农村广泛使用"小四轮"拖拉机造成土壤板结、犁底层上移、土壤蓄水透气等理化性质差的局限，应重点加强农机装备建设，扩大使用"大农机"。只有广泛应用大中型农业机械，才能从根本上改善土壤耕作条件，提升农业生产力水平。黑龙江省农业机械化发展起步较早，目前农业机械化程度远高于全国平均水平。今后应进一步提高农机装备水平，加大农机化工程实施力度，装备更多的具有世界一流水平的大马力拖拉机、整地机、播种机、收获机和水稻插秧机等现代化大型农业机械，用先进大机械替代小四轮，实现主要粮食作物种管收全程机械化。

同时，现代化大农业是以更加先进的科学技术为生产手段、具有更高技术密集度的现代农业。加快构建现代农业生产体系，就是要用现代科学技术提升农业，进一步提高农业科技化水平。农业科技是现代农业发展的根本出路；实现农业现代化，在发展农业生产力层面主要依靠科技创新来驱动。因此，大力推进农业现代化，必须坚持科技创新，充分发挥科技创新引领农业发展的第一动力作用，把农业发展的根本途径彻底转到充分依靠科技进步和提高劳动者素质的轨道上来。一方面要加快农业科技创新步伐，提高农业科技进步贡献率；另一方面要大力发展农业农村教育和农民培训，提高农民素质，培育新型农民。在具体对策上，一要加大农业科技体制改革力度，健全激励机制，突破农业科技创新的制度性障碍；二要加大政府农业科技投入力度，真正把农业科研投入放在公共财政支持的优先位置，提高农业科技投入的比重和强度；三要加强农业技术推广，建立多元化的农业推广组织体系；四要大力发展农村教育和农民专业技能培训，提高农民科技文化素质和经营管理水平；五要充分发挥东北农业大学、黑龙江省农业科学院等农业院校和科研院所的作用。

3. 以大组织、大规模为主要途径加快构建现代农业经营体系

现代农业经营体系是由各种农业经营主体和经营方式构成的经营系统，是农业组织化程度的标志。现代化大农业是以更大规模土地经营为基础、以组织化程度更高的生产单位为经营主体、具有更高市场竞争力的现代农业。加快构建现代农业经营体系，就是要在适度规模经营的基础上，培育新型的规模化经营主体，发展多元化的农业经营方式，提高现代农业组织化程度。

农户经营规模小而分散、组织化程度低的农业生产经营方式和组织形式是发展黑龙江省现代化大农业的瓶颈性制约因素。因此，必须进行农业生产经营方式改革和农业生产经营组织形式创新，培育组织化程度更高的新型农业生产经营主体。在坚持农村土地集体所有制、坚持农村基本经营制度、坚持农民家庭承包经营体制长久不变的前提下，改革和创新农业生产经营方式和组织形式的最佳途径是发展各种类型的农民合作社。针对黑龙江省农民专业合作社还普遍存在规模较小、实力较弱、服务能力偏低以及运行不规范等问题，今后必须正确认识和处理好数量扩张与规范运营的关系，在继续扩大农民合作社数量的基础上，应注重提高农民合作社的质量和效率，通过规范运行，不断扩大农民合作社的规模和实力，提高合作社服务社员、带动农民的能力。同时，还要积极发展家庭农场、农业企业等规模经营主体，并推动不同经营主体进行联合经营，使各种经营方式共同发展。

新型经营主体进行规模经营的前提和物质基础是土地经营规模要大。与全国平均水平相比，黑龙江省耕地总面积和单位经营规模较大，地势平坦且集中连片，具有推进土地"大规模"经营的良好基础和优势。进行大规模土地经营，增加耕地总面积是最直接的途径。但是，由于工业化和城镇化加快发展对土地的占用，耕地总面积不断减少，这是一个不可逆转的趋势。在这种背景下，现实的选择是扩大农户和新型经营主体的单位耕地经营面积。为此，一要在加快转移农村富余劳动力的基础上，进一步完善政策，创造良好环境和条件，加快推进土地经营权流转；二要推进农户之间的联合与合作经营，通过农民之间的联合推进耕地连片经营，通过农民的合作扩大土地的实际经营规模。

（本部分内容刊发于《决策建议》2016 年第 17 期，原文标题为"关于构建三大体系加快推进农业现代化的建议"，作者：郭翔宇。）

三、推进现代农业综合配套改革试验

2013 年 4 月，国务院总理李克强主持召开国务院常务会议，部署开展现代农业综合配套改革试验工作。同年 6 月 13 日，国务院批复《黑龙江省"两大平原"现代农业综合配套改革试验总体方案》。

黑龙江省"两大平原"即松嫩平原、三江平原是我国黑土资源的主要分布地区，位于黑龙江省腹地，包括 11 个市的 51 个县（市、区）和黑龙江农垦总局 9 个管理局的 114 个农场，面积 28.9 万平方千米，人口 2 367 万人。该区域农业资源富集，耕地面积 1.62 亿亩，占全省（2 亿亩）的 80% 以上；2012 年粮食产量 1 043 亿斤，占全省（1 152 亿斤）的 90% 以上，占全国（1 1791 亿斤）的 8.8%，是我国重要的粮食主产区和商品粮生产基地。

在"两大平原"开展现代农业综合配套改革试验，既是进一步释放农业发展潜力，保障国家粮食安全的现实需要；也是巩固和完善农村基本经营制度，探索农业现代化与工业化、信息化、城镇化协调发展的重大举措，具有十分重大的意义。

（一）"两大平原"现代农业改革的重点是调整农业生产关系，应进一步强化"改革"色彩

"两大平原"现代农业改革试验的重点是调整农业生产关系，主要是破解制约现代农业发展的体制机制障碍和深层次矛盾，目的是使其更好地适应和促进农业生产力的发展，加快现代化大农业建设进程。为此，建议突出五个方面的改革：

一是改革体制。主要是要改革农业生产经营组织形式，创新农业生产经营体制；改革土地、水利、资金等管理体制，提高生产要素利用效率。

二是完善机制。主要是完善粮食主产区利益补偿机制，完善农产品价格形成机制，完善农业用水价格形成机制，建立农业保险大灾风险分散机制等。

三是健全体系。主要是调整、优化农业结构与布局，建立现代农业产业

体系；创新农村金融、农业保险和农业科技服务，完善农业社会化服务体系；搞活流通，完善农产品市场体系；强化监管，完善农产品质量和食品安全体系；推进城乡一体化，完善农村基本公共服务和社会保障体系。

四是创新制度。主要是改革农业补贴制度，完善农业保险制度，创新耕地保护制度，改革农村征地和宅基地制度，健全政府调控和法律保障制度等。

五是理顺关系。重点是改善城乡、工农关系，实现城乡统筹与一体化发展；正确处理政府与市场的关系，使市场在资源配置中发挥决定性作用和更好发挥政府作用；理顺中央与地方、粮食主产区与主销区、农垦与农村等不同主体与地区之间的责权利及相互关系，发挥各方的积极性；理顺农村土地所有权、承包权和经营权之间的关系，进一步坚持和完善农村基本经济制度和基本经营制度。

（二）"两大平原"现代农业改革的本质是创新，应大胆试验，加大创新力度

进行"两大平原"现代农业综合配套改革，"胆子要大"，要积极探索，大胆试验，要敢于突破，勇于创新。实现创新，是"两大平原"现代农业改革试验的基本要求，是改革要实现的过程性目标和阶段性结果，最终目的是要促进和加快现代农业的发展；同时，创新也是判断、评价"两大平原"现代农业改革进展程度与成效的重要标准。党的十八大提出了创新驱动发展战略，现代农业的发展与改革也需要创新驱动。其中，现代农业的发展主要是依靠科技创新来驱动，特别是黑龙江省发展的现代化大农业，更是依靠先进的科学技术进步驱动、具有更高技术密集度的现代农业。农业与农村改革则主要依靠制度创新来推动。

因此，推进"两大平原"现代农业综合配套改革试验，应树立创新思维，增强创新意识，加大创新力度，要进一步解放思想，更新观念，努力实现制度创新。"两大平原"现代农业综合配套改革试验中的制度创新，应包括农业生产经营体制、农村土地管理体制、水利管理体制等体制创新，粮食生产利益补偿机制、粮食价格形成机制、农业用水价格形成机制等机制创新，农产品市场体系、农产品质量与食品安全体系、城乡基本公共服务与社会保障体系等体系创新，农业补贴政策、粮食价格政策、农业保险政策、农产品市场调控政策等政策创新，农村金融服务、农业保险服务、农业科技服务等服务创新，农业生产经营主体、农业社会化服务主体、市场及其调控主体等主体创新，农村土地承包经营权流转模式、农业规模经营模式等模式创新，农村土地集体所有制的实现方式、农村基本经营制度的实现形式等路径创新；同时，在推进改革过程中还要注重管理创新。努力实现上述制度创新和管理创新，是实现"两大平原"现代农业综合配套改革试验目标的基本保证。

（三）"两大平原"现代农业改革有底线要求，要在保持稳定的前提下探索创新

在改革创新过程中，"步子要稳"，改革要坚持基本底线，要在保持稳定的前提下进行改革创新。

一是要坚持农村土地农民集体所有，坚持农村基本经济制度。农村土地集体所有制是农村的基本经济制度，是我国基本经济制度的重要组成部分，是农村基本经营制度和村民自治制度的重要基础。深化农村土地制度改革，推进农地承包经营权流转和规模经营，都不能改变农村土地农民集体所有这个农村最大的制度，不能把农村集体所有制改垮了。当然，在坚持农村土地集体所有这一基本经济制度下，可以积极探索改革农村土地集体所有的组织形式和有效实现形式、集体经济组织的成员资格确定及进入与退出方式、农民在集体经济组织中的财产权益及其对所承包土地和所使用宅基地权能扩大途径等。

二是要坚持家庭经营的基础性地位，坚持农村基本经营制度。以家庭经营为基础、统分结合的双层经营体制是我国农村的基本经营制度。在坚持农村基本经营制度中，重点是坚持家庭经营的基础性地位。农民家庭是集体土地承包经营的法定主体，家庭经营在农业生产经营中居于基础性地位。农村集体土地必须由集体经济组织内的农民家庭承包，其他任何主体都不能取代农民家庭的土地承包地位。创新农业经营主体，不能忽视数量众多、比例最大的普通农户。

三是要坚持稳定土地承包关系，坚持农地农用。中央明确要求，稳定农村土地承包关系并保持长久不变，任何组织和个人都不能剥夺和非法限制农民承包土地的权利。推进农地流转不能改变现有土地承包关系，应在坚持农村土地集体所有权、稳定农户承包权的前提下放活、用活土地经营权。而且，经营权流转之后的土地不得改变用途，农地不能非农化，改革不能把耕地改少了。

四是要坚持保障农民的物质利益，坚持维护农民合法权益。改革的出发点和落脚点是在加快现代农业发展的基础上增加农民收入，改革不能损害农民利益，这是农村工作的基本准则。这"四大底线"在农业与农村改革过程中是不能突破的，尤其是在农村土地制度改革过程中，必须坚持这些基本底线不动摇，避免改革不慎带来意外的全局性风险和震荡。

（四）"两大平原"现代农业改革是一项全新的探索性实践，应加强理论研究

"两大平原"现代农业综合配套改革试验具有先行先试性质，是一个探索性实践过程，没有现成的路可走。整体改革试验，要把握正确的方向，要有明确的目标定位；要把握改革的重点内容，要有合理的任务安排；要把握当前改革的背景变化，要有鲜明的时代特征；要把握国家的战略方针，要有基本的原则要求。改革试验中的每一项具体任务都是一个大课题，进行任何一个方面的改革试验，都需要全面把握该项改革试验任务的历史演进与现状，客观了解主要问题及其不利影响，深入分析成因与制约因素，比较借鉴国内外发达地区的成功做法和先进经验，科学制定完成改革试验任务的思路途径和政策措施等并付诸实施。所有这些都需要进行深入系统的理论研究和综合设计。同时，在改革实践过程中，还要进行跟踪研究和深化研究，及时考察评估改革试验进程与绩效，总结分析成功经验或失败教训，进一步修订、完善改革思路和方案。对于改革试验过程中出现的新情况、新问题，要及时分析研究，妥善提出对策。因此，建议改革试验领导小组办公室和承担不同改革试验任务的有关部门设立若干专项课题，组织政府部门和高等院校、科研院所的专家学者进行联合研究，为改革试验提供理论依据和决策参考。

（五）"两大平原"现代农业改革依靠政府推动，但必须充分尊重农民意愿和经济规律

改革试验的实施主体是政府，各项改革试验任务需要各级政府及其相关部门推进落实。政府不仅要研究制定改革试验方案，细化分解改革试验内容，落实改革试验措施，还要协调解决改革试验过程中出现的新情况、新问题，评估考核改革试验绩效，总结推广改革试验经验与成功做法。因此，各级政府应发挥主导作用，以高度的政治责任感积极推动改革试验。

但是，农民是农业生产经营主体和现代农业建设主体，改革试验的主要目的是在加快现代农业发展过程中提高农民收入，让农民在参与农业现代化进程中充分享受现代化成果。因此，政府在推进改革试验过程中，一方面要充分尊重农民意愿，注重发挥农民的首创精神；另一方面要尊重农业生产规律和市场经济规律，注重发挥市场机制和经济规律的作用。也就是说，推进任何改革试验措施，都不能违背农民意愿，不能违反经济规律，特别是在推

进城镇化、农地流转、培育新型农业经营主体过程中不能操之过急，不能强行追求进度，不能行政干预过度，否则可能事与愿违。习近平总书记对近期一些地方在农村土地流转中出现的问题，明确批示指出，在土地流转中不能搞"大跃进"，不能搞强迫命令，不能搞行政瞎指挥。

（六）"两大平原"现代农业改革是政策红利，应抓住机遇、用好政策并争取国家更大支持

黑龙江省"两大平原"现代农业综合配套改革试验，是国家目前开展的唯一涉及农业生产关系的重大调整和变革，是黑龙江省经济建设史上唯一上升到国家层面的重大发展战略，是全国综合配套改革试验区的重要组成部分。在黑龙江省先行开展现代农业综合配套改革试验，体现了党中央和国务院对黑龙江省的高度重视和充分信任，是黑龙江省加快发展难得的历史机遇和重大政策红利。

首先，黑龙江省必须紧紧抓住这个不可多得的发展机遇，积极创造条件，营造良好的改革环境，确保改革试验取得预期成效。这需要省委省政府进行科学的顶层设计，需要各级政府共同努力，需要发挥全省人民的聪明智慧。对于这次可以先行先试的"两大平原"现代农业改革试验，决不能再错失良机。

其次，黑龙江省必须用好用足国家政策，充分释放政策红利。国务院在批复《方案》时，要求国家有关部门按照职责分工，积极指导和支持黑龙江省开展"两大平原"现代农业综合配套改革试验，对拟推出的与现代农业发展相关的改革事项要优先在"两大平原"先行先试，并要求国家发展和改革委员会将"两大平原"现代农业综合配套改革试验纳入全国综合配套改革试验区管理，牵头建立省部协调机制，加强指导和协调，有序推进改革试验工作。作为全国现代农业综合配套改革试验的"特区"，黑龙江省必须用好用足国家政策，使改革试验成为加快龙江现代农业发展的强大动力。

再次，黑龙江省还应积极争取更多国家支持。在"两大平原"进行现代农业改革试验本身就是国家对黑龙江省的最大政策支持。除了对于国家拟推出的与现代农业发展相关的改革事项争取优先在"两大平原"先行先试，对于具有突破性的重大改革试验事项争取国家及时批复之外，还要主动争取国家更多的技术指导和国家有关部门的协调配合，更主要的是要大力争取国家的经济支持。对于完善粮食主产区利益补偿机制、完善农业支持保护政策特别是农业补贴政策、创新政策性农业保险、农业水利工程和基础设施建设、生态环境保护、大豆目标价格补贴试点、农产品目标价格保险试点等改革事项，应积极争取对黑龙江省的资金倾斜。

（七）"两大平原"现代农业改革试验是"蹚路子"，应发挥示范引领作用，为全国创造经验

"两大平原"现代农业改革试验既要促进龙江现代农业加快发展，又要为全国现代农业发展和农村改革"蹚路子"，并应发挥示范引领作用。

进行"两大平原"现代农业综合配套改革试验，首先是黑龙江省农业发展过程中的一项重大政策安排，其直接目的和作用是通过改革试验加快黑龙江省现代农业发展，进一步提高黑龙江省农业综合生产能力和农民收入水平。

其次，这是黑龙江省经济建设过程中的一项重大战略部署，现代农业改革试验的思路、做法和经验可为黑龙江省全面深化改革提供启示和借鉴。

再次，这是国家目前开展的唯一涉及农业生产关系的重大调整和变革，是国家层面的重大发展战略，是全国综合配套改革试验区的重要组成部分。改革试验要为全国粮食主产区实现"四化同步"发展发挥示范引领作用，要为全国现代农业发展和农村改革提供经验，"蹚路子"。当然，对黑龙江省来说，这既是难得发展机遇，也是重大考验。

（本部分内容刊发于《决策建议》2014年第21期，原文标题为"关于加快推进'两大平原'现代农业综合配套改革试验的建议"，作者：郭翔宇。）

四、推广农业复合经营模式

在学习贯彻习近平总书记关于黑龙江省"要坚持把发展现代农业作为振兴发展的重要内容，争当农业现代化建设排头兵"重要讲话精神过程中，在深入推进"两大平原"现代农业综合配套改革试验实践中，绥化市积极探索、大胆创新，在培育新型农业经营主体、构建现代农业经营体系方面建立了一种新的"农业复合经营"模式，率先蹚出了一条新路子。从绥化市重点推进的60个典型村的发展情况来看，这种实践探索是成功的，表现出了较好的综合绩效，而且预示出未来的良好发展前景，值得推广。

（一）绥化市积极探索"农业复合经营"新模式

农村改革以来，农业生产经营主体和经营方式经历了两次大的变化和创新。第一次变化和创新是农业生产经营主体由改革前人民公社体制下的生产队变成了家庭承包经营的农户，农业经营方式由原来的集体统一经营变成家庭农户的分散经营；第二次变化和创新是在农户家庭经营的基础上，发展专业大户、家庭农场、农民合作社、农业企业等各种新型农业经营主体，农业经营方式是在农户分散经营的基础上出现了新型农业主体的规模经营。这两次农业经营主体和经营方式的变化与创新，都积极促进了现代农业发展，但同时也存在局限性和困境。

针对农业经营主体的第一次变化和小农户分散经营的局限性，绥化市积极推进土地流转和规模经营，大力培育和发展专业大户、家庭农场、农民合作社、产业化龙头企业等新型经营主体。截至2015年9月，全市新型经营主体达到了44 712个，比2012年增长了2倍多。2016年，全市土地流转面积1 736万亩，占全市耕地面积的60%；参加土地流转的农户数为66万户，占全市农户总数的64.4%；200亩以上规模经营面积1 860万亩，占全市总种植面积的65%。针对农业经营主体的第二次变化和新型经营主体独立经营面临的特殊困境，绥化市在近年来开始推进"以村为基本单元的复合型经营主体"建设，即在新型农业经营主体发展的基础上，农民合作社、农业企业、村级集体经济组织等多种经营主体进行联合经营，使家庭经营、集体经营、合作经营、企业经营等多种经营方式共同发展。这是一种由多元经营主体参与、多种经营形式共同发展的一种新的农业经营体系，其中，有一个经营主体居于主导地位，其他经营主体相对处于从属地位，相应的经营形式主要取决于居主导地位的经营主体。

从绥化市各村农业复合经营特点来看，可以总结概括出三种具体模式：一是以农业合作社为主导，合作社吸收村集体、企业入股，进行联合经营。如庆安县发源村春芽水稻合作社、兰西县林升村庆丰大葱种植专业合作社、聚宝村光辉水稻种植合作社、向阳村向阳马铃薯种植农民专业合作社、肇东市永丰村裕村香谷物种植专业合作社、福山村福山现代农机合作社、海伦市东兴村东兴农机合作社、安达市双兴村双发水稻种植专业合作社、任民村任丰种植专业合作社、望奎县正蓝三村龙薯现代农业农民专业合作社、明水县兴发村兴发笤帚糜子专业合作社等。二是以农业企业为主导，企业与合作社、村集体合作，进行联合经营。如望奎县龙蛙农业发展股份公司、明水县龙睿绿色农业开发有限公司、兰西黑土优选生态农业开发有限公司、庆安鸿基生态农业有限公司、庆安瑞丰农业服务有限公司、绥棱双兴农业发展有限公司等。三是以村集体经济组织为主导，进行"村企社"联合经营。如北林区永兴村、青冈县民众村、绥棱县宝山村、绥棱县诺敏河村、肇东市长富村、肇东市昌盛村、海伦市双泉村等。

（二）农业复合经营明显推动了制度创新

绥化市的农业复合经营是一种创新性的实践探索，是一种基于改革而实现的制度创新，在培育了新的"复合型经营主体"的基础上丰富了农业经营体系，在完善农业基本经营制度的基础上创新了农业经营体制机制，在较大程度上完善了"统分结合"的双层经营体制，初步实现了邓小平同志提出的农业"第二次飞跃"。

这种农业复合经营在现代农业发展和农村改革中贯彻落实了习近平总书记2016年在安徽小岗村农村改革座谈会和视察黑龙江省关于加快构建现代农业"三大体系"的重要讲话精神，它们从创新现代农业经营体系入手，推进"以村为基本单元的复合型经营主体"建设，然后以现代农业经营体系创新推进现代农业生产体系建设，进而共同支撑现代农业产业体系发展。首先，农业复合经营创新了现代农业经营体系。农业复合经营在培育壮大新型农业经营主体的基础上，促进了不同主体之间的联合与合作，提高了农业生产的组织化程度；完善了农业社会化服务体系，提高了农业生产专业化水平；提高了农业生产经营者素质和职业能力，有效地解决了"谁来种地"的问题，大幅提升了农业的经营效益。其次，农业复合经营有力地推动了现代农业产业体系建设。通过农业复合经营，促进了农业产业结构的调整与优化，使农产品更加符合市场和消费者需求；农业复合经营使农业产业横向拓展和纵向延伸，推进了农村一二三产业融合发展，提升了价值链，提高了农业生产效益。最后，农业复合有力推动了现代农业生产体系建设。农业复合经营在土地规模经营的基础上，使得大型机械设备、优良品种、先进农业生产技术、农业信息技术、标准化生产、"互联网＋"营销手段、绿色生态种植模式等先进的农业生产方式与要素投入农业生产中去，迅速提升了农业生产的良种化、机械化、科技化、信息化、标准化水平，整体上推动了现代农业生产力的提高。

（三）农业复合经营充分体现了"五大发展理念"

绥化市的农业复合经营体现了党的十八届五中全会提出的创新、协调、绿色、开放、共享五大发展理念。第一，农业复合经营实现了创新发展。农业复合经营，在完善农业生产关系方面促进了制度创新，实现了农业经营体系和经营方式的创新，既突破了各经营主体独立经营及相互之间的封闭状态，使多元经营主体有机联合起来，又促使家庭经营、集体经营、合作经营、企业经营等多种经营方式共同发展；在发展农业生产力方面，农业复合经营促进了农业科技创新，提高了农业科技化程度和机械化程度，从而明显提高了农业生产效率。第二，农业复合经营实现了协调发展。农业复合经营，既促进了多种不同的农业经营主体在复合经营中优势互补、协调发展，又促进了不同层次的农业生产和产业结构协调发展，实现了不同程度的农产品生产、加工、销售一体化和农村一二三产业融合发展。第三，农业复合经营实现了绿色发展。在农业复合经营过程中的经营主体相对于传统小农户来说，更加注重通过发展绿色农产品和有机农产品来提高农产品的质量，农产品质量的提高又大大提高了农产品的销售价格，从而实现了更大的经营效益。第四，农业复合经营实现了开放发展。多种经营主体进行联合经营，相对于各主体独立经营来说就是在实践中贯彻落实开放发展理念的行为；同时，农业复合经营积极促进了相关经营主体与外部营销、金融等企业和高校、科研院所等单位的合作，进一步扩大了农业经营的规模和实力。此外，农业复合经营使有些经营主体能够将农产品出口国外市场，促进了农业对外开放。第五，农业复合经营实现了共享发展。农户、农民合作社、农业企业、村级集体经济组织等多种经营主体通过农业复合经营在创造了比各经营主体独立经营更大的农业产出和价值增值的基础上共享了价值增值成果，特别是大幅度提升了普通农户和村级集体经济组织的经济收益。

（四）农业复合经营大幅度促进了农民增收

农业复合经营促进农民大幅度增收。一是农业复合经营主体使加入其中的农民明显地增加了来自土地的经营性收入；二是复合经营使流转土地的农民较大幅度地提高了财产性收入；三是复合经营大大减少了农民的剩余劳动时间，促进了农民的相对充分就业，增加了农民的工资性收入。在增加农民收入的同时，农业复合经营也增加了村集体收入，增强了农村集体经济实力；农村集体经济实力的增强又促进了农村基础设施和社会事业发展，强化了党的最基层组织功能，巩固了党在农村的执政基础。

农业复合经营促进农民和村集体增收，其作用机理在于"增效节本"两个方面。一方面，农业复合经营促进了农业"增效"。农业"增效"的途径是土地增产和农产品更好的销售价格。土地增产的原因，主要是大型农业机械设备的使用和先进适用农业技术的采用，提高单位土地面积的产量，其基础在于通过农地流转实现了规模经营。同时，多元主体复合经营通过土地整治等措施又提高了土地利用率，进一步促进了农业产出的增加。农产品销售价格的提高，一是由于农产品优质，优质是优价的物质基础；二是由于生产经营主体通过复合经营提高了组织化程度，使传统分散经营的个体小农户得以联合起来进入市场，市场谈判能力和讨价还价能力增强，这是农产品优价的有力主观条件。另一方面，农业复合经营从多方面节约了农业生产经营的成本，提高的农业生产经营效率。一是节约物化成本。复合经营实现了统一批量购买农业生产资料，既可以保证货真价实，又可以降低购买价格，减少物化费用支出。二是节约机械成本。多主体复合经营扩大土地经营规模后，提高了农业机械的利用率和作业效率，特别是农机合作社的组建与参与，降低单位面积土地机械使用成本。三是节约劳动力成本。通过农地流转进行规模经营之后，大大减少了单位面积土地上的劳动力投入，节约了劳动力成本；同时，从土地上解放出来的富余劳动力就地或异地转移到非农领域就业，又创造了工资性收入。四是节约资金成本。复合经营后使规模经营主体的信用担保能力和贷款信誉提高，或者与金融机构合作，有助于获得额度更大、期限更长、利率更优惠的贷款，降低了资金成本支出。

（五）农业复合经营大大加快了农业现代化进程

绥化市的农业复合经营，是在新型农业经营主体各自独立规模经营的基础上进行多元主体之间的联合经营，从而使得多元经营主体的各自优势得到充分发挥，各种农业资源要素也得到最有效的优化配置，最终实现了"1＋1＞2"的效果，大大加快了农业现代化进程。从过程分析，复合经营促进了土地流转和规模经营，推动了大型农机设备和先进农业技术的采用，提高了农业生产机械化和科技化水平，增强了农民和农业生产经营的组织化和标准化程度。从影响分析，农业复合经营使农民合作社等农业规模经营主体融入了农产品供应链，且在供应链上越来越占据主导地位；延长了农业产业链，实现了农村一二三产业融合发展；提升了农业价值链，实现了农产品价值增值，且增值部分越来越多地留在农村和农民手里。从结果分析，农业复合经营显著提高了农业劳动生产率、土地产出率、资源利用率和资金收益率，提升了农业社会化服务能力，且有利于保障农产品有效供给及质量安全。

（六）绥化市农业复合经营在推广过程中需进一步完善和提高

绥化市以村为基本单元推进农业复合经营，构建了一种新的现代农业经营体系和经营模式。但是，目前许多农村还只是刚刚具备了"农业复合经营"模式的雏形，处于起步和初期发展阶段。因此，今后应加强对农业复合经营模式的研究，使其不断完善，在积极促进绥化市农民增收、现代农业发展和新农村建设的同时，更要努力为全省乃至全国现代农业发展和农村改革提供启示和借鉴，在争当农业现代化排头兵的过程中形成"绥化模式"和"龙江经验"，发挥更大的示范引领作用。

1. 以村为基本单元推进农业复合经营，有其规模上的合理性。但是，在推进"复合经营"过程中，可以不局限于一个村；反过来，一个村也可不局限于一种经营模式，主要是看起主导作用的经营主体的情况，可灵活对待。

2. 充分利用"两大平原"现代农业综合配套改革试验的政策进行先行先试，既要敢于突破，勇于创新，又要注意稳步推进。改革探索有基本底线，要在保持稳定的前提下试验创新。一是要坚持农村土地农民集体所有，坚持农村基本经济制度。二是要坚持家庭经营的基础性地位，坚持农村基本经营制度。三是要坚持稳定土地承包关系，坚持农地农用。四是要坚持保障农民的物质利益，坚持维护农民合法权益。这"四大底线"是不能突破的，需作为原则要求来坚持。

3. 绥化市的农业复合经营模式是农民的创造，是基层群众在发展实践中摸索出来的。政府在进一步完善过程中，既应充分尊重农民的创造和意愿，又要及时总结提炼，上升到理性认识层面形成指导性意见和政策，通过政策扶持、宣传指导、示范引导等方式加以推广，既不能行政干预过度，也不能使各类经营主体过分依赖政府。

4. 在各村推进复合经营过程中，多数是以农民合作社为主导，这既符合我国农业发展实际，又符合国际惯例。目前，农民合作社数量已经很多了，但许多合作社规模较小，实力较弱，带动能力不强，且运行不规范，有的甚至名不副实。因此，在今后深入推进复合经营过程中，应注重合作社的规范运营，要遵循合作社服务农民社员的宗旨，坚持合作社的基本原则和价值。

（本部分内容刊发于《智库专报》2017 年第 5 期，原文标题为"关于推广绥化市农业复合经营模式的建议"，作者：郭翔宇。）

第三节　加快推进农业科技创新

一、加大力度推进农业科技现代化

随着中国特色社会主义进入新时代、中国经济发展进入新常态，高质量发展成为各行业、各领域必须遵循的根本要求。农业是国民经济的基础，是建设现代化经济体系的关键，推动农业高质量发展，是未来我国农业发展的方向和主题，是实现国家经济社会高质量发展的必由之路。农业现代化的关键在于农业科技现代化，推动农业高质量发展，必然要求高质量推进农业科技现代化，要深刻认识和准确把握农业科技现代化多主体相互协作、多要素相互作用、多环节相互衔接的动态发展特征，全面提升农业科技现代化质量水平。

（一）加强中国特色农业科技现代化理论研究，以理论创新驱动实践创新

高质量推动农业科技理论创新，一要基于理论研究与实践探索良性互动的视角，进一步树立科学导向，始终坚持理论研究在农业科技现代化过程中不可或缺的地位。二要基于农业现代化与科技现代化交叉融合的视角，深入挖掘农业科技现代化的内涵、外延和本质特征，深刻阐释农业科技现代化的实践方向、推进路径，回答好农业科技现代化"是什么""怎么做"等问题。三要基于学理性与应用性有效衔接的视角，充分发挥相关智库平台作用，促进理论创新向制度创新、政策创新和举措创新的转化，增强农业科技现代化实践创新的理论驱动。

（二）提升农业基础设施建设水平，为农业科技现代化提供重要支撑

农业基础设施是促进农业科技成果转化和应用的重要支撑，高水平的农业基础设施，是高质量推进农业科技现代化的重要保障。当前，基础设施建设仍是农业现代化建设中需要加强的领域，加强农业科技成果的转化与应用，不断构建现代农业产业体系、生产体系和经营体系。推进农业科技现代化，要深入实施强基工程，加大农业基础设施建设力度，坚持不懈做好"打基础、增功能、利长远"工作，提升建设质量水平和覆盖率，为高质量推进农业科技成果的转化与应用提供有力支撑。

（三）深化农业科技基础研究，增强农业科技原始创新能力

科技创新的源头在于基础研究，没有基础研究的高质量发展，农业科技现代化将成为无源之水、无本之木。高质量推进农业科技现代化，要切实尊重科技发展规律，不断提升农业基础研究水平，从源头上奠定农业科技自立自强的基础。要从资金投入、政策支持以及科学的评价与激励机制构建等方面，努力形成系统化、长期稳定的基础研究支持体系，强化基础研究保障力度。要着力构建政产学研协同创新机制，推动各类创新主体联合与合作，充分发挥各自优势与特长，打造集成创新链，增强农业科技创新合力。要推动基础研究与应用研究更加紧密结合，形成以应用研究带动基础研究导向，促进基础研究向应用研究的高效转化。

（四）聚焦关键核心技术，突破农业科技现代化瓶颈制约

从我国农业现代化发展现状和目标看，现代种业的创新发展、先进适用机械装备研发、数字信息技术与农业的进一步融合，以及农业绿色发展模式、技术的推广应用和生产要素支撑，是当前我国农业科技现代化的重点任务。推动农业科技现代化，要着力加强现代种业攻关，统筹种质资源保护和

品种创新，全面构建以市场为主导、以企业为重要主体、产学研协同的种业创新体系。要积极推进现代信息技术在农业生产、农产品精深加工和市场营销等环节的广泛应用，提升现代农业"三大体系"数字化、信息化和智能化水平。要深入贯彻落实农业绿色发展理念，不断加强节水灌溉技术、耕地保护、生物有机肥料等农业绿色发展技术和投入品的研发与应用，提高农业可持续发展能力。

（五）促进体制机制创新，强化农业科技现代化的制度驱动

科学高效的体制机制是高质量推进农业科技现代化的关键，要突出有效市场和有为政府相结合，不断加强体制机制创新，激发农业科技创新活力。一要保障更多农业科技创新主体平等进入市场、公平参与竞争并获取合理收益。二要实施更具系统性和导向性的农村产业政策，提升农业科技创新效率、转化效率。三要实施更具稳定性和精准性的调控政策，科学运用财政政策、税收政策、金融政策以及产业政策等手段，全力打造健康、高效的市场运行机制。四要进一步深化"放管服"改革，对简政放权不到位、事中事后监管不尽责、服务功能不充分等问题持续加大治理力度，努力优化市场环境、降低制度性交易成本，激发农业科技创新主体活力。

（六）强化多元主体培育，提高农业科技现代化主体能力

农业科技现代化是集创新、转化、推广、应用等多个环节于一体的全链条式现代化，只有全面提升各环节主体建设质量，才能切实提高农业科技现代化的效率和水平。一要突出企业创新主体地位，加快推动龙头型农业科技企业做大做强，采取综合性、稳定性支持政策，推动形成大中小型农业科技企业协同发展格局。二要加强基层农技推广队伍建设，通过制定并实施更加明确的建设目标、举措和步骤，建立刚性的资金投入机制、人才队伍建设机制和考核评价机制，努力形成数量充足、结构优化、素质过硬的基层农技推广队伍。三要综合运用资金支持、科技培训等举措，持续加大新型农业经营主体和服务主体建设力度，使新型农业经营主体和服务主体成为农业科技成果应用、推广的重要力量，并辐射带动小农户与现代农业有机衔接。

（本部分内容发表于《中国社会科学报》2022年11月9日，作者：宋志彬、郭翔宇。）

二、加大科技创新引领

在推进农业现代化和乡村振兴过程中，要坚持创新发展理念，充分发挥创新引领农业发展的第一动力作用。2018年9月，习近平总书记在黑龙江

省考察时指出，中国现代化离不开农业现代化，农业现代化关键在科技、在人才，要把发展农业科技放在更加突出的位置，给农业现代化插上科技的翅膀。2020 年 7 月，习近平总书记在吉林考察时强调，农业现代化，关键是农业科技现代化，要加强农业与科技融合，加强农业科技创新。

（一）加大农业科技创新投入，加强农业科技创新支撑作用

科学技术是第一生产力，要坚持走科技化、精准化、信息化、智能化的农业发展道路，一方面要不断提高农业科技创新研发经费投入强度，另一方面要切实优化农业科技财政支出结构。首先，要提高农业科技财政支出规模，加大农业科技创新研发经费投入，重视农业科技的基础性研究，在数字农业、智慧农业、"互联网＋"、大数据技术支农等关键领域实现重大突破，形成具有竞争力的强大科技研发能力，突破现有环境资源约束，支撑引领现代农业发展。其次，要创新农业科技财政资金支持模式，转变农业科技财政投入方式，可设立"农业产业技术创新与科技金融"相关专项资金，有重点、有步骤地支持农业科技创新，提升农业科技型企业的成长能力，提高农业科技竞争能力，形成推动农业科技创新的长效机制。

（二）培养农业科技创新人才，壮大科技创新人才队伍

无论是原始创新还是集成创新，创新的主体都是人才，都需要人才的支持和保障。一方面，要创新农业科技创新人才培养方式，既重视人才数量的增加，通过招聘等方式招录高校优秀人才，又注重提升其整体素质，完善培养机制，通过培训学习、实践锻炼等方式，助力人才能力的提升；另一方面，要完善人才激励机制，通过物质奖励、改善职业发展通道等方式，充分调动科技创新人才的工作积极性，激发科技创新的活力。农业科技人才是整个人才队伍中最重要的组成部分，发挥农业科技人才作用，应坚持思想政治教育和管理服务并重，实行更加积极开放有效的人才政策，把肯下基层作为评价农业科技人才重要因素，真正让农业科技创新人才在农业现代化发展建设中想下去、下得去、留得住、用得好；加大对高等院校、科研院所，特别是涉农高校和科研院所的支持力度，为其发挥人才培养、教育培训、科技创新、社会服务优势提供支持；构筑内外结合、多层次的人才梯队，激发农业龙头企业、新型农业经营主体科技创新活力，加强基层农业科技人才、职业农民、新型农民的培训，建立政府主导、部门协作、统筹安排、产业带动的培训机制，造就更多乡土科技人才。

（三）健全农业科技创新推广体系，促进产学研深度融合

科技创新推广是实现农业现代化的重要环节，建立健全的农业推广体系

可促进科研成果转换。着力支持、引导、实施一批农业科学技术项目、创新团队计划项目，不断增强农业科技创新供给能力；积极对接农民需求，服务农业技术创新，联合企业解决好制约农业发展的关键技术问题；大力加强智能化、环保型、复合型农业机械化的推广应用，提高补贴标准，进而提升耕种收效率。同时，可与内外部环境、人力资源配置和推广模式相匹配，大力提升农业科技创新供给能力和对接服务的能力。针对推广人才不足、素质水平不高、推广模式不适应等情况，完善推广人员招聘平台，稳步提升推广队伍服务能力，同时创新现代化科技推广模式，加快建设基于移动互联网共享技术的农业科技资源共享平台，通过应用现代推广工具提升推广能力。产学研深度融合是促进农业科技创新成果转化的关键手段之一，应大力发展面向市场的新型农业技术研发、成果转化和产业孵化机构。建立总体布局合理、功能定位清晰、产学研有机融合的农业科技成果转化体系，形成多元参与、协同高效的创新治理格局，打通技术突破、产品制造加工、市场模式和产业发展"一条龙"转化瓶颈。建立一批公益性、专业化的技术转移机构和面向市场的服务网络，打通创新链和产业链的精准对接，加快科技创新成果落地。

（四）完善提升农业科技创新政策，加强农业科技制度供给

推动农业科技现代化，必须切实完善对农业科技的各项支持政策。一要强化农业科技知识产权保护，完善农业科技知识产权保护政策和法律法规，依法打击侵犯农业科技知识产权等违法行为，建立健全农业科技知识产权保护的监督机制；二要加强规范和引导，有效维护农业科技市场秩序，进一步完善农业科技创新评价机制，采取物质奖励、精神鼓励、职务职称晋升、利润分享、提供学习培训机会等多种形式，激励优秀农业科技创新人才到农村创业；三要制定以科研质量、创新能力和成果应用为导向的评价标准，从农业科技创新成果及其转化率、项目管理水平、服务农业的实际成效、农民满意程度等方面，多角度全方位评价农业科技创新人才，形成完善的创新激励机制。

（本部分内容发表于《黑龙江日报》2021年12月31日，原文标题为"加大科技创新力度　引领农业现代化"，作者：杜旭、郭翔宇。）

三、建设县域农业创新创业生态系统

2021年，农业农村部在全国范围内启动共建72个农业科技现代化先行县，探索构建科技支撑引领乡村全面振兴和农业农村现代化的新机制、新模

式。黑龙江省齐齐哈尔市甘南县（对口技术单位为东北农业大学）和佳木斯市富锦市（对口技术单位为黑龙江省农业科学院）获批入选。

县域农业创新创业生态系统是连接县域内部与外部农业创新创业主体和资源要素的重要"创新枢纽"，能够拉动全国范围内农业创新创业主体突破原有部门、单位、区域等壁垒，汇聚县域，围绕县域农业产业发展需求，群策群力，共谋县域农业现代化发展。因此，为加快落实国家创新驱动发展战略和乡村振兴战略，有力支撑创新引领农业高质量发展和乡村全面振兴，作为农业农村工作主战场的农业大县，应把握国家创建农业科技现代化先行县契机，着力打造一个全方位、多层次、开放式的县域农业创新创业生态系统，这是有效推进县域农业科技现代化的新模式和新路径。

（一）明确县域农业创新创业生态系统功能结构

围绕县域农业产业链部署农业科技创新链，围绕农业科技创新链布局农业产业链，实现从农业科技创新强到农业产业强的良性循环。由分管县领导牵头，组织农业农村局、发改工信科技局、人社局、财政局等相关部门，结合本县农业现代化发展水平和创新创业开展情况，划分县域农业创新创业生态系统功能结构，制定县域农业创新创业生态系统建设规划。建议将县域农业创新创业生态系统划分为全产业链农业科技需求对接体系和农业科技孵化育成体系两大功能体系：农业科技需求对接体系解决当前县域农业主导产业全产业链各环节的技术短板和技能培训需求；农业科技孵化育成体系通过培养农业创新创业人才、孵化创新型农业企业和助推农业中小企业快速发展，为县域农业跨越式高质量发展储备能量。

（二）成立县农业创新创业领导小组和工作专班

成立县农业创新创业领导小组，从农业农村局、发改工信科技局和人社局等相关部门抽调人员组建县农业创新创业工作专班，由分管县领导直接负责，组织县域农业创新创业生态系统建设的具体执行工作。根据工作职能划分为农业科技对接组、农业创新创业孵化组、农业科技培训组等相应工作小组。农业科技对接组负责跟踪调查、梳理筛选、广泛招募、精准对接县域农业生产、加工、储运、销售、品牌、体验、消费、服务等农业全产业链各环节急需的农业科技需求；农业创新创业孵化组负责吸引、选拔优秀农业初创型企业和创新创业团队入驻，协调提供配套的场地设施、初创资金、技术服务、咨询服务、投资融资、资源对接、成果转化及市场拓展等孵化服务；农业科技培训组负责开展农业技术培训、创新创业辅导等相关培训的需求调研与组织安排。

（三）完善县域农业创新创业硬件设施和软件服务

组织、协调农业农村局、发改工信科技局、财政局、市场监管局、住建局和人社局等相关部门，尽快补齐县域现有农业创新创业硬件设施和软件服务不足，形成集"跟踪调查—梳理筛选—广泛招募—精准对接"一条龙的农业科技需求对接体系、集"众创空间—孵化器—加速器—农业科技园区"一体化的农业科技孵化育成体系，为县域农业创新创业涉及的研发、转化、示范、推广、培训等过程提供全链条的设施与服务支撑。同时，要积极争取上级政府给予的创新创业奖励资金，并积极吸引县域外部的投资机构、咨询机构、孵化器、加速器等创新创业服务主体来县域共谋发展。

（四）促进县域内外部农业创新创业主体交流与合作

县域农业创新创业生态系统应坚持开放式生态网络治理，积极促进县域内外部农业创新创业主体高效对接、县域内外部农业创新创业资源汇聚交融。通过对外招募农业科技需求、举办农业创新创业大赛、召开农业创新创业论坛等多种方式吸引优秀农业初创型企业和创新创业团队来县域"揭榜挂帅"。充分利用互联网打造县域农业计算机网络众创平台，通过网络众创平台更好地让各类农业创新创业主体对接。网络众创平台的新闻板块负责发布县域农业科技相关的新闻信息和行业信息；网络众创平台的创新社区板块为各类农业创新创业主体提供知识分享与交流。网络众创平台作为县域农业创新创业生态系统实践的线上载体，与线下的业务流程紧密配合，共同促进县域内外部农业创新创业主体的交流合作。

（五）营造良好的县域创新创业政务环境与文化环境

切实把实施创新驱动发展战略摆在县域振兴发展的核心位置，不断优化县域创新创业政务环境：重视知识产权保护，市场监管局要配套出台强化知识产权保护、促进科研成果转化的政策措施；优化营商环境，营商局、市场监管局、税务局和公安局等部门联合从"减环节、压时间、降费用"三个方面精准发力，为创新创业提供更好的营商环境；完善创新创业激励机制，发改、工信、科技局为各级各类创新创业活动制定相应的补助标准和奖励标准，财政局发挥财政资金对创新创业激励政策落地的引导和支持作用；加强创新创业政务服务，将创新创业工作业绩纳入县政府对各创新创业相关工作部门的绩效考核指标体系。努力营造县域大众创业、万众创新的积极向上的文化环境：文体旅游局加大对创新创业先进典型和创业事迹的宣传力度，弘扬尊重劳动、尊重知识、尊重人才、尊重创造的理念，提倡敢为人先、敢于创造、敢冒风险的精神，构建鼓励创新、宽容失败、创业致富的创新文化和价值导向。

(六) 吸引并留住创新创业人才

创新创业人才和资源集聚县域将促进县域农业现代化水平不断提升，带动就业、提升收入、刺激消费。县域消费规模、消费水平提高，拉动县域经济增长，县域则有条件为创新创业人才营造更好的发展环境，如此形成良性循环。县政府要从多方面采取措施，提供吸引人、留住人的优越条件，让创新创业人才安心、安身、安业。通过承办大学生"三下乡"社会实践活动、举办农业创新创业大赛、提供创新创业孵化服务等方式吸引农业专业大学生、研究生来县创新创业、农民工返县创新创业。人社局、住建局、教育局、民政局和卫健局等部门联合制定创新创业人才住房、子女教育、养老和医疗等服务工作的具体实施方案和操作办法，让创新创业人才没有后顾之忧。财政局、税务局和经合局加大对创新创业人才的资金补助、税费减免、金融扶持等优惠政策支持。

县域农业创新创业生态系统的建设知易行难，需要一定时间的探索和积累方能见成效。县领导开放创新的决心和魄力、给予农业创新创业工作组持续的鼓励与支持，农业创新创业工作组不畏困难、砥砺前行的工作作风，县相关部门的协助和配合，是保证县域农业创新创业生态系统不断完善和发展的保障。

(本部分内容刊发于《智库专报》2022年第16期，原文题目为"关于建设县域农业创新创业生态系统的对策建议"，作者：郭翔宇、王丹。)

四、建立农业物联网大数据

发展智慧农业是我国国情下农业未来发展方式的必然选择。黑龙江省要认真贯彻落实《中共中央国务院关于深入推进农业供给侧结构性改革 加快培育农业农村发展新动能的若干意见》要求，坚持把"做大做强优势特色产业"作为扶持重点，加快培育新型农业经营主体，着力打造农业优势特色产业集群，积极发展适度规模经营，发展智慧农业，推动农村一二三产业融合发展，为优化农业产业结构、推进农业提质增效、促进农民持续增收发挥重要作用。

黑龙江省要立足本地实际，把扶持农业优势特色产业发展同农业综合开发、高标准农田建设特别是高标准农田建设模式创新试点、田园综合体建设试点、特色农产品优势区和农业产业园建设试点等有机结合起来，形成推动现代农业产业发展的合力。要补齐农业产业链条短板，促进全产业链和价值链建设，提升财政支农效能。

发展智慧农业的意义就在于，生产模式由粗放化向精细化改变，避免了水资源浪费和土壤环境污染，提高农产品品质，达到节能增效的目的；培养新型的农业生产主体，为未来智慧农业持续发展奠定基础。

（一）黑龙江省建立农业物联网（大数据）示范及标准的创新体系的意义

信息化是农业现代化的制高点，我国农业现代化先后经历了水利化、化学化、机械化，下一步就是精准化、智能化、智慧化。

农业物联网可改变农业组织模式和农业发展模式，加快信息化与农业现代化的融合，所以要大力推进农业物联网技术应用发展。黑龙江省作为农业大省，要秉承 2017 年中央 1 号文件精神以及农业供给侧改革的主旨，依托本省的军民融合技术和人才优势，引进消化以色列、俄罗斯等先进技术，建立农业物联网（大数据）示范及标准的创新体系，这是加快黑龙江省智慧农业建设的必由之路。

美国小麦产值占大田作物总产值的 39%，已经全部用上了农业物联网，80% 的农场也已经用上了物联网。以色列一个人用一个 iPad 可以管理 3 000 亩农田，西红柿的单产水平是我国的 8 倍，农业滴灌用水量是我国的十分之一。

在气候变化作用下，全球农业产量将大幅缩减。以巴西农业大州马托格罗索州为例，到 2050 年，该州大豆和玉米的产量将减少 18%～23%。而受极热天气影响，美国中西部和澳大利亚东部等地区的粮食产量也会大幅下降。为应对极端天气的影响，扩大收益并提升效率，基于物联网的解决方案将大规模应用。

水资源短缺已经成为世界各国共同面临的危机。农业是消耗全球淡水资源最多（高达 70%）的产业，如何在农业生产活动中实现科学用水、高效用水，是各国亟须解决的问题。水是我国农业发展的一个突出瓶颈，我国农田有效灌溉系数只有 0.53，比发达国家低了 0.2 个百分点。尤其在华北、西北、东北这三北地区，地下水超采非常严重，建三江地区的地下水形成了漏斗。黑龙江省稻谷消费了全部用水总量的 63%。科技的有效利用能够使水资源消耗量大幅度降低，智能灌溉系统可有效节约农业用水，借助物联网技术实现科学用水将成为未来农业发展的主流。

根据 2017 年中央 1 号文件，农业部印发《"十三五"农业科技发展规划》《"十三五"全国农业农村信息化发展规划》等文件，要求建立农业物联网、大数据、遥感、测土配方等农业信息化平台，加快农业物联网试验示范和农业装备智能化，发展智慧气象提高气象灾害监测预报预警水平。

黑龙江省农业物联网建设问题较突出，尤其在硬件（传感器）的标准上没有形成体系，已经出现一些浪费人力、物力、财力的"摆样子"工程，无数据或数据缺乏稳定性、可靠性。

黑龙江省作为农业大省，更要建立遥感技术、物联网技术标准，加快推广基于自动控制技术的智能化农业设施。加强农业气象服务体系和农村气象灾害防御体系建设，科学开发利用农业气候资源。加强生物预警与控制网络体系建设，对农作物生物灾害和重大疫情实现全面监测和科学防控。加大各类农用传感器及远程监控设备研发力度，建立产前、产中、产后全过程的现代信息采集和远程控制信息系统。

（二）对建立黑龙江省农业物联网大数据体系的建议

1. 通过引进以色列、俄罗斯、德国等国外技术，建立黑龙江省农业物联网（大数据）示范及标准的创新体系

基于国际大农业的发展历程，要走可持续化、信息化、生态化的发展道路，必须有先进的农业物联网系统。例如以色列便携微型光谱传感器技术世界领先，通过中以联合创新，建立食品安全微型纳米传感器检测农残、污染物的大型数据平台。通过引进俄罗斯、以色列等国技术，建立了黑龙江省农业物联网（大数据）示范及标准创新体系。

2. 建立农业传感器的示范标准（气象级标准）

目前，黑龙江省的企业已经建立林业物联网的国家标准。2017 年黑龙江省农委发布了农业物联网数据，凡是无数据的农产品一律暂时禁入黑龙江市场。启动"大田、温室土壤墒情＋遥感系统"的示范，通过实验室验证以及数据稳定性验证驱逐市场不良产品，为智慧气象、节水灌溉扫除信息孤岛、接口障碍和质量瓶颈。通过提高综合采购量降低硬件的采购成本，为数据做深度挖掘。物联网必须列支维护费用、保养费用、修正数据费用，逐步建立数据修正体系，通过业务创新、科技创新化解矛盾，建立示范标准。

3. 建立黑龙江有机产品数据库

通过引进以色列技术建立符合《"十三五"食品科技创新专项规划》的黑龙江有机产品数据库。有机食品畅销后一定要做好食品的防伪工作。目前大部分的造假都是复印包装或回收包装（酒类），工商技术监督局打假成本高，二维码也不能解决防伪问题，可通过国际技术合作制作一种纳米光学二维码来统一解决仿冒问题。

4. 建立黑龙江省农业物联网（大数据）示范及标准的创新体系的示范

基地

建议选择几个市县开展农业物联网（大数据）示范及标准的创新体系试点。首先由省农委提供检测的物理参数，对于拟参加的企业提供传感器样品以及工作参数，由定点的实验室进行检验，不符合技术参数或数据漂移问题大的产品不能进入示范范围。建议示范基地以企业为主体，实行市场化运作。

（本部分内容刊发于《要情专报》2017 年第 125 期，原文题目为"通过引进技术建立农业物联网大数据的建议"，作者：李萍等。2017 年 9 月 26日，黑龙江省人民政府省长批示。）

第四节　完善农业社会化服务体系

一、培育新型农业经营主体，推进农业社会化服务体系建设

培育发展新型农业经营主体，推进农业社会化服务体系建设是促进小农户和现代农业发展有机衔接、实现农业现代化的必由之路。

（一）突出抓好两类规模经营主体

实现黑龙江省农业现代化的新突破，首先要突出抓好家庭农场和农民合作社两类经营主体，鼓励发展多种形式适度规模经营。到 2025 年，全省土地适度规模经营面积达到 1.6 亿亩以上，比重达到 80%。

家庭农场是现代农业的主要经营方式。截至 2020 年底，全省在全国家庭农场名录系统填报的家庭农场为 35 万个，数量居排名第 2 位，但普遍存在规模小、实力弱等问题。对于这类经营主体，应采取有效措施推进家庭农场增强经营实力，提高发展质量。要实施家庭农场高质量发展培育计划，开展示范家庭农场和家庭农场示范县创建工作。目标是到 2025 年，全省各级示范家庭农场要发展到 2 万个。

截至 2020 年底，全省在市场监督管理局登记注册的农民合作社为 9.5万家，全国排名第 10 位，但较多存在运行不够规范、带动能力不强等问题。对于这类经营主体，应加强管理，促进农民合作社规范运营，提升其带动农民社员的能力。要开展农民合作社质量提升整县推进试点工作，创建一批农民合作社示范社，要支持发展农民合作社联合社。到 2025 年，发展省级以上农民合作社示范社 1 150 个。

在抓好家庭农场和农民合作社这两类经营主体的同时，还要注意提升普通农户的素质和经营管理能力。要实施高素质农民培育计划，培养更多新型

农业经营主体带头人、农业职业经理人和农民企业家。

（二）推进农业社会化服务体系建设

实现黑龙江省农业现代化的新突破，一方面，要加快培育家庭农场和农民合作社等规模经营主体，建设新型农业经营体系；另一方面，要大力发展农业社会化服务体系，把小农户和现代农业发展有机衔接起来。

推进农业社会化服务体系建设，重点是要壮大专业化服务组织，发挥专业服务公司、农民合作社、农村集体经济组织等主体作用，提升生产全过程、全环节服务水平，特别是要积极推进农业生产托管服务。近年来，兰西县等地创新农业生产托管服务模式，表现出良好的综合绩效和发展趋势。要实施农业生产托管服务整省推进，不断完善服务规范指引，加强价格监测和合同监管。

在推进农业社会化服务体系建设过程中，还要发挥农村供销社的作用，强化其为农服务功能。要开展供销社生产、供销、信用"三位一体"综合合作试点工作。

上述新型农业经营体系和农业社会化服务体系，是农村双层经营体制在新形势下的完善和发展，是推进农业规模经营、实现农业现代化的必由之路和基本途径。

（本部分内容为中共黑龙江省委十二届九次全会精神宣讲报告，2021 年11 月 3 日"学习强国"黑龙江学习平台发布，作者：郭翔宇。）

二、深化对农业生产托管服务的理性认识

农业生产托管服务是农业生产社会化服务体系的重要组成部分。长期以来，党中央、国务院高度重视农业社会化服务体系的建设与完善。党的十八大以来，国家先后出台了一系列政策文件，推进农业生产托管服务。

黑龙江省作为农业大省，生产托管服务起步早、发展快，实践中探索并形成了农业生产托管服务典型与经验，创造了独特的农业生产托管服务的"兰西模式"，为全省乃至全国农业生产托管服务提供了示范引领。

（一）农业生产方式的制度创新

农业生产托管服务是在维持土地所有权、承包权、经营权和产品收益权不变的前提下，拥有土地经营权的农户自愿将农业生产部分或全部环节外包给相应的农业社会化服务组织，进而提升农业生产规模化、专业化、组织化、集约化水平的农业经营方式。

1. 农业生产托管服务首先破解的是"谁来种地"的问题

农业生产托管服务最核心的改变，就是农户在不放弃经营权的前提下，放弃农业生产的部分过程和具体环节，即农业生产过程由农户承担转变为由农业生产托管服务主体承担。农业生产托管服务不仅有效解决了市场经济背景下小农户家庭经营的诸多局限，而且将农户演化为农业生产的经营者、组织者、协调者，依托经营权，从社会资源配置的高度，选择和委托效率更高的农业社会化服务组织成为农业生产过程的实施主体，进而提升农业生产的效率，有效解决了"谁来经营农业""谁来种地"等重大问题。

2. 农业生产托管服务有效破解"怎么种地"的问题

具体而言，从农业生产规模化的角度看，农业生产托管服务不依赖土地流转，通过托管服务主体承接服务的规模化，实现了农业生产的规模经营；从农业生产专业化的角度看，农业生产托管服务是专业的组织机构从事规范化的服务，不仅可以克服农民素质局限对农业生产影响，而且可以分享分工带来的效率提高；从农业生产组织化的角度看，农业生产托管服务主体更有利于协同农业生产内部与外部相关主体的关系；从集约化的角度看，农业生产托管服务主体更有利于整合资金、技术、劳动力等各类生产要素，实现农业的集约经营。

3. 农业生产托管服务实现的是参与主体的共赢

农业生产托管服务是农户和托管服务主体自主选择的结果。自愿基础上的双向选择既是约束机制，也是共同的利益实现机制。农业生产托管服务的共赢体现在：农户通过农业生产托管服务实现了农业生产效率的提升，增加了农业经营性收入，同时实现了劳动力的解放；农业托管服务主体通过服务，将潜在的农业社会化服务市场转变为规模化的现实市场，实现了收入增加。其中，托管服务主体的服务质量直接影响着农民的满意程度，而农民的满意程度直接影响着其发展的规模与方向。

4. 农业生产托管服务的组织形式具有多样性

首先，农业生产托管服务供给主体具有多元化的特征。多元化的社会化服务主体主要包括农业服务专业户、农民专业合作社、村集体经济组织、涉农企业等。不同服务主体各有所长、优势互补，共同促进着农业生产托管服务的发展。其次，农业生产托管服务内容具有选择性。农业生产托管服务依据服务内容差异可以分为"菜单式服务"和"保姆式服务"两种。"菜单式服务"是服务供给主体仅向农户提供农业生产部分环节服务的模式；"保姆式服务"是服务供给主体向农户提供农业生产全过程服务的模式。二者相较，以"保姆式服务"为代表的农业生产托管服务具有更大的价值拓展空间。

5. 农业生产托管服务推行的制度成本低

农业生产托管服务作为农业经营方式的"制度创新"，其制度变迁的成本主要体现在两个方面：一是相关利益主体博弈过程中利益不一致导致的制度变迁的摩擦费用，二是创新制度的相对稳定性。就第一点而言，农业生产托管服务的相关利益主体主要包括农户、托管服务主体、政府等。由于它们均是不同层面农业生产托管服务的受益者，所以，制度变迁的摩擦费用较低。就第二点创新制度的稳定性而言，由于农业生产托管服务是建立在"四个不变"——土地所有权、承包权、经营权和产品收益权等均不变的基础上，改变的只是"谁来种地""怎么种地"的问题。而这处于农业生产经营的从属地位，是农业生产经营分工与专业化演化的结果。因此，农业生产托管服务的推行具有制度变迁成本低的优势。

(二)农业生产托管服务产生与发展的内在逻辑

农业生产托管服务之所以呈现强大的生命力，是因为其蕴含着我国农业发展特定阶段的必然性，至少在以下几个方面可以有效解决或缓解农业与农村经济发展的现实矛盾与冲突。

1. 有效缓解了城市化与农村"空心化"的矛盾与冲突

随着我国社会经济的加速发展和社会经济结构的不断改善，城市化率不断提高是不可逆转的趋势，同时，农业富余劳动力向城市和二三产业转移以及农民市民化是不可逆转的趋势。据估算，若我国的城市化率由现在的58%左右提升到75%左右，至少还需要转移2.5亿左右的农村人口，因而，城市化可能加剧农村的空心化。农业生产托管服务可有效解决和缓解城市化与农村空心化的矛盾与冲突，既保留了农民对土地的承包权、对农业的经营权和对农产品的收益权，又实现了农业人口转移。

2. 有效缓解了农业劳动力素质与现代农业发展之间的矛盾与冲突

现代农业发展对农民素质提出了更高的要求，理论上农业现代化首先是农民的高素质化。然而从现实看，农业劳动力素质与现代农业发展要求的矛盾更加突出。农业生产托管服务主体通过对现有农业劳动力的替代，农业生产过程由更专业、更高效的农业生产托管服务主体承担，较好地解决了这一矛盾与冲突。

3. 有效缓解了农业适度规模经营与土地流转的矛盾与冲突

土地是农业生产的重要资源，在土地资源刚性约束的条件下，农业的适度规模经营在一定程度上依赖于土地流转。由于现实中农民流出土地的意愿较弱，限制了农业规模经营的程度。农业生产托管服务规模经营的程度与土地流转无关，而是取决于托管服务主体承接服务的规模，即通过规模化的托管服务实现了农业的规模经营。同时，通过土地流转实现的规模经营也存在诸多问题。首先，经营主体必须先向农户支付流转费用，负担重、压力大。其次，土地流转过程中受多重因素影响。比如，土地流转期限不稳定，给经营主体的长期经营可能带来风险。最后，土地规模经营过程中的自然风险与市场风险均由经营主体承担，风险相对集中。农业生产托管服务可有缓解决农业适度规模经营与土地流转的矛盾与冲突。

4. 有效缓解了耕地的分散化、碎片化与农业生产机械化的矛盾与冲突

土地承包初期，村集体在分配耕地时采用的是好坏搭配、肥瘦搭配、远近搭配的方式，这虽然兼顾了公平，但也造成了农户耕地的分散化和碎片化。随着时间的推移，这种耕地格局与现代大型农业机械作业方式和现代农业规模化经营方式严重不相适应。同时，由于土地承包关系 30 年不变乃至长期不变，耕地的分散化、细碎化已经成为制约农业机械化、规模化发展的难题。农业生产托管服务对托管耕地的统一配置、统一管理、统一经营，可有效解决该矛盾与冲突。

5. 有效缓解了农民增收与农业生产经营的矛盾与冲突

农民收入从根本上说是由农业劳动生产率决定的。由于农业劳动生产率受农业经营规模、资本、技术、管理、劳动力素质等多因素制约，短时间内通过大幅提高农业劳动生产率增加农民收入，使农民收入达到或超过城镇居民收入有相当的难度。依托农业生产托管服务，可让农民从农业生产过程中解放出来，令其提高非农收入，并使其成为农民收入的重要来源。

（三）农业生产托管服务独特的制度优势

大国小农是我国的基本国情。实践表明，加强面向小农户的社会化服务，对探索实现中国特色农业现代化具有深远意义。

1. 有利于提升农业生产效率

托管服务主体作为农业生产托管服务的主导，与农户比较，具有较强的生产运营能力、内部管理能力、外部资源整合能力和较高的规模经济效益、市场谈判地位，进而带来农业生产效率的大幅提升。从黑龙江省农业生产托管服务的实践看，农业生产托管服务可以使农户的生产成本节约 10%～15%，产量增加 10%～15%，同时托管服务主体可获得 30～50 元/亩的托管收益。

2. 有利于引领小农户进入现代农业发展轨道

农业生产托管服务主体的规模化、标准化经营，更有助于农业生产引入现代物质装备、现代科技、现代管理和优秀的农业人才，提升农业全要素生产率，优化农业产业体系，完善农业社会化服务体系，且维持农户家庭经营、不通过土地流转的方式，实现小农户与现代农业发展的有效衔接。

3. 有利于激活农村存量生产要素

农业生产托管服务一方面激活了潜在的托管服务主体，解决了他们"无事干""吃不饱"的困境，拓展了发展空间；另一方面盘活了既有的农业机械设备、农机作业人才和农业生产管理人才等资源，使闲置的生产要素得到有效配置；再者，在不流转土地的前提下，解放了大量农村劳动力，使他们在不放弃农业经营性收入的同时，通过外出务工或从事非农业生产改善收入结构。

4. 有利于完善农村基本经营制度

农业生产托管服务丰富了"家庭承包经营为基础、统分结合的双层经营体制"的内涵。农业生产托管服务的引入，使服务主体成为统一经营的新型主体。托管服务主体规模化、专业化、组织化、集约化的生产方式本身就是统一经营的具体实现形式，且其提升的农业生产效率与农民共享，增强了该机制的凝聚力和生命力。

（本部分内容发表于《奋斗》2021年第5期，原文题目为"对农业生产托管服务的理性思考——基于黑龙江省'兰西模式'的调研"，作者：胡胜德、翟涛。）

三、推进农业生产托管服务高质量发展

以《农业农村部、国家发展改革委、财政部关于加快发展农业生产性服务业的指导意见》（农经发〔2017〕6号）、《农业农村部办公厅关于大力推进农业生产托管的指导意见》（农办经〔2017〕19号）的颁布为标志，农业生产托管服务已成为当前创新农业经营方式、增强农业发展活力、深化农村改革的重要方向和突破口。黑龙江省作为农业大省，生产托管服务起步早、发展快、标准高、效果佳，按照"政策引导、顶层设计、试点先行、以点带面"的方式，积极推进农业生产托管服务工作。截至2020年第三季度，黑龙江省农业生产托管面积达到8 039万亩次，全程托管面积650万亩，适度规模经营面积达到1.3亿亩，在实践中探索并培育了一大批具有示范带动效应的典型。农业生产托管服务的"兰西模式"，为全省乃至全国农业生产托管服务提供了"龙江样板"和"龙江贡献"。

同时，黑龙江省农业生产托管服务也存在着农民认知不到位、服务覆盖范围有待拓展、服务主体能力整体较弱、政府作用有待加强、配套服务有待完善等问题。为推进黑龙江省农业生产托管服务高质量发展，现提出如下建议。

（一）进一步明确农业生产托管服务战略定位

农业生产托管服务是在维持土地所有权、承包权、经营权和产品收益权不变的前提下，农户自愿将农业生产部分或全部环节外包给相应的农业社会化服务主体，进而提升农业生产规模化、专业化、组织化、集约化水平的新型农业经营方式。总体而言，农业生产托管服务属于农业社会化服务的范畴，是农业社会化服务制度化、规模化、规范化的一种有效实现形式。具体而言，农业生产托管服务不依赖土地流转，通过托管服务主体承接服务的规模化，实现了农业生产的规模经营；农业生产托管服务通过专业组织机构提供专业服务，共同分享分工效率，实现了农业生产的专业化经营；农业生产托管服务通过依托服务主体对农业生产内外部关系的协同，实现了农业生产的组织化经营；农业生产托管服务通过服务主体对资金、技术、劳动力等各类生产要素的整合，实现了农业的集约化经营。因此，农业生产托管服务有效破解了长期困扰农业发展的"谁来经营农业""谁来种地""怎么种地"等农业经营制度的基本问题，并在统一经营层面丰富和完善了农村基本经营制度。

（二）深刻把握农业生产托管服务时代机遇

作为农业经营方式的"制度创新"，农业生产托管服务呈现出强大的生命力和广阔的发展空间，表明其固有的制度优势适应了农业进程特定阶段的必然要求。从现实看，农业生产托管服务至少能够有效解决或缓解五个方面的矛盾与冲突：即城镇化与农村空心化的矛盾与冲突、农民素质与现代农业发展要求之间的矛盾与冲突、农业适度规模经营与土地流转的矛盾与冲突、耕地的分散化细碎化与大机械农业作业的矛盾与冲突、农民农业经营收入与非农经营收入的矛盾与冲突。因此，农业生产托管服务或将成为继家庭承包经营和多元化农业经营主体培育之外的农业经营方式制度创新的"第三条道路选择"，或将引爆制度创新的巨大潜能。黑龙江省作为农业大省，农业生产托管服务在顶层设计、实践探索、经验积累、典型引领、资源禀赋、物质装备、主体培育、农民意愿等方面存在先天优势，应力争把握住这一时代机遇，推动农业经营方式迈上新台阶，并成为全国农业生产托管服务的"领航者"。

（三）有效提升农业生产托管服务主体实力

农业生产托管服务作为市场经济主导下的农户与托管服务主体自主选择的结果，达成的前提条件是农户托管经营收益要显著大于自我经营收益。从兰西县农业生产托管服务实践看，若农户托管经营平均每亩生产成本比自我经营降低 10%～15%，而平均每亩产量增加 10%～15%，且摆脱土地束缚的农民可安心获得非农收入，自然会激发农民参与农业生产托管服务的热情。反之，农民往往会对农业生产托管服务采取抵制和排斥的态度。这必然对托管服务主体的运营效率提出了更高的要求。理论上，托管服务主体通过获得规模经济效益、分工专业化效益、由市场谈判地位提升带来的流通环节分割利益、将外部利益内部化带来的社会资源整合利益等，从而实现运营效率远高于农户自我经营的效率，其差值才有可能构成托管服务主体自身的经济效益。即农户自我经营的效率是对托管服务主体运营效率的刚性约束，同时又是其能够成为合格托管服务主体的先决条件。因此，实践中，一方面应通过严格的培育、筛选和淘汰机制，建立托管服务主体的准入制度；另一方面托管服务主体也应在内部运营管理能力、外部资源整合能力、市场议价能力以及带头人的引领能力等方面加强自身建设，提升自身实力。

（四）积极探索多元化农业生产托管服务模式

农业生产托管服务模式呈现多元化特征。依据服务内容不同可以分为"菜单式服务"和"保姆式服务"；依据服务主体不同可以分为农民大户服务模式、农民合作社服务模式、村集体经济组织服务模式、涉农企业服务模式；依据服务纵向一体化程度不同可以分为生产托管＋信贷服务、生产托管＋信贷服务＋保险服务、生产托管＋信贷服务＋保险服务＋粮食银行等模式。不同模式优劣互现，有着各自的适用条件和适用范围。但总体而言，"保姆式服务"比"菜单式服务"具有更大的价值拓展空间；村集体经济组织和农民合作社比其他服务主体在综合实力、与农民的亲和度等方面更具优势，它们主导的农业生产托管服务主体间黏性更强、结构更具稳定性；生产托管＋信贷服务＋保险服务＋粮食银行模式的纵向一体化越充分，托管服务效率越高。因此，应依据农业生产托管服务发展的场景与条件对有关模式给予重点培育和方向引导。

（五）努力达成农业生产托管服务参与主体共赢

农业生产托管服务对于不同参与主体的意义不同。对于农民来说，农业生产托管服务使农民成为农业生产活动的组织者、经营者、协调者，将农业社会化服务这一外部资源的配置纳入家庭经营的范围，使农民从农业生产过程中解放出来；对于托管服务主体来说，农业生产托管服务培育并开拓了社会化服务市场，将潜在的服务市场转化为现实市场，拓展了自我生存和发展空间；对于政府来说，农业生产托管服务为当前农业生产经营活动的宏观管理提供了新的方式、新的载体和新的平台。其中，托管服务主体的服务质量直接影响着农民的满意程度，农民的满意程度直接影响着农业生产托管服务发展的规模与方向。要建立完善的主体共赢机制，在利益共同增进的基础上，找到农民、托管服务主体、政府等相关主体利益的均衡点。

（六）认真夯实农业生产托管服务政府职能

农业生产托管服务是诱致性与强制性制度变迁共同作用的结果，政府往往成为农业生产托管服务运行的实际组织者、协调者，在宏观管理与微观调控两个层面均发挥着不可或缺的作用。可以说，政府工作的力度直接影响着农业生产托管服务的进程。因此，政府应同时承担起推进农业生产托管服务的五大职能。一是政策引领。明确农业生产托管服务发展的方向、目标与任务，制定与黑龙江省实际相适应的农业生产托管服务政策纲要与发展规划，如《推进黑龙江省农业生产托管服务指导意见》《2021—2025年黑龙江省农业生产托管服务高质量发展规划》等，促进农业生产托管服务健康有序发展。二是搭建平台。平台是农业生产托管服务运行的内外部生态。就内部生态而言，应包括农户与托管服务主体对接平台、土地要素资源平台、农机要素配置平台、人力资源信息平台等；就外部平台而言，应包括技术服务平台、信贷支持平台、保险服务平台、产后延伸平台（如粮食银行、储、运、加、销等）、法律援助平台等，并依托平台有效地降低托管服务运行的交易费用。三是制定标准。即政府相关职能部门应围绕农业生产托管服务的具体内容和所有环节制定完备的技术规程与作业标准，规范作业质量，并为服务纠纷仲裁提供依据。四是财政支持。例如通过对达标托管服务主体事后财政奖励的方式，调动其主动参与和让利于农户的积极性。五是实施监管。即规范农业生产托管服务市场运行，约束各类参与主体行为，做到评价公平、奖惩公正。

（本部分内容刊发于《社科成果要报》2021年第10期，原文题目为"关于黑龙江省推进农业生产托管服务高质量发展的建议"，作者：胡胜德。）

四、以生产托管提升小农户的组织化程度

农业社会化服务是农业现代化的重要支撑，农业生产托管则是推进农业社会化服务的重要抓手，有利于破解"谁来种地""怎么种好地"的难题，

有利于提升服务规模与经营水平，实现小农户与现代农业发展有机衔接，推进农业现代化进程。近两年，黑龙江省积极争取国家农业生产社会化服务项目，发展农业生产托管，有力地推动了农业生产的专业化、标准化、规模化和集约化，有效地带动了农业增效、农民增收。

（一）黑龙江省农业生产托管的主要模式

一是"村社统一"托管服务模式。这种模式依托村集体经济组织整合土地资源和农资要素，形成"村股份经济合作社＋农户"的农业生产托管服务模式。该模式旨在于发挥村干部在村内的影响力和号召力，吸收整合村内农户入股，有助于实现本村土地连片经营，解决土地细碎化问题，提高机械化作业效率，降低农业生产成本，提高农民收益。

二是"二元耦合"托管服务模式。这种模式多依托农民合作社的组织带动能力，形成"农民合作社＋农户"的农业生产托管服务模式。该模式在保持农户作为独立的生产经营单位的前提下，由托管服务组织提供产前、产中、产后全程化管理。服务组织按照合同约定向农户收取农资、服务环节用工及机械作业等费用，土地产出收益归农户所有。

三是"三方联动"托管服务模式。这种模式是具有资金技术优势的农业企业通过在各村聘请合作社、种植大户、农机手、农资人员、群众威望较高的村民等与农户对接，形成"农业企业＋乡村能人＋农户"的农业生产托管服务模式。农业企业通过聘请的乡村能人进行各方协调、业务推广、资源整合，根据农户的需求提供从种到收的标准化全程或菜单式托管服务。

四是"四位一体"托管服务模式。这种模式是依托农业生产托管，建立"生产托管＋农村金融＋农业保险＋粮食银行"的农业生产托管服务模式，即农户与农业服务组织签订服务合同并缴纳服务费用后，由服务组织完成"耕、种、防、收"全程农业生产；农业服务组织与金融部门对接，利用"托管快贷"等专项金融产品，解决农户托管缴费问题；政府引导建立"互助基金＋政策性大灾保险"的农业保障体系为托管农户提供保险；服务组织对接粮食收储企业，为托管农户开展粮食存贮、实时结算的"粮食银行"服务。

（二）黑龙江省农业生产托管存在的问题

一是农户参与托管意愿不高。一方面，受文化水平和生产环境的影响，大部分农民思想观念保守，接受新生事物的能力较差，不相信农业生产托管能给自己带来经济利益，特别是除村集体经济组织外的其他服务组织难以获取农户信任，在推进农业生产托管上仍面临较大困难。另一方面，黑龙江省农村劳动力人口流失严重，现存的少量青壮年劳动力更愿意通过土地流转实现规模经营，以获取规模经济效益；而大量的老龄劳动力受到年龄制约难以获取非农就业机会，仍保持原来的小农经营方式。

二是服务组织发育不充分。当前，黑龙江省农业生产托管服务组织多而不强，服务类型单一、服务链条较短，缺乏粮食收获后附加的销售、烘干仓储、精深加工等服务环节，农户的需求得不到满足。同时，农业生产托管组织缺乏专业人才，经营管理人员文化水平较低、缺乏管理经验，影响经营决策的科学性和合理性；农机作业人员供不应求、年龄失衡，影响农业机械化作业质量，阻碍农业生产托管的推广。此外，服务组织资金短缺且较少设置托管专项资金账户，在农资购买及农机具购置等环节面临较大经济负担，影响服务组织进一步发展。

三是农户与服务组织利益联结不紧密。在农户与服务组织间的利益联结中，农户处于弱势地位，难以分享到农产品加工和销售环节的利润，且仍需承担农业生产中的自然风险和市场风险。对托管农户来说，增收渠道主要依靠粮食增产与非农就业，并且受择业困境、自然灾害和粮价市场的影响，农户参与农业生产托管难以形成持续增收的长效机制，降低了农户的续约意愿，制约农业生产托管的持续发展。

（三）推进黑龙江省农业生产托管的对策

一是因地制宜，探索多元托管模式。鼓励种植大户、家庭农场、农民合作社、村集体经济组织和农业企业等新型农业经营主体转型升级，依靠既有资源开展本土化托管实践探索。同时引导现有的农业服务主体，由产中环节向产前、产后环节拓展业务领域，实现科技、金融、品牌、数据等现代化要素与农业生产托管服务结合，盘活农村资源要素，探索多元化托管模式。

二是培育主体，不断完善服务体系。以推进农业现代化为目标，构建功能互补、协作配合、运行高效的现代农业产业组织体系。重点构建以家庭农场为基础，以合作社为中坚力量，以龙头企业为骨干力量，以社会化服务组织为支撑的现代服务体系，推进各类主体协同发展。同时要推进行业联合体、服务联盟的发展，推进资源整合。

三是政策扶持，强化示范引领。加强财政政策、金融政策、投资政策及农业政策间的联动，创新人才引进政策，构建系统的农业生产托管政策体系。通过营造良好的政策环境，培育典型的农业生产托管服务组织，提炼一套可复制、可推广的托管模式，让农民看到托管的效益，提升农民对农业生产托管的接受程度，同时以各类奖励措施吸引、培养农业专业人才，促进农业生产托管的推广。

四是规范管理，加强制度建设。完善监督机制，建立农业生产托管资金专项账户，降低资金风险；细化交易双方的权利义务，降低违约风险。完善利益联结机制，构建"订单＋分工""土地入股＋按股分红"等收益分享模式，增强农户与服务组织间的利益联结。完善农业保险机制，鼓励保险机构与服务组织协同合作，创新农业保险产品，满足农户异质性需求，提高农户抵御风险的能力。完善非农就业机制，消除农村劳动力转移壁垒。通过完善农村的养老基础设施和公共服务，缓解农村妇女照料老人对其非农就业的约束；同时支持有劳动能力的农村老人从事非农就业，保障老龄人口的劳动权利和收入，提高农民增收机会。

（本部分内容发表于《黑龙江日报》2021年6月1日，作者：颜华等。）

第五节 加快推进农田水利建设

水利是粮食生产和现代农业建设不可或缺的首要条件。但是，长期以来黑龙江省水利基础设施建设比较滞后，水资源开发利用程度低且利用不平衡，农田水利建设投入不足，现有农田水利基础设施标准低、不配套、老化失修、抗御水旱灾害能力不强、水资源开发过度、供需矛盾突出、水资源配置不合理、水土流失、水污染等情况严重。因此，在黑龙江省现代化大农业发展过程中，必须加快推进农田水利建设，树立大搞农田水利设施、搞大农田水利设施，以大水利建设提高黑龙江省粮食综合生产能力的理念，抓住国家重视发展水利的有利机遇，科学分析农田水利建设与增强粮食综合生产能力的关系，充分认识农田水利在黑龙江省现代化大农业发展中的地位和作用，建立健全加强农田水利建设的长效机制，提高农田灌溉水有效利用系数，增加农田有效灌溉面积，加快建设一大批农田水利工程，尽快建成一大批旱能灌、涝能排的高产稳产田，实现"十二五"末期粮食总产量达到1 500亿斤的奋斗目标，为加快发展现代化大农业奠定更加坚实的基础。

一、构建科学的农田水利基础设施建设机制

第一，构建中央、省、县乡、农民四位一体的"多主体"供给新模式。根据农田水利的不同性质，建立起由中央、省、县乡、农民四位一体的农田水利基础设施供给体制。在大型水利工程由中央政府提供的前提下，采取以省级政府为主导、县乡财政适当配套的方式，着力解决好与当前农业经济发

展、农民生活紧密相关的农田水利基础设施供给问题。特别是在目前县乡财政比较困难的情况下，基本农田水利设施建设应通过省级政府对县级政府的转移支付来解决，即主要由省级政府"出钱"，县级政府"办事"的方式来解决；一些小型农村社区内的基础设施项目可以采取农民投入为主，政府适当补贴的方式来投资建设。

第二，构建财政渠道、市场渠道、其他渠道共同参与的"多渠道"筹资新范式。在依靠财政投资的基础上，应充分利用市场渠道进行筹资。一是利用资本市场筹资。如发行长期基本建设国家债券。二是成立旨在推动农田水利建设的专向发展基金。国家拿出一部分资金建立水利基金，来解决农田水利设施的历史欠账问题。三是向金融机构融资。四是利用减免税收和给予信贷优惠等政策，调动经济组织投资农田水利基础设施建设。此外，还可以利用非政府组织筹资渠道、境外筹资渠道、个人筹资渠道及企业家捐助等方式进行筹资。

第三，构建政府引导、农民主体、社会广泛参与的"多元化"社会资源动员新格局。在农田水利基础设施建设与管理中，各级政府应该充分发挥财政资金的引导作用，以财政资金聚合社会资金投入农业，逐步构建起对农业、农村的多元化投入格局。农田水利基础设施的主要服务对象是村庄社区内的农民，农民是主要的受益群体，也应成为社会动员的主体。在国家财力尚不十分雄厚的前提下，引导民间资金进入农田水利基础设施建设领域，是增加投入和提高效率的一项重要措施。

二、鼓励扶持农民用水合作组织的建设与发展

第一，将农民用水合作组织纳入到农民专业合作社范畴，明确农民用水合作组织的法律地位。将农民用水合作组织纳入到农民专业合作社范畴，依照《中华人民共和国农民专业合作社法》进行支持和管理。同时，出台与农民用水合作组织相关的法律和政策规定，保证用水合作组织的正常有序运行。

第二，加大对农民用水合作组织的投入。黑龙江省农民用水合作组织的发展起步晚、发展慢，没有世界银行贷款项目的支持，需要国家及地方政府加大投入来弥补用水合作组织建设和运行中资金、技术、人力方面的不足。一是国家应在宏观政策调整上加大对粮食主产区农民用水合作组织发展的关注，加大资金支持；省级财政应在预算中设置专项资金用于支持农民用水合作组织内部建设、水利工程设施维护、人员培训等。二是灌溉技术上需要政

府、水利部门、高等农业院校等机构加大对农民用水合作组织的技术指导，增强用水合作组织的技术吸收与消化能力，提升服务水平。

第三，规范农民用水合作组织发展的运行机制。农民用水合作组织发展中独立性较差，用水户民主参与管理监督较少，其原因主要是运行机制不完善。因此，一要完善动力机制。充分尊重用水户意愿，建立用水户自己的联合组织。二要完善治理机制。建立完善的组织机构，定期召开用水户代表大会，重要事宜需要实行民主表决。三要完善决策机制。合作组织开展活动，需要按照决策程序和决策方式形成一致意见，避免个人决策。四要完善激励机制。对积极参与水利工程建设及灌溉设施维护、积极参与协会活动、节约灌溉用水的用水户给予一定的物质或精神激励。五要完善约束机制，减少和避免协会运行中"搭便车"行为和用水户违约违规行为。

第四，建立和发展新的农民用水合作组织。发展参与式灌溉管理可根据各地区的水源特点、经济发展情况、用水户需求等因素，充分发挥用水户的积极性与创造性，尝试性建立新的农民用水合作组织。同时，鼓励"非灌区"农民用水合作组织的发展，即在主要依靠井灌、小塘坝、地下水等水源进行灌溉的地区，鼓励耕地邻近的用水户自愿组建新的农民用水合作组织。政府应出台相应政策保证这类用水组织的工程及设施产权，允许农民用水合作组织对组织内成员提供服务的同时对非组织成员提供有偿服务，以此进一步增强服务组织的经济实力。

三、优化农业水资源的配置模式

第一，要充分利用地表水。应加快区域地表水开发利用工程的建设，优先利用区域丰富的地表水资源，尤其是过境水资源。在沿江及湖边有条件的灌区，通过兴修引提工程，发展渠灌，可以扩大灌溉面积。引、蓄江河水除兴建枢纽工程外，还可采用浮船提水、拦河坝、小沼泡等多种形式，因地制宜，蓄、引、提并举，充分利用地表水资源。

第二，要合理开发与利用地下水。应加强区域水资源开发利用的综合研究，探讨排灌结合、排蓄结合的途径，增加地表水的利用量，减少对地下水的开采，逐步替代地下水资源，保护和恢复区域地下水资源。在黑龙江省蓄水工程不足的情况下，应研究利用现有的排水工程，经过适当的改造，使其具有涝时可排、旱时能蓄的功能，改变过去只排不蓄的局面。同时，应探讨洪水利用和储存的可能性，在有条件的地段，推进"地下水库"的建设，补充地下水资源。

第三，要优化水资源的时空分配方式。在区域用水上应将引水渠与排水沟相结合，或提水灌溉，或拦蓄地表径流、灌溉退水，通过入渗补给地下水，既灌且排，充分利用当地水资源和引用水源。在灌溉时间上，应开采利用地下水，解决春季江水流量小，水位低，不能满足灌溉需要；在进入雨季后，应以利用地表水为主，充分用好江水水质相对较好且水量大的特点，用江水满足灌溉需要。

四、大力发展节水农业

第一，确立政府在节水农业管理中的主体地位。一要建立节水农业的资金补偿制度。建立对农民节水的补偿机制，应对农民应用农田节水技术和设备提供水费优惠或补助，把农田节水产生的外部收益转化为农民的直接收益。二要尝试进行水价改革。逐步取消按亩收水费的低效率用水方式，实行科学计量计水，完善"总量控制、定额管理、用水计量、以量计费"的水利管理体系。三要完善节水农业的管理体系建设。加强节水农业管理的制度、组织、人员建设，建立配套完善的节水农业推广网络，加强乡镇水利部门的建设，加强节水农业推广人才的培训。

第二，加强节水农业的产权制度改革。对以国家投资为主体的节水灌溉工程设备，不具备产权制度改革条件的，由集体经济组织或县、乡服务组织统一管理、有偿使用，确保国有资产不流失。积极推广农民参与管理小型灌溉工程的成功模式，并逐步加以制度化，提高农民实施节水农业的主动性。对全省具备条件的机电井、小水库等小型水利工程，采取租赁、承包、股份合作制等形式进行产权制度改革。

第三，促进节水农业的技术研究。注重研究灌溉条件下农艺节水的机理及农艺节水技术措施以及灌溉水利用的互作机制，并在单项技术研究基础上进行综合集成，形成节水、高产、高效的综合农业配套技术体系。同时，开展运用综合农艺技术措施条件下作物灌溉制度的优化研究。

五、加大财政投入力度

从保障国家粮食安全的战略角度考虑，在加大对农民的农业补贴基础上，争取国家加大对粮食主产区政府的利益补偿。

第一，争取国家将农田水利投资重点向粮食主产省份倾斜。黑龙江省作为农业大省，担负着保障国家粮食安全的重要职责。鉴于黑龙江省财力困难的现状，建议国家加大对黑龙江省重点水利工程的投资力度，将尼尔基引嫩扩建等大型水利工程和三江平原等地的灌区工程列入国家投资计划，着力加大资金投入力度。

第二，争取国家在黑龙江省水利建设项目资金配套比例上给予更多优惠政策。黑龙江省在地域上属于中部地区，在经济位次上属于欠发达省份，筹集水利项目建设配套资金压力很大。按照《中华人民共和国国民经济和社会发展第十二个五年规划纲要》中提出的"深入推进兴边富民行动，陆地边境地区享有西部开发政策"的思路，参照西部地区的配套资金比例的标准执行，争取国家适当降低黑龙江作为边疆大省的水利项目配套资金比例。

（本节内容刊发于《成果要报》2012 年第 2 期，原文标题为"关于加快推进农田水利建设 提高黑龙江省粮食综合生产能力的对策建议"，作者：郭翔宇。2012 年 11 月 26 日，黑龙江省人民政府省长批示。）

保障国家粮食安全

国家粮食安全，是国家安全的基础，是实施乡村振兴的首要任务。保障国家粮食安全，必须坚持新时代国家粮食安全战略，树立新粮食安全观，关键是抓住两个要害，实施两藏战略，重点是保护好粮食主产区的两个积极性。

第一节 树立新粮食安全观 构建粮食安全新战略

一、当前粮食安全形势与对策

新时代背景下，影响我国粮食安全的国内外环境和条件已发生或正在发生重大变化，面对国内外粮食供需错综复杂的新形势，已有的粮食安全观念、政策等正在受到挑战，仍面临"内忧""外患"，需采取有效举措积极应对。

（一）关于当前国内外粮食安全形势的基本判断

1. 关于当前世界粮食安全形势的判断

从当前世界粮食安全形势来看，全球粮食生产与消费均将持续增长，到2035年全球粮食安全形势总体状况会出现改善，但部分地区品种差异明显，粮食安全形势仍然严峻，区域间不平衡问题更加突出，全球粮食贸易流向也会出现变化。经济合作与发展组织（OECD）和联合国粮农组织（FAO）联合发表的《2013—2022年农业展望》年度报告提出，过去数十年，世界农业的特点是发达国家政策导向的生产过剩和发展中国家的停滞增长。未来10年，世界粮食贸易预计将不断增加，其中大部分出口增长来自发展中国家；粮食种植面积和生产力增长将更加缓慢，农产品产量增长在中期有可能减速；在价格预计维持在相对高位之时，供给增长应该跟上需求增长速度。

在这种背景下，提高生产率、减少食物浪费以及可持续利用资源，对于应对需求日益增长和提高生产力至关重要。FAO 在 2017 年 2 月发布的《粮食和农业的未来：趋势和挑战》强调，自 20 世纪 90 年代以来，全球玉米、稻米和小麦产量的年均增长率总体上仅略高于 1%，全球主要作物的产量增长趋于平缓，但这是以破坏自然环境为沉重代价的。报告总结了粮食和农业面临 15 大趋势和 10 大挑战，提出自然资源减少、不平等加剧、气候变化危害等重大挑战，使全球粮食安全面临巨大风险。

2. 关于当前国内粮食安全形势的判断

从当前国内粮食安全形势来看，党和国家始终高度重视粮食生产。党的十八大以来，习近平总书记反复强调，我们的饭碗必须牢牢端在自己手里，中国的饭碗要装中国粮。中央立足世情国情农情，提出了"以我为主、立足国内、确保产能、适度进口、科技支撑"的粮食安全新战略，确立了"谷物基本自给，口粮绝对安全"的国家粮食安全新目标。目前，主要农产品产量快速增长，中国人彻底告别了农产品"短缺经济"状态。2015 年突破 13 000亿斤，2017 年人均粮食占有量超过了 470 千克，粮食安全保障能力进一步增强。农业的主要矛盾由农产品总量不足转变为结构性矛盾，保障粮食安全的重心已从注重总量规模转向数量质量并重，优化种植结构，实现优质优价，满足居民营养健康多元化需求，成为新时期保障粮食安全的重要使命。预计中国在 2030—2035 年达到粮食消费峰值；受国内资源环境约束的影响，粮食生产增长空间有限，中国对国际粮食市场的结构性依赖程度还将上升，由此 2018 年粮食安全系列宣传活动主题是"端牢国人饭碗，保障粮食安全"。联合国粮农组织和经合组织联合发布的《2013—2022 年农业展望》指出，中国未来十年农产品增长将趋缓，但主要粮食作物仍可保持自给自足，中国会加快进口来满足国内消费，而土地和水资源问题是制约农业产量的主要因素。

（二）我国粮食安全存在的主要问题

1. 粮食安全面临的"内忧"

尽管从衡量粮食安全的基本标准看，我国处在比较安全的区间，但从长远发展趋势看，中国粮食安全问题依然存在，粮食安全基础还需进一步加强，粮食安全面临"内忧"隐患。

一是"丰年缺粮"，粮食总量矛盾转化为结构性矛盾，主要表现为阶段性的供过于求和供给不足并存。受人口总量的不断增加、城镇化水平的持续提高、居民食物消费结构升级、粮食用途多元化等因素影响，稻谷和玉米等粮食品种阶段性过剩、库存压力较大，农产品滞销积压，造成陈化和霉变，增加了财政负担。绿色、有机、安全等优质农产品供应不足，大豆、强筋小麦等产不足需，需要大量进口。

二是我国三大谷物净进口呈常态化趋势。粮食的需求增长驱动净进口的增加，但进口的最重要动力主要来自国外粮食价格比国内便宜，可以满足国内粮食多样化需求，但不容回避的是，现阶段三大谷物净进口的局面一定时期内处于"不可逆"状态。自 2008 年以来，中国已从粮食净出口大国转变为粮食净进口大国，2017 年中国粮食累计进口 13 062 万吨，我国粮食进口总量创历史新高，其中大豆累计进口 9 553 万吨，稻米累计进口 403 万吨，小麦累计进口 442 万吨，玉米累计进口 283 万吨。

三是我国保障粮食安全的基本条件脆弱。目前，人口持续增长与耕地资源持续减少相互交织，水资源短缺与水源污染严重并行，土壤肥力下降与化肥农药依赖加剧，各种自然灾害频发。土壤沙化、盐碱化以及工业"三废"都极大地影响到粮食增产和品质改变。国内粮食生产规模化经营短期内难以完成，粮食生产成本居高不下；产量提升空间日益收窄，土地"边际收益递减"规律凸显；工业化、城镇化的推进，使耕地占用压力大增，耕地减少的趋势日渐严重，粮食安全面临严峻挑战。

四是粮食生产主体状况堪忧。一方面农民种粮积极性下降。粮食生产作为一项弱势产业，比较利益偏低，随着外出务工机会的增多，农民对于粮食生产的热情日趋下降。同时通过提升粮食价格来调动农民种粮积极性也收效甚微，国内一些粮价已经远远超过国际市场同类产品价格，进一步提价的空间不大。另一方面是粮食生产主体大多是"386199"人员，现阶段大批有较高文化和素质较好的中青年劳动力纷纷离土离乡打工，农村劳动力不足、农业人才流失和青黄不接等问题明显，农业生产缺乏稳定的后继劳动力队伍，已成为威胁国家粮食安全的严重隐患，未来 10～20 年这一问题将更加突出。

2. 粮食安全面临的"外患"

从统筹国际国内两个市场出发，要准确判断、精准施策、乘势而为、长短结合、趋利避害。保障我国粮食安全，既要着力研判外部风险，也要防范外部风险与国内矛盾相互交织，识别短期问题与长期隐患，抵御各种可能的干扰和冲击。

一是世界粮食总量供给不足，库存消费比下降，接近 18% 的粮食安全警戒线，区域性、国别间差距巨大。2018 年 9 月联合国粮农组织、世界粮食计划署等五大机构共同发布《世界粮食安全和营养状况》报告提出，受气候变化、地区冲突和经济发展放缓的影响，2015 年以来，全球饥饿人口数量上升，全球粮食安全形势不容乐观，有恶化趋势，其中 2017 年全球 8.21 亿人口处于饥饿状态，饥饿人数在过去 3 年持续上升，已重回 10 年前的水平。由此 2018 年世界粮食日的主题为"努力实现零饥饿"。

二是国际市场粮食贸易量小。每年全球谷物贸易在 2 亿～3 亿吨，仅为我国谷物消费量的一半左右，在全球还有 8 亿多人严重缺粮的背景下，通过国际市场调剂粮食缺口的空间十分有限，我国的粮食刚性需求难以确保万无一失。

三是粮食价格的大国效应明显。我国一旦购买粮食，粮价就攀升；一旦出售粮食，粮价就降价。同时国际粮价也并不完全取决于市场供求关系，有时世界粮食丰产期也是粮食价格上涨期，主要源于国际粮食市场被发达国家的国际垄断粮商掌控。我国作为人口大国、粮食需求大国，粮食安全必须立足国内，粮食只能适度进口，决不能依赖进口，国际贸易无法保障我国粮食安全，也容易引发贸易争端。

（三）确保我国粮食安全的对策建议

1. 牢牢坚守"立足国内、以我为主"粮食安全观

在战略上，我国粮食安全必须"立足国内、以我为主"，必须确保"谷物基本自给，口粮绝对安全"，这是中国经济发展、社会稳定和国家自立的全局性重大战略问题。确保口粮绝对安全的底线始终不能动摇，重点保障稻谷和小麦两个主粮的基本自给，将饭碗牢牢抓在自己手中，任何时候都不能掉以轻心，这也是粮食安全标准"红线"的意义所在。在战术上，要从提高国内粮食综合生产能力和保证国际市场粮食进口能力这两方面入手，立足人多地少、农业资源紧张、生态环境压力巨大的基本国情，坚持结构性、层次性的策略，统筹利用两个资源、两个市场，适度进口大豆、玉米等粮食产品，调剂品种余缺、缓解国内资源紧缺压力，建立持续、稳定、多元的全球农产品供应链。总之，国内粮食基本自给并非不进口，过高的粮食自给率也不现实，坚持粮食安全战略的边界是统筹考虑国内外的资源、环境和经济代价的理性抉择。

2. 增强国内粮食综合生产能力，保障粮食自给水平

一是坚持"保地"红线，藏粮于地，耕地保有量是实现粮食安全的前提条件，坚守 18 亿亩耕地红线不动摇，守住 16 亿亩粮食播种面积和 14 亿亩谷物播种面积的底线，既保耕地数量又保耕地质量。二是坚持"富农"方针，没有粮农的利益，就没有粮食的安全。通过完善强农惠农富农政策，落

实好补贴政策，补贴重点向种粮大户、家庭农场、农民合作社等新型经营主体倾斜，让多生产粮食者多得补贴；培育新型农业经营主体，发展适度规模经营，提升粮食规模生产经营能力，鼓励土地承包经营权在公开市场上向专业大户、家庭农场、农民合作社、农业企业流转，发展多种形式规模经营，提高种粮水平和效益。三是增加"投基"力度，加大农业基础设施投入力度，加快实施《全国高标准农田建设总体规划》，通过实施沃土工程、有机质提升项目、农业环境治理工程等，提高粮食生产可持续发展能力。四是落实"科技兴农"，促进农业科技进步，发挥科技支撑作用。2017年，农业科技进步贡献率达到57.5%，今后还会进一步提高。要深化种业体制改革，加快培育一批具有重大应用前景和自主知识产权的突破性优良品种；通过推进农机农艺结合，加快粮食生产全程机械化进程；通过推进技术集成创新，大规模开展高产创建和粮食增产模式攻关，推进关键技术入户到位。

3. 开辟多元化粮源，提升全球市场粮食掌控能力

要拓宽视野，立足全球资源禀赋，巩固和拓展国内国外的"两种资源、两大市场"，发挥比较优势，适度进口粮食，提高对国际市场粮源的掌控能力，确保我国粮食安全。一是"慎进"，必须审慎把握好粮食进口规模、节奏、方式和布局，给予国际市场稳定的预期，缓慢而均衡地释放进口需求，让国际市场有一个反应的过程和增加产能的时间。二是"多元"，分散粮食进口风险，不能把鸡蛋放在一个篮子里，注重进口品种、市场、区域、国别来源的多元化，进口方式的多样化，将粮食安全建立在更为广泛的资源基础之上，降低国际粮源市场供应不确定因素带来的负面影响。

4. 构建有成效、高质量的粮食安全保障与激励机制

一是完善粮食等重要农产品价格形成机制。用市场无形的手和国家粮食宏观调控有形的手，坚持市场化改革取向与保护农民利益并重，采取"分品种施策、渐进式推进"的办法，完善农产品市场调控制度，提高粮食流通市场化、流通业态现代化水平。不能简单地将国家粮食托市收购的制度性安排废止，继续执行并完善稻谷、小麦最低收购价政策；深入推进新疆棉花、东北地区大豆目标价格改革。按照市场定价、价补分离、补贴生产者的原则，积极稳妥推进玉米收储制度改革，在使玉米价格反映市场供求关系的同时，综合考虑农民合理收益、财政承受能力、产业链协调发展等因素，建立玉米生产者补贴制度。

二是发展粮食主体功能区，对粮食主产区实行特殊的保护政策与激励约束机制。2017年粮食主产区粮食产量占全国粮食总产量的比重为78.8%，粮食主产区优势显现，稳产增产能力增强，确保国家粮食安全的作用增大。从社会和民生的角度看，粮食具有公共物品属性，粮食生产是一种带有社会公益性的行为，具有提供粮食产品和生产生态产品的双重功能；从产品生产效率的角度考察，粮食是一种自然与市场风险大、供给与需求弹性小、投入回报率低的产品。对粮食主产区实行保护粮食耕地、支持粮食生产和实施生态保护的补偿政策，符合社会公平、正义的原则。中央财政应继续完善粮食主产区激励约束机制，加大奖补力度，引导并帮助地方建立基层政府基本财力保障制度，增强粮食主产区基层政府实施公共管理、提供基本公共服务和落实各项民生政策的能力。中央财政在均衡性转移支付标准财政支出测算中，应当考虑减少属于地方支出责任范围的粮食主产区以及生态保护支出项目和自然保护区支出项目，并通过明显提高转移支付系数等方式，加大对重点粮食和生态功能区的均衡性转移支付力度，建立健全有利于切实保护粮食生产、生态环境的奖惩机制。

（本部分内容刊发于《黑龙江信息》第 1095 期（2018 年 10 月 25 日），原文题目为"从当前经济形势审视我国粮食安全存在的问题与对策建议"，作者：吴玲。）

二、树立新粮食安全观，牢牢端稳"饭碗"

2019 年又是一个丰收年。国家统计局近日公布的数据显示，2019 年全国夏粮总产量 14 174 万吨，比 2018 年增加 293 万吨，增长 2.1%。2019 年秋粮播种面积也与上年基本持平，奠定了秋粮丰收的基础。我国粮食生产基本实现了"中国粮食装满中国饭碗"，基本解决了 14 亿人吃得饱的问题，但随着生活水平提高、饮食结构变化，如何满足更高要求的"口腹之欲"成为粮食安全的新内涵。

（一）理解粮食安全，要立足于全产业链的角度

在数量安全基础上，保障安全食品原料生产，才能从源头上保障食物安全。因此，必须在自然资源条件、环境基础条件优越区域，优先布局安全食品原料生产基地。截至目前，黑龙江绿色食品认证面积已达 7 396 万亩，有机食品认证面积达 650 万亩，其中欧盟标准有机食品认证面积 165 万亩，已经成为全国最大的绿色食品原料基地。以黑龙江省绿色食品为原料的产品已经覆盖全国各大主销区，形成了"龙江食品原料基地牵动东北，绿色食品覆盖全国"的基本格局，为东北地区优质农产品外销闯出范本。通过建设类似的食品原料基地，形成区域布局合理、资源禀赋条件得以发挥、安全粮食原

料稳定供给的基本格局，最终打造出了新粮食产业链安全的生产体系。

（二）实践粮食安全，要立足于统一开放的国内国外两个市场

一是要形成运行高效的统一国内粮食市场体系，通过"北粮南运"实现优质粮食及产品外销，维持全国基本粮食必需品价格稳定，满足绿色、有机食品消费升级需求。以粮食自给率为例，广东省粮食自给率不足 30％，黑龙江省粮食自给率接近 400％，通过主产区与主销区有效对接，促进粮食商品化流通，实现主产区资源转化为资金，提升主产区经济总量，满足主销区粮食多样化需要。二是打造稳定供给的国际市场体系，通过打造多元化粮食进口格局，逐渐减少某些国家相应农产品进口依赖风险，促进俄罗斯及中亚、南美等国家对华粮食出口，形成来源稳定、风险可控的国际粮食供应体系。

（三）把控粮食安全，要立足于历史和未来两个维度

当前，我国人口数量仍在增长，基本口粮需求还会增加，如果短期内国内居民饮食结构难以改变，对粮食数量的刚性需求也不会发生改变。历史上，我国粮食产出区域日益集中，已经成为不可逆转的趋势。2018 年，黑龙江省粮食总产量占全国的 1/9，商品量占全国的 1/8，调出量占全国的 1/3。照目前的趋势看，未来直接粮食需求比例会下降，粮食转化食物及产品的比例会逐渐抬升，这就要求我们必须在稳定粮食数量安全、满足基本口粮需求的基础上，结合农业供给侧结构性改革的逐项要求，调整品种结构，满足人们对"肉、蛋、奶"等其他粮食转化品的需求。

粮稳则民安，食安即民福。保障国家粮食安全，让中国人端稳自己的"饭碗"，并实现从"吃得饱"到"吃得好"的转变，需要我们牢固树立新粮食安全观，深刻理解并准确把握新粮食安全观，更加科学地指导和安排粮食生产，打造从粮食到食物的全产业链竞争实力，如此才能为"两个一百年"奋斗目标的实现奠定坚实的基础，提供强有力的支撑。

（本部分内容发表于《光明日报》2019 年 9 月 19 日，作者：李孝忠、李翠霞。）

三、夯实粮食安全根基，端牢"中国饭碗"

仓廪实，天下安。对我们这样一个有着 14 亿人口的大国来说，农业基础地位任何时候都不能忽视和削弱，手中有粮、心中不慌，在任何时候都是真理。习近平总书记在党的二十大报告中指出，"全方位夯实粮食安全根基""全面落实粮食安全党政同责""确保中国人的饭碗牢牢端在自己手中"，对

保障国家粮食安全提出了更高要求，进一步明确了全方位夯实粮食安全根基的战略部署。

（一）有志气地回答"谁来养活中国"这一问题

十年来，以习近平同志为核心的党中央坚持人民至上，把解决吃饭问题作为治国理政的头等大事，将保障国家安全作为保障人民切身利益最重要的议题。实施"以我为主、立足国内、确保产能、适度进口、科技支撑"的国家粮食安全战略，提出"确保谷物基本自给、口粮绝对安全"的新粮食安全观，采取一系列措施并成功走出特色粮食安全之路，为新的历史征程上保障粮食安全奠定了坚实的基础。

（二）有骨气地回答"谁来种粮和怎么种粮"这一问题

"谁来种粮、怎么种粮"是决定我们中国人的饭碗能否牢牢端在自己手中的关键。党的十八大以来，以习近平同志为核心的党中央充分调动农民积极性、保障农民切身利益，不断夯实中国粮食安全保障体系的治理机制，粮食安全的外部环境不断得到深入治理和优化。习近平总书记强调，确保重要农产品特别是粮食供给，是实施乡村振兴战略的首要任务。构筑粮食安全体系，需要不断推进和完善农业现代化体系，以现代农业产业体系、生产体系、经营体系为抓手，加快推进农业现代化，坚持把解决好农业、农村、农民问题作为重中之重。通过巩固和完善农村基本经营制度，确定对土地承包经营权的物权保护，让农民吃上长效"定心丸"，同时坚持"政策保本、经营增效"，坚持和完善最低收购价制度，稳定和加强对种粮农民的直接补贴，保证并激发农民种粮、主产区抓粮的积极性。

（三）有底气地回答"靠什么产粮"这一问题

"靠什么产粮"是解决我们中国人自己饭碗里能否装上中国粮食的基本条件。习近平总书记指出："把提高农业综合生产能力放在更加突出的位置，把'藏粮于地、藏粮于技'真正落实到位。"全面贯彻党的二十大精神，要坚守保障粮食安全的耕地红线，采取"长牙齿"的硬措施，不断夯实大国粮仓耕地基础，保护好黑土地这个"耕地中的大熊猫"。种子是农业的"芯片"，确保粮食安全，必须攥紧种子"芯片"。要深入实施种业振兴行动，强化农业种质资源保护开发利用，发挥种子"芯片"功能，确保中国粮主要用中国种；同时，完善相关监管和支持体系，汇聚并引导人才、资金、技术等资源要素向种子企业流动，培育一批具有自主知识产权的重大品种，打好种业翻身仗。

当前，应坚持构建大食物观，统筹山水林田湖草、海洋食物及其他农作物的综合开发，建立既满足当前国民生产生活需求又实现绿色循环可持续发展的大食物安全生态链，开展替代性食物研究，统筹口粮、饲料粮、动物蛋白的国内外市场。迈上新征程，我们要始终绷紧粮食安全这根弦，切实把党的二十大提出的目标任务落到实处，全方位夯实粮食安全根基，守好大国粮仓，端牢"中国饭碗"，为顺利实现第二个百年奋斗目标提供强有力支撑。

（本部分内容发表于《光明日报》2022年11月29日，作者：李翠霞。）

四、树立大食物观，夯实多元食物供给资源基础

随着经济发展和生活水平提高，人们的食物消费结构逐渐发生变化，主食在食物消费中所占比重日益降低，副食比重逐渐上升。主食主要从耕地中产出，而副食则可以从森林、草原、江河湖海中获取，其来源更多样。近期闭幕的中央农村工作会议强调，要树立大食物观，构建多元化食物供给体系，多途径开发食物来源。这既是有效利用国土资源、缓解耕地资源压力的主动选择，也积极回应了人民群众日益多元的食物消费需求，有助于实现食物供求平衡。

（一）提高国土资源配置效率

顺应食物消费结构变化，应在更大空间向更广领域拓展食物来源。将不同类型的土地配置在最适宜的用途上，宜粮则粮、宜牧则牧、宜渔则渔、宜林则林，提高国土资源配置效率，进而提升食物保供能力。目前，个别地方地类之间的转换较为频繁，比如，将最适宜生产粮食的优质耕地转化为建设用地与生态用地，将生态脆弱区的林地和草地等开发成难以转变为现实生产力的边际耕地。这样一来，优质耕地减少会降低粮食产能，而边际耕地的增加并不能有效增加粮食产出，反而推升了食物供给成本。

（二）多管齐下践行大食物观

践行大食物观，可以从技术、制度、管理等层面着手，确保不同类型土地稳定产出多元食物。应摸清国土资源"家底"，完善基础数据库，明确各地各类土地资源的数量、质量，评估其适宜性，为高效利用国土资源提供技术支撑。应完善落实永久基本农田、基本草原等保护制度，确保不同类型土地用于最适宜的用途。大食物观的重点是粮食，基础在于耕地。必须确保优质耕地用于粮食生产，牢牢把住粮食安全主动权。草原是畜产品的重要来源，只有贯彻好基本草原保护制度，才能更好地供给畜产品。林地、湿地、水源等保护同样重要，需完善落实相关制度，保护好优质林地、湿地与清洁水源，避免其转变为不适宜的土地类型。从管理层面来说，应建立跨部门协

调机制，对山水林田湖草沙进行综合治理，避免为完成耕地保有量、草地保有量、林地保有量等指标而频繁占补。通过全域土地综合整治，提高食物供给能力。

（三）维持土地生态系统的平衡

如果土地使用者只顾追求短期效率，不合理耕作，那么土地生态系统的恢复力将会下降。一旦超出土地生态系统的自我调节阈值，其恢复难度加大，治理成本增加，生物多样性、供给食物的可持续性都将受到影响。应高度重视土地生态系统平衡，通过有序实现耕地、草原、河湖休养生息，增强其自然循环恢复能力，提高土地生态系统对优质食物供给的保障能力。可以通过发放补贴、发展生态产业等方式使土地使用者从土地生态系统平衡中获得更多收益，持续生产优质食物。

（本部分内容发表于《经济日报》2022 年 11 月 28 日，原文题目为"夯实多元供给基础"，作者：郭珍。）

五、粮食安全新战略："中国养活中国"的战略抉择

"养活自己"始终是中国经济发展、社会稳定和国家自立的全局性重大战略问题，从未动摇。20 世纪 90 年代美国布朗发出疑问："谁来养活中国"，质疑中国的粮食安全，中外学者的科学论证与中国粮食发展的事实证明，中国不仅完全有能力"养活自己"，而且对世界粮食安全做出了巨大贡献。在经济全球化背景下进一步夯实养活自己的时空布局，科学调整与实施粮食安全新战略，其内部效益与外溢效应都将引起世界的关注与热议。中国人的饭碗必须牢牢地端在自己手里，中国也有能力端牢自己的饭碗，没有必要在国际上"抢粮"，更不会对世界粮食安全构成威胁，而且还能帮助世界人民解决吃饭问题。

（一）"谁来养活中国"——中外学者的理论研讨

1994 年美国世界观察所所长莱斯特·布朗博士发表《谁来养活中国》一文认为，中国在工业化进程中，伴随着人口增加和消费结构的改变，未来的粮食需求将大幅度增加，但由于"耕地减少""水资源匮乏""环境的破坏"等问题，未来中国的粮食产量将会下降，中国将面临巨大的粮食缺口，为此中国将越来越依赖粮食进口，并因此冲击世界粮食供应和价格；即使中国有足够的外汇储备，国际市场也不可能向 13 亿中国人提供如此巨量的粮食供应。布朗的结论是：中国不仅自己养活不了自己，而且世界也不能养活中国，中国的粮荒将把世界粮食市场"买空"，造成世界范围内的粮食短缺

和价格上涨，引发全球政治和生态危机。他警告世界："食品的短缺伴随着经济的不稳定，其对安全的威胁远比军事入侵大得多"。布朗观点成了"中国威胁论"的一部分。2008 年莱斯特·布朗在北京接受采访时强调"谁来养活中国"仍是问题，观点没有改变。他进一步提出，21 世纪 30 年代中国人口将达到 16 亿，到时谁来养活中国，谁来拯救由此引发的全球性粮食短缺和动荡危机？《纽约时报》《华盛顿邮报》《洛杉矶时报》《华尔街日报》等纷纷发表评论，认为"中国的粮食问题将危及世界人民的粮食安全""中国的粮食短缺将比军事入侵更可怕""中国是世界的最大威胁"等。日本学者藤村幸义发表《中国粮食形势堪忧》一文认为，中国政府应该认真对待布朗报告所提出的警告，掉以轻心将使预言成为现实。世界银行中国蒙古局农业处长戈德堡在《中国农村未来面临的一些问题》的演讲中强调，对中国粮食问题的前景不会像布朗预测的那么悲观，但对其提出的问题也不能盲目乐观，而应认真加以研究。

布朗们的疑虑引发了中外学者的质疑。中国著名经济学家林毅夫在《中国人有能力养活自己》一文提出，中国政府一向注重粮食问题，"无粮不稳"是中国的政治智慧，随着经济、社会发展状况的改善，粮食政策的随机调整，中国过去、现在有能力，将来也会有能力生产足够多的粮食来养活自己。1996 年中国国务院新闻办公室发表《中国的粮食问题》一文，从新中国解决了人民的吃饭问题、未来中国的粮食消费需求、中国能够依靠自己的力量实现粮食基本自给、提高粮食综合生产能力、推进科教兴农，转变粮食增长方式、实现农业可持续发展、深化体制改革、完善流通政策环境等方面论述中国人完全有能力养活自己。联合国粮农组织储备局局长 N. 亚历山德拉托斯在《从全球角度看对中国未来粮食短缺的预测——评莱斯特·布朗的著作〈谁来养活中国〉》、美国芝加哥大学著名中国经济问题专家 D. 盖尔·约翰逊在《中国将使世界挨饿吗？——谈中国未来的粮食供应》等都批驳了布朗们的观点。美国农业部经济研究局弗里德里克·科鲁克在《中国真能使世界挨饿吗？》一文认为，布朗的预测忽视了市场经济中自我校正机制的作用，中国的生产者和消费者能够对粮食价格变化做出明确反应，决策者也能有效应对变化的国内外经济环境，中国的粮食产量不仅不会下降，而且在未来还有可观的增长空间，21 世纪的中国农民能够养活中国人。日本农林水产省农业综合研究所研究室长白石和良发表了《中国养活中国》一文，认为布朗设定了特定条件与参数，低估了中国自身的努力，致使预测失实。罗马尼亚布加勒斯特农学院教授格·丘尔贝亚博士发表《高效发展的中国农业》，认为中国农业高效发展能够解决此问题。

（二）"中国养活中国"——客观发展的现实回应

事实胜于雄辩。布朗们的预言正确与否，需要靠中国粮食发展的事实来检验，驳斥布朗们观点的最好方式是用事实说话。20世纪90年代中期日本学者长白石和良《中国养活中国》一文的科学探讨成为客观现实。20年间过去了，中国人不但没有凭借强大的购买力席卷世界粮食市场，而且粮食总产量和人均粮食产量都有大幅提高，中国人在养活自己的同时，也在养活世界。

一是实现了中国粮食供需基本平衡，粮食自给率一直保持在95%以上。2004—2013年，中国粮食产量连续10年增产，粮食综合生产能力明显提高。1978年粮食总产量30 477万吨，人均产量319千克；自2004年以来，人均粮食产量不断攀升；2013年全国粮食总产量为60 193.5万吨，达到历史新高，自2007年以来连续7年稳定在1万亿斤以上，它标志着我国粮食综合生产能力跨上了一个新台阶，已经基本达到了万亿斤生产能力。中国主要农产品供给实现了总量基本平衡、丰年有余的历史性转变，用世界7%的耕地，生产了全球25%的粮食，养活了全世界22%的人口。按照国际可比的谷物概念作为粮食口径，2013年粮食自给率超过97%，中国完全有能力立足国内生产实现粮食基本自给，成功地解决了13亿人口的吃饭问题。

二是中国成为国际社会的粮食援助国。作为一个负责任的大国，从2006年起中国不再接受世界粮食计划署提供的无偿粮食援助，中国已经从粮食受援国成为一个重要的粮食援助国。"杂交水稻之父"袁隆平向世界宣布："中国完全能解决自己的吃饭问题，中国还能帮助解决世界人民吃饭问题"。2012年联合国粮食及农业组织向温家宝总理颁发"农民奖章"，旨在表彰中国领导人把"三农"作为全部工作的重中之重、坚持发展粮食生产、努力消除贫困，对世界粮食安全作出的巨大贡献，代表着国际社会对中国农业和农村发展成就的充分肯定和高度褒奖。2014年，中国粮食总量是全世界粮食总量24亿吨的1/4，更是全球粮食贸易量3亿吨的2倍，中国粮食增加一个百分点，减少一个百分点，对世界粮食贸易影响巨大。

三是中国的粮食安全指数处于"良好表现"档位。改革开放三十多年间，在很少依赖进口的情况下，国内粮食生产满足了国人的粮食需求和多元的饮食结构。根据世界银行的数据，我国人均粮食占有水平已经稳定提高到410千克以上，比1978年增长近70%，5亿中国人摆脱了贫困。2013年英国经济学人智库发布的《全球食物安全指数报告》指出，中国的粮食安全指数位列全球第 42 位，属于中上游，属于"良好表现"一档，是为数不多的食物安全水平大幅超越社会富裕程度的国家之一。

（三）"中国养活中国"的粮食安全新战略

改革开放 30 多年的发展，我国经济社会发生了巨大变化，中国粮食生产实现"十连增"，的确值得国人骄傲和兴奋，但绝不能高枕无忧，漠视发展中存在的现实问题以及未来持续发展可能遇到的困境，我们需要做到未雨绸缪。2013 年底的中央经济工作会议强调"改革创新"战略新选择，提出了"以我为主、立足国内、确保产能、适度进口、科技支撑"的国家粮食安全新战略，中央农村工作会议再次重申，2014 年中央 1 号文件将完善国家粮食安全新战略作为首要工作加以部署。2014 年《中国食物与营养发展纲要（2014—2020 年）》再次明确提出，要确保谷物基本自给、口粮绝对安全。在粮食生产"十连增"的背景下，调整"粮食安全"内涵与边界并上升为国家战略，不能简单解读为国内粮食供给短缺，或者国家储备粮食不足，或者海外进口粮食存在重大隐患的主观猜测，这是综合考量我国未来粮食供求格局、农业资源环境承载能力、政策稳定与连续、国际市场等因素作出的重大战略调整，是立足粮情、国情、世情的理性选择，是未雨绸缪、高瞻远瞩的长远谋略，为即将启动的改革奠定稳定的物质基础，打造未来国民经济持续发展的永恒根基，也是对传统粮食安全观的进一步继承与发展。这是我国经济社会发展历久弥新、永恒的研究课题，已经不仅仅是经济问题，更是重大的政治问题、国家安全问题。

中国是人口大国，也是最大的粮食消费国，一旦缺粮后果不堪设想。对于中国粮食安全问题，要有底线思维。一是粮食是安天下的产业，解决吃饭问题始终是治国安邦的头等大事，任何时候都不能掉以轻心。二是确保国家粮食安全，必须坚持立足国内实现基本自给的方针，中国人的饭碗必须牢牢地端在自己手里，中国也有能力端牢自己的饭碗。"实施以我为主、立足国内、确保产能、适度进口、科技支撑"的国家粮食安全新战略，是对传统粮食安全观的进一步继承与发展。一是坚持毫不动摇"立足国内、基本自给"的方针。我国的粮食安全必须立足国内实现基本自给，牢牢把饭碗端在自己手中，集中力量依靠国内市场、国内资源把最基本、最重要的保住，依靠自己保口粮，集中国内资源保重点，做到谷物基本自给、口粮绝对安全，这是解决温饱、保障国家自立的底线，绝对不能动摇。二是坚持统筹利用国外市场、国外资源的战略。合理配置资源，用好两个市场、两种资源，发挥市场机制作用，构建结构性的粮食安全保障路径，适度进口高端优质谷物及资源型产品，把握好进口规模和节奏，调剂粮食品种余缺、缓解国内市场、资源紧缺压力，建立稳定、安全、持续、多元的全球农产品供应链。三是强化食品安全管理。坚持粮食数量与质量并重，更加注重农产品质量和食品安全，平衡增加粮食产量与保证农业生态安全的关系，注重对生产源头治理和产销全程监管，确保"舌尖上的安全"。可见，粮食安全新战略是实事求是、理性客观、与时俱进的新策略。凸显国内粮食基本自给并不意味着不进口，强调过高的粮食自给率得不偿失，会使我国付出极大的资源、环境和经济代价。首次将"粮食基本自给"精确化、层次化为"谷物基本自给、口粮绝对安全"，而且将"适度进口"视作粮食安全战略的重要组成部分，这是对传统粮食安全观在新形势下的重大调整和明晰，核心理念是处理好供给与需求的基本平衡、统筹好国内与全球的资源与市场、掌控好政府与市场的作用边界、协调好安全与效率的辩证关系，保障谷物的基本自给、口粮的绝对安全，实现食品的高质量供给。强调依靠自己保口粮，实现中国人自己养活自己，同时适度进口粮食作为补充，既把主动权掌握在自己手里，又有效利用国际资源，这是我国在转变发展方式的背景下，面对资源环境压力，提出的创新、务实、高效的粮食安全战略，使得粮食安全内涵更加科学与精准，保障我国粮食安全的操作更具现实性与针对性，充分体现了原则坚定性与策略灵活性的有机统一。

在经济全球化背景下，中国作为全球的第二大经济体，进一步垒实养活自己的时空布局，科学调整与实施粮食安全新战略，其内部效益与外溢效应都将引起世界的关注与热议。近期，美国学者莱斯特·布朗再度挑起"世界能否养活中国"话题，称中国粮食进口急剧增加、结构性粮食缺口继续拉大、中国加快在国际上"抢粮"等，炒作"中国粮食威胁论"，中国能否养活自己的质疑再次喧嚣于世。针对这一炒作，需要实事求是，理性分析。近年来我国农产品进口量有所增加，主要基于：一是国际粮价低于国内粮价，经济规律作用，引发进口冲动，绝非国内粮食短缺的结果。二是适量进口高端优质品种，满足国内多样化消费需求，调剂国内余缺，这是农产品贸易国际化趋势的现实选择。三是进口数量相对较多的主要是大豆，在国际统计中不算粮食。如果单算谷物进口，2013 年是 1 400 多万吨，占国内谷物产量的比重不足 2.6%，是国际市场份额的 4% 左右。可见，并不存在中国在国际上"抢粮"的情况，也无从谈起"中国粮食威胁论"。

莱斯特·布朗先生的中国"抢粮论"，再一次警醒我们，中国作为世界上人口最多的国家，世界养活不了中国，粮食安全的弦要始终绷紧，要从提高国内粮食生产能力、保证国际市场粮食进口能力这两方面入手，坚决守住粮食安全底线，把中国人的饭碗牢牢端在自己手上，任何时候都不能掉以轻心。

一方面，必须不断增强国内粮食综合生产能力：一是"保地"，耕地保有量是实现粮食安全的物质基础，坚守 18 亿亩耕地红线不动摇，守住 16 亿亩粮食播种面积和 14 亿亩谷物播种面积的底线；既保耕地数量又保耕地质量。二是"富农"，没有粮农的利益，就没有粮食的安全，通过完善强农惠农富农政策，落实好"四补贴"政策，新增农业补贴重点向种粮大户、家庭农场、农民合作社等新型经营主体倾斜，让多生产粮食者多得补贴；完善粮食主产区利益补偿机制，有力保护和调动地方政府抓粮和农民种粮的积极性，培育农业新型经营主体，发展适度规模经营，提高种粮水平和效益。三是"投基"，加大农业基础设施投入力度，加快实施《全国高标准农田建设总体规划》，通过实施沃土工程、有机质提升项目、农业环境治理工程等，提高粮食生产可持续发展能力。四是"科技"，促进农业科技进步，发挥科技支撑作用，2013 年农业科技进步贡献率达到 55.2%，今后还会进一步提高；深化种业体制改革，加快培育一批具有重大应用前景和自主知识产权的突破性优良品种；通过推进农机农艺结合，加快粮食生产全程机械化进程；通过推进技术集成创新，大规模开展高产创建和粮食增产模式攻关，推进关键技术入户到位。

另一方面，要拓宽视野，立足全球资源禀赋，发挥比较优势，适度进口粮食，提高国际市场粮源掌控能力，确保我国粮食安全：一是"慎进"，必须审慎把握好粮食进口规模、节奏、方式和布局，给予国际市场稳定的预期，缓慢而均衡地释放进口需求，让国际市场有一个反应的过程和增加产能的时间。二是"多元"，注重进口品种、市场、区域、国别来源多元化，进口方式多样化，降低国际粮食市场波动带来的负面影响。作为一负责任的大国，立足国内，面向世界，恒守中国人的饭碗必须牢牢地端在自己手里的理念，中国也有能力端牢自己的饭碗。中国不仅能够养活中国，没有必要在国际上"抢粮"，更不会对世界粮食安全造成威胁，而且还能帮助解决世界人民的吃饭问题。

（本部分内容发表于《中国社会科学报》2014 年 8 月 11 日，作者：吴玲、郭翔宇。）

六、在新形势下构建粮食安全新战略和新路径

2013 年底的中央经济工作会议强调"改革创新"战略新选择，提出了"以我为主、立足国内、确保产能、适度进口、科技支撑"的国家粮食安全新战略，中央农村工作会议再次重申，2014 年中央 1 号文件将完善国家粮食安全新战略作为首要工作加以部署。30 多年来，我国的经济社会发展环境发生了重大变化，世界局势复杂多变，在我国粮食连续十年增产的背景下，"粮食安全"再次上升到优先地位，特别提出"谷物基本自给、口粮绝对安全"的硬性指标。如何在新形势下构建粮食安全新战略，打造粮食安全的新路径，有待深入解读与思考。

(一)粮食安全：未雨绸缪的选择

联合国粮农组织、国际农业发展基金会和世界粮食计划署联合发表《2011 年世界粮食不安全状况》报告指出，世界粮食价格居高不下和持续波动的局势今后可能会更加严重，全球粮食危机风险逐渐浮现。中国是世界人口大国，也是最大的粮食消费国，一旦缺粮后果不堪设想。粮食安全作为我国国民经济发展、社会稳定和国家自立的全局性重大战略问题，对实现全面建设小康社会的目标、构建社会主义和谐社会和推进社会主义新农村建设具有十分重要的意义。

从衡量粮食安全的基本标准看，我国处在比较安全的区间。从发展阶段看，正处于工业化中期的中国，随着工业化、城镇化的发展以及人口增加和人民生活水平提高，粮食消费需求将呈刚性增长，而耕地减少、水资源短缺、气候变化等对粮食生产的约束日益突出；从发展趋势看，粮价上涨带来的压力已初步显现，粮食等农产品价格持续高位运行，将成为经济增长中一个不可回避的趋势。我国粮食的供需将长期处于紧平衡状态，保障粮食安全面临严峻挑战，粮食安全基础还需进一步加强，中国粮食安全问题依然存在。

在中国粮食生产实现"十连增"的背景下，"粮食安全"成为国家经济工作的第一要务，不能简单解读为国内粮食供给短缺，或者国家储备粮食不足，或者海外进口粮食存在重大隐患。粮食安全新战略是我国政府未雨绸缪、高瞻远瞩的长远谋略，是在经济社会发展进入新阶段的理性选择，是对贯彻科学发展观的实践回应，为即将启动的改革奠定稳定的物质基础，打造未来国民经济持续发展的永恒根基。中国的粮食安全问题，已经不仅是重大的经济问题，更是重大的政治问题、安全问题。

（二）适度进口：粮食安全观的新战略

对于中国粮食安全问题，两个底线原则必须坚持：一是粮食是安天下的产业，解决吃饭问题始终是治国安邦的头等大事，任何时候都不能掉以轻心；二是必须坚持立足国内实现基本自给的方针，中国人的饭碗必须端在自己手里。2013年中央经济工作会议和中央农村工作会议都强调，切实保障国家粮食安全，必须实施以我为主、立足国内、确保产能、适度进口、科技支撑的国家粮食安全战略，"适度进口"首次被明确为我国粮食安全战略的一个组成部分，这是对外开放进入新阶段，构建开放型经济新体制，促进国际国内要素有序自由流动、市场深度融合、资源高效配置的重要实践。2014年发布的《中国食物与营养发展纲要（2014—2020）年》再次明确提出，要确保谷物基本自给、口粮绝对安全。这是立足粮情、国情、世情的现实考量与长远谋划，是对传统粮食安全观的进一步继承与发展。

我国要树立全面、统筹、可持续的现代粮食安全新理念、新战略，一是坚决不动摇"立足国内基本自给"的方针。我国的粮食安全必须立足国内实现基本自给，牢牢把饭碗端在自己手中。在具体实践中，建立层次化的粮食安全观，分出保障层次与优先次序，有保有放，增强实施的针对性与精准性，集中主要力量依靠国内市场、国内资源保重点，做到谷物基本自给、口粮绝对安全，这是解决温饱、保障国家自立的底线，绝对不能动摇。二是建立面向全球统筹、开放的粮食安全观。发挥市场机制与政府调控的作用，合理配置国内、国外两种资源，统筹利用两个市场，一方面可以加强耕地开发与保护，涵养耕地长期生产能力，加快农业现代化步伐，调整农业产业结构，提升粮食可持续保障能力；另一方面坚持开放的思维、市场化的原则，充分利用国际农业和粮食市场，构建结构性的粮食安全保障路径，适度进口大豆、高端优质谷物及资源型产品，把握好进口规模和节奏，调剂粮食品种余缺、缓解国内市场、资源紧缺压力，建立稳定、安全、持续的全球农产品供应链。三是强化食品安全管理。坚持粮食数量与质量并重，更加注重农产品质量和食品安全，平衡增加粮食产量与保证农业生态安全的关系，注重对生产源头治理和产销全程监管，确保"舌尖上的安全"。可见，国内粮食基本自给并不意味着不进口，强调过高的粮食总量自给率得不偿失，会使我国付出极大的资源、环境和经济代价。我国第一次明确谷物基本自给、口粮绝对安全、适度进口的提法，这是对传统粮食安全观在新形势下的重大调整和明晰，强调依靠自己保口粮，"自己的饭碗主要装自己生产的粮食""饭碗要牢牢端在自己手中"凸显"谷物基本自给"，明确实现中国人自己养活自己，同时适度进口粮食作为补充，既把主动权掌握在自己手里，又有效利用国际资源，这是我国在转变发展方式的背景下，面对资源环境的压力，提出的粮食安全战略。新粮食安全观使得粮食安全内涵更加科学与精准，充分体现了原则坚定性与策略灵活性的有机统一。

（三）"三权分离"：保障粮食安全的制度路径

随着经济社会的发展，农业外部环境条件、农业生产经营主体和农地资源配置状况都发生了深刻变化，落实集体所有权，稳定农户承包权，放活土地经营权，加快构建以农户家庭经营为基础、合作与联合为纽带、社会化服务为支撑的立体式复合型现代农业经营体系，构建"三权分离"的农地制度，实现土地承包经营权主体与经营权主体发生分离，这是我国农业生产关系变化的新趋势。农地承包经营权实际上是一个包含多项权能的组合，各项权能在不同主体间的分割与界定，是提高农地资源配置效率的重要因素。农地承包经营权派生出承包权和经营权，构建所有权、承包权和经营权"三权分离"的农地制度，兼顾了效率与公平两大宗旨，保护承包权有助于实现追求社会公平、稳定地权预期、保障土地财产收益、提供基本生活保障、推进土地顺畅流转的绩效。放活经营权有助于实现农地经营的相对独立性，衍生出多元化的经营形态，为经济效率的提高提供了前提，通过激活"物"（农地）的资本性与流动性，使经营权主体范围远远大于承包权主体，提供了"农地农用农民用"演变为"农地农用全民用"的可能，使土地资源向富有效率的家庭农场、专业大户、农民合作社、产业化龙头企业等新型经营主体或非农经营主体集中，为实施土地规模化经营、经营主体多元化、生产方式机械化与现代化提供了必要条件，从战略层面高度关注明天"地从哪来、地由谁种、地怎么种"的问题，为在更大空间范围内优化配置农地资源、发展适度规模经营、保障粮食安全赋予了极为重要的弹性制度框架，为促进农业增效、农民增收、农地增值拓展了广阔的发展空间。

通过"三权分离"的农地制度创新发展多种形式的适度规模经营，培育新型农业经营主体，实现粮食安全与农民增收的有机统一；实行保护耕地的国家战略；加强农业基础设施建设，特别是农田水利建设；强化科技支撑，大力推进农业关键技术研究，着力提高粮食单产，力争有大的突破；遏制耕地逐年减少的趋势，最大限度地提高耕地使用效率，依稀已在农业生产关系和生产方式的再度创新中凸显。

（本部分内容发表于《黑龙江日报》2014年8月26日，作者：吴玲。）

第二节　抓住耕地要害，实施藏粮于地

一、守护好粮食生产的命根子

粮食安全是国家安全的重要基础，耕地是粮食生产的命根子。党的十九届五中全会提出，坚持最严格的耕地保护制度，深入实施藏粮于地战略。坚持最严格的耕地保护制度，需要不断加强耕地保护的制度供给、强化耕地保护的制度执行、形成耕地保护的制度合力，推动形成保护更加有力、执行更加顺畅、管理更加高效的耕地保护新格局。

（一）加强制度供给

近年来，我国农业结构不断优化，区域布局趋于合理，粮食生产连年丰收，但部分地区还存在耕地"非农化""非粮化"倾向。坚持最严格的耕地保护制度，一个重要方面在于不断加强耕地保护的制度供给，使制度更符合耕地保护的实际需要。山水林田湖草是生命共同体，加强耕地保护制度供给，首先应在国土空间开发保护大局中认识和把握耕地保护问题，统筹兼顾、整体施策、多措并举，处理好耕地保护与生态保护的关系，让耕地保护制度与其他制度有机衔接，切实保护好优质耕地，努力实现对山水林田湖草的统一保护、统一修复。同时要看到，耕地保护具有复杂性、动态性和多样性。加强制度供给，科学合理利用耕地资源，需要明确耕地利用优先序，坚决遏制耕地"非农化"、防止"非粮化"，规范耕地占补平衡，集中力量把耕地资源保护好。

（二）强化制度执行

习近平总书记强调："要严防死守 18 亿亩耕地红线，采取长牙齿的硬措施，落实最严格的耕地保护制度。"守好耕地红线，严保严管是关键，必须像保护大熊猫那样保护耕地。落实最严格的耕地保护制度，需要不断提升制度执行力，强化耕地保护意识，强化土地用途管制，着力加强耕地数量、质量、生态"三位一体"保护，坚决防止耕地占补平衡中补充耕地数量不到位、质量不到位的问题，坚决防止占多补少、占优补劣、占水田补旱地的现象，切实做到已经确定的耕地红线绝不随意突破，已经划定的城市周边永久基本农田绝不随便占用。坚持改革创新，充分发挥市场在资源配置中的决定性作用，同时要发挥好政府作用，实地方政府保护耕地责任，落实最严格的耕地保护制度，加强土地整治和高标准农田建设，健全耕地保护补偿和利益调节机制，让保护耕地的地方不吃亏，让保护耕地的群众得实惠。

（三）形成制度合力

耕地保护是一项系统工程，需要多部门、多领域协调配合，形成制度合力。一方面，着力健全党委领导、政府负责、部门协同、公众参与、上下联动的共同责任机制，抓好重点领域和关键环节改革，统筹谋划、把稳方向、全力攻坚，引导相关部门切实担负起主体责任，采取积极有效措施，严格源头控制，强化过程监管，确保耕地保护责任目标全面落实，坚决守住土地公有制性质不改变、耕地红线不突破、农民利益不受损三条底线。另一方面，建立健全耕地保护统筹协调机制，促进跨部门耕地资源信息共享和协调配合，进一步提升耕地资源治理效能，提高农村土地配置效率。此外，还应充分发挥亿万农民主体作用和首创精神，采取政府和社会资本合作（PPP）模式、以奖代补等方式，充分调动农村集体经济组织、农民和新型农业经营主体保护耕地的积极性，进一步形成耕地保护合力，推动形成层层落实目标、层层压实责任、人人节约用地、人人保护耕地的良好局面。

（本部分内容发表于《人民日报》2021年3月15日，原文题目为"守护好粮食生产的命根子　坚持最严格的耕地保护制度"，作者：郭珍。）

二、加强黑土地保护

习近平总书记强调，要采取工程、农艺、生物等多种措施，调动农民积极性，共同把黑土地保护好、利用好。农业生产不能竭泽而渔，要保护好黑土地，这是"耕地中的大熊猫"。近年来，黑土地保护问题备受党和政府的关注。2015—2020年，中央1号文件连续6年提到东北黑土地保护问题，2017年农业部等六部委联合印发《东北黑土地保护规划纲要（2017—2030年）》，2018年吉林省和黑龙江省均印发了有关黑土地保护的行动规划，2020年为加快保护性耕作推广应用，农业农村部出台了《东北黑土地保护性耕作行动计划（2020—2025年）》，同时重点推进东北黑土地保护利用试点示范区建设。黑土地保护已成为新时代保障国家粮食安全的重要抓手。

（一）保护黑土地意义重大

黑土是一种富含腐殖质，性状好、肥力高，并且十分适合农耕的自然土壤资源，其中富含作物生长必需的有机质高达 $5\%\sim8\%$，大约是黄土的10倍。东北黑土区作为世界四大黑土区之一，总面积约103万平方千米，大约是我国黄土面积的1.17倍。老百姓常用"一两黑土二两油"来形容黑土地的肥沃，其富含的有机质不仅有助于提高粮食作物产量，也有利于提升粮食口感。因此，靠着肥沃的黑土，东北黑土区已成为我国重要的粮食主产区和商品粮生产基地，在国家粮食安全战略中发挥着重大作用。然而，目前黑土层已由开垦初期的80~100厘米下降到20~30厘米，并以每年剥蚀0.3~1.0厘米的速度流失，有机质以平均每年0.1%的速度下降。相比黑土层的高速剥蚀，黑土的形成过程相当漫长，每形成1厘米黑土层大约需要300~500年。因此，若不加以控制，三四万年自然条件下形成的黑土地将最多继续维持100年的生命。作为不可再生的战略性资源，黑土地是维护生态系统平衡的重要基础，是实施国家"藏粮于地"战略的重要保障，保护黑土地刻不容缓。

（二）黑土地利用存在的问题及原因

1. 黑土变"少"了，被侵蚀的土壤变"多"了

黑土变"少"主要体现在随着城镇化、工业化的发展，优质黑土面积减少和土壤受到侵蚀，黑土资源数量亮起了"红灯"。其原因有二：一是城市建设用地导致黑土资源过度开发；二是风蚀、水蚀、冻融以及荒漠化蔓延等自然因素导致了严重的土壤侵蚀。黑土变"少"是人类经济活动与自然环境相互作用的结果。

2. 黑土变"薄"了，流失掉的土壤变"厚"了

黑土变"薄"主要体现在黑土腐殖质层厚度降低，个别水土流失严重的地方只剩下薄薄的一层表土，称为"破皮黄"。究其原因，主要是受水土流失影响，肥沃的黑土层流失殆尽，土壤亚表层或者黄土状母质（一种拥有黄土母质的粗粉粒疏松多孔性状的土层）露出地表，从而导致地表土壤有机质含量下降，甚至可能使部分土壤丧失生产能力。与此同时，人类的干预越来越严重，生产经营粗放，致使黑土地过度垦殖，在填充被侵蚀沟壑时往往会用到邻近区域的土壤，间接致使黑土变"薄"，黑土区荒漠化威胁日益加剧。

3. 黑土变"瘦"了，化肥施用量"膨胀"了

黑土变"瘦"主要体现在土壤的理化性状不断恶化，其中物理性状主要包括土壤的通气性、透水性、黏着性、可塑性、耕性、磁性等，化学性状包括土壤的阴阳离子交换、土壤养分、土壤有机质等。简而言之，即黑土"身板"极其虚弱，导致其抗御自然灾害的能力降低。黑土变"瘦"：一是因为部分农民种地不养地，认为"人有多大胆、地有多高产"，急功近利地施加化肥，较少施用有机肥料。二是种植结构缺乏合理规划，地块较为零散并且有突出的连作现象。三是土壤有机质下降、酸化、盐碱化、污染情况严峻。

黑土地既利用过度又保护不足，双重因素加速了黑土地的退化。

4. 黑土变"硬"了，农作物生长底气变"软"了

黑土变"硬"主要体现在土壤结构退化、土质由疏松变得黏重，土壤日趋板结，耕性变差且蓄水保墒能力下降。其原因主要在于东北地区一般使用小马力拖拉机作业，其翻耕深度只有15厘米，农作物根系难以在此土壤深度范围内汲取充分的水分和养分。与此同时，秸秆粉碎深翻、深松技术使用率低，少免耕技术没有大范围推广，加之受农机具碾压和自然侵蚀等因素影响导致犁底层上移，致使黑土变"硬"了。目前，国家投入了一定的资金保护黑土地并发挥了积极有效的作用，但总体来看，投入力度尚未充分满足黑土地保护的需要。而且农产品等初级产品的价格总体上偏低，黑土地资源的价值仍然未能全面地反映在农产品价格上，这使得黑土地保护过程中一些相关主体注重追求自身利益和短期效益，间接导致黑土地退化。

（三）黑土地保护对策建议

1. 大力推进保护性耕作技术，解决黑土地变"薄"、变"瘦"、变"硬"问题

随着各项政策的出台，作为落实"藏粮于地、藏粮于技"战略的重要抓手，黑土地保护性耕作逐渐向深翻或深松浅翻、浅旋、轮作休耕以及田间农艺管理技术层面延展，开始进入生态、经济、社会共赢的可持续发展阶段。具体来看：第一，对于大面积耕地，黑土地保护要大力推广秸秆富集深还、覆盖还田和秸秆离田沤制有机肥还田3种方式，重点提倡机械化秸秆富集深还模式，其优点是土层顺序不变，并可2～4倍量富集秸秆，有效处理秸秆的同时满足土壤培肥的迫切需要。第二，降低耕地利用强度，建立耕地轮作休耕制度。在确保国家粮食安全和农民收入稳定增长的前提下，对不宜连续耕作的地区，包括土壤重金属污染区、地下水漏斗区、生态严重退化区域等进行轮作休耕，并逐步扩大重金属污染耕地治理和轮作休耕制度试点。第三，推进有机肥积造利用和化肥农药减量增效。合理的培肥与保护性耕作的有机融合是对黑土地进行保护和再利用的一个根本途径，推动农村用地和养地相融合，开发推广绿色生产、综合治理等新型农业技术，推广实施保护性耕作技术并完善其他相关的配套服务。

2. 积极做好黑土地土壤污染管控和修复工作，解决黑土地变"少"、变"瘦"的问题

第一，对于不可避免的建设占用耕地，建议开展耕地表土剥离利用工程、耕地生产能力提升工程、不利于农作物生长类型的耕地障碍性土壤改良工程等来开展黑土地保护与高值化利用。第二，针对目前表土剥离再利用存在的时效性以及成本增加的问题，建议建立省级及以下利用信息平台，让表土的供方和需方在网上对接，以实现就近从快再利用，降低运输和储存成本。第三，加强东北农产品产地环境保护，高度重视松花江、辽河流域和近岸海域污染及大中型养殖场畜禽粪污中的重金属污染黑土地的问题，预防与综合治理相结合，要让过载的黑土地"减减压"。

3. 改善黑土地周边的生态环境和生产条件，解决黑土地变"薄"、变"少"的问题

第一，要扎实推进建设高标准农田、水土保持工程、农田防护林、推进侵蚀沟治理等工作。第二，落实严格耕地保护制度，加快完成对城市边界、永久基本农田边界、生态边界"三界"的划定，实行建设用地总量和强度双控行动，严格控制农村集体建设用地规模。第三，切实加强对黑土地水土流失和荒漠化的综合治理，避免由于沟壑侵蚀造成的沉积物沉积，进而降低作物产量。

4. 加强黑土地保护相关制度体系建设，解决体制机制问题

积极探索加强东北黑土地保护的治本之策。第一，构建黑土地保护管理监督体系。建立健全耕地质量监督和评价机制，大力推进各地信息化技术的运用以提高监督工作效率，提高农民保护黑土地的意识以促进监督体系的建设。第二，构建黑土地保护政策投入体系。健全黑土耕地生态补偿制度，积极提高农业可持续发展能力，巩固和提升东北地区商品粮生产核心区地位；加大对土壤有机质改善、养分平衡、耕地质量监测、水土流失治理等方面的财政支持；大力发展农机服务专业合作社、农机服务公司等服务组织，并实施有关耕地保护的教育计划，定期举办有关讲座，特别是要重视生产大户的教育和培训，为农民提供保护性耕作技术配套的农机服务。第三，构建黑土地保护科技支撑体系。可参考中国科学院建设"黑龙江海伦农田生态系统国家野外科学观测研究站"的经验。该研究站自成立之初，主要从事黑土农业生态、黑土区作物高产攻关、水土流失综合治理等科研任务。自1991年开始，"海伦站"与政府紧密结合，将先进农业技术和优化农业模式进行示范推广，为海伦市及其周边地区创造了良好的经济效益。借鉴该模式，可依托高校等研究机构建设示范区，建立黑土地保育与利用的专业化教学、科研、技术开发和生产经营管理专业人才梯队，落实"产学研"三位一体，实现技术研发的原创性、技术转化的有效性和技术推广的适用性。第四，构建黑土地保护法律法规体系。建立健全"黑土地保护法"，使黑土地保护有法可依。

推进黑土地保护法治建设，要充分考虑多方位因素，实施综合管理，有效整合现有各类资源，依靠强有力的法治保障形成对黑土地保护的联合力量。

（本部分内容发表于《奋斗》2021年第2期，原文题目为"加强黑土地保护　保障国家粮食安全"，作者：崔宁波等。）

三、加强土地整治

近年来，黑土层变薄、水土流失、建设占压、环境污染、土壤板结等生态环境问题严重摧残着宝贵的黑土资源。土地整治作为增加有效耕地面积、提高耕地质量、改善生态环境的重要举措，在保护黑土资源中必将大有可为。

（一）黑土区主要生态环境问题

黑土是湿润或半湿润地区草原化草甸植被下具有深厚的腐殖质和淋溶过程的土壤。黑龙江省内集中连片的黑土区包括松嫩平原中东部以及三江平原中西部的36个县（市），是中国重要的商品粮基地。但是，目前黑土区农田基本建设还很薄弱，中低产田占耕地面积的60%左右，随着黑土区农业生产条件的不断改善，农业投入逐年增加，农药、化肥使用量增长较快，使得对土壤的污染逐年加重，各种生态环境问题日益显现。一是土层变薄，地力减退。据调查，开发40～50年的黑土地，有机质含量一般下降1/3～1/2。由此造成坡耕地每公顷粮食减产150千克左右，每年将少收22.5亿～25亿千克粮食，严重威胁黑龙江省粮食增产稳产的目标。二是风害横行，沙化加剧。在黑龙江省西部干旱地区，风沙较大，造成西部草原面积由新中国成立前的4万平方千米，至今锐减了一半左右。三是沟壑增多，效益下降。目前，黑龙江省已有大型侵蚀沟16.11万条，占地面积约9.33万公顷。在水土冲刷严重的漫岗丘陵区，平均每1.67公顷就有一条侵蚀沟。四是流失严重，泥沙淤积。根据第三次土壤侵蚀遥感调查显示，黑龙江省水土流失面积11.5万平方千米，占全省土壤总面积的25.4%，每年流失土壤量达2亿～3亿立方米，其中包含了大量的珍贵黑土资源。水土流失产生的大量泥沙淤积江河、水库，影响水利工程，加剧洪水灾害。五是建设占用，土壤污染。由于黑土区是黑龙江省经济最为发达的地区，城市化、工业化的迅速扩张致使相当数量的农用黑土资源被非农建设占用，大部分补充土壤仅能填补黑土在数量上的缺失，很难达到质量上的平衡，部分黑土发生永久性退化。并且处于东北老工业基地的黑土区，受工业"三废"的污染，加上不合理使用化肥、农药和地膜，使局部黑土有毒金属元素含量超标，污染问题比较严重。

（二）推进黑土保护的政策建议

1. 开展黑土区综合性土地整治规划

根据黑龙江省黑土区自然地理与社会经济条件，针对黑土区耕地保护中存在的问题以及现代农业发展的需要，在国家土地整治宏观框架下，基于第二次土地调查数据开展黑土区综合性土地整治规划，并着重从构建分区整治模式和构建多部门联动机制两个方面来提升规划的可操作性和规划执行的顺畅性。

（1）构建分区整治模式。作为国家重要商品粮基地的黑龙江省黑土区是我国新一轮土地整治的重点区域，全省 30 个县（市）和 5 个农垦管理局被列入高标准基本农田建设示范县。今后应结合《黑龙江省土地整治规划（2011—2015 年)》所确定的黑土保护与整治重大工程范围，着重在大小兴安岭山前台地、嫩江中上游地区、三江平原丘陵沟壑区、松嫩平原漫川漫岗区，构建分区整治模式，提出分区土地整治规划与施工技术标准，坚持生物措施、工程措施和农业耕作措施紧密结合，以小流域为基本单元，连片整治、规模推进、"疏、堵"结合，完成土地整治的同时实现黑土资源保护。另外，针对黑龙江省农田防护林网部分地区过密的问题，加大方田面积，以利于农业机械化。

（2）构建多部门联动机制。黑土地保护涉及国家主体功能布局、粮食安全、城乡统筹发展、水土流失治理、中低产田改造、土壤培肥改良、生态环境安全等诸多领域。目前农业、林业、水利、国土、环保、财政等各部门都有专项资金从不同角度投放于黑土保护与治理。但是项目分散，内容交叉重复，职能和措施错位，不利于保护黑土资源目标的整齐划一。应按照"省级政府主导，县级政府承担，乡级政府实施，当地农民参与"的原则，构建国土资源、发改委、监察、财政、水利、农业、林业、畜牧、审计局等多部门联动制度。以县、乡两级政府为主体，积极整合各类项目资金，明确职责分工，加强项目监督、协调，真正发挥项目资金的效益，切实保护好肥沃的黑土地，保住祖国的大粮仓。

2. 拓展土地整治领域

（1）实施表土剥离。目前，黑龙江省正处于工业化和城市化快速发展时期，新增建设用地中占用耕地数量较多，黑龙江省黑土区土地资源浪费严重，不利于农业生产和粮食安全。因此，一是对建设用地占用耕地逐步刚性要求实施表土剥离，在建设用地占用耕地审批和工程验收环节增加表土剥离的要求。二是在配套政策和资金方面给予支持。制定表土剥离优惠政策，对实行表土剥离的建设项目优先批复，地方政府可以从土地收入中支付部分表土剥离经费；加大政府投入，建立表土剥离专项资金，列入财政预算安排。三是对浪费表土的建设工程实行经济处罚措施。

（2）试点污染土壤修复。无论是在全国范围内还是在黑龙江省黑土区，土壤污染都已经成为威胁农业可持续发展的重要因素。2014 年中央 1 号文件以及国土资源部国土资源工作会议均提出开展污染土壤修复试点工作。黑龙江省黑土区作为全国首个"现代农业综合配套改革试验区"的核心区，应率先开展试点工作，探讨重金属污染、有机污染、地膜污染等不同类型的污染耕地的土壤修复办法，建立行业标准，为全国土壤污染修复作出示范。

（3）强化水土保持。水土流失是黑龙江省黑土区耕地资源利用中的首要生态环境问题。然而，过去的土地整治工作重点聚焦于增加耕地面积和提升耕地质量，对保护和改善黑土区生态环境关注严重不足。在今后的黑土区土地整治工作中：一是要专门设立水土保持类项目，针对水土流失严重的区域进行专门化整治，切实改善其生态环境；二是要在土地整理、高标准基本农田建设等类型的土地整治项目中增加水土保持的内容，统筹安排农田水利工程、防护工程、土地平整工程等土地整治的具体内容，注重土地整治综合效益的提升。

3. 加强土地整治与黑土保护科学研究

当前，黑土保护与土地整治工作中需要应用表土剥离方法、土壤培肥技术、测土配方施肥技术、"垄向区田"技术、深松轮耕技术、土壤修复技术等多方面技术。这些技术在国内外及不同地区发展的技术水平存在较大差异，且这些技术应用中具有显著的区域性。因此，要加强与国内知名高校、科研院所的合作，积极开展专题研究，使科研工作与整治工程紧密联系，促进科研成果在实践中的应用，提高整治工程的科技含量。

（1）规模化、生态化、现代化的农地整理规划与设计技术研究。针对黑土区土地资源丰富、农地利用相对粗放、农田基础设施条件较差、抵御自然灾害能力差以及耕地土壤侵蚀、沙化、盐渍化、沼泽化等生态问题凸显等特点，研究示范不同自然地理状况与社会经济条件下农地综合整治模式，重点研究土地利用景观格局、土地平整、交通路网、农田水利、防护工程、表土剥离保存与回填、配套设施等规划设计技术体系，以实现区域"田、水、路、林、村"的优化配置，提高土地利用率和综合生产能力，发挥土地利用的多重功能，拓展城乡绿色空间，改善区域生态环境。

（2）寒区生产、生活生态型农村居民点综合整治技术研究。针对黑土区农村居民点规模小、布局分散、设施条件差的现状，研究示范将规模小、设施条件差的居民点撤、并或新建。重点研究村屯体系布局、居民地内部结构优化、废弃建设用地复垦；将农村居民点土地综合整治与城乡建设用地增减挂钩紧密结合，保障城镇、园区基础设施和重点项目的建设用地，促进城乡居民点布局优化，统筹城乡发展；确定村屯对外交通系统布局以及对外交通设施的布局；提出道路、给水、排水、电力、电讯等各项基础设施的配置建议，确定工程管网走向和技术选型等，促进农村建设用地节约集约利用，改善农民居住环境。

（3）黑土土壤恢复与水土保持技术研究。针对黑土区土壤退化，肥力下降、水土流失严重，导致作物单产提高缓慢、总产不稳的突出问题，结合"3S"技术和实地调查，监控土壤污染与退化过程与范围，探索东北主要土壤污染与退化机理，重点研究土壤污染修复关键技术、退化黑土区土壤质量定向培育关键技术和土壤侵蚀综合整治关键技术。研究示范黑土区耕地保育与持续高效现代农业技术体系，为粮食主产区污染与退化提出治理和决策方案，为促进循环经济的发展和建设生态区提供集成技术。

（4）黑土区土地综合整治模式研究。综合考虑黑土区自然和社会经济条件差异，选择黑土区代表性地区建立示范区，对"土、田、水、路、林、村"综合整治示范研究，重点研究不同区域农地整理规划与设计技术、农村居民点综合整治技术、土壤恢复与水土保持技术、耕地保护监控与预警技术集成模式。

4. 推动黑土保护法制与机制建设

（1）积极推动黑土保护立法。建立黑土保护管理、建设的法律支撑，是搞好黑土管理的关键，是实现黑土资源可持续利用的根本保障。一是制定《黑龙江省黑土资源保护条例》。该条例应以国家有关耕地保护、水土保持等法律政策为基础，将黑土保护的重要政策措施法定化、制度化；应当针对黑龙江省黑土资源的特殊地理和人文社会状况，结合黑土资源利用的实际情况和保护的特殊要求，以解决现存的实际问题为出发点，整合现有法律法规中适合于黑土资源保护的内容，综合考虑黑土资源保护各方面的具体要求，采取具有针对性的制度安排；应当突出恢复和治理当地的黑土资源保护责任，以罚金处罚为辅，注重法规的可操作性、可实施性。二要积极做好《水土保持法》《土地管理法》等配套法规的立法工作，结合当地情况，制定出台地方性水土保持法规，加强执法力度，严厉打击毁林开荒、毁草开荒、陡坡种地以及破坏水土保持设施的违法行为。同时，完善相关配套规章和政策措施，逐步建立完备的法律、法规和规章体系。三要加大执法监察力度。建立经常性的执法检查制度，限制非农用地对农业用地的竞争，积极探索出一条预防为主、事前防范和事后查处相结合的执法监察新路子，切实保护黑土区资源利用的可持续性，使黑土区生态环境向良性循环方向发展。可在国土资源管理部门中设立"黑土资源保护委员会"，统一行使法律、行政法规规定的黑土资源保护监督管理职责。

（2）构建黑土保护生态补偿机制。黑土区每年向国家上交大量商品粮，同时也带走了大量的土壤养分。据不完全统计，近 10 年间，黑龙江省产粮区生产粮食带走的了土壤养分就有氮 204 万吨、磷 38 万吨、钾 143 万吨，土壤肥力处于匮乏状态，土壤损失应该得到补偿，否则就等于涸泽而渔。国家和黑龙江省应该建立黑土耕地生态补偿机制，设立黑土耕地补偿资金和土壤保护基金，加大对黑土耕地的保护性投入，以鼓励用地养地的机制对从事水土流失防治和土壤质量保护的单位和个人进行扶持激励。加大对保护性耕作和深松整地的补助，对深松整地补助进行全额配套。

（3）完善土地整治后评价。认真总结黑土整治工程取得的经验及存在的问题，进一步完善土地整治项目评价制度，应聘请专家与研究人员制定详细的整治评价指标及工程后期管护方案，强化对项目实施情况的跟踪检查，按阶段反馈工程进展情况和实施状况，督促指导建设单位落实相关黑土整治工程与水土保护方案，确保土地整治工程的实施，助黑土地改良和保护一臂之力。

（本部分内容刊发于《决策建议》2014 年第 16 期，原文题目为"关于加强土地整治、促进黑土保护的对策建议"，作者：郭翔宇、杜国明。2014年 7 月 4 日，黑龙江省人民政府副省长批示。）

第三节　抓住种子要害，实施藏粮于技

一、推进现代种业发展，筑牢粮食安全根基

种业是现代农业发展的"生命线"，是保障国家粮食安全的基石。中国农业产业发展报告预测到 2035 年我国粮食需求量将达到 8.96 亿吨。为坚决扛起维护国家粮食安全"压舱石"的政治责任，黑龙江省必须加强种业创新。"十三五"以来，黑龙江省共审定推广主要农作物品种 906 个，大豆、水稻、小麦全部为自主选育品种，主要农作物自育品种种植使用占比 87%，

全省主要农作物良种基本实现全覆盖，良种对粮食增产贡献率为45%。黑龙江省种业发展成效显著，但与发达国家和国内先进省份相比，实现种业高质量发展仍面临诸多挑战。表现为种质资源保护利用不足，缺乏精准鉴定；种业大而不强的问题突出，种业创新存在"两张皮"现象，商业化育种体系尚未完全建立；种业市场大而繁杂，同质化品种泛滥，监管政策体系建设有待加强等。

（一）围绕重点粮食品种，率先筹建"国家粮食种业实验室"

国家实验室是我国重要的战略科技力量，是国家抢占科技创新制高点的重要载体。黑龙江省是全国最大的粮食主产区，但国家级种业科研创新平台建设相对落后。一方面，筹建一批国家级种业科研创新平台。借鉴河南、湖北、海南等省份经验，围绕大豆、玉米和水稻等主要粮食品种建设国家级种业科研创新平台。例如，河南省先后布局了国家生物育种产业创新中心、国家小麦工程技术研究中心等国家级科研创新平台，带领全省种业创新水平上了一个台阶。另一方面，加快黑龙江省国家级制种基地建设。加快国家制种大县和区域性良种繁育基地建设，提升良种生产能力和产业化水平。积极推进国家级大豆种子基地建设，实现全省玉米、大豆、水稻等主要农作物年繁种面积达到400万亩以上，年生产农作物良种9.5亿千克以上。

（二）深入开展寒地核心种质资源鉴定评价和保护，建设种质资源大数据平台

一要深入开展种质资源鉴定评价。在全面清查种质资源家底的基础上，有针对性地开展精准鉴定，深入剖析每份种质资源特点和利用价值，对现有种子库存资源材料定期进行繁殖更新，明确黑龙江省种子资源类型与演变特征，筛选可利用的优异基因，为新品种选育提供保障。二要重点推进寒地核心种源保护。以黑龙江省现代农业发展和农民科技需求为导向，充分发挥寒地作物种质资源库的示范引领作用，对各类种质资源保护基地统一管理、认定、挂牌，形成集种质资源收集、保存、评价为一体的机制。三要建设种质资源大数据平台。依托黑龙江省数字资源建设优势，设立地方土种保护专项基金，建立地方土种资源专库，在国家种质资源大数据平台建设中走在前列；完善大数据平台种质资源信息公开、交换机制，建立主体多元、形式多样的协同联动保护机制，推动种质资源信息高效利用。

（三）构建以企业为主体的种业创新体系，积极推动企业与高校、科研院所产教融合

黑龙江省大部分创新资源集中于高校和科研单位，而种企总体创新能力和创新投入相对不足。一要引进和培育市场主体。加强营商环境优化，抓好种业龙头企业引进和培育，强化企业创新主体地位；以省内核心育种场为依托，支持发展联合育种实体，健全商业化育种体系，提高核心种源培育能力。二要构建以企业为主的种业科技创新体系。积极构建"政府引导、企业为主、高校和科研院所联动"的种业科技创新体系，建立由种质创新、良种繁育、技术推广构成的种业全产业链科技支撑体系，完善种子生产、种子加工、种子服务组成的种业保障服务体系。三要积极推动种业企业与高校和科研院所产教融合。深化农业科技体制改革，改变科研成果评价机制，重新塑造科研成果转化平台，调动科研人员积极性，组织科研人员入驻种业企业，全面提升种业企业核心竞争力。

（四）加强种业知识产权保护，全面整治净化黑龙江省种业市场环境

一要加强行政执法，开展种业市场净化行动。对主要农作物品种严格开展审定管理，对非主要农作物开展品种清理；实施种业知识产权专项整治，加强部门协同、上下联动，依法严打套牌侵权、制假售假、无证经营等违法行为，保障黑龙江省农业生产用种安全。二要加强司法审判，延伸司法职能。知识产权法庭要立足司法审判职能，深入推进种业知识产权"三合一"审判工作；延伸司法职能，加强执法人员专业知识学习和培训，做好社会大众知识普及和宣传，构建种业发展的良好市场环境。三要建立省际间种业市场联合执法机制。建立东北地区乃至全国的种子监管信息共享、线索互通、跨界案件协调处理的联合执法机制，进一步加强省际联合监管力度，有效预防和打击跨地区异地销售非法种子行为，筑牢黑龙江种业屏障。

（五）实施种业创新人才培养行动，建立全产业链种业研发推广人才体系

一要加强种业领军人才队伍建设。目前农业发达国家已进入智慧育种4.0时代，黑龙江省要深入实施"头雁工程"，加速培养一批种业领军人才、骨干人才、多领域交叉融合型科研人才，推动生物技术与智慧育种发展，打破企业与高校、科研机构之间的壁垒，充分发挥人才带头引领作用。二要建立农民育种激励机制。全球75%种质资源都是由农民保护的，而我国传统育种迅速减少，农作物栽培品种数量以每年15%速度流失，因此要建立农民育种激励机制，在实施良种补贴同时，进行农民土种补贴，鼓励农民自己留种，探索建立农民育种保护区。三要建立种业各环节人才队伍之间协调联动机制。要积极借鉴国外先进理念和模式，加强国内外人才培育合作，积极采取相应政策，吸引和鼓励人才投身育种科研和推广工作，建立种业各环节

人才队伍之间的协调联动机制，做大做强种业研发全产业链。

（本部分刊发于《智库专报》2022 年第 30 期，原文题目为"关于推进黑龙江省现代种业发展筑牢粮食安全根基的对策建议"，作者：余志刚。）

二、规避我国种业安全的四大风险

种子是农业的"芯片"，是保障国家种业取得了长足进步，实现国家粮食安全的根基。"十三五"以来，我国种质资源的搜集种类和数量、品种的研发和审定数量都实现了历史新高。但从长远来看，我国种业在种源安全、繁育安全、推广安全、舆论安全中仍存在"四大风险"。为此，提出"五大建议"以规避种业安全潜在风险，切实维护国家种业安全和粮食安全。

（一）我国种业发展中存在的"四大风险"

1. 种业源头安全风险：种质资源保护不够

一是种质资源流失严重。我国作为世界第三种质资源大国，生物物种资源种类多、分布广，但如今许多传统种质资源流至国外，经他国改造后抢先注册申请知识产权，圈占我国种质资源。

二是种质资源保护不彻底。第三次全国农作物种质资源普查与收集行动发现，主要粮食作物地方品种的数目丧失比例高达 71.8%；第二次畜禽遗传资源调查，15 个地方畜禽品种资源已经灭绝，19 个品种濒临灭绝。土种的不断消失对我国农业物种多样化构成巨大风险，本土生物物种资源存在逐渐消失乃至灭绝的风险。

三是外来物种入侵严重。《2022 中国生态环境状况公报》显示，我国已发现 660 多种外来入侵物种，其数量正逐年上升。外来入侵物种严重破坏生态系统，危害物种安全。

2. 种业繁育安全风险：育种能力不强

一是育种研发投入主体不强。国家公共投入不高，科研、生产"两张皮'现象明显。企业规模小，国际竞争力弱，2018 年世界前三强种子企业市场份额约为 50%，而我国注册资本在 3 000 万元以上的 1 186 家企业仅占 34.7% 的市场份额。

二是育种高尖端技术被垄断。我国种业前沿研发水平较发达国家仍有很大差距，如分子育种技术 90% 掌握在以美国为首的科技强国中，分子育种技术极容易被"卡脖子"，存在受制于人的安全风险。

三是育种数量多品质差。经历多年改良，我国良种繁育能力不断提升。目前我国当年申请专利数已经超过美国，但在全球高价值的 8 379 件生物育种核心专利中，我国仅占461件，育种"重数量、轻质量"的现状并没有得到根本改变。

3. 种业推广安全风险：扶持政策不精准

一是扶持主体资金用途不精准。虽然近年来国家高度重视种业安全，提高国有科研经费投入，但经费利用效率较低。种子研发经费80%以上投入在农业科技应用技术研究上，仅不足20%的经费真正投入育种过程中，且重复科研较多，效率不高，研发种子同质化严重。

二是扶持目标落实不精准。放宽种业科研项目经费使用自主权，在于提高科技人员种业研发成果转化收益，但在实际执行中，未具体规定经费用途，极易导致经费滥用。

三是政策实施细节不精准。侵权赔偿等制度不完善，导致农作物侵权行为违法成本低，无证经营、制假售假情况频发，假冒伪劣种子流向市场严重扰乱了种业市场环境。

4. 种业舆论安全风险：公众认知存在偏差

一是公众参与种业发展程度较小。多数公众"只关心结果，不关心过程"，多关注于"食"而非"食"之源头，导致对种业发展、生物多样性的关注度较低。

二是公众对种业安全保护的意识较弱。目前我国种业保护机制建设起步较晚，体制建设不完善，公众对种业知识产权保护、种质资源保护重视不够。

三是公众对转基因技术存在误区。一些发达国家已将生物育种作为种业发展的新战略，但我国公众对转基因育种的认知仍有误区，转基因育种的相关知识宣传普及程度低，公众思想难以转变，极大地制约了生物育种发展。

（二）规避我国种业安全风险的对策建议

1. 深入开展区域特色种质资源的鉴定评价和保护，搭建中小种业企业"专精特新"大数据平台

一要深入开展区域特色种质资源鉴定评价。在全面清查种质资源家底的基础上，有针对性地开展精准鉴定，深入剖析每份种质资源的特点和利用价值，对现有种子库存资源材料定期进行繁殖更新，明确各区域种质资源的类型与演变特征，筛选可利用的优异基因，为新品种选育提供保障。

二要重点推进特色种源保护。以我国现代农业发展和农民科技需求为导向，充分发挥七大区域特色作物种质资源库的示范引领作用，对各类特色种质资源保护基地统一管理、认定、挂牌，形成集种质资源收集、保存、评价

为一体的机制。

三要建设中小种业企业"专精特新"大数据平台。依托我国5G数字资源建设优势，设立土种保护专项基金，建立全国土种资源专库；完善大数据平台种质资源信息公开、交换机制，建立主体多元、形式多样的协同联动保护机制，推动种质资源信息高效利用。

2. 提升种业企业核心竞争能力，加快形成优势种业企业集群，严厉打击跨国企业垄断

一要整合各方资源的主导作用，打造具有核心研发能力、产业带动能力、国际竞争能力的航母型种业领军企业。支持种业企业参与种质资源保护、鉴定和开发利用，加快优异种质资源交流共享。支持种业企业牵头承担国家育种创新攻关等任务，强化新品种展示示范推广。支持种业企业实施现代种业提升工程，提升基础能力、条件、水平等。

二要引导资源、技术、人才、资本等要素向重点优势企业集聚，加快形成优势种业企业集群。例如，支持科研单位与种业企业对接，开展科技、资源、技术、人才长期战略合作，共享国家科研设施平台，共建研发平台或产学研创新联合体。鼓励金融机构与种业企业对接，推出更多适合种业特点的金融保险产品，创新融资担保方式，形成长期稳定支持。

三要完善企业并购重组政策，保障我国优势企业自身利益。学习中国化工、隆平高科、中粮集团并购的成功经验，杜绝一切"蹭热度"式并购，避免并购中的利益输送行为，建立并购重组责任制，防止并购企业质量不高等问题。

3. 强化种业知识产权保护，全面整顿优化国内种业市场环境

一要推进行政执法严格规范，整顿优化种业市场环境。对主要农作物品种开展审定管理，对非主要农作物开展品种清理；实施种业知识产权专项整治，加强部门协同、上下联动、依法严打套牌侵权、制假售假、无证经营等违法行为，保障黑龙江省农业生产用种安全。

二要加强司法审判指导性作用，保护各方主体创新的积极性。知识产权法庭要立足司法审判职能，深入推进种业知识产权"三合一"审判工作，以保护各方主体创新积极性为准则，加速拓展"最高法院指导性案例库"，维护知识产权先、后主体的合法权利。

三要全面形成种业市场联合执法机制，严格打击省际非法经营活动。建立全国种子监管信息共享、线索互通、跨界案件协调处理的联合执法机制，进一步加强省际联合监管力度，有效预防和打击跨地区异地销售非法种子行为。

4. 构建中国种业振兴行动国际化方案，积极推动"一带一路"国家间产学研融合

一要构建以中国为主的种业科技创新体系。积极构建"中国牵头、国际联动、科企协作"的种业科技创新体系，建立由种质创新、良种繁育、技术推广构成的种业全产业链科技支撑体系，完善种子生产、种子加工、种子服务组成的种业保障服务体系。

二要选择和培育市场主体。加强营商环境建设，选择"破难题""补短板"型"一带一路"国家种业龙头企业入驻，加速培育国内种业企业的国际合作能力，强化"强优势"型、专业化平台型企业的领航创新地位；以国内核心育种场为依托，支持发展国际联合育种实体，健全"亚欧非"大陆商业化育种体系，提高核心种源培育能力。

三要积极推动国际产学研融合。要发挥"一带一路"开放式科技合作优势，共建种业科研技术储备库，推动种业科技合作网络与基地建设，共享种业科技发展成果，要建立"一带一路"合作伙伴科研人员流动站，调动高精尖人才的科研积极性，全面提升种业核心竞争力。

5. 配套种业振兴行动保障方案，服务全产业链的种业研发推广体系

一要精准选拔种业专业人才，建立种业各环节人才队伍之间的协调联动机制。要加速培养一批种业领军人才、骨干人才、多领域交叉融合型科研人才，推动生物技术与智慧育种发展；鼓励各区域积极采取人才专项政策，吸引和培育国内外人才投身育种科研和推广工作，建立种业各环节人才队伍之间的协调联动机制，做大做强种业研发全产业链。

二要发挥金融工具引擎作用，为种业研发推广体系提供充足的动力。加强引导保险业、信托业、银行业、证券业等金融机构的聚集，促进种业研发推广发展方面的协同与优势互补，充分发挥金融工具的杠杆放大效应，满足种业研发高资金需求，依托数字普惠金融红利，为种业研发创新出更多安全有效的投资路径。

三要把扶持政策作为种业创新研发的重要手段，助力优创、特创型种业企业降低育种风险。要做到重点帮扶优创、特创型种业企业，引导资源、技术、人才、资本等要素倾斜，优先扶持国家级及省级重点科研课题，实施种业企业税收减免政策，全力帮扶优创、特创型种业企业规避风险来源、多元化转移风险、降低自留风险，将风险损失控制在企业可控范围之内，促使企业能够安心地投入种业育种研发当中。

（本部分内容刊发于《改革内参》2022年第35期，原文题目为"我国种业安全仍存四大风险"，作者：余志刚等。）

三、放大育种联合攻关效应

2022年，农业农村部印发《国家育种联合攻关总体方案》，提出到2030年，在品种培育上，选育推广一批突破性新品种，主要粮食和畜禽品种力争达到国际先进水平；在企业发展上，形成一批航母型领军企业、有国际竞争力的特色企业、专业化服务平台企业；在创新水平上，建立规模化、协同化、智能化现代育种新模式。

种子是农业的"芯片"。经过多年的努力，我国种业科技和产业发展取得了明显成效，农业用种安全总体水平较高，为保障国家粮食安全和重要农产品有效供给提供了有力支撑。我国自主选育的优质高产、抗逆广适、性状突出的水稻、小麦新品种国内市场占有率高，种源已实现自主可控。不过，目前我国种业自主创新能力与前沿国家仍有较大差距，育种规模化、组织化程度较低，商业化育种体系尚不健全，一些核心种源在品种产量、性能、品质等方面不及国际先进水平，少数种源如甜菜、金针菇等仍主要依赖进口。

党的二十大报告提出，深入实施种业振兴行动。聚焦优势种源、有差距的种源以及主要依靠进口的种源，亟需进一步提升育种能力和良种性能，增优势、补短板、破难题，确保我国农作物、畜禽、水产等种源自主可控，促进种业振兴。种源选育、品种培育需要持续的技术、人才、资本等要素投入，而龙头企业、涉农高校、科研机构、金融机构等各类主体掌握的要素差异较大，因而，唯有集中多方力量联合育种攻关，方能持续提升种业核心研发能力、产业带动力和国际竞争力。

联合育种，能发挥各类主体优势，产生放大效应，但前提是明确好核心主体与其他主体间的关系。只有协调各方，才能优势互补，形成育种攻关协同力。实践表明，除了建立部际工作协调机制外，政府应在育种联合攻关中扮演好协调者和引导者角色，种业龙头企业则是育种联合攻关的核心主体。

政府不仅要提供各类政策要素，还要统一协调并引导育种联合攻关各主体间的行为，助力实现育种攻关与国家战略同频共振。应积极与市场及社会多元主体密切合作，引导技术、人才、资本等要素向种业龙头企业集聚，一方面可以为种业龙头企业提升市场竞争优势奠定资源基础，另一方面也可以提高涉农高校、科研机构的科技转化率和金融机构的发展能力。

实现育种联合攻关，关键在于提升种业龙头企业竞争力。龙头企业应高效整合内外部资源、技术、能力、经验，形成自身的核心优势，能够针对外部环境的变化和顾客需求重构内外部资源，成为种业市场的供应者、品种更新的推动者、产业融合的引领者。通过充分发挥种业龙头企业的"主板"集成作用，使科研、生产、市场、投资等都能找到相应"接口"，推进创新成果快速产出和转化，不断提升国产农作物、畜禽、水产种源与品种的市场份额及竞争优势。

夯实育种主体的内在驱动力，构建合理的权益分配机制颇为重要。应创新权益分配机制，激发种业产业链上各主体的内在动力，增强育种联合攻关主体间的协同力。应全面开展育种联合攻关，加快选育一批满足多样化、多层次、多元化市场需求的突破性育种材料和新品种，促进水稻、小麦、大豆、生猪等重要农产品品种更新换代，为持续增强我国种业国际竞争力筑牢根基，为百姓吃得饱、吃得好、吃得健康提供坚实种源支撑。

（本部分内容发表于《人民日报》2022 年 12 月 26 日，原文题目为"攻关农业'芯片'需靠合力"，作者：郭珍。）

四、加快生物育种产业化

为深入贯彻落实习近平总书记关于生物安全和粮食安全重要讲话精神，实现种业自立自强、种源自主可控，黑龙江省在《黑龙江省中长期科学和技术发展规划（2021—2035 年）》《黑龙江省"十四五"农业科技规划》的基础上制定了《黑龙江省"十四五"生物经济发展规划》《加快发展农业生物经济实施方案》，明确将生物育种作为关键核心技术攻关任务，提出推动传统育种和现代生物育种叠加，推进生物科技创新和产业化应用。为此，抓住机遇，正视生物育种产业化面临的问题，制定切实可行的相关政策，是推进黑龙江生物经济跨越式发展、打造黑龙江振兴发展重要增长极的必由之路。

（一）生物育种产业化存在的问题

一是生物育种技术的成熟度低且创新链整合不足。目前，生物育种的重要性已经得到高度重视，但多数育种活动仍以常规育种手段为主。黑龙江省虽然有以垦丰种业为代表的龙头企业以及省农科院、东北农业大学等科研院所，但生物育种仍存在着研究范围小、育成品种少的问题，且现有科研成果大多集中在大豆和水稻上，其他重要农作物及畜禽品种涉及较少。同时，对于生物育种产学研整体创新链条的整合较弱，有能力实现育繁推一体化的企业占比小，与科研院所间缺乏行之有效的利益联结机制，难以形成合力加快现代生物育种技术更迭和产业化应用。

二是市场需求导向的生物育种产业化问题亟待突破。目前，在生物育种重大专项的支持下，虽已育成一批优质新品种，但得到产业化推广应用的只有"龙粳31""绥粳18""黑河43"等少数品种。有些在植物抗病、抗除草剂、提升品质与产量方面有巨大的经济价值的基因编辑技术，由于政策匹配和监管法规等问题，无法得以产业化推广。另外由于品种审定和成果评价机制问题导致的品种选育未能对标市场需求，易出现"短、平、快"的重复研究现象，研究成果的长期性与战略性不够，缺乏产业化推广价值。

三是企业在生物育种中的主体地位尚未得到凸显。由于体制机制的原因，目前生物育种研究以科研院所和高等院校为主，资金、人才等创新要素也多向这些单位流动，企业作为生物育种的主体却往往缺少政府资金的支持，人才流通渠道也并不畅通，致使种子企业在整合种植资源、集成技术、聚集人才和资金方面乏力。除北大荒垦丰种业、富尔农艺公司等龙头企业以外，其余种子企业普遍规模较小，受到规模与技术条件的限制，难以开展周期长、投入多、难度大、风险高的育种研发活动，无法适应现代生物育种技术的应用及产业化推广。

（二）加快生物育种产业化的对策建议

一要坚持市场需求导向，推进生物育种产业化。建议对标市场需求，于供给侧调整生物育种的方向，锚定粮食增产、农业增效、农民增收的目标，在具有黑龙江代表性的玉米、水稻、大豆、生猪等特色品种上开展长期性、战略性研究，并重点推进其优质育成品种的产业化推广，提高育成品种的自给率、适配度和市场竞争力。另外，品种审定和成果评价机制要避免论文导向、数量导向，应更加关注生物育种机理、方法及技术的创新性，着重考察新品种、专利等科研成果的市场转化能力，将生物育种成果与市场紧密相连。

二要制定产业化政策与规划，提高政策执行效率。围绕主粮等重要农产品逐步实施生物育种重大科技计划，开展具有技术创新力和产业引领力的生物育种重点实验室建设，并尽早制定生物育种产业中长期发展规划，尤其对于已经开展示范种植工作的大豆和水稻新品种，应尽快明确推广目标和方案。还要加强对于执行部门的约束和考核评价，破除地方保护主义，实行连带责任制，切实保障政策落实和执行效率，使农业生物育种技术尽快转化为社会生产力，让"中国饭碗"装上更多黑龙江粮，"中国粮食"应用更多黑龙江种。

三要壮大生物育种主体，深入推进科企合作。生物育种必须走以企业为主体的创新之路，建议合理加大对生物种业高科技公司在政策、融资、税收等方面的扶持力度，鼓励通过兼并重组等方式，培育黑龙江省的龙头种企，避免"内卷式"无序竞争导致的重复建设和产能过剩。同时，助推种子企业和科研院校共建创新联盟、联建研发机构、互设研发中心，以允许科研人员在企业兼职、鼓励科技成果入股等方式，建立起激励相融的科企利益联结机制，构建产学研相结合、育繁推一体化的现代生物种业发展模式。

四要进一步加强安全监管，规范市场发展环境。建议在中央及省政府已经发布的生物安全评价、进口管理、标识管理、加工审批规章的基础上，增加和完善具有可操作性的种子生产管理办法，并确保生产检测机构与监管执法相配合。此外，要更加重视对生物育种知识产权的保护，可以借鉴北京市农林科学院已建成的全球最大农作物 DNA 指纹库，利用指纹库进行企业侵权行为有效防范，为农业生物育种研发和产业化营造良好的市场环境。

五要加快生物育种知识普及，科学传播伦理信息。针对社会对生物育种认知复杂、反应敏感的问题，例如转基因产品安全性，一方面要做好科普与宣传，有效引导社会舆情，让公众了解经过科学评估、依法审批的生物育种作物是安全的，其风险是可以预防和控制的；另一方面要加强生物育种伦理的基础研究和行为规范，完善生物育种研发、应用和产业化的伦理审查制度，对造假、阻碍、损毁生物育种安全及其工作的各种错误论调和行为给予法律约束。

（本部分内容发表于《黑龙江日报》2022 年 5 月 3 日，原文题目为"通力协作推动生物育种产业化"，作者：崔宁波等。）

第四节　发挥粮食主产区作用，调动种粮农民积极性

一、粮食主产区在保障国家粮食安全中的贡献与发展对策

在保障国家粮食安全过程中，粮食主产区发挥着关键作用，贡献巨大。但是，较长时期以来，粮食主产区在经济发展、财政收入和居民收入等方面明显落后，存在着粮食生产越多越吃亏的矛盾。

为了解决这一较长时期存在的突出问题，2005 年中央 1 号文件提出，建立粮食主产区与主销区之间的利益协调机制。2009 年中央 1 号文件提出，建立健全粮食主产区利益补偿制度。2013 年，党的十八届三中全会《决定》提出，完善粮食主产区利益补偿机制。

目前，对于粮食主产区的利益补偿是以产粮大县奖励政策为主。从实践

来看，产粮大县奖励政策对缓解县级财政压力、促进地方经济发展和农业生产发挥了积极作用。但是，从产粮大省的角度来看，现行的粮食主产区利益补偿政策还有许多问题和局限性，其中一个重要原因在于对主产区的粮食生产贡献及其因粮食生产而付出的机会成本和面临的困境认识不充分。

在这样的背景之下，我们利用统计年鉴数据，从粮食生产地位、粮食增产贡献率等六个方面，对粮食主产区在保障国家粮食安全中的贡献程度进行多视角的量化对比分析。

（一）粮食主产区粮食产量及其增长速度对比分析

新中国成立以来，特别是改革开放之后，全国粮食生产稳步发展，粮食产量不断增加。但是，从不同地区来看，粮食产量增长速度不同。新中国成立70多年来，全国粮食产量增长了4倍，年均增长2.37%。其中，粮食主产区增长5.6倍，年均增长2.5%；而粮食主销区仅增长54.6%，年均增长0.6%。粮食主产区的总增速是粮食主销区的10.3倍，年均增速是主销区的4.2倍。在粮食主产区中，粮食净调出省粮食产量增长7倍，年均增长3.1%，远高出粮食主产区和全国的总体增长速度。黑龙江省增长10倍，年均增长3.5%。

分时期来看，在改革开放之前，全国和不同地区粮食产量大体都以年均3%左右的速度稳步增长，地区间差异不大。但是，改革开放之后，不同地区之间粮食产量增长速度的差异开始加大。1978—2019年，全国粮食产量在41年间增长了1.2倍，年均增长1.9%。其中，粮食主产区增长了1.5倍，年均增长2.2%；而粮食主销区粮食产量则减少了36.4%，年均增长－1.1%。在粮食主产区中，粮食净调出省增长2.7倍，年均增长3.3%；黑龙江省增长4倍，年均增长4%，远高出粮食主产区和全国的总体增速。特别是进入21世纪以来，不同地区之间粮食产量增速差异进一步加大。2001—2019年，全国粮食产量在18年间增长了46.7%，年均增长2.2%。其中，粮食主产区增长61.7%，年均增长2.7%；而粮食主销区粮食产量则减少了31%，年均增长－2%。在粮食主产区中，粮食净调出省粮食产量增长92.4%，年均增长3.7%；黑龙江省更是增长了1.8倍，年均增长5.9%，分别是粮食主产区和全国年均增长速度的2.2倍和2.7倍。

从同一地区在不同时期的粮食产量增长速度变化来看，粮食主产区，特别是粮食净调出省和黑龙江省的粮食产量年均增速呈加快趋势，而粮食主销区和产销平衡区则不断下降。作为粮食主产区的6个粮食净调出省，粮食产量年均增长速度在改革开放前的1950—1978年为2.8%，在改革开放之后年均增速达到 3.2%，进入 21 世纪之后进一步加快至年均增长 3.7%。黑龙江省在这三个时期的粮食产量年均增速分别为 2.8%、4%、5.9%。而粮食主销区的粮食产量年均增速在改革之前为 3.2%，改革之后则转为年均增长－1.1%，2001 年之后进一步降为年均增长－2%；粮食产销平衡区粮食产量年均增速在改革开放前为 3.1%，改革开放之后和进入 21 世纪以来分别下降到 2% 和 1.3%。

（二）粮食主产区粮食生产地位对比分析

由于不同地区在不同时期粮食产量增长速度不同，使得不同地区在全国粮食生产中的地位表现出不同的变化。新中国成立以来，粮食主产区粮食产量占全国粮食总产量的比重一直在 70% 左右，特别是 2006 年以来，这一比重一直稳定在 75%～79% 的水平。粮食主销区粮食产量占全国的比重在农村改革之前基本保持在 15% 左右，但改革之后则呈不断下降趋势，特别是进入 21 世纪以来，这一比重下降至 10% 以下，2019 年降至 4.2%。产销平衡区粮食产量占全国的比重相对稳定，进入 21 世纪以来这一比重有所提高，基本保持在 18% 左右。

横向比较，2019 年粮食主产区粮食产量占全国粮食总产量的比重为78.9%，省均粮食产量占比为 6.1%，粮食主销区省均粮食产量占比为0.6%，粮食产销平衡区省均粮食产量占比为 1.5%，主产区分别是主销区和产销平衡区的 10.2 倍和 4.1 倍。在主产区中，粮食净调出省粮食产量占全国的比重一直处于上升趋势，2019 年达到 46.9%，比 2000 年提高了12.6 个百分点，比 1978 年提高了 19.4 个百分点，省均粮食产量占比为7.8%，比粮食主产区省均粮食产量占比高 1.7 个百分点。

上述对比分析结果反映出，粮食主产区在中国粮食生产中占有非常重要的地位，特别是粮食净调出省的地位越来越重要，对保障国家粮食安全的贡献越来越大。而粮食主销区的地位则不断降低。

（三）粮食主产区粮食增产贡献率对比分析

新中国成立以来，全国粮食累计增产 10 634 亿斤，年均增产 154 亿斤。其中，粮食主产区粮食增产 8 611 亿斤，占全国粮食增量的比重、即对全国粮食增产的贡献率为 81%；粮食产销平衡区增产 1 824 亿斤，对全国粮食增产的贡献率为 17.2%；粮食主销区增产 199 亿斤，对全国粮食增产贡献率仅为 1.9%。在粮食主产区中，6 个粮食净调出省粮食增产 5 450 亿斤，对全国粮食增产的贡献率为 51.3%；黑龙江省粮食增产 1 363.6 亿斤，对全国贡献率为 12.8%。

粮食主产区对国家粮食增产的重要贡献在改革开放之后，特别是进入21世纪以来体现得更加充分。以1978年和2001年为界，在农村改革以前、改革之后至20世纪末、进入21世纪以来三个大的时期，粮食主产区，尤其是粮食净调出省和黑龙江省粮食增产贡献率均呈上升趋势；而粮食主销区则呈下降趋势，且在农村改革之后总体上处于减产状态，贡献率为负；粮食产销平衡区粮食增产贡献率在进入21世纪之后也呈下降趋势。

具体分析，从1978年至2001年，全国粮食累计增产2 957亿斤，年均增产123亿斤，省均年增产4.1亿斤。其中，粮食主产区粮食增产2 251亿斤，对全国粮食增产贡献率为76.1%，省均年增产7.2亿斤，是全国省均年增产水平的1.8倍；粮食净调出省增产1 563亿斤，对全国粮食增产贡献率为52.9%。粮食产销平衡区在此期间增产粮食776亿斤，年省均年增产2.9亿斤，相当于全国省均年增产水平的72.5%，相当于粮食主产区的40.3%。而粮食主销区却累计减产69.7亿斤，年均减产2.9亿斤。

从2001年至2019年，全国粮食累计增产4 224亿斤，年均增产222亿斤，省均年增产7.6亿斤。其中，粮食主产区粮食增产3 999亿斤，对全国粮食增产的贡献率高达94.7%，省均年增产17.1亿斤，是全国省均年增产水平的2.3倍；粮食净调出省增产2 991亿斤，对全国粮食增产的贡献率为70.8%，超过2/3，省均年增产27.7亿斤，是全国省均年增产水平的3.6倍；黑龙江省增产970亿斤，对全国粮食增产的贡献率为23%，均年增产53.9亿斤，是全国省均年增产水平的7倍多。粮食产销平衡区在此期间增产粮食478.8亿斤，对全国粮食增产的贡献率11.3%，年省均年增产2.4亿斤，不到全国省均年增产水平的一半，仅相当于粮食主产区的1/7；而粮食主销区减产253.1亿斤，年均减产2.3亿斤。

上述对比分析结果反映出，中国粮食产量的增加，主要来源于13个粮食主产区，尤其是6个粮食净调出省和黑龙江省的贡献更大。从历史变化和未来趋势来看，今后粮食增产更将主要依赖于粮食主产区。

（四）粮食主产区粮食生产平均水平对比分析

1. 省均粮食生产水平对比分析

2019年，从全国来看，省均粮食产量为428亿斤。其中，粮食主产区805.7亿斤，是全国平均水平的1.9倍，是粮食产销平衡区的4倍，是粮食主销区的10倍。在粮食主产区中，粮食净调出省平均粮食产量1 038亿斤，是全国平均水平的2.4倍，是粮食主产区省均水平的1.3倍；黑龙江省粮食产量是全国平均水平的3.5倍，是粮食主产区省均水平的1.9倍。

从历史变化趋势来看，新中国成立以来，全国和不同地区省均粮食产量都在不断提高。但是，20 世纪 90 年代之后，粮食主销区省均粮食产量则呈现下降趋势。1950—2019 年，全国省均粮食产量增长了 3.9 倍，年均增长 2.3%。其中，粮食主产区省均粮食产量增长了 4.6 倍，年均增长 2.5%；而粮食主销区省均粮食产量仅增长了 32.6%，年均增长 0.4%，特别是在 1990—2019 年下降了 53.7%，年均递减 2.6%。

2. 人均粮食生产水平对比分析

2019 年，全国人均粮食产量 948 斤。其中，粮食主产区人均粮食产量是全国平均水平的 1.4 倍；粮食主销区人均粮食产量只有 198 斤，是全国人均产量的 21%；粮食产销平衡区人均产量是全国平均水平的 76%。在粮食主产区中，粮食净调出省人均粮食产量是全国人均产量的 1.9 倍，黑龙江省人均粮食产量是全国的 4.2 倍。如果按照 948 斤的全国人均粮食产量作为人均消费量计算，2019 年，粮食主产区生产的粮食中有 26.7% 可供应给其他地区消费，而粮食主销区粮食消费量的 79.1% 则需要从粮食主产区调入，粮食产销平衡区粮食消费量的 23.8% 需要从粮食主产区调入。

（五）粮食主产区粮食生产比较贡献度对比分析

以上是单纯从粮食生产角度来对比分析粮食主产区对国家粮食安全的绝对贡献，如果考虑不同地区的人口和土地因素，还可以分析粮食主产区对国家粮食安全的比较贡献。

为此，我们构建一个不同地区粮食生产比较贡献度系数指标，用不同地区粮食产量占全国总产量比重除以该地区人口占全国人口总数比重，或者除以该地区土地面积占全国国土面积比重来计算其指标数值，分别表示不同地区用一定比例的人口或土地生产了多大比例的粮食；还可以把人口和土地因素结合起来，用二者占比之和除以 2 之后再去除粮食产量占比来计算粮食生产比较贡献度系数。当系数大于 1 时，意味着某地区用一定比例的人口或土地生产了更大比例的粮食，表明该地区粮食生产对全国粮食生产具有正向比较贡献，系数越大，比较贡献度越大；当系数小于 1 时，表明某地区粮食生产对全国粮食生产具有负向比较贡献。

2019 年不同地区粮食生产比较贡献度测算结果显示，粮食主产区用全国 59.5% 的农村人口生产了全国 78.9% 的粮食，相对于农村人口的粮食生产比较贡献度系数分别为 1.33，具有 33% 的正向比较贡献；而粮食主销区则用全国 13.8% 的农村人口生产了全国 4.35% 的粮食，相对于农村人口的粮食生产比较贡献度系数分别为 0.32，具有 68% 的负向比较贡献。相对于耕地的粮食生产比较贡献度系数，粮食主产区为1.2，粮食主销区为0.79。粮食产销平衡区相对于农村人口和耕地的粮食生产比较贡献度系数分别为0.65和0.59，均为负向比较贡献。那么，综合人口和国土因素，粮食主产区粮食生产比较贡献度系数为1.62，具有62%的正向比较贡献；粮食产销平衡区粮食生产比较贡献度系数为0.43，具有57%的负向比较贡献；粮食主销区粮食生产比较贡献度系数为0.34，具有56%的负向比较贡献。

（六）粮食主产区耕地和粮食作物种植面积变化比较分析

粮食主产区与非粮食主产区粮食生产及其贡献的变化源于不同地区耕地面积，尤其是粮食作物种植面积的变化。

1. 不同地区耕地面积变化

新中国成立以来，全国耕地面积增加了5.2亿亩，其中，粮食主产区耕地面积增加6.7亿亩，而粮食非主产区耕地面积减少1.5亿亩。从增加程度来看，全国在1950—2017年的67年时间里耕地面积增长了34.4%，其中粮食主产区增长了1倍，粮食净调出省增长了1.6倍，而非主产区耕地面积减少了17.9%。

从总趋势和不同时期的变化分析，粮食主产区耕地面积一直处于增加状态，其中粮食净调出省增加程度高于主产区平均水平。1950—2017年，粮食主产区耕地增加了1倍，粮食净调出省增加1.6倍。粮食主销区的耕地面积在农村改革之前是增加的，但改革之后则没有再增加，基本维持在1.1亿亩左右。粮食产销平衡区除了20世纪90年代后期之外，耕地面积一直处于减少状态，特别是在2000年之后的17年间减少了2.3亿亩，年均减少2.1%。

再从不同地区耕地面积占全国耕地总量的比重分析，2017年，粮食主产区占65.9%，粮食产销平衡区占28.5%，粮食主销区仅占5.5%。从历史变化来看，2017年与1950年相比，粮食主产区耕地面积占全国的比重上升了21.7个百分点；产销平衡区耕地面积占全国的比重下降了24.8个百分点。进入21世纪后，这种有升有降的变化趋势更加明显。与2000年相比，2017年粮食主产区耕地占全国比重上升了13.5个百分点；产销平衡区耕地面积占比下降了13.8个百分点。

不同地区耕地面积及其占比的变化，反映出非粮食主产区，特别是粮食产销平衡区存在着较为严重的耕地非农化现象和趋势。

2. 不同地区粮食作物种植面积变化

从新中国成立之后到21世纪初，全国粮食作物种植面积总体上呈减少趋势，2003 年减少至历史最低水平，为 14.9 亿亩，比 1950 年减少了 2.25 亿亩。2004 年以后，全国粮食种植面积开始逐年增加，2019 年达到 17.4 亿亩，但仍比历史最高年份的 1955 年少 2 亿多亩。

从粮食种植面积占全部农作物总种植面积的比重来看，一直处于不断降低的趋势，由 1950 年的 88.8% 降至 2019 年的 70%，降低了 18.8 个百分点。粮食主产区粮食种植面积及其占本区农作物总种植面积的比重与全国的变化基本一致，但从 20 世纪 90 年代起，粮食种植面积占比则略高于全国的平均水平。粮食产销平衡区 2019 年的粮食种植面积比 1950 年增加了近 1 亿亩，但 2000 年之后则基本上没有再增加。粮食种植面积占农作物总种植面积的比重总体上处于不断下降趋势，2019 年为 57.2%，比 1950 年降低了 19.3 个百分点，比 1955 年降低了 30.6 个百分点；比全国平均水平低 12.8 个百分点，比粮食主产区低 18.9 个百分点。粮食主销区粮食种植面积及其占全国种植面积的比重以及占本区农作物总种植面积的比重均处于不断减少和降低的趋势。2019 年，粮食主销区粮食种植面积为 7 104 万亩，比 1950 年减少了 1 亿多亩，减少了一半多；粮食种植面积占全国粮食种植面积的比重由 11.3% 降至 4%；粮食种植面积占本区农作物总种植面积的比重由 85.6% 降至 50.4%。

不同地区粮食作物种植面积及其占农作物总种植面积比重的变化，反映出非粮食主产区，特别是粮食主销区存在着较为严重的农作物非粮化现象和趋势。

（七）粮食主产区的发展困境与对策建议

对比分析发现，长期以来，粮食主产区粮食生产稳步发展，对保障国家粮食安全做出了重要贡献，特别是粮食净调出省和黑龙江省贡献巨大。在刚才比较的各个方面，粮食主产区均明显高于粮食主销区和产销平衡区。但是，形成强烈反差的是，粮食主产区，尤其是粮食调出大省在经济发展、财政收入和居民收入等方面明显落后，存在着粮食生产越多越吃亏的矛盾。

2019 年，粮食主产区人均 GDP 为 64 427 元，低于全国平均水平，仅相当于粮食主销区的 60%；粮食主产区人均财政收入为 5 724 元，仅相当于粮食主销区的 41.8%。粮食主产区相对于人口的 GDP 和财政收入比较贡献度系数分别为 0.91 和 0.79，具有 9% 和 21% 的负向比较贡献；粮食主销区相对于人口的 GDP 和财政收入比较贡献度系数分别为 1.51 和 1.89，具有 51% 和 89% 的正向比较贡献。

从城乡居民收入来看，粮食主产区水平更是远低于粮食主销区。2019

年，粮食主产区农民人均可支配收入 16 151 元，比粮食主销区少 8 178 元，低 33.6％；粮食主产区城镇居民人均可支配收入 38 062 元，比粮食主销区少 16 727 元，低 30.5％。

此外，粮食主产区在农业基础设施建设，特别是大型农田水利工程建设方面，地方政府要进行财政资金配套投入；在农业保险保费缴纳方面，省级政府和县级政府都要进行政策性补贴。这就意味着，粮食主产区为了发展粮食生产和保障国家粮食安全，地方政府要比其他地区进行更多的财政支出。粮食主产区政府在粮食生产和农业发展方面投入了更多的财政资金，必然会减少其对二三产业发展和社会事业的投入，进而影响经济增长和财政收入及居民收入水平的提高；而且随着主产区粮食的增产和调出，粮食调入省不同程度地分享了粮食主产区财政投入的资金收益。不管是粮食主产区的耕地用于发展粮食生产而放弃种植比较效益更高的非粮食作物和发展二三产业，还是粮食主产区政府财政资金更多投入农业基础设施建设，都付出了巨大的机会成本。因此，由于粮食生产显著的正外部性，粮食主产区利益受损严重。

为了保障国家粮食安全，必须保护粮食主产区政府重农抓粮积极性，不能让生产粮食越多者越吃亏。要按照总书记要求，完整、准确、全面贯彻新发展理念，特别是在推动区域协调发展过程中，国家应该加大对粮食主产区，重点是粮食净调出省的利益补偿力度，进一步完善利益补偿机制。

（1）通过财政转移支付方式，建立中央政府对粮食主产区政府的纵向利益补偿机制，协调粮食净输入省与粮食净调出省之间建立横向利益补偿机制。

（2）进一步加大对产粮大县和超级产粮大县的财政奖励力度，在此基础上，对粮食净调出省实施财政奖补政策。

（3）加大中央对粮食主产区粮食生产基础设施建设，特别是大型农田水利工程建设的投入，降低地方政府财政配套比例，减轻其过高的财政支出负担。

（4）加大中央财政对粮食主产区的农业保险保费补助比例，降低地方政府补助比例，取消县级政府财政补贴。

（5）支持粮食主产区大力发展畜牧业和粮食精深加工业，促进粮食转化增值，延长粮食产业链条，提升价值链，将粮食生产优势变为产业优势、经济优势。

（本节内容系 2021 年 7 月 10 日 "庆祝中国共产党成立 100 周年'维护粮食安全　端好中国饭碗'高端论坛"主旨报告，内容摘要刊发于《智库专报》2021年第39期，作者：郭翔宇。）

二、当好维护国家粮食安全"压舱石"

2016年5月25日，习近平总书记在黑龙江考察工作结束时讲话强调："黑龙江是农业大省和粮食主产区，长期以来为国家粮食安全作出了重要贡献，成为维护国家粮食安全的一块'压舱石'"。这既是对黑龙江省粮食发展成就的肯定，更是对黑龙江省发展粮食生产的殷切期望。黑龙江省作为全国产粮第一大省，维护国家粮食安全责无旁贷。

（一）黑龙江省粮食生产快速发展，维护国家粮食安全"压舱石"作用凸显

1. 黑龙江省农业资源适于发展粮食生产

在耕地资源方面，黑龙江省耕地面积2.39亿亩，占全国的11.8%（全国20.24亿亩）。全省人均耕地7.5亩，全国不足1.5亩，是全国平均水平的5倍多，乡村人口人均耕地21.8亩。耕地大多为典型黑土，耕层深厚，土壤肥沃，土壤有机质含量平均为36.2克/千克，是全国平均水平的1.83倍。耕地主要集中在松嫩平原和三江平原，耕地平整，集中连片，适于机械作业和规模生产。

在水资源方面，黑龙江省江河湖泊湿地众多，全省水资源总量810亿立方米，人均水资源量2 543立方米，比全国平均水平高23.6%，是我国北方地区水资源最富集的省份。

在气候条件方面，黑龙江省无霜期100～150天，有效积温1 600～2 800℃，年降水量370～670毫米。除大兴安岭等纬度较高地区外，均适于农业生产。光照充足，雨热同季，夏至前后，每天日照可达15小时，光合作用充分，有利于作物生长。

从耕地资源、水资源和气候条件等农业资源集合看，黑龙江省是最优的。比如，南方一些省份，水资源丰富，积温高，但耕地较少；北方一些省份，耕地较多，积温较高，淡水资源缺乏；而黑龙江省耕地多，水资源丰富，光照充足，积温够用。所以说，黑龙江是全国农业资源最丰富的省份之一。

2. 黑龙江省已发展成为全国产粮第一大省

新中国成立以来，经过几代人的不懈奋斗，黑龙江省已由昔日的北大荒变成了北大仓。黑龙江省粮食生产发展呈现三个特点：

一是发展速度快。新中国成立初期，黑龙江省粮食总产量115.5亿斤，

在全国排第 8 位。在包产到户以前，全省粮食生产虽有发展，但速度不快，由 100 多亿斤增加到 200 亿斤，用了 17 年时间，由 200 亿斤增加到 300 亿斤，又用了 17 年时间。以后逐年加快。增加第 3 个 100 亿斤用了 7 年时间，增加第 4 个 100 亿斤用了 4 年时间，增加第 5 个 100 亿斤用了 2 年时间。进入 21 世纪以后，粮食生产又有一个快速发展阶段，2005—2015 年，10 年间粮食产量由 700 亿斤增加至 1 500 亿斤，增了 800 亿斤，年均增加 80 亿斤。在粮食生产上，等于再造了一个黑龙江。粮食生产在全国的位次也不断上升。2003 年全国排名第 4，2008 年全国排名第 3，2009 年全国排名第 2，2011 年至今全国排名第 1。与此同时，2005—2015 年，全国粮食产量由 9 680.4 亿斤增加至 13 212.1 亿斤，10 年间粮食产量增加了 3 531.7 亿斤，年均增加 353.2 亿斤，黑龙江占全国 1/5 强的增量。

二是整体实力强。2020 年黑龙江的粮食产量放在全球，可排在第 8 位。全省 13 个地市和北大荒农垦集团粮食产量在 100 亿斤以上的有 8 个，其中超过 200 亿斤的有 5 个，分别是农垦集团、哈尔滨、齐齐哈尔、绥化、佳木斯市。北大荒农垦集团粮食产量 430 亿斤，与江西省持平，可排在全国第 14 位。在全国前 50 个产粮大县中，黑龙江有 19 个，在前 10 名大县中，黑龙江有 5 个。

三是优势品种突出。黑龙江省粮食作物主要是水稻、玉米和大豆三大品种，占粮食面积的 99.1%。其中，水稻播种面积 5 808 万亩，占全国水稻播种面积的 12.9%，排第 1 位，占全省粮食作物播种面积的 26.8%；产量 579.2 亿斤，占全国水稻产量的 13.7%，占全省粮食总产的 38.4%。玉米播种面积 8 221 万亩，占全国玉米面积的 13.3%，排第 1 位，占全省粮食作物播种面积的 38%；产量 729.3 亿斤，占全国玉米产量的 14%，占全省粮食总产的 48.4%，亩产量高于全国平均水平。大豆播种面积 7 248.1 万亩，占全国面积的 48.9%，排第 1 位，占全省粮食作物播种面积的 33.5%；大豆总产量达到 184.1 亿斤，占全国的 47%，排第 1 位，占全省粮食总产的 12.2%。

3. 黑龙江省粮食生产快速发展的五大要素

一是政策激励。1983 年实行大包干，农民有了生产自主权，当年全省粮食生产就迈上了 300 亿斤台阶。2004 年取消农业税，实行粮食直补，进一步调动了农民种粮积极性，黑龙江省以粮食为主的农业农村经济进入了一个新的黄金发展期。

二是面积扩大。耕地面积由 1983 年的 1.31 亿亩增加到 2.39 亿亩；粮食作物面积 21 657.6 万亩，比 1983 年增加了 10 804.5 万亩，比 2004 年增加了 9 333.1 万亩，其中水稻、玉米两大高产粮食作物面积由 2 830.6 万亩增加到 1.4 亿亩。

三是投入增加。近年来，国家对粮食生产的投入力度不断加大，每年惠农补贴和产粮大县转移支付等就超过 400 亿元。农机保有量由 1983 年的 62 735 台增加到 2020 年的 161.8 万台，耕种收综合机械化率达 98% 以上，比全国平均水平高 27 个百分点。亩均化肥施用量由 1983 年的 8.55 千克/亩，增加到 2020 年的 10.1 千克/亩。

四是科技应用。品种创新加快，单产水平提高，主要农作物实现了良种全覆盖。大农机装备广泛应用，主要农作物耕种收综合机械化率达到 98%。新技术集成示范，探索形成了一批不同区域、不同作物的高产稳产和防灾减灾技术模式，农业主推技术到位率 95% 以上。农业科技进步贡献率 68.3%，比 2003 年高 19.3 个百分点，高于全国 8 个百分点。

五是气候变暖。这一条也很重要。过去黑龙江有三大自然灾害，即早霜、干旱和洪涝。早霜主要是因为积温不足，现在早霜基本不再发生。近 30 年，全球气候变暖，黑龙江省又处于变暖中心，有效积温提高了 150～200℃，相当于北移一个积温带。以前，玉米、水稻只种到第 3 积温带，现在积温增加，又选育了适宜品种，玉米、水稻种植已扩大到第 4、第 5 积温带。

（二）黑龙江省当好维护国家粮食安全"压舱石"，要由发展粮食生产向发展粮食经济转变

自 2015 年国家下调玉米临储价格，特别是 2016 年取消玉米临储政策以后，黑龙江省粮食生产发展步子明显放缓。5 年时间，粮食产量一直保持在 1 500 亿斤左右。由此出现两个新情况、新问题，必须引起我们高度重视。

一方面是因粮价下跌导致农民增收缓慢。在黑龙江省农民收入构成中，粮食收入占大头，占 40% 左右，当粮价上涨幅度很小或下跌时，农民收入增速就会明显放缓。玉米临储政策调整直至取消，对黑龙江省农民收入影响很大，这是农民增收放缓的主要原因。2015 年国家下调玉米收购价格，每斤下调 0.11 元，仅此一项，全省农民减收 120 亿元，人均减收 700 元左右。2016 年国家取消玉米临储政策，玉米市场价格持续下跌，全省减收 360 亿元，扣除国家补贴仍减收 200 亿元左右，农民人均减收 1 000 元以上。玉米收储政策调整导致 2015 年、2016 年和 2017 年这三年，全省农民人均可支配收入增速只有 6.1%、6.6% 和 7.0%，增速在全国分别排在第 30 位、第

31 位和第 28 位。黑龙江省农民收入曾一直高于全国平均水平，而自 2014 年后则一直低于全国平均水平。在全国的位次也由 2014 年的第 12 位降至 2019 年的第 19 位。另一方面是地方经济发展不快。全省 GDP 总量排位和增速双降。2015 年全省 GDP 11 690 亿元，在全国排 22 位；增速排 29 位；2016 年 GDP 11 895 亿元，在全国排 22 位，增速排 29 位；2017 年 GDP 12 313 亿元，在全国排 24 位，增速排 26 位；2018 年 GDP 12 846.5 亿元，在全国排 24 位，增速排 29 位；2019 年 GDP 13 544.4 亿元，在全国排 25 位，增速排 30 位；2020 年 GDP 13 698.5 亿元，在全国排 25 位，增速排 28 位。在全国"综合实力百强县"中，黑龙江还是空白。全省县域 GDP 排第 1 的五常市为 283.3 亿元，2020 年百强县最后一位的贵州省兴义市 493.2 亿元，差距还相当大。近些年，黑龙江省第一产业发展快于第二、三产业。2010 年第一产业增加值占 GDP 15.5%，2020 年增加到了 25.1%，10 年间增加了近 10 个百分点，而同期全国下降了 1.4 个百分点。在工业化进程中，农业增加值的比重都是下降的，而黑龙江则是上升的，出现了逆工业化现象。这从另一个角度也反映出黑龙江经济发展不快的主要原因是，一产比重过大，而二、三产业发展缓慢。

粮食主产区出现的这些问题，其根源是缺少两个积极性。一是农民种粮效益低，缺乏发展粮食生产的积极性；二是财政负担重，地方政府也没有发展粮食生产的积极性。这些状况如果长期得不到改变，势必要严重影响粮食供求平衡，危及国家粮食安全。

黑龙江省具有发展农业特别是粮食生产的有利条件和基础，农业是黑龙江的最大优势，粮食生产是农业的最大优势，无论从保障国家粮食安全还是我们自身发展看，粮食这个优势都不能丢，并且要不断放大。因此，从长远看，黑龙江省当好维护国家粮食安全"压舱石"，必须处理好粮食增产、农民增收和地方经济发展的关系，实现粮食增产、农民增收和地方经济发展同步。只有这样，黑龙江省维护国家粮食安全"压舱石"的地位才会更加稳固。

基于这样的考虑，今后黑龙江省粮食产业的发展思路是否可以这样确定：把粮食生产与农民增收、地方经济发展有机结合起来，充分调动农民种粮和地方政府抓粮两个积极性，由重视粮食生产向发展粮食经济转变，延伸粮食产业链条，做足粮食生产这篇大文章。

这一思路既符合中央要求，又符合黑龙江实际。习近平总书记曾强调："中国人的饭碗要牢牢端在中国人手中，而且要装中国粮食。""抓住粮食这个核心竞争力，延伸粮食产业链，提升价值链，打造供应链，不断提高农业质量效益和竞争力，实现粮食安全和现代高效农业相统一。""深度开发'原字号'，就是要推动传统优势产业链条向下游延伸。""要以'粮头食尾''农头工尾'为抓手，推动粮食精深加工，做强绿色食品加工业。""黑龙江作为农业大省，保障国家粮食安全功不可没。在此基础上，要注重经济多元化发展，让农民生活水平不断提高。"总书记的这些重要论述，为我们指明了方向。黑龙江省委、省政府全面深入贯彻习近平总书记重要讲话指示精神，切实扛起维护国家粮食安全的政治责任，全面落实粮食生产责任，夯实粮食生产基础，发展壮大粮食产业，稳定区域粮食市场，切实保障和维护国家粮食安全。省委第十二届五次全会作出把食品和农副产品精深加工打造成为黑龙江全面振兴发展第一支柱产业的战略部署，八次全会进一步提出，把农业和农产品精深加工打造成万亿级产业集群的发展目标。强调：要巩固国家粮食生产核心区地位，稳定粮食播种面积，提高生猪生产能力，构建科学合理、安全高效的重要农产品供给保障体系，建设国家重要商品粮基地。

（三）黑龙江省当好维护国家粮食安全"压舱石"，发展粮食经济，重在不断提高粮食综合生产能力和延伸产业链

1. 提高粮食综合生产能力

稳步提高粮食综合生产能力，提高农业综合效益和竞争力，要重点在以下四个方面下功夫。

一要发展农田水利。全省农田基础设施建设还比较薄弱，农田有效灌溉面积只有 38.9%，比全国平均水平低 12 个百分点，水田灌溉保证率低于全国平均水平，机耕路不足，标准低，抗灾减灾能力差，粮食综合产能不够稳固。要确保粮食产能，就是要在保证耕地面积稳定的前提下，建设旱涝保收的高标准农田。特别是要加强耕地质量保护与提升。要深入实施藏粮于地战略，加快高标准农田、大中型灌区续建配套与改造、中小河流治理、三江连通、机耕路畅通等工程建设。到 2025 年，计划新建高标准农田 3 001 万亩，全省高标准农田面积将达到 1.11 亿亩，占耕地面积的 46.4%。

二要提高农机化水平。黑龙江省基本实现了田间作业机械化，下一步的重点是农机更新换代、提档升级、补齐短板、综合配套、农机农艺结合。到 2025 年，全省农机配套比达到 1∶2.5（农机配套比就是拖拉机总数跟配套农机具的比，目前大概是 1∶1.8），主要农作物耕种收综合机械化水平稳定在 98% 以上，新增 70 千瓦以上拖拉机 1.5 万台，保有量达到 9 万台以上（目前是 7.7 万台），农机总动力达到 6 800 万千瓦以上。

三要推进科技进步。习近平总书记强调"农业要振兴，就要插上科技的翅膀"。在耕地、水等资源约束日益强化的背景下，粮食增产的根本出路在科技。要实施藏粮于技战略，重点是推进种业科技创新，集成推广高效、资源节约、绿色环保技术模式。目前，全省主要农作物自主选育品种种植占比87％，到2025年全省主要粮食作物自主选育品种占比达到90％以上。在粮食作物栽培、秸秆还田、黑土地保护、农业清洁生产等方面，力争取得新的技术突破，加强农业科技示范园区建设，到2025年，全省农业科技进步贡献率达到71％以上，提升3个百分点。

四要发展农业适度规模经营。前面我已经提到了，黑龙江省土地条件适于规模经营。国家确定的土地规模经营标准是50亩，黑龙江省的标准相对高一些，是200亩。目前，全省土地规模经营面积是1.3亿亩，占比53.6％。重点是培育新型农业经营主体和服务主体"两手发力"，推进土地流转，开展土地托管，发展适度规模经营。通过服务规模化带动生产规模化，让分散农户搭上规模经营的"快车"。加快构建起以农户家庭经营为基础、合作与联合为纽带、社会化服务为支撑的立体式复合型现代农业经营体系。我们的目标是，到2025年全省农业生产全程托管面积6 000万亩以上，土地适度规模经营面积达到1.8亿亩，占比75％。

2. 延伸粮食产业链

延伸粮食产业链条，重在抓好两个转化：一方面，走粮食过腹还田转化之路。粮食生产区，畜牧业发展潜力很大。黑龙江粮食产量高，人少地多，环境承载能力强，发展畜牧业具有独特的资源条件和区位优势，畜牧业发展的基础也很好。全省奶牛存栏112万头，居全国第4位；生鲜乳产量500万吨，居全国第2位；牛肉产量48.3万吨，居全国第4位；禽肉产量46.4万吨，居全国16位；禽蛋产量117万吨，居全国第11位；生猪存栏1 371万头，居全国第10位。要发挥粮食多的优势，抓住畜牧业北移的机遇，坚持农牧结合，以"两牛一猪"为重点，加快畜牧业发展步伐，实现粮食过腹转化增值。要发展规模养殖，鼓励和支持屠宰加工、大型养殖企业、饲料生产企业和社会资本延伸产业链，建设现代化养殖场，做大增量。要推进农企合作，积极引导企业与散户对接合作，推广公司＋农户、托管代养等新模式，建立长期合作、订单收购、稳定收益的利益联结机制，带动散户发展规模养殖，培育适度规模养殖主体，提升标准化生产水平。龙江元盛集团，是一个高端肉牛养殖企业，采取资金扶持、养殖保底分红等形式，带动11 116农户养殖，实现了企业快速发展和农户增收双赢。要发展畜产品精深加工，引进和培育龙头企业，大力发展全产业链项目。

另一方面，走粮食加工转化之路。目前，黑龙江省以粮食为主的农产品加工企业，产业整体规模偏小，"原字号""初字号"产品多，精深加工比重低，产业链短、价值链低，规模以上农产品加工企业数量仅占全国1.8%，全省农产品加工业营业收入仅占全国1.3%，农产品加工业与农业总产值之比仅为0.48∶1，全国平均为2.4∶1，粮食加工转化率和主要农产品加工转化率分别达到68.3%和63%。"粮头食尾、农头工尾"还有较大差距。要加大招商引资力度。2021年，省政府已经把农产品加工业作为招商引资的重点，推行精准招商，力争在畜产品加工和粮食加工方面，新落地一批大型龙头企业。要发展粮食精深加工。玉米重点发展淀粉糖、多元醇、氨基酸等深加工产品。大豆重点扩大全粉类、发酵类和非发酵类大豆食品规模。要按照产业链抓推进，实行链长制，抓招商、上加工、壮龙头、延链条，推进产业集群发展壮大。到2025年，全省农业和农产品精深加工产业集群力争突破万亿元大关，其中农产品加工业力争达到5 750亿元，粮食加工转化率超过70%。

（本节内容系2021年7月10日"庆祝中国共产党成立100周年'维护粮食安全　端好中国饭碗'高端论坛"主旨报告，内容摘要刊发于《智库专报》2021年第39期，原文题目为"关于当好维护国家粮食安全'压舱石'的对策建议"，作者：乔延春。）

三、端好"中国饭碗"，筑牢大国粮仓

（一）粮食生产实现了十九连丰

粮食安全是"国之大者"。黑龙江省坚决扛起维护国家粮食安全政治责任，全面落实粮食安全党政同责，打好稳粮扩豆攻坚战。2022年，黑龙江省粮食作物种植面积达到22 024.8万亩，占全国的12.4%，比上年增加了197.9万亩；粮食总产量达到1 552.6亿斤，占全国的11.3%，连续13年位居全国首位。在国内粮食需求不断增长、国际粮食供应不稳定的情况下，黑龙江省粮食生产实现了十九连丰，充分发挥了维护国家粮食安全"压舱石"的作用。

特别值得一提的是，在我国大豆自给率不断降低、对外依存度不断提高的情况下，黑龙江省顶着粮食总产减少的压力，2022年扩种大豆1 565.9万亩，超出国家下达任务665.9万亩，大豆总面积7 397.5万亩，占全国的48.1%，这为有效实施国家大豆产能提升工程、维护大豆产业安全做出了重

要贡献。

（二）落实国家新一轮千亿斤粮食产能提升行动

中共黑龙江省委十三届三次全会暨省委经济工作会议在部署农业农村工作时，把粮食生产作为首要任务，确定了2021年粮食产量保持在1 500亿斤以上的预期目标。

对于国家来说，保障粮食和重要农产品稳定安全供给始终是建设农业强国的头等大事。黑龙江省把多种粮、种好粮作为头等大事，就是要让中国人的饭碗里装更多的优质龙江粮，为保障国家粮食安全作出更大的龙江贡献。省委全会提出，要落实国家新一轮千亿斤粮食产能提升行动，稳定粮食种植特别是大豆种植面积，采取综合措施提高粮食综合产能，计划5年内全省粮食产能提高1 000万吨以上，综合生产能力达到9 000万吨。

实施新一轮千亿斤粮食产能提升行动，是刚刚闭幕的中央农村工作会议确定的重要行动计划，这是我国第二次提出千亿斤粮食增产行动。在全国粮食产量增速放缓、粮食进口量占粮食总产量的比重趋升的情况下，必须进一步挖掘粮食增产潜力，黑龙江省计划5年内提高200亿斤以上的粮食产能，这意味着，黑龙江省将为国家新一轮千亿斤粮食产能提升做出20％以上的贡献，这充分体现出黑龙江省坚决扛起国家粮食安全的政治责任和积极为党为国分忧的大局意识。

（三）深入实施"两藏"战略

提升粮食产能，最为关键的要素有两个，一是耕地，二是种子。因此，必须抓住这两个要害，深入实施"两藏"战略。

一是要抓住耕地这个要害，深入实施藏粮于地战略。一方面，要实行最严格的耕地保护制度，确保耕地数量；另一方面，要大力加强高标准农田建设，提升黑土耕地质量，为提高粮食综合产能奠定坚实的物质基础。

二是要抓住种子这个要害，深入实施藏粮于技战略。在加快农业关键核心技术和装备创新、提高农业科技化水平和农业机械化质量的基础上，重点是要推动种业创新，集成推广高产技术，为提高粮食综合产能提供有力的技术支撑。

（四）健全种粮农民收益保障机制

习近平总书记多次讲话强调，稳定发展粮食生产，一定要让农民种粮有利可图。调动、保护农民种粮积极性，关键是让农民种粮有钱挣，让农民能获利、多得利。

让农民在希望的田野上积极从事粮食生产，重点是要充分调动和保护好农民种粮的积极性。较长时期以来，种粮成本高、收益低，是影响农民种粮积极性的主要原因。因此，党的二十大报告提出，要健全种粮农民收益保障机制，这是以习近平同志为核心的党中央在坚持和完善党的十八大以来各项强农惠农富农政策的基础上，对保障国家粮食安全作出的具有创新性和突破性的战略部署。从机制和制度层面上保障种粮农民增收，是调动和保护农民种粮积极性最大的直接动力，也是更加有效地保障国家粮食安全的内在要求和必然选择。黑龙江省应加快研究制定保障农民种粮收益的长效机制，促进全省农民收入尽快达到并超过全国平均水平。

（本部分内容为智库首席专家郭翔宇于 2022 年 12 月 30 日在黑龙江电视台"新闻联播"进行专家访谈："智库专家谈振兴"。）

四、把保粮食生产和促农民增收统一起来

（一）更好发挥维护国家粮食安全"压舱石"作用

解决好 14 亿人的吃饭问题，始终是治国理政的头等大事。确保国家粮食安全，保障重要农产品有效供给，是发展现代农业、实施乡村振兴战略的首要任务。在近期新冠肺炎疫情引发世界对粮食安全问题高度关注和担忧的情况下，黑龙江省作为农业大省和全国第一粮食主产区，更应特别重视粮食生产，更好地发挥维护国家粮食安全的"压舱石"作用。一要加大政策支持力度，稳定粮食播种面积，增加粮食产量，为应对疫情风险挑战、保障粮食安全乃至国家安全提供重要支撑。二要大力推动全省粮食精深加工，发展粮食产业经济，努力把粮食资源优势最大限度地转化为经济优势。三要积极争取国家给予更大力度的粮食主产区利益补偿政策，走出黑龙江省粮食生产贡献大而经济发展、财政收入和居民收入增长相对缓慢的困境。

（二）拓展农民就业增收渠道，缩小城乡居民收入差距

近年来，黑龙江省农民收入水平相对偏低，增长较慢。为确保黑龙江省与全国同步、农村与城市同步全面建成小康社会，必须大力促进黑龙江省农民增收。一要大力发展富民乡村产业，重点建设好现代农业，努力推动农业与二三产业深度融合发展，保障农民经营性收入持续增长；二要努力实现农民充分就业，重点推动农民工就地就业创业，促进农民工资性收入快速增长；三要进一步加大农业补贴等惠农富农政策力度，完善农村社会保障制度，增加农民转移性收入；四要深化农村改革和制度创新，增加农民财产性收入。在此基础上，进一步缩小城乡居民收入相对数差距，争取尽快缩小至 2∶1 以下；同时，努力降低城乡居民收入绝对数差距不断扩大的

趋势和程度，争取使其逐渐减少。

（本部分内容为智库首席专家郭翔宇 2020 年 5 月 27 日接受《黑龙江日报》"两会·专家说"记者专访，"学习强国"黑龙江学习平台转发。）

五、发挥龙江优势，做好新时期粮食安全工作

习近平总书记在视察黑龙江时指出："中国人要把饭碗端在自己手里，而且要装自己的粮食。"这既是总书记对全国农业尤其是粮食安全关心的体现，也是对黑龙江农业的殷切希望。

2018 年，黑龙江省以 1 501.4 亿斤总产量连续第 8 次领跑全国粮食生产，续写了"十五连丰"的辉煌成就。改革开放 40 年来，黑龙江省粮食综合生产能力实现跨越式发展，1978 年、1994 年先后突破 300 亿斤、500 亿斤。2010 年，粮食总产量首次突破 1 000 亿斤，中国人的饭碗更多地装上了"龙江粮"。新中国成立 70 年来，黑龙江省累计为国家提供商品粮 1 万多亿斤。目前，中国人 9 碗饭中就有 1 碗来自黑龙江。

在国际竞争及食品消费升级综合作用下，粮食安全保障作用与经济增长之间矛盾凸显，生产经营模式转变为解决粮食主产区经济滞后及产品结构单一等问题提出了新思路，"粮头食尾、农头工尾"战略实施，能够兼顾实现粮食安全保障和区域经济增长的双重目标。

（一）顺应发展趋势，主动转变思维方式

一是从增产到稳产的思维转换要落到实处。扶持政策导向清晰明确，在维持巩固黑龙江粮食基地的基础上，紧紧结合两区划定工作的进展，打牢粮食生产能力建设的土地资源保障基础，顺利实现从增产到稳产的历史性过渡，端稳中国人的饭碗。

二是从粮优到优良的实践跨越要引领全国。发挥黑龙江生态资源优势，农业生产规模优势，继续推进规模化，带动专业化，实现从粮食优质到绿水青山的优良环境转化，打造全国绿色农业引领区，端出黑龙江人的好粮。

（二）稳定国内生产基地，拓展国外生产空间

一是稳定国内生产基地。巩固与改善黑龙江省粮食生产核心区的农业基础设施条件。重点关注 10 970 万亩粮食生产功能区中玉米、水稻、小麦区域，分区域对易旱易涝中低产田基础设施进行改造，尤其是粮食生产核心区年久失修的水利设施要做好排查与巩固。同时与三江平原生态脆弱地区、生态保护重点区农业生产退出相结合，形成生态恢复与产能稳固提升的互动发展态势。

二是拓展国外生产空间。拓展与重塑俄罗斯远东地区大豆等飞地农业的生产模式，建议设立"俄罗斯远东农业开发战略研究重大专项"，详细对接黑龙江省"粮食生产功能区"和"重要农产品生产保护区"的两区划定国家战略，保障黑龙江省农民根本利益。实践中，建议依据国内粮食市场供求，动态调整两区种植品种结构，实现国内粮食与非粮食品种有序替代，合理利用国内、国际两种资源和市场。通过补贴跨境农机作业运营经费，降低境外租地从事农业种植者成本，通过与俄罗斯远东农业开发战略对接，开拓以大豆为主的农业种植、加工、返销的"农业飞地"模式。

（三）稳定省际供需市场，创新产销互动模式

通过"北粮南运"实现优质粮食及产品外销，维持全国基本粮食必需品价格稳定，满足绿色、有机食品消费升级需求。

稳定"黑龙江—浙江、黑龙江—广东"等省际粮食贸易长效机制。以粮食自给率为例，广东省粮食自给率不足 30%，黑龙江省粮食自给率接近 400%。黑龙江省只有满足需求导向的生产，才能够真正实现供给侧改革的目标。建议在省际粮食贸易合作框架下，推进粮食互市贸易模式：促成黑龙江省重点粮食主产市县与粮食需求省份重点市县结成友好城市，形成相对稳定的一对一 C2C（City to city）模式，形成稳定的供销双向粮食跨省供求对接机制。

创新产销互动模式提高供求对接效率。以黑龙江省优质稻米外销为基础，以互联网、智慧农业等技术应用为媒介，创新稻米主产区中小加工企业与主销区重点消费者社区之间的产销直供 F2C（Factory to customer）模式。高效对接高质量需求，实现黑龙江省粮食生产的质效同步提升。

（四）精确支持粮食营销重点环节，提升产业链竞争实力

建议实施物流集散地综合支持体系建设。依据主要粮食品种生产布局状况，以现有物流园区为基础，以"水稻、玉米、小麦"三种粮食作物为核心，定向加大仓储设施、烘干设施、储藏设施的研发、推广、适用补贴力度，形成物流集聚优势，减少流通成本和费用。促进粮食贸易适度集中，实现规模效益。

建议设立农产品品牌效益提升战略专项。集中黑龙江省优势科研资源、重点营销创新力量，吸引国内外文化创意人才，以洽谈会、绿博会、大米节、农民丰收节等重要涉农节日为契机，挖掘本地农业文化、资源优势、产品特色，提升粮食品牌价值增值的文化内涵，实现从"种得好"向"卖得好"的转变。

建议立即补齐农产品包装环节技术短板。原粮及简单加工品外销重点在包装，黑龙江省粮食加工体系配套中最大短板就在于包装。建议立即启动已有物流园区及新建物流园区包装企业配套提升工程，与品牌专项工程衔接，实现粮食安全从数量规模到质效同步的跨越。

（本部分内容刊发于《智库专报》2019年第31期，原文题目为"发挥龙江优势做好新时期粮食安全工作的建议"，作者：李孝忠、李翠霞。）

第四章

脱贫攻坚与相对贫困治理

贫困是人类社会的顽疾。反贫困始终是古今中外治国安邦的一件大事。2013 年，习近平总书记对"精准扶贫"作出指示。2015 年，党中央提出实现脱贫攻坚目标的总体要求。2021 年，脱贫攻坚战取得了全面胜利，农村贫困人口全部脱贫，区域性整体贫困得到解决，完成了消除绝对贫困的艰巨任务。

第一节　实施脱贫攻坚的任务与路径

一、重点推进农村产业扶贫

2016 年，习近平总书记指出，要脱贫也要致富，产业扶贫至关重要。从黑龙江省产业扶贫的实施效果来看，产业扶贫的成功典型较少，带动贫困户户数少、增收渠道较为单一。分析黑龙江省产业扶贫存在的问题，探寻适合黑龙江省产业扶贫发展的路径、构建产业扶贫主体与贫困户的利益联结机制是目前黑龙江省产业扶贫需要迫切解决的现实问题。

（一）产业扶贫中存在的问题

1. 产业扶贫项目运行缺乏持续性，贫困户脱贫稳定性弱

当前产业扶贫政策是服务 2020 年脱贫攻坚任务的，产业扶贫措施和项目设计缺乏持续性。主要表现为产业扶贫项目持续时期较短暂，一般都设计为 2020 年前终止；2020 年后还有大量相对贫困人口存在，未来产业扶贫政策的走向以及产业扶贫项目结束后，对后续产业项目的交接、运营、利益机制设计等问题缺乏长远的考虑。

2. 产业扶贫对政府部门依赖较大，资金使用效率低

政府部门为主体的产业扶贫项目效果好的主要原因是有充足的财政资金

投入，如果在衡量效果时考虑政府部门的财政投入，则产业扶贫项目的资金使用效果并不高。原因是政府部门既是裁判员又是运动员的角色特点决定了资金使用的低效率。

3. 利益联结机制设计存在缺陷，贫困户内生动力不足

政府通过财政贴息、优惠贷款等方式诱导合作社或企业带动贫困户脱贫，但是贫困户很少在企业工作，并没有实际参与企业的经营管理，也不直接参与生产过程，生产技术水平没有提高。由于产业扶贫项目是有实施期限的，期限到了之后贫困户的利益很难再得到保障。而且贫困户在这种机制下参与度很低，经营管理水平和技能没有提高，项目结束后很难实现自主脱贫。

4. 产业扶贫项目同质性强，传统产业集中度高

黑龙江省的产业扶贫项目目前主要集中在种植业（玉米、水稻、大豆、杂粮）；养殖业（奶牛、肉牛、生猪、白鹅）；特色经济作物（亚麻、食用菌、中草药）；农产品加工业（玉米加工、马铃薯加工）等。由于农产品的收入弹性和需求弹性较小，农产品同质性强，容易引发市场风险。在传统产业竞争激烈的同时，扶贫产业中新兴业态如光伏、电商、旅游尚处在起步阶段，乡村旅游产品特色不突出、质量不高、吸引力差，带动贫困户人数较少。

5. 扶贫的对象指向不明确，扶贫效果不明显

产业扶贫对象不是指所有的贫困户，而应该是有劳动能力的贫困户，现实情况是产业扶贫的对象只是贫困户，对有无劳动能力并没有明确区别，很多贫困户既享受到产业扶贫政策，又享受到低保政策，这使得产业扶贫项目带有很强的救济色彩，贫困户内生动力不足。

（二）完善产业扶贫的对策建议

1. 坚持市场起决定性作用理念，对政府部门逐步退出做好制度安排

应在坚持市场起决定性作用的前提下，对现有产业扶贫项目进行分级管理。政府部门需要根据具体情况，按照扶贫项目实施主体的绩效做出是否再追加财政投入的决策。对于市场前景好、资金使用效率高的产业项目可以继续追加投资支持，其他项目则应在项目完成后中止或退出。

2. 合理选择产业扶贫项目，优化现有产业体系

构建主导型、创新型、特色型、保障型的产业扶贫体系。扶贫产业应选择既具有市场前景，又容易掌握技能的产业，比如食用菌和甜玉米生产等。扶贫产业的选择应该是优势产业，即市场发展好、收入弹性较大的产业，比如有机农业、质量效益型农业。特色型的产业扶贫包括发展手工作坊、特色种植养殖、发展庭院经济等。公益型的产业扶贫包括公益性岗位提供、光伏产业以及产业分红等。创新型的产业扶贫包括电商产业、文化旅游村、特色小镇、农技推广、劳动技能培训等。

3. 通过产业集群和兴建产业园区实现产业扶贫

产业扶贫应该通过产业集群或者产业链条的延伸实现扩散效应，在横向上，兴建产业园区，实现产业聚集，通过规模经济和范围经济带动扶贫产业发展；在纵向上，通过三产融合延长产业链，实现扶贫产业价值增值。农村三产融合应该和乡村振兴、城乡融合结合起来，抓住乡村振兴的机遇，充分利用城乡互补资源，拓展农业产业多种功能，大力发展休闲农业、乡村旅游、森林旅游、休闲康养，打造宜居宜业宜游的特色小镇，拓宽贫困户就业、增收渠道。

4. 加强产业扶贫的制度体系建设

一是建立明晰的产业扶贫对象识别机制。对精准扶贫和低保制度重新定位。低保的主要对象是无劳动能力、生活贫困的农户。产业扶贫的对象应该是有劳动能力且有响应意愿的贫困户。应该加强对这类贫困户的甄别。二是加强产业扶贫保障制度建设。①健全金融服务体系，从扶贫小额信贷、扶贫再贷款等方面强化金融扶持；②健全科技和人才支撑服务体系，鼓励各级技术研发推广机构加快科研成果转化应用，加大贫困地区高素质农民培育和农村实用人才培养力度；③健全市场支撑体系。改善流通基础设施，大力发展电子商务，建立农产品网上销售、流通追溯和运输配送体系。三是完善产业扶贫监督机制。明确产业各环节的监督部门及其需要履行的职能，构建政府审计部门、金融部门、村集体、贫困户联合组织和帮扶工作队等多方面参与的监督机制。

（本部分内容刊发于《专送信息》2019年第27期，原文题目为"黑龙江省产业扶贫存在的问题及相关建议"，作者：张梅。）

二、全面提升耕地资源利用效益

实施精准扶贫战略以来，黑龙江省脱贫攻坚取得了重大进展和卓越成效。相比全国其他地区，作为人均耕地资源丰富的农业大省，黑龙江省农业收入尤其是种植业（耕地）收入在农民收入中占有较大比例，农民从耕地中获得主要收入的基本现状和事实短期内不会改变。充分发挥耕地资源优势、提升农户耕地资源利用效益是黑龙江省打赢脱贫攻坚战的重要路径。

现阶段，黑龙江省贫困农户的耕地利用及其经营状况存在一系列问题有待解决。一是贫困农户人力资源禀赋不足，从事耕地利用及农业经营的能力较弱。典型贫困县的农户调查结果显示，76.77%的贫困农户患有疾病，41.68%的贫困农户家庭没有劳动力。因缺乏劳动能力，54%的贫困农户不得不选择放弃耕地的生产经营（流转出全部耕地）。二是贫困农户耕地产出不足，致使农业生产经营效益不高。与一般农户相比，贫困农户亩均种子投入低、化肥农药及雇工（含租用机械）等其他投入较高，同时亩均产量和销售价格普遍较低，致使其耕地经营的亩均纯收入普遍低于一般农户。三是贫困农户耕地质量与利用条件相对较差，耕地利用缺乏有效保障。耕地质量不高、耕地利用条件相对较差是导致贫困农户耕地经营效益普遍低于一般农户的另一重要原因，同时也直接导致其耕地流转价格较低，限制其财产性收入（据典型调查，贫困农户转出耕地（旱地）的平均价格为245.7元/亩，而一般农户为302.0元/亩）。四是贫困农户耕地利用方式相对单一，组织化程度较低。据典型贫困县的农户调查，受资源、资金、信息、市场等多种因素的影响，贫困农户承包地98.62%种植玉米，一般农户的种植玉米比例则为89.97%，且种植水稻、大豆及杂粮杂豆等部分经济作物。

因此，大力提升耕地资源利用效益、增加农户耕地收入是黑龙江省实现贫困农户持续稳定脱贫的重要路径。针对上述问题，提出如下建议：

（一）大力实施贫困地区土地综合整治

黑龙江省贫困农户耕地利用效益相对较低与土地质量不高、土地利用条件不好有着基础性、关键性联系。因此，实施贫困地区土地综合整治是提升贫困农户耕地收益的重要保障。

一是加强规划统筹与项目资金整合。各级土地整治规划要做好与脱贫攻坚规划的协调衔接，并从安排土地整治工程和项目、分配下达高标准基本农田建设计划和财政补助资金等方面最大限度向贫困地区倾斜。进一步发挥土地整治的平台作用，在稳定和适度增加专项经费的前提下，有效整合目标相近、方向类同的涉农资金，引导和鼓励社会帮扶资金，按照脱贫攻坚规划的整体部署进行捆绑使用、集中投入，重点解决相关贫困地区广大群众最为关切、"短板效应"最为明显的突出问题。

二是健全完善土地整治的激励政策。土地整治要结合贫困地区实际，在适度增加项目和资金支持的同时，着力构建激励政策体系。要进一步完善和拓展城乡建设用地增减挂钩政策，引导挂钩周转指标在省域内合理使用，为易地扶贫搬迁和特色产业培育等提供用地和资金保障。根据地方实际，在严格保护生态环境前提下，支持贫困地区开展历史遗留工矿废弃地复垦利用、城镇低效用地再开发和低丘缓坡荒滩等未利用地开发利用试点，探索建立土地整治增值收益分配机制，合理使用土地整治新增有效耕地和节余用地指标。

三是加大实施监管与绩效考评力度。对于在贫困地区开展的土地整治工作，要切实创新监测监管方式，着力健全监测监管体系，在运用现代科技手段努力实现实时动态监管的同时，加快建立公告公示制度，充分调动农村集体经济组织和农民群众参与监管的积极性，及时掌握土地整治项目建设进展、成效和存在的主要问题。要联系贫困地区的土地整治完善脱贫攻坚成效考核办法，开展土地整治项目区涉及贫困农户增收的调查，推动建立第三方评估机制，坚决从严惩处有关违法违规现象。

（二）大力发展土地托管等农业生产性服务业

黑龙江省的贫困农户劳动能力不足、耕地利用效益较低以及农业生产服务体系不健全，亟需加快发展农业生产性服务业的步伐。

一是大力构建贫困地区土地托管服务体系。在新型农业经营主体发展较好的贫困地区，依托现有主体（尤其是现代农机专业合作社、农业企业）开展土地托管业务；在缺乏新型农业经营主体的贫困地区，大力培育新型农业经营主体，在每个贫困村开展土地托管业务。同时，将土地托管业务开展及其推动贫困农户增收，作为政府扶持新型农业经营主体发展的基本条件。

二是降低进入门槛，鼓励市场竞争。当前，农业生产性服务业中的植物保护、农业科技服务、金融服务等行业主要由政府主导进行投资介入，投资主体的单一化不利于市场竞争和行业的发展。应该鼓励投资渠道多元化，消除制约农业生产性服务业发展的体制性因素，降低进入门槛，鼓励民间资金进入，改变以政府投资为主导的局面；应该建立健全行业规则和监管制度，规范政府的相关收费行为，降低相关企业运营成本；应该采取多种渠道和手段，鼓励各类投资资本进入，强化市场竞争机制，提高农业生产性服务业的市场化水平和服务质量。

三是政策引导，强化专业化分工优势。农业生产过程中的产前、产中、产后各个生产环节的各项生产内容，如耕地养护、播种、收割、加工、物流、销售、植保、养殖防疫等作业的专业化，将会大大提高相关作业环节的生产效率，降低生产成本。通过制定相应的优惠政策，引导和促进相关产业集聚，鼓励农产品物流基地、养殖业基地、商品服务业集中建设，对于具有示范效应的成功企业可以给予适当的贴息和补助，强化各项服务业的分工合作。四是强化农业生产性服务业与农业生产的关联效应。引导和推动农业生产的组织创新和管理创新，吸引相关服务性产业进入农业生产领域，有针对性地扶持农业科技、金融租赁、现代物流企业的发展，通过这些服务性企业优质服务的供给，提高农业生产效率，增加农业产出。政府通过建设相应的公共服务平台为农业生产性服务业与农业生产提供对接服务，推动服务性企业与农业生产企业的相关业务合作，促进农业生产性服务业的集中化、组织化、市场化。

（三）大力推进农业供给侧结构性改革

生产能力较弱、生产方式单一、组织化程度较低是制约贫困农户耕地利用效益提升的重要原因。因此，要大力推进农业供给侧结构性改革，通过农业生产性服务主体的精准服务和强力带动，实现贫困农户与现代农业发展的有效衔接。

一是依托农业资源禀赋优势推动种植业结构调整。在保障国家粮食安全战略需求的基础上，促进非粮作物的生产。有计划地"减玉米，增大豆和经济作物"，发展优质饲料、饲草种植。发挥黑龙江农业自然资源禀赋适合亚麻、甜菜、马铃薯、烟叶和多种中药材生产的优势，扩大具有显著区域比较优势的经济作物种植。要把种植，偏重粮食生产的"一元结构"，调整为粮食、饲料、经济作物等多作物相结合的多元种植结构。加快发展食用菌、杂粮杂豆等特色经济作物，打造特色产业集群。

二是依托农业生产性服务主体推动种植业结构调整。通过引进农产品精深加工龙头企业、培育新型农业生产经营主体、培养高素质农民，发挥能人典型示范带动作用，引导新型农业生产经营主体提供农业生产性服务，在集约化、规模化、标准化、品牌化、产业化经营过程中落实种植结构调整，推动贫困农户增收、获得实实在在的结构调整成效，使转方式调结构真正落到实处。

（本部分内容刊发于《智库专报》2019年第1期，原文题目为"关于全面提升耕地资源利用效益　实现贫困农户持续稳定脱贫的政策建议"，作者：黄善林、郭翔宇。）

三、充分保障农村危房贫困户住房安全

精准扶贫，作为一种扶贫的思想、战略和方式，是基于我国基本国情、现阶段的贫困特点和扶贫体系的特征提出来的，其核心要义是集中注意力和各种资源，正视贫困问题，聚焦贫困地区和贫困对象，改善和提高脱贫工作

的效益和质量。本质上是把扶贫资源有效地分配给真正的贫困人群，帮助他们持续稳定地摆脱贫困。在经济学上，精准扶贫实际解决了扶贫的有效性问题。

2015 年 11 月，《中共中央国务院关于打赢脱贫攻坚战的决定》明确了打赢脱贫攻坚战的总体目标："到 2020 年，稳定实现农村贫困人口不愁吃、不愁穿，义务教育、基本医疗和住房安全有保障。"在这个"两不愁、三保障"目标中，解决农村贫困户住房安全问题是重点，也是难点。做到"两不愁"在黑龙江省不是太难，义务教育有保障也相对容易解决，随着新型农村合作医疗和大病保险的全覆盖，基本医疗有保障也在不断改善。在这种情况下，住房安全有保障是最难解决的，而且这是硬指标，应作为各级政府重点解决的目标任务。

（一）完善现行做法

1. 充分利用国家现行政策，加快推进农村危房改造

解决农村危房贫困户住房问题的主要方式和途径是危房改造。2008 年以来，全省已经完成农村危房改造 173 万户。按照《农村危房改造"十三五"规划》，2016—2020 年全省计划改造农村危房 60 万户。主要做法有以下几个方面：

一是对于居住危房的农村非贫困户，主要采取危房改造途径。在政府适当补助引导下，以农民自筹资金为主，在原址重建新房，解决住房安全问题。二是对于家庭主要成员有劳动能力、有农业经营收入或非农就业收入的省标贫困户，即有自筹资金能力的一般贫困户，应引导其积极自筹资金，充分利用政府补助进行危房改造。三是对于有一定收入能力但自筹资金确有困难的特困户，应加大政府补助力度，特别是省级政府和县乡政府匹配资金应主要用于这部分特殊贫困户的补助。四是通过正确宣传和示范，积极引导危房贫困户建造成本较低的彩钢房，以减轻其自筹资金压力。五是要因地制宜，探索符合当地实际情况和农民实际需求的农村危房改造方式，努力提高政府补助资金的使用效益。在新建房屋到一定程度时，可适当提前发放政府补助，以减轻危房户资金压力；对于拟改造危房属于 C 级局部危险的，应允许申请和利用危房改造政府补助资金进行房屋修缮加固；如果多个农户自建确有困难且有统建意愿的，各地可结合村庄规划和整体人居环境改善，帮助农户进行统一建设，努力降低建造成本。

2. 利用农村空闲建筑和宅基地，集中翻修、新建幸福大院或廉租住房

一是农村有旧学校、旧厂（场）房等闲置建筑的，可修缮改造成分户居住的房屋；二是农村有未使用的集体建设用地，有条件的村可集中新建住房；三是对于农民闲置的宅基地，应鼓励、引导其自愿有偿退出，根据需求和资金情况由村里统一集中建房。

对于通过这些方式新建或改建的住房，应主要用于无法自筹资金进行危房改造的贫困户；在使用方式上，应以廉价租赁为主，也可以根据实际情况无偿提供给特困户居住；这些房屋的产权归村集体所有，循环使用。采取这种集中修建模式，有两个关键问题要研究和解决。一是资金的筹措；二是房屋的后续管理与持续运行。

3. 利用敬老院，进行集中供养

对于老弱病残、生活自理能力较低的"五保户"及其他特困户，应该依靠政府兜底的社会保障政策进行集中供养。最好的方式就是送敬老院。

（二）积极探索新模式

解决农村危房贫困户住房安全问题，应在完善现行做法的同时积极探索新模式，即有效利用农村闲置房屋，采取政府主导的租赁方式保障贫困户住房安全。

1. 许多危房贫困户因无资金自筹能力而无法进行危房改造

在农村危房改造现行政府补助标准下，实现《规划》确定的目标任务，前提和基础是危房贫困户有资金自筹能力。但是，目前绝大部分剩余危房贫困户自筹资金能力有限或根本没有自筹能力。按照以农民自筹为主、政府适当补助的筹资政策和以原址重建、村民自建为主的改造方式，很难甚至无法通过危房改造途径解决安全住房问题。

根据齐齐哈尔市扶贫办统计，全市有农村贫困户 107 140 户。其中，低保贫困户 19 580 户，占 18.3%；五保贫困户 4 464 户，占 4.2%。二者合计 24 044 户，占 22.4%。这些贫困户基本上无力自筹资金进行危房改造。另外，从致贫原因角度分析，全市农村贫困人口 256 105 人。其中，因病致贫 104 842 人，占 40.94%；因残致贫 16 470 人，占 6.43%；因缺劳动力致贫 10 039 人，占 3.92%。三者合计 131 351 人，占 51.29%。由于这三种原因而致贫的农户，都是主要家庭成员因无劳动能力进而无农业经营收入和非农就业收入。这意味着，有一半左右的贫困户自筹危房改造资金能力是较低的，许多贫困户根本没有自筹改造资金的能力。基于这种实际情况，在大力推进危房改造的同时，还应积极探索其他方式。

2. 许多转移进城农民工住房处于闲置状态，应有效利用起来

近年来，随着农村城镇化进程不断加快，农村富余劳动力逐渐转移进城

就业和居住，农村出现了越来越多的闲置房屋和宅基地。据对齐齐哈尔市24 个村的实地调查显示，长期全家外出打工农户，少的村有十几户或几十户，多的村有上百户，有的村达二三百户，平均外出打工农户占农户总数的比例为 20％以上。其中，富裕县繁荣乡永丰村目前全家外出打工超过三年的农户有 110 户，占全村农户总户的 17.7％。农村普遍出现了程度不同的闲置房屋，房屋闲置率最低的村为 2.2％，最高的村达 64.2％，闲置户数从十几户到几百户不等。这些闲置房屋基本上无人居住，有的只是过年回来居住一小段时间，很少租给他人居住。

房屋作为农民的财产处于闲置状态，不能带来收益是一种浪费；宅基地作为稀缺资源处于闲置状态，没有有效利用也是一种浪费。因此，应有效利用现有闲置住房，采取以政府补助为主的租赁方式解决那些自筹资金改造危房确有困难或者根本无力进行改造的贫困户住房安全问题。

过去和现在，农村闲置房屋少有出租的主要原因是供需双方租赁意愿都不高。一方面，作为供给方，闲置房屋的房主因房租偏低、担心住户不爱惜保护房屋而不愿意出租；另一方面，作为需求方，危房贫困户太穷，即便房租较低也不肯支出这笔费用，或者说贫困户"租不起"。在多数农村，一年的房租费只有几百元，一般不超过 1 000 元，而这几百元对许多贫困户来说也是一笔大开支。

3. 有效利用现有闲置房屋采取租赁方式解决危房贫困户安全住房问题

在上述情况下，利用现有闲置房屋通过租房方式解决危房贫困户安全住房问题，关键是要使供给方有意愿、需求方有能力进行房屋租赁。为此，需要政府发挥主导作用。一方面，提高房租水平，建议每年在 1 500～2 000元，提高房主出租闲置房屋的积极性。另一方面，政府给予危房贫困户租房补助。具体方式可考虑：①政府首先以 1 500～2 000 元的价格租用闲置房屋，然后以不超过 500 元的价格转租给危房贫困户居住；②政府直接给危房贫困户每年发 1 000～1 500 元的租房补助，由贫困户自行联系租住本村闲置房屋。

采取这种方式的关键和难点是政府需要每年提供财政补助。以齐齐哈尔市为例，全市现有 17 万户农村危房，计划危房改造 14.82 万户，剩余21 800 户。按 8 个贫困县计算，每个县 2 725 户。按每户补助 1 500 元计算，需政府投入 400 多万元；按每户补助 1 000 元计算，需政府投入 270 多万元。按全部 12 个县区计算，每个县剩余危房户 1 817 户。按每户补助 1 500元计算，需政府投入 272 万元；按每户补助 1 000 元计算，需政府投入 182

万元。平均来看，县里每年拿二三百万元的财政补助，应该是有这个能力的，因而这种方式应该是可行的。如果再除去通过幸福大院、敬老院等方式解决的危房贫困户，实际需采取这种模式解决住房安全问题的贫困户要少于调查数字，因而需要政府的财政投入也小于预测数字。到每个乡村，可能只需要几万至十几万元。更重要的是，这部分危房贫困户是解决住房安全问题的重点和难点，只能依靠政府的大力帮助才能住上安全住房，而且是必须得到解决的。

采取租赁模式需要村级组织做好具体工作：采取第一种方式，需要村里确定需求数，然后根据需求数选择供给户；采取第二种方式，需要村里对危房户进行监督，确保其实际租住安全房屋，防止套骗政府补助。

（三）进一步的思考与建议

1. 多种渠道筹措资金

在解决农村贫困户住房安全问题过程中，不管采取哪种方式，资金都是最关键的制约要素。解决贫困户住房安全问题需要大量的资金，可采取多种渠道筹措资金。一要加大政府财政投入。在积极争取国家和省里资金支持的基础上，市县和乡镇政府也要加大资金投入力度。二要加快落实金融扶贫政策。省里已经确定，全面推进贫困户免担保、免抵押、3 年期、5 万元以内、县建风险补偿金的扶贫小额贷款。对于贫困户贷款用于危房改造的，应实行优惠利率，政府给予贴息补贴，帮助贫困户缓解一次性自筹资金过多的压力。三要积极吸引社会资金，可采取一些政策手段引导企业进行投资。

2. 加强宣传、教育和引导

农民有些思想、观念及做法对解决农村危房贫困户住房安全问题具有不利影响，应加强宣传、教育和引导。调研中我们发现农民不愿意租住别人的房子，只要自己的房屋不会马上倒塌，就不愿离开，否则觉得心里不踏实；建房时，总想建好一点的房子，不愿意建相对简易的彩钢房，总觉得没面子；有些老年危房贫困户，特别是近年来新增的老年贫困户，多数是儿子结婚后独立门户、分家单过，儿子住新房子，老人变成贫困户，住几十年的泥草危房；也有少数是老人原本与子女一起生活，为了争取享受低保等国家政策补助而与子女分户，等等。

3. 合理确定优先次序

在解决贫困户住房安全问题过程中应考虑并合理确定优先次序。一方面，从效率角度看，现行危房改造对有自筹资金能力的危房户能得到优先改造；另一方面，从公平角度讲，应根据房屋危险程度、危房户贫困程度、贫困户家庭成员实际情况等因素确定政府帮扶优先次序。如何在工作中将两种情况综合考虑、合理安排，是一个应该认真研究并处理好的问题，确保优先帮助住房最危险、经济最贫困农户解决最基本安全住房问题。

4. 积极探索制度创新

从根本上有效解决农村贫困户住房安全问题，涉及现行某些相关政策调整、制度完善及法律修订等，应在实践中进行积极探索和创新。例如，可探索推进利用农村贫困户闲置宅基地复垦，通过不同区域范围的耕地增减挂钩，增加农村贫困户财产性收入，促进其彻底脱贫和解决住房安全问题。首先可在县市范围内探索，进一步扩大到省域范围内实施，并积极争取跨省域范围针对贫困户的耕地增减挂钩。

（本部分内容刊发于《调研报告文选》2017 年第 19 期，原文题目为"在精准扶贫过程中注重保障农村贫困户住房安全的建议"，作者：郭翔宇。）

第二节　实施脱贫攻坚的策略与重点

一、合理把握农村精准扶贫节奏

实施精准扶贫、脱贫，就是要通过外部力量逐步帮助贫困户解决基本刚性需求，直至其通过自身劳动和努力获取必要收入。不管是贫困人口还是非贫困人口，需求都是有层次的。对于收入微薄、刚性需求较多的贫困人口而言，其需求应从低到高逐步满足。由此而言，贫困户面临的困难可以概括为生命之患、生活之困和生产之忧。因此针对实际情况，应采取"除生命之患、脱生活之困、解生产之忧"的阶段性扶贫方式。

全国因病致贫农户占全部贫困户的比例高达 50% 左右，部分省份贫困户中有大病、慢性病病人的比例高达 80%。这些患者一般医疗保障缺乏、劳动能力较弱，甚至生活不能自理，需要家人陪护，是家庭的沉重负担。因此，精准脱贫的首要环节就是除生命之患。这要求各级卫生部门加强对贫困人口的病患调查，查找致病原因、发病规律，并采取切实有效的干预措施。首先，对未确诊的因病致贫家庭患病人员进行免费健康检查，摸清病情底数，建立健康档案。其次，通过提高医疗保险报销比例特别是慢性病医药报销比例，降低农户的医疗费用支出。再次，通过大病救助等措施让贫困户病有所医，减轻其疾病痛苦甚至恢复身体健康和劳动能力。最后，可对无劳动能力的人员进行集中供养。除此之外，可通过印制慢性病管理手册、对各级乡村健康管理人员进行慢性病预防干预培训，及时对慢性病患者进行健康干预指导，并积极引导他们就医治疗，帮助他们改变不健康的生活习惯，防止慢性病发展成大病。通过这些措施，减少甚至消除有病患家庭的病人陪护需求，增加家庭劳动力或提升劳动能力，从而为劳动者专心从事生产活动、增加经济收入奠定基础。

生活的艰难给贫困户的生产和生活带来严重影响。一日不能脱离生活之困，笼罩在贫困户心头的阴霾就一日不会消散，如子女读书、房屋破旧甚至倒塌、处于鳏寡孤独状态。所以，必须采取有力措施让贫困户摆脱生活中的困苦和无奈：以新农村建设为载体，促进自来水、电力、有线电视等基础设施和卫生室、图书室、幼儿园等公共设施建设；将科学规划的新型村落或农村社区作为脱贫解困、发展生产的重要载体，通过空房置换、旧房修缮、幸福大院、宜居社区等多种形式改善贫困户住房条件，消除无房、危房等住房问题；通过优化幼儿园和中小学布局、运营校车，减免学杂费，发放营养餐等方式，减轻教育负担；通过改造乡风民俗、推动农村文化建设，减少随礼名目，降低随礼标准，改变婚礼、建房、贺寿等攀比心理，减少不必要的经济支出。通过这些具体措施，让贫困户缓解生活压力，改善生活条件，营造美好生活氛围，从而为安心生产活动、提升收入水平营造条件。

（本部分内容发表于《中国社会科学报》2017 年 11 月 22 日，作者：杜国明、李红。）

二、科学提高扶贫脱贫精准度

选派驻村工作队是精准扶贫脱贫工作的一个重要举措。黑龙江省按照中央政策要求，每个贫困村都派驻了驻村工作队，个别贫困县为全面推进精准扶贫脱贫工作，也在每个村派驻了驻村工作队。实践证明，驻村帮扶是一种有效的精准扶贫脱贫方式。

（一）抓住精准扶贫脱贫的"牛鼻子"

村级组织是脱贫攻坚工作最基层单元，直接关系到扶贫政策的执行与落实。从实际情况来看，村级组织受到各种制约，贯彻落实党的各项精准扶贫脱贫政策有一定困难：一是受自身素质、能力的制约对国家的政策理解不透彻，执行能力弱，政策落实有偏差。二是受工作人员少、资源禀赋不足、村级集体经济薄弱等因素的限制，一些扶贫脱贫措施难以实施。三是个别村级组织软弱涣散，领导能力不强，精准扶贫脱贫工作难以开展。驻村帮扶有效地解决了村级组织建设问题，充实了村级基层组织力量，提高领导力和执行力，显著提升了精准扶贫脱贫的效果。可以说，做好驻村工作队建设就是抓住了村级层面精准扶贫工作的"牛鼻子"，有效提升了精准扶贫脱贫工作成效。驻村工作队显著提高了精准识别和精准管理水平。精准核算农户生产生活状况，完善档案管理，按照程序进行贫困户精准识别和退出，有效地化解了乡村因扶贫工作产生的新矛盾。驻村工作队有效地落实了各级政府的扶贫脱贫政策，将各级政府制定的住房、医疗、产业等政策宣传到位，落实到人，贫困户的收入和生活条件得到明显改善。驻村工作队有力地提升了所在村的基础设施建设和公共服务水平。他们积极与有关部门沟通，多方争取支持，为所在村修建或修缮了道路、文化广场、村委会、图书室、路灯等。改善了基础组织的工作作风，及时解决村民的各种问题，提高了村级组织的公共服务水平。驻村干部深入一线，为人民群众解决实际问题，加强了党和人民的联系，让农民直接感受到来自党和国家的温暖，提高了群众对精准扶贫的认可度。

（二）驻村帮扶措施仍需加强精准度

一些驻村工作队在精准扶贫脱贫工作中发挥的作用不够明显。一是驻村工作队人员选派不够"精准"。个别村选派干部与所在村需求不匹配，驻村工作队发挥作用不明显；个别驻村干部缺乏对农村和农业的了解，开展工作存在困难；个别机构选派工作人员年龄较大，缺乏从事扶贫脱贫工作的积极性。二是缺乏有效的管理、考核与激励机制。没有建立相应管理、考核与激励制度，执行不到位，驻村工作队队员未能全身心地投入扶贫脱贫工作中去。三是个别驻村干部驻村时间不足，对所在村贫困状况缺乏了解。四是驻村工作队对驻村工作内容认识不清晰。重视帮扶而忽视精准管理，没有有效解决精准扶贫脱贫中的各种矛盾，群众对扶贫脱贫工作不认可；帮扶措施不得力，更注重贫困村的基础设施建设，忽略产业发展，忽略对贫困户的脱贫规划和帮扶，帮扶措施不够精准。五是对驻村工作队的支持力度不够。缺乏参与村级组织精准扶贫脱贫工作的制度保障，难以参与村组织与扶贫脱贫相关的各项决策；选派单位仍保留相关工作，驻村干部两边兼顾，难以全身心投入；一些驻村工作队缺乏驻村工作必要的物质保障。

（三）加强驻村工作队建设

1. 对现有驻村工作队的配备进行适当调整

对现有驻村工作队的工作情况进行整体考察，根据贫困村的实际情况适当调整驻村干部，把熟悉经济工作的干部派到产业基础薄弱、集体经济脆弱的贫困村，把熟悉社会工作的干部派到矛盾纠纷突出、社会发育滞后的贫困村。精心设计驻村工作队的人员构成，重点将主要领导、后备干部、农业或与农业行业相关干部纳入到驻村工作队中，将一批有能力、有干劲、懂农业、爱农村、爱农民的优秀干部派驻到扶贫第一线。有条件的县市，扩大驻村工作队的选派范围，对非贫困的重点村也要派驻驻村工作队，推进精准扶贫脱贫工作进程。

2. 建立健全驻村工作队的管理、考核与激励机制

县级政府对驻村工作队的工作内容、职责、方式做出明确的规定，对驻村工作队进行日常考勤和定期考核。精心设计考核体系，平时考核、年度考核与期满考核相结合，工作总结与村民测评、村干部评议相结合，提高考核工作的客观性和公信力。将考核结果作为评优评先、提拔使用的重要依据。对不胜任驻村帮扶工作的驻村干部进行召回，责成单位进行调整；对于弄虚作假、失职失责，要予以问责。

3. 进一步支持驻村工作队全力开展帮扶工作

各级政府要在制度上保障驻村工作队深入参与精准扶贫脱贫工作。赋予驻村工作队在精准扶贫脱贫工作上有一定的发言权、指导权和决策权，使驻村干部有权参与"村两委"会议。县级政府要建立驻村工作队和帮扶责任人的联结机制，宣传好、落实好帮扶政策。派出单位要稳定驻村工作队成员的构成，保证驻村干部完全脱离原职工作、全身心扎根基层；要支持驻村工作队积极对接企业、行业，引导社会资源参与精准帮扶；给予适当的物力和财力支持，帮助贫困村改善生产生活条件。各部门在生活上要解决驻村干部的后顾之忧，保持原单位相关待遇不变，提供必要的工作条件和生活条件，使驻村干部安心工作。

4. 进一步提高驻村工作队扶贫脱贫工作的精准度

精准扶贫脱贫是一项系统工程，精准识别、精准管理、精准帮扶与精准退出互相联系、相互制约，其核心在于精准。驻村工作队要紧密团结"村两委"，全程参与精准扶贫的全过程，尤其要克服由于基层组织软弱涣散而造成的识别、管理和退出不精准问题。要系统分析贫困村的致贫原因，有针对性地提供规划并执行好脱贫规划，重点实施产业扶贫、劳务输出扶贫等可持续的扶贫脱贫措施。要注重对贫困户的帮扶，据因定策，精准施策，既要杜绝帮扶不力，又要避免过度帮扶，避免产生新的矛盾。

5. 驻村工作要与乡村治理紧密结合

驻村扶贫脱贫是一种创新，为乡村治理带来了新的契机。驻村工作队为乡村治理注入了新鲜血液，对乡村的自治、法治和德治等产生积极的影响。应以此为契机，全面提升贫困村的治理能力。要注重加强贫困村的组织建设，增强"村两委"领导能力，提升基层组织的乡村治理能力；要推动扶贫脱贫工作公开、公平、公正，引导村民参与公共事务决策和管理，提高村民参政、议政能力，推进乡村民主自治；推动发展村级集体经济，增强村集体公共服务能力；要将扶贫脱贫同扶志、扶智相结合，加强法治和德治教育，提高村民法律意识和思想道德素质。多措并举，推进贫困村形成自治、法治、德治相结合的乡村治理体系。

（本部分内容发表于《黑龙江日报》2018 年 2 月 13 日，原文题目为"加强驻村工作队建设　提高扶贫脱贫精准度"，作者：翟洪江、郭翔宇。）

三、着力提升脱贫攻坚工作成效

自 2017 年 4 月下旬，黑龙江省委办公厅、省人民政府办公厅印发《全省脱贫攻坚精准识别、精准退出实施方案》以来，全省各县市积极行动，重新识别贫困户、重新核查脱贫户、重新核查退出村，全省建档立卡户数量大幅减少，贫困识别更为精准，第一书记及帮扶责任人派驻和帮扶力度更大，各种精准扶贫政策可操作性更强，广大建档立卡贫困户获得了更多帮扶措施，脱贫攻坚工作成效更为显著。为进一步提升脱贫攻坚工作成效，推动全部贫困县、贫困村脱贫摘帽，要查找黑龙江省当前脱贫攻坚工作中存在的不足，并提出建议。

（一）黑龙江省脱贫攻坚工作中存在的不足

1. 精准识别标准不一致、程序不规范

部分行政村在贫困识别时，只考虑农户收入和农民健康水平，没有充分考虑"两不愁、三保障"，识别标准不一致、不标准。在收入核算上，一是农业生产周期（自然年）与建档立卡户收入核算周期（上年度 10 月至本年度 9 月）错位，农户种植业结构调整和农产品价格波动会导致对农户的种植业收入核算不精准；二是农村养殖业、外出务工收入和赡养费难以考证，填写较为随意；三是对长期稳定性与短期临时性转移性支付收入的区别不明确，导致收入计算误差大。另外，部分行政村的贫困户识别、退出或清退民主评议、公示、告知等程序不规范，部分农户对何时脱贫或清退不清楚。

2. 建档立卡户、清退户及村级档案不规范

部分建档立卡户的档案填写不规范、数据缺失、没有负责人签字、缺公章，收入计算依据不清，特别是转移性收入大多只写总数、缺失单项数据，各种档案材料存在随意涂改、更正账目现象。扶贫手册上的致贫原因、帮扶措施等内容多有雷同、填写字体一致，帮扶记录不符合逻辑、不符合实际。

"一册""五卡""四账"等填写复杂，部分县市统一由驻村工作队填写，工作量大，存在弄虚作假嫌疑。部分清退户档案中的清退佐证材料不全，部分行政村的档案存放、管理不规范，户、村、数据库间各种数据的一致性有待提升。

3. 保障性政策落实不充分

医疗保障方面，存在"小医院治不了病，大医院治不起病，贫困户有病不敢看"的状况。部分卫生院、卫生室承包经营，门诊费用需要自理、个人缴费标准高，而大病、重病必须到定点诊所或医院去接受服务，陪护、交通等成本高，报销程序较繁琐。教育保障方面，当前大部分地区小学和初中统一集中到乡镇上，交通、陪护等读书成本较高，因贫失学的风险较大。部分贫困户对教育帮扶政策资助的对象、范围和资助方式等不知晓，学生资助申请、资格认定、审核、公示等环节有待规范。住房保障方面，部分行政村危房改造补助申请难度大、补助资金额度有限，难以保证贫困户有能力修缮或翻新房屋；部分村镇采取集中修缮方式，统一为村民房屋"穿衣戴帽"，但个别工程质量差，窗户或门没有更新且在施工中被损坏。另外，五保、低保、危房改造等保障性政策在基层执行不规范，存在优亲厚友甚至吃拿卡要等现象。

4. 因村因户帮扶不精准

驻村工作队的帮扶能力与成效与其派出单位性质高度相关，部分驻村干部虽有想法但难以落实。部分帮扶责任人走访次数有限，只顾填写帮扶手册、农户签字、照相，或是简单送物送钱、发钱发物，缺乏对农户的真情实感，存在走过场、应付检查的嫌疑。部分行政村的活动广场、通村路等工程建设质量差，监理验收把关不严。

5. 促进贫困户和贫困区域内生发展的动力不足

各级政府颁布了众多扶贫政策，但系统性不强、互补性不强，部门间的协调机制尚不健全。另外，这些政策多为社会保障与救助、基础设施和公共设施建设、组织保障等方面，对产业发展及农村内生动力关注不足，通过发展生产、劳务输出、信贷支持、推动创业、壮大贫困村集体经济等开发性、持续性、实质性脱贫政策和长效机制没有得到充分体现。

6. 扶贫干部工作素养能力还有提升空间

各级、各类精准扶贫评估、检查、审计、调研、考核众多，地方扶贫干部不堪重负，真正投入脱贫攻坚中的精力有限。在责任层层传导、压力层层下压的背景下，地方扶贫干部时刻担心被免职问责的惶恐状态，县级扶贫主管部门领导更换频繁，扶贫工作连续性不强。仍有部分扶贫干部对扶贫政策理解不到位、工作没章法，对脱贫攻坚工作缺乏切实可行的顶层设计和工作思路，个别部门和政府出台的扶贫政策可操作性不强、扶贫成效不佳。非贫困县、非贫困村的扶贫工作开展存在明显差距。

（二）黑龙江省脱贫攻坚工作应坚持的原则

黑龙江省气候寒冷、农业基础设施相对薄弱，贫困县产业结构单一，贫困村既有集中连片分布区，也有零星分布区。贫困人口多为老、弱、病、残、痴，产业可带动能力差，且贫困户穿衣、吃饭、住房等基本生活成本显著高于南方。脱贫攻坚工作应充分认识黑龙江省贫困问题在年龄结构、文化素质、区域发展等方面的特征，坚持以下原则：

（1）将农户帮扶与区域发展相结合。在扶贫工作中，既要通过多种帮扶措施帮助贫困户脱贫，为贫困村和贫困县脱贫摘帽创造条件，也要促进贫困区域发展，为贫困户脱贫致富创造良好的区域环境，构建农户脱贫与区域发展的相互激励机制。

（2）将全面统筹与部门发力相结合。扶贫开发工作是一项综合性系统工程，要加强各级政府统一谋划，各个部门积极配合，共同搭建精准扶贫的平台，助力贫困户和贫困区早日脱贫。

（3）将依靠外力与激发内力相结合。充分利用上级政策，用好外部支持的资金、技术、人才，通过外部帮扶在短时间内填补制约区域社会经济发展的短板。同时，激发广大贫困区域干部群众的内生动力，提高自身发展能力，从根本上改变贫穷面貌。

（4）将时间计划与空间部署相结合。制定明确的脱贫时间表，瞄准靶向，倒排工期，同时各地区拟定区域精准帮扶规划，提升各种扶贫措施的可行性、高效性。

（5）将任务分解与责任分担相结合。遵循分级负责、分工负责、权责统一的原则，明确省、市、县、乡等各级政府、各职能部门的扶贫责任和扶贫任务。

（6）将加快脱贫与抑制返贫相结合。加快脱贫的同时着力构建精准扶贫开发长效机制，切实防止返贫，不断巩固和提升扶贫开发成果。

（7）将增加收入与减少支出相结合。通过多种措施让农户增加收入并减少支出，扭转收入微薄、入不敷出的贫困状态，从而实现收入达标以及"两不愁、三保障"。

（8）将物质脱贫与精神脱贫相结合。扶贫先扶志，扶贫必扶智，将物质脱贫与精神脱贫相互结合、相互促进，最终推动贫困地区实现可持续发展。

（三）推进黑龙江省精准扶贫工作的建议

1. 加强精准扶贫组织保障，落实扶贫开发工作机制

贫困县市的党委、政府要切实履行好精准扶贫的主体责任，高度重视扶贫工作机构和队伍建设，进一步健全扶贫工作保障机制，做到机构设置、职能调整、人员编制、经费预算、监管检查与扶贫工作任务相适应。同时，各级党委和政府特别是贫困县、贫困村必须把扶贫开发工作作为重大政治任务来抓，提高思想认识，切实增强责任感、使命感和紧迫感。健全脱贫攻坚领导责任制，坐实基层精准扶贫责任主体，加强精准扶贫的宣传工作，努力提升精准管理水平。

2. 严格规范精准识别标准和程序

严格规范精准识别程序，采取自上而下和自下而上相结合的方法，确保识别过程公平、公正、公开。精确计算家庭收入，实事求是地核算家庭常住人口。简化并规范扶贫档案，严格档案管理，对扶贫手册、扶贫档案、扶贫系统等要定期更新、确保一致，确保扶贫信息真实、可靠、管用，切实减轻扶贫人员填表、报表的工作压力。补全清退户档案材料，做实清退理由和清退证据。准确判断各贫困户脱贫还欠缺什么条件，按照收入、教育、医疗、住房四类脱贫短板统计不同行政区域范围内的农户短板清单，将政府"扶"的供给侧和农户"贫"的需求侧相统一，为因村因户精准施策提供依据。要考虑将长期居住在本地的外地户籍贫困人口纳入精准识别和帮扶对象。

3. 全面落实保障性政策，奠定大规模减贫基础

各级政府和部门出台并落实有利于贫困地区和贫困人口发展的包容性政策，为大规模减贫奠定基础与条件。因地制宜地加强贫困村、贫困县和贫困片区交通、水利等基础设施建设，积极推进贫困地区城乡体系优化及公共设施建设，为精准扶贫、精准脱贫奠定基础。加大对农村、农业、农民普惠政策的支持，对贫困人口做到应扶尽扶、应保尽保，坐实"三保障"。着力加强教育脱贫，阻断贫困代际传递。开展医疗保险和医疗救助脱贫，加快农村危房改造和人居环境整治。要明确扶贫政策与社会保障等其他救助政策的区别与联系，防止过渡扶贫、激化社会矛盾。

4. 精准实施开发式扶贫，稳定提升脱贫质量

开发式扶贫是持续性脱贫的有效措施和长效机制。发展扶贫产业、劳务输出和金融扶贫是开发式扶贫的主要方式。产业扶贫是开发式扶贫的核心内容，注重扶贫的参与面和受益度，扶贫产业与项目选择要精准定位，寻找适合发展的产业，立足新型农业生产经营主体带动，凸显"产业＋扶贫"的本质，避免扶富不扶贫、产业不带贫。劳务输出扶贫是贫困户短期内增收脱贫最直接见效的办法，要提供劳务输出的基础与条件，注重有效对接，提高劳务输出组织化程度，确保劳务输出精准管理。金融扶贫立足于开发式扶贫，依托产业和项目，探索开发适合贫困地区发展特点的贷款产品和服务模式。金融扶贫既讲资金投入又讲风险防控，走保本微利的发展之路，同时还要着力增强扶贫对象的自我发展能力，最终实现可持续发展。

5. 改进干部作风，构建干部奖惩机制

通过多种方式，让广大扶贫干部深入学习脱贫攻坚的重要文件、重要讲话，学习省市县脱贫攻坚政策文件，学习扶贫典型做法，学习信息化知识与技术，切实提升党性修养，丰富理论体系，增加实践认识，提高管理水平。扶贫领导干部要切实深入基层、解剖麻雀，全面总结本地区本部门扶贫对象特点、工作进展、不足与解决措施。基层扶贫干部要切实改变工作作风，贴近群众，埋头苦干，视贫困户如亲人，切实体会贫困户冷暖，增强对贫困户的人文关怀；加强扶贫干部工作监督，坚决防止腐败和侵犯群众利益现象的滋生，对顶风作案的干部要严厉惩罚；对甘于奉献、敢于担当、成效突出的干部，要提拔或奖励；采取多种措施关心关爱扶贫干部，稳定扶贫队伍，解除干部们的后顾之忧；激励基层干部的工作积极性，保证扶贫工作的连续性和后发力量。

6. 加强乡村文化建设，提高脱贫精神动力

通过丰富多彩的形式加强乡风民俗与农村文化建设，逐步提高贫困人口的思想观念、道德规范、知识水平、素质修养、行为操守。注重农村孝义宣传，树立尊老尽孝、赡养老人的典型，提高年轻一辈赡养老人的觉悟，促成以养老尽孝为荣的良好风气，防范分户致贫现象；加强自力更生观念的宣传，摒弃消极落后因素，以形成"脱贫光荣"的积极、健康、向上的农村社会风气和精神风貌。

7. 精简检查评估，提升精准扶贫工作效率

在扶贫工作检查与评估中，应建立检查评估申请备案制度，省级全面统筹各部门、各级政府的检查评估工作，增强检查、考核与评估的针对性、系统性；突出重点和关键部位，重在质的考量，精简各种检查、考核与评估，减轻地方迎检、迎评压力，减少形式主义，停止扰民工程；提升检查、考核与评估的效率、手段、公信力，彰显检查、考核与评估的功效。

（本部分内容刊发于《智库专报》2018年第1期，原文题目为"关于提升黑龙江省脱贫攻坚工作成效的建议"，作者：杜国明、黄善林。）

第三节 推动脱贫攻坚与乡村振兴有效衔接

一、巩固脱贫攻坚成果，衔接乡村振兴战略

2020 年是我国全面建成小康社会目标实现之年，也是全面打赢脱贫攻坚战收官之年。实现农村贫困人口全部脱贫是全面建成小康社会的最大短板和最艰巨的任务。截至 2020 年 2 月底，全国有 780 个贫困县宣布摘帽或正在进行退出检查，占全部贫困县的 93.8%；有 9 348 万贫困人口实现了脱贫，占全部贫困人口的 94.4%，贫困发生率由 2012 年的 10.2% 降至0.6%，标志着我国脱贫攻坚取得了决定性成就。

（一）高质量完成脱贫攻坚目标面临挑战

在全面打赢脱贫攻坚战的收官之年，要高质量地完成全部目标任务还面临着不少具体的困难和挑战。

一是 93.8% 的贫困县摘帽，标志着我国区域性整体贫困问题基本解决了，但人口贫困问题还没有完全解决。截至 2019 年底，全国还有 551 万贫困人口没有脱贫。剩余的这些贫困人口大多是年龄偏高、缺乏劳动能力等特殊贫困群体，基本上需要依靠社会保障兜底来脱贫。

二是 94.4% 以上的贫困人口脱贫，意味着我国的绝对贫困问题基本解决了，但相对贫困将长期存在。我国现行贫困标准是以 2010 年农村居民人均纯收入 2 300 元不变价为基准，这只相当于我国贫困地区农民人均纯收入的 30%。应该说，刚刚超过贫困线的脱贫人口的收入水平还很低，还有部分收入略高于现行贫困线的非贫困人口，都属于低收入群体，还处于相对贫困状态，都需要相应的政策扶持。

三是脱贫攻坚战使建档立卡贫困户人均纯收入大幅度提高，但存在收入不稳定的风险。在建档立卡脱贫人口收入构成中，政策性收入占比偏高，许多地区甚至一半左右是转移性收入，包括小额信贷政策支持的扶贫产业分红收入等。为期三年的小额信贷政策即将结束，而较多的扶贫产业由于前期分红比例过高、经营不善等原因难以可持续发展，转移性收入面临锐减的风险。在有些已脱贫的地区，产业基础比较薄弱，就业不够稳定，存在一定程度的脱贫人口返贫和边缘人口致贫风险。

四是建档立卡贫困人口中慢性病人转为大病病人的概率较高，很多家庭存在劳动能力完全丧失和看病支出进一步提升的风险。有些省份贫困人口最初建档立卡时因病致贫的比例在 50% 以上，家中有慢性病病人的比例在

70％以上。这些慢性病病人随着患病时间延长存在转为大病的较高风险，进而完全丧失劳动能力，进一步增加治病支出。近年来，各地在实施健康扶贫的过程中，大力建设三级医疗体系、开展家庭签约服务和慢性病救助等一系列措施，但部分村屯缺医少药、重签约轻服务、慢性病救治不规范不及时的问题没有完全避免。

五是一些农村危房改造质量不高，部分现有安全住房的脱贫户存在住房再次变为危房的风险。建档立卡贫困户享受房屋改造的比例较高，其中早期改造的房屋大多采取"穿衣戴帽"、简单维修等方式，有些房屋已有不同程度破损，可能再次成为危房；后期改造的房屋特别是重建的房屋主要是简易房。

不仅如此，对照全面建成小康社会的标准和实施乡村振兴战略的富裕生活总要求，上述收入偏低人群还有较大差距。从进一步缩小城乡居民收入差距、实现共同富裕的目标来看，仍然需要大幅度地提高低收入人群的收入水平。因此，探索增加低收入者收入水平的有效路径，促进全国农村居民人均收入水平的大幅提高才更有实质意义。这也是今后促农增收的难点。

（二）巩固来之不易的脱贫攻坚成果

在我国脱贫攻坚取得了决定性成就的基础上，特别是在多数省份提前一年实现了贫困县全部摘帽之后，2020年的工作重点是要全面巩固来之不易的脱贫攻坚成果，提升脱贫的质量，增强脱贫的稳定性和可持续性。

一要认真总结脱贫攻坚所取得的成就，提炼各地好的做法和成功经验，把行之有效的扶贫制度安排和政策措施全面推广并进行延伸，特别是将一些业已成型的做法制度化、规范化。二要认真做好就业扶贫、产业扶贫的后续帮扶工作，稳定脱贫攻坚政策，特别是乡、村两级一定要稳定低保政策，不能脱贫后就撤销某些低保户补助。按国家要求认真落实对不稳定脱贫户、接近贫困户水平等边缘户的动态监测和帮扶机制，对容易返贫和存在致贫风险的人群提前实施有针对性的帮扶措施，及时将返贫人口和新发生贫困人口纳入帮扶。三要继续强化健康和教育扶贫政策。规范和加强对慢性病人的签约服务，定期对慢性病人开展身体健康检查，加强村级卫生室和村医队伍建设，继续实施建档立卡人口的城乡基本医疗保险缴费补助措施。帮助建档立卡农户及其子女养成健康的饮食、卫生和起居习惯，增加对贫困子女上学的教育补助，保障贫困家庭子女享受教育的基本权益。四要对建档立卡贫困户的住房质量进行动态监测，及时发现新出现的住房安全隐患，通过维修、重建、租赁等方式解决这些农户的住房安全保障问题。

（三）推进脱贫攻坚与乡村振兴有效衔接

打赢脱贫攻坚战和实施乡村振兴战略，作为党的十九大作出的重大决策部署，是补齐全面建成小康社会短板、解决发展不平衡不充分矛盾的重要途径。在当前决战决胜脱贫攻坚、加快实施乡村振兴战略的关键时期，要积极推进脱贫攻坚与乡村振兴在目标任务、体制机制、政策措施等方面的有效衔接，使二者相互促进、共同发展。

一要通过脱贫攻坚努力为贫困地区奠定乡村振兴基础。四年多的脱贫攻坚战大幅度提高了贫困县农民人均可支配收入和建档立卡贫困户人均纯收入水平，改善了贫困地区基本生产生活条件和生态环境，增强了贫困地区经济社会发展活力和贫困治理能力，这些变化和成就奠定了贫困地区乡村振兴的起步条件，今后应结合乡村振兴"二十字"总要求全面完成我国脱贫攻坚任务。

二要通过乡村振兴进一步提升贫困地区的脱贫质量。三年来的乡村振兴实践，各级政府落实农业农村优先发展方针，制定出台一系列推进乡村振兴的规划、指导意见、行动实施方案等制度和政策，加大资金投入力度，全面推进农村的经济、政治、文化、社会、生态文明建设和党的建设，现已取得初步成效。特别是农村贫困地区在解决了贫困人口"两不愁、三保障"的基础上进一步增强了经济社会全面发展的后劲。今后贫困地区实施乡村振兴要在巩固脱贫攻坚成果的基础上全面提升脱贫质量。

三要以产业发展为重点推进脱贫攻坚与乡村振兴多元化有机衔接。脱贫攻坚，产业扶贫是重点；乡村振兴，产业兴旺是重点。因此，推进脱贫攻坚与乡村振兴有效衔接，要在生态环境、体制机制、乡村治理、公共服务等全面衔接的基础上，重点做好产业衔接，努力把帮助贫困人口稳定就业、增加收入的扶贫产业做强做大，促进扶贫产业升级和乡村产业兴旺。

随着90%以上的贫困县退出摘帽和贫困人口脱贫，我国区域性整体贫困问题和农村人口的绝对贫困问题已经基本解决，但这并不意味着农村贫困问题就完全、彻底消除了。当前和今后还将长期存在农村贫困问题，但贫困内涵将由绝对贫困向相对贫困转变，贫困表现将由经济贫困向多维度贫困转变，反贫困工作仍然是今后"三农"工作和乡村振兴的重要任务。

（本部分内容发表于《中国社会科学报》2020年6月17日，作者：郭翔宇、杜国明。）

二、推动脱贫攻坚与乡村振兴有效衔接

党的十九届五中全会明确提出"实现巩固拓展脱贫攻坚成果同乡村振兴有效衔接",中共黑龙江省第十二届委员会第八次全体会议明确提出"脱贫攻坚成果不断巩固拓展,乡村振兴全面推进"的目标要求。立足龙江经济社会发展实际,把握方向重点,明确任务举措,促进巩固拓展脱贫攻坚成果与全面推进乡村振兴战略有效衔接,是"十四五"时期黑龙江省经济社会进入新发展阶段、贯彻新发展理念、构建新发展格局的必然要求和重大战略任务。

(一)坚持"基础性",突出"优先发展",补齐农业农村发展短板

坚持把解决好"三农"问题作为全党工作重中之重,坚持农业农村优先发展总方针,是新时代解决好"三农"问题的根本遵循。一要聚焦农业生产性基础设施建设短板,实施强本固基工程。聚焦产业发展需求,积极争取国家重大工程、重大项目支持,推动建设一批强基础、增功能、利长远的农业生产性基础设施。二要聚焦农村生活性基础设施短板,实施乡村建设行动。有序推进水、路、电、气、信、物流等基础设施建设,全面改善农村生活环境与生态环境,建设美丽宜居乡村。三要聚焦乡村振兴要素短板,畅通要素下乡渠道。在"钱"的问题上,应构建刚性机制确保各级财政优先保障、金融重点倾斜落实到位。持续优化营商环境,鼓励和引导社会资本向农业农村流动。在"人"的问题上,应坚持"育才、引才、派才、借才"相结合,构建"本土型+外来型""稳定型+灵活型""管理型+科技型+经营型"乡村人才队伍。在"地"的问题上,要深入探索符合黑龙江省实际的农村土地改革思路举措,建立与农业适度规模经营、乡村产业发展相匹配、相适应的政策体系,推动资源变资产,释放改革红利。

(二)坚持"人本性",突出"长效治理",加强综合性治贫机制体系建设

相对贫困治理是全面推进乡村振兴战略的基础。"十四五"时期,加强相对贫困治理,应突出长效性与系统性,着力构建综合性治贫机制体系。一要建立相对贫困精准识别与动态调整机制。以家庭年人均可支配收入为基本标准,综合考量地区消费水平、家庭消费支出结构等因素,科学制定相对贫困识别办法与标准,依据致贫原因科学划分相对贫困群体类型。坚持公平、公正、公开原则,综合运用民主评定、定量测算、大数据信息比对等手段,建立可进可出、随进随出的动态调整机制。二要建立高风险致贫、返贫家庭

帮扶机制。针对长期患病、年老体衰、身有残疾等低收入、高支出类型家庭，进一步健全救助制度，采取针对性帮扶措施，保证高风险致贫、返贫家庭在实现"两不愁、三保障"的基础上，进一步提高生活质量。三要建立强化外部保障与内生动力机制。按照"产业＋创业＋就业"总体思路，构建政府财政贴息、金融重点支持、社会资本有效参与的多元化资金投入渠道，构建"龙头企业＋合作社＋农户"产业发展模式，带动农户创业致富，产业致富。健全乡村就业公共服务体系，实施劳动技能培训与从业资格认证制度，通过提供就业岗位、提升劳动技能，提高其单位时间劳动报酬，减少剩余劳动时间。

（三）坚持"系统性"，突出"协同融合"，增强乡村振兴发展合力

全面推进乡村振兴战略，是一项系统工程。增强系统合力有助于提升乡村振兴战略实施效果，巩固拓展脱贫攻坚成果。一要加强产业协同。要围绕现代农业建设，深化农地制度改革，培育高素质农民，发展新型农业社会化服务组织，促进现代农业科技研发和成果转化，积极争取国家重大项目、重大工程建设支持，建设农业强省。依托第一产业，加快推进"粮头食尾""农头工尾"，在"精深"上下工夫，坚持市场导向和产品细分，强化质量意识和品牌意识，提高农副产品附加值。依托县域打造农产品加工产业集群，把产业链留在县域，把产业红利留给农民。全面梳理制约服务业发展的突出问题，鼓励各市、县结合本地实际，制定并实施更具针对性、更加明确的政策举措，加大乡村休闲旅游、健康养老、农村电商、统防统治、代耕代种等新产业、新业态融合发展支持力度。二要加强区域协同。党的十九届五中全会提出"健全区域战略统筹、市场一体化、区域合作互助、区域利益补偿等机制"，要深刻把握国家推进区域协调发展战略机遇期，充分发挥自身比较优势，积极主动寻求与发达省份和地区之间的协作，弥补人才、资金、经验等方面的短板，促进比较优势转化为发展动能。三要加强战略协同。按照农业农村优先发展总方针，以实施乡村振兴战略为核心，统筹谋划创新驱动发展战略、新型城镇化战略、科教兴国战略、人才强国战略、区域协调发展战略等重大战略，找准联结点，推动各项战略相互交织、相互协同、相互支撑，发挥其他战略对乡村振兴战略的带动功能。

（四）坚持"差异性"，突出"因地施策"，打造多元化发展格局

一要加强宏观发展规划布局。依据地理位置、产业基础、产品特色、自然资源条件等指导各地市、县进行区域主打产业规划，明确区域差别化发展指导意见和支持政策，打造生态富农、沿边开发开放富农、绿色食品产业富

农、劳务输出富农、特色种养业富农等多元化发展路径。二要推动扶贫产业项目转型升级。将脱贫攻坚时期形成的扶贫产业纳入乡村振兴战略统筹规划，淘汰同质化、低质化、发展潜力弱的产业项目。坚持市场导向和需求导向，大力培育和推广资源要素更加匹配、市场供需关系更加协调、促进农民增收更具实效的特色产业项目。三要加强农村基层党组织建设。农村基层党组织是因地制宜，带领群众增收致富的关键。实现乡村高质量发展，必须加强农村基层党组织建设。要树立"事业选人"导向，要实现从"选什么人当官"到"选什么人干事"的转变；要构建完整规范的农村基层党组织负责人培育、监管、待遇、发展等制度，保证农村基层党组织负责人提升有平台，行为有规范，待遇有保障，发展有通道。

（本部分内容发表于《黑龙江日报》2020 年 12 月 28 日，作者：宋志彬。）

第四节　构建治理相对贫困的制度体系

党的十九届四中全会明确提出，要"巩固脱贫攻坚成果，建立解决相对贫困的长效机制"。这为新时期党的扶贫工作指明了方向，意味着扶贫的重点和难点将从显性的绝对贫困转向更加隐蔽的相对贫困。面对相对贫困问题的复杂性、动态性和长期性，如何实现从动员式的集中治理转变为制度化的常态治理，成为建立相对贫困长效治理机制的关键所在。构建相对贫困制度化治理体系，不仅能够提高相对贫困治理的制度供给力、增强相对贫困治理的制度执行力、激发相对贫困治理的制度聚合力，还能促成治理相对贫困的制度体系转换为解决相对贫困问题的治理效能。为此，可从以下五个层面着力构建治理相对贫困的制度体系。

一、识别并厘清相对贫困的特征与演变规律

从生成条件来看，相对贫困具有明显的地域差异性、城乡差异性、主观性和客观性等特征。在新时代背景下，相对贫困呈现出多元类型，并随着经济社会的不断发展，相对贫困的标准也将不断提高，这就要求我们必须因地制宜精准识别相对贫困的基本特征，保障治理相对贫困制度体系的精准构建。与绝对贫困相比，相对贫困的复杂多样性使得相对贫困的识别具有更大的难度，意味着还需在统筹相对贫困基本特征的基础上进一步厘清相对贫困的发生及演变规律，从而为构建治理相对贫困制度体系提供制度前提。

二、建立相对贫困治理的制度供给体系

有效且完善的制度供给能够为相对贫困治理提供可循的规则保障。埃莉诺·奥斯特罗姆指出，使用公共物品的行为和结果主要受宪法选择、集体选择、操作选择三个层次规则的影响。因此，相对贫困治理制度供给体系可参考上述三个层次规则进行构建：一是要从位置规则、边界规则、选择规则、聚合规则、信息规则五个方面构建相对贫困治理的宪法选择规则，在全国层面对相对贫困治理作出统一部署；二是将相对贫困治理的宪法选择规则进一步明晰细化，探索低成本地推动相对贫困治理制度变迁的途径，为相对贫困治理提供集体选择层次上的规则；三是探索相对贫困治理的试验与容错机制，为相对贫困治理制度实施提供操作细则，提高相对贫困治理制度在操作选择层次上的针对性与多样性。

三、推进相对贫困治理制度的高效运转

完善的政策规定需要相关部门的高效执行，才能实现治理相对贫困的制度目标。治理相对贫困、落实各项制度亦需要多个部门的共同参与，因此需通过各相关职能部门的统筹协调来推动制度的有效落实。一方面，可以建立相对贫困治理的协调机制，具体可建立相关职能部门的领导工作小组，涉及国家、省、市、县四个层级，每个层级的领导小组负责人进行分工协调，层层落实相关政策；另一方面，可以探索高效的相对贫困治理激励机制，尤其要重视对地方各层级政府的激励，具体可采用政治激励、财政激励、荣誉激励等形式多样的激励方式，确保地方各层级相关执行部门忠实地执行相对贫困治理的政策规定。

四、形成相对贫困治理的制度合力

中国特色社会主义制度和国家治理体系的显著优势是推进相对贫困制度化治理高效运作的根本保障。尽管相对贫困阶段与绝对贫困阶段的扶贫工作方式和工作重点存在一定的差异，但是二者的目标导向始终以实现贫困户的脱贫致富为根本目的。因而，相对贫困治理的制度合力必须激发相对贫困人口的内生动力。具体可以从两个方面着手：一是可以通过相对贫困治理的主体性重塑机制，重点解决相对贫困人口的素质性贫困，从理性思维和非理性认知提高相对贫困人口的思想觉悟，从而激发相对贫困人口脱贫致富的主体性意识。二是可以依托相对贫困治理的自组织助推机制，引导社区精英借助

各种扶贫政策和社会关系推动社区发展，发挥正式的制度与非正式的社会网络在相对贫困治理上的比较优势和耦合优势，进而发挥出相对贫困治理体系的最大效能。

五、强化相对贫困治理的反馈调控

一般而言，政策的运行过程主要由政策制定、政策执行、政策反馈等三个环节构成，并经修正调控后再次进入政策运行的新循环，其中又以政策反馈调控最为重要。因此，反馈调控是确保制度化治理长效性的关键所在，尤其是需要确保相对贫困制度化治理中政策"制定—执行—反馈"的动态良性循环。鉴于此，各级政府在大力推进相对贫困治理的过程中，不仅需要以问题为导向，吸纳多方相关主体参与政策执行的监督，瞄准政策执行主体的策略性行为，并根据治理行为反馈，有针对性地调整相对贫困治理工具，纠正制度执行偏差；而且还需要以目标为导向，分析相对贫困治理绩效的影响因素，进而构建相对贫困制度化治理绩效评估体系，并根据评估结果，不断优化相对贫困治理制度，最终使制度适应相对贫困状态的改变。

综上所述，构建治理相对贫困的制度体系需要统筹制度前提、制度供给、制度执行、制度助力以及制度反馈等五个层面，由此才能构建起一套紧密联结"中央—地方—基层—社区"各层级、有效响应"制定—执行—反馈—调控"各环节的横纵结合的制度体系。此外，从制度运行过程来看，完善的制度体系离不开实践的反复检验，因而，构建治理相对贫困治理的制度体系还需要在实践中予以适时调整，从而理顺各级政府及相关部门、社区及相对贫困户三方之间的关系，进行实现相对贫困治理制度体系的连贯性、延续性以及长效性。

（本节内容刊发于《黑龙江日报》2021 年 6 月 5 日，原文题目为"打牢基础为乡村振兴创造高起点"，作者：孙良顺。）

推动农业农村高质量发展

党的二十大报告指出，高质量发展是全面建设社会主义现代化国家的首要任务，实现高质量发展是中国式现代化的本质要求。在经济建设上，要坚持以推动高质量发展为主题，一方面，要积极推动种植业、养殖业和农产品加工业高质量发展；另一方面，要深度推进农业与农村二三产业融合发展。

第一节 推动农业农村高质量发展

一、抓住农业农村高质量发展的着力点

推动新时代黑龙江全面振兴全方位振兴，应把农业发展和乡村振兴作为重要任务。习近平总书记在 2016 年 5 月考察黑龙江省时强调，要坚持把发展现代农业作为黑龙江振兴发展的重要内容，争当农业现代化建设排头兵。黑龙江省是农业大省，但农业大而不强，农村发展相对滞后，突出表现在农业和农村发展质量不高。中共黑龙江省委十二届五次全会提出，实施乡村振兴战略要求农业农村高质量发展，加快建设农业强省。推动黑龙江省农业农村高质量发展，最为根本和关键的是深入贯彻落实新发展理念，全面深化农业农村改革。

（一）坚持创新发展，增强农业农村发展的驱动力

创新驱动农业农村高质量发展应是一个多元化系统。一要推进科技创新，加大对东北农业大学、省农科院等院校支持，强化质量导向型科技研发，增强黑龙江省农业科技创新能力和引领作用，进一步提高农业科技进步贡献率；二要推进制度创新，加大黑龙江省"两大平原"现代农业综合配套与农村改革力度，破解制约农业农村高质量发展的体制机制障碍和深层次矛

盾，完善质量兴农政策体系；三要推进管理创新，适应新常态下现代农业运行变化与乡村振兴要求，优化管理目标，完善管理职能，改进管理方式与手段，更好地发挥政府主导作用；四要推进理论创新，重视黑龙江省现代农业发展研究中心、乡村振兴战略研究中心等智库建设，加强农业与农村高质量发展的理论与政策研究。

（二）坚持协调发展，提升农业农村发展的整体性

一要推进农村一二三产业协调发展，深入推动种养加、产加销一体化，促进农村三产深度融合，延长农业产业链，提升价值链，打造供应链，完善产业链、供应链上不同主体之间的利益关系，让农民更多地分享二三产业创造的价值增值和收益分配；二要推进农业内部协调发展，实现粮经饲统筹、农林牧渔结合，调整优化农业生产结构和种植结构、养殖结构，提升土地生产率和农业综合效益；三要推进城乡协调发展，重点推进城乡要素平等交换、合理配置和基本公共服务均等化，加快建立健全城乡融合发展体制机制和政策体系，从根本上解决城乡发展不平衡、农村发展不充分的突出矛盾，彻底破除城乡二元结构。

（三）坚持绿色发展，叫响"龙江绿"优质品牌

黑龙江省是绿色食品生产大省，2017 年绿色和有机食品认证面积 7 636 万亩，占农作物种植面积的 34.5%，约占全国的 1/5，2019 年进一步增加到 8 100 万亩。推动农业高质量发展，要充分发挥黑龙江省农业绿色发展优势，深入实施农业生产方式绿色化行动，减少化肥、农药、除草剂等投入品的使用量，构建科技含量高、资源消耗低、环境污染少的农业产业结构，培育更多在市场上叫得响、让消费者信得过的高质量绿色农产品和高品质绿色食品知名品牌，进一步提升"龙江绿"的知名度和美誉度，把黑龙江由"大粮仓"变成"绿色粮仓、绿色菜园、绿色厨房"，同时，积极推进农村生活方式绿色化，建设环境良好、生态宜居的美丽乡村。

（四）坚持开放发展，强化农产品出口导向

作为农业大省，黑龙江省农产品商品量大，特别是粮食商品率超过80%。但是，黑龙江省农产品多以初级产品、大路货和原粮在国内市场销售，目前农产品出口额不到 10 亿美元，占全国的比重仅为 1.2%。推动农业高质量发展，黑龙江省要大力发展外向型、创汇型农业产业体系，提高黑龙江省农产品国际竞争力，让更多农产品走向国际市场。要积极推广国际先进农业标准，加快推动黑龙江省农产品质量达到国际先进水平；积极推进农业标准化生产，加强全程质量控制的绿色食品、有机农产品标准化生产基地和优势农产品出口基地建设；加快推进黑龙江省农业走出去，积极打造符合国际市场标准、带动能力强的农产品出口企业和跨境农产品电商平台，拓宽农产品出口渠道。

（五）坚持共享发展，加快农村全面小康建设步伐

在全面建成小康社会、推进黑龙江全面振兴过程中，一定要让农民充分共享改革发展成果，使农民有更多的获得感、幸福感、安全感。坚持共享发展，重点是在发展中保障和改善民生，加快补齐农村民生领域短板，实现农民生活富裕。一要深入有效实施精准扶贫政策和措施，持续巩固和扩大黑龙江省脱贫攻坚成果，减少和防止返贫和发生新的贫困；二要拓宽农民增收渠道，尽快让农民年均收入超过全国平均水平，进一步缩小城乡居民收入差距；三要加强农村基础设施和公共服务建设，加大对农村的资金投入和政策倾斜，切实解决农民最关心最直接最现实的利益问题。

（本部分内容发表于《黑龙江日报》2019 年 11 月 5 日，作者：郭翔宇。）

二、以优质为导向激发特色农业潜能

党的二十大报告提出，高质量发展是全面建设社会主义现代化国家的首要任务，是中国式现代化的本质要求。实现农业现代化是全面建设社会主义现代化国家的重大任务，农业发展同样要坚持以高质量发展为主题。

特色农业是一种高质、高值、高效的农业形态，积极发展特色农业既有助于优化农业生产结构和农产品供给结构，也能够有效催生农产品加工、冷链物流运输、乡村特色旅游等二三产业，对于提升农业质量效益和市场竞争力、拓展农业多种功能、拓宽农民增收渠道等具有十分重要的作用。

作为农业大省，黑龙江农业资源丰富、气候特征鲜明、生态优势显著，具备发展特色农业的有利条件。深入贯彻党的二十大精神，促进农业高质量发展，应将特色农业作为重要着力点，积极谋划、系统施策，进一步做强黑龙江特色农业。

（一）深化理论认识，加强特色农业发展指导

特色农业，自古有之，但新的历史发展阶段，赋予了特色农业新的政策期待和任务目标。推动特色农业发展，应秉持继承与创新相统一的理念，进一步丰富和发展特色农业的理论内涵。概而言之，特色农业是以优化农业生产结构、提升农业质量效益和促进农民增收为目标，以更好地满足不断升级的农产品消费市场需求为导向，以科技创新为根本驱动，充分挖掘和利用资源、环境、区位等优势，生产和提供具有区域特色和比较优势的农产品的农业发展形态。

深入剖析其理论内涵，特色农业表现出"三型并举"的特征。首先，特色农业是质量效益型农业。高质量是其生命线，高效益是其价值目标，特色农业应始终保持品种独特、品质优良、品牌卓越，努力做到"人无我有、人有我优、人优我精"，以高质量保证高效益。其次，特色农业是市场导向型农业。坚持市场导向是其基本原则，特色农业发展既要紧跟特色农产品消费市场的需求变化，也要充分考虑同类或相近特色农产品的市场供应状况，及时调整生产经营策略。第三，特色农业是科技驱动型农业。科技创新是其发展的根本动力，要持续强化科技支撑，以科技创新促进特色农业动态发展。

（二）强化系统设计，明确特色农业发展思路

当前，农产品消费持续由温饱型向优质化、特色化和中高端转型，特色农业发展面临着十分有利的市场契机。把握有利契机，应着力从以下几方面进一步加强系统设计，明确发展思路：

一要突出规划引领。要坚持因地制宜，深入挖掘区域资源、环境、区位等比较优势，围绕项目选择、实施路径、保障措施等科学制定系统化特色农业发展规划，以更加明确的发展目标和发展思路、更加扎实的工作安排和推进举措，推动特色农业发展实践。

二要突出科技支撑。坚持以科技创新为第一驱动力，重点围绕种业创新、工艺创新、设施设备创新、绿色投入品研发等赋能特色农业动态发展，不断改造升级"原字号"特色农业，深度开发"新字号"特色农业。

三要突出产业化经营。围绕特色农业产业链建设，着力加强龙头企业、农村集体经济组织、农民合作社等各类主体培育，加强区域内特色农产品集散中心建设，以产业化带动标准化生产、品牌化营销，提升特色农产品质量效益和市场竞争力。

四要突出绿色生产导向。更加优质、安全、健康是特色农产品的显著特征，坚持绿色生产是特色农业的根本属性要求。应不断完善特色农业种植养殖全过程绿色生产标准体系，加强绿色投入品和生产工艺的研发与应用，统筹产业发展与生态环境保护，提升特色农业绿色生产能力。

五要突出公共服务供给。围绕基础设施建设与科技支撑、产品宣传与品牌打造、市场监管与营商环境建设等，充分履行政府职能，为特色农业发展创造更加有利的条件。

（三）聚焦赋能增收，促进农民农村共同富裕

促进农民增收，是"三农"工作的中心任务，是扎实推进全体人民共同富裕的重点。在理论上，特色农业相对于常规农业能够创造更高的经济效益，但特色农业却并不能够天然地带动农民增收。一方面，特色农业往往具有高投入、高风险特性，可能对农民参与特色农业产业分工形成阻碍效应，导致特色农业发展了而农户"靠边站"的现象；另一方面，在特色农业产业分工中，农民作为最初级农产品的生产者和供应者，往往不具备充分的话语权，更多获得产业增值收益的能力不强。

针对影响特色农业促农增收效应更好发挥的关键问题，应进一步聚焦"赋能、防损、增收"三个环节，强化特色农业发展联农富农效应。一要针对农民资金需求，创新金融产品，提升数字化金融服务水平，探索推出特色农业产业贷，提高农民贷款便利性、时效性；二要针对农民技术需求，更加注重特色农业科技人才培养，选拔优秀特色农业科技人才充实到基层农技推广队伍中，积极探索建立数字化特色农业科技推广服务平台；三要针对农民防范和降低风险损失需求，积极开发特色农业保险服务，探索将特色农业纳入政策性保险保障范围；四要针对农民增收需求，重点以农民合作社和农村集体经济组织为主体，提升农民组织化程度，深入推进农业与二三产业实质性融合发展，构建更加紧密的联农带农机制。

（本部分内容发表于《黑龙江日报》2022年11月28日，作者：宋志彬、郭翔宇。）

三、做好农产品区域公用品牌建设

农产品区域公用品牌是指在一个具有特定自然生态环境、历史人文因素的区域内，由相关组织所有，由若干农业生产经营者共同使用的农产品品牌。黑龙江省级农产品区域公用品牌"黑土优品"隆重发布，为黑龙江省农业品牌建设开启了新篇章，对品牌农业发展、招商引资、相关企业发展和农民增收具有强大的推动作用。黑龙江省农业资源富集，是多种农产品的优势产区，打造区域公用品牌有着得天独厚的优势。要做好农产品区域公用品牌建设，需先明晰品牌建设目标、各建设主体关系、可能遇到的问题、品牌建设路径及重点等四方面内容。

（一）明确设定品牌建设的目标

区域公用品牌在缔造价值、整合资源和引领产业发展方面具有明显优势，是推进农业品牌化的一个重要模式。对农业品牌精品培育工作，农业农

村部提出，"各省要根据产业规模、品牌基础、市场消费和国内外影响力等要素，分品类分梯次分年度培育一批具有产业优势领先、市场空间潜力大、文化底蕴深厚的农业品牌。"黑龙江省要打造精品农产品区域公用品牌，明确设定品牌建设的目标至关重要。

纵观国内外成功的区域公用品牌，无不设有明确的建设目标。例如浙江"丽水山耕"区域公用品牌有三大建设目标：一是建立区域和企业品牌营销体系；二是构建保障品牌质量和信誉的标准化生产和监管体系；三是健全品牌培育和维护机制。由此观之，明确农产品区域公用品牌建设目标，一要在产品生产阶段严标准、重质量；二要在品牌宣传阶段抓特点、塑形象；三要在维护阶段强监管、保口碑，致力于打造"根深""枝繁""果硕"的农产品区域公用品牌。

黑龙江省黑土地资源丰富，山地森林茂密，农业生产潜力大，农产品品质好，品种集中度高，市场前景广阔。应健全监管营销体系，用优质农产品服务消费者，将"黑土优品"建设成整合黑土优势资源、高端绿色有机、内涵丰富、消费者认可度高、促进区域农业发展、助力乡村振兴的精品农产品区域公用品牌。

（二）厘清品牌建设中各主体的关系

农产品区域公用品牌建设需要政府、龙头企业、农业行业组织和农户等多个主体的参与和配合，这就需要明确不同主体在建设过程中的责任与义务。

第一，政府是农产品区域公用品牌建设的主导者。农产品区域公用品牌的产业化运作、财政补贴和土地流转等政策支持均需政府负责。政府需找准农产品区域公用品牌建设方向，出台相应扶持政策，加大财政补贴力度，促进整个产业发展。依托区域优势资源，设计完善的农产品区域公用品牌建设策略，充分发挥政策引导作用，让品牌在激烈的市场竞争中占有一席之地。

第二，龙头企业是农产品区域公用品牌建设的领头人和最大受益者。龙头企业"主攻"市场，要做好开拓产品市场、做好市场定位和提升品牌影响力的重要工作。一方面，龙头企业应扮演好领头人角色，通过品牌市场建设带动中小企业，吸引相关配套企业加入产业链中下游，使企业能够更好利用区域资源；另一方面，龙头企业应抓住良好发展机遇，做好产品市场开拓和定位等工作，使企业品牌与区域公用品牌紧密相连，并借助区域公用品牌的力量发展企业品牌，提升企业品牌的可辨识度和消费者对品牌的认可程度，扩大自身的市场影响力。

第三，农业行业组织是政企之间沟通的桥梁。农产品区域公用品牌的经营管理、品牌打造和宣传推广均由农业行业组织承担。农业行业组织应通过创建专业合作社，将分散的农户组织起来进行标准化生产，并为中小企业搭建信息交易平台，为企业和农户打造共同的农产品品牌，做好品牌宣传和推广工作，提高企业和农民的收入。

第四，农户是农产品区域公用品牌建设的基础。作为农产品的最初生产者，农户要严格把控农产品质量，具有良好品牌意识。应借助农业行业组织和龙头企业创造的条件和提供的农技帮助，把好农产品质量关，有效实现增收。

（三）破解农产品区域公用品牌建设难题

制定完善的品牌发展战略，实现品牌的可持续发展，当前需破解以下难题：

第一，品牌建设无特色。从区域性特征上看，区域间不同的自然条件和种植技术使农产品具有差异性。农产品区域公用品牌的建设要带有明显地方特色，以此提升农产品溢价能力。另外在品牌宣传方面缺乏全面宣传理念，导致品牌数量虽多却小而分散，阻碍区域品牌发挥整体实力。

第二，品牌确立门槛低。从公共性特征上看，农产品区域公用品牌产权是一种集体公共产权，不为任一企业或个人所私有。农产品区域品牌亦具有非排他性，产权难以界定，容易使品牌被"泛用"和"滥用"。部分区域的品牌确立门槛低，入市企业多，易使地方政府在品牌扶持上分身乏术，导致品牌扶持力度不足，未能实现品牌的健康发展。

第三，品牌标准不统一。个别经济主体生产标准不规范，致使市场上的产品质量参差不齐，对品牌形象造成损害，影响整体品牌效益。在品牌申请方面，部分品牌发展战略不够完善，未能制定统一申请标准。

（四）探明品牌建设的路径和重点

立足实际，做好农产品区域公用品牌建设规划，抓好品牌建设重点，探明品牌建设路径，黑龙江省才能打造够响、过硬的农产品区域公用品牌。

第一，过硬的产品质量是农产品区域公用品牌建设的基础。一方面，要建立统一的农产品生产标准，维护产品信誉，组建品牌治理体系，强化品牌治理能力，实现农产品质量水平有效提升；另一方面，要立足市场需求，全面优化农业产业链的各个环节，加强品牌农产品质量监管。

第二，抓住区域品牌特点，加大品牌营销。一方面，要树立品牌意识，在品牌建设过程中体现区域个性化差异，彰显区域特色，体现区域优势，以区域发展需要为纲，以政府、农业行业组织、龙头企业和农户为建设主体，集中区域优势资源，凸显品牌的独特性；另一方面，全方位提升品牌宣传深度和广度，加强品牌宣传管理，提高品牌知名度，打开产品销路，实现品牌快速推广。

第三，坚强的组织保障是农产品区域公用品牌建设的重要支撑。一方面，要积极组建农业行业组织，保证组织的规模和权威性，鼓励农户加入其中，强化组织约束力，提供强有力政策支持，给予品牌金融保障，加大财政补贴力度，监督组织履行相关职能，保证组织运行效率，做好品牌整体监管，打造精品诚信品牌；另一方面，要丰富品牌的文化底蕴，传承黑土文化，提升品牌内涵，加大知识产权保护力度。

（本部分内容发表于《黑龙江日报》2022年10月3日，原文题目为"农产品区域公用品牌建设路径"，作者：余志刚等。）

第二节　推进种植业高质量发展

一、加快种植业"三品一标"基地建设

2022年9月，农业农村部办公厅印发了《种植业"三品一标"提升行动实施方案（2022—2025年）》，提出要打造一批种植业"三品一标"基地。聚焦品种培优、品质提升、品牌打造和标准化生产，系统集成种植业生产的产前、产中和产后诸多环节，打造一批优势特色突出、示范带动能力强的种植业"三品一标"基地，让其成为引领种植业全面绿色转型的标兵，有助于提升种植业发展质量效益和竞争力，对于推动种植业高质量发展有重要意义。

在实践过程中，如何有效化解种植业"三品一标"基地建设的制约因素，将对基地建设速度与质量起到重要的积极作用。

一方面，耕地细碎化制约种植业"三品一标"基地建设速度。耕地是种植业高质量发展的空间载体，将生态良好、集中连片的耕地与良种结合，以高标准引领，生产出优质且品质稳定的农产品，并通过品牌打造，方能提升种植业效益和竞争力。但目前一些地方的耕地呈现出零碎、分散、大小不一的空间特征，耕地地块规模、集中连片规模、经营规模均较小，导致农资供应、肥水管理、病虫害防治、机械作业、技术服务无法统一，影响良种选用、作业效率及质量提升、减量化生产。且在细碎化耕地上生产出的农产品品质差别大、品质不稳定，使品牌打造缺乏产品基础。耕地细碎化引发的问

题叠加在一起增加了种植业"三品一标"基地建设的难度。

另一方面，资金、人才、技术等要素缺乏制约种植业"三品一标"基地建设质量。种植业"三品一标"基地建设是一个系统工程，需要多方合力，围绕良种繁育、绿色技术、标准制定、品牌打造等，聚集资金、人才、技术等要素协同推进。但从现实情况来看，在资金、技术、人才等要素的吸纳上，城市明显优于乡村，各类资源要素持续流向回报率高、增长率高的城市地区产业，仅靠乡村自身难以解决种植业"三品一标"基地建设要素短缺问题。因此，即使解决了耕地细碎化问题，初步建成了种植业"三品一标"基地，关键资源要素短缺将严重制约"三品一标"基地建设质量，很可能导致先期投入的浪费。

对此，应聚焦种植业"三品一标"基地建设的资源要素，综合施策。

一是发挥自治组织、合作组织、农业社会化服务组织等各种组织在推动耕地规模化、集中化上的作用，为种植业"三品一标"基地建设奠定基础。可以根据各地实际情况，创新农业规模化经营方式，扩大耕地地块规模、经营规模及集中连片规模。具体而言，可以在"村两委"的组织下将破碎化的耕地集中起来进行连片种植，再引入农业社会化服务组织提供专业化服务，实现"一户一块田"、联耕联种、联管联营等；也可以成立土地合作社并引入农业职业经理人和农业社会化服务组织实行农业共营制；或引入农业生产全程托管服务模式为耕地提供规模化、专业化服务。

二是通过"有为政府＋有效市场"为种植业"三品一标"基地建设提供要素支撑。在种植业"三品一标"基地建设过程中，政府发挥好引导作用，加大对种植业"三品一标"基地的政策扶持力度和基础设施、绿色技术研发、标准制定等方面的投入力度。通过政府政策引导、示范引导、投入引导，塑造农民在"三品一标"基地建设中的主体地位，激发企业和工商资本投资种植业的动力，调动高校、科研院所等社会力量繁育良种、制定生产标准、提供绿色技术的积极性。另外，也不能忽视企业的引领作用，应让企业成为产业链"链主"，引领产业融合、品牌打造，以提升种植业"三品一标"基地的市场竞争力。通过多主体、多力量、多机制的介入与协同，使种植业"三品一标"基地建设形成"农民主体、政府主导、企业引领、社会参与"的良好局面，从而持续提升种植业"三品一标"基地建设质量。

（本部分内容发表于《经济日报》2022年10月12日，原文题目为"为种植业提供更好政策土壤"，作者：郭珍。）

二、推动粮食产业高质量发展

（一）中国粮食产业高质量发展内涵体系

粮食产业作为中国的基础产业，具有保障国家粮食安全的特殊性，粮食产业高质量发展是稳定粮食生产、实现国家粮食安全的根本选择。因此，中国粮食产业高质量发展要以稳定粮食生产和实现国家粮食安全战略为重心，中国粮食产业高质量发展内涵的界定必须符合中国经济发展现状、要以国家粮食安全新战略为核心、要充分考虑国际市场变化、要体现可持续发展的要求。

粮食产业高质量发展要以"以我为主"为前提，粮食产业的各个环节都要牢牢把握在自己的手里，不能受制于人，粮食产业高质量发展要以粮食生产流通稳定、产业控制能力及产业竞争力提升为前提，只有在"以我为主"的前提下追求粮食产业的高质量发展才是真正的高质量发展。

粮食产业高质量发展要以"立足国内"为基础，粮食产业尽管有其特殊性和重要性，但是粮食产业的发展也离不开其他行业发展支持，粮食产业的高质量发展要立足国内经济发展新常态、立足国民经济发展大环境，要充分把握中国粮食产业高质量发展的现状和发展的不平衡性，积极寻求产业融合共同发展，只有符合中国国情的粮食产业高质量发展才是真正的高质量发展。

粮食产业高质量发展要以"确保产能"为重点，质变是量变积累到一定程度的结果，没有量也就不可能追求质，"产能"是粮食安全保障和粮食产业高质量发展的重点，粮食产业高质量发展必须保证粮食供需的基本平衡、要保证"产能"的稳步提升，只有"确保产能"才能保证粮食产业高质量发展顺利进行。

粮食产业高质量发展要以"适度进口"为手段，不仅要利用"适度进口"国际粮食市场上的粮食来调节国内供需缺口，而且要"适度进口"国际上先进的技术、管理、创新等，更要适度扩大国际农业合作，横向拓宽中国粮食产业链，充分利用国际粮食资源来推动粮食产业高质量发展。

粮食产业高质量发展要以"科技支撑"为关键，科技创新是挖掘增长动力、开拓发展空间的根本出路，要以"科技支撑"来应对发展环境变化、把握发展自主权、提高核心竞争力，以提升粮食产业价值链，进而达到粮食产业高质量发展的目的。

粮食产业高质量发展要以"协调可持续"为目标，粮食安全不仅要考虑当前，而且是事关子孙后代的大事，"协调可持续"作为国家粮食安全保障的长远目标，协调可持续发展同样是粮食产业高质量发展的目标。粮食产业的高质量发展必须注重生态环境与经济、社会的协调可持续发展，只有环境、经济和社会发展实现良性互动，才能真正达到保障国家粮食安全，实现粮食产业高质量发展与国家粮食安全保障协调统一的目标。

（二）中国粮食产业高质量发展面临的问题及原因

粮食产业高质量发展是粮食产业发展的高级阶段，尤其是随着国家粮食安全新战略提出和中国经济由高速增长转向高质量发展阶段，中国粮食产业的发展方向和发展思路等都要发生巨大转变。在粮食产业新的发展阶段，原有的政策和机制都难以支撑高质量发展，必须要加以修正与调整，以推动粮食产业高质量发展顺利进行。该研究将从粮食产业链的生产、流通、加工、对外贸易及消费等几个环节探讨粮食产业高质量发展面临的问题并剖析原因，以期为粮食产业高质量发展路径选择提供参考依据。

1. 粮食生产环节面临的主要问题

国家粮食安全新战略要求"以我为主"，也就是粮食的生产供给要牢牢掌握在自己手里，粮食生产供给是保障国家粮食安全极为重要的一环。近年来中国粮食产量连年递增，尤其是 2012 年以来中国粮食产量一直维持在 6 亿吨以上，可以说中国粮食的生产供给取得了巨大的成绩。但是同时中国的粮食生产供给也面临着诸多问题，尤其是国家粮食安全新战略提出和经济由高速发展阶段转向高质量发展阶段的背景下，中国粮食生产在产量提升、生产成本、生产结构、生产质量以及生态环境等方面都面临巨大的压力。在产量提升方面，限于农业自然资源约束、耕地质量下降等，粮食产量的稳定与提升都面临巨大的压力，仅仅靠保证耕地面积、大量使用化肥等难以保证粮食产量，现阶段粮食产量的稳定与提升必须走高质量发展的道路，要利用科技创新、规模化生产、生产结构调整、生产要素优化配置等手段提升效率，通过效率的提升和结构的优化达到稳定提升粮食产量的目的；在生产成本方面，中国粮食生产成本呈现上升趋势，纵观小麦、玉米、稻米 3 个主粮品种，1992—2016 年生产成本同比分别上升 578%、607%、525%，粮食生产成本的上升使得农民种粮收益逐年下降，因此，现阶段如何降低粮食生产成本，保障农民种粮收益，也成为粮食生产高质量发展要重点关注的内容；在生产结构方面，如何在保障粮食生产总量基本稳定的前提下，优化粮食种植结构，解决区域、产需不平衡等问题不仅是农业供给侧结构性改革的重点，同样也是中国粮食产业高质量发展着重要解决的问题；在生产质量方面，粮食产品质量的提升以及粮食产品的安全性是面临的主要问题，一方面，生态粮、优质粮是粮食产品质量提升的关键，中国目前生产的粮食产品与农业发达国家的粮食产品在质量方面差距明显，另一方面，中国粮食生产过程中大量农药等的使用，使得粮食产品的食品安全性面临巨大的挑战；在生态环境方面，大量化肥、农药、农膜的使用使得农业自然资源和农业环境面临巨大的压力，如何解决在保障粮食产量的前提下恢复农业生态环境，保障粮食生产的可持续发展同样也是中国粮食产业高质量发展面临的重要问题。

2. 粮食流通环节面临的主要问题

粮食产业的高质量发展需要粮食流通效率的提升作为保障。近年来，随着中国农业经济体制及粮食产业的对外开放，原有的粮食流通体制已经无法满足当前需要，尤其是在粮食收储体系建设、粮食流通体系建设、粮食物流体系建设、粮食市场体系建设以及应对外资涌入等方面存在一定的问题。在粮食收储体系建设方面，粮食储备规模、粮食储备结构、储备粮的周转都存在一定的问题，如何科学合理地储备粮食，建立有效的粮食储备轮换机制是当前中国粮食收储体制建设应该重点考虑的内容；在粮食流通体系建设方面，如何在市场导向的作用下，解决好粮食生产与流通脱节的问题是重点，当前中国粮食流通形式已经不能靠计划安排了，需要以市场为导向，将粮食的生产和流通紧密结合起来，生产不考虑流通或者流通不考虑生产都会出现粮食生产与流通脱节的问题，会造成粮食积压或短缺；在粮食物流体系建设、物流管理、物流方式、物流效率等方面都与发达国家有很大的差距，粮食物流体系建设落后也成为阻碍中国粮食产业高质量发展的重要障碍；在粮食市场体系建设方面，粮食价格居高不下、粮食市场主体发展薄弱、各类粮食市场发展不完善、市场发展环境及基础设施条件差、市场的导向作用发挥不充分等问题较为凸出；在应对外资涌入方面，2009 年以来跨国粮商凭借雄厚的资金、先进的技术等优势进入我国粮食产业，并迅速对我国粮食产业的控制力、竞争力和可持续发展能力都产生了较大的冲击，尤其是大豆行业受跨国粮商控制较为严重，因此，外资控制粮食产业的问题也是中国粮食产业高质量发展必须予以解决的问题。

3. 粮食加工环节面临的主要问题

近年来，我国粮油加工企业无论是在数量、规模还是在经济效益和产能上都有了大幅的提升，粮油加工企业对中国粮食产业高质量发展的影响越来越大，但是粮油加工企业产能过剩、规模小、集约化程度低、产品结构趋同、国际竞争力薄弱、精深加工能力不足、地区发展不平衡等问题一直制约着我国粮油加工企业的快速发展。首先，由于粮食加工业准入门槛低，粮食加工企业大量建设使得国内粮油加工企业不同程度地存在产能利用不足的问题，如何提升产能利用率就成为摆在现有粮油加工企业面前的主要问题；其次，当前我国粮油加工企业规模较小且多以粗浅加工为主，不仅无法发挥规模经济效应来提升粮油加工企业的效益，而且还使得粮食加工产业链条延伸困难，面临粮食加工产品品种单一、技术含量不高、产业结构趋同等问题；再次，由于我国粮油加工行业起步较晚且缺乏资金、技术等，容易被跨国粮商凭借其充足的资金、管理、技术和经验控制市场，如果被跨国粮食控制我国粮食加工环节，那么中国的粮食上游生产环节和下游消费环节也将会受控于人，因此，推动中国粮食产业高质量发展必须要加强国内粮油企业对粮食加工环节的控制力，提升国内粮油加工企业的国际竞争力，避免国内粮食加工行业被跨国粮商垄断控制；最后，粮油加工企业地区发展不平衡的问题也较为突出，由于我国地域广阔且地区间经济发展不平衡，通常是农业基础较好的地区经济发展水平相对较低，而经济发展水平高的地区又缺乏农业资源优势，使得我国粮油加工行业也出现了原料充足地区加工企业规模小、科技含量低，而粮食加工行业发展快的地区则面临原料不足的问题，因此，解决好粮食加工环节的区域不平衡问题也是推动中国粮食产业高质量发展的重要内容。

4. 粮食对外贸易环节面临的主要问题

随着中国农业对外开放程度逐渐加大及国家粮食安全新战略的提出，中国粮食市场与国际粮食市场联系越来越紧密，为中国粮食走向国际市场提供了便利，但同时粮食对外贸易也面临着巨大的风险。首先，粮食的大量进口对国内粮食市场的稳定性带来冲击。一方面，大量的低价国际粮食涌入国内，使得国内粮食对同类国外粮食的价格劣势凸显，影响了国内粮食的正常流通，对国内粮食市场的稳定产生巨大的冲击；另一方面，粮食的大量进口对国内粮食造成挤压，使得农民呈现"卖粮难"的局面，大大打消农民种粮的积极性，对国家粮食安全产生不利影响。其次，粮食对外贸易结构性风险越来越大。一方面，中国粮食对外贸易结构不合理，最为突出的是目前大豆进口量占中国粮食进口量的90%左右，大豆过于依赖国际市场；另一方面，中国粮食进口来源市场集中度过高，必然会加大中国粮食进口结构性风险。再次，粮食产品缺乏国际竞争力，中国粮食产品相比国际粮食商品既没有质量优势又没有价格优势，使得我国粮食产品在国际粮食市场竞争中处于劣势。最后，中国粮食对外贸易缺乏话语权，尽管中国粮食对外贸易量很大，应该对世界粮食贸易能够产生比较大的影响，中国在国际粮食市场上应该有比较大的话语权，但是，从实际上来看，中国在世界粮食贸易过程中话语权较弱，几乎没有定价权。

5. 粮食消费环节面临的主要问题

随着中国人口数量的增长和居民消费水平的提高，中国粮食消费需求不仅在总量上持续增长，而且在需求结构上也发生了很大的变化，食物性粮食消费量在粮食消费中的比例逐渐减少，而非食物性粮食消费量的比例逐渐增加，而且各粮食品种的食物性粮食消费和非食物性粮食消费需求结构也各不相同。因此，在粮食消费环节应该着重关注供需不平衡的问题。一方面，从地区间粮食产需不平衡方面来看，各省份间粮食余缺状况是有差异的，以省为单位来看，主要的粮食生产大省，如黑龙江、吉林、河南、湖北、安徽、河北、山东等产粮大省的余粮较多，而在人口密集区、经济发达地区，如北京、天津、上海等地往往缺粮较多，还有一部分省份的粮食产需基本平衡。粮食供需的差异使得缺粮地区缺口越来越大，部分地区余粮数量越来越多。另一方面，从粮食作物品种产需不平衡方面来看，目前中国粮食消费结构变化较大，其中口粮消费有所下降，而饲料粮消费上升明显，国内粮食作物品种的产需不平衡较为明显。因此，如何解决好国内粮食供需区域不平衡和粮食品种产需不平衡的矛盾，也成为当前中国粮食产业高质量发展的一个重点和难点。

（三）中国粮食产业高质量发展实现路径

综合以上对以国家粮食安全新战略为核心的中国粮食产业高质量发展内涵体系界定，以及对中国粮食产业高质量发展存在问题原因分析，该研究将着重从粮食产业价值链提升和粮食产业链延伸两个角度探讨中国粮食产业高质量发展的实现路径。

1. 积极推动粮食价值链业绩提升

"价值链"理论的基本观点是，在产业价值链上并不是每个环节都会创造价值，而真正的价值创造实际上是来源于价值链上的某些特定的"战略环节"。因此，粮食安全新战略视阈下中国粮食产业高质量发展必须重点关注粮食价值链上的"战略环节"所创造价值的提升。通过对粮食安全视阈下中国粮食产业高质量发展内涵体系的构建及粮食产业发展存在问题、原因分析，基于粮食价值链提升路径来推动中国粮食产业高质量发展可以从粮食生产、流通、加工及消费4个环节中"战略环节"价值提升来实现。

首先，中国粮食产业高质量发展在粮食生产环节贯彻"以我为主"为前提、"立足国内"为基础、"确保产能"为重点、"科技支撑"为关键、"协调可持续"为长远目标，在粮食生产环节要在确保粮食产量稳定的前提下，重点关注粮食生产成本、粮食生产结构、粮食生产质量及生态环境等方面来提升粮食生产环节创造的价值。在粮食生产成本方面，从效率中提升价值。降低粮食生产成本的同时提升农民种粮收益是价值链提升的核心问题。当前中国粮食生产成本过高主要原因是农业生产资料成本及人力资本上升引起的，因此在该阶段通过培育新型农业经营主体、推进农业适度规模经营等充分发挥粮食生产规模效应就成为解决粮食生产成本过高的有力措施。在粮食生产结构优化方面，从资源优势中提升价值。借助农业供给侧结构性改革，充分发挥区域资源优势来优化调整粮食生产布局，解决好粮食生产种植区域性不平衡和产需不平衡问题，集中优势资源生产优质粮食产品，提升粮食生产价值。在粮食生产质量提升方面，要从为高质量产品和食品安全中提升价值。提升粮食产品价值要以科技创新为支撑来加大生态粮、优质粮等品种的生产种植，同时还要加强粮食产前、产中、产后的质量检测，确保粮食的食品安全性。在生态环境改进方面，通过积极推进"轮耕轮休"制度、降低化肥农药使用量等策略缓解农业资源环境面临的巨大压力，提升粮食生产环节中的生态环境价值。

其次，中国粮食产业高质量发展在粮食流通环节要贯彻"以我为主"为前提、"立足国内"为基础、"科技支撑"为关键，在粮食流通环节要重点关注健全粮食市场机制、建设现代化粮食物流体系、完善粮食收储体系以及充分利用国际粮食市场和国际粮食资源等方面来提升粮食流通环节创造的价值。在健全粮食市场机制方面，要从市场稳定中提升价值。可以通过培育壮大粮食市场主体、优化各类粮食市场发展环境、充分发挥市场的导向作用等来优化中国粮食市场机制，进而稳固中国粮食市场，减轻国内市场受国际粮食市场波动的消极影响。在建设现代化粮食物流体系方面，要从流通效率中提升价值。可以在吸取国际上发达国家的先进物流管理经验、先进物流方式等的基础上建设符合中国国情的现代粮食物流体系，来提升粮食物流效率，进而提升粮食流通价值。在完善粮食收储体系方面，要从收储机制中提升价值。可以在充分调研的基础上，科学合理地确定国家和地区粮食储备规模、储备结构并建立有效的粮食储备轮换机制，以保障粮食储备真正发挥调节粮食流通，保障国家粮食安全的作用。在充分利用国际粮食市场和国际粮食资源方面，要从竞争力和产业控制力中提升价值。为应对跨国粮商对国内粮食产业控制力、竞争力及可持续发展能力的冲击，国内粮食产业必须充分分析外部环境及内部条件，制定优势战略来提升国际竞争力，以保障国内粮食产业的协调可持续发展。

再次，中国粮食产业高质量发展在粮食环节要贯彻"立足国内"为基础、"科技支撑"为关键，在粮食加工环节要重点关注产能利用及粮食深度加工的问题，实现"粮头食尾"来提升粮食加工环节所创造的价值。在粮食加工产能利用方面，要从提高产能利用率上提升价值。粮油加工企业产能过剩是当前粮食加工环节较为突出的问题，加强科技创新、提升企业创新能力是提升粮油加工企业产能过剩的根本途径，还可以通过适当提高粮油加工企业准入门槛、建立合理的退出及兼并机制来优化粮油加工企业结构解决产能过剩问题，可以借助"一带一路"倡议积极推动过剩产能"走出去"来解决国内粮油加工企业产能过剩问题。在提升粮食精深加工和产业控制力方面，要从粮油加工行业创新、产业竞争力提升价值。一是积极创新培育龙头企业、建设产业园区来解决企业规模问题，利用规模效应来提升粮油加工企业的价值、提升粮油加工企业的产业控制力；二是积极开发特色粮油产品，重点开发稻谷、植物油等深加工产品，提升粮油深加工产品的附加值，提升粮油深加工产品的竞争力；三是积极实施品牌战略，整合商标资源强化品牌意识和品牌创新意识，从品牌战略上创造价值、提升企业竞争力。在粮食加工地区平衡方面，要从解决产业发展区域不平衡上提升价值。一方面可以加大农业资源优势突出地区的粮油加工企业建设，从政策、资金、技术等方面加大支持力度，将有规模有实力的粮油加工企业吸引到农业资源优势突出的地区；另一方面可以加强跨区域合作和物流体系建设，使得农业基础好而粮油加工行业发展缓慢地区的粮食能够利用起来。

最后，中国粮食产业高质量发展在粮食消费环节要贯彻"以我为主"为前提、"立足国内"为基础、"适度进口"为关键，在粮食消费环节要重点关注粮食地区间不平衡和产需不平衡等方面来提升粮食消费环节所创造的价值。一方面，要积极加强粮食主产区和粮食主销区的有效合作，建立健全政策支持和利益协调机制，充分发挥各地区的比较优势，形成多元化的产销合作格局来解决粮食区域和产需不平衡问题，提升国内粮食周转效率，进而提升粮食价值链；另一方面，为解决粮食消费环节地区和产需不平衡问题，要着重加强粮食流通体系建设，降低粮食流通成本，提高粮食流通运转效率。

2. 纵向横向同步延伸粮食产业链

产业链的延伸通常是将一条已经存在的产业链尽可能地向上下游拓深延展，而中国粮食产业链的延伸不仅包含向上下游的延伸拓展，而且还包含向国际粮食产业的横向延伸。因此，基于粮食产业链延伸路径来推动中国粮食产业高质量发展要纵向横向同步延伸粮食产业链，可以从国内和国际两个角度来分析，从粮食产业链延伸上提高效益、提升价值、高质量发展。

从国内粮食产业链延伸的角度看，中国粮食产业高质量发展要通过重点培育一批龙头企业、推进粮食上下游产品加工的联合与合作、推动一二三产业融合发展、大力推动一体化发展等方式来实现，通过大型粮食企业的规模效益、成本优势、产品优势、产业链条长的优势来优化粮食产业高质量发展。首先，重点培育一批龙头企业是国内粮食产业链延伸的组织基础，是粮食产业化发展的骨干带动力量，要充分发挥粮食龙头企业的辐射带动作用，通过龙头企业来联系农户、市场，逐步形成包含粮食生产种植、粮食收储流通、粮食加工消费等各个环节的全产业链条，将生产、流通、加工、销售、消费紧密结合起来，充分发挥规模优势、成本优势、产品优势，以市场机制为主导来调整粮食全产业链布局，形成粮食全产业链相互联系、相互制约、相互优化、相互调整的良性调节，实现资源的优化配置。其次，形成粮食上下游产品加工的联合与合作是国内粮食产业链延伸的核心机制，利用粮食上下游产品加工的联合与合作将粮食产业链纵向延伸并紧密结合起来，逐步建立健全以粮食上下游产品加工联合与合作机制，一方面要建立健全粮食上下游产品加工联合与合作的政策支撑体系，给予粮食上下游产品加工联合与合作机制以政策保障，另一方面，要加强粮食产业链内部机制的建设，要借助"互联网＋"、大数据等平台实现粮食上下游企业的资源对接，实现粮食产业链的拉动式生产和供给，要激发粮食上下游企业的创新意识，以解决企业升级、产品创新的问题，进而促进整个粮食产业链的技术提升。最后，积极推动一二三产业融合发展、大力推动一体化发展是国内粮食产业链延伸的重要举措，以推动一二三产业融合发展为契机，延伸粮食产业链，大力推动一体化发展，实现粮食增产、增值、增效、增收有机结合，实现粮食产业的高质量发展。在推动一二三产业融合发展方面，培育新型主体是重点，要积极推动以家庭经营为主体的融合、推动以企业为主体的融合、推动一二三产业功能上的交叉与融合、推动区域资源优势的融合，以实现粮食产业链各个环节的价值融合与提升。

从国际粮食产业链延伸的角度看，"一带一路"倡议和"农业走出去"战略为中国粮食产业链向国际横向延伸提供了良好的国际环境和战略支撑，将中国粮食产业链延伸到国外，国内粮食产业链与国际市场接轨，整合国际资源，使中国粮食产业由国内层面扩展到国际层面，提升中国粮食产业的国际竞争力，可实现中国粮食产业的高质量发展。一方面，可以考虑将粮食产业链向国际延伸提升到战略高度，借助"一带一路"倡议和"农业走出去"战略实施全球粮食产业化战略，借鉴日本、韩国等国家成功的境外粮食产业布局经验，摸索出一条具有中国特色全球粮食产业发展之路，充分利用国际粮食市场和国际粮食资源来推动中国粮食产业高质量发展；另一方面，要建立健全国际粮食产业链延伸保障机制，不仅要在国内政策上支持中国粮食企业积极"走出去"延伸产业链，在科学合理设置一定标准的基础上简化"走出去"的审批流程，为有实力有条件的中国粮食企业"走出去"提供便利，而且要强化中国在国际上的影响力，为中国粮食产业链向国际延伸提供良好的外部政治、经济和政策环境。

（本部分内容发表于《北方园艺》2020年第15期，原文题目为"中国粮食产业高质量发展实现路径研究"，作者：王瑞峰、李爽等。）

三、推动大豆产业高质量发展

（一）推动大豆振兴计划实施

2019年中央1号文件提出实施大豆振兴计划。黑龙江省的大豆播种面积最大，是播种面积第二大省份（内蒙古）的5倍左右，占全国播种面积的40%以上。抓住机遇，制定切实可行的相关政策，做大做强大豆优势主产省，是推进农业供给侧结构性改革，实施大豆振兴计划的必由之路，更有利于实现大豆振兴计划。

1. 清醒认识大豆振兴计划是国家粮食安全战略

大豆振兴计划需从新形势下国家粮食安全战略高度来认识。当前大豆振兴计划主要体现为扩大播种面积，具有局限性，应把大豆振兴计划拓展为振兴中国大豆产业，更加关注"粮头食尾""农头工尾"的关系，应围绕整个大豆产业链施策，增加黑龙江省大豆有效供给。要充分保障食用大豆的自给自足，加快省内大豆进口来源多元化布局，减少对美国和南美大豆的过分依赖，减轻大豆进口波动对省内大豆产业链的冲击。

2. 建立大豆振兴组织体系

大豆振兴计划的实施，必须有一套完整的组织领导体系，才能确保完成此项复杂的系统工程。在大豆主产区，如海伦市已建立大豆振兴办公室，负责组织协调、宣传落实大豆振兴计划，取得良好效果。建议设立省（市）→县（市）大豆振兴计划办公室（或领导小组）的垂直组织体系，并合理设置权力和职能，针对大豆主产区，加大大豆振兴计划的统筹推进力度。

3. 大豆振兴计划的实施政策力求稳定持续

豆农对政策走向十分关心。农民有四怕：一怕政策变化；二怕补贴降低或取消；三怕大豆收购价格调低；四怕政策不兑现。在种植结构调整上政府公信力很重要，省内在适当调减低产低质低效和地下水超采区的水稻种植以扩大大豆生产的同时，必须取信于民，坚持大豆振兴计划的扶持政策稳定持续。

4. 继续支持科学的轮作制度

坚持科学的轮作制度，是落实习近平总书记在黑龙江考察时提出的"要采用工程、农艺、生物等多种措施，调动农民积极性，共同把黑土地保护好、利用好""坚持用养结合、综合施策、保护黑土地不减少、不退化"要求的有效办法。轮作制对大豆生产特别重要，是保质保产的关键，是保护大豆振兴的根基，给予轮作土地必要的补贴具有重要意义。黑龙江省一般采用"麦豆"或"玉米豆"轮作模式，建议进一步扩大省内耕地轮作试点面积，平衡作物间比较效益，完善轮作休耕补助政策，以确保土地科学合理轮作，实现藏豆于地，藏豆于技。

5. 加大主产区农业科技投入，加强大豆良种培育和农业技术推广工作

截至 2019 年底，经黑龙江省种子局审定生产上可以应用的大豆品种 327 个，其中试验亩产量在 200 千克以上的有 50 个，高蛋白品种 19 个，高油品种 135 个。这些良种产量高质量好，增产潜力很大。如果能及时推广，增加食用大豆种植面积，提高我国大豆自给率是十分可能的。黑龙江省由于财力有限，资金投入难以满足大豆振兴需求，建议通过多途径引导资金流入，以促进主产区大豆振兴计划实施。下一步应调整育种目标，以提高产量为主，大力发展"高产＋高蛋白"和"高产＋高油"两种品种；引进种质资源，拓宽遗传基础，为培育突破性新品种奠定坚实基础；开展联合攻关，培育区域定向高产品种。依靠科技创新提高单产，释放大豆良种增产潜能，是大豆产业可持续发展的重要支撑。

6. 推进金融为大豆振兴计划服务

省政府有关部门应积极运用金融手段为大豆振兴计划服务。大豆种植户、食用大豆加工的中小企业应划为普惠金融的服务对象，在政策上给予优惠和支持，帮助大豆种植户以及小微大豆加工企业解决融资难、融资贵的问题。同时，可以出台贴息融资政策推动大豆加工企业稳定发展。

7. 建构和完善大豆振兴计划的政策体系

大豆振兴计划的实施，涉及方方面面，是一项复杂的系统工程。应从全

方位综合施策的角度考虑，围绕大豆种植、大豆加工、大豆收储运、大豆良种培育以及先进大豆栽培耕作技术推广应用等方面分别制定若干扶持政策，建构和完善大豆振兴计划政策体系。

（本部分内容刊发于《智库专报》2019 年第 23 期，原文题目为"关于推进大豆振兴计划实施的建议"，作者：李友华、崔宁波等。）

（二）中美贸易摩擦对大豆产业发展的影响及对策建议

随着人民生活水平的提高，我国大豆消费量持续增长，虽然受食用油终端消费结构调整、小油品市场份额增加等影响，大豆油脂消费增速有所放缓，但是不断增长的养殖业饲料需求引致的大豆蛋白消耗却逐年增加。从供给看，虽然近年来国内大豆产量有所增加但大豆进口增长速度更快，大豆对国际市场的依赖程度不断提高。2017 年我国大豆播种面积为 790 万公顷，其中黑龙江省播种面积为 330 万公顷，占 41.8%。2017 年，我国大豆产量为 1 440 万吨，进口量为 9 553 万吨，总需求量为 11 079 万吨，外贸依存度达到了 86.23%。中美贸易摩擦导致的大豆进口受阻，将在一定程度上为黑龙江省大豆产业发展带来市场空间和政策利好。

1. 中美贸易摩擦对中国大豆贸易的影响

在 2017 年中国全年进口的 9 553 万吨大豆中，从巴西进口 5 092.74 万吨，占比 53.31%；从美国进口 3 285.30 万吨，占比 34.39%，位居进口来源国第二位，其他进口分散于阿根廷（658.10 万吨，占比 6.89%）、乌拉圭（257.25 万吨，占比 2.69%）、加拿大（204.84 万吨，占比 2.14%）、俄罗斯（50.81 万吨，占比 0.53%）。

中美贸易摩擦对大豆进口的影响，体现在第一批征税清单中主要是对美国 500 亿美元商品加征 25% 的关税，其中包括 340 亿美元的农产品，具体涉及 517 项农产品。这些农产品 2017 年自美进口总额约 210 亿美元，主要有大豆、谷物、棉花、肉类、水产品、乳制品、水果、坚果、威士忌酒和烟草等。

2. 黑龙江省大豆产业发展的机遇和挑战

2017 年，我国大豆产量 1 440 万吨，较上年增加 11.3%，其中黑龙江省产量为 617.5 万吨，占全国产量的 42.88%。2017 年大豆总需求量达到 11 079 万吨，较上年增加 4.2%，其中国内总消费 11 059 万吨，出口 20 万吨。国内总消费中，榨油消费 9 560 万吨，较上年减少了 13.3%，其中国内大豆 180 万吨，进口大豆 9 380 万吨；食用及工业消费量 1 445 万吨，较上年增加 3.2%；种用及损耗 54 万吨，较上年减少 1.8%。

（1）黑龙江省大豆产业发展的机遇。从政策机遇看，2018 年中央 1 号文件中提出了鼓励大豆种植的要求。2018 年 4 月 3 日，农业农村部与财政部又联合发布 2018 年财政重点强农惠农政策，在辽宁、吉林、黑龙江和内蒙古实施玉米及大豆生产者补贴，大豆补贴标准高于玉米。若国内大豆价格坚挺情况持续到秋收季节，那么，2018 年豆农的收益将明显好于上年，有助于提高农民种豆热情，扩大 2019 年大豆种植面积。从需求结构看，大豆榨油消费占绝对比重，榨油原料以进口转基因大豆为主，加工主体为跨国公司及合资公司，主要厂址均布局在沿海港口城市。国产大豆用于榨油量不足总产量的三成，且压榨厂多坐落在产区，以满足本地需求为主。对美国大豆加征关税后，若南美国家出口到中国的大豆难以充分满足我国需求的空缺，国内大豆的刚性需求将引发国内大豆价格的上涨。

（2）黑龙江省大豆产业发展的挑战。从产业基础看，黑龙江省共有大豆加工企业 370 家，其中日处理能力 200 吨以上的有 88 家。但省内油脂加工企业始终处于贸易商高价抢原料、进口豆低价抢市场的不利环境，导致九成以上的企业停产。从市场竞争看，中国油脂压榨行业产能严重过剩，利润微薄，此次中美贸易摩擦，对于国内油厂来说将迎来利润改善的机会。市场对于非转基因大豆的需求量会显著增加，国产大豆压榨厂开机率也将有所提升。但就黑龙江省大豆产业而言优质大豆被贸易商和南方企业高价买走，进口转基因大豆低价抢夺食用油和饲料市场的局面短期内难以改变。从比较利益看，受大豆种植收益微薄的影响，黑龙江省大豆种植面积连年萎缩，从 2010 年的 7 365 万亩减少到 2014 年的 3 865 万亩，减幅达 47.52%。近 3 年在国家大豆目标价格补贴、镰刀弯地区种植结构调整等政策影响下，播种面积初步恢复，到 2017 年达到 5 872 万亩。但与玉米等作物相比，效益仍然低下，玉米每公顷收入 4 000～5 000 元，远高于大豆 2 000～2 500 元的收益，所以大豆种植面积下降趋势难以在短期内得到扭转。

（3）黑龙江省大豆产业发展的风险。从虚拟贸易看，不考虑从南美、东南亚等国家转口贸易量（虽然中美之间贸易摩擦减少了中国自美直接进口大豆数量，但美国出口大豆的数量与往年持平，并没有明显减少），即使从美国实际进口大豆下降 50%，即 1 642.65 万吨，按照占全国产量 42.88% 计算，黑龙江省需承担 704.37 万吨的国内供给缺口，以 2017 年大豆单位面积产量 1.8 吨/公顷计算，意味着需要黑龙江省调整出耕地 5 869.74 万亩用以种植大豆，这显然不符合实际。而且考虑到黑龙江省本地加工企业经营状况不景气、沿海外资大豆加工企业集聚、与大豆制品主销区运距较远等不利因素，黑龙江省在进行种植业品种结构调整适当增加大豆产能时，应该综合考虑市场和政策因素，以政府引导为契机，全面梳理全省大豆加工企业经营状况，通过企业间的兼并重组、产业技术创新联盟等形式输入新兴技术和提供技术支撑，提高黑龙江大豆蛋白、"非转基因"高端食用油的生产水平和产品档次。要注重豆粕等大豆压榨副产物的功能研究与开发利用，延长产业链条，增加产品附加值，打造新品牌，抢占高端市场，满足新时期人们对非发酵豆制品和豆乳饮料、特殊人群专用豆浆粉及生产基料、膨化谷物大豆制品等休闲食品的新需求，通过创造大豆产品差异化的市场需求，实施大豆差异化的市场战略，提升黑龙江大豆的市场竞争力。

3. 保障大豆稳定供给能力的对策建议

为提升以黑龙江为代表的国产大豆供给能力，应把握市场竞争机遇、紧跟需求趋势变化、合理利用政策空间，我们建议转变一个理念、开展两项调查、落实三大工程。

（1）从粮食安全向粮油安全的理念转变。紧抓政策机遇，对接市场需求，找准黑龙江大豆产业发展定位。切勿盲目扩大种植面积，忽略供给增加难以符合需求变动的风险。跟紧国家促进大豆种植的政策，落实习近平总书记视察黑龙江的讲话精神，对接大豆市场需求。我们建议：相关部委成立"重大农产品安全委员会"，以"端稳中国人饭碗""端出龙江人好粮"的理念为统领，以国家粮油安全替代传统粮食安全概念，把大豆产业纳入国家粮油安全范围。以大豆产业为例，着眼长远，分品种从数量安全、品质安全、产业安全、贸易安全等方面，综合研究出台《大豆主产区落实国家粮油安全战略的具体意见》。

（2）开展大豆种质资源调查及基地建设。理性认清国内大豆供给结构及需求结构，适应食用蛋白大豆需求增长的市场趋势，从市场差异化定位角度，建议即刻启动在主产区系统搜集主栽大豆品种，建立大豆种质资源储备库的专项工作；在黑龙江省四、五积温带的黑河大豆主产区，推进大豆种质资源繁育基地建设，打造中国优质天然大豆育种基地；通过3～5年运营，围绕育种基地形成优质天然大豆250万吨的核心种植区域，从种质资源角度稳定国内大豆供给的基础。占领特定市场、满足特定人群的稳定消费，做大需求总量，创新需求品类，创造需求价值，继续做实蛋白型食用大豆生产基地的发展定位。

（3）开展食用大豆加工企业原料需求调查。把握大豆国际贸易格局变动契机、依据市场竞争规律、预判需求结构演进趋势，建议整合项目及资金支持方式，设立"大豆产业链科技综合攻关重大专项"，与企业原料需求相对应，划定专有区域、推广专有品种、扩大市场覆盖，建立有效的种植、加工、贸易、科技支撑体系。成立"大豆市场预警与快速反应机制"专项课题，全面评估中美贸易摩擦、国际大豆市场结构变动对国产大豆产业的影响。对在国内有经营行为的跨国公司市场行为进行跟踪和分析研判，建立大豆进口和产业损害预警体系和快速反应机制。

（4）落实大豆玉米轮作模式示范工程。以推进供给侧结构性改革为基础，以市场需求为导向，以黑土保护为依托，合理调整大豆优势产区种植结构，针对生产者的补贴以良种为主，而非产量。补贴标准为替代作物补贴＋不同作物之间的收益差，即比较效益。特别要动态调整玉米与大豆比较效益差额，使两种作物净收益趋同，示范及推广两者合理轮作模式。

（5）落实大豆专有品种种植示范工程。落实两区划定中大豆生产优势区域的政策扶持措施，在国际贸易规则框架内，稳步推进大豆生产补贴，提高种植者积极性。通过加工专用型品种选育、规模化种植、专用品种统种统收等方式，对接市场需求，降低企业因原料批次不同导致质量不稳定而增加成本的问题，通过落实大豆专有品种种植示范工程，提高符合市场需求的大豆单产水平。

（6）落实大豆中小型加工厂示范工程。国产大豆的食用属性，决定了中小型加工企业是其需求主体。建议支持大豆产品、工艺、设备综合验证的小试、中试基地建设，落实中小型加工厂示范工程，解决中小企业生产过程中急需突破的设备和加工工艺问题，提高大豆蛋白和高端食用油的生产水平和产品档次。注重豆粕等大豆压榨副产物的功能研究与开发利用，延长产业链条，增加产品附加值，满足新时期人们对非发酵豆制品和豆乳饮料、特殊人群专用豆浆粉及生产基料、膨化谷物大豆制品等休闲食品的新需求。创造大豆产品差异化市场需求，实施大豆差异化市场战略，提升国产大豆的供给能力。

（本部分内容摘要刊发于《智库专报》2018 年第 31 期，原文题目为"中美贸易摩擦对黑龙江省大豆产业发展的影响及对策建议"，作者：李孝忠等。）

四、推进工业大麻产业高质量发展

工业大麻（汉麻）被称为"天然纤维之王"。早在西汉时期，工业大麻纤维被广泛用作纺织原料，用其编制的织物具有吸湿、透气性良好、抑菌等特性，同时具有易散热、防止发霉、抗辐射、防紫外线、吸除噪声等多种功能。工业大麻的籽可榨油，不饱和脂肪酸含量极高；叶、花、根可提取药物，有止血、解毒等功效。工业大麻是一种极具经济价值的大麻科草本植物，其纺织品各项性能高，具有较好的食用、药用价值。

（一）黑龙江省工业大麻产业的现状分析

在经济新常态背景下，黑龙江省迫切需要全面优化农业产业结构。工业大麻纺织品已经被产业内部称为"21世纪最具发展前景的绿色产品"，国内外市场认可度高，发展前景广阔。中国是世界第二大工业大麻产区，而黑龙江省是中国的第一大工业大麻产区，工业大麻种植面积可达到全国种植范围的60％以上。黑龙江省为中国工业大麻产业的发展基地，地理环境优越，科技基础雄厚，对于工业大麻产业发展具有重要的作用。随着种植面积的不断扩大，加工和深加工技术水平的不断改进和销售量的增长，工业大麻逐步成为黑龙江省最具发展潜力的新兴经济作物。在产业结构调整的背景下，工业大麻产业的发展将具有更大的提升空间。

1. 种植现状

2017年，全省工业大麻种植面积高达17 600公顷，较2016年增长63％；原茎总产量13.9万吨，纤维产量3.13万吨。工业大麻种植地主要分布在孙吴、肇州、讷河、青冈、克山、林甸、肇源、兰西、农垦尾山农场等县（市、区、场），孙吴县2017年工业大麻种植面积为6 387公顷，2018年种植面积高达8 633公顷，是黑龙江省工业大麻种植面积最大的县，工业大麻种植成为孙吴县富民增收和脱贫攻坚的重要途径。

2. 品种现状

自2016年以来，黑龙江省农委已确定（登记）低毒、高纤维的工业大麻品种13个。全省纤维用工业大麻主栽品种"庆大麻1号""火麻1号""龙大麻3号"的繁种量约2 500吨，省内应用1 800吨左右，种植面积占全省工业大麻总面积的70％以上。几个主要品种平均全麻率达24％左右，略高于其他生产用品种。全省现已选育登记（认定）纤维用、籽纤兼用、籽用工业大麻品种17个。

3. 加工基础

截至2017年年底，全省拥有天之草新材料生物科技有限公司（孙吴）、浙江金达集团（青冈）、大庆市天木工业大麻科技有限公司（肇州）等工业大麻加工企业25家，生产线30条。作为全国主要的工业大麻纤维原料供应基地，黑龙江省的纤维原料80％销售给雅戈尔纺织公司、山西绿洲工业大麻纺织有限公司、沈阳北江麻业、金达纺织公司等企业。

4. 政策优势

近三年，黑龙江省高度重视工业大麻的种植，积极发展工业大麻产业。2016年，建立了黑龙江省工业大麻学会，对工业大麻的种植进行了备案，并纳入合法化管理。2017年，重新修订的《黑龙江省禁毒条例》将毒品大麻与工业大麻区分开。2018年，黑龙江省政府印发《黑龙江省汉麻产业三年专项行动计划》，依托黑龙江省的有利资源，将大力发展工业大麻产业提上日程。

5. 需求旺盛

由于近三年我国工业大麻产业快速发展，消费者业已抛开对工业大麻的陈旧观念，其价值正在被人们广泛认可。据初步统计，2018年中国向欧美地区销售工业大麻纱线1 000吨。在充分了解工业大麻防静电、耐高温的特性后，美国石油行业2018年从中国采购500吨工业大麻纱线用于工装制作。工业大麻制品的消费者遍布全球各个领域，其总体消费需求必将逐年扩大。

（二）黑龙江省发展工业大麻产业的优势

1. 资源优势

工业大麻对土壤的要求低，对纬度、气候、海拔也无特殊需求，是极具效用的高效率植物。而种植工业大麻的最佳纬度为北纬45°～55°，正处于此纬度的黑龙江省无疑成为最利于种植工业大麻的地区之一，同时黑龙江省产出的工业大麻也是世界上优质的工业大麻。

2. 科技优势

2016年，黑龙江省农委成立专家技术指导组，在关键农时举办培训班和田间指导，提高麻农生产水平和效益；省工业与信息化委员会建立了全省工业大麻专家库，拥有50多名入库专家。同时，黑龙江省有主要从事工业大麻研究的机构，如黑龙江省农业科学院经济作物研究所、黑龙江省农业科学院大庆分院、黑龙江省科学院大庆分院等，开展工业大麻的多领域研究，科技基础雄厚。

3. 比较经济效益优势

2017年，大庆市肇州县工业大麻原茎总产量3 250万千克，平均每公顷效益10 650元，纯收入达4 500万元。2017年，孙吴县工业大麻纯收入超过5 000万元，综合产值达到1.36亿元。2018年肇州县计划种植大麻5 333.33公顷，纯效益可达5 000万元。从2012年起，宁波雅戈尔服饰有限公司利用高支工业大麻面料做成工业大麻衣物共34万件，平均每件售价可达 1 400 元，净利润约为 30％。由此可见，工业大麻产业极具比较经济效益。

4. 扶持政策优势

工业大麻产业在黑龙江省具有多种内因优势，外部的政府扶持牵动作用明显。《黑龙江省汉麻产业三年专项行动计划（2018—2020）》提出的总体目标是依托黑龙江省工业大麻种植资源和科研技术力量，紧抓发展机遇，加速发掘和培育工业大麻产业新经济增长点，到 2020 年，将黑龙江省打造成全国甚至全世界最大的工业大麻产业基地。

（三）黑龙江省工业大麻产业发展的实现路径

1. 完善生产端的技术创新

在大麻品种选育方面，黑龙江省已成功培育出"火麻 1 号""庆大麻 1 号""龙大麻 3 号"，3 个优良品种占据全省 85％的种植面积。同时，培育高产、高纤、抗病的大麻品种将成为促进黑龙江省大麻产业可持续发展的关键一环。

在生产管理优化方面，因工业大麻可以防虫害，故整个种植阶段基本不需要喷洒杀虫剂和除草剂，且栽培时对周围环境没有任何污染。与其他农作物相比，种植较为简单，抗病虫害、抗自然灾害、抗杂草、产量高，特别适合于轮作、间作。由于劳动力成本逐年增长，工业大麻种植的总成本增高，因此加快黑龙江省工业大麻生产机械化是黑龙江工业大麻产业稳定发展的必要保障。

在工业大麻加工创新方面，其可用于纺织服装、食品、油料、化工、医药等范畴，2004 年后大麻被列为军用材料，工业大麻产品的推广和使用上升到了国家层面。加工厂商逐步开发大麻加工技术，自主研发出用于工业大麻纤维提取的设备，掌握了大麻脱胶、蒸煮、液氨整理等多项核心技术，加工技术的进步有效地节省了加工时间。随着对工业大麻加工技术的创新，工业大麻的生态价值正被逐渐开发，例如，在食用领域可从麻籽中提炼出食用油。同时，要加大对工业大麻籽、茎、叶等部位的开发利用，才能使工业大麻产业发展长盛不衰。

2. 提升消费端的需求预期

工业大麻与毒品大麻的区分成为大部分消费者的困惑。工业大麻在我国俗称"汉麻"，早在四千多年前，中国工业大麻的种植已遍及全国，而矮小、多分枝的印度大麻为有毒大麻。2017 年 5 月 1 日，《黑龙江省禁毒条例》开始实施，黑龙江省成为继云南省后全国第二个通过工业大麻立法的省份，这标志着黑龙江省工业大麻发展走上了健康轨道，为大麻发展提供了法律保障。改善消费者的消费观念，宣传工业大麻的多种性能，形成良好印象，促进消费者对大麻的消费需求预期，必将极大推动工业大麻产业的良性发展。

3. 健全渠道端的网络构建

形成产销健全的工业大麻产业渠道体系，充分利用网络，连接产销，快速高效地推进工业大麻销售；为工业大麻产业吸引有竞争力的龙头企业，引导企业投资工业大麻产业，确保国际领先；加强企业营销，发现和了解消费者的需求，工业大麻产业的需求是推动产业发展的捷径。

4. 促进同业间的有序竞争

适当的工业大麻同行业间竞争有利于大麻行业的良性发展，而同业竞争者的数量较多，并且规模与实力大致接近时，意味着市场竞争相当激烈；适当地控制同行业间的竞争，可为工业大麻产业开辟道路，如一些棉、麻产业均是工业大麻的有力竞争者；在政策上应对大麻有适当的倾斜与偏移，控制同行业间的恶性竞争。

5. 加大管理端的有效调控

政府的扶持力度决定一个产业未来的走向。加大政府扶持力度，有利于工业大麻产业在竞争中脱颖而出。从品种抓起，严格执行工业大麻登记程序和标准，目前亟须出台《大麻产业管理办法》，同时制定《大麻品种审定标准》《大麻种子生产标准》《大麻种植技术操作规程》《大麻雨露沤制标准》《大麻原茎标准》《大麻纱线标准》《大麻布匹标准》等相关行业标准，使工业大麻种植、加工和销售均有依靠，从事工业大麻产业的科研人员和企业也有章可循、有法可依，防止工业大麻产业内的无序竞争、低价竞销等弊端，进而促进黑龙江省大麻产业持续良性快速发展。

（本部分内容发表于《中国麻业科学》2019年第2期，原文题目为"推进黑龙江省工业大麻产业发展的实现路径研究"，作者：杨辉等。）

第三节　推动畜牧业高质量发展

一、推动畜禽养殖业高质量发展

黑龙江省畜牧业稳步发展，但仍存在一些痼疾和新问题。2020年底，黑龙江省生猪存栏与出栏量分别超过1 300万头和2 000万头，已基本恢复新冠疫情前水平。2019年全省生鲜乳产量465.2万吨，与2017年持平，奶牛存栏105万头，较2017年下降15.40%。肉牛同比增加29.42%，肉羊同比减少 2.94％，牛肉产量在全国总产量中占比提高 0.2％，黑龙江省由畜牧业大省逐渐转向畜牧业强省。但是，目前黑龙江省仍存在知名品牌较少、畜牧业污染管控等痼疾和高质量畜产品品质不均、价格较高、受众较少、现代科技与投资匹配度较低等新问题。

畜牧业高质量发展是农业高质量发展的重要组成部分，是实施乡村振兴战略的重要支撑，是建设现代农业强省的必由之路。"十四五"时期，推动畜牧业高质量发展，必须从畜牧业品质、品牌、结构、监管、科技、环保等方面形成合力。

（一）强化监管，紧抓"肉盘子"，产高质量畜产品，树知名畜牧业品牌

一是强化常规监督检查和抽检监测。加快推进防疫基础设施建设，提升风险预警水平。落实"肉盘子"负责制，将畜牧业高质量发展纳入乡村振兴考核范围，优化产业要素布局，完善政策扶持，加大投入力度。二是坚持"生态优先、绿色发展"理念，强品质，树品牌。布局"绿色＋X"特色畜牧业，建绿色畜产品养殖基地，产高质量畜产品。品牌能够提升优质畜产品价值。全国五百强企业中，黑龙江省仅北大荒农垦集团"北大荒肉业"入围。现有的"完达山""东农三花猪""宾西牛业""正大食品"等品牌区域知名度尚可，但全国知名度有待提高。应外树形象，内铸品质，打造全国驰名畜产品和畜牧业企业品牌。大力发展具有文化底蕴的畜牧业品牌，加强老工艺、老字号的保护与传承。加大扶持新畜牧业品牌力度，设立品牌发展资金，奖励潜力品牌，加强媒体宣传。

（二）创新科技，做足加法，数字化赋能畜牧业提质增效

技术创新是畜牧业高质量发展的关键。高度重视畜牧业良种培育、饲养、粪污治理等技术，合理利用现代科技手段推进畜牧业转型升级。加强高校畜牧业科技成果转化应用，完善农业产业技术协同创新体系，持续打造"东农三花猪""万家宝"等校企合作品牌。数字化赋能畜牧业，发展智能养殖，应用"猪脸识别""ET 大脑技术"等手段，拓展到其他畜牧业品种，实现降成本、提品质、增效率，改善动物福利。

（三）减排降污，做好减法，减畜牧业负担

畜牧业粪污处理及温室气体减排是畜牧养殖生态高质量发展的重点。由于行政规制手段缺乏激励养殖主体积极研发及采用减排技术的特点，需要市场型环境规制手段（税收、补贴与排污权交易）配合。我国已运行碳排放权交易试点，但主要集中于工业。为积极响应 2020 年中央经济工作的"碳达峰、碳中和"号召，应探索适合畜牧业的减排降污方式。课题组研究表明，黑龙江省奶牛养殖业碳税率为 30 元/吨二氧化碳当量时，碳减排与经济增长能够协调发展。减排补贴全部或部分返还均能不同程度激励养殖主体主动减排并革新技术。随着碳税接受度提高，可逐步提高税率。

（四）多元投资，乘数效应，发展金融科技促畜牧业繁荣

政府对畜牧业良种补贴、规模化养殖及污染治理已投入大量资金，但补偿力度有限，且分配未必均衡。建议构建国家财政、企业投资和社会投资相结合的多元投融资机制，发挥财政资金的杠杆和乘数效应，引导、鼓励社会资本、金融科技等支持畜牧业发展。通过云计算、大数据、物联网等手段降低融资成本，提升金融服务效率，强化融资抵押物的客观性、透明性，促进资本流向畜牧业领域，提升金融供给水平。发挥生物识别金融与物联网金融作用，优化流程管理，助推供应链融资，扩展中小企业信贷规模；利用物联网数据化、智能化激发其他金融服务，解决中小畜牧企业的融资难题。

（五）供求匹配，提产降价，做百姓吃得起的高质量畜产品

协调畜牧业供给侧与需求侧结构性改革，从时间上和空间上匹配供求关系，加强"互联网＋"与畜牧业结合，解决"买难"与"卖难"问题，增强畜产品供给结构的适应性和灵活性，创新农畜产品供给，提供更丰富、优质、适销对路的畜产品。运用大数据、区块链等先进技术增强畜产品的市场前瞻性。高质量畜产品因产量低、价格高导致受众规模小。该类畜产品应从少数人享用，转向"橄榄型"社会大众普惠。采用革新技术、规模化生产等解决高质量畜产品的高成本、低产量问题。严厉打击恶意炒作高质量畜产品价格的行为，以供给侧改革刺激需求侧跟进，打造高质量畜产品。

（本部分内容刊发于《智库专报》2021 年第 1 期，原文题目为"推动龙江畜牧业高质量发展的建议"，作者：师帅。）

二、打造黑龙江百亿级鲟鳇鱼产业

鲟科鱼类起源于恐龙时代，有"活化石"之称。中国有 8 种原产鲟科鱼类，其中黑龙江省施氏鲟和鳇（以下简称鲟鳇鱼）具有极高经济价值。鳇也被誉为"淡水鱼王"，体重可达 2 000 斤以上。鲟鳇鱼全身是宝，其卵制作的鱼子酱价格昂贵，国际上称其为"黑色软黄金"。目前，我国已成为全球最大鲟鳇鱼养殖国与鱼子酱出口国，云南、湖北等省市已打造出百亿级产值鲟鳇鱼产业项目，但作为原产地的黑龙江省，鲟鳇鱼产业仍停滞于起步阶段。

2022 年中央 1 号文件提出要"提升渔业发展质量"，黑龙江省委十二届

十一次全会提出要"实施创新驱动发展，加快产业结构转型升级"，中央和黑龙江省委省政府关于推动渔业经济高质量发展精神，为黑龙江省打造百亿级鲟鳇鱼产业提供了契机。

（一）鲟鳇鱼产业发展现状

1. 国外鲟鱼产业概况

20世纪80年代前，全球鲟鱼产能以野生捕捞为主，最高年产量约4万吨，因过度捕捞和生境破坏导致鲟鱼产量急剧下降。1998年，濒危动植物国际贸易公约（CITES）对野生鲟鱼贸易进行管制，鲟鱼人工养殖产业逐渐兴起。据CITES统计，新冠疫情前的2017年全球共有32个国家和地区养殖鲟鱼，总产量9.9万吨，产量前五位国家是中国、亚美尼亚、伊朗、俄罗斯和越南，其中，中国占84.01%。受疫情影响，2020年世界鲟鱼贸易量仅31.89吨。

2. 中国鲟鱼产业概况

据《2021中国渔业统计年鉴》，2020年全国鲟鱼总产量104 280吨。前五名省份占全国总产量50%以上，分别为云南（18.36%）、贵州（18.31%）、山东（8.96%）、湖南（7.07%）、河北（6.62%），作为鲟鳇鱼产业发源地的黑龙江产量仍为0。2022年，湖北省投资30亿元建设汉江鲟鱼谷国家级现代农业产业园项目，打造百亿级鲟鳇鱼产业链，竣工后将成为全球最大的鲟鳇鱼养殖基地。

3. 国内外鲟鱼子酱产业概况

据CITES统计，疫情前2015—2017年鱼子酱贸易排名前十国家的贸易总量为985.29吨，占全球贸易总量的90%。中国排名第一，约占全球总贸易量的27%。

国内鱼子酱生产规模较大的企业有黑龙江抚远东龙鲟业有限公司、云南阿穆尔鲟鱼集团有限公司、浙江千岛湖鲟龙科技有限公司、湖北清江鲟鱼谷有限公司、四川润兆渔业有限公司，年生产能力均达到50～60吨。中国鲟鱼子酱主要出口市场是美国、德国、俄罗斯、法国、阿联酋和日本等国家，不同鲟鳇鱼品种鱼子酱出口价格区间为230～1 600美元/千克。

（二）黑龙江省鲟鳇鱼产业发展的机遇、优势和挑战

1. 鲟鳇鱼产业发展的机遇

一是宏观形势与战略机遇。2022年4月，党中央、国务院发布《中共中央、国务院关于加快建设全国统一大市场的意见》，以持续推动国内市场高效畅通和规模拓展，促进科技创新和产业升级。国内已实施长江十年禁渔

计划、全面清理南方网箱养殖，国际上日本核废水污染海洋水产品等问题凸显，国内外形势为黑龙江渔业发展提供了难得的历史机遇。

二是南方省市产业转型机遇。根据生态文明建设要求，南方各省鲟鳇鱼江河流水和网箱养殖纷纷上岸转型升级，采用全封闭、不依赖自然环境的数字化集约化生态养殖模式。经调研，占全国养殖产量 37％ 的云贵高原，其山地面积超过 80％，当地鲟鳇鱼养殖企业从水体向陆地转移遭遇极大困难。相反，黑龙江是中国平原面积最大的省份，水资源十分丰富，工厂化集约化养殖技术克服了黑龙江省低温期长的弊端，有利于鲟鳇鱼养殖转型升级、技术提升和养殖模式创新，为黑龙江省主导中国鲟鳇鱼产业发展带来了可能。

2. 鲟鳇鱼产业具备的优势

一是鲟鳇鱼原产地优势。抚远市是我国野生鲟鳇鱼主要产地，被国家授予"中国鲟鳇鱼之乡"，所产鲟鳇鱼获"全国农产品地理标志"称号。鲟鳇鱼产业起步阶段，全国 80％ 的鲟鳇鱼受精卵和苗种产自抚远。此外，鲟鳇鱼卵发育成熟需要 10℃ 以下低温刺激，黑龙江省气候具有天然优势。

二是鲟鳇鱼产业化基础优势。1957—2009 年，以抚远为试验基地，黑龙江省先后攻克了鲟鳇鱼活体取卵繁殖、苗种培育、良种杂交等居世界领先水平的技术难关，直接奠定了我国鲟鳇鱼规模化集约化的基础。

三是鲟鳇鱼国内外市场优势。在国内市场方面，我国人口超过 14 亿，市场规模巨大。2020 年我国鲟鳇鱼产量高达 10 万余吨，远超世界其他国家总和。新冠疫情影响出口受限，仅立足国内市场循环，就完成了鲟鳇鱼产业高质量和可持续发展。在国际市场方面，黑龙江省毗邻鲟鳇鱼消费大国——俄罗斯，拥有国家批准的 25 个一类贸易口岸，具备鲟鳇鱼产业对接国际市场的地缘优势。新冠疫情暴发前，仅黑龙江省拓派生物科技有限公司每年与俄罗斯的鲟鳇鱼制品贸易额就达 1 亿元左右。俄乌冲突后，世界政治经济格局发生重大变化，为黑龙江省鲟鳇鱼产业发展提供了新契机。

3. 鲟鳇鱼产业发展面临的挑战

一是重视程度不够，没有纳入视野。鲟鳇鱼的经济价值在黑龙江省没有得到相关部门及市场的关注，没有制定发展规划，更没有相关扶持政策，只是抚远市的一些个体企业自发地在养殖鲟鳇鱼。相对于南方省份，黑龙江省缺乏政策支持，导致竞争力下降，在产业布局阶段已经逐步被边缘化。

二是存续企业困难，规模难以做大。目前黑龙江省鲟鳇鱼养殖企业普遍资金紧张，经营成本偏高，处于发展初期的艰难阶段，没有能力扩大生产规模，导致人才和企业流向外省，仅剩的几家企业经营举步维艰。

（三）黑龙江省发展鲟鳇鱼产业的对策建议

机遇、优势和潜力只是客观条件，在激烈的区域竞争和产业竞争面前，只靠天然禀赋是赢不了产业竞争的，必须有主观上的行动才可能让竞争的天秤倾向黑龙江。

1. 选择发展方向和重点

一是鲟鳇鱼苗种产业。国内鲟鳇鱼苗种年需求量1亿尾左右，年产值可达1.5亿元。

二是鲟鳇商品鱼产业。国内鲟鳇鱼商品鱼市场规模年需求量10万吨左右，年产值可达50亿元。

三是鲟鳇鱼深加工产业。据中国水产品流通与加工协会统计，鲟鱼肉及其他副产品市场年产值为3亿元，并呈现年增长一倍的发展态势。

四是鲟鳇鱼子酱产业。鲟鳇鱼子酱营养价值极高，富含蛋白质、必需氨基酸和不饱和脂肪酸。第六届世界鲟鱼养护大会统计，国外鱼子酱市场每年缺口近900吨；据《2019年中国鲟鱼产业发展报告》，2018年国内鱼子酱年消费量约170吨，年消费增长率高达50%，2025年消费量将达到1 200吨。按鱼子酱平均价格，国际市场鱼子酱年产值可达80亿元，2025年国内鱼子酱产值可达50亿元。

五是鲟鳇鱼大健康产业。国家发布实施了《"健康中国2030"规划纲要》，大健康产业是21世纪的核心产业，市场规模高达10万亿元。黑龙江省抚远东龙鲟业有限公司与中国中医科学研究院、黑龙江科技大学合作研发了数款鲟鳇鱼药食同源养生系列食品，其中一款已定型产品可使医学实验生物"秀丽线虫"延长20%寿命，该产品显示出广阔的市场前景。

2. 打造黑龙江国家级鲟鳇鱼现代农业产业园

黑龙江省抚远市是中国鲟鳇鱼产业发源地，具备鲟鳇鱼相关的雄厚技术力量和产业基础，应在抚远市重点打造国家级鲟鳇鱼现代农业产业园项目，让鲟鳇鱼产业尽快回归故乡，引领全国鲟鳇鱼产业发展。

一是强化科技支撑，打破产业发展瓶颈。2022年中央1号文件强调要"鼓励发展工厂化集约养殖、立体生态养殖等新型养殖设施。"采用先进隔热保温技术、循环水处理系统、智慧型数字渔业系统等，结合分布式光伏发电系统，可根据鱼类生长需要，实时调控水环境参数，为鲟鳇鱼创造最佳生长环境，告别"人放天养"的传统落后养殖模式，克服黑龙江省低温期长的弊端，化劣势为优势，为鲟鳇鱼产业做大做强提供物质基础。

二是助力乡村振兴，打造农村产业融合示范园区。抚远市国家鲟鳇鱼现代农业产业园要结合黑瞎子岛中俄国际合作示范区、赫哲族渔猎文化，涵盖苗种繁育、集约化养殖、鲟鳇鱼饲料加工、鱼子酱加工、药食同源产品加工、水产品深加工、国际鱼子酱交易中心、冷水性鱼类生物基因库、冷水鱼科学研究工作站、赫哲族鲟鳇鱼文化展馆及旅游基地等项目，打造集养殖、生产加工、旅游观光、休闲娱乐、文化教育、国际贸易、生态康养于一体、三产深度融合发展、助力乡村振兴的5A级景区，实现经济、社会、生态等多种效益统筹兼顾的示范园区。

3. 制定出台保障措施

一是加强规划引领与政策扶持。中国已主导全球鲟鳇鱼产业发展，国内外形势又赋予黑龙江引领中国鲟鳇鱼发展的历史机遇，黑龙江省要充分利用国家相关扶持政策，高度重视鲟鳇鱼产业和给予必要的政策倾斜，打造世界一流水平的国家级鲟鳇鱼产业园区，发挥示范引领作用，做好产业发展规划，加强产业发展政策设计和发展路径设计，将鲟鳇鱼产业打造成赋能农业强省战略的特色产业。

二是鼓励产业技术创新与转型升级。鼓励龙头企业建立具有国际水平的鲟鳇鱼科技创新平台；鼓励企业强化鲟鱼育种、疾病控制、营养与鱼子质量、产品加工及副产物加工利用等技术与产品研发；鼓励工厂集约化、立体生态养殖，减少对自然水域的依赖程度，扭转黑龙江省鲟鳇鱼生长期短的劣势；建立鲟鳇鱼产品全产业链质量追溯信息系统，使中国鲟鳇鱼产品质量始终保持和超越国际标准。

三是加强鲟鳇鱼品牌建设，拓展国际国内市场。借鉴挪威三文鱼产业营销经验，建立适合黑龙江省的营销模式；加强品牌宣传，塑造高品质鱼子酱品牌，让"南有贵州茅台酒，北有龙江鱼子酱"深入人心，力争把鲟鳇鱼产品纳入国家品牌发展战略当中。鼓励龙头企业把握"一带一路"倡议契机并购欧美国家的鱼子酱品牌，解决国产品牌无法进入国际市场的问题。加强国内市场推广、营销、宣传与普及，培育国内鲟鳇鱼消费文化与消费习惯。

四是打造技术技能人才培养基地。创新形式，依托黑龙江农业工程职业学院等院校培养鲟鳇鱼产业发展需要的技术技能人才、新型职业渔民和新主体双创人才，为打造黑龙江省鲟鳇鱼百亿级产业提供人才智力保障。

（本部分内容刊发于《决策建议》2022年第7期，原文题目为"关于打造黑龙江省百亿级鲟鳇鱼产业的建议"，作者：付静雯等。）

三、实现我国饲料产业高质量发展的路径

2020 年初，新冠疫情暴发，给我国经济社会发展带来较大影响。企业停工、国际贸易受阻、一系列生产经营活动无法正常开展，加剧了国内市场的不确定性，也对消费者和生产者带来了较为严重的负面影响。饲料产业作为国家重点扶持的国民经济基础产业，在此次疫情冲击下也面临着较大的风险，特别是随着国外疫情的不断恶化，饲料原料贸易影响较大。因此，如何克服疫情带来的不利影响，最大程度减轻疫情的冲击，以期加快促进饲料产业转型升级、增强发展韧性、提高抗风险能力，成为推动我国饲料产业高质量发展的必然要求。

（一）我国饲料产业发展现状

1. 供给方面

饲料行业上下连接种植养殖业，内外拉动产业融合，在国民经济中占有重要地位。特别是伴随着国民饮食结构升级，我国肉蛋奶消费需求不断提高，饲料原料行业因此呈现供不应求和井喷式发展。据统计，从 1980 年到 2018 年，我国饲料产量由 110.0 万吨增加到 22 788.2 万吨，增长了 206 倍，平均每年增长 596.8 万吨。目前，我国已经成为世界第一大饲料生产国，饲料产量约占全球总量的 1/4。国内饲料主要包括大豆、豆粕、玉米、鱼粉、氨基酸、杂粮、乳清粉、肉骨粉、谷物、饲料添加剂等十余个品种的饲料原料。从谷物饲料原料来看，主要是以玉米和大豆为主。其中，玉米国内产量较为充足，现已成为我国第一大粮食作物。2005—2019 年我国玉米播种面积总体呈先上升后下降的倒 "U" 形变化，虽然播种面积出现下降，但玉米产量总体呈增加态势，由 13 936.5 万吨增长到 26 077.9 万吨，增幅 87.12%。而玉米饲用消费占玉米产量的比重在 60% 以上，2019 年该比例为 60.21%，因此玉米产量持续稳定的增长为饲料产业发展提供了充足的原料保障。我国大豆产量整体处于供不应求的局面，随着国家宏观调控以及对农民补贴力度的加大，国内大豆播种面积和产量近几年均呈增加态势。2019 年国内大豆产量为 1 810.0 万吨，但相较于国内需求，仍有较大的缺口。因此，未来一段时期，应充分利用好国内国外两个市场、两种资源，在增加国内大豆总供给的同时，适度进口。

按照主要营养成分划分情况来看，我国配合饲料增长较快，浓缩饲料和预混饲料发展低迷。2008—2018 年配合饲料产量从 10 590.2 万吨增长到 20 528.8 万吨，增长了 9 938.6 万吨，增幅 93.85%；浓缩饲料从 2 530.5

万吨下降到 1 605.9 万吨，减少了 924.6 万吨，降幅 36.54%；预混饲料从 545.9 万吨增长到 653.5 万吨，增长了 107.6 万吨，增幅 19.71%。随着养殖业规模化速度的提升，配合饲料的主导地位还会进一步加强，未来饲料产业的发展也会更趋向于专业化。按照不同品种划分情况来看。猪饲料和肉禽饲料占主导地位，其次是蛋禽饲料、水产饲料、反刍饲料和其他饲料。2008—2018 年猪饲料从 4 577.0 万吨增长到 9 719.8 万吨，增长了 5 142.8 万吨，增幅达 112.36%；肉禽饲料从 4 212 万吨增长到 6 509.1 万吨，增长了 2 297.1 万吨，增幅 54.54%；蛋禽饲料从 2 666.0 万吨增长到 2 884.3 万吨，增长了 218.3 万吨，增幅 8.19%；水产饲料从 1 339.0 万吨增长到 2 210.7 万吨，增长了 871.7 万吨，增幅 65.10%；反刍饲料从 571.0 万吨增长到 1 004.3 万吨，增长了 433.3 万吨，增幅 75.88%。可以看到，猪饲料、反刍饲料快速增长，水产饲料、肉禽饲料增长较快，蛋禽饲料增长缓慢。但从近几年情况来看，猪饲料、反刍饲料和水产饲料增长趋缓，未来肉禽饲料仍有较大的增长空间。

2. 需求方面

我国饲用玉米消费量总体呈增加态势，2008—2018 年饲用玉米消费量从 10 350 万吨增长到 15 200 万吨，增长了 4 850 万吨，增幅 46.86%；豆粕消费量从 3 500 万吨增长到 5 800 万吨，增长了 2 300 万吨，增幅 65.71%。从国内玉米产量情况来看，按照饲用玉米占玉米产量的 60%～70% 的比重计算，2018 年国内饲用玉米的消费量在 15 430 万～18 002 万吨，高于 15 200 万吨，玉米产量满足了国内饲用的需求。在国内一般生产条件下，国产大豆出粕率约为 80%，按照 2018 年国内大豆产量计算，2018 年豆粕产量为 1 277.4 万吨，较当年消费缺口 4 522.6 万吨，按照进口大豆出粕率约为 78% 计算，还需进口大豆 5 798.2 万吨，进口压力较大。从其他饲料原料消费情况来看，谷物饲料占有较大比重。2008—2019 年小麦饲用消费量波动幅度较大，2012 年消费量达到峰值为 1 250 万吨，较 2015 年的最低值 470 万吨高出 780 万吨，2019 年消费量为 1 100 万吨，较 2008 年增长了 450 万吨，增幅 69.23%；稻谷饲用消费量总体呈逐年递增趋势，从 956.6 万吨增长到 1 300.5 万吨，增长了 343.9 万吨，增幅 35.95%；高粱饲用消费量总体呈先上升后下降的"倒 U"形变化，2014 年达到峰值为 1 050 万吨，2019 年消费量为 450.0 万吨，较 2008 年增长了 350 万吨，增幅 350%。其余饲料原料消费量较高的还包括菜粕和鱼粉。2008—2019 年菜粕消费量总体呈下降趋势，从 759.2 万吨下降到 721 万吨，减少了 38.2 万吨，降幅 5.03%；

鱼粉消费量总体波动幅度较小，从 152.5 万吨增长到 165 万吨，增长了 12.5 万吨，增幅 8.20%。可以看到，我国饲料消费以谷物类和蛋白类饲料为主，因此为促进饲料产业高质量发展，保障居民肉鱼蛋奶需求，未来应持续做好饲料稳产保供工作。

（二）疫情对我国饲料产业的影响

1. 农户角度

饲料生产与稳定供应是确保饲料行业和养殖业健康发展的重要保障。国内玉米、大豆等大宗农产品饲料原料消费比重高，是我国饲料行业需求量最大的原材料，而严格的疫情防控举措下，对玉米、大豆种植户带来了不利影响。一方面，表现为农业劳动力供应短缺。春玉米、大豆种植大多集中在 3—5 月，此时需要充足的劳动力进行种植前的土地耕整以及后续的灌溉施肥等，而为防止新冠疫情扩散和蔓延，各地区采取了封闭管理、限制人员流动的措施，特别是农村地区严格的"封村封路"限流，导致农机和专业化服务机手难以到位，劳动力需求得不到满足，不仅降低了农业生产效率，也使得部分农户错过了最佳播种期，影响到玉米、大豆的产量。另一方面，表现为生产资料流通不畅、农户农资采购压力大。土地耕整、田间管理需要充足的化肥、农药、地膜等农资，交通运输限制导致部分地区生产资料运不进农村，农户采购压力较大，农业生产面临较大困难。对于养殖户而言，饲料作为重要投入品，对保障禽畜养殖和农民增收意义重大。疫情防控期间，饲料运输受到阻碍，部分小规模养殖户没有充足饲料储备，养殖面临较大风险，并且外部环境不确定性加大，补栏和后续产能影响较大，导致许多小型养殖散户逐步退出养殖业。除此之外，道路运输限制间接提高了饲料价格，增加了养殖户养殖成本，而且对于生猪养殖户而言，受前期非洲猪瘟的影响，有超半数养殖户对生猪养殖持观望态度，导致疫情防控期间饲料需求减少，行业整体利润下降，制约了饲料行业的发展。

2. 企业角度

新冠疫情对饲料生产加工和养殖企业影响较大。第一，企业用工需求得不到满足。疫情初期，工人无法返工，企业开机率低，饲料生产影响较大，企业利润难以保障，许多小型加工企业面临关门倒闭的风险。第二，随着疫情逐步好转，工人返工步伐加快，但企业面临原料储备不足、供应不足的问题，多地封村封路，玉米、豆粕等大宗原料等运输受阻，产能恢复时间较长，对我国饲料市场带来一定冲击。第三，蛋白饲料主要来源于豆粕，而我国大豆产量较低，豆粕产量少，因此国内需求主要依靠进口，随着新冠疫情的发展，特别是美国、巴西等主要大豆进口来源国疫情不断加剧，增加了大豆、鱼粉等饲料原料进口的不确定性，部分国家也暂停对我国出口大豆等农产品出口，导致国内饲料原料供应受到影响，制约了饲料加工企业发展。另外，新冠疫情导致饲料原料短期供应紧张，养殖企业生产受阻，养殖成本增加，同时受疫情影响企业活畜禽调运困难，一定程度上挫伤了企业生产积极性，对饲料产业带来了不利影响。

3. 消费者角度

消费者对肉鱼蛋奶需求的变化，会通过产业链条影响到上游养殖业，进而影响到饲料产业。疫情初期，全国大部分餐饮门店暂停营业，很多餐饮店面临大量亏损甚至直接关门倒闭的危急情况，消费者外出餐饮消费比例大幅减少，特别是新冠疫情暴发期正处于春节假期，大量消费人群无法外出就餐，对肉鱼蛋奶的消费需求大幅减少。虽然许多消费者通过线上采购，但疫情防控期间对人员流动的严格管控，使得外卖订单量较少。消费者需求减少，并通过市场信号传递到养殖业和饲料产业，对产业发展带来一定负面影响。随着国内疫情的逐步好转，餐饮企业恢复较快，消费者肉鱼蛋奶需求增加，而养殖业短期产能恢复较慢，供给不足，导致部分肉类价格上涨明显，为稳定市场供给，养殖业需要大量饲料进行生产，而饲料原料供应不足，进一步制约了饲料产业的发展。

（三）我国饲料产业实现高质量发展的路径

1. 坚持以我为主的粮食安全战略

坚持"确保谷物基本自给、口粮绝对安全"的粮食安全战略观。粮食安全始终是国家安全的重要基础，对促进经济发展和保持社会稳定具有重要意义。针对疫情发生以来，实施粮食出口限制政策的国家，要防范其对饲料粮带来的冲击。目前，玉米已经成为我国第一大粮食作物，其除了具有粮食属性外，还兼具工业原料和生产饲料属性，其中饲用玉米占到全部玉米产量的70%左右，因此稳定玉米生产，对保障饲料产业稳定健康发展意义重大。一方面，要加快供给侧结构性改革，稳定玉米产量，保证玉米供需平衡，在稳定国内生产的同时，适当增加进口；另一方面，要强化实施"藏粮于地、藏粮于技"战略，改良推广优良性状品种，推广标准化种植模式，稳定籽粒玉米和青贮玉米种植面积。除此之外，加大政府宏观调控力度，因时因地调整产业政策，稳定玉米市场价格，以保证饲料产业合理的原料需求。针对国产大豆种植面积少、产量低的问题，国家出台"大豆振兴"计划，逐步加大粮改豆、粱豆轮作种植力度，以扩大大豆种植面积，提高国产大豆产量。当前，饲料原料中的豆粕类蛋白饲料需求较高，国产大豆供应不足，因此未来一段时期仍主要依靠进口，但在优先保障口粮绝对安全和谷物基本自给条件下，要注重防范大豆进口风险，采取有效措施减少进口压力，降低进口面临的不确定性。

2. 构建多元化发展格局

积极构建多元化发展格局，推动饲料产业实现高质量发展。在中央提出要加快构建以国内大循环为主体、国内国际双循环相互促进的新发展格局背景下，饲料产业要勇于开拓新发展局面，饲料企业要借势而上，加快融入"双循环"发展格局，充分利用好两种资源、两个市场，全面提升企业竞争力。疫情加剧了国际贸易的不稳定性，饲料原料进口受阻，尤其是对于进口来源集中度高的原料产品，在国外疫情未得到有效缓解的情况下，过度依赖某个国家进口，会增加贸易风险，对国内产业发展带来较大的不利影响。因此，要积极构建多元化发展格局，在国内疫情常态化防控背景下，主要以畅通国内大循环为主，加快产业链整合，实现上中下游产业化协调发展，积极发展多种产业形式如"公司＋农户""公司＋基地＋农户""公司＋农户＋市场"等。国际方面要扩大增加饲料原料进出口国家，借助"一带一路"倡议，以及多个国际区域贸易发展平台，加强与沿线、周边及其他国家饲料贸易合作，最大程度降低饲料贸易风险，减缓疫情冲击，确保我国饲料原料供给数量充足，保障国内饲料产业健康发展。

3. 加快饲料产业科技创新步伐

新冠疫情发生会倒逼企业发展，在疫情常态化防控背景下，要审时度势，增强发展韧性，不断加大科技创新力度，强化产业支撑，从而推动饲料产业实现高质量发展。要创新算法、开发新的工艺流程，优化饲料配方结构，减少豆粕使用量。积极扩大苜蓿、黑麦草、象草等优良牧草种植，增加牧草饲料比例。针对蛋白饲料生产品质较低的问题，关键是要探索发展新型蛋白饲料，提高蛋白利用效率。可以探索利用一些非常规饲料资源，例如辣木、苹果渣等，实现资源的可持续利用。要积极拓展饲料资源市场空间，新冠疫情带来的冲击对全球经济发展影响较大，目前国外疫情依然严重，国际合作受阻，因此要充分发挥国内饲料企业、科研机构、高等院校优势，加强三者之间的合作，形成"产、学、研"相结合的工作机制，不断加大饲料原料资源开发力度，积极发展生物饲料产品，创新饲料研发相关技术，降低饲料生产成本，提高产业竞争力。通过加大科技创新力度，增强自身综合发展实力，在把握疫情带来的机遇的同时，实现产业转型升级。

4. 建立完备的饲料产业长效发展和风险监测预警机制

我国饲料产业快速发展，已成为我国经济的重要支柱产业。新冠疫情作为一场全球重大突发性事件，对经济社会发展带来了较大冲击，对饲料产业也带来了一定程度的影响。未来饲料产业发展急需要建立完备的长效发展机制和风险监测预警机制。首先，加快推进饲料产业高质量，需要优化产业链结构，饲料产业与种植、养殖、渔业等国民基础性产业联系紧密，具有"牵一发而动全身"的特性，通过促进上中下游产业整合，有利于降低企业生产成本，增强整体竞争力。其次，从饲料产业内部来看，需要构建精细化经营管理机制、强化管理制度建设，通过改变行业传统模式，实现从原本的零散式经营转型至产业化发展，提高企业、行业内部经营管理水平和强化制度支撑，从而保障饲料产业长期健康发展。最后，需要建立健全风险监测预警机制。相较于欧盟的食品和饲料快速预警系统（RASFF），我国饲料产业预警系统落后，化解风险能力不足，因此需要做好监测工作，密切关注国际玉米、大豆、鱼粉等主要饲料原料生产和市场行情，及时准确发布预警信息，保证我国饲料市场平稳供应。

（本部分内容发表于《饲料研究》2021年第8期，原文题目为"疫情冲击下我国饲料产业高质量发展路径研究"，作者：崔钊达、余志刚。）

第四节　推动农产品加工业高质量发展

一、推动农产品精深加工业发展

2016年5月，习近平总书记在黑龙江省考察时指出，要深度开发"原字号"，以"粮头食尾、农头工尾"为抓手，推动粮食精深加工，做强绿色食品加工业。这为全省农业调结构转方式，加快发展现代农业，明确了方向和路径。"十四五"时期，黑龙江省要自觉全面融入以国内大循环为主体、国内国际双循环相互促进的新发展格局，抓好"农头工尾"，立足头尾一体、融合发展，尽快实现把食品和农产品精深加工打造成为黑龙江全面振兴发展第一支柱产业的战略目标。

（一）黑龙江省农产品精深加工业发展现状、存在问题

截至2019年底，黑龙江省农产品加工业13个大类行业共有规模以上企业1 584户，占全省规模以上工业（3 268户）的48.5%，实现营业收入3 013.8亿元，占全省规模以上工业的30.4%；水稻、玉米、乳制品、鲜肉冷藏肉、中药、烟草等规模以上企业数量不断增加，营业收入、加工年产

能、产能利用率等均显著提高，其中水稻规模以上企业数量达到 600 户，实现营业收入 606 亿元，是全省食品工业第一大产业，年加工产能 3 809 万吨，居全国第 1 位；培育了五常大米、北大荒、九三、完达山等地标品牌，"宝葫芦"牌、"世一堂"牌、"葵花"牌中草药响彻全国，黑龙江烟草工业有限责任公司"龙烟""林海灵芝""哈尔滨"系列烟草品牌具有较高知名度。

黑龙江省农产品精深加工业发展在取得阶段性进步的同时，也存在一些"短板"。具体表现为：一是加工产业总量小，资源禀赋优势发挥不明显；二是精深加工不足，产业发展整体附加值较低；三是大企业群规模小，企业间良性互动关系尚未形成；四是企业生产成本高，农产品加工企业竞争力弱。

（二）黑龙江省农产品精深加工业发展的战略目标和原则

1. 战略目标

一是发展农产品精深加工的使命要承担"国家战略"问题，即着力解决我国新时代"向农业要效益"问题。

二是发展农产品精深加工的站位要解决"高质量发展"问题，即着力解决促进农业经济及现代农业高质量发展问题。

三是发展农产品精深加工的目标要解决"龙江话语权"问题，即着力解决"产量上的数量优势未形成销售上的市场优势"问题。

四是发展农产品精深加工的机制要解决"产业集聚"问题，即着力解决创新主体各自为战的问题。

2. 发展原则

（1）坚持战略导向，体现"精深加工"的高度。始终立足黑龙江农业发展实际、资源禀赋和发展优势，坚持"万亿级产业集群"战略目标不动摇、"量大从优"发展路径不改变、聚焦农产品精深加工不放松，努力在农业里"长出工业"，真正把农产品精深加工业做大做强，把黑龙江的资源优势转化为发展胜势，真正实现"向农业要效益、让农产品增值"的时代目标。

（2）坚持三产融合，体现"精深加工"的广度。有效联合产业链上游、中游、下游各创新要素，发挥各自优势，推进实现信息互通、资源共享、风险共担，不断延长产业链、拓宽产业面、提升附加值。

（3）坚持三链同构，体现"精深加工"的深度。以龙头企业拉动、大中小结合提升产业链，以龙头企业为主线、产学研相结合提升创新链，以市场为导向、供需相结合提升价值链，把创新链、产业链、价值链更加有机地协同起来，坚持建链、补链、延链、强链，系统推进全链条的价值增值和主体发展。

（4）坚持技术引领，体现"精深加工"的精度。推进以强化农产品精深加工原创能力为基础的技术创新体系建设，转化"原字号""粗字号"为"工字号""精字号"，全面提升农产品加工的比例和附加值，支撑黑龙江农产品精深加工业的国际影响力和竞争力的全面提升。

（5）坚持开放合作，体现"精深加工"的开放度。扎实贯彻国内国际双循环战略部署，加强国内外跨领域、跨行业高端科技资源、人才资源、平台资源的协同机制建设，坚持平台化和专业化相结合，坚持共建共治共享，打造内联外合的协同创新共同体。

（三）黑龙江省农产品精深加工业发展的对策建议

按照"生态、绿色、有机、安全"和"标准化、品牌化"的要求，做强产业，做优产品，做大品牌。稳保玉米：持续强化产销两端延伸创新链；聚焦豆乳：夯实供给侧结构性改革的着力点；突破米肉：促进技术创新市场开拓协调并举；创新菜饮：强化与开拓酒品及区域特色饮料。全面提升黑龙江省农产品精深加工实力，维稳黑龙江保障粮食安全"压舱石"的地位。

1. 提高原料供给水平与质量，夯实产业集群发展基础

一是保障优质大宗原料供应，以精深加工为导向，调优粮食种植结构，扩大品种标准化生产，落实生猪、奶牛标准化规模养殖基地建设项目，推进奶业振兴；二是提升原料多元供给能力，加快发展鲜食玉米、蔬菜、杂粮、食用菌、中药材、林果等特色高效作物，大力发展水产品优质特色健康养殖、稻渔综合种养和品牌蚕蜂业；三是强化原料质量安全优势，坚持国际标准、国内一流的质量水平，完善农产品质量安全监管体系，出台绿色有机食品管理办法，不断提高绿色有机食品管理水平，进一步叫响"寒地黑土""绿色有机""非转基因"品牌；四是确保种质资源保护开发和合理利用，夯实种植养殖农副产品精深加工的基础，着力提高在种植资源选育、繁殖、推广、示范上投入力度，形成农副产品精深加工的原料基础优势，为农副产品加工增值奠定优质原料的前提和基础；五是确保种植养殖基地的合理布局与建设，优化种植养殖业基地建设，鼓励支持龙头企业及企业集团自建基地，控制全产业链农产品质量，通过优化产能布局，提高精深加工效率，降低精深加工企业运营成本，增加产业增值效益。

2. 着力攻关产品研发与技术创新，加快延伸产业集群链条

一是加快提升农产品精深加工规模，重点推进科技含量高、市场竞争强、税后贡献大的项目，将符合条件的项目纳入全省"百大项目"进行集中推进，整合资金、原料、运输、用工等生产要素，促进现有加工产能充分盘活利用；二是推动农产品加工技术创新和新产品开发，加快企业技术中心、高等院校、科研院所、工程技术研究中心（技术创新中心）、制造创新中心、重点实验室等技术创新载体建设，支持引导企业和单位攻破关键核心技术，开发深加工高附加值产品，发展传统面米、马铃薯及薯类、杂粮、预制菜肴等多元化主食产品和功能性及特殊人群膳食相关产品，统筹推进初加工和副产品综合利用加工；三是加快培育企业群体，采取靶向培育"小升规"一批，盘活技改升级一批，招商引资新建一批，优化重组壮大一批，推进龙头企业群体扩张，培育行业领军企业，支持企业通过资本运营、上市融资、品牌联盟等多种形式做大做强，培育一批国际化、集团化农产品加工企业。

3. 做大做强服务产业，培育产业集群新生增长点

一是加大市场营销力度，坚持展会营销、品牌营销、互联网营销等多种营销方式并重，不断拓展市场空间，推动农产品区域公用品牌和企业品牌创建和推介，重点创建推介五常大米、海伦大豆、东宁黑木耳等全国知名农产品区域公用品牌和九三、飞鹤、乔府大院等全国知名企业产品品牌；二是培育新产业新业态，推动农业农村与现代产业元素跨界配置，实现"农业＋"多业态发展，实施休闲农业和乡村旅游精品工程，实施电子商务进农村综合示范项目，提升黑龙江省农产品精深加工品牌溢价能力，让"原字号"卖上"老字号"的价钱，让"新字号"占领"新需求"的市场，让黑龙江省农业和农副产品精深加工万亿级产业惠及和满足全中国及全世界各地亿万人民需求；三是建设社会化服务体系，培育各类专业化、市场化服务组织，推动农机作业、病虫害防控等农业生产全程社会化服务，支持粮食、供销、邮政、农机、农垦等系统充分发挥为农服务作用，鼓励各类企业把服务网点延伸到乡村，进一步强化益农信息社的服务功能，打通农业信息服务的"最后一公里"。

4. 坚持融合发展路径，共享产业集群发展成果

一是培育多元融合主体，实施"百村千社万户"示范典型3年培育计划，开展农民合作社规范提升行动，鼓励发展农业产业化龙头企业带动、农民合作社和家庭农场跟进、小农户参与的农业产业化联合体，促使农产品精深加工链条更加完善；二是创建融合发展先导区，高起点、高标准、高水平创建一批体现"三化一体"和"三区互动"的农产品精深加工产业融合发展先导区，增强融合发展的协同优势，总结推广多元化融合发展的新模式新经验，重点推进桦南、青冈等全国农村产业融合发展先导区建设；三是推动发展利益共享，推行合作制、股份制与股份合作制等组织形式，推广"订单收购＋分红""土地流转＋优先雇佣＋社会保障""农民入股＋保底收益＋按股分红"多种利益联结方式，有效构建农产品精深加工产业链利益共享机制。

（本部分内容刊发于《社科成果要报》2021年第1期，原文题目为"黑龙江省发展农产品精深加工业的对策建议"，作者：李翠霞。）

二、促进农产品加工中小民营企业发展

农产品加工中小民营企业是推动黑龙江省经济发展不可或缺的重要力量。应通过转变企业家落后思想观念，优化人才引进政策，培养正确的市场消费观念，增强企业服务意识，建立和谐的市场营商环境，加快物联网信息技术应用，完善政府融资担保体系，促进相关企业健康发展。

（一）黑龙江省农产品加工中小民营企业发展的主要问题

1. 企业因素

一是企业家思想观念保守。长久以来，黑龙江省民营企业的市场占有率和企业规模一直较小，其重要原因是多数民营企业家过度关注企业人脉关系的建立，而对尊崇市场规律、优化资源配置重视不足，忽视现代企业发展理念的构建。二是农产品销售渠道单一。黑龙江省农产品加工业的产出主要为具有地域特色的绿色有机产品，而线上销售需要投入大量资金维护淘宝、京东等销售平台的点击率，由于推广资金有限，加上企业线下业务员能力参差不齐，致使销路不畅。三是企业技术型人才匮乏。黑龙江省高校毕业生前往民营企业的就业意愿低，多数民营农产品加工企业研发人员较少，甚至由企业管理人员兼任，家族式员工分布十分常见，同时民营企业与黑龙江省高校人才合作较少，人才输送渠道缺失，导致企业创新驱动力不足。

2. 社会因素

一是市场消费观念落后。省内市场容量有限，消费者对绿色、有机、健康农产品了解和需求较少，更多关注产品价格而不关注产品质量，导致质量好价格偏高的农产品销路不畅。二是非市场成本高。国企占市场支配地位，市场占有率较高，形成了市场挤出效应，民营农产品加工企业只能从事规模较小的配套生产，多数都是为国企做外包商，客观约束影响因素较多，非市场隐性成本较高。三是融资政策不够完善。省内资本市场发展水平较低，政府贷款政策下达至银行后，对银行的监督工作存在缺位，导致资金大都流向了资质较好的大中型民营企业。

（二）黑龙江省农产品加工中小民营企业发展的对策建议

1. 转变企业家的落后思想观念

从事农产品加工的民营企业家要主动学习、转变观念，提升管理水平。政府职能部门应定期邀请全国优秀民营企业来黑龙江省传授经验，组织本省民营企业家外出调研，学习借鉴先进民营经济发展思想理念。

2. 加快物联网信息技术应用，拓展销售渠道

政府牵头在农产品加工领域建设省级物联网公共服务平台，提供人才资金支持和针对性的应用方案，借助信息技术将黑龙江省农产品推向全国市场。

3. 优化人才引进政策

对在黑龙江省就业的农产品加工专业人才提供住房和生活补贴，对进入农产品加工民营企业的相关领域人才适度提高补贴标准。

4. 培养正确的市场消费观念

在保证农产品加工企业产品质量的前提下，对绿色、有机农产品消费进行公益性宣传，升级公众的消费观念。

5. 增强服务意识

主动关注农产品加工民营经济的发展需求，加大惠企政策的宣传解读力度，为民营企业发展出谋划策。

6. 进行制度创新，建立和谐的市场营商环境

简化审批管理手续和流程，创新市场管理工作机制，为企业建立良性竞争的市场环境，降低中小民营企业经营成本。

7. 提高企业诚信及优化担保融资环境

农产品加工中小民营企业要建立完善的财务制度体系，保证产品质量，规范经营管理机制。各级金融主管部门要加大对农产品加工业的信贷监督力度，由政府牵头成立融资担保机构，为信誉高、经营规范的农产品加工企业提供担保贷款。

（本部分内容刊发于《智库专报》2019 年第 38 期，原文题目为"关于促进黑龙江省农产品加工中小民营企业发展的建议"，作者：马增林。）

三、提升乳制品加工企业可持续发展能力

黑龙江省是我国高端乳品生产的重要基地。黑龙江省农业农村厅公布的数据显示，2018—2021 年，黑龙江省有超过 70% 的乳品销往全国各地，其中高端乳品中的婴幼儿配方奶粉占国内消费市场的 20%。近年来，受新冠

疫情的影响，黑龙江省乳品加工企业面临着挑战，2020年我国乳品加工企业销售总收入为904.08亿元，同比下降2.02%；利润总额为38.39亿元，同比下降65.23%。因此，作为我国乳业大省之一，黑龙江省乳品加工企业如何能够在挑战中仍然保持优势并加强可持续发展能力是一个值得思考的问题。

（一）黑龙江省乳品加工企业存在的问题

1. 企业综合效益有待提升

纵观黑龙江地区乳业市场，除个别规模以上、整体实力较强的乳品加工企业外，其他大多乳品加工企业规模较小、经济效益较低、难以形成品牌效应。目前黑龙江省仅一家乳品加工企业在资产规模、产能布局、销售渠道、市场占有率等方面可以与国内知名乳企如伊利、蒙牛等相比，而很多弱小企业由于发展不完善、产业链短、资金融通等问题只能在行业的夹缝中生存。

2. 研发创新能力有待改进

企业的研发能力和技术创新是提高行业竞争力的重要手段，也是黑龙江省继续加强乳业发展的动力之源。黑龙江省乳品加工企业众多，从整体看中小型企业居多，企业的研发能力参差不齐，两极分化严重，中小企业与大型企业之间的差距非常明显。在乳品消费市场中，新产品的推出是占领市场份额的重要手段之一，因此，企业只有具备了一定的研发能力才能在行业中占有一席之地。

3. 绿色生产意识有待加强

大多数乳品加工企业缺乏绿色生产意识和环保理念，认为绿色生产虽然成本投入很大，但收益不能立竿见影且不确定，担心采取新做法会影响原来的生产流程或产品质量，不愿意采用绿色环保技术、设备或工艺生产流程。实际上，企业只有坚持绿色发展理念，将环境保护和企业发展融为一体，才能赢得持久竞争力。因此，加强绿色生产意识、保护好生态环境是黑龙江省乳品加工企业可持续发展的重要基础。

4. 社会责任意识亟须完善

大多数乳品加工企业未将社会责任纳入企业发展的核心理念中，一味地注重经济效益，而忽视了社会的可持续发展。黑龙江省乳品加工企业整体均表现出对社会可持续性的重视程度不足。而想要实现一个地区、一个产业或是一个企业的长期可持续发展，必须要在满足社会需求的前提下，追求更高的经济效益。

（二）提升黑龙江省乳品加工企业可持续发展能力的对策建议

1. 拓宽销售渠道，提升企业综合效益

对于乳品加工企业来说，经济利润的增长和规模的壮大是企业能够长久且持续经营的重要条件，也是提升乳品加工企业整体可持续发展的重要条件。在互联网和物联网快速发展的背景下，企业要紧跟时代脚步，依靠现代物流发展优势，拓宽销售区域，增加乳品消费市场的占有率，进而提升销售额。同时，要积极构建销售平台，通过品牌宣传和推广增加公众对品牌的了解程度，提高品牌影响力。

2. 注重技术创新，提高生产效率

技术创新是企业在激烈的市场竞争中得以生存的重要手段，因此，要想提升乳品加工企业的可持续发展能力就必须注重技术创新。黑龙江省乳品加工企业要抓住奶业振兴的机遇，在政府政策的支持下加大研发力度、提高生产效率。同时，重视对环境保护技术的研究，降低经济增长对环境带来的负面影响。

3. 加强绿色生产意识，明确企业发展模式

环境可持续性是衡量企业可持续发展能力的重要指标之一。乳品加工企业不仅要重视经济效益，也要加强绿色生产意识，加大环境保护方面的投资和建设，促进环境、技术、经济、社会的协调发展。在此基础上，有关部门可组织学习交流活动，让中小型企业学习龙头企业在环境保护方面的经验，弥补自身的不足。

4. 提高社会责任意识，加大公共事业投入力度

乳品加工企业要想长久发展，需要在保证乳品产品品质的基础上，提升企业整体的好评度和核心竞争力。在可持续发展的背景下，企业负责人要不断提高社会责任意识，加大公共事业投入力度，积极担负更多的社会责任，推动黑龙江省乳品加工企业的高质量发展。

（本部分内容发表于《黑龙江畜牧兽医》2022 年第 22 期，原文题目为"黑龙江省乳品加工企业可持续发展能力影响因素研究"，作者：杨辉等。）

第五节　深度推进农村三产融合发展

推进农村三产融合发展，是拓宽农民增收渠道、构建现代农业产业体系的重要举措，是加快转变农业发展方式、探索中国特色农业现代化道路的必然要求。

一、准确把握农村三产融合发展的本质内涵与特征

农村三产融合，不是一般意义的农村一二三产业的简单相加，其实质是

在农产品生产即农村第一产业发展的基础上，进一步发展以农产品加工为主的第二产业和以农产品及其加工品销售、农村服务业为主的第三产业，使农业与农村二三产业在同一农业经营主体下交叉融合，或者在具有紧密利益联结机制的不同主体间交叉融合，实现农产品产加销、农工贸一体化，推进农业延长产业链，融入供应链，提升价值链，最终让农民更多地分享二三产业创造的价值增值和收益分配。

准确把握农村三产融合的内涵：一要认识到农村三产融合是由相应的生产经营主体推动的。从现实情况来看，推动农村三产融合的主体主要包括农民合作社、农业企业、家庭农场、专业大户等。不同类型的经营主体在农村三产融合发展中有不同的功能和影响。二要认识到农村三产融合是以农村第一产业即农业为客体的，表现在具体形式上，包括第一产业与第二产业的融合、第一产业与第三产业的融合、第一产业与第二产业、第三产业同时融合，还包括农业内部各部门间的融合。三要认识到农村三产融合具有明确目的性。其主要目的，是要打破农业生产、农产品加工、农产品及其加工品销售等环节相互割裂的状态和产业间界限，形成产业链延长、价值链跃升、多主体共赢、功能多样、生态和谐的良好业态，催生出新业态、新技术、新商业模式，最终要通过二三产业发展创造更多的价值增值并能回馈农业，使农民更多地分享来自二三产业创造的价值增值和收益分配，实现农民增收、农业增效、农村繁荣，进而推动实现农业现代化、城乡一体化。

进一步分析，农村三产融合发展具有三个基本特征：

（1）农村三产融合具有融合形式的"双重"层次性特征。从地域层次来看，农村三产融合包括村域、乡域、县域、市域、省域以及全国性的融合。从产业部门层次来看，在大农业范围，存在农（种植业）、林、牧、渔业的三产融合；在种植业内部，存在粮食作物、经济作物、其他作物的三产融合；在粮食作物内部，存在玉米、小麦、水稻、大豆、薯类等不同作物品种的三产融合。相应地，在林、牧、渔各业内部，同样存在着不同层次的三产融合。

（2）农村三产融合具有融合过程的"三化"并存特征。在农村三产融合过程中，第一产业进行规模化生产，第二产业进行企业化加工，第三产业进行品牌化营销。反过来，这"三化"又会促进农产品生产的优质化、绿色化、有机化，提高农产品的质量安全水平。

（3）农村三产融合具有融合效果的"三链"叠加特征。农村三产融合，通过农业与第二三产业的融合，一是直接延长了农业产业链；二是有助于提升农业价值链，通过二三产业发展创造了更多的价值增值，大大提高了农产品的附加值；三是有助于使农业生产经营主体融入供应链，并使融合主体在农产品供应链中成为核心组织，更好地谋求自身利益。

二、合理划分农村三产融合的类型

农村一二三产业融合可以从不同的角度，按照不同的标准划分为不同类型。

（1）按照农村三产融合方式，可以分为直接融合和间接融合。农村三产直接融合，主要表现为农业产业链纵向延伸，第一产业与二三产业联系在一起的融合发展；农村三产间接融合，主要表现为通过开发农业的多种功能从而赋予农业新价值，使农业具有其他产业功能的融合发展。

（2）按照农村三产融合方向，可以分为正向融合和反向融合。农村三产正向融合，是指从第一产业开始向第二、三产业的顺向融合，即在农产品生产的基础上向农产品加工业、农村服务业进行融合发展；农村三产反向融合，是指从第三或第二产业开始向第一产业的逆向融合，即依托农村服务业或农产品加工业向农业进行融合发展。

（3）按照农村三产融合主体，可以分为内源性融合和外生性融合。农村三产内源性融合，主要指以农户、专业大户、家庭农场、农民合作社等来自农村内部生产经营主体为基础的产业融合，农民在三产融合过程中起主导作用，并能够获得二三产业创造的全部或主要部分的增值收益；农村三产外生性融合，是指以农产品加工或流通企业等来自农村外部的经营主体为基础的融合，工商企业在三产融合过程中起主导性作用，决定和控制着二三产业创造的增值收益分配。

（4）按照农村三产融合路径，可以分为组织内融合和组织间融合。农村三产组织内部融合，是指由同一生产经营主体独自进行农产品生产、加工、销售等全产业链经营活动的产业融合发展形式；农村三产组织之间的融合，是指不同的农业生产经营主体之间通过联合、合作等形式进行三产融合发展，相互之间建立稳定的利益联结机制，组成利益联合体。

（5）按照农村三产融合性质，可以分为实质融合和形式融合。农村三产实质性融合，是指农户或以农户为成员的家庭农场、农民合作社等在农产品生产基础上通过直接加工后进行销售的完全是在同一农业生产经营主体内部的三产融合发展模式，或者是在建立有紧密利益联结机制的不同生产经营主体将农村一二三产业进行融合发展；农村三产形式上的融合，是指农村一二三产业在不同的经营主体之间，仅仅是在形式上简单地联系起来了，但二三产业均没有与第一产业建立起利益联结机制和分配关系，即农业生产经营者分享不到二三产业对农产品加工和营销创造的价值增值。

（6）按照农村三产融合程度，可以分为初步融合和深度融合。农村三产初步融合，主要是在农村三产融合发展过程中第二产业加工程度很低，或者第三产业发展很不充分，因而农村二三产业创造的价值增值和农民能够从中分享到的利益都很有限；农村三产深度融合，则是在农村三产融合发展过程中第二产业加工程度很高，或者第三产业发展十分充分，因而农村二三产业创造的价值增值很大，农民能够从中分享到的利益也很多。

此外，农村三产融合还可以按照融合业态分为生态环保型、条件转化型、文化品牌与休闲旅游型；按照融合方式分为体制机制创新型、产业关联型、技术引领型；按照融合环节分为一二产业融合、一三产业融合、一二三产业融合；等等。

三、促进农村三产融合发展的对策建议

农村一二三产业融合发展是一个不断深化的进程。一方面，需要充分调动农业生产经营主体的积极性和主动性，从微观层面激发农村三产融合发展的内在动力；另一方面，需要政府的积极推动，从宏观政策层面进行有力支持。

（一）延伸农业内外部的产业融合链条

1. 延伸农业内部循环的产业融合链条

促进农村一二三产业融合发展，既包括农业与工业、服务业的融合发展，也包括农业内部的产业融合发展。国务院办公厅在《关于推进农村一二三产业融合发展的指导意见》中明确指出，要大力发展循环农业，这是农业内部产业融合发展的主要途径。推动农业内部循环的产业融合，延伸其链条，是促进农业可持续发展的重要举措，是农村产业融合不可或缺的内容。一是要延伸种植业与畜牧业的循环融合。一方面，种植业需要畜牧业提供有机肥的供给支持，应在土地培肥、污染防治、绿色食品生产等方面给予政策支持；另一方面，发展现代畜牧业需要有现代饲草饲料产业的支撑，要大力支持优质饲草的种植和优质饲料加工。二是要延伸畜牧业与林业的融合。随着农村集体林权制度的改革，为了有效利用林地空间，林地承包经营农户需要突破单一林业生产的局限，在承包林地上寻求更多的生产门路，其中一条有效的途径就是进行林牧结合，即利用林地空间养殖各类畜禽，尤其是特种

养殖业。三是要积极发展循环农业。循环农业本身就是一种融合型的产业集合体，在借鉴传统经验做法的基础上，要结合现代科学技术成果，继续探索新的循环农业发展之路，为农业内部产业融合开拓更广阔的空间。

2. 延伸农业与其生产性服务业的融合链条

随着我国城镇化进程的加快，已有越来越多的农民转移到城镇就业，农村土地流转不断加快，规模经营程度逐渐提高。这种趋势变化，使得农民在农业生产过程中主要依靠自我服务的格局难以为继，从而促进了农业生产性服务业的分工分业。一要积极发展田间作业服务。针对缺劳力缺农业机械设备的农户，可以提供代耕代种代收服务，提供大田托管服务。这种田间作业服务，既有利于加快农田作业的速度，又有利于提高农田作业的质量。这种服务可以是农户之间相互提供，也可以是农民合作社、家庭农场、农业企业对农户进行服务。二要积极发展农业保障性服务。鼓励和支持农业企业和社会上农业生产性服务组织积极参与，解决农户依靠自身力量无力解决的病虫害统防统治、打机电井等问题，有效为农业生产提供保障。三要积极发展农业生产资料供给服务。化肥、农药、农膜、种子、燃油、农业机械设备等农用生产资料供应服务，多由社会上相关的公司企业提供，因供需双方之间存在明显的利益博弈关系，经常出现假冒伪劣生产资料坑农害农事件。为此，可以考虑吸纳农用生产资料供应企业参股于农民合作社，使双方融合为利益共同体，使农业与农业生产资料供给行业保持互利互惠的供需关系。四要积极发展物流特别是冷链物流产业。鼓励支持涉农服务主体和其他社会力量参与冷链物流的建设与发展，鼓励支持有能力的农业生产经营主体参与创办肉、蛋、鱼、果、菜等保温、保鲜、防腐、冷冻需求的农产品冷链物流，促进农业和物流产业特别是冷链物流产业的融合。

3. 延伸绿色特色农业与加工业融合链条

农业和农产品加工业融合是农村三产融合的主要形式。我国农产品及农产品加工制成品当今面临的主要问题是结构性矛盾。人们对农产品及其加工制成品既有数量上的更大需求，又有质量上的更高需求，越来越需要绿色、安全、生态、特色的产品供给。一要推动绿色农产品和有机农产品生产与农产品加工业的融合，催生绿色、有机食品生产的"头尾一体"。通过这种融合，更有助于实现从绿色有机农产品的源头生产到整个加工链条的全程可追踪可追溯，从生产和加工的不同环节上和全链条上保证绿色有机食品的质量。二要推动特色农产品生产与农产品加工业的融合，推动农村走特色化发展之路。我国幅员辽阔，各地自然禀赋条件千差万别，农业生产方式不尽相同，农民和消费者的饮食习惯与文化传统差别明显，与此相应的是各地都形成了一些有别于其他地方的特色农产品。这些特色农产品具有很高的地方认可度，有些还具有全国性的知名度，但多以初级农产品形式走向市场，因此应大力推动地方特色农产品生产与加工业的融合发展。通过融合发展，可以使农民借助加工企业的力量，克服和解决地方特色农产品在生产销售上面临的技术、市场、信息、物流、品牌等一系列困境，使特色农产品加工产业增大市场影响力。三要推动新资源农产品生产与加工业的融合，以带动新产品的生产和新产业的形成。所谓农业新资源产品，就是开发利用不同于传统农业资源的动植物和微生物品种资源而获得的农产品。在新资源农产品生产中以特种动物养殖最为突出，如蛙、蛇、蝎等特种养殖。这类产品往往是作为保健产品和医药产品的原料出现的，因而其生产更需要与相关的加工业的融合。通过融合可以为新资源产品的生产开发找到衔接的市场，为相关的加工业提供稳定的原料供给保障，可以在农村衍生新产业，为农民就业和增收提供新的途径。

4. 延伸农业生物质副产物与加工业融合链条

我国是一个农业大国，在农林牧渔各业生产获得主产品的同时，会形成大量的作物秸秆和畜禽排泄物等生物质副产物。如何科学有效开发利用农业的生物质副产物，已成为当前亟待解决的一个课题。对于这一问题，可以通过一定的技术手段在农业内部得到一定的解决，但在根本上必须推进生物质副产物与相关的加工业进行融合。一要围绕农业生物质副产物的肥料化进行融合。加快推进作物秸秆和畜禽排泄物的工厂化制肥，利用加工企业的技术力量推动农业生物质副产物实现肥料化的转化，这对于培肥地力、提高土壤质量，实现藏粮于地，意义重大。二要围绕农业生物质副产物的燃料化进行融合。从我国各地的实际情况看，秸秆利用的燃料化可通过建设生物质能源电站加以实现，畜禽排泄物利用的燃料化可通过建设农村沼气池加以实现。从产业融合的角度看，重点是发展生物质能源企业。三要围绕农业生物质副产物的原料化进行融合。利用作物秸秆等农业副产物进行造纸，加工各种板材和塑料制品，制造餐具等，可以为加工业提供广泛的原料来源。四要围绕农业生物质副产物的饲料化进行融合。通过与饲料加工企业的融合，寻求农作物副产物饲料化的工厂化途径，对于提升农业副产物的利用水平将起到积极的支撑作用。五要围绕农作物生物质副产物的基料化进行融合。加强与食用菌生产相关企业融合，可使农业生物质副产物成为人工培植食用菌所需基料的重要来源。

5. 延伸农业与新型业态的融合链条

伴随着"互联网＋农业"的迅速发展，农村新型农业业态开始涌现，这为农村产业融合创造了有利条件。这些新业态的出现，降低了农业发展的交易成本，使农业发展与外部要素、市场的联结更加便捷。一要积极发展农业与众筹业态的融合。农业众筹实质上是让消费者参与到农业生产过程之中，由消费者众筹资金向农户或其他农业经营主体下单，由农业经营主体，根据订单决定生产多少产品和达到何种质量的产品，待农产品收获后直接将相应的农产品送到消费者手中。除了发展产品回报类的农业众筹外，还要积极发展投资类的股权募集众筹，即由发起者募集股权资金，通过发展农业产业项目并获得回报。农业众筹融合，既是产业融合，也是农业资本的融合，有利于拓展农业资金来源渠道。二要积极发展农业与个性化定制业态的融合。个性化农产品定制即消费者私人定制，是农产品市场消费细分的一种形态，是消费者通过互联网向农业经营主体订制具体的农地地块，或者认养具体的畜禽，并按消费者的个性化要求标准进行生产，使消费者获得相应的农产品。这种业态把生产者和消费者融合在一起，打破了农业生产与消费服务业的界限，已经成为大中城市周边农村业态融合的代表性做法。三要积极发展农业与会展业态的融合。现在全国各地大力发展的会展农业，就是农业和会展业态融合的具体形式。会展农业，在形式上是农业的展览和会议，但更多呈现的是一种商业业态，旨在通过举办各种农业博览会、交易会、订货会、展览会、交流会、农业论坛等，将农业生产经营主体、农业服务主体融于会展业之中，形成信息流、资金流、人才流、物流等，由此创造新的商机以促进农业发展。通过农业与会展业态的融合，将有助于提升农业的知名度和影响力，进而提升农业的竞争力。

(二)开发农业多种功能拓展产业融合形式

1. 拓展农业文化功能促进产业融合

农业具有传统文化的传承功能，开发利用这一功能有助于促进农业与休闲产业进行融合。一要围绕农业农村文化观赏旅游进行融合。在长期的农村生产生活实践中，各地形成了生活民俗、生产民俗、古村落建筑、耕读文化等丰富多彩的民俗文化和各具特色的农田大地景观、农业基础设施景观等，这为农业与观光旅游业即农旅融合创造了十分有利的条件。促进农民或农民合作社、农村集体经济组织在农村内部实现这种产业融合，可以为农民带来新的就业和增收渠道，大大降低农业农村发展的机会成本。二要围绕在农村发展文化体育产业进行融合。农村地区拥有的自然条件和文化资源，已吸引越来越多的消费者到农村地区从事摄影、采风、攀岩、探险等活动，这为在农村地区发展农业和文化、体育产业的融合创造了条件。在有条件的农村地区开展和促进这种融合，一方面利用农民熟悉当地情况和特点的经验为消费者提供引导性服务，在农村内部实现融合；另一方面应积极吸引文化企业和体育企业参与这种融合。三要在城市周边近郊围绕发展都市农业进行融合。都市农业在内容上包括农产品生产和休闲度假、旅游观光、农业生产生活体验、养生养老、农业技术园区示范等，是典型的多功能农业的集合体。在我国现阶段通过都市农业实现农村产业融合，较为普遍的形式是各地出现的"农家乐""农家院"等，农民把自家的生产生活直接同休闲服务业紧密结合起来，这种形式是我国农村一二三产业融合在实践上的起点和基础，今后还要进一步提高都市农业推动农村产业融合的层次，在保证农民利益的前提下，积极引进相关的企业和社会资本参与都市农业，使都市农业成为我国农村三产业融合的重要集合体。

2. 拓展农业社会功能促进产业融合

农业是一种生产活动，具有经济功能，同时还具有社会功能。在农业的社会功能中，既有非经济属性的功能，也包含可以转化为经济属性的功能。在促进农村产业融合过程中，应主要拓展可以转化为经济属性的农业社会功能。一要围绕在农村发展养老养生产业推动产业融合。在进入老龄化社会之后，大力发展养老产业是全社会的一项重要任务。养老产业具有明显的社会功能，它有助于解决国家在养老保障投入上面临的困难。随着生活水平的不断提高，人民对较高质量的养生养老需求不断增加。农村地区生态环境优良，气候条件、水土资源条件、植被条件和农民长期养成的健康生活方式，为农村地区发展养老养生产业提供了有利的条件。在农村发展养老养生产业，为农民和社会力量参与和融合于养生养老产业的发展，提供了新的地域空间。二要围绕农村土地征用和农民动迁安置方式创新推动产业融合。随着我国工业化、城镇化进程的加快和大规模基础设施建设的开展，农村土地被征用和农民被动迁安置的情况已经成为一种常态。通过产业融合的方式，可以吸纳失地农民到企业就业，失地农民以土地换企业股权，失地农民以土地换门市房屋，失地农民以土地换社保等。这些拓展农业社会功能的举措，既可以推动产业融合，又可以助推失地农民走上可持续发展的途径。三要围绕发生重特大自然灾害的农村地区重建开展产业融合。在发生重特大自然灾害之后，把受灾地区重建纳入到产业融合之中，把灾毁地的修复、损害建筑的重建等同旅游业、民族文化产业、手工业、创意产业、特色餐饮服务业、生活服务业等融合起来，比单一的灾后生活安置更有可持续性，更有综合效益。

3. 拓展农业生态功能促进产业融合

随着农村山水林田湖草沙治理力度的不断加大，农业在维系生态平衡和保护环境方面的作用越来越为突出。优良的农业生态环境具有一定的经济属性和正外部性，可以为社会和消费者提供相应的公共产品和公共服务。拓展农业的生态功能，能够促进农村的产业融合，有助于将农村的绿水青山转变为金山银山。一要围绕农业生态环境的保护修复、改善乃至美化促进产业融合。对农村已有良好生态环境进行保护，对处于劣变的生态环境进行修复，对生态环境的建设治理引入园林设计理念进行美化等，可使生态系统自身平衡得以调节改善，使环境更加宜人，生态景观更加赏心悦目，由此可带来更多的正外部性，吸引更多的社会力量投资于农业农村发展，进而带动休闲旅游业、农产品加工业、农产品流通产业与农业的融合。二要围绕农业自然资源的可持续利用促进产业融合。农业自然资源的可持续利用，是农业生态环境功能的重要体现。要在自然资源条件良好的地区，积极发展各种循环产业；在自然资源禀赋相对不利的农村地区，积极发展适应性农业，变不利的自然条件为有利的自然条件，生产出品质良好的特色农产品。三要围绕农业的碳汇功能促进产业融合。利用农业吸纳固碳功能，特别是大农业中的林业碳汇功能，缓解、降低二氧化碳对环境的不利影响，可以为农业和其他产业的融合建立了一个新的渠道。

（三）优化农村产业融合引导支持政策

1. 优化产业融合培训支持政策

推进农村一二三产业融合发展，对农民、合作社、农业企业来说，首先需要找准产业融合的切入点，即农村一二三产业内部各具体产业部门之间如何找到融合的联结点，为此需要加强相关的引导培训及政策支持。一是地方特别是县乡党委和政府要根据地方实际条件和特点做好培训规划。结合本县本乡农村的产业基础、资源特点、文化积淀、生态环境、区位条件等，厘清当地产业融合的可能联接点，并通过借鉴成功的典型案例，开展有针对性的培训。通过培训，一方面开拓各相关融合主体特别是农民的眼界和视野，启发开展融合的思路；另一方面促进和提升融合主体特别是农民尝试和开展产业融合的能力，切实推进融合。二是依托政府部门已有的培训渠道大力开展农村产业融合的培训，如利用中组部、农业部开展的全国性农村两委负责人、合作社带头人、创业致富带头人、大学生村官的培训渠道，开展农村一二三产业融合带头人和骨干人员的培训，以增强农村产业融合最重要的主体即农民的主动性，调动其积极性。三是通过政府购买服务的方式开展相关的融合培训。政府可以委托相关高等院校特别是相关的职业技术学院开展相关的融合培训。四是通过参与产业融合有条件的企业开展相关的培训。参与产业融合的企业通过利用自身的实力条件开展对农民、农民合作社带头人的培训。

2. 优化产业融合要素支持政策

农村一二三产业融合，实质上是通过要素融合具体实现的，因而需要在土地、资本、技术等要素方面的政策支持。一是充分利用现行土地政策并努力创新以支持农村产业融合。一方面，农民应充分利用好坚持农地"三权分置"政策，在搞活农地经营权上下功夫，以促进农村产业融合，可以以土地使用权作价入股农民合作社，依托合作社发展产业融合；可以以土地使用权作价入股农产品加工企业，促进第一产业和第二产业的紧密融合；可以通过向农业创意企业、旅游公司等出租农地经营权，用以发展农田艺术和农田景观，促进农业与文化产业、旅游产业的紧密融合。另一方面，农村集体经济组织应积极盘活农村已闲置、沉淀的集体土地资产，充分挖掘利用农村"空心村"的闲置土地、农村中小学撤并学校后留下的校舍操场等闲置土地、农村遭受重大自然灾害而没有恢复利用或废弃的原建设用地等，转变为农村一二三产业融合的建设用地，促进产业融合发展。二是要优化创新农村一二三产业融合发展的资金支持政策。目前单一的指向性农业农村贷款，难以适应支持农村产业融合发展的需要，可允许农户土地承包经营权预期收益用于农户发展产业融合的抵押贷款。农村一二三产业融合发展的过程，是一个覆盖的产业领域、融合的链条、融合的环节、融合的要素不断增多的过程，特别是跨界融合将产生越来越多的难以分离的新业态、新模式，这就需要突破以往单一指向性资金支持的局限，要对融合经济体进行整体上的综合性的资金支持。同时，应鼓励和支持工商资本和其他社会资本参与农村一二三产业融合，一方面克服农民资本积累不足的限制，另一方面更有助于在农村产业融合发展进程中发挥好市场配置资源的决定性作用。三是要优化农村一二三产业融合发展的其他相关政策。促进农村一二三产业融合发展，涉及经济、文化、社会、环境等各个方面，需要有农村相关产业扶持政策。要设计实施农村文化产业的扶持政策，促进农业和农村文化的融合，把农业与农村传统的耕读文化、民俗文化、建筑文化、景观文化、红色经典文化等联系在一起，形成农村文化旅游业；要创新实施农村生态产业的扶持政策，加大对农村生物质能源和农村秸秆"五化"（即原料化、肥料化、基料化、燃料化、饲料化）的支持政策，在财政投入、银行贷款等方面加大支持力度；要创新实施农村康养产业的扶持政策，加大对具有一定准公益性质的养老产业的政府补贴和其他扶持力度。

3. 优化产业融合服务支持政策

农村一二三产业融合发展处于起步发展阶段，需要加强政府的相关服务。一要加强推进农村一二三产业融合发展方面的舆论宣传引导，让农民、合作社、企业能够切实了解党和国家推进农村产业融合的方针政策，从而使政策转变为农民和相关参与主体的自觉行动。要充分利用各种形式的舆论媒体以及面向农业农村的培训工作，宣传推进农村产业融合的相关政策，并发掘已取得成功经验的先进典型作为案例，供农民和企业学习和借鉴。二要增强推进农村一二三产业融合发展支持政策的透明度，使政策优惠能够公平公正，并接受农民群众和社会的监督。推进农村一二三产业融合，党和国家会陆续出台相关的支持政策，地方政府特别是县乡两级政府要对农村产业融合的具体扶持项目等惠民政策及时公开发布，接受质询和监督，以调动农民和其他各方面的积极性，促进其参与融合，推动共同融合发展。三要积极构建推动我国农村一二三产业融合发展的负面清单制度。推动农村产业融合，涉及一二三产业的各类项目，涉及各种相关的政策。建立负面清单，明确准入条件和项目，有助于克服制度性交易成本偏高过多导致的效率损失。同时，推进农村产业融合，涉及大量的新产业、新业态、新模式，可能会带来一定的负外部性，实施负面清单制度可以起到事先告知、画出底线的作用。通过负面清单制度的构建，恪守发展产业融合的政策底线、环境底线、文化底线等，使农村产业融合发展更具有可持续性。

（本部分内容刊发于《专题调研报告》2021年第23期，原文题目为"黑龙江省农村三产融合发展路径研究"，作者：郭翔宇、王颜齐等。2021年12月28日，黑龙江省人民政府省长批示。）

第六章

农业农村绿色发展

党的十八大以来，党中央、国务院高度重视绿色发展。习近平总书记多次强调，绿水青山就是金山银山。绿色是农业的底色，良好的生态环境是农村的最大优势。一方面，要以生态环境友好和资源永续利用为导向，推动形成农业绿色生产方式，提高农业可持续发展能力；另一方面，要以建设美丽宜居村庄为导向，持续改善农村人居环境。

第一节　推进农业绿色转型发展

一、农业绿色转型的理论内涵

农业绿色转型是对农业发展的一种全新定位，是在"绿色经济""绿色增长"以及"绿色发展"基础上，在特定时期、特殊阶段衍生出的全新概念，具有新内涵、新内容、新规定。

厘清农业绿色转型的理论内涵，必须对绿色转型的内涵加以细致研究，而绿色转型的概念又是由"绿色经济""绿色增长"和"绿色发展"衍生而来，在此需对这三个概念进行简要辨析。首先，绿色经济是一种可承受的经济发展模式，是指不能因过度追求经济增长而忽视生态资源的保护，超越生态危机、社会分裂、自然资源枯竭的底线。其次，绿色增长是一种寻求兼具环境可持续性和社会包容性的经济增长模式，通过绿色增长，为适应气候变化、污染防治、健康维持、绿色就业、减少贫困等创造机遇。最后，绿色发展是一种可持续发展观，强调经济系统、社会系统和自然系统间的系统性、整体性和协调性。

2020年10月，我国"十四五"规划被审议通过并发布，其明确提出了"促进经济社会发展全面绿色转型"的新命题，指出了新时代推进生态文明建设的基本路径，预示着从"十四五"时期开始，中国将全面进入绿色转型新阶段。准确理解绿色转型的丰富内涵，是推进生态文明建设的第一步。席艳玲认为，绿色转型是发展模式的一场系统性变革，它以发展绿色技术为先导、以绿色生产生活方式为主要内容、以绿色治理和绿色生态系统建设为基本手段、以绿色发展制度体系建设为制度保障。

如果说绿色经济是宏观战略目标，绿色增长是实现绿色经济的动态过程，那么绿色发展和绿色转型就是绿色增长过程中的两个并驾齐驱的发展形态。绿色发展是从始至终一直需要坚持的理念，绿色转型是发展到了某一个阶段，需要再向更高层次迈进的一个转折点，更加强调"转"。绿色经济将自然资源中的生态系统服务价值统一纳入到绿色国民经济账户内，目的是降低经济发展对资源消耗的过度依赖，以自然资本投资达到生产要素的可持续利用，以效率、和谐、持续为战略目标，构建以生态农业、循环工业和持续服务业为基本内容的经济结构和经济增长方式。因此，实现中国经济发展的绿色转型是一个相对漫长的过程，既需要有宏观战略的布局，也需要有中观产业的联动，同时需要微观个体的协同。

当前，中国农业发展已经进入绿色转型的新阶段。借鉴"绿色经济""绿色增长""绿色发展"以及"绿色转型"等概念，农业绿色转型的理论内涵可以概括为：以绿色发展理念为引领，以绿色农产品和生态服务持续供给为目标，以绿色技术、绿色投入、绿色生产为支撑，以绿色消费、绿色制度、绿色文化为保障，生产、生活、生态相协调的一种新型发展方式。农业绿色转型要求坚持源头减量、过程控制、末端利用的新思维，走出一条农业资源利用集约化、投入品减量化、废弃物资源化、产业模式生态化的新道路，最终实现"减排"与"增效"的双赢。具体而言，农业绿色转型应具有如下特征。

一是化学投入品减量，即持续推进化肥、农药等现代农业生产要素的减量行动。就化肥而言，"减量"既不能多，也不能少，确保化肥用量控制在合理的范围内，减少氮、磷、钾等大量营养元素的过量投入，适当补充钙、镁、锌等微量元素。就农药而言，"减量"不能以牺牲作物产量和防治病虫害效果为代价，要淘汰低效、高毒、高残留品类，大力发展高效、低残留、生态友好的绿色农药和生物农药，提升农药利用效率。

二是二氧化碳排放减少，即在"双碳"目标下持续增加碳汇、减少碳排放。农业兼具碳排放和碳汇的双重属性，决定了农业部门既能通过减少碳排放助力碳达峰，也可以增加碳汇助力碳中和。在农业绿色转型的过程中，要在稳住农业基本盘的前提下，不断增强农业固碳减排的功能与韧性，拿出"抓铁有痕"的劲头，充分发挥"双碳"目标导向下农业绿色转型的支撑作用。

三是生产效率提升，即全面提升农业绿色全要素生产率。新时期的农业绿色转型政策应以提质增效而不是单纯产量增长为核心目标，其关键是保障居民"吃得好、吃得安全、吃得健康"，突破拼资源、拼环境、拼投入的粗放型增长方式，改变以"保增产"为目标的传统增长方式。针对目前的结构性短板，应从生产端和供给侧协同入手，降低资源错配率和无效、低效供给率，提升有效供给率和中高端供给率，全面整合相关要素和资源，不断提升资源配置效率以提升农业绿色全要素生产率。

四是农民收益增加，即稳步充实新时代农民的"钱袋子"。农业绿色转型最终要实现人与自然的和谐相处，这不仅体现为农业对人文的关怀和对生态的反哺，还体现为农民收入水平得到提高和社会福利得到改善，其最直接的表现形式是农民的"钱袋子"要越来越鼓，社会地位要越来越高。这需要在农业绿色转型过程中，确保绿色转型降成本和结构升级增附加值，通过产业链两端的"一减一增"扩大农产品的利润空间，实现产品"卖得好"、农民收益"持续增"的稳定格局。

二、农业绿色转型的发展进程

依据上述对农业绿色转型理论内涵的深度挖掘可以发现，农业绿色转型是农业发展过程中的一个必然阶段。从数量驱动转向质量驱动再转型为绿色驱动，是发展方式的变革，更是发展质量的提升。结合中国农业发展的现实特征，农业绿色转型跃迁过程可以划分为三个阶段。

第一阶段为农业粗放式发展阶段。从新中国成立到21世纪初，农业支持政策以激发农业农村生产活力为目标导向，通过土地经营制度改革、农业科学技术推广，推动农业经济增长，促进农业高速发展，聚焦于"数量兴农"，形成了"高投入、高产出、高消耗"的战略布局，属于典型的农业1.0时代。这种长期粗放式发展严重掠夺了生态资源，为实施农业精细化发展战略埋下了伏笔。

第二阶段为农业精细化发展阶段。在意识到农业经济增长不能以牺牲环境为代价以后，中国农业发展目标转变为高产、优质、高效、生态、安全，特别是2016年中央1号文件正式提出了农业绿色发展的概念，一系列以绿色生态为导向，兼顾农业发展的经济性、低碳性、安全性的农业支持政策逐步深化，聚焦于"质量兴农"，形成了"资源节约、环境友好、生态保育"的发展格局，属于典型的农业 2.0 时代。这种精细化发展战略也为农业绿色转型发展奠定了良好的基础。

第三阶段为农业绿色转型发展阶段。以"十四五"规划提出的"促进经济社会发展全面绿色转型"为总基调，在保持原有绿色发展目标下，新时期的农业绿色转型理念更加明确，思路更加清晰，步伐更加稳健，聚焦于"绿色兴农"，形成了"减排"与"增效"双赢目标战略格局，农业将全面开启3.0 时代。农业绿色转型的战略任务是构建农产品生产和生态产品生产相融合、生态再生产和经济再生产相结合的产业体系，实现生态效率和经济效率共同提高。

综上所述，从农业粗放式发展到农业精细化发展再到农业绿色转型，从"数量兴农"到"质量兴农"再到"绿色兴农"，从"高投入、高产出、高消耗"到"资源节约、环境友好、生态保育"再到"减排"与"增效"双赢，农业绿色经济增长战略从"为增长而增长"到"为发展而转型"，这是根据中国农业发展的演进特征及现实发展需要而呈现出的跃迁路径。新时期的农业绿色转型更加强调"减排"与"增效"双赢，即依托农业绿色经济增长进程实现农业高质量发展的战略目标。

三、中国农业实现绿色转型的现实约束

实现农业绿色转型不是开辟独立的发展路径，而是在原有"数量兴农""质量兴农"的基础上，加强顶层设计并优化资源与要素配置，以此达到绿色兴农，进而实现"减排"与"增效"双赢的目标。农业绿色转型是更高层次的绿色发展，应对标农业绿色转型的理论内涵，挖掘当前农业绿色转型的现实约束及其根源。

（一）化肥、农药利用效率依旧偏低

无论是从发达国家还是从发展中国家的实践经验来看，化肥、农药是影响国家粮食安全和农业生产的重要因素，其合理施用为稳定农产品有效供给发挥了重要的支撑作用。但是，对化肥、农药的过度依赖乃至滥用，加剧了土壤板结与酸化，导致了基础地力下降等资源问题。

2015 年以来，我国持续开展化肥、农药使用量零增长行动，化肥、农药施用数量开始持续下降，分别由 2015 年的 6 022.6 万吨、178.3 万吨下降到 2020 年的 5 250.7 万吨、131.3 万吨，分别下降了 12.8%、26.4%，提前实现了"零增长"目标。与此同时，化肥、农药利用效率有所提升，2020

年水稻、小麦和玉米三大粮食作物化肥利用效率为 40.2%，比 2015 年提高了 5 个百分点；农药利用效率为 40.6%，比 2015 年提高了 4 个百分点。但是，截至 2020 年，中国化肥、农药施用强度依然高达 313.5 千克/公顷、7.8 千克/公顷，仍超过国际公认的化肥 225 千克/公顷、农药 7 千克/公顷的施用环境安全上限。

究其原因：一方面，中国农作物播种总面积下降掩盖了化肥、农药施用强度增加这一问题，区域种植结构调整也导致了局域化肥、农药施用量的增加；另一方面，中国粮食、农副食品供需紧平衡的矛盾长期存在，在资源有限的情形下，维持一定量的化肥、农药施用量是保证国家粮食安全、农产品供给安全不得不采取的必要手段。整体而言，相较于"控增量""控总量"来说，化肥、农药的"去存量""降强度""提效率"是农业绿色转型面临的最艰巨挑战。因此，在推进农业绿色转型的进程中，需要构建多元主体协同机制，共同做好化肥、农药的"减法"，保证在减量的同时提高利用效率。

（二）耕地资源"一多三少"使其难以高效固碳

通过对农业碳排放量的估算可以发现，中国农业碳排放量在 2015 年之前增速明显，虽然 2016 年以后有所下降，但依旧徘徊在 8 000 万吨左右。耕地作为农业生产的基本要素，不仅是碳排放主体，更是固碳的重要单元，通过提高农田有机质可以增强其吸收温室气体和固定 CO_2 的能力。

中国耕地资源呈现出"一多三少"的典型特征：一是耕地资源总量多，依据《国际统计年鉴 2020》中世界各国耕地面积的排行榜，中国耕地面积为 11 890 万公顷，居世界第 4 位，仅次于印度、美国和俄罗斯；二是人均耕地面积少，中国耕地面积仅约占国土面积的 14.1%，不足世界平均水平的 51.3%；三是耕地后备资源少，全国集中连片、具有一定规模的耕地后备资源仅有约 8 000 万亩，除东北和新疆部分地区外，大多分布在生态脆弱地区，水土光热条件差，补充耕地成本高、难度大；四是高质量耕地数量少，依据《2019 年全国耕地质量登记情况公报》数据，中国耕地质量平均等级为 4.8 等，其中评价在 1～3 等、4～6 等、7～10 等的耕地占耕地总面积的比重分别为 31.2%、46.8%、22.0%，即高质量耕地仅占不足 1/3，中低等质量耕地占 2/3 以上。

虽然中国的耕地资源多，但是不能掩盖人均耕地面积少、耕地后备资源少、高质量耕地少的矛盾，带来的结果是农业碳排放密度依旧在 40 千克/亩以上，这对于农业绿色转型来说依旧是难以突破的瓶颈。因此，在推进农业绿色转型的过程中，要继续守住耕地底线，着力提升耕地质量和耕地数量，以实现"固碳减排"的现实目标。

（三）投入产出要素存在冗余阻碍生产效率提升

农业绿色转型的关键在于推动农业生产由增产导向转向提质导向，坚持走"减排"与"增效"的农业发展道路，不断提高耕地与资源利用率、积极治理农业环境突出问题和大力推广农业绿色生产技术。农业绿色全要素生产率不仅可以较好地衡量农业资源投入（包括土地、劳动力及资本等）的利用效率，并且将环境因素纳入指标体系内，全方位衡量区域农业绿色转型升级的综合水平。通过对2001—2020年中国农业绿色全要素生产率的测算可以发现：农业绿色全要素生产率在不同时期内有较大幅度波动，"十五"时期呈现"先增长后下降"趋势，"十一五"时期整体呈增长趋势，"十二五"时期整体呈下降趋势，而"十三五"时期呈现"先下降再大幅提升"趋势，20年间农业绿色全要素生产率整体呈增长态势，年均增长率为2.13%，累计增长了42.6%，农业绿色技术进步年均增长2.73%，但农业绿色技术效率年均下降了0.47%。这进一步表明，中国农业绿色全要素生产率的提升主要依赖农业绿色技术进步，而农业绿色技术效率抑制了绿色全要素生产率的提升，说明在一定技术条件下，投入产出要素存在较大程度的冗余。

进一步在规模报酬不变假设条件下对中国农业绿色无效率进行分解发现，无论是从全国整体层面还是从分粮食生产区域来看，均存在较为严重的投入产出要素的冗余。以全国整体为例，化肥、农药、农膜、柴油等投入要素的冗余率已经超过了50%，处于要素投入高度浪费的情形，同时碳排放量严重超标，给农业绿色转型带来较大阻力。究其原因在于农业科技创新活力不强，农业科技要素融入不够，农业科技创新体系还未健全。因此，在推进农业绿色转型的过程中，要强化科技创新的支撑，全方位利用好有限的生产要素，打破要素投入产出冗余度高的现实壁垒。

（四）城乡收入差距大加速农村劳动力外流

从微观视域来看，农业绿色转型的作用客体是6亿多农民，农民的绿色生产行为驱动着农业绿色转型的进程，这也标志着在农业绿色转型的过程中需要更多活跃、积极、高素质的劳动力全程参与并付诸实际。但不可否认的是，城乡收入差距越来越大，农村居民人均可支配收入增长难度也越来越大，这损伤了务农劳动力的信心，导致农村大量劳动力特别是青年劳动力的流失。统计数据显示，2020年城乡居民人均产生可支配收入差距达26 702.3元，是2000年的6.7倍。另外，依据国家统计局发布的《农民工监测调查报告》（2008—2020年），2008—2020年，农村劳动力外流人数持续增加，2020年农民工数量已达到28 560万人，较2008年增加了6 018万人。与此同时，利用农民工年均收入减去农村居民人均可支配收入计算农民工收入增加额发现，这一增加额显著提升，2020年已达到31 732.5元。

城市吸引了大量农村青年劳动力，留在乡村的大多为老龄人口，也就是说农业老龄化已经是一个不争的事实。既往研究表明，农业劳动力老龄化将会显著降低农业生产效率以及农地利用效率。同时，老龄化还会降低农业劳动力的科学认知水平，制约农业绿色生产技术的采用，从而延缓农业绿色转型的进程。总体而言，城乡收入差距大导致农村劳动力大量流失，加大了农业绿色转型的难度。为此，在农业绿色转型的过程中要注重拓宽农民增收渠道，激发农业的"吸引力"。

四、中国农业绿色转型的实践路径

自古以来，农业发展是渐进式的，农业绿色转型也是一个渐进的过程。当今世界面临百年未有之大变局，受科技进步、全球贸易格局调整、政策演变、疫情灾害等因素影响，农业发展的不确定性、不稳定性随之增加。因此，农业绿色转型既不能改变方向，也不能急于求成，要走渐进式发展道路。

（一）构建化肥、农药减量多主体协同机制

"十三五"时期，我国化肥、农药减量化行动如期完成了既定目标，取得了显著成效。"十四五"时期，在推进农业绿色转型的进程中，应继续做好"减法"，持续推动化肥、农药减量增效行动。

第一，突出政府主导功能，彰显法律的严肃性。政府始终是化肥、农药减量增效行动推进的主导者和倡导者，法律法规的约束更能彰显行动本身的严肃性、紧迫性。要借鉴欧美发达国家的经验，在国家层面制定《化肥、农药管理法》，强化化肥、农药的登记和再登记管理，实施化肥和农药的生产、经营、使用全程监管；借鉴美国、巴西等国家的立法形式，在大豆等豆科作物种植中强制推广普及根瘤菌接种，大幅减少氮肥的使用。

第二，强化市场引领作用，凸显服务的专业性。一方面，优化高质高效化肥、农药供给，深化企业改革，及时淘汰中小型老旧生产企业，发展新型肥料、生物农药等环保型产品，同时要注重环境效益与经济效益的有机结合，打破"科学配方不挣钱，挣钱配方不科学"的传统思维，让市场机制更加完善。另一方面，充分发挥社会化服务组织的载体优势，多举措优化农业生产要素配置。在化肥施用上，做好科学施肥技术集成推广，辅助农民科学

施肥、高效施肥。在农药施用上，利用植保服务队的专业优势、装备优势等，广泛开展病虫害统防统治，提高施肥质量和效率。

第三，明确农民使用的权责，突出认知的重要性。化肥、农药施用量的决策权在农民，政府管控、市场介入促使制度环境和社会环境更加明朗，但农民能否遵从制度要求、能否采纳相关服务，依旧存在较大的不确定性。因此，基于农民视角的化肥、农药减量还需要宣传推介"用"的权责，即遵循"谁使用、谁治理""谁受益、谁治理""谁污染、谁治理"的原则，务必让农民具备清晰的认知，正确处理经济效益与生态效益的关系，充分调动其参与农业绿色转型的积极性、主动性、创造性。

（二）开展耕地保护专项行动

作为负责任的大国，中国明确提出了碳达峰、碳中和的"双碳"目标。然而碳达峰、碳中和是一个开放复杂的系统问题，作为碳排放的第二大来源，农业所蕴含的碳减排潜力以及农业碳减排所带来的正外部效应十分显著，而农业碳减排的成效主要取决于耕地固碳减排的能力。为此，要严守18亿亩耕地红线，开展耕地保护专项行动。

第一，"稳"耕地数量。首先，推动耕地保护立法，严守耕地保护红线。现有《土地管理法》《耕地占用税法》《农业法》《城乡规划法》均对耕地质量保护作出了明确规定，但现有法律对耕地撂荒的重视程度明显不足。当前，全国耕地撂荒比例高达15%，严重影响了耕地种植数量和生态环境，鉴于其严重性和紧迫性，应从立法层面解决耕地撂荒问题以稳定耕地数量。其次，完善农村承包土地三权分置制度，保持土地承包关系长久不变。农民是耕地的直接经营者，民心稳定才能确保耕地数量的稳定，要进一步明确，赋予并保护农民对耕地的所有权、承包权和经营权，让民心"稳下来"，让经营意愿"强起来"，只有这样才能确保保护理念"升起来"，确保耕地数量稳定。最后，明确耕地利用优先序，规范土地流转市场。防止耕地"非农化"，遏制耕地"非粮化"，增强土地利用总体规划的约束力，全面落实永久基本农田特殊保护制度，统筹优化粮油用地，稳定耕地数量。

第二，"升"耕地质量。首先，推动高标准农田管理体系建设，抓好新建项目全程质量管理，加强工程建后管护，确保"建成一亩、管好一亩"，形成"田成方、林成网、路相通、渠相连"的高标准格局。其次，建立耕地空间数字化管理平台，强化遥感技术的推广与应用，实时监督耕地数量、质量、空间布局等动态信息，以耕地的精细化管理加快耕地提等升级、耕地修复治理等。最后，设立耕地保护专项专用基金，在构建"数量＋质量＋生态"为一体的耕地补偿综合标准的基础上，按照"谁受益、谁付费，谁保护、谁获补偿"的补偿思路，充分调动多元主体参与耕地保护的积极性，进而提升耕地质量。

（三）强化农业科技创新支撑

提升农业绿色全要素生产率是发展经济学研究的重要问题，也是农业绿色转型必须关注的问题。但是，目前中国农业绿色全要素生产率不高的直接原因在于投入产出要素存在严重冗余，根本原因在于农业科技创新支撑力度不够。为了有效提升农业绿色全要素生产率，高效利用有限资源，需要强化农业科技创新支撑。

第一，加强农业"卡脖子"技术攻关。加快推动农业生物育种重大项目的实施，强化国际区域性良种繁育基地、海南南繁基地建设，不断健全商业化育种体系；加快推进低污染、高利用率的化肥、农药、农膜等投入品的科技研发，全面组织推广与使用；强化现代农业物质装备支撑，支持智慧农机、智慧灌溉技术的普及与应用；全力攻克农业碳减排技术，助力碳达峰、碳中和目标的实现。

第二，优化农业科技创新组织载体。积极推进由政府、科研单位、高校、农业技术推广机构、涉农龙头企业共同组成的综合性农业科技创新联盟组织建设，围绕农业绿色科技创新开展理论研究、实践研究与应用研究，深化分工与协作，突出绿色生产技术的功能属性，挖掘绿色生产技术的溢出效应，降低绿色生产技术的采纳门槛，持续推进绿色科技兴农和绿色科技强农，从而形成农业绿色全要素生产率稳步提升的市场自发扩展机制。

第三，启动农业科技适用型人才培育工程。在自然资源压力与日俱增的情形下，"有知识、懂技术、善经营、会管理"的农业科技适用型人才弥足珍贵，为此要启动人才培育工程，重点面向中青年务农群体，出台农业生产经营和农民创业就业的优化政策，鼓励社会组织、高等院校、科研院所、涉农企业等多元化主体创新"干中学"和"传帮带"式的知识、技术溢出模式，打造多层次、专业化、团队化的农业经营、管理、服务与技术人才队伍，以高素质人才带动农业绿色转型。

（四）创新农民增收渠道

促进农民增收是一个亘古不变的农业经济问题，也是新时代缩小城乡收入差距、实现共同富裕战略目标亟待解决的关键问题。农业绿色转型与农民增收不仅不能相悖，还要协同发展、共谋出路，要以农业绿色转型为契机，在实践中畅通多向度、多层次、多元化的经济增长路径，协调不同阶层、区域、群体间的资源禀赋差异，形成更具普惠性、包容性、持续性的发展机制。

第一，打造区域特色"绿色食品产业硅谷"（简称"绿食谷"），以"绿食谷"赋能农民增收。"绿食谷"是绿色食品科技产业和绿色食品产业的集群体，适合在农业大省的中心城市创建（如黑龙江省哈尔滨市），其通过科技创新政策和食品产业政策，以"绿色"为主体，吸引和集中国内外食品科技创新主体、食品产业投资主体和风险投资相关主体，形成"一谷"含"三园"（科技园、产业园和文旅园），"三园"融"六素"（人才、展示、智慧、文化、企业、创业）的"政—企—农"联动发展格局，拓宽农民增收渠道。

第二，铸造"一村一品一绿色"品牌基地，以品牌促进农民增收。建立农产品质量安全监管新模式，推动"三品一标"农产品生产经营主体纳入国家可追溯平台，塑造区域特色农产品绿色生态的品牌形象，努力打造农业产业化品牌联合体示范县、示范市、示范省，做大、做强、做优绿色品牌农业，带动农民增收，实现共同富裕。

第三，融通一二三绿色经济产业链，以点带面保障农民增收。在社会主要矛盾发生深刻变革以后，居民消费需求同样发生了重大转变，他们对绿色食品、绿色文化、绿色旅游等的需求不断攀升。因此，应以绿色农业为圆心，逐步向二三产业拓展，构建"绿色农产品生产—商品化处理—营销""绿色农产品生产—加工—营销""绿色农产品生产—绿色农产品加工—绿色农业旅游"等融合模式，以促农增收为目标，以消费需求为导向，以绿色化经营为纽带，形成以点带面的一二三产业利益链条。

（本节内容发表于《中州学刊》2022 年第 9 期，原文题目为"中国农业绿色转型的理论阐释与实践路径"，作者：李翠霞等。）

第二节 加快绿色食品产业发展

一、打造"中国绿色食品产业硅谷"

中共黑龙江省委十二届九次全会审议通过的《中共黑龙江省委关于深入贯彻新发展理念加快融入新发展格局推进农业农村现代化实现新突破的决定》，对开创黑龙江省"三农"发展新局面，加快推进全面振兴、建设现代化黑龙江具有重大意义。为更好、更快地实现农业强省建设目标，建议在哈尔滨新区打造"中国绿色食品产业硅谷"。

（一）打造"中国绿色食品产业硅谷"的必要性

食品是人类的"生命线"，绿色食品则是人类的"生命线＋健康线"，食品产业、食品科技、食品相关工业等已经成为重要的经济增长点。当前恰逢世界百年未有之大变局，食品安全成为全世界关注的问题；恰逢国家"十四五"战略规划布局之机，粮食安全、民族种业发展、科技自立自强日益成为国家发展的战略支撑；恰逢黑龙江省"十四五"农业强省战略规划布局之机，国家粮食安全"压舱石"、国家农业现代化排头兵、打造农业和农产品加工万亿级产业集群、食品和农副产品精深加工业成为第一支柱产业等重点任务亟须加快落实，北大荒农垦集团"三大一航母"重大工程正在全面实施。这种情况下，在哈尔滨新区建设"中国绿色食品产业硅谷"可谓正当其时。

1. 提升绿色食品产业效益的发力点

根据中共黑龙江省委十二届九次全会精神，全省应着力围绕绿色食品产业，从航天、生物、化学、环保、加工、信息、智能制造等多领域进行科技创新与研发，提升绿色食品产业的价值，并依托绿色食品产业提升相关产业的效益，形成以绿色食品为核心的技术创新产业圈。

2. 积聚绿色食品产业功能的链接点

按照哈尔滨新区"四中心一高地"的核心功能定位，不管是科创、金融、文旅、会展等新兴产业的发展，还是新区产业功能的集聚，"食品"或"绿色食品"元素都能成为贯穿其中的链接点，能够形成以"绿色食品"为轴心的功能产业圈。

3. 促进绿色食品产业发展的增长点

从哈尔滨新区三大新兴产业集聚区，包括深圳（哈尔滨）产业园区、利民大健康产业集聚区和哈南现代制造产业集聚区的发展空间布局来看，食品工业、食品机械加工业、药食同源产业不仅是三大新兴产业集聚区的主导产业，更是未来拉动三大功能区持续发展的关键产业。既是朝阳产业，也是持久产业，能够形成以绿色食品为重心的产业环。

4. 沟通黑龙江产业开放合作的关节点

根据省委十二届九次全会精神，哈尔滨新区实现对俄、对东北亚、对国际市场的开放，无论是"走出去"还是"引进来"，无论科技、人才、资源、文化等要素的流动和往来，绿色食品产业都将成为或必将成为开放合作的关节点，能够形成以绿色食品为中心的开放合作产业链。

5. 落实黑龙江产业发展政策的创新点

根据省委十二届九次全会精神，黑龙江省将持续推动产业政策的创新发展，在统筹产业空间布局、优化产业发展环境，整合产业发展资源、寻求产业发展空间等方面进行探索和实践。而绿色食品产业将是制定并落实产业发展政策的重要创新点和突破点，有利于形成以绿色食品为引擎的产业群。

（二）打造"中国绿色食品产业硅谷"的主要设想

1. 基本内涵

"中国绿色食品产业硅谷"（China's Green Food Industry Silicon Valley，缩写CGFV，简称"绿食谷"），设在哈尔滨新区，集绿色食品科技创新与产业孵化功能于一体，是绿色食品技术创新的开创者、产业发展的引领者、行业竞争的统领者。通过科技创新政策和绿色食品产业政策，吸引和集中国内外食品科技创新主体、食品产业投资主体和风险投资相关主体，形成"一谷、六素、三园、一街"的战略布局。

一谷：中国绿色食品产业硅谷。

六素：一是科技元素："绿食技坊"科学家的工作坊；二是智慧元素："绿食标馆"——绿色食品地标馆；三是文化元素："绿食论坛"——绿色食品业论坛；四是企业元素："绿食企园"绿色食品产业园；五是创业元素："绿食创站"——绿色食品创业站；六是人才元素："绿食摇篮"——食品产业学院。

三园：一是科技园：绿色食品产业科技创新园；二是产业园：绿色食品产业发展集聚园；三是展示园：绿色食品产业品牌文旅园。

一街：鬣（liè，龙腾飞的样子）街——文旅食品街。

2. 发展定位

"中国绿色食品产业硅谷"是黑龙江省承担国家粮食安全"压舱石"、争当农业现代化排头兵的创新载体，是实现农业强省、食品和农副产品精深加工业第一支柱产业目标的创新核心功能区，是省委十二届九次全会确定的"三农"发展"12545"重点任务实现的示范引领区，更是黑龙江省国内外产业地位和国际影响力的重大标志区、产业竞争力优势品牌价值的轴心创造区、新产业新业态的集中突破区。

3. 区域范围

在哈尔滨新区建设"中国绿色食品产业硅谷"，包括核心功能区和覆盖功能区两部分。核心功能区为科技创新区和金融服务区，主要功能可设置在松北区科技创新城；覆盖功能区主要为绿色食品企业生产区和经营区（包括以食品为中心的文旅产业服务区），范围涵盖哈尔滨新区规划范围江北一体发展区和江南政策协同区两部分。

4. 主要功能

基于"中国绿色食品产业硅谷"的内涵界定和"一谷、六素、三园、一街"的战略布局，打造引领中国绿色食品产业发展的五大功能：一是绿色食品科技创新功能——围绕绿色食品市场需求创新科技；二是绿色食品产业孵化功能——围绕绿色食品整体效益孵化产业；三是绿色食品文化建设功能——围绕绿色食品构建区域集群文化；四是绿色食品品牌塑造功能——围绕绿色食品价值增值打造品牌；五是绿色食品人才培养功能——围绕绿色食品培养产业急需人才。

5. 依托资源

"中国绿色食品产业硅谷"建设的关键在于所在区域的绿色食品科技创新资源优势。以科技创新资源为依托，在政府支持和引领下整合产业发展相关资源，发挥科技集群、人才集群、金融集群、企业集群效应。

（1）大学、科研院所。东北农业大学、黑龙江省绿色食品科学研究院、哈尔滨工业大学、哈尔滨商业大学、黑龙江省农业科学院、哈尔滨市农业科学院、黑龙江省质量监督检测研究院等。

（2）平台、实验室。国家乳业工程技术研究中心、国家大豆工程技术研究中心、国家小浆果工程技术研究中心、国家乳制品质量监督检验中心、国家乳制品标准化中心、国际乳制品标准化委员会观察员等。

（3）合作科研平台。中俄绿色食品产业研究院、海峡两岸绿色食品产业研究院、东北亚绿色食品产业研究院、龙江绿色食品产业研究院、航天绿色食品产业研究院等。

（三）打造"中国绿色食品产业硅谷"的行动建议

（1）成立工作专班。建议组成由省级领导牵头、哈尔滨市领导和相关厅局、专家共同组成的工作专班，统筹推进建设计划。

（2）开展专项研究。建议成立"黑龙江省'中国绿色食品产业硅谷'专项研究"项目组，全面系统设计"中国绿色食品产业硅谷"的布局、功能、运行机制方案。

（3）申报国家项目。建议按照国家食品产业战略布局设计，向国家发改委申报"中国绿色食品产业硅谷"建设项目。

（4）创新工作机制。建议政府创新工作机制，尽快推动工作专班、研究专项和项目申报的平稳有序开展。

（本部分内容刊发于《社科成果要报》2021年第26期，原文题目为"关于在哈尔滨新区打造'中国绿色食品产业硅谷'的建议"，作者：李翠霞。）

二、加强绿色食品品牌建设

黑龙江省把绿色食品品牌建设作为深化农业供给侧结构性改革、提高农业综合效益、促进农业增效和农民增收的有效途径。截至 2018 年年底，绿色食品标识产品达 2 700 个，农业系统使用有机食品标识产品达 600 个，培育出"飞鹤""完达山""黑森""北大荒"等一批知名品牌，其中获中国驰名商标农产品 42 个，中国名牌农产品 19 个。全国十大大米区域性公共品牌黑龙江省占 3 个，"五常大米""庆安大米""九三大豆""东宁黑木耳"在2017 年中国百强农产品区域公用品牌评选中获得殊荣。

黑龙江省绿色食品品牌形象良好，但在品牌知名度、市场占有率、品牌带动能力、新型经营主体等方面仍存在一定进步空间。绿色食品品牌建设是当前黑龙江省产业发展的重中之重，在全省《工业强省规划》《农业强省规划》（编制中）和《培育农业及农副产品精深加工万亿产业集群行动计划》中，均对绿色食品品牌建设做了明确要求，提出要继续完善品牌农产品营销渠道建设，积极参加和举办各类展示推介活动，开展农产品区域公用品牌和企业品牌创建，加强质量监管，强化品牌宣传等举措。除做好上述工作外，建议从以下几方面着手进一步加强黑龙江省绿色食品品牌建设。

（一）加强绿色食品品牌战略的顶层设计

一是要由省发改委牵头编制《全省绿色食品品牌建设规划》。规划编制要与乡村振兴战略的实施紧密配合，编制成员中来自高校与实际从业者的比例要占到一半以上，确保规划的可操作性。二是要以大米、大豆为重点，以区域品牌建设为抓手，推动黑龙江省绿色食品发展。要培育一批国内、国际知名"龙"标、"龙"品、"龙"牌，全面提升"龙"字号绿色食品知名度。要率先以整合大米品牌为突破口，加快整合两大平原内同区域、同类产品的不同大米品牌，提高绿色有机大米品牌的集中度。此外，要重点打造绿色大豆区域品牌，立足黑龙江省大豆产品非转基因特色和质量安全优势，由省绿色食品发展中心牵头申请注册"龙江大豆"品牌，作为全省大豆产业的公共品牌，统一授权使用和集中管理。三是要完善区域性绿色食品品牌服务体系。打破行政区划和政府部门权限，建立以政府为主导，以企业、专业化服务公司和行业协会为核心的基层绿色食品品牌设计与营销推广服务体系。四是要利用黑龙江省与广东省对口合作契机，积极参与粤港澳大湾区"菜篮子"工程。在现有七台河市和齐齐哈尔市的工作基础上，鼓励各地市农业和海关部门参与大湾区农产品质量安全监管网络体系建设，打造供港产品统一品牌。同时利用广东省经验，打造对俄日韩农产品出口的省级质量监管平台，提升绿色食品含金量，提高黑龙江食品品牌的影响力。

（二）培育壮大绿色食品品牌经营主体

一是要实行农产品优质标识免费认证制度。进一步降低中小型农业经营主体的农产品认证成本，同时进一步扩大认证主体范围，推动其向农户倾斜，构建以农户个人信用为基础的认证制度。二是要鼓励大型龙头企业打造自主品牌。对当前省内主营业务收入超过10亿元的44家龙头企业进行一对一辅导，力争使每个龙头企业都拥有具备中国驰名商标的农产品。三是要引导、支持知名品牌提高产业集中度和市场竞争力。鼓励并支持黑龙江省知名品牌企业加快技术创新，通过兼并、控股、贴牌生产等方式，推进品牌产品的深度开发，实现品牌纵向延伸。四是要优化品牌发展环境。优化中国（肇东）国际农产品加工产业园和10个农产品加工业集中度较高的园区品牌发展环境，从创建品牌产品逐步向创建品牌企业、品牌生产基地拓展。五是要促进平台组织的机构改革和工作方法改进。要对黑龙江省绿色食品发展中心、黑龙江省生态食品产业联盟、哈尔滨市绿色食品产业联盟等平台组织在绿色食品品牌打造上的工作业绩进行年度持续评估，并将评估结果与政府资助相挂钩。

（三）加强互联网平台在绿色食品品牌发展中的应用

一是要规范现有绿色食品相关网络平台。对省内各级政府、社会组织等开设的僵尸网站进行清理，规范绿色食品推介渠道和各类品牌荣誉评比活动。提高在新媒体中传播黑龙江绿色食品品牌正能量的频次。二是着眼于消费者意愿打造绿色食品品牌。要对接物联网和大数据平台技术，由资源开发向产业整体开发模式转变，按照营销、创意、设计的反向思路设计品牌产品。三是在绿色食品大市试点设置政府网络发言人。对消费者反映的产品质量、品牌造假，尤其是绿色食品产业发展等突发事件第一时间进行反馈和澄清，避免社会公众焦虑心态扩大化。同时从消费者权益保护角度倒逼企业提高产品质量，维护绿色食品品牌声誉。

（四）积极向上争取扶持政策

一是向国家争取对绿色食品加工的支持。黑龙江省主要农产品加工转化率只有44.5%，与2020年全国平均68%的目标相差23.5个百分点。建议国家支持建设一批农村产业融合先导区、现代农业产业园区，并对在园区内开展绿色食品品牌相关工作的企业给予专项补贴支持。二是向国家争取对粮食外运的支持。黑龙江省绿色食品主要是粮食产品，外运成本高，优质加工产品外销不畅，品牌溢价不明显，建议国家按照 2014 年前对黑龙江省"北粮南运"的补贴标准，给予黑龙江省粮食加工产品运费补贴。三是向国家争取对绿色食品认证的支持。黑龙江省是全国绿色食品第一大省，原料基地面积约占全国总面积的 40％，但一直没有国家层面的政策扶持，建议国家将绿色食品发展纳入支持范畴。重点在政策和资金上给予倾斜，加大对标准制（修）定、监测检验体系、质量认证体系、信息服务体系以及示范基地建设的投入，调动各方面发展绿色食品的主动性、积极性。

（本部分内容刊发于《社科成果要报》2019 年第 7 期，原文题目为"关于加强黑龙江省绿色食品品牌建设的建议"，作者：赵建。）

三、促进绿色生猪养殖业发展

绿色生猪是用于生产绿色食品（猪肉）（简称"绿色猪肉"）的肉猪。绿色猪肉执行严格的技术标准，实行土地到餐桌的全程质量管理，因其具有营养、健康、安全的特性而受到消费者的信赖和欢迎，消费者愿意为绿色猪肉支付更高的安全溢价，具有良好市场前景。黑龙江省环境污染少，自然生态好，饲料资源丰富，具有发展绿色生猪养殖的优势，但面对省内其他养殖品种和省外新兴产区的双重挤压，黑龙江省绿色生猪养殖发展处于困境。在供给侧结构性改革的背景下，分析绿色生猪养殖增长的制约因素，制定相应的策略对黑龙江省发展绿色猪肉产业，加快畜牧业转型升级具有重要意义。

（一）黑龙江省绿色猪肉生产现状

截至 2014 年年底，黑龙江省有 8 家企业拥有绿色食品猪肉标志，共认证产量 5 824 吨，全省绿色生猪全部来自它们的养殖基地。2014 年，全省实际生产绿色猪肉 4 900 吨，是认证产量的 84.13％。这些企业主要采用"公司＋基地＋农户"和"公司＋基地"的养殖模式，集仔猪繁育、肥猪养殖、绿色饲料生产、屠宰加工和销售于一体的全产业链的多元化经营，具有一定的资金、技术和人才实力。黑龙江省绿色猪肉生产集中度较高，黑龙江阿妈牧场农业有限公司、哈尔滨大众肉联食品有限公司和哈尔滨海龙原种猪繁育有限公司的认证产量位列 3 甲，分别为 1 500 吨、1 149 吨和 900 吨，三家企业占全省认证产量的 60.93％。

（二）黑龙江省绿色生猪养殖发展困境

1. 绿色生猪养殖增长速度慢，增速波动大

黑龙江省曾经是国内发展绿色生猪养殖时间最早、速度最快的省份之一。到 2007 年，全省出栏绿色生猪 2 万头，是国内第三大绿色生猪养殖基地。此后，绿色生猪养殖进入缓慢波动性增长阶段。2008—2012 年绿色生猪出栏量年均增长仅 3.32%，2008 年和 2011 年甚至环比负增长。2012 年绿色生猪养殖呈恢复性增长。2013 年，黑龙江省政府出台《绿色食品产业发展纲要》，支持绿色食品产业发展，绿色生猪养殖实现暴发式增长，当年生猪出栏量和绿色猪肉产量均环比增长 100% 以上。2014 年，这两个指标又回落至 34.75% 和 49.62%。

与肉牛养殖相比较，绿色生猪养殖增长速度偏低。2006—2014 年，全省绿色生猪出栏量和绿色猪肉产量增长 317.33% 和 415.79%，年均增长 19.55% 和 22.76%。同期，绿色肉牛出栏量和绿色食品（牛肉）产量则增长 1 306.74% 和 1 442.66%，年均增长 39.16% 和 40.78%。肉牛已经取代生猪成为省内第一大绿色养殖品种。

2. 绿色生猪养殖企业规模小，竞争力不足

大规模养殖在高效利用先进技术方面具有优势，规模效益明显。但黑龙江省绿色生猪养殖企业规模普遍较小，缺乏竞争优势。全省绿色猪肉认证规模最大的黑龙江阿妈牧场农业有限公司的认证产量也只有 1 500 吨，四川省遂宁市高金食品有限公司的认证规模高达 8 040 吨，是前者的 5.36 倍。企业单体规模小限制其融资能力，缺乏市场谈判优势。

3. 产业链不完整，社会服务不完善

绿色生猪养殖对饲料、添加剂、兽药等投入品的使用有严格的规定，需要完善的投入品市场支撑。截至 2014 年年底，黑龙江省尚无一家本地企业获得中国绿色食品协会的绿色生猪饲料认证。农户或企业要养殖绿色生猪就必须自己种植原料作物，生产符合要求的饲料，大大增加配套投入，提高了绿色生猪饲养的门槛，阻碍养殖规模扩大和新养殖者加入。同时，市场上缺乏专业化的技术服务组织和能提供绿色食品储运服务的跨区域的第三方物流服务企业。

（三）黑龙江省绿色生猪养殖发展的制约因素

1. 有效需求不足是制约绿色生猪养殖发展的关键因素

绿色猪肉的价格比传统猪肉高 30% 以上，其主要客户群体是那些具有高支付能力和质量偏好的城镇中高收入消费者。2014 年黑龙江省城镇居民人口只有 2 223.5 万人，城镇居民人均可支配收入 22 609 元，只相当于全国平均水平的 78.38%。绿色猪肉市场信息不对称也限制消费者的消费意愿。消费者可以通过感官比较或者消费体验判断绿色大米质量，但他们很难从外观上辨别绿色猪肉和普通猪肉的质量，食用后也很难准确描述二者在口感或营养方面的区别，至于安全性在短期内更加无法判断。因此，消费者对绿色猪肉的营养、健康安全的消费几乎完全转化为信任品消费，因此绿色猪肉市场信息不对称进一步限制了消费者的消费意愿。人口少、收入低、消费意愿不足导致的有效需求不足是制约绿色生猪养殖发展的最主要因素。

2. 环境成本高、质量管理严和资金需求大是阻碍绿色生猪养殖发展的三大门槛因素

《绿色食品产地环境质量（NY/T 391—2013)》规定，绿色食品生产要"选择生态环境良好，无污染地区，远离工矿区和公路、铁路干线，避开污染源""在绿色食品生产区与常规生产区之间设置缓冲带或物理屏障""不对环境或周边其他生物产生污染"。同时，还要对空气中的颗粒漂浮物、二氧化硫、二氧化氮含量，以及养殖用水的重金属含量、pH 等理化指标执行严格的标准。严格的生态与环境标准在保证产品质量，保护生态环境的同时增加了企业的基建成本和环境保护成本。

养殖绿色生猪需要对厂区环境、投入品质量、养殖过程、仓储运输等执行严格的质量控制规范。这些严格的质量规范既增加养殖管理难度，也增加了执行成本。除此以外，绿色养殖企业还随时应对绿色食品认证部门、市场监管部门、食品药品监管部门、动物防疫部门的检查抽查，大量精力用于与政府部门打交道，增加了养殖场的负担。按企业的说法，养殖绿色生猪没增加效益反招来更多"婆婆"，得不偿失。

产业链不完整和社会化服务不完善迫使养殖企业自建绿色饲料基地、防疫检疫系统、废弃物处理系统，极大地增加前期投入。据估算，建设运营一个基础母猪 300 头的绿色生猪养殖场，前期厂区与基建投资 2 000 多万元，运营资金 5 万元/天。高资金门槛将大批中小型企业拒于绿色养殖的门外。

3. 价格波动大、疾病疫病控制难和信息扰动大是制约绿色生猪养殖发展的三大风险因素

生猪、鸡蛋、活鸡、牛肉、羊肉 5 种畜产品中，生猪的价格风险最大。仅 2004 年以来，生猪市场就经历了 3 次明显的价格波动。频繁而且剧烈的价格波动给养殖场带来了巨大的经营风险，多数时间里养殖场在亏损状态下负债经营。

根据《绿色食品兽药使用准则（NY/T 472—2013)》规定，"在养殖过程中要尽量不用或少用药物"，禁止使用 5 大类 104 种高残留、有毒害的兽药，不允许使用药物饲料添加剂、生长促进剂等，并且规定了 2～45 天的休药期。养殖过程中一旦使用禁用兽药或者在休药期使用兽药，绿色生猪需转为普通生猪屠宰销售。严格的兽药使用规定延长了生猪出栏时间，增加了疾病疫病防控难度和风险。

现代信息技术对克服市场信息不对称发挥了重要作用，但信息爆炸时代的消费者很难甄别信息的真伪。微信、QQ等公众平台为有偏信息发布提供了便捷的途径，这些有偏信息的牛鞭效应可以轻松摧毁一家企业甚至一个行业。2013年和2014年下半年在微信圈内广泛传播的猪肉钩虫谣言，使贵州等地猪肉价格下降20%，养殖户和屠宰销售商损失惨重。

4. 优秀人才紧缺，阻碍企业的技术和产品转型升级

标准化的绿色生猪养殖需要制定和执行完整的技术与管理体系，需要既懂专业又会管理的复合型技术人才。由于场地封闭，环境艰苦，生活单调，养殖企业缺乏对优秀人才的吸引力。例如，据大庆市一个绿色生猪养殖场反映，由于规模扩大和管理提升的需要，该企业到一所大学招聘动物科学专业毕业生做技术员，开出4 000元/月的底薪依旧招不到人，毕业生宁可挣2 000元/月的工资在城市里打工，也不愿意到条件艰苦的养殖场就业。由于缺乏人才，养殖场不敢引进先进技术，无法执行先进的经营理念，阻碍技术和产品的转型升级。

（四）黑龙江省绿色生猪养殖的发展策略

1. 加强监管，为绿色生猪养殖创造良好市场环境

创造良好市场环境是政府义不容辞的责任。首先，要加强市场监管，打击假冒绿色猪肉生产和销售的行为；其次，严格执行绿色食品企业退出制度，提升绿色食品标志信誉，提高消费者信心；再次，政府加强绿色龙江公益推介，提高区域绿色食品品牌知名度；最后，打造具有公信力的食品安全公众信息平台，及时发布权威准确的食品安全信息，减少谣言等不确定信息对生产和消费决策的干扰。

2. 加强绿色养殖贷款支持和生态补贴

在农业供给侧结构性改革的大背景下，支持绿色生猪养殖既体现"绿色"发展理念，又有利于促进养殖业转型升级，政府应予以支持。首先，政府需解决养殖融资难题，鼓励金融机构试行和推广"三项用地"抵押贷款、生猪保单抵押贷款、生猪活体抵押贷款，方便养殖企业融资；其次，政府应采取保险补贴等多种方式鼓励保险机构开展生猪保险业务，帮助企业规避风险；最后，借鉴欧盟的农业生态补贴政策，支持绿色养殖废弃物无害化处理，降低其环境保护成本。

3. 打造绿色品牌，拓展外埠及海外市场，扩大有效需求

长期看，提高消费者的收入水平，促进猪肉消费升级是拉动绿色生猪养殖的根本途径。短期看，加大营销推介，开拓外埠及海外市场的"以销带产"策略是绿色食品企业的现实选择。首先，要细分外埠绿色猪肉市场并明确目标市场，利用各类媒体、展会和政府平台在目标市场宣传推介产品，提高黑龙江绿色猪肉品牌知名度；其次，通过兼并、联合等多种方式与主销区企业开展"产销合作"，借力开拓京津等高端市场和海外市场；最后，利用"互联网＋"等新兴业态，促进养殖技术升级，扩大猪肉供应半径，获取区域流通优势。

4. 完善产业链，以产业集群推动产业发展

完善产业链，特别是加快发展绿色饲料供应和技术服务等关键环节，为绿色生猪养殖提供完善的社会化服务。发展绿色生猪产业集群，综合考虑生猪产业基础、地理区位、市场容量、环境条件、人力资源与技术等因素选择县（区）发展绿色生猪产业集群。以屠宰加工企业为核心，以生猪养殖企业为基础，引导仔猪繁育、绿色饲料、物流服务和疾病防控服务等供应商以及关联产业集聚，共享区域基础设施、市场环境和外部经济，降低交易成本，形成集聚效应、规模效应、外部效应，提高绿色生猪产业竞争力。

5. 加强技术培训推广服务，为产业发展提供人才支持

提升基层畜牧站为养殖企业提供技术培训、疾控防疫、信息指引等社会化服务的能力，加强绿色食品标准化生产技术培训。鼓励屠宰企业和饲料企业等开展社会化的技术培训。教育机构要在提高畜牧专业学生的专业技能的同时，重视专业意识和职业精神培养，为绿色生猪养殖提供人才支持。

（本部分内容发表于《黑龙江畜牧兽医》2016 年第 9 期，原文题目为"黑龙江省绿色生猪养殖业发展的制约因素分析与策略"，作者：刘家富、李翠霞。）

第三节　实现农村绿色发展

一、加快发展种养结合推进畜禽粪污资源化利用

种养结合、粪肥还田是高纬度地区畜禽粪污利用的最佳途径。《国务院关于加快推进畜禽养殖废弃物资源化利用的意见》把"构建种养循环发展机制"作为重要目标，把农用有机肥作为主要利用方向。2021 年中央 1 号文件提出"推进农业绿色发展，加强畜禽粪污资源化利用"。到 2025 年，黑龙

江省畜禽粪污产生量预计达 1 亿吨左右，粪污利用的经济价值高达 200 多亿元，生态价值更是不可估量。加快发展种养结合既是落实党中央加强畜禽粪污资源化利用和黑土地保护等战略决策的迫切需要，也是黑龙江省加快发展科技农业、绿色农业、质量农业和品牌农业的具体举措。

黑龙江省立足实际，积极构建并完善种养结合发展体制机制，总结推广了一批行之有效的种养结合技术模式，2021 年被农业农村部和财政部列为全国绿色种养循环农业试点省份。为更好地加快发展种养结合，推进畜禽粪污资源化利用，现提出如下建议。

（一）加强统筹规划，指导种养结合

一是各级政府必须从统筹发展和安全的战略高度重视发展种养结合的绿色循环农业。二是以市地为单位测算畜禽粪污土地承载力。编制实施县（市、区）《畜禽粪肥利用种养结合建设规划》，将其作为畜牧业发展和养殖项目环评的重要依据。在养殖主体层面落实"以地定畜，以畜养地"的要求。三是充分发挥黑龙江省畜禽养殖废弃物资源化利用联席会议制度的作用，构建省市县乡村五级联动、农业农村和生态环境等多部门协同、河长和田长共同发力的全方位种养结合支持与监管工作机制。四是合理调控养殖企业的单体规模和专业村（屯）的养殖密度，防止畜禽粪污大规模集中排放超过土地承载能力。五是压实养殖主体合理处理粪污和种植主体保护耕地质量的法定责任，落实污染者付费原则。

（二）完善扶持政策，支持种养结合

一是调整财政重点支持环节，逐步实现由畜禽养殖废弃物处理的前端向资源化利用的后端转移，加大对粪肥收集处理和抛洒施用环节的补贴力度，加速种养有效衔接。二是完善农机具购置补贴政策，增设粪肥储运机具种类和品种，增加撒肥机械补贴品种，降低粪肥储运施用机具购置成本。三是结合黑土地保护工程，出台面向家庭农牧场、农民合作社的粪肥还田补贴政策。四是支持养殖专业村和散户建设粪污收集存放点和处理场地设施。五是大力扶持粪肥还田社会化服务组织，为其机械设备采购、粪污处理、市场开拓、还田服务提供资金、技术、用地和信息支持。六是结合厕所革命，探索人粪畜粪共治机制，提高粪污处理设施设备利用率和规模效益。七是构建基于粪肥流向全程可追溯的补贴发放与管理机制，提高财政补贴资金使用效率和效益。

（三）创新合作模式，推动种养结合

一是加快发展一体化模式。鼓励规模化畜禽养殖场户通过土地流转、

"公司＋农户""土地入股"等形式发展种养一体的生态牧场和生态养殖合作社。针对一体化项目投资大、周期长、用地难等问题，制定融资信贷、税收优惠、土地流转的支持政策，解决资金和土地难题。重点支持生态牧场和生态养殖合作社的粪污处理和粪肥还田项目。二是大力发展第三方模式。积极引导龙头企业、合作社、社会化服务组织等新型主体开展种养循环农业第三方服务。根据黑龙江省农牧业特点和发展需要，加快明确和落实粪污等资源化再利用场所的农业用地政策。采取"财政补贴""政府购买""以奖代补"等多种方式为第三方的粪肥还田收集处理和施用服务提供支持。引导第三方通过"交粪返肥""以粪入股""以地入股"等方式提高种养主体的积极性，利用共享、租用等方式为村屯集中收集点配套装载机械。精准监管第三方，特别是政府投资的整县推进项目，确保"建得起、用得上、有效益、可持续"。三是规范发展市场交易模式。加快培育有机肥市场，规范市场秩序。鼓励散养场户粪肥还田利用和市场化销售。开展粪肥还田推广培训，开发线上培训资源，指导农户科学制肥、合理施肥。制订规模化养殖企业粪肥还田利用示范合同，明确各方的责权利，推动合同规范化，加强对规模化养殖场户的履约监管。

（四）发挥市场作用，引领种养结合

一是探索生态农产品认证制度，以生态农产品优质优价引领粪肥还田利用。二是发展特色优质高效的设施蔬菜、园艺花卉等，打造绿色生态农业品牌，提高种养结合效益。三是在"三园三区"建设、黑土地保护、城乡绿化、草原生态治理等工程项目中推广施用有机肥，扩大有机肥市场需求。四是推动种养结合产业化。培育引进有机肥龙头企业，发挥它们的技术、渠道和市场优势，贯通有机肥渠道梗阻，支持粪肥"产、收、处、检、运、施"全链条主体多元化发展。

（五）加强科技创新，服务种养结合

一是组织龙头企业、行业部门和科研机构联合开展种养结合技术攻关，重点解决粪肥低温发酵技术不足、粪肥还田机械化水平不高、农机农艺不配套等关键问题。二是加快研发推广适合北方寒地农区特点的粪污肥料化利用技术和有机肥撒施机械，提高寒地粪肥生产效率和质量，提高粪肥还田机械化水平。三是加快研发专用化、功能化的有机肥产品，满足高端市场需求。四是加快研发农机农艺农肥相结合的作物栽培技术和模式。五是结合数字龙江和智慧农业建设，研发基于物联网和大数据的覆盖粪肥产收处检运施全程的数字化监管系统，为污染监管、奖补发放、粪肥交易以及政府决策提供信息支

持。六是以企业为主，以高等院校、科研机构和推广机构为辅，加强种养结合技术和装备示范推广。

（六）健全监管体系，保障种养结合

一是构建以生态环保部门为主、行业主管部门为辅、河长和田长为支撑的农业污染监管体系，加强畜禽粪污排放和还田利用监管。特别是压紧压实基层河长和田长的水土保护职责。二是利用乡村独特的熟人社会特征和社会声誉机制，推进农村社区环境的自管自治。三是多渠道开展环境保护宣传和教育，提高农民的环境保护意识和行动。四是严格执行《有机肥料（NY/T 525—2021）》等国家标准，保证商品有机肥质量。完善肥料登记管理制度，强化有机肥原料和质量监督，严格执行《畜禽粪便还田技术规范（GB/T25246—2010）》标准，降低粪肥质量风险。

（本部分内容刊发于《社科成果要报》2022年第4期，原文题目为"关于加快发展种养结合推进畜禽粪污资源化利用的建议"，作者：刘家富等。）

二、推进农村人居环境整治

《农村人居环境整治提升五年行动方案（2021—2025）》启动实施后，对巩固农村人居环境整治成果、提升农村人居环境质量、加快推进乡村振兴步伐具有重要价值意义。从实现"农业强、农村美、农民富"的乡村振兴视角，总结黑龙江省人居环境整治实践成果，分析制约农村人居环境整治质量提升因素，深入理解农村人居环境整治在乡村振兴中的战略价值，对开启乡村振兴新征程意义重大。

（一）夯实微观基础，提升农村人居环境整治能力

黑龙江省应以实现人居环境整治水平全面提升为目标，强化乡村治理的组织载体。通过实施农村人居环境整治三年行动，黑龙江省在改善民生福祉、促进产业融合发展、保障生态安全、传承乡风文明等方面取得了积极进展，但与宜居宜业目标还有差距。促进宜居宜业是涉及乡村治理效能、产业发展、主体能力等乡村经济社会发展的系统工程。一要完善社会主义农村基本经营制度，强化乡村治理的制度保障。推进农村集体产权制度改革，壮大农村集体经济，夯实农村基层组织的经济基础，高效履行基本公共服务功能，提升乡村治理效能。二要推动农村经营方式改革，提升乡村治理主体实力。以带动小农户、脱贫户发展提升为重点，推广合作、入股、托管等多种适度规模经营模式，加快构建现代农业经营服务体系，为乡村持续发展提供动能。三要加强乡村党组织建设，提高乡村治理的政治保障。注重选配具有

涉农专业型干部充实到乡村领导班子中，打造具有较强能力的乡村基层组织。

（二）坚持规划引领，探索农村人居环境整治路径

黑龙江省应以建设宜居宜业乡村为目标，强化乡村规划在建设中的引领作用。有序推进"多规合一"的实用性村庄规划编制，探索整合各类规划以及衔接协调各类规划的工作机制。一是遵循城镇化发展规律，正视乡村收缩现实，科学布局乡村基础设施和公共服务要素。二是遵循特色乡村建设特点，加强抵边村和民族特色村规划建设。注重对具有黑龙江省特色的乡村风貌保护，避免"千村一面"，不搞大拆大建。三是遵循村庄资源分类，突出重点，对人口人文等旅游资源丰富、民族历史文化浓郁、基础条件良好的抵边村和民族特色村庄，优先规划。

（三）突出重点任务，补齐农村人居环境整治短板

黑龙江省应以农村人居环境整治短板为靶向，强化整治重点领域。据《2021年中国农村发展报告》显示，以居住环境舒适度、生活便利性、乡村产业发展活力、农民收入水平与就业环境四个维度 32 项指标评价出的乡村宜居宜业综合指数，全国平均值为 0.411 2，黑龙江省仅为 0.279 6，差距较大。生活垃圾、污水处理和卫生厕所普及率指标低尤为突出。以问题为导向，一要强化农村改厕与污水综合治理。依据城镇化进程、村庄地理条件和农民实际需求，着力提高技术实用性，完善运营机制，加强管建责任监督。二要健全生活垃圾收运处置体系。推进垃圾分类减量和就地资源化利用，创建农村生活垃圾分类与资源化利用示范县。三要推进发展农村生物质能源。从生态环保理念出发，扩大农村清洁燃料利用规模。

（四）加大资金投入，强化农村人居环境整治支撑

黑龙江省应以农村人居环境整治资金投入为保障，提高农业支持资金的集聚效应。伴随农业现代化进程，我们不断总结发达国家农业资金支持保护制度的经验，从农业产出激励向农户收入支持过渡，再向农村基础设施和服务投入调整。黑龙江省是粮食产出大省，但是村庄经济发展缓慢，2019 年集体经济强村仅占 9.9%，乡村建设资金和管护资金缺口较大。要实现农业强省战略，农业资金支持保护制度应适度调整方向。一是加大财政对乡村建设的支持力度。在保障现有财政投入基础上，从新增财政收入中安排一定比例资金，建立农村人居环境整治建设奖励基金，用于农村人居环境整治建设的专项投入。二是推进金融有效支持。积极鼓励各类金融机构，尤其是国家政策性金融机构，创设农村人居环境整治专项贷款。三是引导社会资本投

入。加大对社会资本的引领力度鼓励和支持企业投资农村人居环境整治建设项目，建立社会资本稳定投入机制。

（五）统筹产业发展，释放农村人居环境整治功效

黑龙江省应以农村人居环境空间优化为载体，强化产业融合发展。人居环境整治要以建立宜居宜业美丽乡村为目标，加快推动现代乡村产业体系形成。一是拓展农业服务功能，促进乡村产业链多维延伸。以特色村庄为载体，发展特色旅游、特色康养、特色农产品电子商务等乡村产业。二是提升农村公共服务水平，优化乡村就业创业环境。围绕乡村生态环境改善、公共服务系统，建立推动新能源开发、污水垃圾处理等产业发展，创造新的乡村就业空间。三是推动城乡融合发展，创建县乡村宜居宜业共同体。顺应城乡一体化发展进程，推动县乡村宜居宜业功能互补融合发展，逐步实现城乡物质空间、产业协同、公共服务的集聚共享格局。

（六）发挥主体作用，构建农村人居环境整治长效机制

黑龙江省应以坚持农民主体地位为重点，强化长效运行机制。习近平总书记多次强调乡村振兴要突出农民主体地位。总结发达国家乡村建设经验，建立"自上而下"和"自下而上"的互动机制，是乡村建设的长久模式。一是建立各类农民主体参与人居环境建设，有效运用"一事一议"组织村民参与农村人居环境建设。二是完善农村人居环境筹资筹劳、设施管护等制度，调动各方积极性，加强农村厕所、生活污水垃圾处理和村庄保洁的管护。积极探索农户合理付费、村级组织统筹、政府适当补助、社会资本积极参与的运行管护制度。三是推进农村人居环境整治标准化体系建设。以农民实际需求为导向，加快制定项目建设的地方标准，强化运行监测评估制度。

（本部分内容刊发于《智库专报》2022 年第 3 期，原文题目为"关于推进农村人居环境整治的对策建议"，作者：李伟。）

三、探索农产品生态价值实现方式

近期，不少地方公布关于生态产品价值实现机制的建设方案或典型案例。自从国家发改委印发《关于建立健全生态产品价值实现机制的意见》以来，各地积极探索，为生态产品价值实现提供了实践经验。从经济社会绿色转型角度看，还可根据物品属性类别分类施策，健全生态产品价值实现机制，提升生态产品供给水平。

依据物品属性，生态产品分为具有公共物品属性的原生态产品，如空气、水源、土壤等产品，以及具有俱乐部物品与私人物品属性的衍生态产

品，如由自然生态系统直接提供的木材、水产品、中草药等物质产品，以及人类参与后产出的农产品、休闲旅游等产品和文化服务。

原生态产品的供给能力决定着衍生态产品的供给水平，优质的原生态产品有利于提升衍生态产品的数量与质量。比如，通过生态修复，昔日污水横流的盐田滩涂变为湖水湛蓝、林木翠绿、鸟类成群的城市绿肺。有了清新的空气、洁净的水源、宜人的气候这类原生态产品，更多更好的衍生态产品得以产出，比如景观、农产品等。反过来，衍生态产品的价值增值，又能激发相关主体保护自然生态系统的动力，相应提升原生态产品的供给水平。如此，便可实现自然生态系统的良性循环。

不过，由于不同类型生态产品价值实现的难易程度不同，应合理界定政府与市场的边界，探索生态产品的差异化价值实现机制，使两类生态产品都能得到高质量供给。

（一）进一步改进原生态产品价值实现机制

原生态产品具有非排他性，在价值实现上存在诸多障碍，需要政府主导提供。政府可以通过支付生态产品保护补偿等方式，委托其他地区或主体生产，形成"保护者受益、使用者付费"的利益循环机制。可参照生态产品价值核算结果、生态保护红线面积等因素，建立兼顾效率与公平、以财政转移支付为主体的纵向生态产品保护补偿机制。由受益地向供给地支付生态补偿，建立效果导向的横向生态产品保护补偿机制。推动不同地区之间开展生态资源权益交易、资源产权流转，形成政府与市场相结合的原生态产品价值实现路径。通过多样化的保护补偿机制，助力原生态产品产生显著正外部性，构筑生态基地。

（二）进一步完善衍生态产品价值实现机制

衍生态产品具有排他性，由市场供给更有效率。针对市场需求，围绕衍生态产品的供给和价值实现，在生态产业化和产业生态化上下功夫，开发原生态种养产业、环境敏感型产业、生态旅游等新业态、新模式，不断延伸衍生态产品的产业链、价值链、创新链。通过创新发展生态产品，提升"绿水青山"等原生态产品的价值，促进其转化为"金山银山"，推动提高生态产品的整体供给能力与水平。

（本节内容发表于《经济日报》2022年9月28日，作者：郭珍。）

第七章

··

耕地保护与农地流转

———

耕地保护是关系我国经济和社会可持续发展的全局性战略问题。党中央、国务院把"十分珍惜、合理利用土地和切实保护耕地"确定为我国的基本国策，明确写进了《中华人民共和国土地管理法》，必须长期坚持。在农村家庭承包经营体制下，通过农地流转，发展适度规模经营，是推进农业现代化、促进农民增收的重要途径。

第一节　加强黑土地保护

一、筑牢黑土地保护安全屏障

黑土地是"耕地中的大熊猫"，对保障我国粮食安全这一"国之大者"具有不可替代的重要作用。习近平总书记强调："要把黑土地保护作为一件大事来抓，把黑土地用好养好。"运用法治思维和法治方式保护黑土地，才能实现黑土地保护的法治化、制度化、长效化，不断提高黑土地保护效能，进而为维护国家资源安全、生态安全、粮食安全提供坚实基础。

（一）黑土地保护需要更为有力的法治工具

随着工业化、城镇化的快速推进，我国耕地保护力度不断加大，耕保立法也取得长足进步。《土地管理法》《土地管理法实施条例》《基本农田保护条例》等法律法规中都有针对耕地保护的专章，并根据耕保实践需求进行了多次修改。与此同时，黑土地保护法治化进程也不断加快，《吉林省黑土地保护条例》《黑龙江省黑土地保护利用条例》等地方性法规先行，随后国家层面《黑土地保护法》正式施行。笔者认为，当前迫切需要加快制定《耕地保护法》，将耕地保护党政同责、耕地进出平衡，以及耕地"非农化""非粮化"等禁止性规定和政策措施上升为法律，增强法律之间的协调性，为黑土地保护织密法治网。

（二）黑土地保护需要专门的大数据监测平台

建议利用地理信息系统、物联网技术、空间定位技术和遥感监测技术等现代化手段，构建黑土地保护监测大数据平台，精准监测黑土地数量、质量、生态变化。基于大数据平台信息，各部门形成合力，强化执法监督检查力度，及时发现并严肃查处土地违法，特别是破坏、盗挖与滥挖等行为，坚决遏制黑土地"非农化"、防止"非粮化"，提高行政执法效能。

（三）黑土地保护离不开有效的经济激励手段

尽管《黑土地保护法》明确了地方各级政府的责任以及农业生产经营者的义务，但由于黑土地保护成本与收益"倒挂"，地方政府和农业生产经营者内在动力不足，这将导致法律实施成本过高。对此，可以充分运用利益补偿、产业发展等经济手段，显化黑土地保护价值，激发地方政府和农户保护黑土地质量、生态的积极性。比如中央可以设立黑土耕地保护专项基金，按照谁保护、补偿谁的原则，加大对黑土地保护的补偿力度；也可以建立粮食产销区横向利益补偿机制，以粮食调出量和调入量为基准核算补偿标准，缓解粮食主产县"粮财倒挂"问题。除了既有的黑土地保护补贴外，还可以通过助推绿色农业、有机农业等产业发展，让农业生产经营者分享因保护黑土地带来的增值收益。

（四）强化全社会保护黑土地的法律意识

作为"耕地中的大熊猫"，黑土地对保障粮食安全这一"国之大者"具有不可替代的重要作用，有必要强化全社会保护黑土地的法律意识。黑土地保护普法宣传有必要向基层延伸，特别是面向典型黑土区基层政府工作人员、农业生产经营者等重点人群开展普法宣传教育，不仅要让基层行政执法主体全面知晓耕地特别是黑土地保护相关法律规定，还要以农民听得懂的方式，让黑土地保护实施者们知法、懂法、守法。此外，还应规范行政执法流程和标准，推动黑土地保护行政执法标准化、流程化、体系化，提高行政执法的规范性和透明度。

（本部分内容发表于《中国自然资源报》2022年8月11日，作者：郭珍。）

二、激发黑土地保护内生动力

十三届全国人大常委会第三十五次会议表决通过《中华人民共和国黑土地保护法》，这意味着"耕地中的大熊猫"将通过"长牙齿"的硬措施得到更为严密的保护。把黑土地保护好、利用好，确保黑土地不"变薄、变硬、变瘦"，是保证粮食综合生产能力提升的必然要求。依法保护黑土地，能够更好地筑牢中国大粮仓，夯实粮食稳产基础，确保中国人的饭碗主要装中国粮，为保障国家粮食安全提供有力保障。

黑土地保护法第四条规定："黑土地保护应当坚持统筹规划、因地制宜、用养结合、近期目标与远期目标结合、突出重点、综合施策的原则，建立健全政府主导、农业生产经营者实施、社会参与的保护机制。"作为黑土地的直接利用者和黑土地保护实施者，农业生产经营者的行为直接影响黑土地数量、质量、生态"三位一体"保护效果，进而影响黑土地粮食产能。而农业生产经营者能否产生黑土地保护行为，与农业生产经营者对黑土地保护的价值感知密切相关。农业生产经营者对黑土地保护的经济价值、社会价值、生态价值、情感价值感知特别是经济价值感知越显著，越能产生黑土地保护行为。当前，农业生产经营者对黑土地保护的经济价值、社会价值、生态价值感知度较低，主动参与黑土地保护的动力不足，出现片面追求产量产值、重利用轻养护等行为，导致黑土层厚度不断下降，黑土地有机质平均含量减少，部分生态脆弱区水土流失较为严重。因而，应从技术、产业、宣传等层面，采取助推措施，有效地激励、引导农业生产经营者产生黑土地保护行为，使农业生产经营者平衡黑土地利用中的短期效率与长期可持续性，从而实现黑土地保护与利用的耦合协同。

（一）提供适应性技术促增产

采用适当的耕作技术是实现黑土地利用与保护的前提。在实际生产中，农业生产经营者选择何种耕作技术，往往会详细计算经济账。应进一步研发既能增产降本又适合土壤特性的黑土地保护技术，让经营者尝到技术甜头，感知到保护黑土地的经济价值。同时，可通过农业种植收入险、技术采纳补贴等措施减少经营者的使用顾虑。完善黑土地保护技术服务机制，为经营者提供具体服务方案，让他们知晓采纳新技术需注意的事项，并帮助其解决使用新技术时可能遇到的难题。提升黑土地保护技术的标准化程度，增强技术的可复制性、可推广性。

（二）提高产业层级保增收

如何增加农业生产经营者收入，破解"增产不增收"难题，是激发其保护土地动力的关键所在。可从延伸产业链、提升价值链、完善创新链三个方面提高产业层级，助力农业生产经营者增加收入。延伸农业产业链，要提高"粮头食尾、农头工尾"产业层级，大力发展农产品精加工、深加工业，提高农产品附加值，让农业生产经营者能享受增值收益。提升价值链，应积极发展绿色农业、有机农业、生态旅游等生态产业，提升黑土地保护的经济效益。完善创新链，可加快"电子商务＋农业营销""互联网＋农业服务"等智慧农业发展，通过提供渠道，创新黑土地保护的价值实现形式。

（三）加大宣传增意识

加大对黑土地保护法、耕地保护知识、在黑土地开垦中形成的北大荒精神等的宣传力度，提高农业生产经营者对黑土地保护的社会价值感知和情感价值感知，增强农业生产经营者的黑土地保护意识。在宣传方式选择上，以农业生产经营者喜闻乐见的方式宣传黑土地保护法、耕地保护知识与文化的效果可能更好，如利用东北二人转寓教于乐，使农业生产经营者在享受艺术文化的同时，学习耕地保护知识，从源头上强化农业生产经营者黑土地保护意识；利用电影、新媒体等形象化地展现开垦黑土地的艰辛，让北大荒精神绽放光芒，加深农业生产经营者对黑土地的情感，使农业生产经营者珍惜黑土地。还可以在人口集聚区、交通要道等地方悬挂或设立黑土地保护宣传横幅、宣传牌，开展"黑土地保护知识进校园、进社区、进工厂"等活动，推动形成黑土地保护社会氛围，让农业生产经营者感受到全社会对黑土地保护的重视程度。对于能保护好黑土地的农业生产经营者给予资金和荣誉奖励，让其产生作为黑土地保护实施者的使命感和自豪感，让农业生产经营者因热爱黑土地而保护黑土地。

（本部分内容发表于《经济日报》2022年8月24日，作者：郭珍。）

三、完善黑土地保护激励补偿机制

黑龙江省地处黑土区的核心，拥有典型黑土面积1.56亿亩，占东北典型黑土区总面积的56.1％。近年来，在党中央、国务院高度重视下，黑龙江省贯彻实施黑土地保护政策。"十三五"时期，全省黑土耕地质量平均等级比东北黑土区高0.13，土壤有机质平均含量达36.2克/千克，秸秆翻埋还田或深松地块耕层厚度达到30厘米以上。然而，尽管黑土地保护工作已初显成效，但耕地土壤有机质下降趋势仍未根本扭转，相比1.56亿亩的黑土基数，仍然仅有17.38％的黑土耕地质量属于6～8等级的高等地，其他水土流失、生态功能退化等问题也持续存在。黑土地保护比蓝天保卫战难度更大、恢复过程更长、投入成本更高，迫切需要更多主体参与，共同把黑土地保护好、利用好。

（一）黑土地保护激励补偿机制实施现状

激励补偿是运用经济手段显化黑土地生态社会效益，针对农业生产经营主体黑土地保护意识不强、片面追求产量的问题，通过将黑土地保护的机会成本损失转化为预期收益，是提高黑土地保护积极性的有效措施。黑龙江省并未出台专门的黑土地保护激励补偿措施，但从已有的黑土地保护政策来看，以耕地地力保护补贴（每亩56元左右）、保护性耕作补贴（玉米秸秆覆盖还田免耕播种作业每亩20元）、粮豆轮作补贴（每亩150元）、休耕补贴（水稻休耕试点每亩500元）等经济补贴方式拨付到各市、县（区），再直接下发到黑土地实际经营者手中的过程也是一种激励补偿的做法。截至2020年，全省已激励经营主体实施农作物秸秆还田率65%以上，有机肥施用量2 000万吨，轮作休耕试点面积4 545.3万亩。除此之外，另有海伦、克山、桦川、龙江等20个黑土地保护利用试点县每年获得2 000万～4 000万元的补助金，由中央财政安排，以"大专项＋任务清单"方式下达，主要用于综合技术措施提升黑土地质量。

（二）黑土地保护激励补偿机制存在的问题

激励补偿围绕黑土地的保护利用需要长期实施，从当前的实践过程和效果来看，各补偿方案在取得一定绩效的同时还存在以下问题：

（1）补偿机制不够完善，缺乏明确的政策指引。黑龙江省的激励补偿政策已经实施多年，但仍然呈现碎片化和薄弱化的状态，大多数仅作为"约束性"和"建设性"黑土地保护政策中的部分计划项目来进行，未能形有明确政策引导的、完善的、系统的激励补偿机制。导致实施主体对"激励性"的认知不够，实施目标对"激励性"的定位不准，实施过程对"激励性"缺少依据，最终各项零散化补偿资金对调动公众积极性及形成黑土地保护合力的作用发挥不足。

（2）补偿标准设定较低，且差异化重视不足。黑龙江省大多数激励补偿的标准和力度还是由省政府按照全省的补贴金额、实际面积、技术条件等因素确定的，并未全方位考虑黑土地质量、生态外部效益和区域经济发展水平的差异。导致在年度预期收益还未明确的情况下，补贴标准远低于非农化收益和保护成本，进而产生负向激励效应。例如，就保护性耕作而言，黑土地质量较差经济发展水平较低的地区秸秆还田、离田利用的成本要高于其他区域，秸秆利用难度大且时间紧，多数农户还反映免耕播种和秸秆覆盖还田影响实际出苗率和粮食产量，在第一年出现亏损后会选择放弃。此外，这种"一刀切"的补偿标准也未能在补偿顺序和补偿数额上关注到黑土地保护重任区的特殊性，不利于推动区际间的横向支付。

（3）资金来源较为单一，尚未形成多方融资渠道。现有黑土地保护激励补偿的资金主要来源于中央政府、省政府和地方财政，相对单一且不足，没有形成专门的资金管理和筹集渠道。以黑土地保护利用试点县的海伦市为例，相较黑土地保护设施建设的长久需要，中央政府每年 4 210 万元的补贴远远不够。海伦市曾经是国家级贫困县，地方政府用于黑土地保护利用的预算数额又受自身财政约束，想要维持补偿机制全方位运行实为困难。而一些城镇居民、社会企业等黑土地生态外部效益的受益者因缺少相应的付费渠道也难以参与其中，导致黑土地保护只能通过降低标准来完成保护任务。

（4）目标责任不够明确，难以保证补偿真正作用于黑土地。为了增加资金使用的灵活性，多数激励补偿是以现金补贴形式直接给予农户或集体经济组织，由于没有明确的目标责任约束，这些现金发放的及时性以及经营主体能否真正用于黑土地保护还无法保证。而通过一些法规条例等命令管制方式，对农村基层来讲存在严重的信息不对称现象，农民自身也未能形成群众监督的合力，导致一些黑土地破坏或未按规定实施保护的行为难以真正受到处罚。

（三）黑土地保护激励补偿机制的实施建议

（1）以政策引导推动区内补偿与区际补偿同时进行。要加强黑土地保护激励补偿机制的顶层设计，尽快出台激励补偿机制的具体政策，明确资金来源、补偿对象、补偿标准、补偿范围和资金使用方向等，使各地在开展和创新激励补偿时有理可依、有据可循。同时，考虑到黑龙江省松嫩平原和三江平原的市、区（县）黑土面积大、生态社会效益高、保护任务较重，激励补偿政策应当从区内纵向补偿和区际间横向补偿同时推动，并与其他黑土地保护政策做好衔接配合，切实发挥政策集聚效应，提高重任区地方政府和农民的黑土地保护积极性。

（2）完善产权制度，巩固经营主体的激励补偿地位。严格遵循物权法的相关规定和"三权分置"原则，通过股份合作制等组织形式进一步赋予农民更加持久和稳定的黑土地承包经营权，厘清土地权利内容和关系，减少流转过程的摩擦成本，在产权上保障农民的激励补偿受体地位，增加其稳定感和收入预期，激励其增加黑土地保护投入。此外，要建立小农户与新型农业经营主体利益联结机制，以新型农业经营主体实施主要黑土地保护建设项目，发挥黑土地保护工作的带头作用。

（3）考虑黑土地生态社会效益，调整激励补偿标准。建议在现行补偿标准基础上充分考虑黑土地质量差异、生态外部效益和区域经济发展水平，探索"普惠性补偿"＋"绩效性补偿"的差异化激励补偿标准，真正让黑土地保护的政府不吃亏，黑土地保护的群众得实惠。另外，要积极拓展资金补贴之外的补偿形式，以经营主体意愿为基准，采用货币化补偿、农业生产资料补偿、生产技术补偿、社会保障缴纳、农业保险补贴等各种方式进行。

（4）构建激励补偿融资体系，带动社会力量共同参与。可以循序渐进建立包括黑土地出让金、政府财政、黑土地生态社会效益税等在内的多元化融资渠道，同时充分发挥财政资金的激励引导作用，加大政府与社会资本合作在黑土地保护领域的推广应用。还可以设立黑土地保护激励补偿专项基金，统一管理，特定条件下也可将其统一纳入省政府财政之内，再通过转移支付的方式回归到黑土地保护中，以此弱化市、县（区）级政府的利益驱动性。

（5）加强激励补偿宣传指导，推进服务机制不断创新。一方面要综合运用现代化方式加强黑土地激励补偿的宣传指导，使相关主体了解黑土地生态社会效益、享有的补偿政策及试点范围的成功经验，提高公众对激励补偿实施的配合意识。另一方面要积极培育社会化服务组织，通过贷款贴息、设立引导性基金等方式，发展"全程机械化＋综合农事"，推动激励补偿服务机制不断创新，提高黑土地保护主体规模化经营和标准化作业的积极性。

（6）健全激励补偿监管机制，压实主体黑土地保护责任。建议针对《黑龙江省黑土地保护利用条例》中第二十条激励机制做出进一步完善，着重强调激励补偿相关主体的权利义务对等，建立起与黑土地保护"田长制""场长制"结合的监督管理机制，把目标责任落实到田间地块、落实到基层组织、落实到经营主体。其中，要注意把握准激励补偿资金监管与使用的"平衡点"，立好"花钱必问效，无效必问责"的管理原则，既要提高资金使用效益，又要避免基层使用补偿激励资金时束手束脚，发挥不了应有作用。

（本部分内容刊发于《决策建议》2022年第2期，原文题目为"完善黑龙江省黑土地保护激励补偿机制的建议"，作者：崔宁波。）

四、拓展黑土地保护的有效途径

2021年中央1号文件提出实施国家黑土地保护工程，农业农村部等7部门联合印发了《国家黑土地保护工程实施方案（2021—2025年）》，将黑土地保护上升为国家战略。工程建设是在黑土地上实施土地平整或顺坡垄改横坡垄，建设交通道路、农田水利、农田防护、农田电力等农业基础设施、防护设施和附属设施，建设高标准农田的工程措施。黑土地建设可以修复一些黑土地本身存在的质量与生态问题，提高黑土地抵御土壤侵蚀和自然灾害的能力，提升黑土地的综合生产能力。

黑土地保护不同于自然保护区的保护，后者一般被围起来，以减轻甚至避免人类活动的干扰。黑土地保护是针对黑土地数量减少、质量降低、生态恶化等采取的工程、农艺、生物等综合性措施，是一个范畴较大的概念。目前政府和学术界探讨的黑土地保护，主要是针对黑土地"变薄、变瘦、变硬"的耕地质量和生态问题所采取的各种措施，重点是保护性耕作、轮作、秸秆还田、减肥减药减除草剂等农艺措施。

黑土地利用则是各类农业生产经营主体以黑土地为生产资料和生产场所，进行农业生产活动，以获取农产品及经济效益的行为，其本质是经济活动。多年以来，人们采用掠夺式的耕地利用方式，以获取更高的经济回报，但产生了诸多黑土地生态环境问题。而科学合理的黑土地利用既要追求经济效益，也要兼顾生态效益、社会效益，起到保护黑土地、实现黑土地可持续利用的目的。但这种利用方式往往需要更多的投入，影响黑土地利用的短期效益，需要农业补贴等一些引导性措施。

由此可见，建设和保护都是为了黑土地高效、可持续利用，建设和利用是黑土地保护的两种不同方式，保护和利用可以更好发挥黑土地建设的作用。因此，当前的黑土地保护就是要建设与利用并行，重点是在利用中进行保护，构建起黑土地"建设—利用—保护"三位一体的大保护格局，拓展黑土地保护的有效途径，实现黑土区耕地数量不减少、质量有提高、生态有改善。

（一）建设高标准农田，提升综合生产能力

针对黑龙江省佳木斯市黑土地资源丰富、农地利用相对粗放、农田基础设施条件不完善、抵御自然灾害能力不强以及黑土地变薄、变硬、变瘦、土壤动物微生物减少等生态问题，笔者建议，要推进权属调整和土地流转，解决耕地破碎化问题；实施土地平整、土壤改良、灌溉与排水、田间道路、农田防护与生态环境保持、农田输配电以及其他工程建设，全面提升农田质量，达到"田成方、土成型、渠成网、路相通、沟相连、土壤肥、旱能灌、涝能排、无污染、产量高"的要求，使农田生产条件得到明显改善。各地要因地制宜，将高标准农田建设与乡村产业发展、农村环境整治等相结合，探索兴产业、固品牌、促融合、兴农村、兴科技、投融资、可持续发展等"高标准农田建设＋"新模式。在粮食生产功能区和重要农产品保护区加大项目投资，开展耕地保护工程建设，通过建设高标准农田，提高综合生产能力。

在有条件的地区扩大绿色及有机耕地认证面积，为绿色农业、有机农业等高端农业发展创造物质基础。

（二）推广保护性耕作，扩大绿色生产范围

针对东北黑土区农业生产的自然地理条件、历史习惯和未来市场需求，构建科学合理的耕地轮作与休耕制度，促进黑土地休养生息，提升可持续利用水平。在水土流失较为明显的地区，采取工程、农艺和生物相结合的措施，推广缓坡耕地实施横坡垄作及免耕覆盖等保护性耕作技术，构建符合各地实际的保护性耕作模式，最大程度减轻土壤侵蚀程度，改善黑土地土壤生态环境。全面实施测土配方施肥，有机肥、化肥与生物肥相结合，推广使用缓释肥料及科学施肥技术，减少化肥施用量；推广绿色防控、精准施药技术，采取新型植物保护措施，按照防治指标，科学、规范施用农药，减少盲目打药和农药浪费，提高农药利用率，实现农药减量的同时控制病虫害发生。

（三）治理漫岗区侵蚀，防控黑土流失退化

针对东北黑土区的漫川漫岗区水土流失问题，通过"面""线"综合治理方式，防控土壤侵蚀。坡面治理主要以坡耕地治理为核心，采取以顺坡垄改横坡垅、种植植物带和开挖截流沟等坡面蓄排工程。顺坡垄改成横坡垄，实现等高垄作，防止土壤沿着垄沟冲走。在改垄技术方面，要根据实际地形、垄向灵活多变，同时要建设必要的排水设施，防止冲沟的形成与发育。对于坡面上的水线，要栽植灌木林以防止冲成深沟、吞噬耕地、影响耕作。在15°以下的坡耕地采用植物带和地埂植物带，营造农田防护林，建立农田绿色屏障，防止风蚀水蚀。15°以上坡地实施退耕还林、还草。沟壑（线）治理主要采取地面生物技术加工程技术措施。此外，还要科学规划，积极建设拦蓄工程，有效地调节和拦蓄沟道洪水，减轻和减缓沟蚀强度。为防止沟头前进，在沟头距分水岭较近处修筑沟头埂。在小型发展沟或半稳定沟较活跃的沟底兴修编柳谷坊或在沟道内横向栽植水柳，以构成屏障，稳定沟道。在流域面积较小、缓坡、沟底淤泥沙多的侵蚀沟中修建压柳谷坊，以达到减轻冲刷、稳定沟道的目的。

（四）深化废弃物利用，延展循环经济链条

针对东北黑土区作物秸秆、畜禽粪便等农业废弃物随意堆放、胡乱处置、污染环境等问题，要充分利用各类农业废弃物资源补饲料、补地力、补效益，降低负面生态环境效应。推进秸秆肥料化利用，把秸秆还田作为主要利用途径，重点推广秸秆翻埋还田、碎混还田和覆盖还田技术模式。同时，

对秸秆燃烧后的灰烬进行还田，增加土壤钾含量。引导扶持合作社等新型经营主体利用秸秆堆造有机肥。引导各类农业生产经营主体把畜禽粪便、生活中没有污染的有机垃圾收集起来，也可以把附近养殖场废弃的粪便回收，统一堆放，经过高温多雨季节充分腐熟，最大限度发挥农家肥应有作用，避免施用未腐熟农肥造成的病虫草害。扩大有机肥施用，通过有效利用有机肥资源，鼓励各类农业生产经营主体增施有机肥，增加土壤有机质含量，改善土壤理化性状，增加土壤养分及有益菌群数量，形成有利于作物根系生长发育的土体结构，促进土壤养分释放利用，提高肥料利用率，减少化肥使用量。将农业废弃物资源化利用作为发展循环经济、增加农业经营主体经济收入、活跃地方经济的重要途径。探索各类农业生产经营主体内部及相互之间发展循环经济，提升经济、社会和生态效益。

（五）修复污损废弃地，夯实土地供给保障

针对东北黑土区自然灾害、工业"三废"、工矿开采、工程建设、宅基地及居民点废弃、农药及化肥超量施用导致的黑土地损毁、污染、闲置、功能下降等问题，采取工程、生物等综合性措施，加快土地修复与整治，夯实土地供给保障，优化区域生态环境。对黑土区污损废弃土地，通过综合的土地复垦技术及物理、化学、生物等综合措施，使土壤污染物浓度降低，实现污染物无害化和稳定化，改变土地不良性状，恢复、提高土地生产能力。对东北黑土区农用地转为非农建设用地的项目区，进行耕地耕作层土壤剥离，剥离表土优先用于新垦造耕地、土地复垦、耕地提质改造等项目，提升新增耕地、复垦耕地、中低产田质量。对东北黑土区矿山开采造成的沉陷较浅、可以复垦的土地，采取"分层剥离、交错回填、土壤重构"等技术手段进行土地复垦和土壤改良，按照高标准农田进行集中成片治理。对于迁村并点、易地搬迁的农村居民点，及时进行土地复垦，并优先复垦为耕地或设施农用地。

（本部分内容发表于《中国自然资源报》2021年10月22日，原文题目为"拓展东北黑土地保护的有效途径"，作者：杜国明。）

第二节　深化农地制度改革

一、开展耕地资源安全监测与预警

2013年4月3日，国务院常务会议确定在黑龙江省"两大平原"先行开展现代农业综合配套改革试验，提出加快创新农业生产经营主体、改革创新土地管理制度等多项任务，并提出从保护耕地总量、提升耕地质量、完善

耕地保护制度、建立耕地质量监测体系等方面入手，加大耕地保护力度。丰富的耕地资源是黑龙江省在全国率先建立现代农业综合配套改革试验区的必要条件，耕地资源的可持续利用是全省现代农业发展的必要保障。然而，黑龙江省耕地资源利用过程中还面临一系列严峻问题，亟待客观评价和解决。

农业生产与城乡建设、生态保护争地的矛盾日益严峻。近年来，黑龙江省城乡建设步伐加快，铁路、公路、机场、水库等基础设施建设规模空前，建设占用大面积优质耕地；退耕还林还草工程、天然林保护工程、自然保护区设立等生态用地规模逐年增加。在城乡建设及生态保护与农业生产争夺土地的同时，大型养殖场、鱼塘、牧场等大量出现，畜牧业、养殖业、渔业等行业与种植业争夺土地愈演愈烈，导致黑龙江省耕地占补平衡及基本农田保护的压力骤增。

耕地整体质量偏低及基础设施不配套的问题依然突出。根据国土部门的调查，全省2/3左右的耕地为中低产田。这些耕地排灌、道路、防护林等农业基础设施薄弱，抵御干旱、洪涝等自然灾害的能力较差。随着土地流转和新型农业生产主体的发育，专业晾晒场、仓储、农机存放场所等农业附属设施不配套，地块凌乱，现有耕地形态及基础设置配套状况不适应现代农业发展需求的问题日益突出。

耕地生态环境问题有增无减。多年来，松嫩平原中部的水土流失问题没有得到有效遏制，松嫩平原西部的沙化、盐碱化问题仍在持续，土壤层变薄已经严重威胁耕地资源的可持续利用。另外，由于化肥、农药和薄膜的大量施用，导致两大平原不同区域土壤板结、土壤污染、土质变差等新型生态环境问题有增无减。

无论是数量、质量还是生态环境方面，黑龙江省耕地资源安全均面临着严峻威胁。只有客观监测耕地资源安全状况，客观分析耕地资源利用中存在的问题及其程度、区域差异，才能有针对性地提出解决对策。针对上述问题，提出建议如下：

（一）构建综合性耕地资源安全监测体系

国土资源管理部门每年开展地类变更调查、违法用地监测等耕地资源数量变更调查。应在此基础上，根据内外"3S"技术发展与应用水平确定耕地资源安全监测的指标体系和技术规范，开展耕地资源数量、质量和生态安全综合监测。

一是进行耕地资源数量安全性监测。充分利用高分辨率遥感影像，基于年度土地利用变更调查进行耕地资源数量监测工作，保证耕地面积增减、变化区域、总体及局部变化趋势等信息能够得到及时准确获取。

二是进行耕地质量安全监测。基于遥感定量反演、设置耕地质量监测样点、农业生产统计数据分析等多源数据和方法开展耕地质量监测，对全省耕地总体质量、质量变化情况及变化趋势同步监测，做到"数质并重"。

三是进行耕地资源生态安全监测。充分利用多尺度遥感反演、地面抽样检测等技术手段，对耕地集中分布区特别是主体功能区规划所划定的国家级和省级农产品主产区生态环境安全状况进行综合监测，诊断各区域农田生态系统、农业生态系统和农区生态系统的安全状况及其面临的生态环境威胁，为耕地资源保护提供更充分的依据。

（二）构建耕地资源安全预警体系

在上述耕地资源安全综合监测的基础上，构建一套面向黑龙江省现代农业发展需求的耕地资源安全预警体系。

一是确定各项监测指标的安全阈值。全面吸收国内外相关研究成果，并在对黑龙江省耕地资源进行监测和机理分析的基础上，确定各项监测指标的安全阈值和红线。

二是确定耕地资源安全预警标准。基于单项监测指标的安全阈值和红线，综合确定耕地资源数量、质量和生态安全的预警标准，并构建威胁耕地资源安全的警兆知识集，提出警情分析方法，确定预警级别划分标准。

三是制定耕地资源安全预警预案及响应机制。根据可能出现的耕地资源安全事件的预警级别、空间范围和影响程度，构建预案库，并提出县级、市级和省级响应机制，确保全省耕地资源安全形势可防可控。

（三）研发黑龙江省耕地资源安全监测及预警平台

由国土部门牵头在已有土地利用年度变更和卫星执法监察的基础上，根据黑龙江省国土系统日常业务，结合现代农业管理工作中的实际需求，研发黑龙江省耕地资源安全监测及预警平台。

一是整合国土部门"一张图"工程和测绘部门地理国情普查成果资料，构建包含地形地貌、气候、水文、土地利用、生态环境、行政权属、卫星影像等多专题的综合性数据库。

二是由国土部门牵头研发黑龙江省耕地资源安全监测及预警系统，构建综合性管理平台，要求系统运行稳定、界面友好、操作便捷、功能合理、处理高效、保密性好。另外，应保证该系统的开放性和可扩展性，未来应与全省农情监测、农业灾害评估与预警等系统整合，构建基础数据各部门共享、系统功能部门化应用的物联网云平台。

上述工作是一项系统性强、技术性高、任务量大、持续性长的工作，建议由国土资源管理部门牵头，联合发改委、测绘局、农委、相关高校、科研院所及企业共同开展，从而为推动"两大平原"现代农业综合配套改革试验区建设，保障黑龙江省耕地资源安全和国家粮食安全作出积极贡献。

（本部分内容刊发于《决策建议》2014年第12期，原文题目为"关于开展黑龙江省耕地资源安全监测与预警的建议"，作者：郭翔宇、杜国明。2014年7月4日，黑龙江省人民政府副省长批示。）

二、深化宅基地制度改革

实施精准扶贫战略以来，黑龙江省在住房保障方面取得了重大进展和卓越成效。无论是贫困县还是贫困村，贫困农户危房改造力度大、效果显著，保障了贫困农户的住房安全。充分发挥农村宅基地资源优势、提升贫困农户住房保障水平是黑龙江省实施乡村振兴战略、巩固提升脱贫攻坚成果的重要路径。

现阶段，黑龙江省贫困农户住房保障及宅基地利用状况仍存在一系列问题有待解决。一是现行保障措施的顶层设计不足，村庄规划缺位。由于绝大多数村庄未制定村庄规划，危房改造采用原址新建、修缮方式，"建新不拆旧"，改造后的住房仍然是原先凌乱分散的布局，不利于宅基地的有序退出，违背部分村庄的自然演替规律。二是现行保障措施覆盖范围有限，部分贫困农户无法享受住房保障政策。危房改造政策认定的改造对象是拥有危房的贫困农户，而无房贫困农户无法得到政策扶持，无法解决其最基本的安全住房问题，也无法享受宅基地权益保障。三是现行保障措施资金压力大，住房质量及保障水平不高。危房改造任务繁重，筹措资金压力较大。在利用有限资金实施危房改造政策的过程中，危房改造的户均面积偏小、配套设施不足，且新建住房以彩钢房为主，其住房保障水平低。四是现行保障措施未有效利用闲置废弃宅基地，资产功能未能得到有效释放。当前仍存在部分"一户多宅"、宅基地面积普遍超标、村庄宅基地闲置率和废弃较高的现象，然而，现有住房保障政策实施粗放低效，未能统筹优化利用宅基地资源。

因此，大力提升农村宅基地资源利用效益、充分挖掘提高贫困农户住房保障水平是黑龙江省实现贫困农户改善生产生活条件的重要路径。

（一）分类推进村庄发展，细化调查宅基地资源

贫困农户住房安全问题在不同的村庄表现出不同的特点，因此对村庄进行分类并做好宅基地资源摸底调查是实施宅基地制度改革的基础性工作。

一是顺应乡村发展规律和演变趋势，针对平原区、半山区、山区等不同乡村的发展现状、区位条件和资源禀赋，把全省的村庄划分为改造提升型的集聚提升类村庄、共建共享型的城郊融合类村庄、保护开发型的特色保护类村庄、安边固防型的边境一线类村庄、拆旧建新发展型的搬迁撤并类村庄，因村制宜，精准施策。同时应注意拒绝大拆大建，尊重各个村庄的自然肌理与特色，根据各个村庄现有基础、资源条件、社会需要，确定各个村庄的职能和今后发展方向，发展农村地区经济，改变农村面貌。

二是结合第三次全国国土调查，重点对贫困县、贫困村内宅基地资源开展细化调查，对"拆除未尽""废弃"地块等分类标注，全面摸清各类型村庄的宅基地面积、用途、权属、布局等基本情况，依据现状调查成果，建立农村闲散宅基地土地台账和盘活利用数据库，为实施宅基地制度改革奠定坚实的基础。

（二）优化农村宅基地空间布局，分类构建贫困农户住房保障体系

贫困农户宅基地空间布局零散，住房无保障农户的家庭特征各异，对住房的需求也不同。因此，优化布局、分类构建住房保障是实现住房保障安全的关键步骤。

一是优化贫困村庄布局，需从以下两个方面进行：一方面对已入住新房的贫困农户遗留的危房进行有偿"灭迹"，鼓励贫困农户拆除并复垦废弃的宅基地，进行宅基地统一规划整理；另一方面因地制宜统筹村庄空间发展，依法调整修改乡镇土地利用规划，与县（市、区）乡村振兴战略规划统筹考虑，推行"多规合一"，规范宅基地用地空间布局，将部分贫困农户宅基地向自然环境较好位置如中心村、中心屯集中，或是集中统建、多户联建，减少农村居民点数量，加强医疗卫生服务、道路交通等基础设施建设，科学布局农村生产、生活、生态空间，改善贫困农户的居住条件和环境，实现分散宅基地资源集约化利用。

二是完善现行保障措施顶层设计，将无房无宅基地农户纳入农村住房保障体系。按照贫困农户的家庭特征状况，精准识别各类贫困农户的住房需求，分类实施住房保障方式。针对有种植行为的贫困农户，采取"原址新建"，方便进行农业生产经营；针对无宅基地有种植行为的贫困农户，进行"划地新建"，其户均面积以满足其生产生活功能需求为原则；针对家中的劳动力常年外出务工，无种植行为的贫困农户，进行"集中新建"；针对无劳动力但身体较为健康的贫困农户，配给"廉租住房"；针对已基本丧失劳动能力的贫困农户，配给"幸福大院"，提供住房、医疗等优质服务，注重其生活的综合

性保障。

（三）建立农户宅基地退出与住房保障衔接机制，促进乡村功能有效提升

对宅基地依赖程度低的农户，鼓励其分类有序退出宅基地，逐渐把村庄分散的宅基地资源整合起来。

一是已经进城买房、在城市具有稳定就业且属于成功市民化的农户，对宅基地依赖程度低。集体经济组织应该结合土地征收区片价和增减挂钩结余指标调剂费等确定补偿标准，以合理的市场价格回购其宅基地及其农房。切实落实宅基地自愿有偿退出，为进城农民提供资金支持，同时显化宅基地使用权的用益物权、量化宅基地资格权。

二是无生产经营行为、患有重大疾病具有宅基地的贫困农户，因其无能力筹资建房，对宅基地依赖更低。这类农户数量在贫困村十分突出，允许采取"以地养老"的方式，自愿将宅基地退回村集体以换取养老服务，获得住房和生活保障，实现老有所养和宅基地的有序退出。

三是集中划定宅基地的贫困农户，通过用区位较好的宅基地置换原有宅基地，注意在置换新宅基地的过程中，严格执行宅基地法定的面积标准，禁止盲目超占现象。农房按规划设计建造，生产生活空间科学合理分离，精准实施贫困农户保障住房政策。

（四）搭建农村住房及宅基地交易平台，完善农村产权交易服务体系

村庄内大量宅基地和农房被闲置、低效利用，是制约贫困农户住房保障水平提高的重要原因。因此，搭建农村住房及宅基地交易平台，实现有偿利用，是提高住房保障水平的重要途径。

一是针对村庄中的大面积废弃宅基地进行复垦以补充增加耕地，通过土地整治形成集中连片、高质量黑土地农田，以改善生产条件，实现农业现代化，作为占补平衡指标调剂使用和永久基本农田整备区管理。

二是通过建立宅基地结余置换机制，将宅基地整理出来的结余指标与城乡建设用地增减挂钩项目区联系起来，壮大村集体经济组织的经济实力。依据村镇规划，列入近期搬迁计划的村庄，村庄内部的零星建设用地可纳入挂钩项目复垦区。构建内容更丰富的城乡统一建设用地市场，实现城乡融合。

三是通过租赁、合作方式把农村空闲农房盘活。针对未完全市民化、对宅基地有一定依赖性的农户，可以对其常年闲置的住房进行有偿使用。既可以作为廉租住房出租给贫困农户使用，也可以发展休闲农业和乡村旅游产业，激活农房的使用价值，撬动乡村振兴。找准农民意愿和市民之间的接

口，对村里破旧闲置农房进行舒适化改造，作为"民宿"出租给游客使用，打造一批"网红小镇"，实现农旅融合。发挥鄂伦春族、赫哲族等少数民族特色，彰显北方寒地农耕文明，展现"一村一韵"，让活态的乡村文化传承下去，提升乡村服务供给品质。

（五）探索农村宅基地置换机制，提升乡村服务供给品质

宅基地属于村庄建设用地，具有存量大、利用率低的特点，急需探索农村宅基地与经营性建设用地、公益性公共设施用地置换机制，为贫困农户住房保障提供用地和资金保障，进而改善贫困农户居住环境。

一是建设宅基地流转市场，探索宅基地与城市经营性建设用地置换机制。针对部分城乡结合部或处于中小城市的贫困地区，这些地区的经济发展潜力较大，可以采取宅基地直接入市的方式提高农民的议价资本，对国有土地市场进行补充，使脱贫攻坚工作与经济社会发展各领域工作相衔接，与农村城镇化、现代化相统筹，充分发挥政府主导和市场机制作用，稳步提高贫困农户和集体经济组织增收脱贫能力。

二是依照乡村振兴规划"产业兴旺"原则，探索宅基地与集体经营性建设用地的置换机制，与产业扶贫相结合，为发展农村新产业新业态提供用地支撑，实现农村"三产"融合。在满足规划和用途管制的前提下，鼓励集体经济组织以自营、出租、入股、联营等方式，将盘活的宅基地资源用于发展农产品冷链、初加工、仓储等产业融合发展项目，促进贫困农户就业增收多元化，增强改善住房保障的经济能力。

三是依照乡村振兴"生态宜居"原则，探索宅基地与公益性公共设施用地置换机制，建设美丽家园。在农民集中区加快村镇建设提档升级，推进乡村景观化景区化改造。将腾退出的部分宅基地用于村庄环境改造、公共设施配套建设以及村内民生事业建设，同时解决村里住房无保障贫困农户的住房保障落地问题。全域打造生态宜居的乡村环境，提升贫困农户居住条件，实实在在地解决贫困农户最关心的住房安全问题。

（本部分内容发表于《奋斗》2020年第15期，原文题目为"深化宅基地制度改革，助推黑龙江省贫困农户住房保障"，作者：黄善林、冯广京、郭翔宇。）

三、防范耕地指标跨区交易风险

2022年3月发布的《中共中央国务院关于加快建设全国统一大市场的意见》指出，要"完善城乡建设用地增减挂钩节余指标、补充耕地指标跨区

域交易机制"。基于土地指标跨区域交易机制，耕地后备资源缺乏的经济发达地区可以购买耕地后备资源丰富或存量建设用地整治潜力较大地区的土地指标，从而高效率地发展经济；而土地指标转出地区可以通过土地指标交易，实现耕地保护的经济价值，这对双方都有着较大激励。从这个意义上讲，完善土地指标跨区域交易机制，将极大释放土地的生产力，提高土地资源的总体使用效率。不过，土地指标跨区域交易可能导致多方面风险，需要引起足够关注。

（一）土地指标跨区域交易需关注的四个风险点

一是可能加大补充耕地不实风险。在土地指标跨区域交易机制下，转入方购买土地指标减轻耕地保护压力，而转出方关注土地指标的经济价值，可能造成耕地保护责任模糊。为了获取更多的土地指标，转出方可能以某些方式虚增耕地。耕地跨区域占补平衡将增加耕地保护督察的难度，使得补充耕地不实风险进一步加大。

二是可能存在耕地质量下降风险，降低耕地粮食产能。土地指标跨区域交易的实质是耕地跨区域占补平衡。由于我国经济发达地区与优质耕地分布地区的重合度较高，经济发达地区优质耕地被占用，而耕地后备资源较为丰富的地区水热条件较差，这将导致即使占补的耕地质量等级名义上差别不大，但耕地实际的粮食产能却存在较大差别。

三是可能引发生态环境损害风险。实践中，一些并不具备大规模土地开发条件的地方，或将违背生态规律大规模造地，威胁生态和粮食安全。加之能转出较多土地指标的地方大部分在生态脆弱区，需关注生态环境受损风险。

四是要警惕某些地方政府从"卖地"转向"卖土地指标"，可能导致部分农民权益受损，引发社会矛盾。

（二）防范耕地指标跨区交易可能引发的风险

在实践中，可从多方面入手防范土地指标跨区域交易可能引发的风险。

一是将永久基本农田保护制度置于首位。耕地保护制度由永久基本农田保护制度、耕地占补平衡制度等制度组成，各项制度各有侧重点，彼此之间相互配合能切实保护好耕地数量、质量、生态。应切实保护好经济发达地区和经济欠发达地区的优质耕地，以保障口粮绝对安全与谷物基本自给。永久基本农田之外的耕地可利用土地指标跨区域交易机制提高配置效率，以实现经济发展与耕地保护的协同。

二是建立完善土地指标跨区域交易监督机制。在利用市场机制提高土配置效率的同时，加强对土地指标跨区域交易的监督。可建立土地指标跨区域交易数据库，跨区域土地指标转入方和转出方应在数据库中提供占补耕地的位置、质量、生态等完整信息，且转出方还需提供土地开发生态可行性评估报告，以降低有关部门进行耕地保护、生态环境督察的信息成本。在信息较充分的前提下，探索有关部门监督土地指标转入方地方政府，土地指标转入方地方政府监督土地指标转出方地方政府，土地指标转出方地方政府在声誉机制下进行自我监督。在这"三重监督"下，通过市场机制实现耕地占补的数量、质量和生态平衡，从而实现提高经济效率、保护耕地的双重目标。

三是探索土地与户籍制度联动改革，即允许跨省进城的农民在自愿、有偿的前提下放弃家乡的宅基地，将其整理复耕产生的建设用地指标转让给就业所在地使用，并相应获得进城的户籍、保障性住房、公共教育、医疗卫生等公共服务。农民携带可流转的农村土地权益自发向经济集聚地区转移，实现人口与建设用地的匹配。这一改革思路在实际操作过程中可能会遇到某些阻力，需要仔细论证、试点探索。

（本部分内容发表于《经济日报》2022年4月13日，作者：郭珍。）

第三节 推进农地流转

一、推进农地流转的重要作用

近年来，随着城镇化的快速推进和农村富余劳动力的大量转移，农村土地承包权与经营权逐渐分离，农户承包土地的经营权流转明显加快，土地经营规模不断扩大。据国家农业农村部门统计，2015年全国土地流转面积达到3.8亿亩，占全部农户承包耕地合同面积的28.8%；流转土地农户将近6 000万户，占农户总数的26%。从黑龙江省情况来看，累计流转土地面积已经超过6 507万亩，约占农村土地承包面积的50%；土地规模经营面积发展到6 990万亩，已占到全省耕地总面积的三分之一。农地流转和规模经营，优化了农村生产要素配置，加快了农业现代化进程，促进了农民增收。

（一）农地流转和规模经营，加快了农业现代化进程

农村改革之后，农业生产是以农户家庭为单位，采取家庭承包经营土地的方式进行。传统的普通农户作为农业经营主体，其最大的局限性在于土地规模狭小、经营分散，严重影响着先进农业科学技术和现代农机装备的广泛应用，制约着农业现代化的进程。近年来，农地流转不断加快，土地经营规模日益扩大，有力地促进和提高了农业生产的机械化、科学化、水利化程度

和农业生产集约化、专业化水平，从而加快了农业现代化进程。

一是农地流转和规模化经营，促进了大中型农业机械使用，进一步提高了农业机械化水平。大中型农业机械的使用，一方面解决了普通农户使用"小四轮"拖拉机造成土壤板结、犁底层上移、土壤蓄水透气等理化性质变差的弊端，通过深耕深翻，改善了土地结构，有利于土地积蓄水分和养分，使农作物更好地生长，提高了农作物的单位面积产量；另一方面降低劳动强度，提高工作效率和作业质量，实现农作物高产稳产。尤其是大型农机具的连片作业，农业机械作业成本明显降低，大大提高了耕作效率。2015年黑龙江省农业综合机械化水平超过了90%，比全国平均水平高出30多个百分点。特别是成为黑龙江特色和全国亮点的现代农机合作社已经达到1 161个，土地规模经营面积达到1 500万亩，社均自主经营土地面积1.3万亩。同时，现代农机合作社还为农民代耕、代管、委托经营土地面积达4 000多万亩。

二是农地流转和规模化经营，促进了先进农业技术的应用与推广，进一步提高了农业生产的科技化水平。先进农业技术的应用与推广，需要以一定的农地经营规模为基础和条件。进行规模化经营的种植大户和家庭农场多是有知识、懂技术、会经营，且思想观念不断更新的高素质农民，在农业生产经营过程中，他们更加注重选用优良农作物品种，采用先进的耕作制度、栽培方法和田间管理技术；农民专业合作社和农业龙头企业通过农民联合和企业化经营，增强了农业生产的组织化程度和市场竞争能力。良种技术、节水灌溉、精量播种、测土施肥、保护性耕作、田间管理技术、信息化技术等先进适宜技术的应用与推广，显著地提高了农作物的单位面积产量，同时改善了农产品的品质。

三是农地流转和规模化经营，促进了农村生产要素和资源优化配置，进一步提高了农业生产效率和产出水平。农地流转使农村劳动力、土地、资金、技术、农业机械等生产要素得到了优化配置，大大提高了农业劳动生产率、土地产出率和资源利用率。据黑龙江省统计局测算，种植大户和家庭农场通过农地流转拉动粮食增产8%，农机合作社拉动粮食增产15%～20%；规模经营地块粮食单产水平比农户分散经营高10%以上。因此，在国家一系列强农惠农富农政策作用下，通过农地流转和规模经营，黑龙江省和全国一样，实现了粮食产量的"十一连增"。2014年，黑龙江省粮食总产量达到1 248.4亿斤，比上年增加47.6亿斤，总产量占全国的十分之一，增产数量占全国增量的近二分之一，为国家粮食安全作出了巨大贡献。

（二）农地流转促进了农民增收，加快了农村全面建成小康社会步伐

农户经营规模小、剩余劳动时间多是造成农民收入水平偏低的两个主要原因。农村承包土地经营权的流转，扩大了农户的土地经营规模，促进了农民充分就业，因而显著地增加了农民收入。但是，不同的农地流转方式对于流转双方收入增长的作用机理和程度是不同的。

对于农地转出户，虽然转出土地减少了农业经营性收入，但由于增加了财产性收入和工资性收入而使家庭总收入增加。转出土地增加农户总收入的方式：一是土地承包户通过转包、转让、出租等方式转出农地，直接获得土地租金收入，这是通过农地产权的财产化而实现的财产性收入。二是土地承包户通过带地入社、以土地入股等方式转出农地，获得农业合作社、农业企业等土地分红收入，这也是一种土地财产性收入。如果农户带土地加入农机合作社，还可以获得国家投入资金量化到社员身上的资金分红收入，这是带有国家财政补贴性质的转移性收入。三是农户转出农地后从土地上解放出来，就地或转移到城镇从事非农劳动，务工经商，获得工资性收入。以带地入社、以地入股形式转出土地经营权的农户，还能以社员或股东身份在农业合作社或农业企业打工。从农民收入构成变化来看，工资性收入所占比重越来越大，逐渐成为农民收入增长的主要来源。

对于农地转入者，主要是通过农地流转扩大其土地经营规模，从而增加了经营性收入。总体上，农地转入分为普通农户的小规模分散转入和新型经营主体的大规模集中转入两种模式。对于前者，转入土地增加农户经营性收入的机理，主要是由于土地经营规模扩大增加了农产品的产出总量，增加了总销售收入，即通过增产实现增收。在这种流转模式下，转入土地者的收入增加部分来自农地转出户减少的土地经营性收入，这是农地流转双方之间的一种经营性收入转移。此时，土地产出率一般没有变化，但转入土地者的劳动生产率提高了，其投资收益率因土地转入费用增加反而下降了。对于新型经营主体的大规模集中转入模式，又分为种植大户、家庭农场和农业合作社、农业企业两种具体模式。种植大户和家庭农场集中转入土地后，除了因土地经营规模扩大而增加农产品产出总量外，还会通过使用大中型农业机械设备和更先进的农业技术提高土地的单位面积产量而增加总产出量，既提高了劳动生产率，又提高了土地产出率。特别是土地产出率的提高，使新型经营主体创造了比普通农户自己经营土地更多的增加价值。也就是说，种植大户和家庭农场收入的增加，既有农地转出户转移的土地经营性收入，又有新型农业经营主体通过规模化、集约化经营新创造的产出价值而增加的收入。

同时，新型规模经营主体在生产经营中还可以通过集中购销，降低农业生产资料购买价格和生产经营成本，提高农产品品质和销售价格，获得规模效益。总之，与普通农户的小规模分散转入模式不同，新型规模经营主体在提高劳动生产率和土地产出率的基础上，既增加了经营总收入，也提高了投资收益率。农业合作社和农业企业作为农地转入者，在直接增加自身收入的同时，有助于间接增加农民收入，一方面可使土地转出户获得更高的财产性收入，另一方面可使社员和土地入股者获得股份分红收入。

（本部分内容发表于《黑龙江日报》2015年5月12日，原文题目为"加快农地流转有利于促进农民增收"，作者：郭翔宇。）

二、强化农地流转的政策扶持

针对农地流转现状与趋势，建议国家出台有利于农地流转的激励政策，并鼓励地方政府根据当地特点和实际情况，在不违背法律和国家政策的前提下，制定覆盖土地流转各方面的政策激励体系。

（一）建立激励农地规模经营的专项补贴政策

对于专业种植大户、家庭农场和生产经营型农民专业合作社，在转入耕地达到一定规模和年限时，可给予专项农业规模经营补贴。建议在实际经营规模达到本省户均承包地面积10倍以上，转入土地年限较长，经营稳定的，可按照粮食直补标准的一定比例给予专项补贴。这既能激励经营能力强的农民和农民合作社转入小农户的土地，形成新型规模经营主体，又是对土地实际经营者的有力支持。

（二）建立鼓励农地转出的专项补偿政策

农地流转取决于流转双方农户的意愿和行为，但关键在于转出方。对于长期全部转出自己承包地的农户，建议国家给予一定标准的专项财政补偿。这样，有利于承包土地规模较小的农户和能够外出打工的农户更愿意把自己的承包地转移出去。同时，鼓励由于各种原因已不再实际经营承包地的农户自愿放弃土地承包权，交回村集体。对于这样的农户，可给予更高额度的专项财政补偿，并由村集体帮助其获得合理的转包费。

（三）建立促进农地流转的信贷政策

建立在土地流转基础上的新型规模经营主体，资金需求量更大，融资更难。为促进农地流转，针对农业规模经营主体的融资困境和障碍，政府应强化政策支持，并鼓励和支持涉农金融机构创新、优化农村金融服务。一要解决新型规模经营主体有效抵押物不足的问题，为其提供贷款担保；二要增加贷款额度，满足其资金需求；三要根据贷款用途，确定不同的贷款期限，特别要延长固定资产贷款期限；四要给予利率优惠。

（四）建立促进农地流转的保险政策

现代农业保险是一种适应农业产业化发展的风险管理机制，对促进和保障各地农地有序健康流转具有积极作用。根据粮食主产区县级财政资金普遍紧张的实际情况，建议提高中央、省级财政对粮食主产区政策性农业保险保费的补贴比例，取消县级财政补贴。整合使用涉农资金，对达到一定规模和条件的农民专业合作社、家庭农场等新型农业经营主体给予专项农业保险保费补贴。同时，进一步增加特色农业保险品种，尽快实施价格指数保险，以切实提高农业保险保障水平。

（五）实施促进农地流转的农机购置补贴优先政策

农机购置补贴应注重突出重点，向优势农产品主产区、关键薄弱环节倾斜，提高农机化发展的质量和水平，对于规模经营农户和农民专业合作社，在申请农机购置补贴时给予优先安排。另外，东北三省应结合本地实际情况，突出重点，在农业农村部确定的175个品目中，选择部分农业生产急需、农民需求量大的品目作为本省中央财政补贴机具种类范围，针对粮食主产区粮食生产耕种收及烘干等关键环节急需的农机具品目敞开补贴，以满足省域内申购者的实际生产需求。

（六）建立促进农地流转的用地政策

随着土地流转率的不断提高以及规模化经营水平的提升，原有家庭承包责任制背景下形成的田块凌乱、垄向多样、宽窄不一、长短各异的耕地利用格局对农业生产的限制越来越突出，晾晒场、农机存放站、育秧棚等农业基础设施不配套的问题越来越突出。因此，应在土地流转率较高的区域有限开展土地整治项目，优化土地整治区土地景观设计，塑造"利于生产、方便生活、稳定生态"的农村景观格局。统筹田、水、路、林、村、城，维护和扩大城乡绿色空间，稳定自然和人文景观用地，拓展生态空间，充分发挥耕地的生产、生态、景观和间隔的综合功能。根据区域土地流转水平合理规划并采取政府投资或政府贴息贷款等形式进行育秧大棚、粮食烘干塔、农产品仓储设施、大型农机存放站等农业公共设施建设，构造功能匹配、布局合理的农业用地体系。

（七）建立项目扶持政策

政府实施的农业综合开发项目是推进新型农业经营体系建设、强化现代农业发展的重要支撑，各地建成了诸多农业示范区、产业化项目试验区等不同形式。这些项目的实施，需要以农地资源的高效整合利用为保障，土地流转则是最为关键的前提，二者相互依存、相互促进。对于已经形成一定流转规模的种植大户、家庭农场等新型经营主体来说，在土地方面的条件具备，如能在此类项目的申报、实施中得到倾斜，必将极大地提高它们的积极性，并能以较低的成本更好地实现项目效益。国家农业综合开发办公室则在《2013年推进现代农业发展的实施意见（试行）》（国农办〔2013〕92号）和2014年项目申报指南中鼓励符合条件的农业龙头企业和农民专业合作社等经营主体参与。因此，建议地方政府在每年的农业综合开发项目计划中划出一定比例，根据不同开发项目的用地需求，专门用于已有流转基础的规模经营主体申报，并在考察申报者的能力、条件后择优确定，最终将农业开发项目与规模经营主体直接对接。通过对符合条件的规模经营主体提供项目扶持，可以节约政府运作模式下需要支付的前期流转费用；通过项目带动可迅速改善流转土地的生产条件，转变传统经验式的经营方式，产生更好的示范效应，从而有利于吸收更多的土地参与流转，进一步壮大新型经营主体的实力。对于流转面积较小的经营主体，可选择用地和资金投入较少的初期试点性项目用于支持。

三、健全土地承包经营权流转的市场体系

（一）加强土地承包经营权流转市场主体培育

1. 实施农业劳动者再教育工程，大力培育、扶植农村专业户和农村合作经济组织

首先，必须依靠国家的力量启动实施农业劳动者再教育工程，并将这一工作作为一项长期的基本工作加以贯彻落实。教育的主体内容以农业技术知识和市场经济知识为主，重在引导农户的生产经营技术与观念，培养其市场主体意识。农业劳动者再教育工程可以考虑由国家扶持在一些经济相对落后的地区试点进行，在成功的基础上再在全国推广铺开。其次，国家还必须加强农村义务教育的监督管理与投入，并加强农业职业技术教育，以保证未来农业劳动者的素质。与此同时，改革农村教育投资方式，改变地方财政投资为国家与地方共同投资或国家直接投资，加大农村教育投资总量，通过各种可能的途径对农村居民进行最大范围的再教育培训，增加其财富创造能力和就业适应能力。最后，建立农村专业户、重点户帮扶制度。各级政府应该一如既往地积极培育和扶持一批农村专业户和重点户，不仅在政策上扶持，还应该在资金和技术上予以扶持，使之不断壮大并真正地起到示范作用，从而

带动农户的专业化分工。

2. 培育一批农地流转中介组织，建立与完善农地流转价格评估制度

第一，应着手培育一批农地（特别是农业用地）流转中介组织，一方面可以借助培育起来的农地流转中介组织对目前较为混乱的农地流转市场信息进行梳理，促进农地流转市场有效信息的流动，促进农地流转市场的完善与发展；另一方面可以为农地流转中介组织的进一步发展积累技术和经验基础，以促进农地流转中介组织自身的发展壮大，并填补当前农地流转市场构成上农用地流转中介组织的空白。此外，农地流转中介组织的培育可以在一定程度上弥补我国农户的市场信息分析处理能力的不足，可以起到保护农户农地产权利益的作用。第二，在农地流转中介组织培育的过程中，一方面必须出台农地流转中介组织条例，规范农地流转中介组织的功能与职责，制定执业人员标准等；另一方面，从一开始就应该注意保证这一组织的市场独立性，将其作为具有独立市场行为能力的经济主体来培育，国家在当前农地流转市场并不发达、中介需求量不大的情况下给予一些政策上倾斜，如减少税费、提供人员培训便利和优惠条件等。第三，建立我国的农地流转价格评估制度，包括农地流转价格评估资格认证制度，农地流转价格评估机构资质认定和收费标准，农地流转价格评估的基本原则程序和操作方法等。

3. 弱化各类集体组织的市场主体功能，保证市场经济主体的统一性

市场经济条件下的各类市场主体应该都是纯粹的经济组织，而无论是农民集体组织本身还是农民集体组织的代表，均不足以作为一种市场主体，理由如下：①我国的乡（镇）、村组农民集体是各区域居民强行组合，并非一种自愿组合形成的经济组织，而且其内部结构松散，亦无明显的经济组织功能。②当前的各类农民集体组织的代表实质上都是一种"准行政"组织，组织的代表者与组织内成员之间缺乏经济激励与约束机制，农民集体组织的代表者由于其具有的"行政"职能，当其作为农地流转市场主体时必然导致各主体之间的公平竞争难以实现。③作为农地所有者代表的农村基层管理者已经成为一个特殊的农地产权利益集团，此时的农地集体所有可能"异化"为利益集团所有，从保护真正的土地所有者利益的角度考虑，也不宜将目前的农民集体组织的代表作为一种市场主体对待。但由于农地的所有权流转又必须一个对应的农地所有权人，将农民集体组织的代表完全排除在市场主体行列之外不现实，因此，较为现实的选择是弱化集体组织的市场主体功能，将其市场主体功能严格界定在集体土地发包、当征收土地未承包或未使用时代表集体与征收方谈判较为严格的范围内。

（二）完善土地承包经营权流转市场收益分配格局

建立土地流转制度，核心问题就是要建立科学的土地价格评估系统。只有确定了比较合理的价格，出让土地才能获得合法收益，农户转让土地才能得到合法补偿，土地承包经营权入股、抵押才有据可依，各种形式的土地流转才能顺利进行。

1. 建立和完善能真实反映土地市场供求、土地价值和土地资源的稀缺状况的土地价格形成机制，实现土地资源的市场化配置

一是要严格控制行政划拨用地范围，扩大经营性用地招标、拍卖、挂牌方式出让的范围，减少协议出让土地的数量。二是完善征地补偿办法，切实保障农民的土地权益。真正做到征地补偿同地同价，逐步提高土地补偿费用标准，运用价格机制抑制多占、滥占和浪费土地的行为，提高土地利用率，促进土地集约使用和节约使用。三是健全土地收益分配机制，推进土地资源的集约利用。

2. 完善定价方法

土地承包经营权流转价格的高低主要取决于农用地的自然质量价格，由农用地的未来经济价值所决定，因此，该价格既受到决定农地生产能力的各类自然条件，包括气候、土壤、地形地貌、农田基本设施条件、区位、交通条件等因素的影响，又受到农地经济效益产出、国家农业产业政策、土地的区位条件以及地块本身的规模、形状等因素的影响，同时又与决定农民生产行为的土地制度、当地社会经济发展条件、农民的生活习惯等因素相关。目前比较可行的办法是以集体经济组织为单位建立土地经济评价小组，对土地进行定级、估价。根据对土地生产力影响较大的指标如土壤肥力、土质、地势地貌、平整度、灌溉条件等划分土地等级。再根据各级土地上适种作物近几年的产量、产值、收益等对土地进行经济评价，并主要由各级土地的纯收益来估算土地使用权的价格。同时，还要加强对土地流转的制度管理，要建立严格的现金管理制度、资本积累制度、合同经营制度、档案管理制度等、确保土地流转能按制度化的轨道有序进行。

3. 土地流转涉及农户的切身利益，应合理确定村、户利益分配关系

对于农地不改变用途的流转产生的地租收益主要归农户所有，集体组织仍按承包合同享有所有者权益不变。在现实操作中，可以采用以下两种分配方法：第一，根据土地级差，合理确定一个土地流转基数价，基数价全额归农户，超基数部分可以按一定比例分成，其中农户得大头，村、镇或其他中介服务组织得小头。第二，由村集体经济组织将当年该村集体出租取得的全部出租收入，扣除集体的投入（折旧和积累）和按规定比例应得的集体收入后，再加权平均计算每亩流转土地应得的红利，在一个村（或组）范围内，不论农户流转出的土地用途是种植粮食、种植经济作物，还是发展水产养殖业或从事其他生产，都可取得以田亩数为单位的平均红利。这样做既承认差别，又兼顾平衡，便于村里统一组织农业结构调整和生产结构布局，促使未参加土地流转的农户直接进行结构调整，或积极参与土地流转。

（三）健全土地承包经营权流转市场竞争机制

竞争包括买卖双方以及买方之间、卖方之间的竞争。在竞争充分展开的条件下，任何人都不能垄断市场或长久地主宰市场价格。由于土地供给的有限性，土地市场的竞争将比其他商品市场的竞争更加激烈。首先，要消除社会经济活动中各种垄断因素，如地方保护、信息不公开，以使竞争公平、合理。其次，确保市场主体地位的平等，不论土地投资者是本地的、国内的，还是国外的，是国家、集体的还是个人的，都应当享受平等的待遇，包括平等享受各种优惠政策。再次，要强化竞争关系的社会协调。只要有竞争，就必然出现优胜劣汰，这就需要竞争双方依法守法，同时也需要健全经济司法和经济仲裁机构。在保护和促进竞争有序的基础上，应当鼓励土地使用者之间的联合，努力降低因过度竞争所导致的资源浪费以及资源利用不充分，当然也要防止发生以垄断和控制市场为目的的联手行为。对被淘汰出局的用地者，也要通过建立社会保障制度加以保护。

1. 农村土地流转也可以通过竞标、拍卖等方式来流转土地

特别是种植业以外的其他农业用地项目如果园、茶园、林场、鱼塘等，竞标者可以根据当地的农村经济发展状况，选择自己承包土地的经营项目，而招标者根据竞标人的自身条件，因地制宜地选择适合本地区的发展项目，但不得改变农业的用途。通过这种方式选择流转土地的最佳经营者，实现生产要素的最优配置，提高农地的利用率。

2. 对公司、企业进入农业必须采取慎重的态度

如果不加限制地让公司、企业直接进入农业的生产领域，大片圈地，会影响农民就业和农村社会的稳定。因此，对于公司、企业大规模、长时期占用农民的耕地，从事直接的农业生产活动，应当制定相关的政策，在适当的时机加以必要的限制。

四、完善农村土地承包经营权流转管理

要完善农村土地承包经营权流转管理，建立、健全土地交易管理机制，保障土地资源的优化配置与集约节约利用。

（一）深化农地产权制度改革

1. 坚持农村土地集体所有制

应加速推进农民承包地、农村集体建设用地以转让、出租、互换、股份合作等形式有序流转，可以让农村土地资源变成可交易的资本。家庭经营要向采用先进科技和生产手段的方向转变，增加技术、资本等生产要素投入，着力提高集约化水平；统一经营要向发展农户联合与合作，形成多元化、多层次、多形式经营服务体系的方向转变，发展集体经济、增强集体组织服务功能，培育农民合作组织，发展各种农业社会化服务组织，鼓励龙头企业与农民建立紧密型利益联结机制，着力提高组织化程度。

2. 深化土地经营权制度

从推进农地交易的市场化、使用方式多样化、促进农地流转、扩展农地使用权的权能、加强保护等方面改革现行土地承包经营制度。

3. 推进耕地保护制度

推进耕地保护制度以保证高标准基本农田建设，确保粮食安全。针对不同的对象有以下几种模式：第一，针对农民的货币补偿模式。一是对承担耕地保护任务的农民直接进行货币补贴，二是将耕地保护补贴与农民养老保险制度建设相结合，给予承担保护耕地责任的农民养老保险补贴。第二，针对基层政府和农村集体经济组织的耕地保护工作经费补助模式。第三，针对地方政府官员的政绩补偿模式。取消对 GDP 等经济发展的指标考核，主要考核基本农田保护和耕地保护责任的落实情况，调动政府官员保护耕地的积极性。第四，针对耕地质量提高的建设补偿模式。以土地开发整理及农业建设项目的形式投入，加大基本农田建设，提高耕地质量。第五，针对地区经济发展的区域间的资源产业协作模式。有耕地后备资源优势和农业效益较高的粮食主产区为发达地区开发复垦新增耕地、提供一定数量的基本农田指标，发达地区一次性拨付粮食主产区一定耕地保护经费。采用产业扶持的政策，给主产区招商引资一定金额的项目或协作支持，将一些配套企业引到主产区。这样，既缓解了经济发达地区的补充耕地压力，还为欠发达地区的发展提供了发展资金和建设项目，统筹了经济发达地区与欠发达地区的发展，实现了资源互补和产业协作，达到利益最大化的共赢模式。

（二）完善征地与补偿制度

1. 地方政府应当退出耕地补偿标准制定者的角色

征占农民赖以生存的土地，政府显然是强势的一方，如果补偿标准再由当地政府来定，那么农民永远都是弱者。应该由农民和政府都认可的第三方评估机构根据被征用土地的实际用途，来确定它的市场价值，再确定一个合理的比例对农民予以补偿，由上一级政府监督补偿标准的制定。

2. 严格界定公益性和经营性建设用地，逐步缩小征地范围

规划部门确定被征收土地用途为公益性用地和工业用地的，以及开发区决定实施整村统一征收的，被征地农民的补偿标准按照省政府《关于公布实施全省征地统一年产值标准的通知》中确定的核算标准补偿；规划部门确定被征收土地用途为经营性用地（包括商业用地、商品房开发用地）的，占用农用地的，土地补偿费标准按照该土地公开出让价款的40％确定；占用集体建设用地的，土地补偿费标准按照该土地公开出让价款的50％确定。经营性用地，政府少得一点，农民多得一点，符合当前建设和谐社会的要求。

3. 拓宽安置渠道，解决好被征地农民就业、住房、社会保障问题

各地在征地时普遍采取一次性地支付补偿金，让被征地农民自谋职业。自谋出路的失地农民，就业方面明显处于劣势地位，很容易陷入失地又失业的困境。必须多渠道促进失地农民就业，加强对失地农民的就业培训，在贷款、税收、场地等方面对自谋职业和自主创业的失地农民提供优惠政策。

（三）健全农村土地承包经营权确权登记颁证制度

坚持和完善农村基本经营制度，建立健全土地承包经营权确权登记颁证制度，做好农村土地确权、登记、颁证工作，以法律形式明确农村土地产权主体，赋予农民更大的土地物权，明晰产权边界，才能保障农民尤其是流转土地的农民的权益。所以要建立健全农村土地承包经营权确权登记颁证制度，重点解决承包地块面积不准、四周边界不清、空间位置不明、登记簿不健全、查询不方便等问题，给农民吃上"定心丸"。

一是要与其他工作紧密结合。与集体土地所有权确权登记、第二次土地调查、林地清查、退耕还草等相关工作统筹谋划、协调推进，首先要明晰土地所有权归属，为承包经营权确权登记奠定扎实稳定的基础。二是要坚持依法依规。严格依据法律法规和政策规定推进，工作中必须做到统一登记范围、统一政策标准、统一操作规程、统一技术标准、统一数据管理。三是要尊重历史依据。土地承包合同、土地台账、经营权证书、地方制定的有关配套政策以及法规政策没有明令禁止的村规民约，都是确权登记颁证的重要依据。四是要推动工作创新。创新思维方式，创新解决问题的路径，创新确权登记的方式方法，创新管理手段，以改革创新精神推动工作深入开展。五是要确保稳定。坚守农民合法权益得到保护和农村社会稳定两条底线，工作中坚决做到原土地承包关系和承包合同起止年限不变，严禁借机违法调整和收回农户承包地、乱收费、弄虚作假，权属不清的、集中矛盾不解决的、没有开展家庭承包的、改变土地用途的不予登记。

（四）建立农村土地承包经营权退出机制

1. 农村承包地退出机制的路径

第一，给予农民农村土地承包经营权退出的冷静期。可以借鉴保险合同的做法，对农民的土地承包经营权退出有一个冷静期（比如 3 年）。如果农民反悔或存在其他退出障碍，可以恢复原来土地承包经营权，以保护农民的利益、体现公平、效率和农村社会稳定，体现了对农民生存方式选择上的尊重。

第二，建立规范的农村土地承包经营权退出程序。只有建立一整套规范农村土地承包经营权的退出程序，并严格按照程序的规定处理土地承包经营权的退出事宜，明晰各相关部门、相关者的权责，才能避免在农村土地承包经营权退出过程中出现侵权、越权、推诿扯皮等现象。农村土地承包经营权退出程序应包括农村土地承包经营权退出工作管理组织的建构，具体退出方案的拟定，退出方案的公布，退出方案的实施，退出合同的签订等。

第三，打造农村土地承包经营权退出的引力机制。①进行非农就业培训。根据市场需求，帮助农民开展多层次、多领域、多形式的职业教育、技能培训，引导其改变择业观念，提高其就业竞争力，提升融入城市能力、城市非农就业能力、农民的自组织能力。这样使农民转化成市民之后，能够不断增强现代意识，能更好地融入城市。②进行农民的非农化就业。农民如果有非农就业机会才会放弃土地，所以需要大力发展城市经济，给农民创造非农就业机会，使农民逐渐退出。可以对农民进行分层引导，确实没有这个能力的，政府将通过改善农村的基本条件来改变农民在农村的生活环境，使农民享有均等化的公共产品、公共服务，弥补城乡差距，使农民对土地的依赖程度进一步降低。

第四，构建农村土地承包经营权退出的联动支持体系。在保护和尊重农民土地承包经营权和宅基地权益的基础上，探索"承包地换社会保障、宅基地换住房"的政策，鼓励有条件的进城农民退出承包地和宅基地使用权，享受城市居民的社会保障和政策提供的保障性住房，并从培训、就业、就医、子女入学等多方面给予扶持。

第五，创新农村承包地退出模式。参照现有典型农村承包地退出模式，如农村承包地换社会保障模式、土地股份合作模式、土地银行（信托）模式、农地返租倒包模式等，创新适合东北地区农地退出的机制与模式，做到因地制宜，与农业发展规划、土地利用规划以及社会经济发展相协调。

2. 农村承包地退出补偿标准

第一，对转户农民自愿退出承包地，按农村第二轮土地承包期剩余年限和承包地年均流转收益标准给予补偿。

第二，家庭部分成员转为城镇居民的，保留其在以后整户退出时获得承包地的相应补偿或收益的权利，待家庭成员整户转为城镇居民时，退出承包地并按整户退出时的标准补偿。

第三，严格规定补偿具体指标。①剩余承包期年限的计算。转户农民农村承包地剩余承包年限，按承包地种植作物收获后退出的当年当月至农村第二轮土地承包到期时间2028年6月30日的剩余年限对年对月计算。②承包地面积的计算。以新一轮农村土地承包经营权确权颁发的《农村土地承包经营权证书》载明的面积为准。③承包地退出年均补偿标准。按照承包地的质量等级划分补偿标准。④承包地附着物补偿。承包地上种植多年生经济作物，按国家征地的相关补偿标准给予补偿。

第四，可由农村集体经济组织出资补偿退出的承包地。退出农用地可由农村集体经济组织统一经营，或采用合约流转方式流转其他农户、企业、业主等规模经营；其收益按集体资产管理办法管理使用，纳入集体财务统一核算，可用于以后退出承包土地的补偿。在第二轮土地承包期到期前，未经区政府批准，不得将退出的承包地再行分配。

第五，农村土地补偿周转金支付补偿退出的承包地。由拥有该土地的农村集体经济组织与农村土地整治机构签订退出承包地托管协议，由农村土地整治机构托管整治、经营、利用或流转，合理开发利用土地资源，其收益首先用于补偿代偿资金。

五、强化农村土地承包经营权流转服务

强化农村土地承包经营权流转服务，是促进农村土地承包经营权流转市场作用有效发挥，完善农村土地承包经营权流转管理的必然要求，是解决现阶段农村土地承包经营权流转主要问题的重要途径。农村土地承包经营权流转服务主要涉及流转前的信息服务和政策咨询服务，以及流转过程中的流转价格评估、咨询服务和合同签订指导服务等。针对当前东北地区农村土地承包经营权流转的现状及其存在的主要问题，可从如下几方面入手以强化农村土地承包经营权流转服务：

（一）构建农村土地承包经营权流转服务体系

农村土地流转服务体系的构建，应从政府和市场两个层面进行。从政府

服务层面，强调政府的宏观管理和公共服务性质，依托各级农业经营管理部门，构建覆盖省、市、县（区）、乡（镇）、村五级的服务体系；依托省级农业经营管理部门成立农村土地承包经营权流转宏观管理和指导机构，专门负责国家政策在本辖区内的具体落实、相关服务政策的制定，并指导本辖区内相关服务机构的组建工作；以基层农业经营管理部门为核心，安排专项经费、配备专门人员，成立各级农村土地承包经营权流转服务实体和操作机构，负责相关服务事项的具体操作。政府层面的农村土地流转服务是公共服务，具有公益性，其服务领域和服务内容具有限定性。随着农村土地流转的不断发展，各相关参与主体的服务需求面不断拓展、需求深度不断深化，有限的政府服务不能满足现实需要。因而，需要构建农村土地承包经营权流转市场化服务体系，鼓励民间资本投资成立市场化的、具有营利性质的、满足一定准入条件的农村土地承包经营权流转中介服务机构，承接各级政府及农村土地流转公益性服务机构、农村土地流转各方主体委托的、具有较强专业性的服务业务，如流转信息搜集与分析、相关流转政策咨询、流转合同签订咨询、流转授权代理、流转价格评估、流转纠纷处理等。

（二）建立农村土地承包经营权流转信息网络和服务平台

信息是农村土地承包经营权流转市场有效运行的必要条件，缺乏充分、有效的流转信息是制约农村土地承包经营权流转健康、有序流转的重要原因之一。信息服务是农村土地承包经营权流转的基础性服务，主要包括信息搜集、信息整理与分析及信息发布等工作环节。信息搜集是信息服务工作中难度较大、复杂程度较高的一个环节。为充分做好信息搜集工作，一方面应建立农村土地承包经营权流转合同制度、备案制度和供需申请制度，通过流转合同及合同备案充分掌握各种类型的农村土地流转交易与供需信息；另一方面，更要发挥村级土地流转服务机构的主动性，充分利用乡村熟人社会的特点，通过配备专门的村级尤其是村民小组土地流转信息员主动收集本村或村民小组土地流转交易与供需的状况，包括土地流转主体、流转价格、流转期限、流转面积、地块位置、质量等级及用途等，通过自下而上的方式进行汇总。各级农村土地承包经营权流转服务机构对汇总的土地流转信息进行整理与分析，定期（按季、年）公开发布分析报告，并做形势分析、预测与警示。省、市级农村土地承包经营权流转服务机构应设计并建立专门的信息发布网络平台和信息数据库。信息发布网络平台上应给其他各级流转服务机构划分专门的、独立的信息发布模块，并与专业性的农村土地流转网站建立访问链接。其他各级流转服务机构应按照省、市统一设计的信息数据库，及时录入流转交易与供需信息，以便信息整理分析及信息发布。

（三）建立农村土地承包经营权流转经纪制度

为便于市场化的农村土地承包经营权流转中介服务机构的规范、健康发展，促进农村土地流转的更加健康、有序进行，可以参照房地产经纪制度，建立农村土地承包经营权流转经纪制度，对市场化的农村土地流转中介服务机构及其从业人员实行行业准入管理。由省级农业经营管理部门依据市场化的农村土地流转中介服务机构的业务性质、特点及工作内容，从注册资金、组织形式、人员构成及从业范围等方面设置相应条件，在其进行工商注册登记后，进行行业准入审批，获得批准的机构方可从事相关业务。由省级农业经营管理部门会同相关部门建立土地流转经纪人制度，通过组织培训的方式（包括从业准入培训及后期的继续教育培训），培养充分掌握农村土地流转法律、法规及相关管理政策、熟悉农村土地流转各个环节的专门人才，向通过培训考核的人员颁发土地流转经纪人证书，以此作为其在相应机构专门从事农村土地流转经纪服务的准入凭证。

（四）建立农村土地承包经营权流转价格评估和定期发布制度

流转价格是农村土地承包经营权流转主体关心的核心内容，直接关乎流转主体的利益及交易的成败。流转价格服务是农村土地承包经营权流转服务内容的重要构成。为避免农村土地流转过程中流转主体利益受损，即因流转价格明显低于市场价格而导致的转出农户收益减少及流转价格明显高于市场价格而导致转入方的土地生产经营收益减少，从而降低流转主体参与农村土地流转的积极性，应建立农村土地承包经营权流转价格评估和定期发布制度，为流转双方提供价格参考，便于流转市场价格的有效形成。一方面，省、市级农村土地承包经营权流转服务机构，应根据农村土地流转的特点和性质，依据《农用地估价规程（TD/T 1006—2003)》，编制《农村土地承包经营权流转价格评估办法》，确定流转价格评估的具体事项，委托具有相应土地估价资质的机构，按土地用途、土地质量等级等对相应评估区域及估价单元的分用途、分等级、分期限的农村土地流转平均价格进行定期评估并公布，供流转双方参考。另一方面，流转双方可根据需要，委托具有相应土地估价资质的机构，对拟流转的土地价格进行价格评估，以供委托方作为确定流转合同价格的参考依据。

（本节第二至第五部分内容节选自2014年完成的国家自然科学基金项目"东北地区促进农地流转与农民增收机制及政策研究"研究报告，作者：郭翔宇等。）

第八章

"三农"问题与县域经济发展

第一节　深入学习习近平总书记关于"三农"工作重要论述

党的十八大以来，以习近平同志为核心的党中央坚持把解决好"三农"问题作为全党工作的重中之重，把脱贫攻坚作为全面建成小康社会的标志性工程，组织推进人类历史上规模空前、力度最大、惠及人口最多的脱贫攻坚战，启动实施乡村振兴战略，推动农业农村取得历史性成就、发生历史性变革。

习近平总书记关于"三农"工作的重要论述，立意高远，内涵丰富，思想深刻，对于做好新时代的"三农"工作，举全党全社会之力推动乡村振兴，促进农业高质高效、乡村宜居宜业、农民富裕富足，书写中华民族伟大复兴的"三农"新篇章，具有十分重要的指导意义。

一、必须始终把解决好"三农"问题作为全党工作重中之重

（一）农为邦本，本固邦宁

"务农重本，国之大纲。"中华民族历来重视农业农村发展，习近平总书记指出，要坚持用大历史观来看待农业、农村、农民问题，要必须看到，全面建设社会主义现代化国家，实现中华民族伟大复兴，最艰巨最繁重的任务依然在农村，最广泛最深厚的基础依然在农村。2013年以来，习近平总书记先后指出，农业还是"四化同步"的短腿，农村还是全面建成小康社会的短板。中国要强，农业必须强；中国要美，农村必须美；中国要富，农民必须富。农业基础稳固，农村和谐稳定，农民安居乐业，整个大局就有保障。要坚持工业反哺农业、城市支持农村和多予少取放活的方针，不断加大强农

惠农富农政策力度，始终把"三农"工作牢牢抓住、紧紧抓好。

（二）重农固本，是安民之基

重视农业，夯实农业这个基础，历来是固本安民之要，农业农村农民问题是关系国计民生的根本性问题，必须始终把解决好"三农"问题作为全党工作重中之重。我国农业农村发展成果丰硕，为赢得全局工作主动发挥了重要作用。同时，必须看到，我国农业农村发展面临的难题和挑战还很多，任何时候都不能忽视和放松"三农"工作。要坚持农业农村优先发展，要把"三农"工作摆到重中之重的位置，统筹抓好决胜全面建成小康社会、决战脱贫攻坚的重点任务；要建立健全城乡融合发展体制机制和政策体系，坚持把解决好"三农"问题作为全党工作重中之重，加大推进新形势下农村改革力度，加强城乡统筹，全面落实强农惠农富农政策，促进农业基础稳固、农村和谐稳定、农民安居乐业；要深入推进农村各项改革，破解"三农"难题，我国农业农村发展已进入新的历史阶段，农业的主要矛盾由总量不足转变为结构性矛盾，矛盾的主要方面在供给侧，必须深入推进农业供给侧结构性改革，加快培育农业农村发展新动能，开创农业现代化建设新局面；要在资金投入、要素配置、公共服务、干部配备等方面采取有力举措，补齐农业农村发展短板，缩小城乡差距。

（三）加快推进农业农村现代化

习近平总书记强调，坚持农业农村优先发展的总方针，就是要始终把解决好"三农"问题作为全党工作重中之重。对"三农"要多予少取放活，在资金投入、要素配置、公共服务、干部配备等方面采取有力举措，加快补齐农业农村发展短板，不断缩小城乡差距，让农业成为有奔头的产业，让农民成为有吸引力的职业，让农村成为安居乐业的家园。加快推进农业农村现代化，要牢固树立和切实贯彻创新、协调、绿色、开放、共享的发展理念，遵循产业兴旺、生态宜居、乡风文明、治理有效、生活富裕的总要求，实现农业基础稳固、农村和谐稳定、农民安居乐业。

（四）越是面对风险挑战，越要稳住农业

从世界百年未有之大变局看，稳住农业基本盘、守好"三农"基础是应变局、开新局的"压舱石"。对我们这样一个拥有 14 亿人口的大国来说，"三农"向好，全局主动，要打牢农业基础，补实"三农"领域短板，为打赢新冠疫情防控阻击战、实现全年经济社会发展目标任务提供有力支撑；要举全党全社会之力推动乡村振兴，促进农业高质高效、乡村宜居宜业、农民富裕富足；要设立中国农民丰收节，营造全社会关注农业、关心农村、关爱

农民的浓厚氛围。

二、把实施乡村振兴战略作为新时代"三农"工作总抓手

（一）去除村庄"空心化"，全面解决"三留守"

2013年12月23日，习近平总书记在中央农村工作会议上指出，"我到农村调研，在很多村子看到的多是老年人和小孩，年轻人不多，青壮年男性更是寥寥无几。留在农村的是'三八六一九九部队'。出去的不愿回乡干农业，留下的不安心搞农业，再过十年、二十年，谁来种地？农业后继乏人问题严重，这的确不是杞人忧天啊！"

当前，我国农村地区存在村庄"空心化"和"三留守"现象，即农村地区演化过程中呈现出由农村人口非农化而引起的"人走屋空"以及新建住宅向外围扩展、村落用地规模扩大、原宅基地闲置的不良现象；农村人员主要是城市化进程中滞留在乡村的留守儿童、留守妇女、留守老人及残疾人。习近平总书记强调，村庄"空心化"和"三留守"是一个问题的两个侧面。外在表现是村子空了，本质上是人一茬一茬离开农村。农村是我国传统文明的发源地，乡土文化的根不能断，农村不能成为荒芜的农村、留守的农村、记忆中的故园。

（二）城乡长期共存，开启城乡融合新局面

习近平总书记强调，在现代化进程中，城的比重上升，乡的比重下降，是客观规律，但在我国拥有14亿人口的国情下，不管工业化、城镇化进展到哪一步，农业都要发展，乡村都不会消亡，城乡将长期共生并存，这也是客观规律。即便我国城镇化率达到70%，农村仍将有4亿多人口。如果在现代化进程中把农村4亿多人落下，到头来"一边是繁荣的城市、一边是凋敝的农村"，这不符合我们党的执政宗旨，也不符合社会主义的本质要求。这样的现代化是不可能取得成功的！40年前，我们通过农村改革拉开了改革开放大幕。40年后的今天，我们应该通过振兴乡村，开启城乡融合发展和现代化建设新局面。要明确改革的总方针，即坚持农业农村优先发展；要明确改革抓手，即协调推进乡村振兴和新型城镇化；要明确改革目标，即缩小城乡发展差距及居民生活水平；要明确改革途径，即完善产权制度和要素市场化。

（三）巩固脱贫攻坚成果，全面推进乡村振兴

习近平总书记强调，脱贫攻坚取得胜利后，要全面推进乡村振兴，这是"三农"工作重心的历史性转移。要坚决守住脱贫攻坚成果，做好巩固拓展

脱贫攻坚成果同乡村振兴有效衔接，工作不留空当，政策不留空白。

在 2020 年中央农村工作会议上，习近平总书记指出，"党中央决定，脱贫攻坚目标任务完成后，对摆脱贫困的县，从脱贫之日起设立 5 年过渡期。过渡期内要保持主要帮扶政策总体稳定。对现有帮扶政策逐项分类优化调整，合理把握调整节奏、力度、时限，逐步实现由集中资源支持脱贫攻坚向全面推进乡村振兴平稳过渡。"随后中共中央、国务院印发《关于实现巩固拓展脱贫攻坚成果同乡村振兴有效衔接的意见》提出：脱贫摘帽不是终点，而是新生活、新奋斗的起点。打赢脱贫攻坚战、全面建成小康社会后，要在巩固拓展脱贫攻坚成果的基础上，做好乡村振兴这篇大文章，接续推进脱贫地区发展和群众生活改善。

（四）坚持全方位振兴，各领域不掉队不歇脚

2021 年我国将进入"十四五"时期，开启全面建设社会主义现代化国家新征程。从集中力量脱贫攻坚到全面推进乡村振兴，"三农"工作重心也将实现历史性转移。全面实施乡村振兴战略的深度、广度、难度都不亚于脱贫攻坚，必须以更有力的举措、汇聚更强大的力量推进，确保乡村振兴战略落地见效。

一是要推动乡村产业发展壮大。要把更多的二、三产业留在乡村，把更多就业岗位留给农民。要以农业农村资源为依托，以农民为主体，通过完善利益联结机制，让农民更多参与并分享产业发展收益。

二是要稳步推进农村改革。农村改革是乡村振兴的重要法宝，全面推进乡村振兴，依然要通过深化农村改革，破除制约农业农村发展的制度障碍，深化农村土地制度改革，深化农村集体产权制度改革。

三是要加强农村生态文明建设。应顺应村庄发展演变规律，科学布局乡村生产生活生态空间，分类推进村庄建设，防止盲目大拆大建。乡村建设要从实际出发，充分尊重农民意愿，不能搞大呼隆、一刀切。

（五）切实保障民生问题，增强群众幸福感

习近平总书记强调，要切实保障和改善民生，坚持尽力而为、量力而行，办好群众所急、所需、所盼的民生实事。

农民的"急"主要体现为"生活急"。农村基础设施建设是全面推进乡村振兴的前提。道路建设、污水处理、河道治理、垃圾收集处理、改厕、路灯亮化、电网改造、乡村文化等仍然是农民生活中的难题，把农民的"生活急"问题放在农民看得见、摸得着的地方。在农村基础设施建设的过程中，一是要坚持以为农强农为核心，充分尊重农民在农村基础设施建设中的主体

性，不抛弃农业、远离农民，不走偏路子，不能千村一面，而是保留乡村独有的特色，建设美丽乡村。二是要坚持以农业为基础、以发展壮大村集体经济为根本，抓紧抓实抓好农村环境建设，在促进乡村文明的基础上，打好"组合拳"，切实提高农民生活品质，逐步推动农业全面升级、农村全面进步、农民全面发展。

农民的"难"主要体现为"看病难"。农民健康是全面推进乡村振兴的核心。在农村尤其是偏远中西部地区的农村，农民"小病拖、大病扛"的现象仍较为普遍，农村医务人员业务素质不高、医疗设施设备落后、药品管理薄弱等问题尚未得到根本性的解决。因而，要坚持推进重大慢性病筛查干预管理工作，做到"双管齐下"，推动慢性病防治由疾病治疗向健康管理转变。要着手提升基层医疗服务能力，加快区域医疗中心的建设力度，在推进县级医院提质升级的同时，加快乡镇卫生院与村庄卫生室的建设，建立健全"县医院是龙头、乡镇卫生院是枢纽、村庄卫生室是网底"的农村医疗卫生网络。

农民的"愁"主要体现为"养老愁"。农民养老是全面推进乡村振兴的关键。城镇化进程的加快，诸多青年人选择在城市发展，养儿防老已无法满足农民的养老需求。农村老年人的养老问题集中体现在金钱的不足与精神的空虚上。政府要勇于啃好农民养老这块"大骨头""硬骨头"，提高农民基础养老金的标准，逐步实现农民退休制度，将农民养老放在政府的"保护伞"之下，并学习借鉴西方养老的可行之处，实现由"代际养老"的一元模式向"老老养老"与"志愿养老"的多元模式转变。

三、形成新型工农城乡关系

早在 2005 年，我国就提出"以工补农，以城带乡"的城乡关系方针，党的十八届三中全会进一步提出"以工促农、以城带乡、工农互惠、城乡一体"的新型工农城乡关系，从 2018 年以来的中央 1 号文件，到《乡村振兴战略规划（2018—2022 年）》的发布，再到 2022 年中央 1 号文件重申新型工农城乡关系、加快农业农村现代化建设，都可以看到，国家一直在着力推进构建新型工农关系、城乡关系，并以此促进农业农村现代化的进程。

（一）新型工农城乡关系

没有农业农村现代化，就没有整个国家现代化。能否处理好城乡关系，关乎社会主义现代化建设步伐。新型工农城乡关系将方法、目标、措施和目的统一在一起，是一个完善且系统的战略，其通过工农、城乡之间的互促、互惠、互补、协调发展，以实现建立一个共同繁荣的新型关系。

全面实施乡村振兴战略，强化以工补农、以城带乡，推动形成以工促农、以城带乡、工农互惠、城乡一体的新型工农城乡关系，能够加快农业农村现代化和社会主义现代化建设步伐。系统完善地提出新型工农城乡关系，既是对过去几年我国乡村振兴政策的总结和发展，也是以人为本发展理念的体现。

（二）现存主要难关

一是城乡发展不均衡。"我国发展最大的不平衡是城乡发展不平衡，最大的不充分是农村发展不充分。" 2018 年 9 月 21 日，习近平总书记主持十九届中共中央政治局第八次集体学习时指出："党的十八大以来，我们下决心调整工农关系、城乡关系，采取了一系列举措推动'工业反哺农业、城市支持农村'。党的十九大提出实施乡村振兴战略，就是为了从全局和战略高度来把握和处理工农关系、城乡关系。"

我国发展最大的不均衡是城乡发展不均衡，最直观的是基础设施和公共服务差距大。缩小基础设施和公共服务差距，一方面，要把公共基础设施建设的重点放在农村，推进城乡基础设施共建共享、互联互通，推动农村基础设施建设提档升级，特别是加快道路、农田水利设施建设，完善管护运行机制。另一方面，要加快推动公共服务下乡，逐步建立健全全民覆盖、普惠共享、城乡一体的基本公共服务体系。

二是农村发展不充分。我国发展最大的不充分是农村发展不充分，主要体现在农民人均受教育程度低。要推动乡村人才振兴，把人力资本开发放在首要位置，激励各类人才在农村广阔天地大施所能、大展才华、大显身手。强化乡村振兴人才支撑，加快培育新型农业经营主体，让愿意留在乡村、建设家乡的人留得安心，让愿意上山下乡、回报乡村的人更有信心，激励各类人才在农村广阔天地大施所能、大展才华、大显身手，打造一支强大的乡村振兴人才队伍，在乡村形成人才、土地、资金、产业汇聚的良性循环。

（三）目标与措施的统一

一是以工促农。现在的规模化生产、设施农业需要相关高新技术和肥料、农药等新型农业投入品，需要工业的不断推进和完善以此促进制造业发展。从农业角度看，现在的规模化生产、设施农业等，就需要相关高新技术的不断推进和完善，包括但不限于数字技术、农业科技、互联网技术等促进农业的规模化、机械化、设施化等，同时，还需要新型农业投入品如肥料、农药、种子等生产和研发的不断的系统化进步，以此适应现代农业绿色和高质量发展之需。

二是以城带乡。2021 年 8 月，习近平总书记在河北省考察调研时指出，即使未来我国城镇化达到较高水平，也还有几亿人在农村就业生活。我们全面建设社会主义现代化国家，既要建设繁华的城市，也要建设繁荣的农村，推动形成协调发展、共同繁荣的新型工农城乡关系，这只有在中国共产党领导和我国社会主义制度下才能得以实现。从个人的角度看，城乡生活在形态上确实有差异，甚至在今天还有差距，所以，对每一个人来说，关注乡村振兴，其实就是要考虑怎么去尊重与城市生活空间不同的那部分农村转移人口，尊重他们所提供的产品和服务的价值，关注那些相对弱势的群体的需求，以此带动农村发展。尽管城市化还在推进，未来还会有人离开农村，进入城市，但城乡之间不应该、也不会保持着过去单纯输入、输出的关系。

三是工农互惠。城乡之间是互补互惠的，所谓互补互惠，就是要发挥城乡之间不同的特点和优势，各自为对方提供无法提供的产品、文化等。

四是城乡一体。健全城乡融合发展体制机制，要把县域作为城乡融合发展的重要切入点，赋予县级更多资源整合使用的自主权，强化县城综合服务能力。习近平总书记强调，要把乡村振兴战略这篇大文章做好，必须走城乡融合发展之路。我们一开始就没有提城市化，而是提城镇化，目的就是促进城乡融合一体化发展。

四、实现粮食安全和现代高效农业相统一

（一）坚决保障农业基础地位

"民为国基，谷为民命。"习近平总书记指出，对我们这样一个有着 14 亿人口的大国来说，农业基础地位任何时候都不能忽视和削弱。新冠疫情下我国社会始终保持稳定，粮食和重要农副产品稳定供给功不可没。新形势下要着力解决农业发展中的深层次矛盾和问题，从农产品结构、抗风险能力、农业现代化水平上发力，解决农业发展深层次矛盾，守好粮食生产、耕地保护、科技创新的"三农"基本盘。

在粮食生产领域，不断加大对农业的支持力度。我国粮食生产处于紧平衡状态，而且紧平衡很可能是我国粮食安全的长期态势，在粮食问题上不可能长期出现高枕无忧的局面，因此不能松懈对粮食生产和农业的关注和支持。在耕地保护上，坚守 18 亿亩耕地红线。粮食安全的根本在耕地，耕地

不能非农化，保护耕地要像保护文物那样来做，甚至要像保护大熊猫那样来做。在农业科技前沿，落实藏粮于地、藏粮于技战略。建设高标准农田，提高现代种业、农机装备水平，划分粮食生产功能区。防止出现"卡脖子"问题，中国人的饭碗要装中国粮并牢牢端在自己手里。始终立足自身抓好农业生产，稳定要素投入，稳产保供抵御外部环境风险。

（二）深入推进农业供给侧结构性改革

我国农业农村发展已进入新的历史阶段，农业的主要矛盾由总量不足转变为结构性矛盾，矛盾的主要方面在供给侧，必须深入推进农业供给侧结构性改革。首先要实现粮食安全与现代高效农业相统一。不断发挥自身优势，抓住粮食这个核心竞争力，延伸粮食产业链、提升价值链、打造供应链，不断提高农业质量效益和竞争力，注重农业高效率的同时不能松懈对农业质量的要求，时刻以保护粮食安全为重点任务。其次要走现代农业发展道路。着眼于加快农业现代化步伐，在稳定粮食和重要农产品产量、保障国家粮食安全和重要农产品有效供给的同时，加快转变农业发展方式，走出一条集约、高效、安全、持续的现代农业发展道路。最后要向农业强国迈进。调整优化农业结构，提高农业竞争力、全要素生产率及质量、效益、整体素质。坚持质量兴农、绿色兴农，加快推进农业由增产导向转向提质导向，加快构建现代农业发展体系。

（三）加速培育优质种源

农业现代化，种子是基础。一粒种子可以改变一个世界，一项技术能够创造一个奇迹。一方面要培育具有自主知识产权的优良品种。抓紧培育具有自主知识产权的优良品种，从源头上保障国家粮食安全，注重创新机制，增加投入，解决好科研和生产'两张皮'问题，注重产学研融合发展。另一方面要提高种源安全战略高度。农业现代化，种子是基础，必须把民族种业搞上去，把种源安全提升到关系国家安全的战略高度，集中力量破难题、补短板、强优势、控风险，实现种业科技自立自强、种源自主可控。

五、增加农民收入是"三农"工作的中心任务

（一）做好扶贫工作，改善贫困地区农民生活水平

扶贫工作要做好明确目标、坚持方略、改革机制和构建格局的基本工作。明确到 2020 年，我国现行标准下农村贫困人口全部脱贫，贫困县全部摘帽，解决区域性整体贫困的脱贫攻坚的目标任务。坚持精准扶贫精准脱贫基本方略，核心是做到"六个精准"即扶持对象精准、项目安排精准、资金

使用精准、措施到户精准、因村派人精准、脱贫成效精准，实施"五个一批"即发展生产脱贫一批、易地搬迁脱贫一批、生态补偿脱贫一批、发展教育脱贫一批、社会保障兜底一批，解决"四个问题"即扶持谁、谁来扶、怎么扶、扶的效果如何。改革创新扶贫体制机制，体现在建立脱贫攻坚责任体系、政策体系、投入体系、工作体系、监督体系、考核体系。以此为基础，发挥社会主义制度集中力量办大事的优势，动员各方面力量合力攻坚，构建大扶贫工作格局。

（二）推动乡村振兴，构建农民收入增加长效机制

首先要巩固脱贫攻坚成果。持续稳定"两不愁、三保障"的保障水平，拓展提升脱贫攻坚的成效和质量，完善防止返贫监测预警和帮扶机制，全方位夯实乡村振兴基础。其次要推动脱贫攻坚与乡村振兴有效衔接稳步转型。

一是实现脱贫攻坚与乡村振兴战略目标的有效衔接。脱贫攻坚的目标是消除绝对贫困，乡村振兴的目标则是实现农业农村现代化，两大战略目标在衔接水平上有递进关系，在解决的问题上有接续关系。

二是实现脱贫攻坚与乡村振兴扶持政策的过渡与调整。将相对贫困治理、发展不均衡问题，统筹纳入到乡村振兴战略实施框架下，更加关注欠发达地区和相对贫困人口的平等发展机会问题，致力于缩小区域差距、城乡差距和收入差距。

三是实现脱贫攻坚与乡村振兴重点举措的承接与深化。脱贫攻坚重点举措所包括的产业扶贫、生态扶贫等与乡村振兴构建农村一二三产业融合发展体系、实现乡村绿色发展具有内在一致性。

四是推动城乡公共服务均等化，促进城乡融合。健全完善农业转移人口基本公共服务体系和农村基本公共服务体系，构建更可持续的农村产业体系，推动产业融合发展，提高农业全产业链效益。

（三）培养职业农民，探索农民致富内在高效路径

坚持高素质农民培育使命。高素质农民是加快农业农村现代化发展的主力军，是乡村振兴不可替代的中坚力量。但在培育过程中存在一定的现实问题，如城镇化倾向明显与高素质农民本质属性相背离，表现在高素质农民的本质属性是现代农业从业者，其地域属性是扎根农村、工作属性是从事农业生产、职业属性是农民，然而城镇化使得劳动力转移与其本质属性相悖；农村职业培训无法满足农民职业性发展需求，农村职业教育专业设置的同质化无法同时满足生产经营型、专业技能型和社会服务型高素质农民的需求；农民、农村职业教育的功利化取向突出，与高素质农民可持续发展相矛盾。在

解决高素质农民的培育问题上，要做到加强顶层设计，完善培育规划和机制、培育方法和内容、政策扶持体系与保障制度。确保分工协作的有效性，培养更多爱农业、懂技术、善经营的高素质农民。

六、健全自治、法治、德治相结合的乡村治理体系

（一）充分发挥党组织领导作用

要加强和创新乡村治理，建立健全党委领导、政府负责、社会协同、公众参与、法治保障的现代乡村社会治理体制，健全自治、法治、德治相结合的乡村治理体系，让农村社会既充满活力又和谐有序。

一是完善农村基层干部选拔任用制度，打造一支高素质农村基层党组织带头人队伍，加大从优秀村干部中考核录用为乡镇公务员和乡镇领导干部的工作力度，为加强农村社会治理服务充实新生力量。二是建立稳定的村级组织运转和基本公共服务经费保障制度，提高农村基层干部报酬待遇和社会保障水平。三是加强农村基层干部教育培训和监督管理力度，提高为民服务本领、强化廉洁履职意识，为现代农业和新农村建设贡献力量。

（二）调处化解乡村矛盾纠纷

当前，我国城乡利益格局深刻调整，农村社会结构深刻变动，农民思想观念深刻变化。这种前所未有的变化，为农村经济社会发展带来巨大活力，同时也形成了一些突出矛盾和问题。在化解矛盾和解决问题过程中，要做到丰富基层民主协商的实现形式，发挥村民监督的作用，让农民自己"说事、议事、主事"，做到村里的事由村民商量着办。从完善政策、健全体系、落实责任、创新机制等方面入手，及时反映和协调农民各方面利益诉求，处理好政府和群众利益关系。加强和创新农村社会管理，要以保障和改善农村民生为优先方向，树立系统治理、依法治理、综合治理、源头治理理念，确保广大农民安居乐业、农村社会安定有序。从源头上预防减少社会矛盾，做好矛盾纠纷源头化解和突发事件应急处置工作，做到发现在早、防范在先、处置在小，防止碰头叠加、蔓延升级。要学习和推广"枫桥经验"，做到"小事不出村，大事不出镇，矛盾不上交"。

（三）大力推进平安乡村建设

农村改革发展离不开稳定的社会环境，稳定也是广大农民的切身利益。农村地域辽阔，农民居住分散，乡情千差万别，社会管理任务繁重，因此要大力推进平安乡村建设。具体举措包括：推进平安乡镇、平安村庄建设，加

强农村社会治安工作，推进县乡村三级综治中心建设；构建农村立体化社会治安防控体系，开展突出治安问题专项整治，对扰乱农村生产生活秩序、危害农民生命财产安全的犯罪活动要严厉打击，对邪教、外部势力干扰渗透活动要有效防范和打击；加强对农村基层干部队伍的监督管理，严肃查处侵犯农民利益的"微腐败"，给老百姓一个公道清明的乡村；把农民群众关心的突出问题作为纪检监察工作的重点，继续紧盯惠农项目资金、集体资产管理、土地征收等领域的突出问题，持之以恒正风肃纪；针对扶贫领域腐败和作风问题，部署开展专项治理。严惩横行乡里、欺压百姓的黑恶势力及充当保护伞的党员干部，廓清农村基层政治生态。

（四）健全乡村治理工作体系

农村现代化既包括"物"的现代化，也包括"人"的现代化，还包括乡村治理体系和治理能力的现代化。

一是坚持农业现代化和农村现代化一体设计、一并推进，实现农业大国向农业强国的跨越。要深入开展法治宣传教育，引导广大农民增强守法用法意识，发挥好村规民约、村民民主协商、村民自我约束自我管理在乡村治理中的积极作用。丰富基层民主协商的实现形式，发挥村民监督的作用。

二是把政府各项涉农工作纳入法治化轨道，加强农村法治宣传教育，完善农村法治服务，引导干部群众尊法学法守法用法，依法表达诉求、解决纠纷、维护权益。

三是要推动乡村文化振兴，加强农村思想道德建设和公共文化建设，以社会主义核心价值观为引领，深入挖掘优秀传统农耕文化蕴含的思想观念、人文精神、道德规范，培育挖掘乡土文化人才，弘扬主旋律和社会正气，培育文明乡风、良好家风、淳朴民风，改善农民精神风貌，提高乡村社会文明程度，焕发乡村文明新气象。

四是在实行自治和法治的同时，注重发挥好德治的作用，推动礼仪之邦、优秀传统文化和法治社会建设相辅相成。要继续进行这方面的探索和创新，并不断总结推广。

七、打造农民安居乐业的美丽家园

（一）我国农村人居建设的历史发展进程

我国农村人居建设历史发展大致分为四个阶段，分别是稳定恢复期、初步发展期、缓慢发展期、全面快速发展期。在不同的时期，农村人居建设的内容和特点大相径庭（表8-1）。

表 8-1 我国农村人居建设历史发展进程

历史进程	时间	特 点
稳定恢复期	1949—1957 年	土地方面：土地改革运动，实现耕者有其田； 环境方面：除"四害"运动； 医疗方面：医疗合作制度； 文化方面：建立乡村居民广播网等传统基础设施
初步发展期	1957—1978 年	人民公社统一指导下的农村居民集体建设模式； 修建农田水利设施，农村居民人居环境得到改善
缓慢发展期	1978—2003 年	家庭联产承包责任制的经济发展模式； 农村居民生活水平得到提高
全面快速发展期	2003 年至今	废除农业税，进入"以城带乡""以工促农"的农村经济发展新时代；实施"美丽乡村"建设战略

（二）我国农村人居建设的政策演变方向

2010 年中央 1 号文件提出"搞好垃圾、污水处理，改善农村人居环境"。随之 2014 年 5 月国办印发《关于改善农村人居环境的指导意见》，要求"以村庄环境整治为重点，全面提升农村人居环境质量"。2018 年 2 月中办、国办印发《农村人居环境整治三年行动方案》，则对人居环境整治提出了具体要求，即"开展厕所粪污治理、推进农村生活垃圾治理、梯次推进农村生活污水治理在内的三大重点任务"。2019 年中央 1 号文件《中共中央、国务院关于坚持农业农村优先发展做好"三农"工作的若干意见》指出，要"加强农村污染治理和生态环境保护。统筹推进山水林田湖草系统治理，推动农业农村绿色发展"。

农村人居环境整治三年行动实施以来，农村长期存在的脏乱差局面得到扭转，农民群众环境卫生观念发生了可喜变化，人民对农村优美人居环境的期待，从"摆脱脏乱差"逐步提升为"追求乡村美"。但不容忽视的是，我国农村人居环境总体质量水平不高。习近平总书记在 2020 年中央农村工作会议上强调，要接续推进农村人居环境整治提升行动，重点抓好改厕和污水、垃圾处理。贯彻落实习近平总书记重要讲话精神，就要将《农村人居环境整治三年行动方案》落实好，聚焦农村生活污水、垃圾治理，分区分类推进农村生活污水治理，积极推进农村生活污水资源化利用，健全生活垃圾收运处置体系，推进农村生活垃圾分类减量与利用，为美丽宜居乡村打下干净整洁的坚实基础。为保证政策发展的持续性，2021 年中办、国办印发《农村人居环境整治提升五年行动方案（2021—2025 年）》，对农村人居环境发展提出了新要求，即"到 2025 年，农村人居环境显著改善，生态宜居美丽乡村建设取得新进步"。

（三）我国农村人居建设的政策建议

一是做到农村人居建设因地制宜，科学编制规划。坚持规划先行，按照先规划后实施的原则，根据村庄人居环境现状，突出实用性，符合农村实际、满足农民需要、体现乡村特色。突出人居环境建设的重点，提高整治水平。

二是落实具体行动，加快推进农村垃圾治理、农村厕所革命，全面开展农村污水治理，有效提升村容村貌等。

三是坚持人居环境建设建管并重，建立完善管理保护制度。完善长效机制，包括相关体制、机制建设，培养良好生活习惯，引导农民自我约束、自我管理、自我提高、自我改善人居环境。

四是拓宽融资渠道，加大资金投入，包括国家建立专项资金、地方财政适当补助、镇村自筹投工投劳、社会资金信贷倾斜等。

五是利用新媒体，广泛宣传农村人居建设的好典型、好经验、好做法，营造全社会关心、支持、参与农村人居环境整治的良好氛围。

（四）我国农村人居建设的关注重点

农村人居环境整治的目的不是整治，而是要促进乡村宜居与振兴；布局上不是要锦上添花，更应当雪中送炭；主体不是地方政府部门，而是广大农村居民；客体不仅包括硬件设施环境，也包括软环境；技术不一定要高大上，而是要适用实用耐用；模式不能盲目复制，而是要推进本地化创新；成效不是靠"样板间"体现，而是百姓口碑；任务不是暂时的、短期的，而是持续的。习近平总书记 2018 年在全国生态环境保护大会上指出，要持续开展农村人居环境整治行动，打造美丽乡村，为老百姓留住鸟语花香田园风光。

什么是美丽乡村呢？千村一面不是美丽乡村，在改善农村人居环境过程中，应该坚持立足农村，加强村庄风貌引导，突出乡土特色和地域特点。还要顺应村庄发展规律和演变趋势，优化村庄布局，强化规划引领，合理确定村庄分类，科学划定整治范围，统筹考虑主导产业、人居环境、生态保护等村庄发展。同时体现乡村特点，注重乡土味道，保留乡村风貌，留住田园乡愁。

八、加强党对"三农"工作的全面领导

(一)提高新时代党全面领导农村工作的能力和水平

办好农村的事情,实现乡村振兴,关键在党。必须提高党把方向、谋大局、定政策、促改革的能力和定力,确保党始终总揽全局、协调各方。

一方面要强化农村基层党组织宣传党的主张。中央高度重视"三农"工作,这些年来每年中央1号文件都是关于"三农"工作的,现在中央有一系列强农惠农富农政策和扶贫开发政策,这些政策要一丝不苟、毫不走样地落实到基层,政策的好处要全部落实到基层、落实到每一个农民。加强对基层治理的领导。各级党委要加强对"三农"工作的领导,各级领导干部都要重视"三农"工作,多到农村去走一走、多到农民家里去看一看,真正了解农民诉求和期盼,真心实意帮助农民解决生产生活中的实际问题,推动农村经济社会持续健康发展。

另一方面要团结动员群众。不忘初心、牢记使命,传承好红色基因,要把党和政府的扶贫开发政策、支持农业农村发展的政策、支持农民增收的政策原原本本传递给乡亲们,让乡亲们真正享受到政策的好处,一起来落实好政策,推动改革发展。要充分激发乡村现有人才活力,把更多城市人才引向乡村创新创业。要大兴调查研究之风,倡导求真务实精神。农村工作干部要真正深入群众,真心依靠群众,真情关爱群众,真诚服务群众,真抓实干,以作风的提振推动乡村振兴。

(二)加强农村基层党组织建设

基础不牢,地动山摇。农村工作千头万绪,抓好农村基层组织建设是关键。不论农村社会结构如何变化,不论各类经济社会组织如何发育成长,农村基层党组织的领导地位不能动摇、战斗堡垒作用不能削弱。

一方面要健全乡村组织体系,建立实施乡村振兴战略领导责任制。健全乡村组织体系是加强农村基层党组织建设的关键,各级党委和政府主要领导要懂"三农"工作、会抓"三农"工作,分管领导要真正成为"三农"工作的行家里手。要建立实施乡村振兴战略领导责任制,实行中央统筹、省负总责、市县抓落实的工作机制。党委和政府一把手是第一责任人,五级书记一起抓乡村振兴。

另一方面要健全农村工作领导体制和现代乡村社会治理体制。着力健全党委全面统一领导、政府负责、党委农村工作部门统筹协调的农村工作领导体制。建立党委领导、政府负责、社会协同、公众参与、法治保障的现代乡

村社会治理体制，确保乡村社会充满活力、安定有序。推动乡村组织振兴，需要深化村民自治实践，发展农民合作经济组织。

（三）壮大农村基层党组织党员队伍

办好农村的事情，实现乡村振兴，基层党组织必须坚强，党员队伍必须过硬。要发挥好党组织战斗堡垒作用和党员先锋模范作用，努力建设富裕、文明、宜居的美丽乡村。

一是创新乡村人才工作体制机制。实施乡村振兴战略，要充分发挥好乡村党组织的作用，把乡村党组织建设好，把领导班子建设强。人才振兴是乡村振兴的基础，要创新乡村人才工作体制机制。

二是加强农村基层党组织带头人队伍和党员队伍建设。要选优配强乡镇领导班子、村"两委"成员特别是村党支部书记，突出抓基层、强基础、固基本的工作导向。

三是选派优秀机关干部下乡任职，夯实基层工作基础。选派优秀机关干部到村里任职、挂职，是有利于了解基层真实情况、夯实基层工作基础、培养锻炼干部的举措，一举多得。

四是推动各类资源向基层下沉，为基层干事创业创造更好条件。实施乡村振兴战略，各级党委和党组织必须加强领导，汇聚起全党上下、社会各方的强大力量。

（四）消除基层党组织在"三农"工作中出现的问题

党管农村工作是我们的传统，要把党组织建设成为落实党的政策、带领农民致富、密切联系群众、维护农村稳定的坚强领导核心。办好农村的事，要靠好的带头人，靠一个好的基层党组织。要整顿软弱涣散农村基层党组织，解决弱化、虚化、边缘化问题，稳妥有序开展不合格党员处置工作，着力引导农村党员发挥先锋模范作用。摆脱浮于表面、流于形式的不良作风。乡村振兴不是一句口号，讲究的就是一个"实"字，切忌浮于表面、流于形式，坚决响应党中央号召，把乡亲们更好地团结起来、凝聚起来，心往一处想，劲往一处使。

（本节内容为2022年中共黑龙江省委讲师团网络宣讲，原文题目为"习近平总书记关于'三农'工作重要论述解读"，作者：刘畅。）

第二节　全面把握"三农"发展的主要任务

"十三五"时期是全面建成小康社会的决胜阶段。"三农"是全面建成小康社会的短板，如期实现全面建成小康社会目标，首先要补上"三农"短板。根据党的十八届五中全会精神和当前"三农"发展形势，"十三五"时期，我国"三农"发展的主要任务是：实现农民收入翻番目标，缩小与城市居民收入差距；创新农业经营方式，大力推进农业现代化；推动城乡协调发展，提高新农村建设水平。

一、农民问题：重点是促进农民收入持续较快增长，缩小城乡收入差距

全面建成小康社会，两个最重要的数量指标是到 2020 年城乡居民人均收入比 2010 年翻一番；同时，进一步缩小城乡居民收入差距。

实现城乡居民收入十年翻一番的目标，年均增长速度需在 7.2% 以上。在过去的 2011—2014 年，城镇居民人均可支配收入年均增长 7.9%，2015 年增长 6.6%，"十三五"期间至少应达到 6.7%。在经济下行压力下，实现这样的增长速度难度较大。对于农民人均纯收入翻一番的目标，从"十二五"时期的实际增长情况来看，应该是容易达到的。2011—2014 年农民人均纯收入年均增长 10.1%，2015 年增长 6.9%，在"十三五"期间达到 4.9% 即可实现翻番目标。如按照农民收入增长和经济增长同步的要求，农民收入年均增速应在 6.5% 以上。因为我国国内生产总值"十二五"时期年均增速为 7.8%，"十三五"时期需达到 6.5% 方可实现"翻一番"目标。如果城镇居民收入能够如期实现"翻一番"目标，为逐步缩小城乡居民收入差距，农民收入则应该增长更快一些，至少需达到 6.7% 以上。由此可见，农民收入在"十三五"时期实现"翻一番"目标相对容易，但要与经济增长同步，进一步缩小城乡居民收入差距，则具有很大难度。特别是在目前国际大宗农产品价格低迷、国内库存积压严重的情况下，持续较快增加农民收入难度更大。

习近平总书记强调，小康不小康，关键看老乡。他还指出，检验农村工作成效的一个重要尺度，就是看农民的钱袋子鼓起来没有。全面建成小康社会，重点和难点在于持续较快地增加农民收入，缩小城乡居民收入差距。从当前实际情况和今后一个时期的发展趋势来看，以下几个问题值得特别关注。

一是农民收入增长机制有别于城镇居民工资性收入的正常刚性增长，不会一直增加。受农产品价格下跌、自然灾害等因素影响，农民收入会出现下降。2015 年，因国家临时玉米存储收购价格下调 0.11 元/斤，黑龙江省玉

米种植户户均减收 3 300 元左右，人均将减少收入 1 100 元左右。因此，完善农民收入增长的支持政策体系，建立农民持续较快增收的长效机制，是解决这一问题的关键。特别是对于农产品主产区，更应高度关注农民经营性收入增长问题。

二是近年来城乡居民收入相对数差距在逐渐缩小的同时，绝对数差距还在不断扩大。从 2010 年开始，农民收入增长速度超过城镇居民，城乡收入相对数差距逐年缩小，特别是 2014 年首次降至 3 倍（2.92∶1）以下，而此前已连续 12 年在 3 倍以上。但是，现在的相对数差距 2.9∶1 还是很大，远远高于发达国家 1.5∶1 的水平。更主要的问题是城乡居民收入的绝对数差距一直在不断扩大。2010 年城乡居民收入相对数差距为 3.23∶1 时，绝对数差距为 13 190 元，这个差距是农民人均纯收入的 2.23 倍；2015 年相对数差距缩小到 2.9∶1 时，绝对数差距扩大到了 20 423 元，比 2010 年又增加了 7 233 元，增长了 54.8％。到 2020 年，如果城乡居民收入同时翻一番的话，二者相对数差距还是 3.3∶1，但绝对数差距将再扩大 1 倍。按 2010 年价格计算，将由 13 190 元增加到 26 380 元。即便"十三五"时期继续保持近年来城乡居民收入相对数差距不断缩小的趋势，二者的绝对数差距也会继续扩大。只有城乡居民收入相对数差距缩小到 2∶1 以下时，绝对数差距才会减小。

三是农村还存在 5 575 万贫困人口，实现农村贫困人口全部脱贫是"十三五"时期全面建成小康社会的最大短板和最艰巨任务。从黑龙江省情况来看，在现行标准下，有 28 个贫困县、211 万农村贫困人口。打赢脱贫攻坚战，要多管齐下，采取综合举措，精准施策，但关键是建立长效机制助农增收。

基于以上分析，"十三五时期"在促进城乡居民收入翻番过程中，要加快农民收入增长速度；在加快农民收入增长的基础上，要积极缩小城乡居民收入差距；在缩小城乡居民收入相对数差距的同时，要努力降低城乡居民收入绝对数差距扩大的程度。

在具体政策建议上：一要扩大农业合作化、组织化、规模化经营程度，通过降本增效、优质优价等方式增加农民经营性收入。二要促进农民充分就业，增加农民工资性收入。一方面，进一步推进农村富余劳动力转移就业，加快农村转移人口市民化进程；另一方面，对于农村务农人员，帮助其充分利用剩余劳动时间，特别是在北方农产品主产区较长农闲时期，创造更多的就地或就近就业机会。三要推进农村土地制度、宅基地制度、集体产权制度改革，增加农民财产性收入。四要加大农业补贴力度，完善农村社会保障制度，增加农民转移性收入。五要加快发展政策性农业保险，积极探索实施农产品目标价格补贴，防范、减轻自然灾害和市场风险对农民收入的不利影响。六要根据农村贫困原因，对症下药，精准扶贫，实现农村贫困人口全面脱贫。

二、农业问题：重点是促进土地规模流转，大力推进农业现代化

农业是全面建成小康社会、实现现代化的基础。"十三五"时期农业发展的主要目标和任务是大力推进农业现代化。

实现农业现代化，必须突破规模狭小、经营分散的小农经济的限制，培育新型农业经营主体，发展适度规模经营。在农村家庭承包经营体制下，土地流转是农业适度规模经营的基本途径。在各地农地流转实践中，存在农户之间的分散流转、新型农业经营主体与承包农户之间的规模流转等多种模式。但是，不同经营主体参与农地流转具有不同特点，具有不同的绩效水平和适应性，具有不同的制约因素和发展趋势。

对比分析，农户之间的土地分散流转有助于通过劳动力转移和经营规模扩大增加流转双方的收入。但是，这种分散流转模式对于粮食增产和提高农业现代化水平作用较小。新型农业经营主体与承包农户之间的规模流转能够增加农民收入，有助于通过经营主体组织化和经营规模适度化提高农业生产的机械化与科技化水平，通过提高粮食单产水平和增加粮食总产量有助于更好地保障国家粮食安全。因此，新型经营主体与承包农户之间的规模流转是更有效率的模式。在新型农业经营主体中，农民合作社作为农民自愿联合组成的群众性经济组织，相对于个体的家庭农场和非农民所有的企业而言，更符合现代农业发展的需要，具有更好的发展趋势和前景。

但是，在实践中，与普通农户之间的分散农地流转相比，新型农业经营主体流转土地实行规模经营却面临一些特殊困难。一是土地流转期限短且不稳定；土地规模流转价格高于农户间的分散流转价格，并逐年上涨。二是生产经营资金缺口大且贷款难。家庭农场、农民专业合作社等新型农业经营主体除需要购买各种生产资料外，还需要建设晾晒、烘干、仓储、保鲜、冷冻等设施并购置更多农机设备，因而生产经营资金需求量比普通农户大得多，但由于缺乏抵押物或者抵押物不符合要求，难以从银行获得足够贷款，导致资金缺口大。三是经营风险相对集中且受灾后损失大、恢复难。新型农业经营主体由于经营规模大，生产经营投入多，面临的市场风险和自然风险更加

集中，如果农产品价格下降幅度较大或遭受自然灾害，经济损失更大，恢复生产更加困难。特别是新型规模经营主体经营的耕地多是流转普通农户的承包地，在成本支出上要比普通农户多一项高额的转包费，单位面积耕地的经营收益相对较低。为有效解决新型农业经营主体在土地流转和适度规模经营中的特殊困境，加快推进农业现代化，提出以下政策建议。

（一）建立激励农地规模流转与经营的专项补贴政策

对于专业种植大户、家庭农场和生产经营型农民专业合作社，在转入耕地达到一定规模和年限时，可给予专项农业规模经营补贴。建议在实际经营规模达到本省户均承包地面积 10 倍以上，转入土地年限较长，经营稳定的，可按照粮食直接补贴标准的一定比例给予专项补贴。这样，既能激励经营能力强的农民和农民合作社转入小农户的土地，形成新型规模经营主体，又能对土地实际经营者给予有力支持。

（二）建立鼓励长期全部转出农地的专项补偿政策

农地流转取决于流转双方农户的意愿和行为，但关键在于转出方。对于长期全部转出承包地的农户，建议国家给予一定标准的专项财政补偿。这样，有利于承包土地规模较小的农户和可外出务工的农户提高土地流转积极性。同时，鼓励由于各种原因已不再实际经营承包地的农户自愿放弃土地承包权，交回村集体。对于这样的农户，可给予更高额度的专项财政补偿，并由村集体帮助其获得合理的转包费。

（三）完善促进农地规模流转的信贷政策

建立在土地流转基础上的新型规模经营主体，资金需求量更大，融资更难。为促进农地流转，针对农业规模经营主体的融资困境和障碍，政府应强化政策支持，并鼓励和支持涉农金融机构创新、优化农村金融服务。一要解决新型规模经营主体有效抵押物不足问题，为其提供贷款担保；二要增加贷款额度，满足其必要的资金需求；三要根据贷款用途，确定不同的贷款期限，特别要延长固定资产贷款期限；四要给予利率优惠。

（四）完善促进农地规模流转的保险政策

现代农业保险是一种适应农业产业化发展的风险管理机制，对促进和保障农地有序健康流转具有积极作用。根据粮食主产区县级财政资金普遍紧张的实际情况，建议提高中央、省级财政对粮食主产区政策性农业保险保费的补贴比例，取消县级财政补贴。整合使用涉农资金，对达到一定规模和条件的农民专业合作社、家庭农场等新型农业经营主体给予专项农业保险保费补贴。同时，进一步增加特色农业保险品种，尽快实施价格指数保险，以切实提高农业保险保障水平。

（五）实施促进农地规模流转的农机购置补贴优先政策

农机购置补贴应注重突出重点，向优势农产品主产区、关键薄弱环节倾斜，提高农机化发展的质量和水平，对于规模经营农户和农民专业合作社，在申请农机购置补贴时给予优先安排。

（六）实施促进农地规模流转的用地和项目扶持政策

一方面，对于通过规模流转土地建立的种植业大户、家庭农场、农民专业合作社等新型规模经营主体建设生产设施和附属设施用地，在政策和指标上应积极支持，按农用地管理；另一方面，对于农村土地整理、农业综合开发、农田水利建设、农技推广等涉农项目，应积极委托具备条件的规模经营主体承担。

此外，应进一步健全土地承包经营权流转的市场体系，完善农村土地承包经营权流转管理，强化农村土地承包经营权流转服务。在配套措施上，应创造更多的非农就业机会，推进农村富余劳动力转移；加强农村职业教育与农民培训，提高农民经营能力和转移就业能力；加强法治建设，引导土地流转规范化、有序化；完善农村社会保障制度，减轻农民对土地的生存依赖；健全农业社会化服务体系，增强土地经营主体的经营能力；强化土地整治管理，实现土地流转与耕地保护有效对接。

三、农村问题：重点是推动城乡协调发展，提高新农村建设水平

党的十六届五中全会提出建设社会主义新农村是我国现代化进程中的重大历史任务后的十多年来，随着农民收入的快速增长和农业现代化的不断推进，新农村建设取得明显成效。全面建成小康社会，基础和关键在农村，没有农村和农民的全面小康就没有全国人民的全面小康。为此，"十三五"时期，必须从根本上改变农村落后面貌，进一步提高新农村建设水平。

加快新农村建设，在内容上应包括经济建设、政治建设、文化建设、社会建设和生态文明建设，进行"五位一体"的综合建设和全面发展。提高新农村建设水平，一方面要充分发挥农民的主体作用，依靠农民自身的积极性和创造性推动现代农业和农村经济加快发展，激发农村内部发展动力；另一方面要更好地发挥政府的主导作用，依靠政府的制度安排和政策调整推动城乡协调发展，以工促农，以城带乡，实现工农互惠、城乡一体。

在农村内部，提高新农村建设水平应从培育新型农民、发展现代农业、建设发达农村三个方面入手。培育新型农民，就是要不断提高农民的科学意

识和技术水平，提高农民的经营管理和营销能力，提高农民的规模化和组织化程度，最重要的是提高农民收入水平和生活水平，实现农民充分就业。发展现代农业，就是要不断提高农业科技创新能力和科技进步贡献率，提高现代物质条件装备水平和农业机械化程度，提高农业生产效率和市场竞争力，最重要的是增强农产品安全保障水平，促进农业可持续发展。建设发达农村，要发展农村经济，提高农村生产力发展水平；要加强农村民主管理，提高乡村治理体系和治理能力现代化水平；要维护农村社会稳定，提高农村社会和谐程度；要繁荣农村文化，提高乡风文明程度；要建设美丽乡村，提高农村宜居程度。

加快建设新农村，提高新农村建设水平，只在农村内部依靠农民努力和农业自身积累是不够的，因为我国农村的落后在很大程度上是城乡二元结构造成的。新中国成立后，在当时国际特殊环境和国内不利条件下，实施了重工轻农、重城轻乡的倾斜性发展战略和体制政策。长期以来，城乡关系不协调、发展不平衡，既制约了农村发展，又反过来影响了全国整体发展的健康性。因此，要彻底改变农村落后状态，提高新农村建设水平，必须从根本上改变城乡二元结构，推进城乡协调发展。通过城乡协调发展，形成以城带乡、以工促农的新型工农城乡关系，为农村发展和新农村建设创造外部拉动力量和条件保障。

推进城乡协调发展，一要牢固树立协调这一新的发展理念，从宏观全局上深刻认识协调是持续健康发展的内在要求，正确处理国民经济和社会发展中的重大关系，解决城乡发展不平衡问题，不断增强发展整体性。二要切实把协调发展理念落实到农村发展实践之中，用协调发展理念引领农村发展行动。总的要求是，要从战略思想和总体发展思路上把农村经济和社会发展纳入国民经济和社会发展全局之中，与城市发展统筹谋划、综合考虑，改变过去工农分割、城乡分治的管理体制，突破就农业论农业、就农村论农村的传统框架，在推动工农、城乡良性互动中充分发挥以工促农、以城带乡的作用，最终实现城乡一体化目标。

在基本思路上，一要加强制度创新，完善城乡协调发展体制机制。推进城乡协调发展，必须从制度上破除城乡分割的二元社会经济体制，重点从国民收入分配、财政金融、户籍、土地、劳动就业、社会保障等方面进行制度创新和政策调整，并建立完善相应的财政投入机制、资源优化配置机制、宏观协调机制及立法保障机制。二要促进城乡公共资源均衡配置，实现城乡基本公共服务均等化。实现城乡基本公共服务均等化是实现城乡协调发展的基本保障，重点是合理调整国民收入分配结构和财政支出结构，统筹规划城乡基础设施建设和教育、文化、卫生医疗、社会保险等社会事业发展，加大向农村的财政倾斜和投入力度。三要保障农民生产要素权益，推进城乡要素平等交换。保障农民在劳动要素交换上获得平等权益，重点是要改革城乡不平等的就业和劳动报酬制度，实现农民工与城镇职工的同工同酬；保障农民在土地要素交换上获得平等权益，重点是要建立城乡统一的建设用地市场，允许农村集体经营性建设用地出让、租赁、入股，实行与国有土地同等入市、同权同价，提高农民在土地增值收益中的分配比例；保障农民在资金要素交换上获得平等权益，重点是要完善农村金融服务渠道和体系，使金融机构从农村吸收的存款主要用于农业农村发展。同时，应制定支持政策，鼓励、引导城市资金、技术、人才、项目等向农村流动。

（本节内容摘要刊发于《决策建议》2016 年第 9 期，原文题目为"关于'十三五'时期黑龙江省'三农'问题的思考与建议"，作者：郭翔宇。）

第三节　解决"三农"问题的根本途径

党的十八大在科学设计和部署全面建成小康社会宏伟目标和艰巨任务过程中，高度重视"三农"问题，在强调把解决好农业农村农民问题作为全党工作重中之重的基础上，首次提出城乡一体化是解决"三农"问题的根本途径。

改革开放以来，党和国家越来越重视农业、农村、农民问题，因为"三农"问题关系党和国家事业发展全局。全党已经深刻认识到，农业是安天下、稳民心的战略产业，没有农业现代化就没有国家现代化，没有农村繁荣稳定就没有全国繁荣稳定，没有农民全面小康就没有全国人民全面小康。30多年农村改革发展的实践也充分证明，只有坚持把解决好农业、农村、农民问题作为全党工作重中之重，才能不断解放和发展农村社会生产力，推动农村经济社会全面发展。

一、推进城乡发展一体化

解决"三农"问题的根本途径是推进城乡发展一体化。我国的"三农"问题，基础是农业问题，主要表现为农业基础薄弱，农业生产力水平相对低下；关键是农村问题，主要表现为农村经济社会事业发展滞后，尤其是教育、医疗和社会保障事业落后；核心是农民问题，主要表现为农民收入水平偏低，且增长相对缓慢，城乡居民收入差距较大。"三农"问题的形成和存在，是多方面原因造成的，其历史根源在于过去长期实行的城乡分割、工农分治的城乡"二元"结构和体制，在于重工轻农、重城轻乡的倾斜性、偏向性发展战略和政策。

因此，从根本上解决"三农"问题，必须改变城乡二元结构，推进城乡发展一体化。推进城乡发展一体化，必须加快完善体制机制，促进城乡要素平等交换和公共资源均衡配置，形成以工促农、以城带乡、工农互惠、城乡一体的新型工农、城乡关系，实现工业与农业、城市与农村发展的良性互动。在指导思想与政策理念上，要改变就农业论农业、就农村论农村的做法，要站在国民经济和社会发展全局的宏观高度，把农业和农村发展纳入整个国民经济与社会发展全局之中与城市发展进行统一规划，综合考虑，改变重工轻农的城市偏向，实现城乡协调发展，促进城乡共同繁荣。

二、加大统筹城乡发展力度

推进城乡发展一体化的关键是加大统筹城乡发展力度。城乡发展一体化，作为城乡协调发展的一个过程，是解决"三农"问题的根本途径；同时，城乡发展一体化也是一种状态和目标，实现这种新状态和目标，关键要靠统筹城乡发展来推动。统筹城乡发展，作为一种战略指导思想和总体发展思路，是国家的政策倾向和政府调控手段，其作用结果是通过推动城乡经济社会协调发展，最终实现城乡发展一体化。

加大统筹城乡发展力度：一要统筹城乡规划，合理安排城镇建设、农田保护、产业聚集、村落分布、生态涵养等空间布局；二要统筹城乡产业发展，调整优化农村产业结构，大力发展农村非农产业，引导城市资金、技术、人才、管理等生产要素向农村流动；三要统筹城乡基础设施建设和公共服务，全面提高财政保障农村公共事业水平，逐步建立城乡统一的公共服务制度；四要统筹城乡劳动就业，从战略高度重视农民就业问题，把实现农民充分就业作为整个就业工作的重要组成部分，统一纳入到政府宏观调控与管理的基本目标体系，逐步实现城乡劳动力市场一体化；五要统筹城乡社会管理，推进户籍制度改革，放宽中小城市落户条件，使在城镇稳定就业和居住的农民有序转变为城镇居民；六要统筹城乡政府投入，进一步调整国民收入分配结构和财政支出结构，加大对农业和农村的支持保护力度。

三、加大强农惠农富农政策力度

统筹城乡发展，在政策上，重点是要加大强农惠农富农政策力度，让广大农民平等参与现代化进程,共同分享现代化成果。

加大强农政策力度,就是要强化农业基础,目标是加快发展现代农业,增强农业综合生产能力,确保国家粮食安全和重要农产品有效供给。黑龙江省要坚持走特色农业现代化道路,积极发展现代化大农业。在生产经营上,实行"大规模",实现"大产出";在经营主体上,依靠"大组织",进行"大合作";在生产手段上,采用"大科技",使用"大农机";在支撑条件上,建立"大市场",开展"大服务";在环境上,兴建"大水利",利用"大生态";在理念上,发展"大产业",实现"大功能";在目标上,追求"大效益",做出"大贡献"。

加大惠农政策力度,就是要惠及农村发展,重点是加强农村基础设施建设和社会事业发展,深入推进新农村建设,全面改善农村生产生活条件。建设新农村,发展经济是基础,必须坚持以经济建设为中心。只有不断解放和发展农村生产力,促进农村经济繁荣,才能为新农村建设奠定坚实的物质基础。但是,农村发展中最薄弱的环节和农民最迫切需要解决的问题是农村基础设施建设和社会事业发展滞后,农村公共服务严重不足。因此,政府必须扩大公共财政覆盖农村范围,从多方面加强农村公共服务,增加对农村教育、医疗、社会保障等社会事业和农村基础设施的投入。

加大富农政策力度,就是要富裕农民生活,核心是促进农民增收,保持农民收入持续较快增长。党的十八大提出,到2020年,实现城乡居民人均收入比2010年翻一番。黑龙江省作为农业大省,在实现城乡居民收入"翻番"过程中应加快农民收入增长速度,努力提前实现农民人均收入"翻番"目标,否则无法缩小城乡居民收入差距。因为,如果城乡居民人均收入以相同速度增长,即均在2020年实现"翻番"的话,城乡居民人均收入的相对数差距则仍将保持目前的较高水平而不会缩小,严重的是城乡居民人均收入的绝对数差距也将随之扩大一倍。

(本节内容发表于《黑龙江日报》2013年1月17日,原文题目为"城乡一体化是解决三农问题的根本途径",作者:郭翔宇。)

第四节 推动县域经济高质量发展

一、推进县域经济高质量发展的重大意义

中共黑龙江省委十二届九次全会审议通过的《中共黑龙江省委关于贯彻新发展理念 加快融入新发展格局 推进农业农村现代化实现新突破的决

定》提出，建立健全五项机制，推动城乡融合发展，其中之一就是要健全县域经济高质量发展机制。县域兴，则全省兴，"十四五"时期，深入贯彻落实好《决定》部署，是省委省政府高度重视、广大人民群众高度关切的重要工作。

一方面，推进县域经济高质量发展是坚决贯彻落实党中央决策部署的体现。2020 年 10 月 29 日，党的十九届五中全会审议通过的《中共中央关于制定国民经济和社会发展第十四个五年规划和二〇三五年远景目标的建议》中明确提出：推进以县城为重要载体的城镇化建设。2020 年 12 月 28 日，习近平总书记在中央农村工作会议上讲话指出：要把县域作为城乡融合发展的重要切入点，推进空间布局、产业发展、基础设施建设等县域统筹，把城乡关系摆布好处理好，一体设计、一并推进。从黑龙江省实际情况看，县域经济发展相对滞后。因此，《决定》作出健全县域经济高质量发展的要求，是坚决贯彻落实党中央决策部署的重要体现，是契合黑龙江省实际的战略之举，是形成黑龙江省经济社会"双轮驱动"发展格局的顶层设计。

另一方面，推进县域经济高质量发展，具有重大的现实意义。"县域"是连接城市、辐射乡村的关键点。推进县域经济高质量发展，既有助于形成黑龙江省自下而上的经济社会发展支撑体系，也有助于推动就地就近城镇化，并通过产业集聚、要素集聚和人才集聚，形成对乡村振兴的辐射带动效应。

二、推进县域经济高质量发展的着力点

找准着力点，持续发力，科学施策，是贯彻落实好《决定》部署、推进黑龙江省县域经济高质量发展的关键。要牢牢扭住产业这一推进黑龙江省县域经济高质量发展的核心。产业发展是推进县域经济高质量发展的核心，只有做大做强县域产业，打造县域产业生态系统，才能持续推进县域经济高质量发展，增强对乡村振兴的辐射带动作用。

（一）突出产业核心地位，大力培育立县主导产业

县域产业发展对于推动县域经济高质量发展和辐射带动乡村振兴至关重要。按照《决定》部署，要突出质量导向，加快培育主导产业。每个县（市）至少培育 1～2 个优势突出、特色相明、竞争力强的立县主导产业。

（二）坚持分层分类施策，加强市场主体培育

深入实施民营企业梯度成长培育计划和小微企业成长工程，分层次推进个转企、小升规、规改股、股上市，培育一批龙头企业和创新型企业。

（三）着力延伸产业链，完善县域产业体系

围绕"五头五尾""百千万工程""百大项目"，立足补链、强链、延链、编制投资清单和产业招商图谱，加大招商力度，做优存量、扩大增量，推进县域产业集群化、全链条发展。

（本节前两部分内容为智库专家宋志彬对中共黑龙江省委十二届九次全会精神的宣讲报告，2021 年 12 月 22 日"学习强国"黑龙江学习平台发布，原标题为"加快推进县域经济高质量发展"。）

三、推动县域经济高质量发展的对策建议

县域经济在全省经济发展中具有重要的基础性、支撑性地位和作用，没有县域经济的高质量发展，就没有全省经济的高质量发展。当前，黑龙江省县域经济发展相对滞后，存在着经济总量不大、产业结构不优、发展质量不高、主导产业不强、民营经济偏弱等问题。深入贯彻落实省第十三次党代会精神，要切实增强责任感、使命感和紧迫感，将推动县域经济高质量发展作为一个重要的攻坚着力点，科学谋划、持续推进县域经济高质量发展。

（一）着力做强农村集体经济，筑牢县域经济高质量发展重要基础

农村集体经济发展，对于县域经济高质量发展具有极其重要的支撑作用。当前，黑龙江省农村集体经济发展滞后，经济积累十分薄弱、各类资源要素开发利用严重不足等问题十分突出。着力推动农村集体经济发展，一要破解农村集体经济发展的人才短板。建议相关部门进一步加强顶层设计和顶格推动，全面构建农村集体经济人才建设，制定专门工作方案，加大乡村本土人才培养使用、城市各类人才下乡工作力度，针对不同类型人才分类制定更加明确、更具激励性的支持政策，特别是将城市人才下乡与职级提拔、职称评聘联系起来，持续促进各类人才带资金、带项目、带知识下乡。二要加强典型培育和示范。建议相关部门从脱贫村、特色资源村、生态村、城郊村、边境村等不同类型村中，选取一定数量行政村开展试点建设工作，探索农村集体经济分类施策有效做法，建设一批典型村，形成示范带动效应，总结不同类型村集体经济发展经验。三要加强农村基层党组织建设。农村集体经济要发展，必须扭住党建不放松。建议相关部门将农村基层党组织建设作为一项重大战略课题开展深入研究，围绕选人用人思路和工作体制机制创新发力，重点解决村党组织带头人选人范围小、"矬子里拔大个"、谋划发展能力弱、干事创业动力不强的突出问题，推动事业选人导向转化为具体可操作的政策举措。

（二）着力促进农业提质增效，释放县域经济高质量发展优势潜力

黑龙江省是农业大省，半数以上的县（市）以农业生产为主，深入落实农业振兴计划，促进农业高质高效，是县域经济高质量发展的关键。一要强化新型农业基础设施建设，提升农业振兴硬件支撑。近日，中央财经委员会第十一次会议立足统筹发展与安全，提出全面加强基础设施建设，中办、国办印发的《乡村建设行动实施方案》也对加强农业农村基础设施建设作出了部署。建议相关部门积极争取中央政策支持，谋划实施一批农业防汛抗旱、仓储保鲜、冷链物流和数字技术基础设施建设工程，促进黑龙江省农业基础设施提质扩面。二要提高科技供给质量和水平，打造农业现代化最大增量。建议相关部门围绕农业振兴、产业振兴和生态振兴计划，聚焦种业振兴、黑土地保护、农产品加工转化、农机装备制造和农业绿色发展，实施农业科技重大创新专项行动，对接产业发展需求，制定农业科技创新任务清单，积极构建以市场为导向的农业科技创新机制和以价值为导向的成果转化机制，全面提升农业科技创新和转化效率。三要大力发展农产品加工业，提高产业链层级。建议相关部门加强对县域农产品加工业发展的通盘谋划，支持资源禀赋相近县、互补县开展多种形式的产业合作，探索资源整合、品牌联合的有效机制与路径，打造县域经济发展联合体，避免产业同质化和品牌小散弱问题。将农业副产品的深度开发作为产业链延伸的重要方向和内容，通过政策引导、企业培育，积极推动秸秆、畜禽毛皮等农业副产品向环保餐具、服装、文化艺术品等的加工转化。

（三）着力发展新产业新业态，培育县域经济高质量发展新动能

黑龙江省第十三次党代会提出，要坚定不移打好转方式调结构攻坚战翻身仗，加快构建现代产业体系。推动县域经济高质量发展，要进一步解放思想，创新思路，推动产业多元化发展。一要建设城乡餐饮食材供应链平台。支持农民合作社、农村集体经济组织、农业企业等各类主体，围绕打造全国最大的绿色粮仓、绿色厨房和践行大食物观先行地，积极探索"生产基地＋中央厨房＋冷链运输""生产基地＋城市商超＋冷链运输""生产基地＋餐饮企业＋冷链运输"等具体实践路径和模式，循序渐进促进县域优质特色农产品走向城市、走向全国。二要积极促进出口导向型轻工业发展。建议相关部门结合构筑我国向北开放新高地战略部署，积极谋划黑龙江省出口导向型轻工业发展思路方案，打好战略机遇牌、区域优势牌、政策感召牌，重点依托沿边开放开发合作区、资源型地区转型发展区，积极争取经济发达省份和地区轻工产业向黑龙江省转移落户。三要加快推动文旅产业提档升级。进一步

加强全省旅游业发展顶层设计，加强资源整合与时空衔接，打造黑龙江精品旅游线路，借助国内主流媒体、互联网头部企业，持续开展全方位、立体式宣传推介活动。推动文旅产业融合发展，加大政策支持力度，畅通线上、线下销售渠道，推动赫哲族鱼皮画、海伦剪纸、望奎皮影等极具特色的民俗文化产业化发展，依托冰雪旅游，加快冰雪装备、冰雪文化艺术产品开发。

（四）着力推动政策举措创新，增强县域经济高质量发展内生动力

推动县域经济高质量发展，不能"推着走、扶着走、牵着走"，要千方百计激活县域内各类主体和要素，不断增强县域经济高质量发展的内生动力和自主能力。一要加大县、乡（镇）干部队伍建设力度。建议进一步细化实化精准选人用人导向的具体实施办法，统筹优化干部队伍年龄结构、专业结构、能力结构，扩大选人用人范围，加大向县域选派懂经济、敢担当、善作为干部的工作力度，加大从县域发现和提拔优秀干部力度，让在县域干事创业成为培养干部的重要舞台和发现干部的重要途径。二要进一步优化考核评价机制。黑龙江省县域经济考核评价采取"一图一表一评价"擂台赛机制，该机制更突出对发展速度和经济总量的定量评价，但黑龙江省县域经济发展中一些基础性问题仍较为突出，尚未进入竞相争先阶段。因此，建议在现有评价机制基础上融入定性考核，重点突出是否严格落实省委决策部署、产业发展是否具有可持续性、基础性工作是否扎实。三要大力支持创新创业。创新创业是壮大市场主体、优化产业结构、推动产品创新的重要途径。建议相关部门按照"既要招大商，更要育小商，既要做优存量，更要做大增量"的思路原则，整合现行各类创新创业扶持政策，积极谋划制定全省统一、力度空前的创新创业扶持政策，建立全省县域数字招商育商平台，面向全社会放出黑龙江创新创业的大招、真招。

（本部分内容刊发于《智库专报》2022年第23期，原文标题为"关于推动黑龙江省县域经济高质量发展的对策建议"，作者：宋志彬。）

国外农业农村发展及其启示

第一节　国外农业经营主体发展

一、俄罗斯农业经营主体变迁及启示

1991 年，俄罗斯通过以私有化为中心的农业改革，建立了新型农业生产经营组织。俄罗斯的农业生产经营主体主要有三类：一是农业企业，即少部分保持原有法律地位的集体农庄和国营农场、新组建的股份公司、合伙公司和农业生产合作社；二是居民经济，即公民个人副业经济、集体果园和个人菜园；三是农户（农场）经济，即农民以私有土地组建的家庭农场。

（一）俄罗斯农业生产经营主体的变迁

1. 农业企业的生产地位大大下降

在 1989 年激进改革开始之前，俄联邦有 1.29 万家国有企业，其中国营农场、合作企业和集体农庄共 1.25 万家。在这些国有企业中，国营农场农业用地为 1.19 亿公顷，播种面积为 0.615 亿公顷，生产的农产品价值为 488 亿卢布，工作人员为 560 万人；集体农庄农业用地 0.854 亿公顷，播种面积为 0.523 亿公顷，生产的农产品价值为 334 亿卢布，工作人员为 400 万人。由此可见，国营农场单位播种面积的经济产出最高。除此之外，所有农业企业的种植业和畜牧业产量的比例是 1∶1.6（国营农场 1∶2），1989 年农业企业的产值占农业总产值比重为 77.6%，居民经济比重为 22.4%。

1992 年，经过新一轮激烈的改革，集体农庄和国营农场被强制重新注册，至 1992 年 10 月 1 日，重新注册的农业企业为 1.06 万家（占全部企业的 42%），其中 0.45 万家（占重新注册企业的 43%）决定维持其集体或国营农场的状态。到 2001 年，俄罗斯共计有 2.48 万大中型农业生产企业（2006 年为 1.69 万，2010 年为 0.72 万，2012 年为 0.64 万），这些农业企

业中有约 50％的农业生产合作社、约 10％的国有企业、5％的公开股份公司及约 15％的封闭股份公司和集体资产所有权的其他类型企业。

然而，俄罗斯在该阶段的农业改革导致了种植业和畜牧业的严重危机。按可比价格进行计算（以 1990 年为 100％），俄罗斯种植业产值占农业产值的比例在 1998 年、2000 年、2005 年、2010 年及 2013 年分别为 55％、61％、68％、72％及 90％俄罗斯畜产品产值占农业产值的比例在 1990 年、2000 年、2010 年及 2013 年分别为 63％、47％、54％及 47％。也就是说，直到 2010 年初，俄罗斯的农业生产水平仅为俄联邦政府 20 世纪 80 年代初的水平，农作物产量刚刚恢复到 1988 年改革前的生产水平，而畜牧业生产水平仅达到 1960 年的水平。

2. 居民经济生产地位在整个农业中呈上升趋势

与农业生产企业相对的是居民经济（居民副业经济，指宅旁园地或自留地经济），居民经济是居民在房前屋后的耕地上进行的耕种。居民经济作为一种集约化的栽培形式，虽然在大田上没有优势，但是有助于居民更有效地利用资源，因此在俄罗斯整个农业生产中的地位呈上升趋势。在 1970—1985 年，俄罗斯公民个人占有农业用地（包括耕地、草场、牧场、多年生植物种植地、休耕地）为 350 万～360 万公顷，其中 290 万～330 万公顷为个人（宅旁）辅助经济。1990 年俄罗斯公民个人占有农业用地为 390 万公顷，2012 年为 3 140 万公顷，比 1990 年增长了 7 倍。可见，居民经济的农业用地总规模呈大幅上升趋势。

居民经济中的居民个人副业经济及集体的花园和果园经济的平均规模呈现出波动上升的趋势。1990 年居民个人副业经济的平均规模为 2 000 平方米，1995 年为 3 600 平方米，2000 年为 4 000 平方米，2005 年为 4 400 平方米，2006 年为 5 100 平方米，2010 年为 3 200 平方米，2012 年为 3 300 平方米。集体的花园和果园经济的平均规模从 1990 年的 700 平方米小幅增加至 2012 年的 1 000 平方米。

居民经济的农业生产量和商品率也呈现出上升的趋势。1990 年，居民经济生产了全俄罗斯 26.3％的农产品，到 1998 年这一比例上升为 57.4％，在 2012—2013 年居民经济生产的农产品份额下降至 43.2％～41.1％。1990 年，居民个人副业经济饲养 990 万头大牲畜，1994 年数量为 1 200 万头，2003 年数量为 1 130 万头，2013 年数量为 900 万头，基本没有增长。1995 年居民经济中牛奶的商品率为 18％，畜禽的商品率为 23％，鸡蛋的商品率为 8.2％。2000 年居民经济中牛奶、畜禽和鸡蛋的商品率分别为 19.8％、

23.9％和7.6％；2012年居民经济中牛奶、畜禽和鸡蛋的商品率分别为31.8％、45.3％和16.4％。三项商品率数据均呈现逐年增长态势。

居民经济在俄罗斯农业发展中也存在一些问题，比如畜牧业的技术和卫生条件较差，农场屠宰牲畜的过程中不进行卫生检查，导致发生疾病疫情。《俄罗斯联邦人口健康状态报告》中就提出警告说，个体农场使用未处理的污染肥料，导致土壤、蔬菜、水果、肉及肉制品被污染。

3. 农户（农场）经济产值所占比重小，作用没有充分发挥

俄罗斯的农户（农场）经济是农民以私有土地组建的家庭农场，既包含家庭单独经营也包含多个家庭的联合经营。俄罗斯农户（农场）经济的数量以及农业用地规模均呈上升趋势：1990年4 400户农场的土地总面积为18.1万公顷（平均面积为41公顷），1995年28.1万户农场的总土地面积为1000万公顷（平均面积为38公顷），2000年26.17万户农场的总土地面积为1 530万公顷（平均面积为58公顷），2006年25.54万户农场的总耕地面积为2 160万公顷（平均面积为84公顷），2012年30.9万户农场的总耕地面积为2 480万公顷（平均每户80公顷）。俄罗斯大型农场数量较少，但其土地面积所占比重较大。根据俄罗斯农业普查数据，2006年拥有超过1 000公顷土地的农场有4 466家，占土地总面积的50.6％，其中拥有超过1万公顷土地的农场101家（平均5.6万公顷）。根据2011年1月1日俄罗斯农业登记数据显示，由国家和市政拥有的土地为2.643亿公顷（占土地总面积的67.2％），由公民拥有的土地为1.176亿公顷（占土地总面积的29.9％），由法人独资拥有的为1 150万公顷（占土地总面积的2.9％）。

根据俄罗斯统计局公布的农户（农场）经济的生产率数据，用每公顷收获面积的产量来评估农场和农业企业的平均收益率，可以看出，农户（农场）经济的生产率较低。尽管自1990年以来农场主的土地面积有显著增加，但农场的生产率直到2000年才实现正增长，并达到一个稳定的水平，这主要源于谷物和向日葵的生产有所增长。在过去的15年里，农场的葵花籽平均产量比农业企业低25％，粮食平均产量比农业企业低10％～20％。2012年农场的葵花籽和粮食的产量比农业企业分别低21％和19％。

从产出的农产品比重看，农场和个体企业所生产的农产品的比重虽小幅上升，但其生产农产品的总量以及产值仍然较小。1992年，农场和个体企业主生产的农产品占总产量的比例为1.1％，1995年为1.9％，2000年为3.2％，2005年为6.1％，2010年为7.2％，2012年为8.9％，2013年为10.9％。农户（农场）经济及个体企业主生产份额的增加趋势主要表现在粮食和葵花籽生产中。在 2012—2013 年，农户（农场）经济的谷物产量占谷物总产量的 22%～25%，葵花籽产量占总产量的 27%～29%，而其他农产品产量所占比重均较小，农场主生产的肉类占总产量的比重为 3%～2.9%，牛奶为 4.8%～5.4%，鸡蛋为 0.8%，蜂蜜为 4.2%～4.4%，土豆为 7.4%～8%，水果和浆果为 1.6%，葡萄为 1.8%～1.6%。

此外，俄罗斯的农场主要是带有很小部分雇用劳动力的家庭类型的农场，并不具备资本主义农场的许多重要特点，例如，劳动力成本仅占农场经济结构的 10% 左右，因此，也有人把它定义为"农民"经济。据 2006 年农业普查数据显示，1999 年 18.76 万户农场雇用了 23.58 万名员工（平均每个农场 1.3 人），平均每年一个工人的工作只有 43.9 个工作日。2006 年所有农场雇用的工人总数为 47.53 万，即平均一个工人在 3 个农场工作。

（二）俄罗斯农业经营主体变迁的经验教训对我国农业经营主体改革的启示借鉴

1. 正确的发展目标是农业生产经营主体改革的前提条件

在苏联剧变后，俄罗斯的农业发展目标是构建市场经济体制，推行私有化改革，包括改革农业土地所有制与改组农业生产经营组织。在 20 世纪 90 年代初期，俄罗斯把大力发展农户（农场）经济作为推动农业改革的重大战略措施，对集体农庄和国营农场进行改组，组建了大量的家庭农场。改革中，俄罗斯照搬西方国家发展家庭农场的做法，将培育发展农户（农场）经济作为农业改革的重要目标，与当时俄罗斯的国情、农业生产实际并不相符，难以取得预想中的效果。因为，不同于 20 世纪 80 年代初期开展家庭联产承包责任制改革的中国，农民对土地承包到户充满热情，俄罗斯当时实施的自上而下的农业改革并不具备坚实的民意基础。相反，习惯于从事大农业生产的某个链条、某个岗位的俄罗斯农民，并不愿从集体农庄和国营农场分出来单干。客观条件也不具备改革的基础，由于集体原有的大型农机具不宜分割，单独分出来成立家庭农场的农户，重新购买农机具成本高昂，而国家财政困难，无力对家庭农场进行经济扶持，加之农业社会化服务体系尚未建立，使得新兴的家庭农场主生产经营很快陷入困境，而且不断恶化，俄罗斯农业也随之陷入近十年的衰退期。由此可见，作为实行私有化改革发展目标的农业生产经营组织的改组在俄罗斯并不成功。

党的十八大报告提出了培育新型农业生产经营主体的战略目标和任务，即"培育新型经营主体，发展多种形式规模经营，构建集约化、专业化、组织化、社会化相结合的新型农业经营体系"。2013 年中央 1 号文件对创新农业生产经营体制，健全农业社会化服务体系，进一步解放和发展农村生产力作了深入部署，"家庭农场"概念作为新型农业经营主体首次出现在中央 1号文件中。2014 年中央 1 号文件《关于全面深化农村改革　加快推进农业现代化的若干意见》，要求"坚持家庭经营为基础与多种经营形式共同发展，要以解决好地怎么种为导向加快构建新型农业经营体系，努力走出一条生产技术先进、经营规模适度、市场竞争力强、生态环境可持续的中国特色新型农业现代化道路。"

与俄罗斯在改革初期大力发展农户（农场）经济受挫、普京执政后转向重点支持发展农工商一体化大型农业企业的历程不同，我国在扶持发展新型农业经营主体的目标选择上始终持稳步推进的态度，将专业大户、家庭农场、新型农民合作组织和龙头企业作为培育新型农业经营主体的重点。特别支持发展专业合作、股份合作等多种形式的农民合作社，以此作为实现规模经营的主要途径。在发展过程中，既注意避免地方政府为了追求政绩，一哄而上组织专业大户开办家庭农场，同时也防止农业企业直接进入农业生产，对家庭经营产生冲击。各地应因地制宜制定家庭农场认定标准，支持有条件的农户自愿登记组建家庭农场，给予更大力度的政策支持，发挥专业大户、家庭农场在经营管理上的效率优势。推动龙头企业与合作社、家庭农场、专业大户形成利益联结关系，鼓励发展混合所有制农业产业化龙头企业，主要承担社会化服务功能，不与民争利。

2. 土地产权明晰是农业生产经营主体改革的基础

农民以地为天，土地所有权关系的明晰与稳定是提高农业劳动生产率的基本保证之一。1990 年之前的苏联时期，俄罗斯的土地为国家所有。1990年 11 月，俄罗斯通过了《农户市场法》和《土地改革法》，明确公民个人有权拥有私有土地。1991 年 4 月颁布新的《土地法典》，接着又发布《关于俄罗斯联邦实施土地改革的紧急措施》等系列总统令，以行政手段强力推进农地私有化改革。此后十年间，由于总统和国家杜马的意见分歧，导致法律建设不配套，农村土地自由买卖流通不能通过国家杜马立法，严重滞后了农地私有化改革进程。普京就任总统后，大力推动解决俄罗斯农业土地的合法流转问题，农地改革进入新的阶段。2001 年，通过了《俄罗斯联邦土地法典》，这部法典以法律的形式明确了农业土地的私有化。2002 年，又通过《农用土地流通法》，允许农用土地买卖。2005 年 7 月，俄罗斯对《农用土地流通法》和《土地规划法》进行修订，进一步简化了农用地权的办理、使用、占有和处分的程序。

纵观俄罗斯农业改革过程，在 20 世纪 90 年代历经波折，耗时十几年制定、修改形成一整套土地法律法规，其土地制度改革废除了原来的土地单一国有制（国营农场和集体农庄都是国有土地的租赁者），建立了私有和合作所有为主、多种土地所有制形式并存的土地所有制关系，彻底解决了苏联时期土地所有权与经营权分离的致命缺陷，私有化后，俄罗斯农民经营土地的积极性大大提高。

在我国，土地流转问题同样是制约新型农业生产经营主体发展的瓶颈问题。俄罗斯发展家庭农场的失败教训，启示我们培育新型生产经营主体不能单纯依靠增加经营规模，人为制造种粮大户、家庭农场这样强制推动的激进式改革，不利于新型农业生产经营主体自我完善和自我发展。笔者 2014 年 8 月在黑龙江省绥棱县、海伦市等地调研新型生产经营主体时发现，基层政府在加快土地流转、促进土地规模化经营方面，已经出现过于求大求快的苗头。农民流转土地的费用越来越高，每公顷水田一年的流转费用从 4 000～5 000 元已经涨到 6 000～7 000 元，农民不愿意签订长期流转合同，一般不超过三年。土地经营期限的不确定性，以及土地成本的上涨，增加家庭农场、专业大户的经营风险，挤占了土地规模经营的利润空间，加重了经营者对土地的掠夺性经营，一定程度上违背了政府扶持发展新型经营主体、发展现代农业的初衷。

党的十八届三中全会做出的《中共中央关于全面深化改革若干重大问题的决定》提出："赋予农民对承包地占有、使用、收益、流转及承包经营权抵押、担保权能，允许农民以承包经营权入股发展产业化经营。鼓励承包经营权在公开市场上向专业大户、家庭农场、农民合作社、农业企业流转，发展多种形式规模经营。"这是我国农地制度改革的一次重大突破。与此配套，2014 年中央 1 号文件提出："在落实农村土地集体所有权的基础上，稳定农户承包权、放活土地经营权，允许承包土地的经营权向金融机构抵押融资。"加快完成农村土地承包经营权确权登记颁证工作，落实承包经营权抵押、担保权能，可以稳定农民对土地的收入预期，促进农民向城镇二、三产业转移就业，从而加速土地合理流转，对新型农业经营主体扩大土地经营规模、提高农业劳动生产率和土地产出率具有重要意义。

3. 农业支持政策是农业生产经营主体发展的保障

俄罗斯的农户（农场）经济的衰落与当时国家经济和财政陷入困难、联邦政府或地区政府均无力提供资金援助和支持密切相关。同样，俄罗斯农业从 2002 年起连续保证正增长，是农业改革政策合理调整的直接结果，也体现了俄罗斯加强农业国内支持政策的成效。农业支持占农业总收入比例（PSE％），常被用来反映一国对农民的支持程度。根据刘瑞涵（2010）的研究，1998—2007 年俄罗斯 PSE％的平均值为 13％，不到同期 OECD 成员平均水平（30％）的 1/2，但却是中国同期平均水平（6％）的 2 倍多。俄罗斯农业支持政策主要包括信贷与税收优惠、生产者支持、边境高保护措施等，政策重点是农业生产者支持，以价格支持和投入支持为主。

借鉴俄罗斯农业支持政策演变的经验启示，我国应不断加大对新型农业经营主体的支持政策倾斜力度。中央财政"三农"支出从 2011 年首次超过1 万亿元，此后每年的中央 1 号文件提出健全"三农"投入稳定增长长效机制、确保总量持续增加、比例稳步提高等，2014 年政府工作报告更提出"不管财力多么紧张，都要确保农业投入只增不减"。"三农"支出总量提高了，关键还要加强资金支持的精确度和效率，要确保涉农项目资金、新增补贴向专业大户、家庭农场、农民合作社等新型农业经营主体倾斜，同时加强监督金融保险、税费优惠等方面的政策落到实处。

（本部分内容发表于《学术交流》2014 年第 12 期，作者：崔宁波等。）

二、发达国家合作社发展条件对中国的启示

面对中国农民专业合作社发展初期"多而不实"的困境，需要重新开始关注合作发展所需要的条件。合作社自身性质决定了其发展之初存在一些无国别差异的重要条件。以美国、法国、荷兰等为代表的发达国家的合作社历经长期发展，在其本国农业发展中发挥了重要作用。

（一）发达国家合作社发展的条件

1. 美国

美国拥有世界上最发达的农业，其农业合作组织的发展亦属世界领先水平。美国农业部数据显示，2015 年，美国农业合作社总数为 2 047 家，社员数量为 19.2 万名，净营业额为 1 798.9 亿美元，总资产为 882.3 亿美元，雇员总量达到 18.7 万人。回顾美国农业合作社发展历程，农产品类型、市场条件与政策支持体系，构成了极为重要的发展条件。

（1）从农产品类型来看，美国农业合作社最先在资产专用性强的农产品中产生和发展起来，尤以乳业合作社最为突出。据美国史料记载，于 1810年成立的最早的一家合作社就是乳业合作社，到 1890 年，乳业合作社数量占到全美国农业合作社总数的 75％左右。这是美国合作社早期发展的特征，也构成了合作社早期发展的内在需求条件：资产专用性较强的农产品生产

中，单个生产者在交易成本、产品品质鉴定、储存与运输、市场信息获取与销售渠道等方面存在明显劣势，"卖难"问题较为突出，面临的市场风险较大，因此，生产者联合起来以寻求市场、规避风险的需求较为强烈。

（2）从市场条件方面看，美国农产品市场的发育也为相关合作社的发展提供了内在需求条件，这主要体现在粮食和油籽类农产品方面。玉米、大豆等粮食和油籽类期货市场开发较早，有 150 多年的历史，而且自第二次世界大战以来，美国该类农产品生产过剩导致其出口量逐年增加，并维持在很高的比例，呈现出极强的市场依赖型特征。二者的共同作用下，该类农产品价格波动频繁，催生了大量以开拓市场、规避风险为目的的合作社。以 2015 年为例，美国粮食和油籽类合作社（不包括稻米合作社）在合作社个数和营业额等方面均居美国各类农业合作社首位。

（3）美国合作社政策支持体系为合作社发展提供了有利的外部条件。一是法律支持为合作社发展铺平道路。早在 19 世纪后半叶，俄亥俄和纽约等州相继出台地方性合作社法律，确立了合作社的合法地位。1922 年，美国国会通过《卡帕—沃尔斯坦德法》，对符合一人一票和所有者与惠顾者同一原则的农业合作社从《反托拉斯法》中豁免出来。1926 年出台《合作销售法》，先后成立农业部合作销售处、联邦农场局和农业信贷管理局等机构，在各方面促进合作社发展。二是信贷支持体系为合作社发展注入强大动力。20 世纪初，美国出台第一部《农业信贷法》，组建联邦土地银行、中间信贷银行等金融机构，专门为农场主提供中长期贷款。1933 年，根据另一部《农业信贷法》，组建了 13 个合作社银行，专门为农业合作社提供资金，并同时成立生产信贷协会，为农业合作社提供短期借款。一系列支持性法律和政策措施的相继出台，为合作社早期发展创造了极为有利的条件。

2. 法国

法国是世界农产品主要出口国之一，现代农业发展成就举世瞩目，而其农业的成功在很大程度上归功于农业合作组织的发展。法国农业合作社参与了农业产业的各个环节，并且在农产品生产和加工领域均占有很高的市场份额。纵观法国农业合作社发展历程，农场规模化的实现与强有力的政策支持为合作社发展壮大提供了至关重要的条件。

（1）农场规模化的实现。家庭农场是法国农业生产经营的主体，其规模化的实现为农业合作社的发展壮大提供了必要的内在条件。20 世纪 50 年代以前，法国小规模家庭农场占多数，而小农场主因种植面积小或者资本投入少，通过合作实现的预期收益的增加量较小，甚至可能无法弥补参加合作社的各项成本，因而难以产生对合作社的真正需求。50年代以后，随着先进农业生产方式与工具的广泛应用，以及国家鼓励政策的实施，法国的家庭农场经历了大规模的兼并、整合，总数由1955年的228.5万个减少到1975年的139.7万个。1975年，20～50公顷的中等规模家庭农场占总耕地面积的37%，50公顷以上的大规模家庭农场占总耕地面积的42%，即全国79%的耕地已经实现了不同程度的规模化经营。此时，经营规模较大的农场主通过合作以解决农资供应、融资、销售以及预期收益等方面的需求更为强烈，也更有能力支付合作的成本，能够更好地实现合作与联合。因此，尽管法国农民在19世纪中叶就已经开始组建了信贷和供销合作社，但法国农业合作社直到20世纪60年代才开始真正发展起来。

（2）政府强有力的政策支持。法国政府的相关政策为合作社发展提供了良好的外部条件。一是相继出台支持性的法律法规。在20世纪60—70年代，即农业合作社起飞阶段，政府相继颁布《农业共同经营组合法》与《合作社调整法》等十分重要的合作社法律法规，规定农业合作社享受国家优惠贷款与财政补贴，并赋予合作社平等的商业主体地位和法律上的自治地位。二是直接向合作社提供税收、信贷、直接补贴、人员培训以及信息咨询等方面的支持。例如，农业合作社与内部社员的正常业务往来享受免税待遇，减半征收农业合作社的不动产税和产品税；合作社可以获得年利率仅为3%的长期贷款用于购买土地；合作社的农田基本建设享受10%～20%的直接补贴；各级地方政府咨询部门为合作社提供农业信息咨询方面的服务等。三是对农业合作社实行严格监管。各项合作社法律法规的执行情况，包括农业合作社的财务制度与运行状况等，均由各级农业部门中的专设机构和政府其他相关部门进行监督。

3. 荷兰

荷兰国土面积小，仅有约42万平方千米，却拥有世界最高水平的土地产出率和农产品出口率，园艺花卉产业闻名于世。荷兰农业之所以取得如此巨大成就，合作社发挥了重要作用。在荷兰，平均每个农户至少加入了3～4个合作社，而且合作社在许多农产品领域的市场占有率达到了80%以上。纵观荷兰农业合作社发展历程，家庭农场一定程度的规模化和高度专业化构成了合作社发展的重要条件。

（1）荷兰家庭农场的规模化与农业合作社发展。荷兰家庭农场规模化的实现方式与特征不同于法国，但同样为其农业合作社的发展提供了不可或缺的内在需求条件和能力条件。荷兰农场主通过对土地的专业化、集约化经营实现了农业经营中一定程度的资本规模化。例如，1997 年，以毛利润为标准来衡量一个国家的家庭农场平均经营规模，相比于法国的 42 万欧元，荷兰高达 100.1 万欧元，显现出巨大的规模效益。在这种条件下，荷兰农场主通过组织起来以解决融资、农产品流通与加工等方面的需求较为强烈。不仅如此，一定规模的家庭农场也更有能力支付合作社运营中的各项成本，能够更好地实现合作与联合。例如，荷兰乳业合作社就是以中等规模的家庭农场为基础的，其中一个尤为重要的原因是，中等规模的家庭农场有能力担负机械化、信息化养殖设备的购置费用。

（2）家庭农场专业化程度高，是荷兰农业合作社又一个重要的发展条件。为了充分利用有限的土地资源，荷兰农业政策尤其鼓励农场主把农业经营作为主业，将提高专业化农场的比例作为十分重要的农业政策目标，这使得其专业化家庭农场占家庭农场总数的比重在 1996 年达到了 82%，在 2001 年更是超过了 90%。在此条件下，一方面，荷兰农业生产大多资产专用性较强，尤其是设施农业。而资产专用性越强，交易的不确定性所带来的风险越大，通过纵向联合实现外部交易成本内部化的意愿就越强，由此荷兰逐步形成了独特的农业产业链组织模式，而该组织模式的核心就是合作社。另一方面，家庭农场的专业化条件类似于其规模化条件，使得农场主有能力担负合作社的各项成本，也有精力和能力实现对合作社的民主决策等方面的参与。这两方面分别构成了合作社发展中重要的需求条件和能力条件。

（二）发达国家合作社发展的共性条件与中国合作社实践条件的对比

1. 家庭农场经营规模化与专业化条件

家庭农场规模化经营是美国、法国、荷兰等发达国家农业合作社发展的重要前提条件之一，也为其现代农业的发展提供了重要基础。在合作社得以广泛发展之前，家庭农场已经是多数发达国家农业生产经营的主体，并均以不同方式实现了家庭农场规模化。美国、法国均通过家庭农场的兼并、土地的集中而实现了不同程度的土地规模化经营，荷兰也通过专业化、集约化经营实现了资本规模化。经营规模大，所面临的生产和市场风险也大，更有意愿联合起来，并且更有能力承担合作社的各项组织、管理成本，因而成为合作社发展的重要条件。此外，发达国家家庭经营的专业化，也为合作社发展创造了良好条件。美国大部分农业生产是专业化的，2016 年美国专业化的中等及以上规模的家庭农场创造了全国 75.8% 的农业产值；荷兰专业化家庭农场的比重在 2001 年已经超过了 90%。

从当前中国合作社发展的条件看，农业规模化经营总面积比重小、农户兼业化是突出特征，合作社广泛发展的条件尚不具备。一方面，农村人口基数大、农业劳动力转移、农村社会保障等方面的问题，使得农业适度规模经营难以在短期内实现。家庭农场作为中国最主要的农业适度规模经营主体，2016 年年底经农业部门认定的有 41.4 万户，平均经营面积约 11.33 公顷，总经营面积 469.2 万公顷，仅占全国总耕地面积的 3.8% 左右。另一方面，农业发展方式的转变、城市工商业与农村中非农产业的发展极大地促进了农民的兼业化，兼业农户比重较大，而比重较小的专业农户中又有较大比例为中老年劳动力，可见，整体上中国农户专业化条件不足。此外，专业大户、龙头企业、农业农村部门等领办而兼业化小农户占多数的"异化"的合作社普遍存在，决策权、风险与收益的相对集中，决定了股权、利益分配的相对集中，这样的合作社很少有小农户的真正参与，难以真正带动小农户的发展，大多不具备合作社本质属性。

2. 农产品经营类型和市场条件

从美国、法国和荷兰 3 国合作社早期发展历程看，资产专用性强的农产品类型和价格波动频繁的市场条件，构成了合作社早期发展中重要的内在需求条件。正因如此，农业合作社大多集中在资产专用性强或价格波动频繁的经济作物种植业、养殖业，如水果蔬菜、生鲜乳肉等。美国最早的一家农业合作社于 1810 首先在乳制品行业中产生，至今仍在该行业发挥主导作用；荷兰最早的一家合作社是 1886 年成立的乳酪合作社。此外，在美国的粮食、油籽类生产以及法国的粮食类生产中，尽管资产专用性不强，但是由于均对国际市场存在较强依赖，价格波动频繁，生产者联合起来以寻求市场、规避风险的需求强烈，为相关合作社的产生与发展提供了强大的内在需求条件，因而也产生了大量合作社。

长期以来，中国农业生产以粮食作物种植为主，2015 年全国粮食（包括谷物类、豆类和薯类）种植面积 1.33 亿公顷，约占当年全国总耕地面积的 84%。大部分粮食市场处于完全竞争状态，大宗农产品期货市场发展滞后，稻米、小麦等主要农产品的价格较为稳定，缺乏组建合作社的需求条件。例如，2012 年农业部评出的 600 家"全国农民专业合作社示范社"中，以水稻、玉米、小麦为主要经营业务的粮食类合作社仅占总数的 5%，而果蔬类、种养类和混合类合作社约占总数的 71%。此外，现有的粮食类合作社大多为农业企业或种植大户领办型的合作社。

3. 支持性、规范性合作社政策

发达国家大多在法律规范、资金支持、智力支持等方面对合作社的发展给予了有力支持，成为合作社健康发展的重要条件。法律规范方面，在合作社发展初期即对其法律地位、合作社组织原则等方面予以了确认和规范。例如，法国政府于 19 世纪末承认了具有互助性质的农业信贷合作社的合法性；19 世纪后半叶，美国一些地方性合作社法律确立了合作社的合法地位，其后通过给予反托拉斯豁免权而支持了合作社民主管理、自我服务的原则。资金支持方面，通过优惠贷款、免税、直接补贴等方式在一定程度上满足了合作社的融资需求。例如，美国设有专门向合作社提供贷款的合作社银行，法国向合作社的生产投资提供直接补贴等。智力支持方面，向合作社免费提供教育培训与信息咨询等服务，提高了合作社自我发展能力。例如，荷兰最好的农业大学——瓦赫宁根大学设立了专门的合作社研究推广机构；法国各级政府具有向合作社提供政策法规、国内外市场动态等信息服务职能；美国政府设立合作社发展中心，专门帮助农民组建合作社、提供教育培训等服务。

相比之下，中国农业合作社发展起步较晚，相关支持政策的制定有后发优势，取得了一定成绩，但在一些方面仍有待完善。例如，2017 年中国的《农民专业合作社法》修订草案中，确立了联合社法人地位，允许合作社开展内部信用合作等，取得了很大进步，但是社区性的经济合作社等尚未被纳入调整范围，缺乏法律规范和必要的政策支持；对于大量的虚假合作社，尽管增加了部分约束性条款，但精细化监管显然远远不够。此外，尽管中国政府实施了很多贷款贴息、农业机械购置补贴等合作社政策，但由于中小合作社在权利关系、信息获取等方面存在明显劣势，合作社政策"扶强不扶弱"的局面仍未明显改善。

（三）对中国合作社发展的启示

1. 继续推进适度规模经营

不同于以合作化来实现分散小规模农户的规模化的发展思路，发达国家合作社的经验表明，首先实现单个农户规模化经营才是最终实现农户合作化的前提条件。面对中国人多地少的国情，要发展农民专业合作社，必须坚持推进农业适度规模经营。为此，中国要坚持推进土地"三权分置"改革，开展农村青年家庭农场主培育工程，向家庭农场提供土地流转优惠贷款，加快农村一二三产业融合，促进耕地向适度规模家庭农场流转。此外，尽管中国农业规模化经营总面积比重小，但地区差异大，部分地区已经实现了不同程度的规模化经营，如很多城市郊区农村生鲜农产品发展较好，实现了适度的资本规模化经营；东部沿海地区因土地流转率较高而实现了适度的土地规模化经营等。政策方面要着重鼓励这类具备适度规模经营条件的地区发展专业合作社。

2. 着重支持附加值较高或价格波动频繁的特色农产品生产经营中发展合作社

附加值较高或价格波动频繁的特色农产品生产构成了合作社发展的一个重要的需求条件。尽管中国农业生产以粮食作物种植为主，但农产品种类丰富，各类特色经济作物种植业、养殖业，尤其是生鲜农产品生产，即便在粮食主产区也大量存在，这些农业生产领域为合作社的产生与发展提供了良好土壤。不仅如此，中国某些具有地方特色或是显著质量优势的粮食作物生产中，也具备合作社发展条件，例如，在黑龙江省五常市高品质稻米生产区，稻农基于对稻米加工、品牌价值的追求，组建和发展了大量稻米合作社。为此，国家在种植业、养殖业结构调整政策中，要重视合作社在附加值较高或价格波动频繁的农产品生产中的重要主体作用；各级地方政府要结合本地农业发展实际，着重支持这些领域的农产品经营类合作社的发展。

3. 鼓励以专业化农户为主体的合作社发展

合作社往往是专业化农户的联合，美国、法国、荷兰等发达国家合作社的发展验证了合作社发展的这一重要条件。就中国国情来看，尽管总体上兼业农户比重较大，但是某些地区的农户已经实现了较高程度的专业化，例如，在山东省寿光市蔬菜产区、河南省西峡县猕猴桃产区等一批特色农产品优势产区，农业生产收益较高，产生了一批专业化农户。为此，国家可以采取财政补贴、教育培训等方式，积极培育以农业为主要收入来源的专业化农户，并在此基础上促进专业化农户之间的合作联合。此外，从农户家庭分工来看，中国农村地区广泛存在男子外出务工而妇女留守农村从事农业生产的现象，农村妇女成为中国农业专业化生产中的重要力量。对此，国家要重视妇女在合作社中的重要作用，提高妇女组建和参与合作社的能力。

4. 不断完善合作社政策支持体系

农业合作社的发展离不开政策的有力支持，尤其在法律规范、融资支持、教育培训等方面。法律规范方面，研究农村社区性经济合作社组织是否应被纳入《农民专业合作社法》，或是单独立法；增加政府对合作社的外部监督相关条款，尤其要加强对获得政策支持的合作社的精细化监督。融资方面，要看到发达国家合作社也有一个由小到大的过程，政府应改变项目立项条件，加大对有实际经营的弱小合作社的资金扶持，允许这类合作社在发展中规范。教育培训方面，借鉴美国等国家的经验，中国应设立专门组织机构，加大合作社宣传，并在合作社组建、前期发展规划、社员培训、信息咨询等方面提供更多服务。

（本部分内容发表于《世界农业》2018年第2期，作者：周慧秋等。）

三、国外农业合作社的金融支持模式及启示

在农业合作社发展过程中，伴随着扩大经营规模和延长产业链、提高产品附加值的经济要求，合作社对资金要求也越来越紧迫。然而在发展的过程中，农业合作社资金规模较小、实力弱，针对农业合作社的金融支持还相对滞后，资金支持不充足，金融服务落后于合作社的发展。政策性金融、合作性金融、商业性金融支持力度不显著，新型金融组织正处于发展探索期，在运营、政策及实施方面还都很不到位，农业保险险种和覆盖范围偏小，这都已经成为中国农民专业合作社发展壮大的制约因素。因此，借鉴其他国家在合作社金融支持方面的经验，从中获得对中国有启发的做法，将会对促进中国农民专业合作社的发展壮大具有重要意义。

（一）国外农业合作社金融支持的典型模式

1. 合作金融体系为主与专门性金融机构共同支持的美国模式

美国的农村金融包括3个部分：合作金融、政策性金融和商业金融。由于美国的农村金融体系相对健全，美国的农业合作社可以从多家金融组织获得资金融通及金融服务，其中合作金融体系服务的作用更为突出。

联邦中期信用银行、联邦土地银行和合作银行构成了美国农村合作金融体系。合作银行CoBank是农业合作社经营资金的主要提供者。该行创建于1989年，2012年1月1日与美国农业银行合并。合作银行以服务美国农村金融、农业和农村基础设施业务为使命，为美国农业生产者和农业合作社提供贷款、租赁、出口融资及其他金融服务。合作银行根据农业合作社的不同需求提供季节性贷款及中长期贷款，其利率具有灵活性，农业合作社可根据自身特定目标的需求选择固定利率或者浮动利率。合作银行还为农业合作社提供租赁，租赁的类别较为广泛，如租赁运输车辆、收割机和喷雾器、乳制品生产和包装设备设施等。合作银行提供的租赁资金有助于合作社减税、改善现金流、降低维护成本、腾出资金和改善资产负债表。此外，合作银行还为合作社的农产品出口提供各种融资服务和风险缓解工具。

虽然商业银行具有趋利性，但是在美国农业贷款占贷款总额25%以上的商业银行可享受美国联邦储备银行在税收上的优惠，并且为防止商业银行追逐利润而将农业贷款资金转移到其他领域，联邦政府以法律形式规定对其农业贷款利率提供利率补贴，这极大地促进了美国商业银行发放涉农贷款的

积极性。农村电气化管理公司主要对农村电业合作社发放贷款，年利率仅为2%，贷款期限可长达 35 年。

美国的农业保险体系以 1938 年颁布的《联邦作物保险法》为基础，经过多年的发展，现已形成了比较完备的保险业务，当前的美国农业保险完全由商业保险公司经营和代理，商业保险公司会得到政府在保险费补贴和经营管理费等方面的支持。主要有多种风险农作物保险、团体风险保险、收入保险、冰雹保险及其他试办险种 5 个类别。健全的保险体系使得农业生产不至于损失惨重、资不抵债，还可间接遏制合作社的信用风险。

2. 合作金融与专业合作社协同发展的日本综合农协模式

日本农业协同组合简称农协是综合合作社的代表，几乎实现了农户都加入的高度组织化程度，其业务与农户的经营和生活密切相关，都由综合农协全权统一实施。农协主要通过系统内合作金融组织来支持合作社的发展，农协内部在县及中央一级设置合作金融和保险机构，为基层农协开展金融支持服务，其贷款主要用于农业或社员的生活资金。

从贷款资金的流向来看，农林中央金库处于最高层级，农业协同组合为最低层级，信用农业协同组合联合会处于中间层级，彼此不存在行政隶属关系，但上级对下级进行管理和服务。针对基层农协和农户合作金融组织的贷款方式主要有 3 种：一是票据贷款。一般用于 1 年内的短期贷款，利息一般是预付。二是凭证贷款。一般用于贷款期限在 1 年以上的长期贷款，利息一般是过后支付。三是活期透支。按照活期储蓄的活期合同、透支合同执行，若无储蓄余额也允许支付一定的、不超过合同规定限度的资金，征收与贷款相同的利息。农协在利率方面有不同程度的优惠，但因为农协的贷款利率是以社员的储蓄金为基础的，农协需支付利息给社员，因此采取低于成本的利率势必对合作金融组织不利，针对这方面存在的问题，政府对发放的贷款给予利息补贴。除了合作金融组织，也有政策性金融组织给予农协支持。日本政府根据《农林渔业金融公库法》于 1953 年 4 月 1 日出资建立了农林渔业金融机构即农林渔业金融公库，并对其实施财政补贴，主要是为难以从农林中央金库和其他一般金融机构筹资的农林渔业者提供低利率、长期资本，以增加农林渔业的生产力。该公库能根据农业发展的状况和政策不断调整贷款项目，体现出较大的灵活性，它主要负责对农林渔业生产者为了维持和提高生产能力提供长期低利率贷款，从而为农林渔业生产者提供了很好的金融服务保障。

日本农协的保险体系也比较健全。日本农协系统内开展的保险事业也叫农协共济事业，农协的保险合作社与农协社员签订保险合同，吸纳保金，农协再与农协共济联合会进行再保险，根据再保险合同，农协共济联合会以100％的比率承担农协的保险责任。日本政府直接参与保险计划，根据保险产品的类型和规模来决定农户强制加入保险或自愿加入保险，如小麦、大麦和大米的保险属于强制性保险。

3. 政府主导下多家金融机构支持的印度模式

印度与中国同为发展中国家，而且也是一个农业大国，印度的合作社可以获得多家金融机构的支持。1904 年印度政府为了缓解农村资金短缺，颁布了《信贷合作社法》，标志着印度农村合作社的成立，之后政府于 1912 年颁布《合作社法》，把合作社范围扩大到生产、销售、消费等更为广泛的领域。在 1969—1980 年，两次银行国有化运动使印度政府直接控制国有银行，并颁布法令设立地区农村银行和土地开发银行，外资银行与私人银行也被要求必须增加农村网点，而且农业保险体系完善，合作社能得到很好的金融支持。为印度农业合作社提供金融支持的组织主要包括：

（1）印度国家农业和农村开发银行。它属于政策性金融机构，总部设在孟买，其分支机构遍布全国，为邦农业和农村发展合作银行、邦合作银行、区域农村银行、商业银行和经印度储备银行认可的金融机构进行再融资，并对农村金融机构进行监管，印度国家农业和农村开发银行通过对以上银行的再融资，将资金间接作用到农业和农业合作社的发展上。贷款种类包括短期生产性贷款、中长期投资性贷款，贷款的最长期限可达 15 年。

（2）地区性合作银行。地区性合作银行主要为社员提供中短期贷款。根据功能的不同又划分为 3 种类型的银行。一是基层信用社：由一个村或镇区域内的借款人和非借款人组成，此基层信用社吸收社员存款并给社员提供短、中期贷款，由于社员限定在小区域，因此社员相互监督以防欺诈。二是地区性中心合作银行：为处在同一区域的基层信用社提供贷款以解决基层信用社资金不足的问题，是连接基层信用社和邦合作银行的纽带。三是联邦合作银行：它是国家各邦合作银行的最高机构，负责调动和疏导各个部门的资金，通过基层信用社和地区性中心合作银行发放资金给需求者。

（3）地区农村银行。它可吸收存款，直接向农业贷款，为发展农业或农业运营及相关目的合作社、农产品营销社团和基层信用社提供信贷服务，也为城区贸易、商业、企业提供贷款。

（4）土地开发银行。它包括基层土地开发银行和中心土地开发银行。土地拥有者可以成为基层土地开发银行的成员并获得贷款，它可为合作社社员提供长期低利率贷款。贷款期限一般为 5～15 年，对于特定项目可以宽限还款期，利率根据农民的还款能力在 11％～12％间调整。中心土地开发银行为基层土地开发银行提供长期贷款。

（5）商业银行。商业银行是按照 1969 年《银行国有化法案》中规定在农村地区设立的一定数量的网点，将放款的一定比例用于支持农业和农村的发展，提供中短期的贷款，并提供低于市场的贷款利率。农村地区的商业银行通过分配化肥和其他农业投入物等提供贷款，或向农产品销售和加工机构、基层信用社、土地开发银行等提供贷款的方式向农业合作社间接提供贷款。

在农业合作社的起步阶段，印度的农业保险在各邦中没得到普遍推广，直至 1972 年印度政府成立了印度综合保险公司，直接组织、经营农业保险并承担保险责任，这在一定程度上提高了合作社社员农作物种植的积极性。当前印度除有综合保险计划 CIS，还有农场收入保险计划、试验农作物保险、全国农业保险计划等。进行生产性贷款的农场主被强制参加相关的农业保险，而其他如牲畜保险等由农场主自己决定是否参加保险。信贷机构给予资金扶持，保险机构帮助农业合作社降低风险，从而推动了印度农业合作社的发展壮大。

（二）国外农业合作社金融支持模式对中国的启示

1. 构建农民专业合作社的新型金融支持体系

各国合作社金融支持体系的建设都有较深的历史渊源和人文基础。目前中国无法建立像美国一样以专业金融和合作金融共同支撑的合作社金融支持模式。但中国可以借鉴日本和印度的经验，根据中国的实际情况，采取体系内部融资和体系外部融资相结合的模式。一方面，建立以政策性银行为主体，以农村商业银行、信用社、农业银行为依托，以小额信贷为补充的正规金融体系；另一方面，应发挥专业合作社的优势，鼓励具有经济实力的农民专业合作社自办或者采用联社共同兴办资金互助合作社的形式，为合作社实行内部输血。为此，政府部门应为合作金融政策环境、资金扶持等制度建设进行扶持，同时加强中国人民银行的监管职能，进行风险防范。此外，还要加强农民专业合作社的金融制度建设。

2. 农村信贷机构应积极承担支农重任

国外的农业合作社可从多个金融机构获得生产、经营、消费、基础设施建设等多种需求的贷款。中国的农村金融体系虽已形成了政策性金融、合作性金融、商业金融及新型金融机构共同组成的格局，在一定程度上扶持了农民专业合作社的发展。但现实情况是政策性金融支持有限，商业性金融趋利经营明显，而合作金融实力较弱，还难以成为支撑合作社金融的主体。因此，中国的政策性和商业性农村金融机构应该积极承担支农重任，实施对合作社的政策倾斜，增加对农民专业合作社的放款比例，形成多家金融机构共同支持的格局，以此来增加对农民专业合作社的资金供给。

3. 创新金融服务产品

国外的合作社贷款利率普遍较低，贷款期限种类多，对于特定项目可以宽限还款期，贷款方式灵活。而中国的贷款利率相对于正在发展中的农民专业合作社来说偏高，贷款期限种类少，如贷款期限比实际需要短的贷款，不能帮助合作社解决资金需求。按照金融机构既定的贷款期限种类选择贷款期限比贷款需求长的，又会使合作社背负利息负担，影响收益。再者就目前中国信贷机构对合作社的贷款来看，多集中于短期贷款，长期贷款比重偏低。《中国人民银行对农村信用合作社贷款管理办法》规定：支农再贷款期限最长不得超过 2 年，且不得借新还旧，使得农民专业合作社的长期金融贷款难以获得。中国的信贷机构应根据农业生产的季节性及生产、销售过程中资金的需求，以及基础设施投入等不同需求，设计多个种类的信用工具来改进借贷过程中因种类少且固定的信用工具导致的供给错位的情况。可借鉴国外经验将贷款利率设定在一个范围内，对特殊项目或资金紧缺并亟待发展的合作社可采取就低不就高的原则，贷款期限可以在一定范围内调整。

4. 完善中国的农业保险体系，促进中国农民专业合作社的发展

农业合作社的发展离不开保险，美国、日本、印度 3 国保险机构对农业的保险覆盖范围广，特别是美国对其自然、经济、社会风险提供了强有力的保障。日本和印度政府直接参与农业保险，而且农业保险还有强制险和可选择险之分，而且赔付力度大，这对稳定农村经济和合作社的稳健发展都极为有益。目前中国农业保险发展程度低，处于试点或险种设计阶段，而且存在区域差异，经济发达地区较经济发展水平落后地区的保险产品及发展规模都较高，急需疏导保险资金的流向。中国应尽快完善农业保险体系，推进保险事业的发展，以保险促进农民专业合作社的发展。保险机构可增加农业的保险险种，扩大保险范围；政府成立专门的农业政策性保险机构，地方政府可组织龙头企业、合作社、农户及财政资金成立互助保险机构，进一步分散风险；对于规模不大的或重要的作物、牲畜、林业等可以借鉴日本和印度的模式采取强制保险，强制保险可与自愿保险配合应用来防范风险；试点农业保险的再保险，以此来提高保险的服务水平，增强农民专业合作社的抗风险能力。

5.加强政府支持保障体系建设

因为信贷机构吸收存款时须支付利息，信贷机构对农业合作社长期采取低利率贷款势必会影响信贷机构的生存发展甚至导致信贷机构入不敷出，影响对合作社信贷的积极性。鉴于此，日本和印度政府都对信贷机构的低利率和市场利率之间的差额予以补贴，美国农业信贷管理局为防止商业银行出于营利目的将农业贷款资金转移到其他领域，联邦法律规定对部分商业银行的农业贷款提供利率补贴，这极大地促进了美国商业银行涉农贷款的积极性。在农业保险方面，美国政府对保险费和经营管理费均给予补贴支持，日本政府直接参与保险计划，印度政府直接组织、经营农业保险并承担保险责任。保险机构能帮助农业合作社降低风险，这有益于合作社发展。我国财政可为政策性金融机构、合作性金融机构拨款充实其资本金，实行利率补贴引导商业金融机构支持农民专业合作社的发展。

（本部分内容发表于《世界农业》2014年第2期），作者：张静、张梅。）

四、美国农业合作社权益融资分析及启示

世界农业合作社主要分为以美国为代表的专业农业合作社和以日本、韩国农协为代表的综合农民合作社（融合农业生产、销售、金融、保险等服务）。现阶段中国农民专业合作社以从事专业生产经营为主，与美国农业合作社的发展模式更为相似。美国农业合作社有200多年的发展历史，生产经验丰富。截至2014年年末，美国农业合作社社内资金达789.9亿美元，拥有总为870.83亿美元，其中负债494.87亿美元，权益资产375.96亿美元，权益资产占农业合作社总资产的43.17%。权益融资在解决美国农业合作社的资金问题方面发挥了重要作用。

2016年中国农民专业合作社在农业部参与管理的农业综合开发项目中承担的项目达83个。中央投资1.66亿元，扩大农民专业合作社承担水利、农技推广、土地整理等项目规模。农民专业合作社已成为农业综合开发项目的重要实施主体，然而农民专业合作社存在的资金问题却不容乐观。从学者的研究中发现，关于农民专业合作社的融资多指负债融资，对权益融资的研究极少，而农民专业合作社发展尚不稳定，又缺乏有效担保，金融机构多不愿为其提供信贷服务，或提供的信贷资金较少，不能满足合作社发展的资金需求。权益融资作为农民专业合作社生产经营的基本资金来源，具有降低财

务风险，提高农民专业合作社融资能力的作用。笔者在分析美国农业合作社权益融资的内外部良好环境下，探索适合中国农民专业合作社权益融资的对策，期望能有效缓解中国农民专业合作社的资金压力。

（一）美国农业合作社权益资本的基本状况

早在 1810 年，美国奶牛农场主就在康涅狄格州组建了奶酪合作社，从此美国农业合作社开始逐渐发展起来。美国农业合作社主要以社员为服务对象，兴办供水系统、粮仓等农业项目，既服务单一区域，也服务多个地区，从而带动农业发展。美国农业合作社发展至今已有 200 多年，农业合作社的生产经营规模、盈利水平等都发生了变化。美国农业合作社数量和社员人数都具有从上升转变为下降的发展历程，而总营业额整体呈上升趋势。说明尽管农业合作社数量下降，但整体实力提升。形成这一现象的原因在于美国农业合作社为避免淘汰会主动提高自身经营能力和发挥规模优势，合作社之间存在合并现象。从以前 3 个农场主便能组建的经济组织发展成为经营规范、具有一定规模的农业合作社。这种"鳗鱼效应"营造出优胜劣汰的发展环境，促使农业合作社发展壮大。

美国农业合作社为提升自身竞争实力会扩大经营规模，农业合作社的生产所需资金相应增加，有长期的资金借贷需求。由于农业合作社属于互助性经济组织，不同于单纯追求经济利益的一般企业，相比之下，农业合作社自身经济实力较弱，不具有负债融资优势，负债融资能力受限，这就要求合作社增加权益资本。近年来，美国农业合作社不断发展，权益融资能力得到提升。2005—2014 年美国农业合作社的资产总额整体呈上升趋势，其中负债资产波动较大，而权益资产显著增长。截至 2014 年年底，美国农业合作社的权益资产大致为资产总额的 43%。权益融资由于没有还款压力且有资本积累，相对于负债融资更加稳定。无论美国农业合作社的种类、经营范围有何不同，由社员股金形成的权益融资部分都能缓解农业合作社因资金短缺造成的压力。从美国农业合作社权益资本的增长趋势可以看出其未来发展潜力。

美国农业合作社的权益资本来源不仅限于社员投资，农业合作社也接受其他合作社的投资。正是因为美国农业合作社的投资者种类多样，使得农业合作社能通过权益融资积累较多的资金。

近 10 年来，美国农业合作社对其他农业合作社的投资金额约占其经营资金份额的 8%，说明农业合作社之间投资较为普遍。农业合作社作为一种投资主体，较普通农户及农场主而言，经济实力较强，当其有多余流动资金时，可对其他农业合作社投入一定数额的资金。随着美国农业合作社的经营规模不断扩大，对外盈利水平逐渐提升，农业合作社在满足自身资金需求的前提下，对外投资额会相应提高。美国农业合作社的权益融资来源广泛，权益资本显著增长，权益融资在农业合作社筹集资金过程中的贡献越来越大，值得中国农民专业合作社借鉴。

（二）美国农业合作社权益融资途径

美国农业合作社的权益资本随着合作社生产经营规模的扩大而不断增长，权益融资在解决美国农业合作社的资金短缺问题上发挥着不可替代的作用。根据相关统计数据及学者的研究，总结出美国农业合作社进行权益融资主要通过直接投资和权益资本积累两种途径。另外，权益资本赎回计划作为美国农业合作社调节权益融资的主要方式，对合理分配农业合作社权益资本起着重要作用。

1. 直接投资

美国资本市场发达，农业合作社没有严格的地域限制，跨区域建立农业合作社较为普遍，社员与合作社之间是纯粹的契约关系。美国农业合作社的直接投资金额主要来源于社员和投资者直接购买的股票，美国有将近78％的农业合作社建立在股权基础上，农民或者农场主通过缴纳股金的方式加入农业合作社。美国农业合作社可按公司制度整体上市，募集社会资金。农业合作社发行的股票主要有两种，一种是资格股，也叫身份股，只有当地农民才有资格以较低的价格购买，持有该股的农民获得农业合作社的社员身份，拥有投票权但不能对外交易，合作社通常不支付利息，社员退出农业合作社时，资格股将被回购；另一种是优先股，在美国一些地区允许向公众发行，社员与非社员都可以购买。持有优先股的投资者只参与农业合作社的分红，没有投票表决权，但可在股票市场上进行交易。由于股息预先估计，持有优先股的投资者可以享受固定收益并且能优先获得分红。

2. 权益资本积累

权益资本积累作为美国农业合作社权益资本的主要来源之一，约占农业合作社权益资本的40％左右。由于权益资本积累基本不需要负担融资成本，因此在权益资本的筹集方面具有一定优势。美国农业合作社的权益资本积累主要是基于农业合作社的惠顾资金返还，包括单位资本留存和惠顾返利留存。其中单位资本留存是美国农业合作社权益资本的重要来源之一，农业合作社在参考社员与合作社达成的协议及合作社为社员提供的服务价值后，扣除一定比例的农产品销售收入进行留存，作为社员对农业合作社的投资；而惠顾返利留存因其筹资方式便利，是美国农业合作社权益资本积累的主要方式。农业合作社将其净利润中需要分配给社员的部分，存入到社员资金账户中，这种非现金的分配方式使社员获得的资金仍留存在农业合作社中，实质是社员对农业合作社的再次投资。

3. 权益资本赎回计划

美国农业合作社除了直接投资和权益资本积累两种权益融资途径外，为使农业合作社的使用权和所有权始终匹配，农业合作社的权益融资能持续进行，便制定了权益资本赎回计划。权益资本赎回计划作为调整社员出资比例的基本方式，在解决农业合作社社员投资过度或投资不足的问题上具有重要作用。该计划主要分为循环资本计划和基础资本计划两种，农业合作社通常采用循环资本计划，即当农业合作社的社内资金满足生产经营的资金需求时，农业合作社会依据时间进程赎回社员的权益资本，将多余资金返还给投资最早的社员。部分农业合作社也会采用基础资本计划，即农业合作社在确定开展业务所需资金后，要求社员依据基础期间内对农业合作社的使用情况，承担投资或赎回义务。

（三）美国农业合作社的权益融资经验

美国农业合作社的权益融资主要是基于惠顾基础上进行的筹资，因单纯从惠顾者的角度设计合作社产权而无法实现资本价值，影响有能力的投资者对合作社的投资意愿。因此，美国农业合作社在坚持合作社基本原则的前提下，对农业合作社的权益融资方式进行改进，对产权制度重新安排，使合作社社员的权益更加明晰，并且产生了关于交易额的二级市场，从本质上提高农业合作社的整体资金实力，进而提高农业合作社的权益融资能力。经过多年发展，美国农业合作社的权益融资模式逐渐成熟。选取农业合作社的权益融资经验进行研究，可以为中国农民专业合作社的权益融资提供参考。

1. 盈余分配方式合理

美国农业合作社通常会依据同社员签订的合同为其提供服务，社员与农业合作社的关系相当于现代企业制度中劳动与资本的结合。美国农业合作社规定社员有按照商议价格、规定质量，向农业合作社交足农产品的权利及义务，农业合作社会依据与社员的交易量返还部分盈余。农业合作社传统的盈余分配方式下一般会进行一定量的资本保留，因此对社员的现金回报率较低，通常为 20%～35%。而农业合作社对盈余分配方式改进后，农业合作社的现金回报率通常高达 65%～85%，且基本实现一年一付，社员最迟可在年终结算后获得按农业合作社收购价计算的货物款。农业合作社每年所得利润一般也会依据社员的认股比例，以现金形式返还给社员，不作或少作留存，其余部分通常作为追加股本，在社员转让股份时，结算剩余份额。美国农业合作社分配的盈余与社员投入的资本基本匹配，社员可按其入股比例获得应得权益，并且在短期内便能收到资本报酬，促进农业合作社权益融资的持续进行。

2. 财务管理规范

美国农业合作社通常会针对财务工作设立专门的管理部门，聘请具备一定专业知识和技能的人负责农业合作社的经营活动，农业合作社的财务管理较为规范。在财务人员聘用方面，美国农业合作社同农业大户及农业公司有多种形式的人才合作，形成人力资源上的互补。农业公司和农业大户会为美国农业合作社提供操作经验丰富的财会人员，并且全部人员都持有财会专业证书。在财务操作方面，美国农业合作社严格规范财务工作，农业合作社社员享有监督检查一切社内事务的权利，如果财务管理者没有按照法律及规章制度办事，社员有权提起诉讼维护自身权益。在财务信息公开方面，美国农业合作社的财务人员能及时有效地制定涉及农业合作社资产、负债、所有者权益等信息的财务报表，直观地反映农业合作社的总体财务状况，方便投资者对农业合作社的了解，降低投资者与农业合作社之间的信息不对称程度，提升投资者对农业合作社的认同感，从而帮助投资者做出投资决策。

3. 股金流动性强

美国农业合作社实行交易份额制，规定社员购买与其交易量相匹配的股金，社员所购的每股金额参考农业合作社农产品原材料的加工数量和总投资额之间的定值。农业合作社在正式成立后便不再接受新社员，农业合作社的社员人数基本保持稳定。为严格规范社员行为，农业合作社通常以社员股权利益的减少为其违约代价。因此，社员不能随便退股，股权在得到理事会批准后才可交易。美国农业合作社存在一个股金市场，使农业合作社的股票价值能依据市场价格变动，与农业合作社的绩效相关，可增值或减值。美国农业合作社的股份具有可以交易但不能赎回的特点，意味着农业合作社的股本金不会因为社员随意进出合作社而发生变化，具有永久性。经农业合作社董事会同意后，与社员所持股份对应的交货权可依据社员之间商议的价格在农业合作社内部转让。因此，农业合作社的股份具有很强的流动性，通过转让股权而非退股形成的社员退社机制，使得美国农业合作社的社内资金相对稳定。

4. 法律法规完善

美国政府注重运用法律形式规范农业合作社的权益融资。在合作社产权安排方面，《卡帕·沃尔斯坦德法》作为合作社大宪章，对合作社的性质、经营模式及社员界定等均做出了明确规定。同时，《统一有限合作社法》对合作社的资格股和投资股进行严格区分，规定惠顾社员应拥有多数投票权；在农户入社条件方面，《农业公平交易法》规定农民可自愿加入合作组织，支持农民对合作社的投资意愿；在政策支持方面，美国合作社市场法案授予农业部收集、分析并传播农业合作社统计资料的权利，以方便投资者掌握农业合作社的经营信息。《农业保障和农村投资法》则规定各级政府应对辖区内的农业合作社给予财政支持，通过财政补助增加合作社的权益资本。《国内税收法则》赋予合作社独立的税收主体地位，允许合作社先分配再纳税，提高农业合作社的留存金额。各州农业合作社因不同的发展条件而存在法律上的差异，联邦和州级有关合作社的法律达85部，涉及合作社经营领域的各个方面，为农业合作社的权益融资提供有力保障。

5. 政策支持力度大

美国政府不干预农业合作社的内部事务，而是通过设立专业的管理部门、运用合理的财政手段为农业合作社权益融资提供必要的政策环境。一方面，设立农业合作社发展局，为农业合作社提供专业支持，每年对全国农业合作社的基本情况进行统计，分析存在的主要问题并预测发展前景，为投资者提供科学依据。另一方面，政府通过财政政策引导农户的投资方向。规定农业合作社的纳税义务及纳税金额依据其盈利的分配方式确定，分配给社员的惠顾返还金、红利等不纳入征税范围，农业合作社的盈利不全部作为征税对象，因此应缴税金额只有普通纳税企业的1/3。而对于农户的个人所得税、投资税实行减税、免税等税收优惠政策，农业投资成为农户和农场主的合法避税方法，采取这种方式获得的税收减免最高可达应税收入的48%，农户可切实享受到政府的政策优惠，从而推动农业合作社权益融资的发展。

(四)对中国农民专业合作社权益融资的启示

美国农业合作社的权益融资并非完全按照特定模式发展，而是适应经济形势不断改进，从其发展经验看，农业合作社适当赋予投资者权利，可以促进权益资本增长。而中国农民专业合作社的组织形式多样，存在部分以套取政府补贴为目的的合作社，这些合作社的控制权主要掌握在投资额较多的社员手中，普通社员缺乏投资积极性。一些农民专业合作社还存在财务管理不规范及盈余分配不合理等现象，造成权益融资困难。因此，对美国农业合作社权益融资的研究并不是为了简单地复制，而是探索适合中国现阶段农民专业合作社权益融资的可行方法。

1. 改善盈余分配方式

农民专业合作社的盈余分配方式对合作社权益资本的积累尤为重要。资产不可分割的比例越大，脱离社员控制和监督的资产就越多，产权关系的模糊会使农民专业合作社创造的收益归属不明。中国农民专业合作社中新社员拥有与老社员同等的合作社资产净值，享有一样的合作社控制权，且合作社的资本报酬偏低，严重影响农民专业合作社权益融资的可持续发展。

农民专业合作社在进行盈余分配时，应兼顾交易量和出资额，根据合作社社员的持股结构决定按惠顾额分配和按股分红的比例。另外，农民专业合作社应充分考虑自身发展情况，以合作社章程的形式，明确规定合作社公共积累部分的分配方式和核算方法。当农民专业合作社的社内资金满足其生产需求时，多余部分可参考美国农业合作社的权益资本赎回计划进行资金返还。依据农民专业合作社章程的规定或社员大会决议的周期，以投资额先进先出的方式退还给社员，或依据社员同农民专业合作社的交易量计算其应承担的投资额，并与实际投资额进行对比，对多投部分进行资本赎回。而当社内资金不足以满足农民专业合作社的发展需要时，可依据交易量向原有社员发行新股进行融资，使社员的投资额与交易量相匹配，农民专业合作社的所有权始终掌握在合作社的惠顾者手中，提高社员的投资积极性。

2. 规范合作社财务管理

财务报表可以清晰客观地反映出合作社的经营状况、盈利情况、债务风险及投资者权益情况，使投资者大致了解合作社过去及当前的业务情况，估计合作社未来发展前景。规范的财务管理可以有效降低投资者与合作社之间的信息不对称程度，增强投资者对合作社的信心，因此合作社的财务管理水平直接关系到权益融资的成效。美国农业合作社的财务管理运作规范，对农户及农场主的投资产生正向激励作用。而中国农民专业合作社财务制度混乱，缺乏专业人员管理，财务核算结果的真实性无法得到保证，难以发挥对农民专业合作社的管理和监督作用。

农民专业合作社应充分重视财务管理工作，改进相对薄弱的核算环节。一方面，设置财务管理部门，并依据农民专业合作社的实际经济情况选择聘请专业财务人员，或者由会计代理机构进行核算。同时，农民专业合作社还应定期对财务工作人员进行业务培训，掌握国家最新的会计核算方法，保证财务操作的规范性。另一方面，农民专业合作社应严格设置合作社资金账簿，规范社员个人账户体系。按照国家相关规定设置会计科目，准确划分农民专业合作社经营的各类项目，明确会计核算内容。财务人员应及时记录农民专业合作社的经营收入、费用支出等，做好有关资金管理和盈余分配的工作，并按期编制合作社财务报表。提高社内财务稳健性，降低投资者对农民专业合作社资本报酬的要求，从而调动投资者对合作社投资的积极性。

3. 建立股权流转市场

农民专业合作社的生产活动受季节变化和市场环境的影响，存在较大的经营风险，外部投资者对农民专业合作社的认可程度偏低，投资者需要灵活的进出机制规避风险。若合作社的股权价值能在市场交换过程中得到充分体现，便会吸引投资者的关注。美国农业合作社股权交易灵活，较为完善的股权流动机制有效提高了投资者的投资意愿。而目前中国还没有针对农民专业合作社的股权流转市场，缺乏合作社股权交易平台。

中国土地流转市场作为农村交易平台，可以为农民专业合作社股权流转市场的建立提供经验参考，在现有农村产权交易的基础上，以市场为依托建立股权交易平台。中国法律对农民专业合作社的投资者没有地域上的限制，合作社可以充分利用政策条件，在乡镇区域内探索股权的有偿转让方式。一方面，农民专业合作社的股权交易要遵循市场规律，股权价格由市场的供求关系决定，使股权流转价格能客观公正地反映市场信息；另一方面，为使股权价格能有效反映出合作社的经营信息，相关监管部门应加强对合作社信息披露的管制，确保合作社信息披露内容的准确性，提高交易市场的透明度，使投资者可以参考交易市场提供的股权价格信息，依据个人风险喜好进行投资，提高农民专业合作社股权交易的效率，实现农民专业合作社股权的有效流转。

4. 提升政策扶持效率

中国农民专业合作社处于从初级到高级的发展阶段，合作社发展尚不成熟。非社员对农民专业合作社的认可程度偏低，需要政府以农业政策为指导，引导农民和集体的投资方向。目前中国政府对农民专业合作社的支持态度明显，但政府对农业的财政投入总量不及美国联邦政府农业预算的1/5，并且政府的政策扶持效率较低，未能有效促进农民专业合作社的权益融资。

中国政府应不断提高对农民专业合作社的扶持效率，营造良好的权益融资环境。一方面，将扶持农民专业合作社发展作为财政支出的固定项目，并通过税收优惠吸引投资；另一方面，政府扶持政策应听取农民专业合作社代表的意见，并针对农民专业合作社反馈的实际情况进行改进。地方政府也应重视与当地农民专业合作社的沟通，引导农民专业合作社通过正规程序提供经营信息，政府以此为依据给予合作社不同程度的资金支持。同时，政府也要加强协调各部门之间的工作，在政策执行过程中，明确农业、财政、供销、发改委等部门的职责，促使扶持资金得到有效整合。

（本部分内容发表于《世界农业》2017年第7期，作者：庞金波等。）

五、韩国归农归村实践及对中国的启示

韩国自1960年开始发展以工业化为主导的经济建设，婴儿潮一代（1955—1963年）过后开始实施"家庭计划"控制人口增长，但因此人口老龄化加剧，适龄劳动人口总数下降，农业步入萧条期。工农业发展失衡拉大了城乡差距，农村人口不断涌向城市，导致农村经济发展停滞，城市住房和基础设施严重供应不足等问题。为解决以上问题，韩国政府出台了一系列归农归村支持政策，设立了综合中心提供归农归村信息咨询服务，改善农村定居环境，举办归农归村创业博览会，开展归农归村教育培训，联合金融机构提供归农归村低息贷款、补助和准备金等带动城市居民自发性地归农归村。韩国通过推进归农归村事业，2016年全国农户达到106.8万户，补充了农村劳动力，补齐了农业短板，调整和优化了农村产业结构，农村经济发展向好。

而近年来，中国农村人口外流现象严重，农业劳动力呈现老龄化、女性化和低素质化的特征，一些地区出现了耕地撂荒现象。现在"70后"不愿种地、"80后"不会种地、"90后"不提种地，与韩国当时农村的境况极为相似。

（一）归农归村概念及类型

归农归村表面上看是人口的空间移动，实质上反映了因地域间差异产生的自然因素和社会因素不同导致的人口自发性迁移。归农归村包含两层含义："归农"是农村以外地区的居民以专职从事农业或兼营农业为目的，迁移到农村居住生活且农业收入在家庭收入中占比较大；"归村"定义为农村以外地区的居民不以农业生产经营为目的，到农村居住生活且家庭收入大部分为非农业收入。

根据韩国农林畜产食品部的资料，按照人口移动方式和动机将归农归村者分为U、J和I三种类型：U型为故乡是农村迁移到城市后，再次返回家乡者；J型为故乡是农村迁移到城市后，再移居到非故乡的其他村者；I型是与农村并无关联的城市居民自发性地迁往农村定居者。根据归农归村动机

分为 6 类：以自己的专业领域和价值观为基础，看好农村前景从事生态文化体验项目的自我实现者；职场人士退休前移居农村进行小规模农产品加工、销售或开办周末农场等多种经营方式，实现收入多元化的田园生活者；经营农业的同时发展第二、三产业，移居到农村与当地村民合作或直接创业者；以青壮年为主拥有资金和尖端技术的归农归村者；以新方式生产农产品实现高附加值并利用网络和社交软件进行农产品销售的高端经营者；生活在农村，去城市上班的农村滞留者；城市高龄退休者移居农村，务农或从事劳动强度低的行业享受农村生活的养老者。

（二）归农归村实施过程

通过研究韩国归农归村的政策，将归农归村实施过程分为支援阶段与后期管理评价。

1. 归农归村支援阶段

归农归村分为意向产生、决定和实行 3 个阶段。一是发放归农归村手册、普及农地与种植品种知识、宣传成功案例、安排成功归农者为意向者提供咨询等，令城市居民产生归农归村的想法。二是举办归农归村博览会、归农归村学习集会、务农体验等农村文化体验活动，让城市居民认同归农归村理念。三是为移居者提供归农归村创业和定居支持计划，营造良好的归农归村社会氛围，使城市居民免除移居农村的后顾之忧，引导城市居民定居农村并适应农村生活。

2. 归农归村后期管理评价

对归农归村者实施援助后，农林信息系统详细记载后续的管理实施计划、管理项目企划案、支援业绩、农业现状和居住情况，对不在援助范围内使用的资金或迁出原定居地的归农者将采取收回援助资金的措施。当地公务员负责记录成功案例，归农归村助理定期检查归农归村推进情况。地方自治团体的归农支援中心为掌握归农归村实况，进行巡回访问解决归农者的问题，每年 12 月对归农归村推进情况进行成果评价，分享成功事例供学员学习并评选优秀团体给予奖励，根据评价结果完善综合对策。

（三）支持归农归村的具体做法

2009 年韩国农林畜产食品部发布"归农归村综合对策"，落实了正式的归农归村支持计划。2012 年 2 月农林畜产食品部发布完善信息系统、扩大归农归村教育、增加农村定居的经济支持、支援地方自治团体、加强社会宣传和法律计划支援的归农归村 6 大政策，推动农村发展。2015 年 1 月 20 日政府发布《归农渔归村促进支援法》，为城市居民营造稳定的归农归村定居环境，实施归农归村分阶段支持。以上标志着韩国政府积极推进城市居民归农归村，使其成为激发农村活力的主体。

1. 政策支持情况

（1）归农归村定居创业支持。意向定居者对于农村空闲建筑用地和房屋均可以申请入住，政府为归农归村院校毕业生提供优先居住权和水电费减免。对于户主和家人全部移居到农村生活一年以上、公司职员两年内退休或个体户出示预备归农证明、进修者接受过农林畜产食品部和地方自治团体3周或100小时以上的归农教育、出自农业院校实习3个月以上并获得D等成绩以上的实习选拔生或接受过民间团体的一般农业教育后从事农业生产达3个月以上，想要从事农业及相关领域迁移到农村的城市居民，可向市郡农业技术中心提交创业申请书和企划案，根据其执行力、教育、经营和服务意识等评审合格后政府提供创业支持。

（2）归农归村教育基地支持。全国和各道农业技术园及市郡农业技术中心共同合作，对5年以内归农归村者提供适应农村生活、农业生产经营、技术操作等教育，费用由政府承担。全国共设置114个归农归村实习基地，以18～55岁出自归农学校、农业院校的专业毕业生和退伍军人为选拔对象，意向者向当地教育机构提交书面审查资料并接受面试，入选培训合格后有农业创业想法的精英人员可安排实习，实习期间参照各地方消费水准提供实习工资。

2. 财政支持情况

农林畜产食品部负责做每年的归农归村支持预算，预算审核通过后进行财政支持。财政支持分为贷款、补助和储备金3种形式。①贷款包括农业创业、购房和自建房贷款，经市郡农政审议会审议合格后发放年利率低至3%限额2亿韩元（2017年100韩元约合0.60元人民币）的10年分期创业贷款和年利率2.7%（65岁以上2%）额度为5 000万韩元的购房低息贷款。②补助包括教育实习、房屋修理和咨询费用补助，政府提供50%～100%的归农归村线下教育课程费和5个月实习工资的教育实习补助，对户主及家人全部移居到农村生活或移居前签订完购买住宅、租赁合同（5年以上）的归农归村者提供500万韩元的房屋修理费补助，为想要移居农村从事农业生产的专业农户或从事其他行业的兼业农户报销80%最高为150万韩元的归农归村咨询费用补助。③关于举办归农归村博览会和学术交流会的费用，全部由政府储备金承担。

3. 支持归农归村主体情况

农林畜产食品部和海洋水产部统计5年内的归农归村数据后再制定下一

个涵盖经济、教育、文化、医疗、福利等多方面的 5 年归农归村开发支持计划，提高归农归村居民的生活质量。政府农业政策局的农业人力资源科负责推进农业生产继承者培养、农业实习和创业指导，农村地区开发科和城乡交流科负责城市居民归农归村宣传、改善农村住宅、田园和新农村建设支持。农村振兴厅技术援助局和农村资源开发研究所负责传统农村、特色小镇、民宿型农院、农村观光地区网络工程、退休归农研究、归农继承户研究和韩国家庭农园研究支持。地方自治团体为归农者设立归农委员会，为稳定归农者定居提供教育培训、经费补助、项目融资、医疗保险、子女助学金等多项援助。

4. 信息咨询服务情况

教育信息系统和归农记录系统提供归农前期的适应农村与各地主要种植作物信息、住宅指南、农业农村有关事宜和村民矛盾解决方案，归农后期的居住与工作模式变化、农村医疗、农村收入和税金、农产品流通渠道与特性、归农成功事例等多种信息检索。归农归村综合中心联合农协、农协中央会、地方自治团体等相关机构收集归农归村支持政策、金融、土地资源、住房、教育、农业经营等相关情报信息，为有归农归村意愿的市民提供从准备到定居的全程服务，聘请经专业咨询机构认证的农业生产专家提供一对一服务，并开通全天咨询热线，可咨询回乡务农、作物栽培、农产品加工、流通、经营及技术相关问题，也可进行双向沟通，构成全方位的归农归村信息系统。被委托土地的农田信托银行为职业归农和创业归农意愿者提供归农类型分析、制订创业计划等个人针对式咨询。归农归村博览会为归农归村准备者提供归农归村信息、咨询和体验服务，与归农归村前辈交流吸取经验。

5. 教育培训情况

（1）归农归村教育。由农林畜产食品部委托教育文化信息院进行归农前的集体教育，包含归农家庭真实感受、作物栽培理论简介的线上教育与归农初期、归农中期、归农审核及归农生活 4 类 38 门课程的线下教育。教育机构开设时长为 7～90 天的理论实习一体化的短期教育，意向者向当地教育机构提交书面审查资料，面试合格后进行培训，培训课程包括了解归农支持政策、土地交易情况及农业就业信息等准备课程，学习农业生产经验、省力化栽培、农机购买和机械操作等技术类课程，农产品价格波动因素分析、掌握价格信息服务系统、记录管理农场生产收支等归农适应课程。此外，还有适宜种植品种选择、栽培、养殖技术和农机维修等课程的长期教育。

（2）归农归村志愿者培训。为引导优秀的年轻人才流入农村，让归农归村意向者掌握先进的农业生产技术，选拔优秀的志愿者进行归农归村实习。农业技术中心推荐的新型农户、专业农、创业农和成功归农者作为先导实习长进行一对一志愿者培训，培训内容包括农业栽培、农村生活必备技能、农业观光、归农体验和归农心理健康，考察多种农业经营模式，提高归农归村者收入。

（四）归农归村发展现状

按照归农归村的时间推移来看，受 1997 年亚洲金融危机、2008 年美国金融危机和 2010 年欧洲债务危机的影响，韩国掀起了 3 次归农归村热潮。年轻归农归村者在经济萧条时为躲避经济危机的影响数量增加，待经济恢复时数量减少。近年来，中年归农归村者数量不断增加，在补充农业劳动力和促进农村经济发展上起着重要作用。老年归农归村者大部分因失业或退休后为追求舒适的田园生活而归农归村，老年归农归村者数量持续上升加剧了农村老龄化，降低了农村发展活力。近年来，韩国归农归村的主体为中老年层，有利于推进农村经济循环发展。2016 年归农归村支援预算与 2013 年相比增加 2.2 倍，高达 1 666 亿韩元，其中拨出 166 亿韩元支持 9 个归农归村活性化项目。

地方支持是归农定居的重要影响因素。庆尚北道由于具有良好的农业生产条件、土地价格相对便宜和实施积极的归农归村政策号召，成为韩国最典型的归农归村地区。在实施归农归村政策的基础上，提供归农实行前的教育培训费支持、归农实习与现场实习支援、房屋修理费与搬家费支援，归农实行后的归农安置资金、农地保障费、务农费与收入支援、医疗费与子女学费支援、其他事业补助等，发布了归农指导、归农者农用机械贷款、归农者农地购买所得税和注册税减免等条例。庆尚北道设立了 9 个归农归村援助中心，通过庆尚北道农民学校的归农课程和归农实习提高了归农归村者学历水平，通过现场学习农业经营技术、开设归农归村论坛、举办归农归村庆典等拉近原住民与归农者的关系，利用信息通信技术结合新型经营理念发展六次产业化等。以上支持做法使庆尚北道归农归村事业发展迅速，实现了农村劳动力资源补充、农产品附加值提高、农村教育环境改善和农村福利待遇提升，推动了城乡发展协同共进。

（五）韩国归农归村对中国的启示

1. 加大对农村政策和金融的支持力度

由于农业是弱质产业，其发展需要政府的大力支持，这一点在韩国归农归村的实践中已得到证明。韩国政府作为归农归村的组织者和发动者，建立了整套的支持政策体系，设立了归农归村住宅和创业专项资金，农协银行开展信贷等保证归农归村的顺利推行。而中国工业飞速发展，农业生产经营无法适应市场化的需要，农村资源大量流向城市，经济发展迟缓。借鉴韩国的经验，可从以下3个方面考虑加大对中国农村的支持力度。首先，政府部门完善农业农村政策以营造稳定良好的农村发展氛围，提高农村基层福利待遇并实施税费减免，引导农民工返乡创业并鼓励城市居民到农村进行农业生产、加工、餐饮、民宿、旅游观光等多产业协调发展。其次，政府应支持县级农业技术推广站对农民免费进行培训，为培养高素质农民提供教育预算划拨经费。第三，为农村高素质农民提供住宅、教育、农业技术等方面的补助金援助，在农民购买厂房、农产品生产加工设备等方面提供充足的信贷资金支持，拓宽融资渠道，对农村成功创业农民给予奖励。

2. 强化专项教育培训支持

长期以来，中国农村人口文化素质偏低，农民受教育程度不高。现在农村迫切需要培养有文化、懂技术、善经营、会管理的高素质农民，为中国农业输送更多合格的职业农民，因此，需要加强多方合作开展农民教育培训。一是政府以学习农业生产经营为中心，开展小型农机具使用技术和方法的现场实习，为失业的退伍军人开设农业创业课程。二是公共机构、农业院校和农业合作社联合培养专业的年轻农业人才，创建可免费选修农业专业课程的农业人才培训网站。三是民间组织开展生态农业理论教育、现场实习与专题研讨会等，由农业技术推广协会开展生态农业种植、养殖、病虫害防治、特种药材栽培等技能培训，对农村问题实时反馈，对农产品市场变化进行预测并做出紧急预案。四是根据农民的个性需求提供有效的针对性教育，实施导师教育，选定经验丰富并掌握农业知识的村长、大户等作为导师并配备农业专业讲师提供一对一援助指导，传授农业技术、农作物选种、拓展销路、农机操作方法等专业知识。

3. 成立农业综合中心，建设信息共享系统

关乎农民利益的中央1号文件和必要的农业经济信息，许多农民不知道或只是听说过而不了解，想要获得有价值的时效性信息非常困难，成为农民增收的瓶颈。政府应设立农业综合中心联合农业院校、农业合作社等实时收集农村政策、金融、土地资源、住房、教育、医疗、农业经营等相关情报信息，并建立门户网站实现信息公开共享。同时，村内配置咨询工作人员，聘请专家进行现场咨询，让农民了解消费者的消费模式，取得消费者对农产品的信赖。根据农民的需要提供农业经营规划、农产品营销、开发未来市场等方案，增加农民收入。

4. 综合整治村镇环境，扩大农村宣传力度

根据 2017 年 2 月《全国农村环境综合整治"十三五"规划》，中国仍有 40％的建制村没有垃圾收集处理设施，78％的建制村未建设污水处理设施，40％的畜禽养殖废弃物未得到资源化利用或无害化处理。由于农村环境"脏乱差"问题突出，城市人不愿去农村，年轻人更是不愿留在农村。因此，改善农村环境质量并扩大对农村的宣传力度，对于引领农村青年回乡发展和吸引城市资本到农村投资显得尤为重要。具体做法：一方面，以让农村和城市一样以整洁为目标，推进"硬化、绿化、亮化、美化、净化"环境整治工程，改善农村的村容村貌；另一方面，以城市失业人员为对象定期进行关于农村问题的访问，举办绿色乡村体验活动，开设讲座宣扬农村传统文化，分享农业创业成功案例，寻找农村潜在创业者。利用大众媒体对农作物种植、农业科技、农村建设、农村生态旅游等方面采访报道，搭建电视和网络的农产品推介平台，转变城市居民对农业农村农民的偏见，搞活农村经济。

（本部分内容发表于《世界农业》2017 年第 10 期，作者：王曼乐、胡胜德等。）

第二节　国外农业政策

一、日本大米政策的演变及启示

中日两国均面临农业劳动力减少、大量耕地被抛荒、户均土地经营规模小等现实问题，处于农业结构调整和改革的关键时期。日本的大米政策逐渐向提高大米竞争力的方向转变，这一转变过程值得中国借鉴。另外，尽管中国还没有像日本一样达到"黄箱"政策的"天花板"，但是价格补贴力度仍然受到了限制。在 WTO 相关规则的约束下，中日两国大米进口压力均有所增加。日本提出农业多功能性理论，将农产品价格补贴转化为对环境资源、公共服务等直接补贴来应对 WTO 农业规定的相关政策，也值得中国借鉴。

（一）日本大米政策的演变轨迹

1.《粮食管理法》时期

为缓解大米持续供应不足与国民需求之间的矛盾，1942 年日本政府出台了《粮食管理法》，直到 1995 年被《粮食法》取代。持续了半个世纪的《粮食管理法》对日本大米产业产生了深远的影响。在《粮食管理法》实施期间日本大米由供应不足转变为生产过剩，大米政策也随之有了相应的变化。

（1）米不足阶段（1942—1968 年）。《粮食管理法》直接对大米价格、流通以及进口实行管制。粮食厅分别根据稻农的再生产需要和消费者的承受能力规定大米的生产者价格（大米收购价格）和消费者价格（大米销售价格），并统一规定了大米在收购、零售等流通阶段的价格。随着经济的发展和粮食安全情况的好转，《粮食管理法》根据现实的需求做出了调整：一是1955 年大米丰收的背景下，大米的供给由生产分配制度转换成事前生产申请制度；二是在农业与工业收入差距拉大的背景下，为保护大米生产者的利益，从 1960 年起改变大米生产者价格的计算方式，开始按照城市劳动者工资计算大米生产者的劳动工资。另外还引入了相应的大米生产者收入补贴政策。因此，大米的生产者价格急剧上升，每 60 千克大米价格由 1960 年的 4 162 日元上升到 1968 年的 8 269 日元，增长了 1 倍左右。稻农收入的提高吸引了大量的农户转种水稻，导致水稻生产量激增。

（2）米过剩阶段（1969—1994 年）。从 1967 年开始的大米丰产期使得日本面临严重的过剩米危机。两次过剩米的处理更是带来了 3 万亿日元的损失。并且随着大米生产者价格的持续上升，消费者价格也逐渐提高。例如1970 年政府将每 60 千克大米收购价格定为 8 272 日元，销售价格定为 7 442 日元，价格逆差为 830 日元，生产费用逆差（包括生产补贴）为 2 219 日元。1975 年收购与销售的价格逆差进一步扩大到 3 365 日元，生产费用逆差为 5 764 日元。不仅消费者承担着高米价，政府也因大米供给过剩需要承担大额的陈米管理费用和减反政策辅助金，财政负担巨大。

为了抑制过剩米继续增加，1971 年日本政府开始推行减反政策。该政策制定的背景为：大米生产者价格的提高使得种植水稻的收入大大超过种植其他农作物的收入，农户生产大米的意愿也随之高涨。再加上水稻高产品种和增产技术的引进、机械化的普及、土地质量的改良，水稻的单产迅速提高。伴随着大米种植面积的扩大，大米的总产量取得飞跃性的提升。但是大米消费量却在持续减少，大米过剩现象十分突出。该政策具体内容为：政府依据大米的需要量设定了全国需要转种其他作物的目标种植面积，将具体目标分配到都道府县，再通过市町村一级分配给生产者，减少大米的种植面积。实行减反政策的农户则可获得一定的补偿金。

米市场的逐渐饱和使得消费者对高品质大米的消费需求随之上升，因此1969 年开始实行大米自主流通制度。该制度不仅有利于消费者自由选择更加优质的大米，还因减少了政府销售环节而减轻了价格逆差带来的政府财政负担。自主流通米也可以视为政府和农协的互相妥协，是介于政府管理米与市场自由米之间的"准政府米"。此后，米的官方流通渠道除了政府销售路径以外，还增加了高价格品牌米的自主流通路径。1990 年日本增设了自主流通米的价格形成机构，有利于大米价格的透明和公平。自主流通米流通比率上升的同时，不受《粮食管理法》承认的市场自由米的流通比率也有所上升。1992 年政府管理米流通比率为 19％，自主流通米流通比率为 48％，剩下的 33％则由市场自由米占据。

2. 《粮食法》时期

伴随着日本经济发展形势的变化，《粮食管理法》与大米经济现状逐渐背离。原因主要在于：首先，市场自由米在 1992 年占据了大米流通量的三成左右，虽然其并没有受到官方的认可，但也几乎不太可能受到严厉的管制，市场自由米对扭曲的米价政策造成一定的冲击。其次，《粮食管理法》带有浓厚的计划经济色彩，强烈抑制了大米生产者、流通业者的利益需求以及消费者利益最大化的行为需求。再次，《粮食管理法》虽然在特别栽培米的制度中规定了生产者可以直接向销售者进行售卖的销售途径，但是销售数量是有限的。大部分生产者并不能直接销售产品，也不能通过"安全米制度"进行产地直销。生产者、流通业者、消费者对于政府放开大米流通和价格管制的呼声日渐高涨。1993 年"米骚动"事件与乌拉圭回合谈判中关于部分开放日本国内大米市场的规定更是推动了大米政策的改革。1994 年，日本政府制定了基于大米经济现状的《主要粮食供给及价格安定的相关法律》（简称为《粮食法》），1995 年 11 月 1 日正式施行。《粮食法》放宽了对日本大米流通的严格规制，目的在于促进大米流通的自由化。《粮食管理法》中日本政府执行大米的国内流通与进出口的管理职能，然而在《粮食法》中，政府的职能则被限定在一定的范围内，包括制定米流通的全体计划以及引导计划实现、政府储备米的运营、国内市场准入米的运营等。

《粮食法》还增加了计划外流通米的流通制度，生产者可以通过向粮食事务所申请销售数量，其销售方式和渠道都是自由的。该制度的实行使得大米流通业者利用多种方式销售大米成为可能。《粮食法》实施的同时，1995 年大米又迎来了丰收（产量 1 198 万吨）。连年的丰收以及大米销售状况不佳导致大米过剩的情况并没有得到改善。米价也在米过剩与外部产业的冲击下持续下滑。鉴于米价全面下降的现实，日本政府为了缓和稻民所得减少带来的矛盾，1998 年开始实施稻作经营安定政策。稻作经营安定政策主要围绕缓和自主流通米价格下降带来的影响，将生产者预交资金和政府的补助金一并补贴给参加减反政策的农民，减轻稻作农户的损失。尽管这样，稻农的经营收入情况仍在恶化，土地纯收益低于土地租金，土地规模越大的生产者亏损越严重。稻农的经营状况得不到改善的原因还在于稻作经营安定政策的基准价格是前 3 年价格的平均水平，在米价持续走低的状态下，对于稻农的帮助较为有限。

3.《改正粮食法》时期

《粮食法》施行期间，生产者经营大米的收入并没有得到有效地提高，政府储藏用米量也未得到明显的削减，再加之食物消费形式的多样化，社会家庭的变化导致的米消费量的持续减少，日本政府认识到必须从大米生产结构和流通方式上进行全面的改革，农林水产省于 2002 年 12 月制定了《米政策改革大纲》，明确了米政策的改革。经过对《粮食法》的大幅修订，《改正粮食法》于 2004 年 4 月 1 日正式执行。《改正粮食法》废除了对计划流通米与计划外流通米的区分，实现了无论规模大小的流通业者从事批发和销售的可能性，提出了利用条形码实现米产品的可追溯制度，将政府米的购入和销售的方式变更为投标制，废除了生产者价格与消费者价格。

米政策改革从 2004 年开始，分为两个阶段：第一个阶段（2004—2006年）主要是由全国统一分配大米耕作面积变更为根据销售情况直接分配生产数量；第二阶段（2007—2009 年）主要围绕农业生产者的供给情况进行生产调整，形成大米供需调节的综合机制。

但是以农业者和农业者团体为中心进行生产调整并没有体现政策的实施效果，受到之前几年大米种植面积控制力度的限制，2007 年即使收获指数正常，仍有 20 万吨的过剩米，国内米价依然受到影响。日本政府 2007 年发布了"米紧急对策"，采取增加储存用米和推进非主食化等多种措施确保生产调整的实效性。因此，米政策改革并没有从根本上解决生产调整政策与市场需求状况分离以及生产者过度依赖政府补贴的问题。

4. 户别收入补贴制度时期

大米改革时期，日本自民党提出的收入减少影响缓和对策在实施过程中由于没有兼顾到小农户而遭受批判。民主党由此提出了以补偿农产品生产费用与销售价格的差额为基础的户别收入补贴制度，补贴对象由一定种植面积的生产者扩大到所有农户。2009 年民主党击败自民党，成为执政党。2010 年部分地区试行"户别收入补贴示范事业"，包括对主食大米的收入补贴以及有效利用水田的直接补贴两项政策。享受该补贴的作物种类仅限定于大米。经过一年的摸索和尝试，2011 年户别收入补贴制度正式实施。

户别收入补贴制度的主要内容包括旱地作物补贴、有效利用水田补贴、大米所得补贴、米价变动补贴以及其他附加补贴（包含了经营规模扩大补贴、耕地再利用补贴、绿肥轮作补贴、集落营农法人化支援补贴等）。涉及大米的共有 3 项补贴政策：①有效利用水田补贴的补贴对象是生产麦类、大豆、米粉用米以及饲料用米等战略作物、主食大米与战略作物一年两作、耕畜连携的农户，补贴金额按照面积支付；②大米直接支付固定补贴没有太大变化，仍然按面积进行定额支付（15 万日元/公顷）；③米价变动补贴则是在能保障农户最低生产费的基础上按标准销售价格与实际价格的差额进行定额补偿。

5. 新农政改革时期

2012 年自民党重新执政，为了避免农业政策变动造成农业混乱，自民党承诺继续保留已实施两年的户别收入补贴制度，将其调整为经营收入安定政策。但是从 2013 年开始逐渐对其进行内容改革。2013 年，农林水产省基于骨干型农户的农地利用率较低、农业生产者高龄化、弃耕面积扩大的现实境况，提出了《农林水产业•创造地域活力计划》。具体包括了以下 4 部分内容：①设立农地中间管理机构，并在各地进行有效推广，加快骨干型农户农地规模化速度；②调整经营所得政策，逐渐废除大米直接补贴和米价变动补贴，并且将旱田作物和缓和旱田作物收入减少影响等两项补贴政策的支付对象限定于有经营能力的农户；③废除生产调整政策，在调整大米直接补贴的基础上，不再偏重于主食大米的生产，而是更加侧重于麦类、大豆、饲料用米等作物的生产，并逐渐废除大米生产数量目标分配制度；④创设日本直接支付补贴，为实现农业与农村的多功能性以及地域的集落营农组织的共同管理功能，创设了日本直接支付补贴体系，帮助致力于扩大经营规模的农户减轻负担。

由以上政策内容可以发现，此次改革旨在通过增强农户种植的自主选择性，全力培养骨干型农户，从而提高农业的核心竞争力。针对大米的政策改变如下：①米价变动补贴于 2013 年废止，大米直接补贴由每公顷的 15 万日元削减为 7.5 万日元，并且该补贴于 2018 年废止；②仅限于 2013 年对属于大米直接补贴支付范围但还未加入收入减少影响缓和对策的稻农提供补贴；③水田有效利用政策中饲料用米和米粉用米的补贴金额发生变化，由每公顷补贴 80 万日元变更为按照收获数量的多少进行补贴；④到 2018 年停止大米生产调整政策，将生产决策的自由还给农户，政府的职能由决定大米生产数量逐渐过渡到为生产者提供相关供求信息服务。

（二）日本大米政策的演变对中国大米政策的启示

1. 培育新型经营主体，扩大土地经营规模

日本在进行大米生产调整过程中，一方面通过对骨干型农业生产者提供各种补贴和贷款优惠，另一方面通过设立农地中间管理机构促进农地的流转，为骨干型农户或农业组织进行大规模生产提供土地条件。发展新型农业经营主体和实现土地适度经营两项政策是相辅相成的，土地流转集中是新型农业经营主体进行生产的基础条件，新型农业经营主体又是土地资源得到优化配置的保证。结合日本大米政策的经验，中国应通过如下途径培育新型农业经营主体和扩大土地经营规模。一是设置有效的土地流转中介服务组织，加强土地流转中介服务组织的职能建设，使其成为土地供求双方的信息交流平台、土地流转产生纠纷的解决平台、土地流转后使用的监督平台。二是完善新型农业经营体系的建设，明确新型农业经营主体的功能定位，发挥不同经营主体在大米生产中的作用，加大对新型农业经营主体财政补贴的支持力度，在税收和金融贷款方面给予优惠。三是健全农业社会化服务体系，完善水稻生产环节外包服务。鼓励农机专业合作社和社会化服务组织为普通农户或其他新型农业经营主体提供大米生产、运输、加工、销售等环节的社会化服务。

2. 保证主食大米实现自给，增加饲料大米的生产

随着大米消费量的降低和食物消费结构的变化，日本通过给予农户生产补贴鼓励种植主食用米的农户转种饲料用米、米粉用米。近年中国居民食物消费结构也呈现了由谷物、蔬菜等低能量碳水化合物向畜禽产品等高能量蛋白质食物的变化。居民对畜禽产品的需求不断增加导致饲料需求量的增长。然而优质饲料粮食需要大量从国外进口，在一定程度上制约了中国畜牧业的发展。当前主粮均存在供过于求的现象，需要进行生产结构调整。因此在保证主粮实现自给的同时，增加饲料粮食的生产量势在必行。2015 年开始，中国陆续开展"粮改饲"政策的试点工作，但是当前饲料种植主要集中于青贮玉米和青绿饲料，饲料大米的种植面积有限，因此应该强化饲料大米的研究和推广。在科技方面，加大科技投入促进饲料大米的品种培育、饲料调制、循环生产等各项技术的提升；在政策方面，通过种粮补贴和农机补贴扶持一批集饲料大米的种植、加工、销售为一体的龙头企业发挥示范带头作用。

3. 合理调整大米补贴政策，提高稻农市场适应能力

日本按照 WTO 农业协定大幅度削减扭曲市场和贸易的农产品市场价格支持政策（"黄箱"政策），重新构建了以直接收入补贴为主并为农村基础设施建设和生态脆弱地区提供补贴的农业支持政策体系。尽管中国在加入 WTO 之后获得了较大的"黄箱"政策空间，然而政策空间毕竟是有限的。在 WTO 规则允许范围内，中国要运用好"黄箱"政策首先是优先保证大米安全，保留稻谷最低收购价政策，应发挥政策的止损功能而不是增收功能。其次是利用好农业多功能性理论促进部分"黄箱"政策向"绿箱"政策转变，进一步支持农业支持政策与生产脱钩，向与环境保护挂钩的方向转变。再次是在提供农业信息服务、推广先进技术、建设农村基础设施等一般公共服务领域里用好"绿箱"政策，同时，为生态脆弱的农业生产区提供"蓝箱"政策的支持。在国际农产品贸易深化的大环境下，日本逐步取消了大米生产调整政策，鼓励农户根据市场需要决定水稻的种植面积。中国除了消除农业补贴政策对市场扭曲的作用以外，还应提高农户的市场适应能力，实现小农户和大市场的有效对接。一是鼓励稻农加入水稻专业合作社，引导水稻专业合作社和龙头企业成立行业协会、产销联盟，提高稻农的组织化程度；二是做大做强大米加工企业，延长大米产业链，提高大米产品的附加值；三是建设现代化大米物流配送体系，创建优质的大米品牌。

4. 建立严格的质量安全体系，提升大米的国际竞争力

即使日本国产大米较进口大米的价格更高，本国的消费者基于信任感也愿意支付更高的价格购买国产大米，这种消费现象被称为"偏好溢价"或"信任溢价"。基于"信任溢价"，消费者会随着收入的增加和健康意识的加强，更倾向于选择优质农产品，对其价格接受能力也较高。一直以来，中国大米的质量标准存在着"进出口两个市场、两种标准"的问题，即出口大米质量比不上国外大米，国内大米质量比不上出口大米。因此，中国应该重视水稻的标准化生产，增产的同时提高大米质量，增加消费者的"信任溢价"。另外，中国应发挥农产品质量安全体系的倒逼作用，以严标准确保高品质，在水稻生产、运输、储藏、加工等环节采用统一的标准，提升大米质量，保障大米安全。在农产品质量认证和监督方面，不仅要实现大米内销标准与外销标准的统一，还要与国际大米主要出口国的标准接轨，力争超过出口国的水平，真正打开国际大米市场。

（本部分内容发表于《现代日本经济》2018 年第 3 期，作者：张永强等。）

二、美国蔬菜产业的扶持政策

(一)美国扶持蔬菜产业的政策

1. 灾害援助政策

在美国,对于没有购买作物商业保险或没有列入联邦农作物保险计划项目的蔬菜种植者,可以享受《非保险农作物灾害援助项目》的资金扶持。该项目由美国农业部农场服务局具体实施操作,其主旨是为农业保险项目之外的农作物提供最低程度的风险保障。一旦由于自然灾害原因导致农作物的损失超过50%或者播种面积减少超过35%,受灾农场主即可获得"非保险农作物灾害援助项目"的赔偿。在美国,由于很多蔬菜品种没有被列入联邦农作物保险计划项目,所以对于很多蔬菜种植者来说,在遇到重大灾害时,"非保险农作物灾害援助项目"是蔬菜种植者能得到的最主要的救济途径。

在发生特殊自然灾害时,美国还会制定专门的灾害援助政策。如2004年佛罗里达州发生的飓风使园艺产业受到了严重的损失,美国国会为此颁布了《佛罗里达飓风援助项目》。

2. 联邦农作物保险

联邦农作物保险由农业部风险管理局负责组织实施。该保险的作用是提供多项措施以保障作物的收获量或弥补因作物减产而导致的经济收益损失。在这方面,不同的保险可提供不同的保障,传统上有所谓的收获量保险,如多重灾害作物保险,可针对因干旱、洪水、霜害、病虫害以及其他农场主无法控制的自然灾害所引起的作物减产给予补偿。目前,在美国,收益保险更受到关注,它包括所得保障、作物收益保障、收益确认、群体风险所得保障、调整毛收益等。收获量保险重于"量"的保障,收益保险则强调"价"的稳定。联邦农作物保险主要针对粮食作物,目前只有一部分地区的蔬菜品种被列入其中,包括白菜、辣椒、玉米、西红柿等12个蔬菜品种。2006年以后,农业部风险管理局一直致力于联邦农作物保险项目的改革,以使更多的蔬菜品种纳入其中。

3. 国内供膳商品采购计划

国内供膳商品采购计划,即由美国农业部市场服务局购买美国市场上的大量高质量食品,这些食品被用于国立学校的午餐、早餐、夏季冷饮、老年人营养计划以及突发事件的食品援助等。该计划的初衷之一是消除国内产品的供给过剩,保持产品有一个较高的价格,以维护生产者的利益。目前,美国蔬菜过剩产量的三分之二由农业部市场服务局收购,其中蔬菜和水果占国内食物采购量的绝大部分。如在 2008 年，市场服务局采购了 3.55 亿美元 12.4 亿磅的水果和蔬菜。2010 年，该采购量增加至 20 亿磅，价值增加到 4.47 亿美元。

4. 制定市场销售规范

蔬菜市场销售规范是在农场服务局的监督管理下，由蔬菜加工商和种植业代表组成的委员会制定和管理的，目的是维护蔬菜销售的秩序，防范市场风险。目前，美国共制订了 34 项国家级的蔬菜市场销售规范，每一项蔬菜市场销售规范都包含各种约束条款，包括产品质量标准、产品流通方式、产品包装、商品存储设施标准、市场预测及广告发布等内容。目前，在蔬菜市场销售规范框架下的年蔬菜交易额已经超过 110 亿美元。

5. 国家研究和推广项目

国家研究和推广项目主要致力于促进特色农产品的生产和扩大国际国内市场。该项目由联邦立法机关授权，由农业部长提名和任命项目委员会成员，成员主要包括生产者、运销商、加工商、进口商等经营主体和消费者、政府管理者等。该项目委员会在农场服务局管理下从事作物的生产研究、技术推广、市场调研和新产品开发等活动。

2014 年，国家研究和推广项目共有 13 个，其中涉及蔬菜的有两个：第一个是蘑菇研究和推广项目，由每年交易额超过 50 万磅鲜蘑的生产者或进口商向项目委员会交纳经费，经费交纳标准为 0.005 美分/磅[①]，该笔收入每年为 300 多万美元，蘑菇研究和推广项目理事会负责管理该笔经费，主要用于蘑菇的种植技术研究和市场推广；第二个是马铃薯研究和推广项目，国家马铃薯促进委员会成立于 1972 年，经费来自种植面积超过 5 英亩的生产者以及所有马铃薯进口商和加工商，经费交纳标准为 3 美元/英担[②]。该委员会年收入约 1 700 万美元，主要用于马铃薯种植技术的研究和产品的海外推广。

6. 水果和蔬菜的试验计划

2002 年，美国《农场安全和农村投资法案》授权美国农业部开始水果和蔬菜的试验计划。该计划投资 600 万美元，旨在促进儿童的水果和蔬菜消费。该计划为印第安纳州、艾奥瓦州、密歇根州、俄亥俄州和新墨西哥州的 107 所小学和 25 所中学提供免费的干鲜水果和新鲜蔬菜。2008 年出台的农

---

① 磅为非法定计量单位，1 磅≈0.4536 千克，下同。

② 英担为非法定计量单位，1 英担≈50.802 千克，下同。

业法案将其变成永久性方案，而且推行到美国所有的州。

7. 特种作物竞争法

2004年12月，美国开始实行《特种作物竞争法》，实行该法的目的在于促进特种作物的生产和提高其全球竞争力。这些作物包括蔬菜、水果和苗圃作物。实行该法需年均投入540万美元，动用该笔资金须经农业部长的批准，其中80%的资金须用于各州农业主管部门进行的特种作物项目规划的编制和执行；10%的资金用于《特种作物竞争法》规定的特种作物的技术援助。其目的是帮助出口商支付动植物检疫费用和应对其他技术性壁垒，以扩展和保护美国特种作物拥有的国际市场份额。

(二) 结论与启示

1. 正确处理农业政策和农业立法的关系

我国对农业的扶持主要以行政政策形式出台，存在的最大问题是政策的随意性大、稳定性差。由于体制性原因，农业立法往往成为政策的翻版，导致原本属于政策的原则性和灵活性被直接带入立法条文之中，并因此导致农业立法缺乏严格的规范性和可操作性。因此，应借鉴美国的相关经验，明确农业的总政策、农业立法和农业具体行政政策三者之间的关系。

2. 制定综合性的农业政策

我国出台的农业政策时常呈现解决了一个问题又加重了另外一个问题的状况。如对粮食的综合性补贴，却导致了化肥、农药使用量的增加，污染了农业环境。当前各地区普遍实行的"粮田改菜田"的做法，对将来的粮食安全会造成影响，而且原有土地上的粮食补贴如何处理也是亟待解决的问题。美国没有专门的蔬菜政策，而是与其他作物一起共同出台相关政策，有效地解决了不同农产品之间的竞争关系。此点值得我们做深入的研究。

3. 农业政策的制定应吸引各方主体的参与

我国农业政策的制定主要依赖政府官员和知识精英，一线的农业生产经营者的参与机会较少，这导致了农业政策与现实需求不一致的现象，并容易受到利益集团的左右。美国制定蔬菜政策时，让生产者、经销商、加工商和进口商都参与进来，并承担相应的权利和义务。这种做法值得借鉴。

（本部分内容发表于《农村工作通讯》2014年第4期，作者：白红、张永强等。）

三、欧盟奶业政策变迁及启示

欧盟是世界乳制品最重要的生产区域之一，其奶业拥有悠久的发展历史。1990—2015 年欧盟乳制品贸易始终占世界乳制品市场的 24% 以上，与美国、澳大利亚和新西兰共同对世界乳制品出口贸易发挥着重要作用。

（一）欧盟奶业政策演进历程

1. 奶业市场管理政策

欧盟的奶业市场管理政策起源于 1968 年欧共体理事会乳及乳制品市场 804/68 号条例，该条例规定了与市场管理方面相关的内容。奶业是欧盟农业重要的组成部分，因此，欧盟共同农业市场针对奶业实施了奶业市场管理政策。奶业市场管理政策目标是实现乳及乳制品自给自足、增加农民的合理收入以及保持乳品市场均衡。在该政策的作用下欧共体 6 国乳及乳制品产量由 1968 年的 7 899.03 万吨增加到 1983 年的 9 938.53 万吨，出口量也从 1968 年的 107.8 万吨增加到 341.2 万吨。1974—1983 年，乳制品的干预价格实现了持续增长，大幅提高了农民的收入。

（1）价格干预机制

目标价格：目标价格是欧盟设定的牛奶价格浮动上限值，通常高于市场均衡价格，由各成员经过协商每年确定一次。当市场价格高于目标价格时，政府会通过向市场抛售存储的乳制品和限制乳制品进出口等政策措施进行调控。

干预价格：乳制品的干预价格特指对黄油、脱脂奶粉和各种奶酪加工乳制品的干预价格。干预价格是价格支撑体系的关键之一，是欧盟设定的价格浮动下限。干预价格略低于门槛价格，但高于世界市场价格。在整个年度中，如果市场价格低于干预价格，干预机构必须在规定的条件下以干预价格购买黄油和脱脂奶粉（公共干预），政府向企业收取给予优惠的存储费（私人存储援助），待价格回升后再投放市场销售；如果干预价格高于世界价格，那么与第三国的贸易将受到监管：进口收取关税，出口受益于出口退税。

（2）贸易政策

进口限制：欧盟通过门槛价格（最低进口价格）对进口乳制品进行限制。门槛价格是目标价格与国内运输成本的差额，目的是对进口乳制品进行限制。当进口到欧盟的乳制品价格低于国内门槛价格时，则会对其征收差价税，以保证进口乳制品不会对欧盟乳制品市场造成冲击。

出口补贴：出口补贴形成了传统的价格支撑和保护体系中的最后一个要素，通常付给私人贸易商并且被称为退款或赔偿。当干预价格高于世界价格，贸易商出口时就可以获得退款或赔偿。

（3）临时性政策。对内实行价格保护，对外实行进口限制，使欧盟的牛奶产量逐渐走高。20世纪70年代欧共体牛奶产量年增长率约为2%，而牛奶消费仅增长0.5%，然后停滞不前。欧共体的财政支出也越来越多，给财政预算带来了压力。为此，欧共体在1977年引入了共同责任税，1982年设定了门槛保护机制。

共同责任税，作为恢复市场平衡的手段，基本思路是将支持乳品生产的支出分为两部分，一部分由价格政策承担，另一部分在欧共体和农场之间根据公式计算进行分配。也就是说，将超产部分所应承担的费用由政府和农场共同承担。但该项政策实施效果不佳，没有起到缓解财政压力的作用。

门槛保护，最初的建议是建立一个预算稳定机制。如果财政支出超过规定水平，将对政策做出调整，然而政策是不可能随时更改的，因此，最初希望建立预算稳定机制的目标被取而代之：如果产量超出规定水平，则采取必要的措施来支付额外费用。

共同责任税和门槛保护是为了缓解财政压力而出台的，但最终均没有解决高额的财政支出，因此后来均被废除。

2. 牛奶配额制度

1984年4月1日欧共体引入了牛奶配额制度，牛奶配额制度是限制牛奶产量的政策，其政策制定源于市场管理政策所带来的高产出和高额补贴。引进牛奶配额制度目的有两个：一是维持欧共体乳制品的价格；二是限制牛奶产量，进而降低欧共体整体的贸易出口量以减少财政压力。配额制实施之后，随着欧盟各国人口和收入增加，欧盟内部乳制品需求逐年递增。但由于配额制的限制，乳制品产量无法增长。越来越多的乳制品由出口转变为欧盟内部消费，出口补贴随之下降，政府预算不足问题也得到缓解。

从1984年4月1日引入牛奶配额制到2015年4月1日正式取消，31年间牛奶配额制共经历了以下3个阶段。

（1）配额稳定期（1984—2007年）。为了遏制乳及乳制品的超量生产，欧盟对成员制定了严格了牛奶配额制度，任何国家都必须严格按照所规定的配额进行生产，否则就会对超额生产部分进行处罚。1995—2007年，欧盟10国配额从9 535.3万吨增加到1.03亿吨，22年间仅增长了8%，配额制实施效果显著，欧盟10国牛奶产量从1983年的1.1多亿吨下降到1991年的1亿吨，直到2007年一直保持着稳定的产量。

（2）配额增加期（2008—2014年）。鉴于2007年世界乳制品价格大幅提升，新兴经济体对乳品需求量持续加大，为了使牛奶配额制软着陆，欧盟决定在2008年增加2%的额外配额，在2009—2014年，配额每年增加1%。

尽管 2008—2014 年牛奶配额均实现了增长，但由于世界乳品价格的波动，欧盟乳品产量也出现了波动。

（3）配额取消（2015 年 4 月 1 日）。由于在共同农业政策改革中改变了支付方式，同时世界新兴市场崛起使乳制品消费量大增，支持牛奶配额制度继续实施的理由不再存在，因此，2015 年 4 月 1 日欧盟彻底取消了实施 31 年之久的牛奶配额制度。牛奶配额取消后，欧盟国家的牛奶产量将根据市场产量与市场需求自由发展，不再受政府配额限制。

3. 奶业市场化政策

奶业市场化政策是在原有奶业市场管理政策的基础上，为逐步减少政府市场干预而出台的一系列降低行政干预的政策。20 世纪 80 年代后，来自欧盟内部市场管理政策导致的预算压力和外部关税贸易总协定（WTO 前身）的压力，使欧盟逐步取消或减少了市场保护。

（1）1992 年奶业市场化政策。1992 年奶业市场化政策基于 1992 年共同农业政策的改革。这次改革覆盖了共同市场组织下 75% 的农业生产，而奶业占农业总产出的 20%，是欧盟产出最多、受保护最多的部门。因此，虽然改革削减了大部分农产品的干预价格，但乳品政策的变化非常小，其中包括牛奶目标价格下调 2.5%，黄油干预价格下调 5%。欧盟政策制定者免除了共同责任的征税，继续实施牛奶配额制。

（2）2003 年奶业市场化政策。欧盟在 WTO 中承诺减少市场支持，2003 年共同农业政策改革中，欧盟做出了推动奶业市场化的实际行动。关于奶业的改革主要有以下两方面：一是取消目标价格。由于干预价格的使用减少，目标价格最终变得多余，作为改革的一部分，在 2004 年 7 月 1 日取消目标价格。二是继续实行牛奶配额制至少到 2015 年 4 月 1 日。在本次市场化政策中欧盟取消了实行几十年的牛奶目标价格以及设定了牛奶配额制度终止的具体时间点，迈开了奶业市场化改革的关键一步。

（3）2013 年奶业市场化政策。2013 年共同农业政策对奶业的市场化改革继续坚持前几次改革中不断减少对市场直接干预机制的发展方向。具体来看，保留了出口退税政策，废除了牛奶配额制（2015 年 4 月 1 日终止），干预机制中只保留了公共干预和私人存储援助，其他干预措施基本取消。现在欧盟只有在市场价格极端低迷的时候才会启动干预机制。欧盟在 2013 年后的改革更加侧重危机应对，建立了危机储备资金，加强了对生产者合作的支持。

4. 补贴政策

与欧盟奶业有关的补贴政策主要包括价格支持、直接支付、"交叉达标"

机制。1968年后欧盟对奶业一直实施价格支持，然而价格支持被WTO认定为扭曲贸易的政策，受到贸易自由化的压力，2003年共同农业政策改革后欧盟奶业的价格支持政策逐渐转化为与产量脱钩的直接支付。同时，由于环境问题带来的压力，欧盟引入了"交叉达标"机制。直接支付弱化了对乳制品贸易的扭曲，扩大了欧盟在世界乳品市场的开放程度。"交叉达标"机制的建立也大幅降低了奶牛养殖的污染程度。

（1）价格支持。1968年以后欧盟实施的奶业市场管理政策，使欧盟乳及乳制品价格大大高于世界市场价格，这就增加了牛奶生产者、加工者以及贸易商的收入，因此称为价格支持。

（2）直接支付。该支付方式根据历史产量水平或固定面积进行支付，乳品生产者每年均会获得支付。最初农场主得到的直接付款称为牛奶保险费，以农场主所持配额为依据，补贴金额随时变化，这些支付用来补偿干预价格减少而带来的损失。但由于牛奶配额制的取消，补贴不再以配额为依据，部分成员的直接支付与生产逐渐脱钩，变为根据农村土地面积以固定费率进行补贴，农场面积越多补贴越多。

（3）"交叉达标"机制。2003年欧盟引入"交叉达标"机制，将农民补贴资金的获取与保护农业环境、保护生物多样性、应对气候变化、保护食品安全、保障动物福利等方面挂钩。欧盟对自愿改变生产方式的农户给予补贴。对农业利用价值不大的土地进行粗放经营、休耕、退耕还草，对采用开垦荒地、排水等对生态环境有害生产方式的农户不予补贴。欧盟要求成员对不少于1%的申请单一农场支付的农民进行现场检查，当检查显示农民没有恰当地遵守"交叉达标"规定时，将对其施加处罚。

5. 牛奶一揽子计划

欧盟于2009年全球奶业危机之后开始实施"牛奶一揽子计划"。"牛奶一揽子计划"中最重要的措施是强制性合同的执行和牛奶市场观察机构的建立。2009年全球奶业重大价格崩溃使欧盟的奶农遭受严重的收入压力，引起了政府高度关注。因此，欧盟委员会成立了一个高层小组，制定了"牛奶一揽子计划"改革方案。该政策旨在提高牛奶生产者在乳品供应链中的地位。在实施过程中该政策得到了各成员广泛的认可，不仅提升了牛奶生产者的地位，而且稳定了牛奶价格。

（1）执行强制性合同。强制性合同是牛奶生产者和加工者之间达成的书面合同，增加牛奶生产者集体议价能力。该合同规定了生产者与加工者之间的关系。牛奶生产者加入合作社，合作社组成生产者组织与加工商进行谈判

（生产者组织可以谈判的牛奶产量受到明确规定的限制）。强制牛奶购买者向牛奶生产者提供最低合同期限，所有合同条款必须由双方自由协商，牛奶生产者有权拒绝合同规定的最短期限。

（2）建立欧盟牛奶市场观察机构。欧盟牛奶市场观察机构是一个数据收集系统，负责数据短期分析并向奶业相关部门提供数据，以提高欧盟牛奶市场的透明度。

（二）欧盟奶业政策对中国的启示

1. 建立奶业市场管理机制

2008年"三聚氰胺事件"导致消费者不敢消费乳制品，此后，中国奶业受到国内信任危机和世界乳制品市场双重影响，给中国奶业带来前所未有的挑战。中国可以学习欧盟建立干预机制应对市场价格极端波动的经验。同时，引入风险管理和危机管理，建立从风险监测识别、危害评估、危害预警、危机处置到危机恢复的全过程危机管理制度，为奶业市场建立安全网。

2. 提升奶牛养殖合作社组织的主体地位

中国目前已经出现了合作社组织形式，但现阶段发展合作社效果不佳，"奶农＋合作社＋企业"的模式没有正式建立起来，利益联结不紧密，根源在于合作社中奶农不具有主体地位。而最先出现合作社的欧洲国家，其合作社是由奶农集体组建的，经过了漫长的发展才形成了现在的成功模式。因此，如何让合作社真正发挥作用，国家政策应重点考虑如何使利益向奶农倾斜，如何增加奶农的话语权和地位。中国正在施行的鼓励合作社让农户入股、共享红利是一个方向。

3. 建立环境保护机制

在政策措施方面，欧盟实行"交叉达标"机制。将农民补贴资金的获取与保护农业环境、保护生物多样性、应对气候变化、保护食品安全、保障动物福利等方面挂钩。环境保护做得越好给予的奖励越多。在支付机制方面，推行"绿箱"支付。强制性规定将直接支付资金总额的30％用于保护作物多样性、维护永久性草地和生态重点领域。立法是农业环境保护政策的基础，政策措施是主体，而支付机制有效地保证了环保措施的执行。因此，建议借鉴欧盟的"交叉达标"机制，将补贴资金的获取与农业环境保护挂钩。对环境保护方面做得好的农户及养殖场给予奖励，并且提高对奶业环境保护方面的支付额度，强制要求补贴支付中有关环保方面的支付比例。借鉴欧盟"立法＋政策措施＋支付机制"体系，形成中国奶业环境保护的体系结构。

（本部分内容发表于《世界农业》2018年第8期，作者：李翠霞等。）

四、发达经济体农地保育政策运作机制及启示

近年来，我国加大对农地保育的政策支持力度。但我国的农地保育政策还处于起步阶段，尚未形成完善的体系。因此，总结发达经济体农地保育政策及运作机制，对于我国探索农地保育政策的具体实现方式具有一定的现实意义。

（一）发达经济体农地保育政策工具的运作机制

1. 以成本共享或收入补偿为支撑的经济激励机制

发达国家给予从事农地保育的农户经济补偿，以降低农业生产的负外部性。对那些减少环境负外部性（如土壤侵蚀的改善）及能带来环境正外部性（如空气质量和水质提高）的农地保育服务给予资助，并通过收入补偿和成本分摊方式具体实施。经济激励机制是发达国家农地保育中最常用的机制，且随着环境的变化而不断调整。如美国的农业政策在20世纪80年代以前主要以收入补偿为主，以休耕为主要形式，依托土地休耕保护计划实施。CRP项目时间为10～15年，并引入竞价机制。对于土壤极易遭受侵蚀及其他对环境敏感的农用地，通过收入补偿扶持农作物生产者实施退耕还林、还草等长期性植被保护措施，最终达到改善水质、控制土壤侵蚀、改善野生动植物栖息地环境的目的。20世纪80年代以后，美国的农地保育政策采用成本分摊方式，并主要对在用农地进行补偿。相关政策包括保育安全项目、保育管理项目及环境质量激励计划（EQIP）等。

由于环境变化，欧盟的农业保育政策由价格支持向直接补贴和补偿性支付转变。2003年后直接补贴由单一支付制度代替，其特点是将农户的经济补偿与生产脱钩，尽量减少对价格的扭曲。农民要得到补偿必须获得不与生产挂钩的支付权，而且必须采取《良好的耕作方式及环境措施》规定的最低土地管理和保护标准，要求农户降低土地侵蚀率、提高土壤有机质含量，号召少耕、设立防风带、石头墙、草地缓冲带及对坡度小于10%的农地实施等高种植等。通过农业政策和管理实践，欧盟可开垦地的土壤侵蚀率10年内降低了20%。欧盟的资助申请采取自愿方式，通常情况下不存在竞争。与美国的弹性收入机制不同，欧盟的收入补偿额度往往是固定的，农户最终获得的资金额度根据其做出承诺时放弃的收入和附加成本加以计算，收入计算的标准一般按面积并结合当地平均产量进行折算。但相对来说，美国采取的竞争机制比欧盟的固定比例支付形式更有效地提升了农业保育效率。

2. 集体和个人相结合的合作机制

通过建立集体和个人相结合的合作机制，既可调动个体农户的积极性，又能发挥集体的合作效应，更好地推动农地保育。日本土地保育和改良、水和环境政策规定，想申请相关补贴的农户，不仅需要达到良好农业规范（GAP）标准，而且必须加入一定的集体活动支持项目，即农业环境保护补贴只能以群体形式申请，个人不可申请。其中，补贴的集体部分用于灌溉水渠、池塘、乡村道路等集体建设。农户依附的群体一般为农协、土地改良区、非农户、学校等，通过建立一定的组织机构，完成制订计划、编制预算等规划活动，以便与当地政府签订契约。如果相关规划获得通过，即可获得政府资金支持。同时，获得资助的条件是80%的当地农户有意愿参与农业环境计划，且参与农户必须承诺至少在该地区80%的开垦耕地上减少50%的化肥和杀虫剂投入。补助资金的集体部分是每年每公顷20万日元，个别可按种植区域及庄稼类型给予补助。补贴量根据生产环境友好型农产品的例外成本计算（传统生产成本加上劳动成本），具体数额由行政官员或农业技术推广人员的调研得出。2010年，日本1 251个市町村的19 514个相关组织参加了集体活动支持项目，覆盖全日本35%的农用地。

3. 交叉遵守和承诺机制

交叉遵守和承诺机制是发达经济体普遍采用的农地保育运作机制，其特点是将农业补贴和环境标准结合起来。欧盟的交叉遵守机制规定，农民不仅需要遵守强制性管理条例的要求，而且要确保符合相关农业和环境条例，才有资格获得全额支付补贴（包括价格支持和直接支付）。英国的土壤保护包括最低土壤标准、土壤侵蚀及保持土壤有机物三个标准，这意味着要想获得基本补偿项目的补偿经费，农户必须采取相应措施去保护农地、管理土地以减少土壤侵蚀，并采用科学方式以保持土壤有机物。农村支付局会派出检查员对农民的执行情况进行检查，如果达不到相关要求，比如在一个地区土壤侵蚀超过1公顷，则会降低补贴标准。美国的承诺机制是强制性的，类似于欧盟和日本的交叉遵守规则，是1985年在《食品安全法》基础上实行的农业环境政策。承诺机制的目的是保护受到较高侵蚀的土壤及湿地，试图通过一系列特殊的农业种植和农地保育手段，将土壤侵蚀降低到可以承受的水平。农户如果想从联邦政府获得相关支持，则需履行相关农业保育规定并达到相应标准，而违反规定和标准的农户只能获得较少或无法获得经济支持。美国承诺机制中的相关土地保育措施主要包括：保护性种植，如轮作、庄稼剩余物使用、保护性耕作等，以及等高种植、坡地修成梯田、绿地排水道、施用绿肥或农家肥以改善土壤有机质。此外，2014 年美国新农业法规定，农户要想获得联邦作物保险公司的农业保险补贴，必须满足针对高度侵蚀的土壤和湿地的农地保育承诺机制的相关要求。

4. 农地开发权买断机制

农地开发权买断机制以激励为基础、自愿参加，其目的是保护敏感型农业用地及提高农业生产率，实施过程中交易的是农地的开发权或发展权，但依然保留农地私有产权。该方式依托农场和牧场土地保护项目加以实施，由美国农业部通过向州、部落、当地政府和非政府组织提供购买保育土地使用权的资金，以保证农地的农业用途，且不得反向回购发展权。作为对农场主承诺未来不将农用地转为非农用途所做的补偿，其价格为公平市场价格与农业用途价格的差价，接受政府出价的农地所有者与政府达成协议，将今后变更农地用途的权利转让给政府。在购买开发权的基础上，一些地方政府（包括州政府和联邦政府）将城市建设和农地保护有机结合起来，开发商可通过购买农地所有者、政府或第三部门拥有的开发权，取得在城市中建设更多建筑面积的许可。2002 年美国国会通过的《农场安全和乡村投资法》规定，由农业部下属的土地利用委员会联合地方政府和民间组织共同设立基金，用于购买土地开发权。由于联邦政府负责该基金数额的一半，同时还吸收了民间资本，这就有效减轻了地方政府的压力。获得该项目资助的条件是：参与州或当地农业保护项目；土地私人拥有；对高度侵蚀的土地有保育计划；保持经营规模以支持农业生产；产品的商品率高；有一定的基础设施和农业支持服务；土地连片且能支持长期的农业生产。

5. 以效率和竞争为导向的管理机制

为提高预算资金使用效率，美国在农地保育项目中引入竞争机制。环境收益指数强调补偿的目标指向性和效率。这一指数综合考虑了环境利益和管理成本，对每个申请者的环境利益进行打分，最终分数取决于农地保育在土壤资源、水环境质量、野生动物栖息等方面带来的环境效益。该指数包括六个环境因素指数（野生动物、水质量、土壤侵蚀、承受收益、减少风蚀带来的空气质量收益、国家或州的保护区）和成本因素指数（地租），每个因素赋予不同的权重。为计算环境收益指数，政府需要调查申请地的环境特征数据、每种行为或行为组合带来的环境收益等详细信息。每个申请者得到的环境收益分数会在全国范围内做比较，最终确定是否能够获得项目资格。在申请人较多的情况下，那些以最小成本获得最大环境收益的农户更容易获得资助。此外，美国针对在用地的保育管理项目没有使用传统的按每亩地租金和保育实践成本加权的补贴方法，而是采取基于绩效管理的方式，即农地保育实践越多的农户获得的补助越多。保育管理项目包括年度补偿项目和附加项目，参加者的年度补偿额根据已参加保育项目的用地面积和新参加的保育项目面积分别计算。计算公式为：每年的支付额＝参加亩数×绩效点数（现存或新加入）×土地使用补偿率。土地轮作的补偿标准则根据实施成本而定。

6. 法律和行政管制相结合的约束机制

在各种方法中，管理是较为直接而有效的，因此，法律和行政手段在发达经济体农地保育中较为常见。在发达经济体中，日本的农业资源禀赋较差，因而对农地一直实行比较严格的管理措施，并通过一系列法律保障实施，避免农地数量的进一步减少。1949 年，日本出台《土地改良法》对土地改良过程进行规定，包括农用地、浇灌设施和乡村道路的建设和管理等；2001 年进行部分修订，将农业和环境目标结合起来。1952 年，颁布《农地法》，先后进行 7 次修改，主要针对农用地权利转移及农地转用许可管制，以保障农地相关权利的顺利变动及农用地功能的实现等。1999 年，颁布《食物、农业、农村基本法》对耕地流转和弃耕问题提出一系列管制办法。美国也非常重视法律对农地保育的约束作用。早在 20 世纪 30 年代，美国政府就制定了《水土保持和国内生产配给法》。美国几乎每一项农地保育项目的实施都以法律为保障，从而有效提升了项目的可操作性。英国的农地保护以土地立法为根本手段，除 1947 年修订的《城镇和乡村规划法》外，还制定了《新城镇法》《村庄土地法》等十多部与土地科学利用相关的法律。

（二）发达经济体农地保育政策运作机制对我国的启示

1. 加强对农地保育政策的绩效管理

为提高农地保育政策绩效，应建立政府评估标准，并加强事前事后制度建设。事前应针对不同的农地保育方式，因地制宜制订技术规范和评估标准，并作为事后政策评估的主要依据。评估标准应充分考虑生态效益、社会效益和经济效益。借鉴发达经济体的经验，可采用具有法律效力的契约形式，引入契约管理，对补贴标准、技术要求、合同中止和未达标准等惩罚措施在契约中加以详细规定，以增加对农户的激励和约束。事后依据评估标准和技术规范，对参与农户进行绩效考核。绩效考核应充分发挥农户参与管理的主动性。在评估机制上可考虑将农户的自主评估和政府的随机检测评估相结合，以增加农户农地保育的自律性。此外，发达经济体通过提供相关技术支持以提高农地保育绩效的做法也值得借鉴。如，在推广低投入可持续发展项目（LISA）期间，美国的研究机构、高校、农业技术推广组织共同致力于 LISA 技术的推广和传播。因此，一方面，我国应充分发挥高校、研究机构的技术力量，加强农地保育技术研究；另一方面，从农村技术传播途径看，在借助各类媒体渠道加大推广力度的同时，充分利用邻里乡亲等传统传播渠道，以新型经营主体如专业合作社、专业大户、家庭农场等为示范对象，通过典型示范作用促进农地保育技术推广。

2. 建立以公平为基础、效率为导向的成本分享和收入补偿机制

经济激励相对于行政手段有着更大的灵活性，因此被认为是较为有效的环境管理工具。在农地保育中，较为常用的经济激励手段是价格支持、成本分享和收入补偿。我国正处于主要农产品从保护价向目标价、从价格干预向市场机制过渡的时期，因此，农地保育经济政策可与价格体系改革结合起来。同时，从发达经济体实践看，其已基本放弃价格支持，而代之以收入补偿和成本分摊。将农业补贴效果与经济补偿挂钩，可有效提高农户的农地保育效率。成本分享和收入补偿机制可采用公平为基础、效率为导向的原则，对农户实现基本保育要求的行为，通过物化补助和购买服务等形式，将经营成本在农户与政府之间进行分摊。对于超过标准或其他保育措施，应提供附加补贴。此外，约束机制和激励机制应相辅相成。可借鉴发达国家的"交叉达标"机制，建立农地补偿最低标准，如果农户承诺的标准不达标，可相应降低承诺的补贴金额，或不给予补贴，或中止项目。

3. 创新土地总量控制机制

美国利用土地开发权买断实现农地保护、提高农户收益的做法与我国的耕地占补平衡机制有相似之处。耕地占补平衡是《土地管理法》规定的占用耕地补偿制度，目的是实现耕地总量均衡。按照规定，非农建设经批准占用耕地，要按照"占多少，补多少"的原则，补充数量和质量相当的耕地，从而实现建设用地与耕地保护相平衡。但根据相关政策规定，目前我国耕地占补仅限省域内（自治区、直辖市）或市域（地、州、盟）内流转，不允许省际耕地占补平衡，异地占补平衡还受到一定程度的限制，而且区域间在非农化补贴和用地指标等方面也存在较大差异。因此，应创新耕地补偿机制，通过建立全国性耕地开发权交易市场，将耕地保护与粮食利益补偿机制有效结合。这既可解决缺乏指标的东部地区的建设用地需求，也可使指标富余的中西部地区共享城市化成果。

4. 采用多元化及适用性农地保育政策工具

农地保育方式的选择应因地制宜，采用多元化及适用性政策工具。发达经济体在实施土地保育过程中，采用了规制、经济激励、教育等多种方式，但在具体实现方式和目标选择上存在差异。在欧盟的部分地区，用于耕作的土地被认为具有最大的环境价值，因此对农业产值相对较低地区的农户支付大量的环境补偿费用，以避免土地荒废；而在美国，农地保育政策的主要方向是通过农用地休耕、退出，以获得最大的环境价值。欧盟的农地保育政策致力于减少土地抛荒、支持保护性耕作，而美国的农地保育政策主要致力于使农用地休耕、回归自然。日本主要面临的问题是土地用途的改变，以及老龄化造成土地抛荒从而引起可耕地面积下降，所以日本农地保育政策的重点在于减少抛荒，而不是防止土地改变用途。我国的农地保育政策应坚持数量与质量并重的原则，在坚持基本农田用途不变的基础下，通过农田水利建设、土地整治、保护性耕作、退耕还林等多种形式提高土壤质量。由于我国土地资源稀缺，面临保证粮食生产的重要任务，所以不宜采用以休耕为主的土地保育方式，而是采用保护性耕作和替代技术。

5. 完善农地保育法律监管体系

我国农地保育法律尚处于起步阶段，目前已有法律法规主要涉及土地用途管制、耕地总量动态平衡、耕地占补平衡、基本农田保护、农用地转用审批、土地开发整理复垦、耕地保护法律责任等。这些法律的实施在一定程度上促进了农地保护，但缺乏执行力，实践中存在政策失灵的问题，如在耕地占补均衡中利用政策漏洞以劣地交换良地。究其原因，主要在于我国农地保育相关法律法规过于分散、不成体系，而且法律条款过于宏观，缺乏操作性细则。因此，应对现有农地保育相关法律法规进行修订和补充，提升法律法规的系统性。制定针对微观主体的农业保育法规操作性细则，以提升执行力。将土地保育、水资源管理、保证生物多样性相结合，制定综合性农业环境保护法规。

（本部分内容发表于《经济纵横》2017年第7期，作者：张梅。）

五、国外粮食宏观调控的经验及对中国的启示

（一）国外粮食宏观调控的经验

1. 粮食出口国粮食宏观调控的主要做法

世界上主要的粮食出口国包括美国、欧盟、澳大利亚、加拿大等，一方面这些国家经济发展水平较高，另一方面农业比较发达，在粮食宏观调控中的做法也有很多的相似之处，主要手段一般包括价格支持政策、生产补贴制度、限耕限售政策、鼓励出口政策和统一管理政策等。其主要调控目标是放在保持粮食市场稳定、增加农民收入、保护种粮农民利益上。

（1）价格支持政策。价格支持政策是指国家通过各种补贴手段来提高粮食价格，保障粮食生产者利益的政策。价格支持政策是发达国家特别是粮食出口国常用的粮食宏观调控手段。

美国是实行粮食价格支持政策最多的国家，主要采取的手段包括差额补贴、直接收入补贴、反周期补贴、销售贷款差额补贴等。其中，差额补贴指的是针对主要农产品，由美国农业部事先确定一个目标价格，如果商品贷款率高于目标价格或收获后全国平均市场价格低于目标价格，其差额由政府支付给农民。直接收入补贴是美国从《1996年农业法》实施后开始实行的，这种补贴内容是政府按照基期的补贴产量与补贴面积，在6年内给予农民固定补贴，而不与当年的种植面积和价格挂钩。这种补贴方式标志着从价格补贴转向收入补贴。反周期补贴和销售贷款差额补贴都是一种价格补贴形式，用于弥补直接补贴的缺陷。

欧盟对主要的农产品都使用直接保护和补贴手段，这是欧盟共同农业政策的核心和基石。欧盟内部，农产品价格支持机制由目标价格、干预价格、门槛价格3部分组成。由于支持价格的实行与WTO规则相违背，基于国际社会的压力和欧盟内部成员间的矛盾等因素，价格支持政策的适用范围和实施力度正在萎缩。

澳大利亚的价格干预政策包括保证价格制度和汇总支付制度。保证价格指的是澳大利亚小麦局收购小麦时采取最低收购价格。汇总支付制度指的是：每个农民每季交售给小麦局的小麦汇总在一起，由小麦局统一国内外销售费用，并经小麦稳定基金调整后，即可得到农民应得的汇总收入。1989年新的《小麦销售法》规定，农民交售小麦局小麦，可不加入汇总支付体系，由小麦局现金购买，从而为农民提供了多种支付形式以供选择。澳大利亚的价格支持制度和美国、欧盟不一样，不是直接补贴，而是采取市场化运作，实行自由市场经济。

（2）粮食生产补贴制度。使用粮食生产补贴最多的是欧盟国家。在20世纪90年代，欧盟农业补贴方式主要是对生产者的直接补贴，补贴方式是补贴额与实物生产挂钩，补贴标准以限定范围内粮食的种植面积为依据。从2003年起，农业补贴方式改为"单一农场补贴"，即向农民提供同农产品生产和价格不挂钩的直接收入补贴，以减少对农产品市场的扭曲。2007年起引入"强制性动态调整机制"，以试图改变补贴不平衡分配格局，并把享受直接补贴收入分为5 000欧元以下、5 000～50 000欧元、50 000欧元以上3个等级，对不同等级实行不同的补贴办法。

加拿大政府为了保障农民生产粮食的收入，于 20 世纪中期建立了较为完备的农民安全保障体系，制定了长期的稳定措施方案——《加拿大农民安全网措施方案》。该方案包括农民净收入稳定政策（NISA）和农民收入方案（CFIP）。这两个方案分别是农民存入保障基金和农民收入下降时的救济方案。此外，加拿大还通过健全农作物保险、建立预支农民方案和补助方案等方法来保障农民的利益。

（3）限耕限售政策。主要是政府为了减少农产品过剩，防止谷贱伤农的一项措施。例如，美国于 1936 年出台了《土壤保护与家庭分配法》，首次规定了资源保育补贴内容。目前，美国的限耕措施主要包括土地休耕计划、农田水利保持、湿地保护、草地保育、农田与牧场环境激励项目等。限售政策主要是指农民同政府签订了限耕合同之后，在分配粮食作物种植面积配额的同时，还分配出售限额。只有满足了限耕和限售的要求，才能得到政府的价格支持。

欧盟也有类似政策法规，鼓励粗放式经营、农地休耕或停耕以保障粮食价格。欧盟法规规定，"对冻结 15% 耕地面积的农业生产者，以不同地区的平均单位面积产量或收入水平给予相应财政补贴"；给予粗放经营者更加优惠的补贴。

（4）鼓励出口政策。美国 70% 以上的粮食要用于出口，因此，美国政府对粮食出口采取积极的支持和鼓励政策。这些政策主要包括保护性关税、出口补贴和出口信贷等。欧盟除了对出口进行补贴外，还有相应的进口限制措施。例如欧盟规定，对进口价格和门槛价格之间的差额征收差价税，使其与欧盟区内同类产品的价格持平，以增加欧盟农产品在区内市场上的竞争力；相反，对于其出口农产品则给予补贴，为了增强欧盟农产品在区外市场上的竞争力，其补贴金额等于欧盟市场价格与国际市场价格之间的差额。

（5）统一管理政策。统一管理政策是指设定专门机构对粮食价格和市场供求进行管理的宏观调控方式，代表性的国家有澳大利亚和加拿大。

澳大利亚是世界上重要的粮食出口国，粮食出口约占全年产量的 2/3，继美国、加拿大、欧盟之后，居世界第四位。澳大利亚粮食流通中一个最大的特点是，澳大利亚小麦局为全国小麦等主要粮食唯一的合法经营单位，统一经营小麦的收购、国内销售和出口。澳大利亚小麦局对于粮食的宏观调控管理，主要包括对粮食实行分级管理、粮食储运体系指定经营、实行全过程质量控制等手段。

与澳大利亚相似，加拿大的粮食管理工作由加拿大谷物委员会（CGC）

承担，谷物委员会的具体职能是：制定谷物的国家标准、检验和计量办法；负责进出口谷物的质量和重量检验，签发最终检验证书；负责粮食中转站和终点站的资格审查及注册登记；负责粮食优良品的审查、品质鉴定及技术推广等。而粮食的购销服务是由加拿大小麦局（CWB）统一管理的。CWB 每年对要求进入小麦局经营的农民进行鉴定，实行许可证管理，与具备资格的农民签订合同。在谷物的购销方式上实行垄断经营、统购统销，在价格上实行统一价格，分期付款，二次结算。

（6）其他政策。包括创造粮食需求（如美国的生物能源战略）、农业基础设施补贴、减免农业税、无偿农业技术和信息服务等措施。其中，创造粮食需求政策是美国采用比较多的一种手段。美国政府鼓励生物质能源研发和生产，截至 2007 年年底，美国能源部和农业部对生物燃料分别资助约 10 亿美元和 16 亿美元。同时，为鼓励美国农民多种玉米，美国政府还给予农民每升燃料乙醇 13.47 美分的补贴，并对进口征收每升燃料乙醇 14.27 美分的关税。生物质能源战略为美国带来了支撑粮食价格、提高农民收入、化解粮食生产过剩矛盾、减轻财政负担等多重好处，但同时带动了世界粮食价格上涨，对发展中国家粮食产业产生了巨大冲击（封颖，2009）。

2. 粮食进口国粮食宏观调控的主要做法

与主要的粮食出口国相比，粮食进口国在粮食宏观调控中的做法更倾向于满足国内的粮食需求，并调控价格，使得大部分国民都能够买得到并买得起粮食。更关注的不是解决"谷贱伤农"的问题，而应该是"米贵伤民"的问题。代表性的国家有日本和韩国。

（1）日本粮食宏观调控的做法。日本是世界上人均耕地面积最少的国家之一，耕地面积占国土面积的 14%，人均耕地面积为 0.049 公顷，不足世界人均耕地的 1/10。粮食生产以小农规模经营为主，粮食自给率只有 40% 左右，是目前世界上最大的粮食进口国。日本粮食宏观调控的主要内容包括价格支持、收入补贴、进口同步系统等手段。

价格支持。大米是日本的主要粮食作物，仅大米价格补贴额就占整个价格补贴额的 70% 以上。因此，大米补贴是日本价格支持政策的核心。随着农业生产力的提高和国民经济结构的变化，日本对粮食管理法做了数次调整，但都有一个共同特点，就是根据不同时期、不同阶段农业发展和国际农产品贸易的特点，以法制化手段来保护本国农民的收入。政策调整的结果是，对农民的收入支持方式由价格支持转变为直接和间接的收入补贴方式。

收入补贴。收入补贴包括 6 种。一是农户直接支付制度。针对日本山区和半山区的农业发展，日本政府于 2000 年出台了《针对山区、半山区地区等的直接支付制度》，对该类地区的农户进行直接收入支付补贴，目的是补贴该地区和平原地区生产成本之间的差异。二是稻作安定经营对策。其做法是利用农户和政府共同出资建立的基金，对因价格下跌带来的收入损失进行补贴。三是灾害补贴。根据日本相关法律，灾害补贴的对象包括被灾害损害的公共设施及农地、农业设施。灾害补贴的费用主要由国库承担。四是生产资料购置补贴。凡是按一定标准联合起来集体进行平整耕地、区划田块或养猪、养鸡，用温室生产蔬菜的农户，在购置农业机械、建造农用设施方面的费用，50％可以从中央财政得到补贴，25％可以从都府县得到补贴，其余25％则可从接受国家补贴的金融机构得到贷款，有些地方市町村财政还要补贴 12.5％。五是制度贷款，是指按照法律、政令、条例以及纲要，国家、地方公共团体或相当于地方公共团体的机构通过利息补贴、损失补贴、债务担保以及其他类似的优惠措施进行干预的那部分贷款。六是农业保险补贴。日本农业保险制度的特点是由政府直接参与保险计划，并具有强制性，凡是生产数量超过规定数额的农民和农场都必须参加保险。保险额根据每千克保险额乘以标准产量的 70％计算得到，保费补贴和损失赔偿对农民收入的稳定起到了重要的支持作用。

进口同步系统。为了把进口大米市场带来的负面影响控制在最低的限度，日本政府对国内大米实行有效保护，一个主要措施就是实行进口同步系统。该系统中，一是要维持进口量的限制，设置最低准入量；二是实行关税化管理，从 1999 年开始，对最低准入量范围内的大米实行低关税，而超出限量的大米则征收高关税，从而控制大米的涌入；三是将进口大米用途限制在加工用原料范围，如果政府认为将进口大米用于主食时，就要冻结相应数量的国产政府储备米，以减少对国产大米供求平衡的影响；四是对进口量买入和卖出同时招标，有效控制国内大米市场价格。

（2）韩国粮食宏观调控的主要做法。包括：价格支持、直接支付制度和其他支持等。价格支持。同日本一样，大米也是韩国最主要的农产品，韩国实行购销倒挂的粮价双轨制，即高价从农民手中收购稻米，廉价供应给城市居民，差价由政府补贴。大米价格支持主要用于确保粮食产量、提高稻农所得。政府收购大米的价格根据生产成本、政府财力、农民收入等因素制定。

直接支付制度。乌拉圭回合后，韩国在农业支持政策方面的基本方向是：加强直接支付制度，取代价格支持作为收入支持的主要政策措施。从1998 年起，直接支付成为韩国主要的农业支持政策。现行的直接支付主要有 3 种：一是亲环境农业直接支付。二是提前退休农民的直接支付计划，通过直接支付，鼓励老农提前退休，同时防止物价上涨（秦富，2003）。三是稻田直接支付计划，其主要目标是减少政府购买，产生收入支持效果，减少水稻种植面积，制定以市场为导向的农业政策。

其他支持。其他支持手段包括：一是政府对农协的支持及农协对农民收入的支持；二是韩国的农村振兴庭（RDA）从研究和推广应用等方面对农民的支持；三是韩国的农业科研机构和大学对农民的支持；四是农业技术推广机构对农民的支持。

3. 发展中人口大国粮食宏观调控的主要做法

为了更清楚地看到发展中人口大国的粮食宏观调控政策实施的情况，这里将粮食进口国中的印度单独进行分析。与发达的市场经济国家相比，发展中国家更重视政府在粮食经济发展中的宏观调控作用。印度作为一个农业和人口大国，长期以来粮食短缺，供不应求。对于 2020 年人口将达到 14 亿的国家来说，印度的粮食需求量将呈刚性增长态势，供需矛盾也将逐步显现，印度的粮食安全问题一直引起世界关注。为了确保国家粮食安全，印度在粮食生产和粮食流通方面，根据本国国情实行了一系列粮食宏观调控的对策措施。

（1）实行最低价格支持政策。最低价格支持政策指的是印度实行的生产者价格政策。核心就是对稻谷和小麦的生产执行最低支持价格，即政府通过保护性收购价格政策，来抬高农产品收购价格，使得农产品价格保持在市场均衡价格之上。生产者价格政策是由印度食品公司来具体负责实施的。每年政府在农业生产之前，以事先估计的农业生产成本为依据，制定合理的最低支持价格。等到收获季节，就由印度食品公司按照这个价格定购农民手中的小麦和稻谷。自经济改革以来，印度不断提高稻谷和小麦的最低支持价格。

（2）实行农业生产补贴政策。农业生产补贴是印度粮食安全政策的第二个主要部分。农业生产补贴有显性和隐性两种类型，前者主要是政府对农业科研、农村教育及农村基础设施等方面的公共投资；后者是促进农业生产的直接补贴，包括对肥料、电力和灌溉 3 个主要部分的补贴。农业补贴政策的目标是为了改善农业生产条件，提高农业的竞争力，从而实现粮食安全。根据 WTO《农业协定》的规定，前者属于"绿箱"政策，无需进行削减，后者属于对生产和贸易具有扭曲作用的"黄箱"中非特定产品支持政策，需要进行削减。但是按照要求，印度非特定产品的支持水平低于农业总产值的 10% 的微量允许水平，所以这部分也无需进行削减。因此，从政策层面来看，印度的农业生产补贴不违背 WTO 的原则。

（3）实行粮食分配政策。粮食分配政策主要是在家庭层面上满足居民粮食经济上的可获得性，该项政策体现更多的是粮食流通的问题，目标是通过储备、合理分配等流通环节的政策来解决粮食安全问题。印度的粮食分配政策主要通过公共分配系统来执行。具体来说，中央政府（借助于印度食品公司）负责定购、储存以及把粮食从定购地点运送到中央仓库，并按照低于收购价格的补贴价格批发给各邦政府，由其负责把粮食从中央仓库运出，最后通过 40 多万个庞大的平价商店网络向消费者分配粮食。

（4）建立粮食储备。印度的粮食储备分缓冲储备和商业经营库存两种。政府重视缓冲储备，规定缓冲储备的临界数量为 500 万吨，最佳数量为 1 200 万吨。为了分散风险，实行中央和各邦双重储备制度，中央储备占储备总量的 60%，各邦占 40%。库存的品种中，小麦占 60%，大米占 40%。缓冲储备由印度粮食公司经营，粮权属于中央政府，费用由中央负担。

（二）国外粮食宏观调控的经验对中国的启示

1. 坚持财政资金的导向功能

从对各国粮食宏观调控政策分析中可以看到，政府一系列农业财政政策改革都朝着发挥市场机制的方向进行。政府遵守市场机制的规律，弥补市场机制的不足，为市场的有效运行创造激励机制。中国政府应发挥财政资金导向功能，选择合适的粮食调控政策，培育和加强粮食市场体系的成长。在提供农业基础设施、农业科研、信息与教育等农村公共品的基础上，充分利用宏观调控政策手段积极引导和推动粮食的生产结构、产品结构和区域结构、生态环境的调整和优化；重点培养农业的市场主体和农民市场意识、风险意识，通过建立和扶持农民合作组织为农业产业化、专业化和农工一体化的演进提供市场协调机制，在市场机制对农业资源进行初次分配的过程中，政府对市场失灵的地方施以适当的干预。

2. 通过立法实现政策目标

发达国家粮食调控政策目标的实现一般都通过立法形式确定下来，较少依靠行政命令。法律法规对政策目标、预算支出规模、政府执行机构的职责范围均作出明确规定，行政机构只能在授权的职责范围内进行调整，保证了粮食调控政策的稳定性和公开性，降低了政策制定的随意性，可操作性强。美国、欧盟、日本、韩国等都依据经济、政治和国际贸易环境的变动而不断调整农业法。

中国应以《农业法》为依托，在农业政策目标指引下建立完备的法律体系，将合理的政策内化为法律制度，将各级政府支出职责、财政农业投入的项目、份额、投向、使用原则、资金来源纳入法律规范，用健全的立法手段在制度源头上保持政策的可持续性和连贯性。

3. 在 WTO 框架下调整粮食生产支持政策

乌拉圭回合《农业协定》框架下，各成员都充分合理地利用 WTO 规则，积极调整粮食生产的支持政策。近 10 年来，美国、欧盟、日本、韩国的农业财政支持政策的一个显著变化是各国在减少对农产品价格保护的同时，加大了对政府一般性服务和生产者直接补贴的投入，逐步实现了由"黄箱"政策向"绿箱"政策的转变。

中国人多地少、人均农业资源匮乏、农户生产规模较小、农业基础设施薄弱，应该借鉴外国财政支农经验，建立一套适应 WTO 规则的农业财政支出政策体系。首先，加大"绿箱"支农总量，调整"绿箱"支农结构。在政策设计上应切实加强政府一般性服务，加大与农业生产力密切相关的农业基础设施、农村公共设施、农业科研与技术推广、农业培训、农产品质量检测、农业结构调整、环境保护、农业市场信息服务体系建设等的财政投入。其次，建立有效的"黄箱"政策。WTO 将中国定位在发达国家与发展中国家之间，农业综合支持总量（AMS）不超过种植业和畜牧业总产值的8.5%，现阶段中国"黄箱"政策的支持水平不足 1%，远远低于 8.5%的承诺，中国应该从实际出发，用足用好"黄箱"政策，完善对粮食等重要农产品的价格保护政策，建立富有弹性的粮食直接补贴办法。

4. 注重政策工具创新

从其他国家的政策经验可知，当本国农业生产供给能力不能满足本国的需求时，政策目标以增加农产品产量为中心，突出粮食安全；当本国农业生产供给能力可以满足本国的需求时，政策目标逐渐转向以增加农民收入和提高长效性的农业生产能力为主，兼顾环境保护，调节和优化农业生产结构、发展规模经营、提升农业现代化水平及维持农业资源的可持续利用和良好的生态环境成为政府十分重视的问题，政策手段从农业生产领域向农产品流通甚至加工领域延伸，注重运用投资、贴息、补贴、债券等多种政策工具构建财政支农的引导机制，提高粮食宏观调控水平。具体来说：一是要完善粮食储备制度，要对中国粮食储备的适当规模进行研究，不能一味扩大粮食储备。二是要调整最低收购价政策，中国可借鉴巴西的"产品出口计划"和"期权合约补贴"政策，研究下一步调整完善的办法。三是要探索适合中国国情的粮食贷款支持政策。四是要探索建立粮食保险制度。五是充分利用国内国际两个市场和国外土地资源，鼓励国内粮食企业积极参与国际粮食流通。一方面，要培养国内粮食龙头企业，鼓励国内企业主动参与国际粮食市场竞争，通过健全完善的粮食进出口机制，平衡国内粮食供需；另一方面，要积极探索国内粮食企业境外创业的激励机制，鼓励国内粮食企业主动走出国门，利用国外丰富的土地资源发展粮食生产。

（本部分内容发表于《世界农业》2012年第7期，作者：余志刚。）

第三节　国外农产品市场建设

一、中美日农产品流通体系对比及经验借鉴

当前中国农产品流通体系仍处于发展初期，本部分选择美国和日本这两个在农产品流通体系建设方面具有典型代表性的国家作为研究的参照对象，通过分析两国的农产品流通体系，吸取两国在农产品流通体系建设过程中的经验，为中国农产品流通现代化发展提供参考依据。

（一）中美日农产品流通体系对比分析

1. 农产品流通基础设施

美国具有庞大完备的交通网络，陆、海、空、管道运输线路遍布全国各地，网状结构的公路贯通城乡。部分农产品加工厂、收购站和仓储库房配备专门的铁路专线，2007年美国乡村公路的密度就已达0.69千米/平方千米，能够在短时间内实现城乡互动和全国联动。密西西比河系、大湖区，以及东西海岸拥有畅达的水路运输系统，有力保证了农产品足量、畅通、及时地送达消费者手中，美国可供农产品流通的通信设备和网络发达，储运设备齐全且机械化水平高，仅粮食装卸输送设备就有螺旋式输送机、可移动胶带输送机、低运载量斗式提升机等。

日本交通发达，在主要城市都建有专业化的农产品运输枢纽，沿海港口、高速公路、干线铁路及航空枢纽遍及全国。日本在2007年乡村公路的密度就已达3.16千米/平方千米，位居世界第一。为提高农产品流通效率，日本采用先进的冷链物流运输技术，保障了农产品在流通过程中的质量安全。日本农产品批发市场具有完善的物流设施，在70多个大中型批发市场建立了分支机构，农产品加工、包装、物流配送都十分便利。各大批发市场均建立了先进的信息系统，缩短了农产品交易的时间，大大加快了农产品流通速度。

中国的交通运输业相对于美国和日本仍然比较落后，中国东部地区交通

发达，而西部地区交通网点稀疏，农产品流通所需的交通线路很难延伸到各个乡村。2007 年，中国乡村公路密度仅为 0.33 千米/平方千米。到 2012 年，中国才初步建立了公路、铁路、水路和航空相结合的立体式运输体系。中国缺乏先进的农产品流通设备，保管保鲜设施欠缺，冷链物流水平较低，尤其是鲜活农产品在流通过程中的损耗过大，农产品流通成本过高。中国缺乏规模化和专业化的农产品配送中心，绝大部分的农产品配送只能依靠批发市场来完成。中国农业信息化水平低，2017 年农业部通过对 1 000 个农户的信息使用情况进行调查发现，通过互联网获得市场和技术的农户只占 0.18%，能够使用信息技术进行交易的农户更少。

2. 农产品流通主体

美国主要依靠商业化的家庭农场参与农产品流通。美国具有公司性质的家庭农场实力强大，农产品流通的组织化程度高，农业生产者通常加入各类农业合作组织以达到规模化流通的目的。随着交易方式和流通模式的转变，农产品流通主体间的关系由原来各自追求利润最大化的竞争关系转变为联合共赢的合作关系，这也提高了农产品流通的组织化程度。物流管理者中约 92% 的人有学士学位，41% 的人有硕士学位，22% 的人有正式的仓储工程师、配送工程师等资格证。

日本农产品流通主体主要是农业协同组合（农协）。日本农协在生产端为农户提供生产资料，消费端为原本分散的农户争取更加合理有利的价格，农产品流通的过程中可帮助农户开拓市场。日本农民中具有高中以上文化程度的占 75%，大学生占 6%，且日本农协对农民在经营上的指导是全面和长期的，弥补了农民现代经营意识与组织管理方面的不足。

中国农产品流通主体以农户为主，农户经营规模较小，户均经营耕地面积 0.53 公顷，户均销售粮食 1 047.34 千克、猪肉 97.62 千克、禽蛋 55.48 千克，是世界上"最小的农户"。2009 年中国从事农产品流通的人员中，具有中专以上学历的技术人员的比例仅为 8.77%。

3. 农产品流通渠道

美国农产品流通渠道短、流通环节少、流通成本低、流通效率高。美国农业生产高度集中，大部分农产品都由高度企业化的农场销往全国各地，呈现出"大生产、大流通"的格局。华盛顿、纽约和密歇根 3 个州的农产品输出量几乎占全国总产量的 70%，零售商在农产品批发市场的交易额占比 98.5%。美国的农产品产地市场和销地市场相对比较集中，且产地市场交易量远远大于销地市场的交易量。美国 78.5% 的农产品是从产地经物流配送中心直接运到零售商，批发商销量仅占 20％左右。美国合作组织和零售终端发达，农产品流通模式大致呈葫芦形（两头大、中间小）。这在很大程度上缩短了农产品的流通环节，提高了流通速度和流通效率。在流通成本方面，美国果蔬产品的流通损耗率仅为 1％～2％，低成本流通使流通主体的收益大幅增加。

日本农产品流通渠道长、流通环节多、流通成本高，但流通效率高。在日本，除了极少数的农产品能够直接从产地流通到销地以外，绝大多数的农产品均需经过多级批发市场才能流通至最终消费者手中，农产品流通模式大致呈椭圆形（两头小、中间大）。进入零售阶段的农产品也要经过两级或两级以上的批发渠道，这大大增加了农产品流通的成本。尽管日本农产品流通渠道长、流通环节多，但依靠科学的农产品流通管理手段、先进的农产品流通技术和政府的大力支持，日本农产品流通效率依然很高。日本针对农产品流通过程中层层分销存在的弊端，兴建了大量的直卖所，实现了部分农产品的"地产地销"，进一步提高了农产品流通效率。

中国农产品流通渠道长、流通环节多、流通成本高、流通效率低。中国的农产品供求关系存在时间和空间上的两大天然矛盾，生产的季节性与消费的全年性存在时间上的矛盾，生产的区域性与消费的全国性存在空间上的矛盾，这两大天然矛盾决定了中国农产品流通渠道过长，流通环节众多。中国农产品流通以农户为主，流通主体组织化程度低，流通过程中存在供求信息不对称的问题，无法实现"小农户"与"大市场"的有效对接。中国农产品流通的各个主体高度分散，农产品流通模式朝着"复合型"方向发展。2017年，中国只有 1％的肉类、2％的水产品、少量的牛奶和豆制品进入冷链系统，80％以上的农产品物流仍是自然物流，导致水果蔬菜的损失率为 20％～30％，粮油类约为 15％，蛋类约为 15％，肉类的干耗损失率约为 3％。

4. 农产品流通政策

美国政府投入了大量的人力、物力和财力扶持本国农产品流通，政府出台了一系列补贴和优惠政策，甚至修改了农业法来促进美国流通业的发展。美国政府对农产品流通实行积极的宏观调控，但不对农业生产进行直接干预。通过制定《商品交易法案》来规范农产品流通的各个环节，之后又对该法案进行了修改，并于 1992 年进行了 4 次重大修改，以此规范农产品交易，保障农产品流通有序进行。2002 年的农业法案中对促进农业出口的投资又有所增加。美国政府近年来就农业贸易问题与许多国家进行了谈判，迫使一些国家降低进口关税。同时，还与欧盟和其他发达国家进行讨价还价，迫使这些国家减少对农业的补贴，以增强美国农产品竞争力，促进美国农产品出口。

日本政府建立了完备的法律法规和农产品流通市场条例。日本政府对农产品流通实行管制和保护政策，是世界上对本国农业保护力度最大且保护时间最长的国家之一。为了保护本国农业，日本政府制定了大量的法律法规、政策、关税和非关税贸易措施。日本早在 1921 年就出台了《中央批发市场法》，将农产品流通纳入到法律体系，1971 年又将《中央批发市场法》改为《批发市场法》，进一步规范地方政府的农产品流通。日本对批发市场内的交易费用进行严格规定，交易手续费占批发金额的比例为：蔬菜 8.5%、水果 7%、水产物 5.5%、畜产物 3.5%。之后根据本国农业发展及农产品流通的具体状况，每隔 5 年修订一次，地方政府也积极制定并实施了一系列地方法规。

中国关于农产品流通的政策是与时俱进、不断完善的。在计划经济向市场经济转变的过程中，中国在不同时期实行了不同的农产品流通政策。1949—1953 年，中国实行农产品自由上市、自由购销的政策；改革开放初到 20 世纪 90 年代初（1978—1991 年），随着计划经济向市场经济的过渡及粮食价格"双轨制"的实施，中国实行合同订购与市场收购相结合的流通政策；粮食统销制度解体后，中国在 1992—1993 年实行"保量放价"政策；之后，在 1994—1997 年，实行"米袋子"省长负责制；20 世纪 90 年代末到 21 世纪初，实行"保产放销"的流通政策；2004—2013 年，实行粮食直补政策；2014 年后，中国对主要粮食、油料、糖料、棉花实行目标价格政策，进一步加强了对农产品流通业的扶持与调控。

（二）经验借鉴

1. 加强农产品流通基础设施建设，创新物流管理方式

美国和日本具有世界领先水平的交通网络和通信设施，极大地推动了本国农产品流通业的发展。中国应加大对农产品流通基础设施建设的投资，尤其是资源禀赋条件较差的西部地区，应该设立专项财政支农资金，建立专供农产品流通的物流平台和信息平台，扶持落后地区农产品流通业的发展。日本农产品流通环节众多，但效率高。其中一个重要的原因就是采用了科学的管理方式。因此，中国应注重对流通人才的培养，采用先进的管理技术，科学规范地管理农产品流通的各个环节，积极推进农产品流通体系建设。

2. 发挥农业合作组织的集聚效应，提高农产品流通的组织化程度

美国的农业合作社和日本的农协在本国农产品流通过程中都发挥了不可

替代的作用，极大地提高了农产品流通的规模和效率。中国现代化的农业合作组织发育尚不成熟，在促进农产品流通现代化中所发挥的作用有限。在今后发展合作社吸收合作社社员时应遵循公平自愿的原则，降低合作社成员的异质化程度，提高普通社员的地位，合理分配合作社盈余。加强合作社成员的联合，以合作社为单位参与农产品流通，提高流通的组织化程度。

3. 推进农产品流通渠道变革，提高农产品流通效率

美国的"产销直销"模式和日本的"地产地销"模式都大大减少了农产品流通环节，降低了农产品流通成本。在中国农业当前的发展阶段，应建立"扁平化、一体化、专业化、规模化"的农产品流通渠道，克服流通成本过高的弊端。在农产品流通的各个主体间建立横向和纵向的联合体，减少渠道权力冲突，建立深度合作的战略合作伙伴关系，实现农业资源的共建共享。对渠道成员和流通场所进一步分工，通过发挥各自的专长，实现"人尽其才，物尽其用"。发展流通型合作社、建立流通型龙头企业扩大农产品流通规模，提高农产品流通效率。

4. 充分利用政府职能，加强政府对农产品流通的引导

美国和日本两国政府都高度重视农产品流通的法制建设，通过制定相关法律法规来规范农产品交易，为农产品流通创造了有利的外部环境。中国政府在农产品流通体系建设过程中，要做好"指路人"和"领路人"的双重角色，既要通过经济手段加大对农产品流通的投入力度，支持和引导农产品有序流通，又要通过行政手段加强对农产品流通的宏观调控。例如，在不同的区域可根据当地农业发展的现实状况，建立不同级别的农产品流通示范基地，积极推动当地农产品流通业的发展，继而带动全国农产品流通业整体发展。

（本部分内容发表于《世界农业》2017年第4期，作者：张永强等。）

二、国外农产品品牌建设的经验与启示

品牌是企业重要的无形资产。中国农业资源丰富多样、区域优势特点突出，将资源优势转化为品牌优势是其发展的关键。国外品牌农业研究较早，在品牌农业创建、管理以及质量认证等方面都取得了一定的成果，并指导着农业发展的实践。因此，中国应该大力发展农产品品牌建设，将品牌作为一种战略资源来发展，借鉴国外知名农产品品牌的发展经验，以整合各省份名优资源，打造特色农产品品牌，提升市场竞争力，拓宽国外市场，探索出一条适合中国农业发展的现代化、品牌化道路，促进农民收入的提高。

（一）国外农产品品牌建设的基本经验

1. 发展"品牌农业"的日本

（1）品牌化战略的实施。日本品牌化战略的发展主要经历了"一村一品"运动、"地产地销"战略、"本场本物"制度三个阶段。

"一村一品"运动于1979年在日本大分县正式实施推广。实施中以某一资源特色区域为中心，因地制宜，打造出一种或几种具有地方特色的优质农产品，形成在一定区域具有最优效益的品牌农产品，并逐步扩展到全国，这标志着品牌农业在日本的正式发展。

"地产地销"的概念于1981年由当时的农林水产省首次提出，其最初的目的是为人们传递一种健康、合理、科学饮食的概念。当地产的农产品就近应时销售，不仅保障了人们能够吃上最新鲜的产品，也解决了生产销售企业远距离运输的成本消耗，不论对企业还是消费者来说都是共同受益的选择。

"本场本物"制度是由日本农林水产省制定，在全国范围内推行实施的一种品牌认证制度。它是由区域食品品牌标记标准审查委员会对参与认证的生产加工企业生产的具有传统特色的农产品，从名称由来、产地范围、涵盖文化、原材料特质、加工工艺、质量卫生管理标准等方面进行认证审核，并对其品牌经营给予跟踪式管理。除了全国性的认证体系外，日本各县也开展了各种形式的认证制度，这种认证式的营销对于农产品的销售具有良好的推广作用。

（2）严格质量管控下的标准化程序。以标准化程序打造标准化品牌是日本品牌农业的重要特点。农业生产是以高度标准化为基础的生产过程，农产品从新品种的选育，到播种、收获、加工、包装、销售都有一套严格的标准，这一过程也是严格质量管控的体现。从质量监督检验开始，对在生产过程、销售过程中的农产品实施以标准化为前提的质量管控，实行产品可追溯的体制，保障了农产品的品质，提高了市场竞争力。

（3）追求高品质的定位。严格的质量控制管理和标准化的生产程序决定了日本农产品的高品质定位。日本农业大部分靠进口，其农业自产只能满足很小一部分人口的需求，但即使是这很小的一部分，也十分讲究其营养和口感等品质，追求品牌的高附加值。

（4）倡导低农药、低化肥使用量。日本一些县的生产中，政府和农协将大米依据使用的农药和化肥量的多少将生产的大米分为几个等级，没有使用任何农药和化肥的农产品为一级有机农产品，使用50%以下农药和化肥的农产品为二级特别栽培农产品，高于50%低于全国最低环保标准的农产品为三级农产品。对于不同等级的农产品，由不同的组织予以认证，标明不同级别的环保认证标签，不同等级农产品在市场上的价格和受欢迎程度有很大的差距。

2. 从品牌认证着手发展的法国农产品品牌

（1）"原产地命名控制"认证体系。即 AOC 认证标志，它体现了农产品与其产地之间的密切关系，有着 AOC 认证标志的农产品在地理环境、气候环境、种养技术和经营管理方面都有着自身独特的优势，如法国的 AOC 葡萄酒。原产地命名的葡萄酒自然是法国葡萄酒中上品，将产地与产品挂钩就等同于将产品的质量、品质与产地原料、品种、生产技术挂钩，所以对于土地、品种选择、种植酿造方式、储存、标识、酒精含量等都作出了严格的规定。有认证的农产品对于消费者来说就多了一层信任度和安全度，对农产品品牌发展有着重要的促进作用。

（2）严格的质量管理。法国是欧盟国家中对农产品标签、成分、生产过程等方面规定最为严格的国家。如法国香槟酒世界闻名，为了保证香槟酒文化的品牌影响力，法律上对香槟葡萄从种植土壤到品种，再到酿造工艺都给予了条文性的规定，只有用香槟葡萄按照传统香槟酒酿造工艺酿造出来的气泡葡萄酒才可以称为香槟酒，不符合要求的只能为气泡酒或气泡葡萄酒。

（3）政府机构的支持管理。例如，法国食品协会和农业部就通过在多个国家和地区举办法国食品展览来倡导"法式生活"方式，每年还邀请不同国家的酒文化爱好者参加品酒大赛，以各式各样的活动向世界传播法国酒文化的魅力，传播法国农业的文化。

3. 发展专业化品牌的美国

（1）科技实力提升品牌价值。科技在美国农产品发展中发挥了重要的作用。一方面，农业科技生产信息的网络支持技术，可以实现农业耕作的自动化，网上农资销售系统的实施，方便了消费者自助购物，信息技术在生产和销售中广泛应用，为农产品品牌发展提供了便利；另一方面，科技公司的发展也为品牌农产品发展提供了基础和便利，如美国著名的农业生物技术公司——孟山都公司每年花费大量的资金用于科技创新，每年的品牌收入中有将近一半是来自科技创新。

（2）高广告投入的营销策略。广告是美国农产品品牌发展的关键，大部分企业在将产品推向市场前都要投入高额的广告作为销售的前期推广，如在20 世纪 90 年代，华盛顿苹果刚刚进入中国市场时，企业就举办了以华盛顿果园的美丽风景为主题少儿绘画大赛，以此来推广苹果。

（3）专业化经营助品牌发展。美国农业的特点就是专业化经营，其中协会对于品牌创建和发展有很大的作用。例如美国新奇士橙品牌的发展就有赖于新奇士橙协会的作用。新奇士橙协会由各地果农自愿加入并成立包装厂，由包装厂组建成区域交易所，包装厂与果农签订合同，负责收购、加工，区域交易所负责接受订单与销售，并确保订单公平分配。同时新奇士橙协会注重将质量和服务放在首位，完善数字化、信息化的产销管理系统，提高了工作的效率，积极寻求国家间的品牌合作，使其品牌多样化，拓展国内外市场，针对不同地区的不同文化消费者，适当调整产品口味，以满足不同的消费者。

（二）国外农产品品牌建设对中国的启示

1. 强化质量标准体系控制

食品安全成为全球热门话题的背景下，农产品质量安全顺势成为消费者关注的焦点，全球各生产企业在生产过程中都将质量监督放在首位，用标准化的程序控制生产过程的质量。如美国、法国都采用了非常严格的质量控制体系，还从法律上对农产品生产过程作出了严格的规定；日本无论从质量认证到产地追溯都非常严苛。因此中国各农产品品牌在发展中，要更加注重用标准化的程序打造标准化的生产流程，保证并逐步提高农产品的质量。从政府的角度看，要建立国家统一的认证标准，并逐步与国际接轨；从企业的角度看，建立自身的标准程序，对进入商场超市的每个批次的农产品都提供相应的质检报告，真正实现从生产、加工到销售各环节的质量控制。

2. 拓展传媒营销渠道

整合营销是品牌整合发展的关键，品牌的发展说到底就是营销策略的不断更新。从美国、日本的众多品牌营销中不难看出，独具匠心的营销策略能够有效地提升品牌在市场的影响力。如日本博多地区的万能葱品牌就通过专门的广告公司为其设计营销策略，专门打造适合市场的品牌名称，定期作市场调查，从生产到销售完全由广告公司策划。在中国，广告投入尤其是农产品的广告投入相对较少，人们在电视上能够看到的专门的农产品广告多集中在范围较小的地方台，而真正能够在中央电视台播放宣传的农产品广告很少。因此，中国各农产品企业要加大广告宣传力度，对于广告公司要多涉及农产品推广业务，充分利用各种资源平台，采用现代传媒手段对农产品品牌形象进行塑造和宣传，提升品牌市场认知度。

3. 规范扶持组织专业化程度

在国外农产品品牌发展的过程中，龙头企业、专业合作组织、相关政府机构在品牌发展中起到了积极的扶持作用。从国外看，日本在品牌发展中就借助了农协的力量，提高了组织化程度；法国政府对农产品品牌发展提供经费支持。因此，中国在农产品品牌的发展建设中，龙头企业、专业合作组织、政府要继续发挥积极的作用。龙头企业要不断使自身资源得到优化，以公司的组织形式带动各资源主体协调发展，以适应激烈的市场竞争；农民专业合作组织要继续整合分散的农户，以农民的利益为根本出发点，在品牌推广等方面发挥集体的力量；政府应该将农产品品牌建设视为全球性的战略，制定完整的品牌扶持体系，在资金、公共设施方面予以适当的支持。

（本部分内容发表于《世界农业》2014 年第 6 期，作者：刘雪飞、胡胜德。）

三、韩国农特产品共同品牌建设对我国的启示

韩国农特产品共同品牌作为区域品牌，代表区域农产品形象，呈多元化发展趋势，逐渐成熟壮大，尤其在区域共同品牌精品化、区域共同品牌特色化、区域共同品牌产品竞争力优化等层面发挥重要作用。

（一）韩国农特产品共同品牌的内涵

2006 年至今，韩国农特产品达到专业化、规模化、市场化和商业化的 30 个县（市）区均成立了农特产品共同品牌审议委员会，制定并颁布具有地方特色的农特产品共同品牌培育、管理条例及实施细则，其中韩国江原道政府颁布的《关于使用农特产品共同品牌管理条例》规定，"农特产品"是指韩国某县域内由于特殊气候、土壤结构或耕作方式的差异，而生产与其他县域产品品质不同的农产品。农特产品共同品牌是指在特定区域内生产高品质农特产品，达到并符合相应标准，经营体申请并获准后可使用的共同商标。

韩国农特产品共同品牌具有以下含义：①农特产品共同品牌拥有独特的注册商标和标识，但共同品牌不是产品品牌，而是高于产品品牌的区域品牌，该特定区域内达到共同品牌标准并申请通过才有权使用共同品牌，共同品牌和产品品牌形成产品质量和信誉的双认证；②农特产品共同品牌质量标准严格，监管严格；③农特产品共同品牌强调产品地域特色，特定区域自然条件、资源禀赋、栽培方式、文化内涵等不同，形成农特产品共同品牌间的异质性、特殊性；④农特产品共同品牌参与主体包括农民、农业企业、消费者、政府等，其中政府不仅是农特产品共同品牌监管者，还是其主导力量，在提供法律、财政支持的同时，承担审批及行政管理职能。

（二）韩国农特产品共同品牌运营与管理

韩国政府根据自身实际情况，制定和颁布《关于使用农特产品共同品牌管理条例》和《关于使用农特产品共同品牌实行规则》等相关制度，推动农特产品共同品牌发展。

1. 申请与审查认证

韩国农林畜产食品部将"农特产品共同品牌"发展模式作为推动农业农村经济发展的主要举措，实施严格准入监管，经营体获得当地"农特产品共同品牌"使用权，一般经历四个阶段：

（1）使用申请阶段。试图获得"农特产品共同品牌"商标使用权的经营体，需按照所在县（市）《关于使用农特产品共同品牌管理条例》和《关于使用农特产品共同品牌实行规则》要求，向所在地区县（市）提交申请书。

（2）审查及认定阶段。县（市）收到使用申请书后，有关部门确认申请人资格、申请文件和现有资源条件，委托专业检查机构做质量检查，检查无误后提交审议委员会决定通过与否，30 天内将审议结案通知申请人。若审定申请不合格，告知申请人明确缘由。若申请者有异议，可在收到通知 10 天内向县（市）提出重审。

（3）使用许可阶段。申请通过后，经营体必须与县（市）政府签订共同品牌使用权合同，县（市）政府发放"农特产品共同品牌"使用许可证，使用期限一般为 1 年。如经营体可保持品质优越性，在种植养殖或流通过程中无违反规定事项，须在有效期结束前 30 天内，向县（市）提交使用期限延长申请书，以 1 年为时间单位，允许再延长使用 1 年。

（4）扶持补助阶段。县（市）政府为持续提高农特产品质量和商品竞争力，在年度财政预算范围内，为使用"农特产品共同品牌"商标的经营体提供必要资金补助。此外，县（市）政府举办展销会或促销会等经济活动，会为经营体提供优先参展权和显著展位，还会建议有关机关及团体优先购买标示共同品牌商标的农特产品。

2. 运营方式及品质管理

（1）品牌责任。产品瑕疵明显，或未能遵守相关规定，消费者提出退货或换货等要求时，经营体应立即采取措施予以妥善解决。因此，使用共同品牌经营体不仅要对共同品牌农产品的质量提供信誉保证，还要承担违约责任。

（2）品质管理。共同品牌商标品种清单由审议委员会决定，县（市）政府必须在审议委员会决定之日起 7 日内公布质量管理品种清单。县（市）政府作为质量管理第一负责人，为保持共同品牌声誉，可任命或委托商标品质管理员监督管理。

（3）商标使用。为便于消费者辨认，共同品牌商标原则上印刷在获得使用许可的农产品包装上，若包装材料难以印刷，可制作贴纸，且商标尺寸、颜色、标示方法等根据共同品牌管理规定印刷或制作。此外，获得共同品牌使用许可的经营体，若在传单、书刊、牌匾、车辆等物体上标示，须事先申请并获得县（市）政府批准。

（4）教育培训。县（市）政府为提高产品品质和有效管理，必要时有权委托专业机构对相关农产品生产者、流通从业者、公务员等行为主体实施教育培训。

3. 监督与惩罚体系

（1）调查及审查阶段。县（市）政府为确保共同品牌使用规范，一般情况下，审议委员会要求经营体每年至少提交一次有关农特产品质量报告，或委托专门机构（如农产品品质管理院），随时调查评估生产现场、加工、制造、发货和配送线路等生产经营环节。依据调查及检查结果，向县（市）政府汇报。如发现违反规定的情况，县（市）政府会要求经营体及时改正其违规行为，或要求其停止使用共同品牌，并告知处理依据及详细内容。

（2）停止及取消使用阶段。使用共同品牌经营体如违反管理规定，县（市）政府有权下令停止使用。使用共同品牌经营体如出现未尽管理责任而引发社会争议、品质不合格两次及以上、一年以上无正当理由不生产相关产品或不使用共同品牌、未获得使用共同品牌许可的相同产品混合使用等问题，县（市）政府通过审议委员会，取消共同品牌使用许可，且从取消之日起2～3年内不得再次申请共同品牌。

（3）行政处分阶段。县（市）政府根据《关于使用农特产品共同品牌管理条例》和《行政规制基本法》，对违反共同品牌使用标准的经营体予以行政处分，同时给予申诉机会。

4. 组织及管理机构

为培育和有效管理"农特产品共同品牌"，韩国30个县（市）政府均成立审议委员会。在审议委员会成员构成上，地方政府委任正副委员长各一名，配备最多15名公务员处理日常事务。审议委员会委员长一般由主管农业农村事务副县（市）长担任，副委员长由县（市）农业政策科长担任，而委员会成员须由具备一定能力的人担任（如县（市）政府所属5级以上公务员，或县（市）长认定对农特产品品质及商标管理具有丰富学识和经验的人）。审议委员会任期一般为三年，也可连任。如委员自愿辞职或因疾病等原因，6个月以上无法履行职务，即使任期中，县（市）政府也有权解除其职务。审议委员接受县（市）政府领导，并行使共同品牌培育综合计划的制定与推进、制订适用品种种类及审查标准、批准及取消经营体共同品牌使用权等职权。

5. 相关政策支持

为提高品牌形象和持续提升产品质量，县（市）政府根据《地方补助金管理条例》，在年度预算范围内，扶持品牌宣传、包装材料及设计、教育培训、实用商品研发及制造、销售渠道拓展、物流改善及品质管理等事务。财政补助方式包括全额补助和部分补助两种。

6. 利益相关者解读

韩国农特产品共同品牌事业主要参与主体包括政府、区域内相关组织、行业和农产品龙头企业及消费者。政府提供法律、财政支持的同时，作为监管者，通过组建审查委员会加强共同品牌申请、审批及管理的有效监督。政府作为沟通桥梁，将生产者与市场紧密连接，使农民获得更大收益。对于农产品生产企业而言，政府参与到农特产品共同品牌管理可有效提升自身服务意识、管理意识，同时政府颁布有利于市场发展的政策也可激发和促进消费，增加产品销量，提升企业利润。对于消费者而言，可避免购买假冒伪劣农产品。

（三）韩国农特产品共同品牌建设对我国的启示

1. 强化农特产品区域公用品牌顶层设计

近年国务院及农业农村部陆续发布多项针对农产品品牌建设的指导意见。2016年6月，国务院办公厅印发的《关于发挥品牌引领作用推动供需结构升级的意见》指出，我国应通过发展和培育有特色的绿色食品、有机食品、无公害农产品及地理标志农产品等途径实现"增加优质农产品供给"的要求（鲁钊阳，2018）。2018年6月，农业农村部印发《关于加快推进品牌强农的意见》再一次明确指出，要严格把控农产品质量安全关。上述意见多为宏观层面政策导向，尚未针对农产品区域公用品牌建设与发展形成规范且具有现实意义的政策。因此，相关部门应做好农产品区域公用品牌顶层设计，制定区域公用品牌发展战略，列入国家农业农村经济发展战略之一，制定具有权威性的区域公用品牌指导意见。由省级政府制定符合地方发展需要的区域公用品牌管理规定，政府作为推动区域公用品牌发展的行为主体，引导和扶持农产品区域公用品牌发展。此外，制定完善的农产品区域公用品牌保护及监管规定，营造发展区域公用品牌良好的政策环境，提高我国地方优质农产品知名度和影响力。

2. 建立健全农特产品区域公用品牌认证标准

改革开放 40 年来，我国逐步建立了农业生产标准化体系。但我国农业标准化总体水平不高，推进农业供给侧结构性改革的技术支撑作用不显著。我国可借鉴韩国农特产品共同品牌管理模式，针对特定农产品构建具有法律效力的农特产品区域公用品牌认证标准体系，并以此标准作为组织农业标准化生产、区域公用品牌农特产品品质检验与认证、参与主体准入与退出的重要依据。区域公用品牌农产品标准体系应涵盖生产资料供给、农业生产过程及储运加销环节，且质量标准应体现高品质、高门槛、严监管特征。农特产品区域公用品牌标准体系具有独立性，同时要体现特色与优势，形成不同农特产品区域公用品牌多元化竞争发展态势。

3. 实现农特产品共同品牌差别化定位

韩国重视农特产品共同品牌差别化管理。农特产品共同品牌差别化一方面源于特定区域地貌、土壤、光照、气候和水等自然条件和差异化栽培方式，另一方面源于特定地方历史文化和民俗风情等人文资源，还源于农产品生产加工和销售全过程精益求精的品质追求，进而形成区域特色明显、竞争优势独特的农产品。我国要充分利用地理、人文及气候优势，培育和开发具有地方特色农产品品牌，让越来越多具有地方自然条件优势和文化特色的农产品通过区域公用品牌实现有效整合，形成各具特色的区域农产品公用品牌，有利于避免同类农产品生产经营主体间恶性竞争，有利于通过农产品区域公用品牌提升产品综合竞争力。

4. 完善农特产品区域公用品牌法律法规

假冒伪劣农产品，不仅侵害消费者利益，也极大损害我国农产品区域公用品牌声誉和形象（张耘堂，2016）。消费者对地理标志产品信心缺失，影响地理标志农产品健康持续发展。应借鉴韩国经验，建立健全我国农特产品区域公用品牌法律法规体系，制定使用地方农产品区域公用品牌的许可管理规定和实施细则，建立严格的认证、准入和退出制度，加大对农特产品区域公用品牌违法违规者的惩处力度，保障农特产品区域公用品牌健康发展。

（本部分内容发表于《农业经济与管理》2019 年第 3 期，作者：胡胜德等。）

四、美国生猪期货发展对我国的启示

我国是世界上最大的猪肉生产和消费国，猪肉产量、消费量多年位居世界第一。期货市场具有价格发现和套期保值作用，社会各界对建立生猪期货极为关注，这里主要通过介绍美国的猪类期货发展历程，分析期货对现货以及生猪行业产生的影响，并提出适用于我国的生猪期货发展建议。

（一）美国生猪期货的发展历程

生猪期货合约于 1967 年在芝加哥交易所推出，国际猪类期货产品交易历程自此开启。自猪类期货上市交易以来，虽几经波折，但其一贯是美国农产品期货市场的重要交易对象。美国曾经有三家交易所推出过猪类期货产品，主要品种是冷冻猪腩期货、瘦肉猪期货以及活猪期货。由于交易低迷，中美洲商品交易所的瘦肉猪期货合约和明尼阿波利斯谷物交易所的猪腩期货合约在 20 世纪末停止交易，截至 2019 年只有芝加哥商业交易所的瘦肉猪期货合约仍在交易中。

1. 美国生猪期货市场初步发育时期

20 世纪 60—80 年代为生猪期货市场产生发育阶段。在生猪期货产生之前，美国生猪养殖业大多为散户养殖，生产不稳定导致了较为严重的猪价波动，生猪产业急需规避风险的金融工具，在多方努力下，猪类期货应运而生。1961 年 9 月冷冻猪腩合约上市，1967 年 2 月生猪期货合约开始交易，两个品种都使用实物交割制度。上市之初，猪类期货合约便受到生猪产业从业者的关注，交易活跃，成交量连续走高，期货市场得到初步发育。生猪期货的上市很大程度上满足了生猪产业避险、套利需求，促进了美国生猪产业的快速发展。这一时期美国生猪期货市场从孕育到快速发展，给美国生猪产业的规模、效率都带来了极大提升，也给投资者带来了套期保值的机会。

2. 美国生猪期货市场震荡发展时期

20 世纪 80—90 年代是生猪期货发展的波动期，其间品种更迭、交易量萎缩的现象多次出现。20 世纪 90 年代中期美国生猪行业规模化再次扩张，猪场数量较 80 年代下降了 70%，场均存栏由原来的 215 头增至 700 头。随着生猪产业的集约化、标准化发展，这一时期美国生猪有 70% 达到期货交割品级，并且在这一时期美国金融行业发展迅速，针对套期保值者的信用评级提高，信贷资金供给增加，使得大量生产者进入生猪期货市场。美国生猪期货交易在这一时期产生较大波动，尤其是在 90 年代初期，生猪期货、生猪期货期权交易量迅速下滑，这也使生猪期货的套期保值与价格发现功能受到质疑。

3. 美国生猪期货市场成熟发展时期

20 世纪末至今，生猪期货市场渡过了平稳发展时期。经历了 90 年代初的市场震荡，芝加哥商品交易所对生猪期货交易进行了适应性调整，从 1996 年起，由生猪期货合约调整为瘦肉猪期货合约。首先最小交易量提升 1.3 倍，满足了生猪生产规模化的趋势；其次是调整交割日，修改为交割月的第十个交易日，并且后两个交易日不对价格进行波动限制，使得期货市场价格与现货市场价格联系更为紧密，价格指导功能提升；并且交割方式改为现金交割，降低了实物交割中运输、仓储与人力费用，降低了由于实物存量少而导致的逼仓风险。进入 21 世纪后，芝加哥商业交易所不断改进瘦肉猪期货合约，增加交易月份、调整结算价指数依据，采用电子交易与公开询价并存的方式。2000 年针对中小投资者上市了 mini 瘦肉猪期货，此产品最小持有量仅为瘦肉猪合约的 1/4，并且可以与瘦肉猪期货进行对冲，但由于其交易不活跃，于 2002 年停止交易。

这一阶段生猪类期货充分发挥了价格发现与套期保值功能，大量生猪从业者以此降低生产风险，生猪产业上下游得到了良好的整合（乌克拉，2010）。这一阶段美国生猪产业更为标准化、规模化，猪场数量稳定维持在 7 万个左右，平均存栏量接近 1 000 头。

回顾美国生猪期货从孕育、成长到成熟的 50 多年历程，生猪产业发生了很大变化，猪场总数减少 93%，场均存栏数增加 20 多倍，标准化生产几乎覆盖全境。生猪期货市场与现货市场形成了稳定的联系，在价格发现和套期保值功能下，现货市场从生产到交易变得更为稳定。

（二）对我国生猪期货市场的启示

我国生猪养殖规模化较低，主要供应者为中小散户，且生猪品种繁多，异质性较大，难以形成统一的标准，加大了期货合约设计难度；生猪主产区分散、运输仓储难度较大，疫病防治水平也有待提高，这又使得交割环节难度加大。基于此，对我国生猪期货的上市提出如下对策建议：

1. 引导经营者积极参与生猪期货合约交易

引入生猪期货最主要是为了熨平猪价波动，为生猪行业提供套期保值工具。我国生猪现货市场是一个接近于完全竞争的市场，中小供给者、需求者占比多，在此情况下很难让从业者直接使用大额的期货合约进行套期保值，没有经营者参与的合约将失去市场，甚至变成一个纯投机品种。因此，如何促使生猪行业从业者积极参与到合约交易中是形成有效生猪期货市场的基础，也是决定我国生猪期货能否顺利发展的重要因素。数据显示，美国生猪类期货的交易量有 1/3 由生猪经营者持有，有如此良好的市场基础，其生猪产业和期货市场自然相互促进。

2. 积极调整产品适应市场需求

我国生猪行业处于较低水平，当前开发的期货产品很难满足未来行业需求，积极调整期货产品是保证生猪期货市场稳定运行的重要保证。在美国期货市场发展初期，生猪合约交易单位量小，且采用实物交割等方式都是为了适应当时的生猪行业。随着行业标准化的提高，当合约不再适应交易时，积极调整交易产品才能使市场交易再次活跃，促进价格发现和套期保值功能的正常发挥。因此，在我国生猪期货发展过程中，生猪期货产品应适时调整，不断适应市场变化，以保证市场功能的有效发挥。

（本部分内容发表于《价格月刊》2019 年第 1 期，作者：庞金波等。）

五、促进加拿大农产品供应链发展的影响因素及启示

如何解决农产品从农场到最终消费者过程中存在的问题已经成为近年来加拿大农产品领域的重要问题。通过对促进加拿大农产品供应链发展的影响因素深入分析和探讨，有利于为我国农产品供应链快速发展提供经验借鉴。

（一）促进加拿大农产品供应链发展的主要影响因素

1. 农产品质量安全对加拿大农产品供应链的促进作用

不管是对国内的消费者市场还是主要的出口市场，农产品质量安全都已经成为加拿大农产品供应链各环节最重视的问题。不断出现的国际食品安全事件使得许多国家的政府机构开始立法或者向食品公司发布指导意见加强国家的食品供应安全。加拿大作为主要农产品出口国，这些变化对其农产品供应链发展非常重要。

1996 年，美国政府通过了 HACCP（Hazard Analysis Critical Control Point），要求任何进入美国的肉类产品必须证明其安全标准符合美国要求。因此，加拿大农产品出口商必须证明其产品符合 HACCP 要求才可以进入美国市场。实际上，消费者（不管是国内市场还是出口市场）对农产品质量安全标准的要求给农产品增加了一个额外的隐藏属性。消费者很难通过视觉检验直接识别农产品是否符合质量安全标准，它必须由农产品的经营组织保证。但是，农产品供应链各个阶段买卖双方之间存在信息不对称，如果零售商（或者加工商）不能提供食品安全保证，一旦发现问题，沿供应链的食品追溯会给公司的声誉带来 严重的负面影响。因此，整个农产品供应链上的

各个参与主体都需要为产品质量提供保证。

许多加拿大食品生产商采用 HACCP 系统。假设 HACCP 系统能有效降低食品在加工阶段的风险，下一步就是降低供应链中其他环节的食品安全风险。为此，加工商鼓励生产商采用 HAPPC 质量保证计划。例如，加拿大猪肉委员会实施并向加工商发布加拿大猪肉生产资格保证的计划，保证动物生产按照一定的质量标准进行，该计划的主要动机是改善加拿大猪肉产品的食品安全。通过建立食品安全生产标准提高下游买家在产品质量和安全上的信心。在此过程中由生产者详细记录信息，减少加工商（和其他下游公司）的信息收集和监控成本。

加拿大火鸡行业是另一个为了应对来自加工商的压力而采用 HACCP 农场质量保证和生产标准的领域。农场质量保证方案包括持续记录信息、种群报告、死亡率说明、药物和饲料的使用等。某些情况下，家禽加工商要求获得这些记录来提高它们对上游供应商信息的监控，并努力在早期检查出潜在的问题。

增强农产品质量安全保证需要下游公司更多地掌握上游公司的生产过程信息，农产品供应链将会变得更加紧密协调。显然，这种关系是复杂的，需要通过契约严格规定双方的利益分配和承担的责任，这样就使得加拿大农业企业形成了很多类型的战略合作关系，例如战略联盟、合资企业或特许经营等。这样可以提高信息沿供应链流动的效率和供应链的灵活性以应对新的市场机会，实现养殖者和加工商之间更高层次的紧密合作伙伴关系。但是，这里面临一个必须考虑的重要问题——交易成本。农产品供应链的复杂性、动态性、市场性、交叉性导致供应链中随时产生大量的信息，供应链参与者之间的合作依赖于这些信息的流动，因此信息管理和监控成本非常高，交易成本增加（现货市场交易和其他偶尔组成的供应链关系不能随时提供如此大量的信息）。在极端情况下，过高的信息管理成本可能导致农产品供应链完全垂直整合，即下游公司直接控制上游公司的生产活动，但是，考虑到风险增加和资本投资的需求，这样的战略管理是不经济的。

2. 贸易自由化对加拿大农产品供应链的促进作用

影响加拿大农产品供应链发展的重要外部环境力量是贸易的自由化和全球化，主要标志是不同国家和地区签订的双边和多边贸易协定以及建立的国际贸易组织。例如，1989 年加拿大—美国贸易协定（CUSTA），1994 年北美自由贸易协定（NAFTA），1995 年乌拉圭回合协议建立的世界贸易组织（WTO）等，这些贸易协定减小了国家间的贸易壁垒，促进了国际市场一体化的形成。

从跨国供应链的角度看，加拿大农业政策调整是因为 CUSTA/NAFTA 和 WTO 发生改变。例如，消除西方粮食运输法案（WGTA）降低了加拿大西部畜牧业的饲料成本，导致肉牛和生猪养殖业在加拿大的草原省份迅速扩张，加工能力也随之快速提高。随着美国生产商获得向加拿大出口饲料的许可，加拿大西部成为饲料的进口地区，而从加拿大西部到美国西部和太平洋西北部的牲畜出口持续增长。因此，美国取代了加拿大西部和中部地区成为加拿大西部牲畜产品的主要消费市场。

CUSTA/NAFTA 降低了美国公司在加拿大农产品行业直接投资的障碍。大型农业综合企业已经利用这些新的投资机会，例如美国肉类包装企业扩张到加拿大阿尔伯塔省南部。加拿大农业公司也在美国市场扩展业务，例如萨斯喀彻温小麦联营公司在美国市场追求投资多样化，包括对畜牧业的重大投资。因此，跨国供应链协调将变得越来越普遍，而农产品加工贸易的发展远远超过大宗农产品贸易。

加拿大食品加工产业的供应链已经密切协调并实现跨国运营，外资分支机构在加拿大的食品供应链中扮演重要角色。例如坎贝尔汤是由位于多伦多的坎贝尔汤公司（美国子公司）生产；卡夫食品是由在安大略省的美国子公司生产。这些品牌的产品是国际公认的，因为它们为消费者提供标准的质量保证。为了与国际市场中产品质量水平达到一致，母公司或授权子公司必须有相当的控制上游生产情况的能力，可以通过直接投资在海外建造工厂或者通过指定许可和特许经营协议等方式来实现。因此，CUSTA/NAFTA 和世贸组织为加拿大农产品公司创造了一个更流畅的投资和贸易环境，促进农产品原材料和加工产品跨国供应链发展。

3. 技术进步对加拿大农产品供应链的影响

很多情况下，农产品无法通过目视或者消费之前检验，消费者选择产品的经验往往来自购买或者消费之后的体验。即使是消费之后也不能确定产品的质量属性，因为农产品质量属性往往是"过程"属性，如产品的生产过程是否符合环保要求，是否满足某些动物的生长标准或含有转基因生物等。技术的进步，例如超声波技术、自动光学探测、成像技术和电子测量设备等的商业化应用，可以在消费者购买之前通过品牌声誉、标签或者质量认证向消费者说明产品的质量信息，例如加工的产品是否含有转基因生物，确定肉产品食用前的纹理、柔韧度和一般口味。

技术进步改进了农产品质量评价方法，降低了加拿大农产品供应链的交易成本，促进了更紧密的供应链合作伙伴关系。首先，技术进步减少了加拿大农产品生产者面对的农产品质量等级不确定的问题。其次，客观、科学的等级或质量评价方法减少了买卖双方之间在质量等级方面的纠纷。纠纷可能是由于等级信息不对称，一般来说，加工商比生产商掌握更多关于分级过程中的信息。这些问题促进了加拿大农业企业通过契约或战略联盟协议实现更紧密的供应链协调关系，因为质量通常是卖方与买方之间的价格谈判的基础，交易的双方对分级体系的信心是极其重要的。例如，英国面包公司 Warburtons 有限公司的小麦来自加拿大生产商。公司发现改进发酵过程的技术可以使产品更容易受到小麦品质变化的影响，这种可变性促使公司引入新的加拿大小麦品种。但是，现有的分级系统不能获得所有对公司重要的小麦品质数据。因此，Warburtons 公司开始建立自己的小麦质量标准。通过和生产商签订合同，公司在马尼托巴省西部专门建立生产基地为其面包产品生产小麦，Warburtons 公司通过和加拿大小麦种植户签订订单管理供应链。小麦育种和烘焙技术的发展成为这种变化的关键催化剂，实现农产品收获前的质量评价，并且是基于客观、科学的质量衡量标准，而不是主观的判断，从而促进加拿大农产品供应链更紧密地协调。

4. 消费者需求多样化对加拿大农产品供应链的影响

随着收入的增加和生活水平不断提高，消费者开始需要经过精深加工的更复杂的产品和更大范围的食品，例如加拿大的餐用马铃薯市场出售的马铃薯以不同加工形式（免清洗马铃薯、薯块、薯条）与其他蔬菜搭配出售以满足消费者的不同需求。

一些消费者的需求偏好还涉及产品的无形方面。许多消费者表示对农场动物福利的担忧，导致食品零售商提供动物福利担保以销售它们的肉类产品。另外，加拿大的一些消费者对农业生产的潜在环境影响表达担忧的程度也在不断增加。例如畜牧业在阿尔伯塔省南部的发展引起了人们对潜在的环境影响的关注。

消费者需求多样化要求供应链的参与者通过契约和战略联盟伙伴关系密切协调供应链，改进链上信息流，使供应链更容易适应消费者不断变化的消费需求。通过这些更紧密的供应链关系供给和销售的农产品比例越高，生产商可用的替代渠道就越少，增加了生产者的谈判成本，因为它们的议价能力相对减弱。

（二）启示及建议

1. 深化农产品供应链理论及实践创新

首先，在理论创新方面，要加强供应链管理作为管理思想或方法与其他管理方法进行整合。在全球化的农产品供应链背景下，我国的农业企业需要不断改进和完善自身的组织结构和管理水平。在此过程中，继续强化供应链管理发挥更大作用。其次，在实践创新方面，注重借鉴供应链管理在其他领域的成功经验。例如汽车制造、电子信息等工业领域在供应链管理方面更加先进和成熟，在这些经过检验的成功实现供应链管理的领域中有很多可以学习和借鉴的地方。

2. 加强农产品质量安全体系建设

HACCP 农产品质量安全认证对加拿大农产品供应链在 20 世纪 90 年代的发展中发挥了重要作用。我国各级政府部门应持续加强农产品质量安全认证、监督和检验工作，促进农产品质量信息对称。基于二维码的供应链追溯系统可以适用于节点少的农产品供应链质量追溯，有效地保障消费者的知情权。借助"互联网＋"农业等创新业务的发展，加强农产品质量追溯体系建设，改变传统农产品供应链上下游组织之间的零和博弈，通过协调链上各个参与主体，使供应链成员产生共同愿景，即整合整个链条的资源保证农产品从生产到流通的质量安全，以提高整个供应链的竞争力，实现供应链各成员的目标，使整个产业链处于一个更加有利于供应链协调合作的管理环境。

3. 促进农产品国际贸易

加拿大是国际大宗粮食和食品加工出口大国，贸易的自由化和全球化对其全球化农产品供应链系统的形成发挥了关键作用。目前，我国经济发展进入新常态，妥善应对我国经济社会发展中面临的困难和挑战，更加需要扩大对外开放。虽然我国已经加入 WTO，并且与欧盟、东盟等多个国际贸易组织和国家签订了多边和双边自由贸易协定，为我国农产品进入国际市场提供了法律基础。但是，我国的农业企业特别是农产品加工企业还没有在国际范围内建立自己的供应链系统，影响我国农产品供应链的资源优化配置。如何促进我国农业产业进入国际市场，促进农产品供应链的跨国协调，是我国农产品行业面临的现实挑战。

4. 加快农业技术开发和推广

技术进步对农业生产、农产品加工、流通、质量检验等方面有着不可替代的作用。困扰我国农业企业特别是处于供应链上游的农产品生产者的重要问题是，优质农产品在市场中没有实现其应有的价值。很多处于下游的销售企业借助信息不对称损害生产者和消费者的利益。通过农产品分级技术对加拿大农产品供应链的积极作用可以发现，这类技术的研发和推广有利于供应链中各环节避免用不科学的主观判断来选择合作伙伴和识别农产品质量信息，而是能够基于客观、严谨、科学的质量衡量标准，促进我国农产品供应链更紧密地协调。

5. 合理平衡效率型供应链和反应型供应链满足消费者需求

效率型供应链主要体现供应链的物理功能，即以最低成本向客户提供功能型产品。该类产品主要面向基本需求，具有生命周期长、需求稳定和便于预测、产品变异程度小等特点。因此，效率型供应链相对成熟、稳定，比较易于实现市场的供需平衡。反应型供应链主要体现供应链的市场调节功能，对未预知的需求做出快速反应，提供创新型产品。该类产品主要面向创新型需求和个性化需求，生命周期短，需求不稳定并且难以预测，变异程度大。因此，要求供应链的响应速度与柔性。在我国农产品市场中，效率型供应链和反应型供应链同时存在，且存在交叉并相互影响，满足消费者的需求类型各有不同。因此，需要明确这样的相互作用在哪里发生，并通过供应链战略管理平衡反应型供应链的波动需求和效率型供应链的稳定需求，管理它们之间的相互作用以限制两种供应链之间的干扰。这样，才能使供应链的参与者通过契约和战略联盟伙伴关系密切协调供应链，使供应链更容易适应消费者不断变化的市场需求。

6. 完善农产品供应链整合和绩效评估体系

农产品供应链能有效地把多个供应商整合到它们的网络。农产品供应链中农户生产单位规模小，而食品加工商可以同时与多个农产品供应商产生业务关系。在不同的供应要求下，通过契约建立有效的供应链伙伴利益协调关系，实现供应链整合，降低可变性使供应与需求相匹配并保证众多供应商供给产品的质量标准和产品特性。要完善供应链绩效评价指标体系，创新农产品供应链模型，评估农产品供应链当前绩效，针对不同的农产品行业和不同目的建立评价指标体系，评估供应链成员竞争能力，准确描述链条运行状态，为改进农产品供应链提供战略评估。

（本部分内容发表于《黑龙江八一农垦大学学报》2017 年第 4 期，作者：刘永悦、郭翔宇等。）

第十章

宏观经济发展与黑龙江全面振兴

站在国民经济和社会发展全局的宏观角度，是研究、解决我国的"三农"问题应该坚持的重要方法论原则。2003年，党中央做出东北老工业基地振兴的战略决策部署。2018年，习近平总书记强调，东北振兴是全面振兴、全方位振兴。全面振兴、全方位振兴，既要振兴城市和工业，也要振兴乡村和农业。特别是黑龙江省，实现全面振兴发展，要坚持把发展现代农业作为重要内容。

第一节　学习贯彻十八大精神，推动经济持续健康发展

党的十八大描绘了全面建成小康社会、加快推进社会主义现代化的宏伟蓝图，对新的时代条件下推进中国特色社会主义事业做出全面部署。建设中国特色社会主义，总布局是经济建设、政治建设、文化建设、社会建设和生态文明建设五位一体。其中，居于中心和首要地位的是经济建设。党的十八大报告指出，以经济建设为中心是兴国之要，发展仍是解决我国所有问题的关键。只有推动经济持续健康发展，才能筑牢国家繁荣富强、人民幸福安康、社会和谐稳定的物质基础。

一、充分认识经济建设的中心地位和重大意义

（一）以经济建设为中心，更加自觉地推动经济社会发展是深入贯彻落实科学发展观的实践要求

党的十八大统领全局的重大历史性决策和历史性贡献是把科学发展观同马克思列宁主义、毛泽东思想、邓小平理论、"三个代表"重要思想一道，确立为党必须长期坚持的指导思想。深入贯彻落实科学发展观，在实践要求

上，必须更加自觉地把推动经济社会发展作为第一要义，要牢牢抓住经济建设这个中心，着力把握发展规律、创新发展理念、破解发展难题，加快形成符合科学发展要求的发展方式和体制机制，不断解放和发展社会生产力，为坚持和发展中国特色社会主义打下牢固基础。同时，在经济建设过程中，要准确把握贯彻落实科学发展观的核心立场，必须更加自觉地坚持以人为本，特别是要千方百计增加居民收入，全面提高人民生活水平，使经济建设与发展成果更多更公平惠及全体人民；要准确把握贯彻落实科学发展观的基本要求，必须更加自觉地坚持全面协调可持续，特别是要全面落实以经济建设为中心的五位一体总体布局，促进现代化建设各方面相协调，促进生产关系与生产力、上层建筑与经济基础相协调；要准确把握贯彻落实科学发展观的根本方法，必须更加自觉地坚持统筹兼顾，特别是要统筹城乡发展和区域发展，推进城乡发展一体化，促进东中西部地区协调发展，缩小城乡居民收入差别和地区差别。

（二）坚持以经济建设为中心、解放和发展社会生产力是夺取中国特色社会主义新胜利的基本要求

党的十八大强调，要高举中国特色社会主义伟大旗帜。中国特色社会主义是全面发展的社会主义，这是一项长期的艰巨的历史任务。在新的历史条件下夺取中国特色社会主义新胜利，要牢牢把握的一项基本要求是必须坚持解放和发展社会生产力。解放和发展社会生产力是中国特色社会主义的根本任务，必须坚持以经济建设为中心，以科学发展为主题，全面推进经济建设、政治建设、文化建设、社会建设、生态文明建设，实现以人为本、全面协调可持续的科学发展。在当前和今后一个时期，推进经济建设，在战略选择上，要以科学发展为主题，以加快转变经济发展方式为主线。在主攻方向上，要在需求、产业、地区、城乡等方面推进经济结构战略性调整与优化。在总体要求上，要坚持走中国特色新型工业化、信息化、城镇化、农业现代化道路，促进"四化"同步发展。

（三）实现经济持续健康发展是实现全面建成小康社会宏伟目标的新要求

党的十八大综观国际国内大势、准确判断我国发展所处重要战略机遇期及其内涵和条件的变化，明确提出到 2020 年实现全面建成小康社会的总目标。同时，根据我国经济社会发展实际，在党的十六大、十七大确立的全面建设小康社会目标的基础上又提出新要求，其中最重要的就是要在经济上实现持续健康发展。具体地说，要在发展平衡性、协调性、可持续性明显增强的基础上，实现国内生产总值和城乡居民人均收入比 2010 年翻一番，使经济发展方式转变取得重大进展；要大幅提升科技进步对经济增长的贡献率，进入创新型国家行列；要基本实现工业化，大幅提升信息化水平，明显提高城镇化质量，使农业现代化和社会主义新农村建设成效显著，基本形成区域协调发展机制；要进一步提高对外开放水平，使国际竞争力明显增强。在经济持续健康发展目标中，备受社会关注的是"两个翻番"的具体数量指标。10 年时间实现 GDP 和居民收入翻一番目标，年均增长速度需达到 7.2%。2011 年，我国 GDP 实际增长 9.3%，城镇居民人均可支配收入实际增长8.4%，农民人均纯收入实际增长 11.4%，之后 9 年（2012—2020 年）我国GDP、城镇居民人均可支配收入、农民人均纯收入年均增长速度分别达到6.9%、7%和 6.7%即可实现翻番目标。

（四）加快完善社会主义市场经济体制是全面深化改革开放的重点要求

改革开放是当代中国发展进步的活力之源，是坚持和发展中国特色社会主义的必由之路。党的十八大报告指出，要始终把改革创新精神贯彻到治国理政各个环节，坚持社会主义市场经济的改革方向，坚持对外开放的基本国策，不断推进理论创新、制度创新、科技创新、文化创新以及其他各方面创新，不断推进我国社会主义制度自我完善和发展。实践证明，我国过去 30多年的快速发展主要依靠的是改革开放。我国未来发展也必须依靠改革开放，特别是全面建成小康社会，必须以更大的政治勇气和智慧，不失时机深化重要领域改革，坚决破除一切妨碍科学发展的思想观念和体制机制弊端，构建系统完备、科学规范、运行有效的制度体系，使各方面制度更加成熟。全面深化改革开放，第一个重要领域就是深化经济体制改革。深化经济体制改革，目标是加快完善社会主义市场经济体制，推动经济更有效率、更加公平、更可持续发展；核心问题是处理好政府和市场的关系；主要任务是要深化国有企业改革，加快财税体制和金融体制改革。需要强调的是，当前，我国改革已经进入攻坚期和深水区，要增强改革的系统性、整体性和协同性，做到改革不停顿、开放不止步。

二、加快转变经济发展方式

（一）转变经济发展方式的重大意义

党的十八大在对经济建设进行部署时提出"两个加快"的战略任务，其中之一是加快转变经济发展方式。以科学发展为主题，以加快转变经济发展方式为主线，是关系我国发展全局的战略抉择。

改革开放以来，我国经济持续快速发展。2011年国内生产总值达到47.3万亿元，比2002年增长1.5倍，年均增长10.7%，远高于同期世界经济3.9%的平均增长速度；经济总量占世界经济的份额由4.4%提高到10%，从世界第六位跃升到第二位，对世界经济增长的贡献率年平均超过20%。但是，我国经济快速发展付出的代价较大。

现阶段，我国经济增长仍过多依靠物质资源消耗，经济社会发展与资源环境的矛盾日趋尖锐，部分地区资源环境承载能力接近极限。面对资源约束趋紧、环境污染严重、生态系统退化的严峻形势，粗放式、外延型的经济增长模式已经难以为继，到了非转变不可的时候。转变经济发展方式是发展的必由之路，是实现我国经济持续健康发展的必然选择。

（二）转变经济发展方式的基本思路

转变经济发展方式，在总体思路上，要把推动发展的立足点转到提高质量和效益上来。改革开放30多年来，我国经济持续快速发展，但发展中不平衡、不协调、不可持续问题依然突出，经济发展的质量和效益不高。因此，转变经济发展方式，就是要转变过去"高投入、高排放、高污染、低质量、低效益"的粗放型经济发展方式，克服重规模轻质量、重速度轻效益的倾向，把推动发展的立足点真正转到提高质量和效益上来，在努力降低资源能源消耗和提高劳动生产率上下功夫，提升我国经济发展的质量和水平。具体地说，转变经济发展方式要把重点放在两个方面。

一方面，要通过"四个着力"实现"四新"。一要着力激发各类市场主体发展新活力。市场主体是推动市场运行和经济发展的决定力量，要通过深化重点领域和关键环节改革为激发市场主体新活力创造体制政策环境。二要着力增强创新驱动发展新动力。创新是推动经济发展的不竭动力，要通过科技创新、管理创新为形成新的经济发展方式、推动经济发展提供战略支撑和驱动力。三要着力构建现代产业发展新体系。改变我国目前不适应激烈国际竞争的高度依赖低端加工组装、缺乏技术创新和品牌的产业体系，构建与绿色发展、新能源、信息化相融合的现代产业体系。四要着力培育开放型经济发展新优势。改变主要依靠劳动力、土地、能源资源、环境等生产要素的低成本比较优势，加快形成以技术、品牌、质量、服务为核心竞争力的新优势，完善互利共赢、多元平衡、安全高效的开放型经济体系。

另一方面，要通过"五个更多依靠"实现"五动"。一要更多依靠内需特别是消费需求拉动经济发展。要尽快改变高度依赖国际市场，投资率偏高、消费率偏低的增长格局，牢牢把握扩大内需这一战略基点，加快建立扩大消费需求长效机制，释放居民消费潜力，增强内需对经济增长的拉动力。二要更多依靠现代服务业和战略性新兴产业带动经济发展。大力发展现代服务业，培育和发展战略性新兴产业，努力提高现代服务业和战略性新兴产业在国民经济中的比重，增强其对经济增长的带动力。三要更多依靠科技进步、劳动者素质提高、管理创新驱动经济发展。适应国际科技竞争加剧和我国劳动力供给变化的新趋势，改变主要依靠生产要素数量投入的外延型增长方式，充分发挥科技第一生产力和人才第一资源的作用，形成以科技进步为前提的内涵型经济发展方式，增强创新对经济发展的驱动力。四要更多依靠节约资源和循环经济推动经济发展。坚持实施可持续发展战略，大力强化资源节约利用，推进循环经济发展，力争以最小的资源环境代价支撑经济可持续的发展。五要更多依靠城乡区域发展协调互动促进经济发展。加快消除城乡区域协调发展的体制性障碍，促进生产要素合理流动，公共资源公平配置，大力实施区域发展总体战略和主体功能区战略，实现城乡区域协调互动发展。

（三）加快转变经济发展方式的主要措施

长期以来，我国经济发展方式转变进展缓慢。究其原因，经济体制机制不合理是最大障碍。因此，转变经济发展方式的关键和主要着力点是深化改革。同时，我国经济发展中结构失衡问题仍较突出，需求结构、产业结构不合理，区域经济发展不协调，某些矛盾还在加剧，这是制约经济发展方式转变的另一重大障碍。因此，加快转变经济发展方式，主攻方向是推进经济结构战略性调整。

转变经济发展方式，在一定意义上说，就是要依靠科技进步和管理创新，推动经济增长、优化经济结构、提高经济效益。由粗放型经济增长向集约型经济增长转变，最重要的是推动科技进步与创新，实施创新驱动发展战略。驱动经济发展的创新，既包括科技创新，又包括管理创新，还包括提高劳动者素质。其中，科技创新是提高社会生产力和综合国力的战略支撑，必须摆在国家发展全局的核心位置。要坚持走中国特色自主创新道路，以全球视野谋划和推动创新，提高原始创新、集成创新和引进消化吸收再创新能力，更加注重协同创新。深化科技体制改革，推动科技和经济紧密结合，加快建设国家创新体系，着力构建以企业为主体、市场为导向、产学研相结合的技术创新体系。完善知识创新体系，强化基础研究、前沿技术研究、社会公益技术研究，提高科学研究水平和成果转化能力，抢占科技发展战略制高点。促进创新资源高效配置和综合集成，把社会智慧和力量凝聚到创新发展上。

三、全面深化经济体制改革

党的十八大提出的"两个加快"任务中，另一任务是加快完善社会主义市场经济体制。加快完善社会主义市场经济体制，必须依靠全面深化经济体制改革来实现，深化改革也是加快转变经济发展方式的关键。

（一）全面深化经济体制改革的核心问题

1992 年，党的十四大提出了我国经济体制改革的目标是建立和完善社会主义市场经济体制。经过 20 年的改革和实践，我国虽然已经建立了社会主义市场经济体制，但是从现状来看，市场体系还不够健全，市场运行机制还不够有效，市场主体还缺乏足够活力。面对未来，全面深化经济体制改革，目标就是要加快完善社会主义市场经济体制，其核心问题是处理好政府和市场的关系。

作为现代市场经济体系中相互关联的两个重要组成部分，政府和市场的关系决定着市场经济体制的基本走向和运行质量。在市场经济运行中，政府是经济管理和宏观调控主体，市场是资源配置的基础性手段，两者紧密关联、相互交织、缺一不可。但是，政府和市场都不是完美无缺的，二者都有局限性，其功能和作用在某些领域有时会"失灵""失效"。因此，加快完善社会主义市场经济体制，关键是要不断地调整和处理好政府与市场的关系，寻求政府行为和市场功能的最佳结合点，各司其职、优势互补。

处理好政府和市场的关系，必须更加尊重市场规律。过去进行经济体制改革，在建立社会主义市场经济体制过程中，需要尊重市场规律，使市场在资源配置中发挥基础性作用。今后深化经济体制改革，在加快完善社会主义市场经济体制过程中，必须更加尊重市场规律，使市场在更大程度和更广范围上发挥对资源配置的基础性作用。尊重市场规律，就是要尊重市场价值规律、供求规律和竞争规律，尽量减少政府对市场的不必要干预，把应该由市场发挥作用的领域真正交给市场，特别是在竞争性领域要更多发挥市场配置资源的基础性作用。

处理好政府和市场的关系，必须更好发挥政府作用。在市场经济中，政府职能和作用主要是宏观调控、市场监管、社会管理和公共服务等。更好地发挥政府作用，一方面需要弱化政府在微观方面的一些管理职能，从不该管的领域中退出来，让市场真正发挥作用，从而有效提升市场效率，努力打造服务型政府；另一方面政府应该把自己该管的领域管好，需要强化在社会管理和服务方面的职能，特别是在基础性和公共性领域要更好地发挥作用，通过强化政府这一职能，弥补市场本身的不足和缺陷，为市场经济健康发展创造良好环境。

（二）全面深化经济体制改革的主要任务

经济体制改革的主要目的是不断推进我国社会主义经济制度自我完善和发展，其主要任务有以下几个方面。

1. 进一步完善公有制为主体、多种所有制经济共同发展的基本经济制度

一方面，要毫不动摇巩固和发展公有制经济，推行公有制多种实现形式；另一方面，毫不动摇鼓励、支持、引导非公有制经济发展，保证各种所有制经济依法平等使用生产要素、公平参与市场竞争、受到同等法律保护。对国有经济比重较大的省份，要特别注重营造更加宽松政策环境，促进民营企业加快发展，形成各种所有制经济平等竞争、互相促进的新格局。

2. 进一步完善按劳分配为主体、多种分配方式并存的分配制度

一方面，要完善劳动、资本、技术、管理等要素按贡献参与分配的初次分配机制；另一方面，加快健全以税收、社会保障、转移支付为主要手段的再分配调节机制。在原则上，初次分配和再分配都要兼顾效率和公平，再分配要更加注重公平。完善分配制度，必须深化收入分配制度改革，加快形成合理的收入分配格局，使广大民众更多地分享改革发展成果。为此，一要努力实现"两个同步"，即实现居民收入增长和经济发展同步、劳动报酬增长和劳动生产率提高同步；二要努力提高"两个比重"，即提高居民收入在国民收入分配中的比重，提高劳动报酬在初次分配中的比重。

3. 进一步健全现代市场体系

健全现代市场体系是完善社会主义市场经济体制的内在要求和重点任务。市场经济在体制形式上的最鲜明特征是经济关系的市场化，即所有经济活动主体通过市场发生联系，全部生产要素均作为商品进入市场进行交换，一切经济行为都处于市场关系之中。因此，健全的现代市场体系是市场机制充分发挥作用和资源配置优化的必要基础，是市场主体推动市场经济高效运行和国家进行宏观调控的必要前提。进一步健全完善现代市场体系，要在发展各类商品市场的同时着重发展资本、劳动力、技术、信息和房地产等生产要素市场，在发展现货市场和零售市场的同时着重发展期货市场和批发市场，在发展地方性市场的同时着重发展区域性市场和全国性市场。通过深化体制改革，进一步完善市场机制，健全市场规则，加强市场管理，清除市场障碍，使市场体系统一开放、竞争有序。

4. 进一步完善宏观调控体系

完善宏观调控体系是今后深化经济体制改革的基本目标和重要环节。社会主义市场经济是在国家宏观调控下的市场经济。因此，健全的宏观调控体系能弥补市场机制滞后性、盲目性和短期性等局限及其在某些领域的"失效"，从而保证国民经济持续健康发展的客观要求和必要条件。进一步完善宏观调控体系，要以促进经济增长、实现充分就业、稳定物价、保持国际收支平衡作为主要目标，以财政、货币、产业、收入分配等宏观经济政策和税收、信贷、外汇、价格等经济杠杆以及法律法规为主要手段，重点以间接方式进行调控，并注意加强宏观调控目标和政策手段机制化建设。

5. 进一步完善开放型经济体系

改革开放以来，我国开放型经济快速发展，特别是党的十六大以来的10年，开放型经济发展实现了历史性跨越。2011年，我国货物进出口总额36 421亿美元，比2002年增长4.9倍，从世界排名第五位跃居第二位，连续三年成为世界货物贸易第一出口大国和第二进口大国。开放型经济发展促进了我国国民经济发展和社会发展，提升了我国国际地位和影响力。当前，在我国已进入全面建成小康社会的决定性阶段，必须适应经济全球化新形势，实行更加积极主动的开放战略，完善开放型经济体系，全面提高开放型经济水平。完善开放型经济体系，一要在对外开放中坚持共同发展，坚持通过合作促进世界经济可持续发展，实现互利共赢；二要坚持统筹协调，注重良性互动，实现多元发展、平衡发展；三要坚持转变对外经济发展方式，培育开放型经济发展新优势，提高开放型经济的综合效益，增强抵御外部冲击和国际风险的能力，实现安全高效。

（三）经济体制改革的重点领域

1. 深化国有企业改革，完善各类国有资产管理体制

深化国有企业改革，一方面要建立产权清晰、权责明确、政企分开、管理科学的现代企业制度，不断增强国有企业活力和竞争力，使其真正成为独立的市场经济运行主体；另一方面要推动国有资本更多投向关系国家安全和国民经济命脉的重要行业和关键领域，不断增强国有经济控制力和影响力，使其在经济发展中更好地发挥主导作用。实现国有企业改革的目标，需要以完善的国有资产管理体制为保障。我国国有资产包括经营性国有资产、行政事业性国有资产和资源性国有资产。完善各类国有资产管理体制，要针对不同类型国有资产的属性和特点，建立健全适应社会主义市场经济要求的管理体制和制度体系，保护好、利用好、经营好各类国有资产，使各类国有资产

实现最优化配置，最大限度地发挥其经济社会功能和作用，创造最大的经济效益和社会效益，为建设中国特色社会主义提供坚实的经济和政治基础。

2. 加快改革财税体制，完善公共财政体系

首先，要在制度安排上规范中央和地方政府间财政分配关系，健全中央和地方财力与事权相匹配的财政体制，为推动城乡区域协调发展、更好地促进科学发展提供保障。其主要目标和任务：一是合理界定中央和地方的事权和支出责任，优化收入划分和财力配置；二是健全财政转移支付制度，优化转移支付结构；三是建立完善县级基本财力保障机制，加强县级政府提供基本公共服务财力保障。其次，要充分发挥公共财政稳定经济、配置资源、收入分配、监督管理等职能作用，重点完善促进基本公共服务均等化和主体功能区建设的公共财政体系，提升基本公共服务水平和均等化程度，推动形成人口、经济和资源环境相协调的国土空间开发格局，促进经济全面协调可持续发展。第三，要充分发挥税收在促进经济结构优化、转变经济发展方式、调节收入分配等方面的作用，推进税收制度改革，完善税收体系，形成有利于结构优化、社会公平的税收制度。

3. 深化金融体制改革，完善现代金融体系

金融在现代经济发展中具有核心作用。改革开放以来，我国推进和完成了一系列重大金融改革，基本建立了与社会主义市场经济相适应的金融体制，金融业的整体实力和金融宏观调控的有效性明显提高，成功经受住了国际金融危机的考验，为我国经济持续健康发展做出了重要贡献。面对未来的发展机遇和风险挑战，要按照促进宏观经济稳定、支持实体经济发展的本质要求，进一步深化金融体制改革，健全现代金融体系：一要加快发展多层次资本市场，重点是大力发展债券市场，继续完善主板、中小企业板和创业板市场，积极探索发展股权交易市场；二要稳步推进利率和汇率市场化改革，逐步实现人民币资本项目可兑换；三要加快发展民营金融机构，强化各类金融机构内部治理和风险管理；四要完善金融监管，推进金融创新，提高银行、证券、保险等行业竞争力，维护金融稳定。

四、推进经济结构战略性调整

经济结构是否科学合理，直接关系到经济发展能否健康高效，经济社会能否全面协调可持续发展。准确把握经济发展的阶段性特征，适应发展形势的新变化，对经济结构进行战略性调整，是保证经济长期平稳较快发展和经济社会全面协调可持续发展的必要举措。进行经济结构战略性调整对于加快转变经济发展方式、促进经济持续健康发展具有决定性意义。

（一）改善需求结构，释放居民消费潜力

需求是拉动经济增长的原动力。需求包括国内需求和国外需求，国内需求包括消费需求和投资需求，国外需求包括商品出口和服务出口。改善需求结构，一方面应在内需与外需关系上立足扩大国内需求。扩大内需是我国经济发展的基本立足点和长期战略方针。成功应对国际金融危机冲击，主要依靠的是内需拉动。2009—2011年，我国国内生产总值年均增长9.6%。其中，在拉动经济增长的三大需求中，最终消费支出贡献率为49.5%，拉动经济增长4.8个百分点；资本形成总额贡献率为63.1%，拉动经济增长6.0个百分点；而净出口对经济增长的贡献率为－12.6%。在世界经济可能长期放缓的形势下，仍要靠扩大内需实现持续发展。从国际经验看，以内需为主也是大国发展的必由之路。我国作为世界上最大的新兴市场国家，蕴藏着巨大的需求潜力，这也是我国经济发展的最大优势。

改善需求结构，另一方面应在投资与消费关系上着力拓展居民消费。投资与消费失衡，是长期困扰我国经济发展的一个难题。我国的内需不足，在很大程度上体现为消费需求不足。2002—2011年，我国投资率由37.8%上升到48.3%，消费率则由59.6%下降到49.1%，其中居民消费率由44%下降到35.4%。这种投资率过高、消费率偏低且下降态势，不利于经济的良性循环和可持续增长。因此，必须把扩大居民消费作为扩大内需的着力点，构建拓展居民消费的长效机制。

在改善需求结构过程中，必须千方百计增加居民收入，这是扩大国内需求，特别是拓展居民消费的前提和基础。近10多年来，我国收入分配结构中这"两个比重"偏低，且呈下降趋势。2000—2010年，居民收入在国民收入分配中的比重由67.6%下降到60.4%，劳动报酬在初次分配中的比重由53.3%下降到47.8%。这两个比重偏低已成为制约普通居民收入水平提高的最大障碍，将直接导致居民的消费倾向下降，在很大程度上削弱我国扩大内需的能力。

（二）优化产业结构，构建现代产业发展体系

优化产业结构是加快转变经济发展方式的根本出路，也是推进经济结构战略性调整的主要着力点。优化产业结构的主要任务是构建现代产业发展体系。一要推动战略性新兴产业、先进制造业健康发展。战略性新兴产业具有知识技术密集、物质资源消耗少、成长潜力大、综合效益好等特点，先进制造业是产业核心竞争力的集中体现。大力发展战略性新兴产业

和先进制造业是构建产业竞争新优势、培育新的经济增长点、掌握未来发展主动权的必然选择。特别是面对未来发展和全球竞争，应充分发挥战略性新兴产业和先进制造业在优化产业结构中的带动作用。二要加快传统产业转型升级。传统产业是我国经济发展主体力量。目前，我国的工业、农业、服务业都面临转型升级的迫切要求，这也是转变经济发展方式的主要任务。三要推动服务业特别是现代服务业发展壮大。服务业是国民经济的重要组成部分，具有涉及领域广、带动就业多、消耗资源少、拉动增长作用强等特点。优化产业结构，必须把发展服务业作为战略重点，不断提高服务业比重和水平。四要合理布局建设基础设施和基础产业。能源、交通等基础设施和基础产业是国民经济现代化的重要依托，是优化产业结构的重要支撑。

（三）调整地区结构，促进区域协调发展

在空间结构上，地区发展不平衡，中西部地区特别是西部地区发展相对滞后，是我国发展不平衡问题的突出表现。2011 年，土地面积仅占全国 9.5%、人口占全国 38.1% 的东部地区，地区生产总值和财政收入分别占全国的 52% 和 54.7%。而西部地区土地占全国的 71.5%、人口占 27%，但地区生产总值和财政收入只占全国的 19.2% 和 20.6%。从过去 10 年变化看，西部和中部地区的地区生产总值占全国的比重分别提高了 2.0 和 1.3 个百分点。缩小地区差距，是科学发展的客观要求。党的十八大报告提出，要继续实施区域发展总体战略，坚持把实施西部大开发放在优先位置，全面振兴东北地区等老工业基地，大力促进中部地区崛起，积极支持东部地区率先发展。中西部地区是我国现代化建设的广阔空间，中西部地区的崛起也将扩大我国经济发展的回旋余地。

（四）改变城乡结构，推进新型城镇化

我国发展不平衡问题的另一个表现是城乡差别过大、二元结构突出。改变城乡结构应以推进城镇化为基本途径和主要载体。我国城镇化率按常住人口计算刚超过 50%，如按户籍人口计算仅 35% 左右，远低于发达国家近 80% 的平均水平。从现代化发展规律看，今后一二十年我国城镇化率将不断提高，每年将有相当数量农村富余劳动力及人口转移到城市。要积极稳妥推进新型城镇化，特别要提高城镇化质量。从未来看，城镇化是扩大内需的最大潜力，是我国经济增长的巨大引擎。

（本节内容发表于《东北农业大学学报》（社科版）2013 年第 1 期，作者：郭翔宇。）

第二节　加强融合与互动，促进"四化同步"发展

党的十八大报告提出，坚持走中国特色新型工业化、信息化、城镇化、农业现代化道路，促进工业化、信息化、城镇化和农业现代化同步发展。这是加快经济建设、实现经济持续健康发展的总体要求，是实现全面建成小康社会宏伟目标和落实建设中国特色社会主义总布局的重大举措。

一、"四化同步"发展的必要性

促进工业化、信息化、城镇化和农业现代化同步发展，是由"四化"的相互作用及其现状决定的。目前，我国仍处于工业化、信息化、城镇化、农业现代化深入发展中，"四化"之间是彼此关联、相互促进的。但从现状来看，"四化"进展不一、互动不够、彼此带动不足，具体表现在：

（1）工业化和信息化融合不够。我国工业化进展很快，现已进入工业化中后期。2002年以来，工业增加值占国内生产总值比重一直在45%左右。但是，在工业化过程中，数量扩张特征明显、产能过剩，而信息化却处在以局部应用为主的阶段。总体上，信息化带动工业化、工业化促进信息化的融合放大作用没有充分发挥。

（2）工业化与城镇化互动不足。近10年来，我国城镇化水平持续提高，2011年全国城镇人口达到6.91亿，城镇化率达51.3%，比2007年提高5.4个百分点，比2002年提高12.2个百分点。但是，与发达国家80%的平均水平比较，我国城镇化率还处于较低水平，而且城镇化质量不高，两亿多农民工没有真正融入城镇生活，城镇化为工业化创造需求、工业化为城镇化提供供给的互动功能没有充分发挥。

（3）工业化、城镇化对农业现代化带动不力。改革开放以来，我国农业现代化取得长足进展，2010年，农业机械化率达52.3%，比2007年提高近10个百分点；2011年，农业科技进步贡献率达53.5%，比2003年提高了7.5个百分点，农业现代化正处于成长阶段。但是，相对于工业化和城镇化来说，我国农业现代化仍明显滞后，工业化和城镇化对农业现代化的带动作用没有充分发挥。

二、"四化同步"发展的基本思路

基于工业化、信息化、城镇化和农业现代化的相互关系及其现状与问

题，促进"四化"同步发展，在基本思路上：

一要推动信息化和工业化深度融合，充分发挥信息化带动工业化、工业化促进信息化的融合放大作用。一方面，坚持走新型工业化道路，重点推进产业结构优化升级，形成以战略性新兴产业为先导、基础产业和先进制造业为支撑、现代服务业全面发展的产业格局，增强产业竞争力，基本实现工业化，为社会主义现代化奠定坚实基础；另一方面，加快推进信息化，重点建设下一代信息基础设施，发展现代信息技术产业体系，健全信息安全保障体系，在经济和社会领域广泛运用信息网络技术，大幅提升信息化水平。

二要推进工业化和城镇化良性互动，充分发挥城镇化为工业化创造需求、工业化为城镇化提供供给的互动功能。工业化与城镇化良性互动，是现代经济社会发展的显著特征。工业化是城镇化的经济支撑，城镇化是工业化的空间依托，推动工业化与城镇化良性互动、相互促进，既是为工业化创造条件，也是城镇化发展的内在规律。从现代化发展规律看，今后一二十年我国城镇化率将不断提高，每年将有相当数量农村富余劳动力及人口转移到城市。我们要积极稳妥地推进城镇化，特别要提高城镇化质量。从未来看，城镇化是扩大内需的最大潜力，是我国经济增长的巨大引擎。

三要推进城镇化和农业现代化相互协调，充分发挥工业化和城镇化对农业现代化的带动作用。一方面，要加大统筹城乡发展力度，增强农村发展活力，逐步缩小城乡差别，促进城乡共同繁荣；另一方面，要加快完善城乡发展一体化体制机制，促进城乡要素平等交换和公共资源均衡配置，形成以工促农、以城带乡、工农互惠、城乡一体的新型工农、城乡关系，实现工业与农业、城市与农村发展的良性互动。重点要统筹城乡土地利用，加快完善城乡规划一体化机制；统筹城乡产业发展，加快完善城乡生产要素流动一体化机制；统筹城乡基础设施建设，加快完善城乡公共服务一体化机制；统筹城乡劳动就业，加快完善城乡劳动力流动与人力资源优化配置一体化机制；统筹城乡社会管理，加快完善农业转移人口市民化推进机制；统筹城乡财政支出，加快完善城乡政府投入一体化机制。

三、"四化同步"发展的重点和难点

与快速推进的工业化、城镇化相比，我国农业现代化发展长期滞后，这不仅制约"三农"问题的解决，还会使工业化、城镇化发展受阻，从而影响现代化建设进程。在我国进入全面建成小康社会决定性阶段，促进"四化"

同步发展，应把重点放在农业现代化上，加快建设和发展现代农业。

加快发展现代农业，必须按照高产、优质、高效、生态、安全的要求，以转变农业发展方式为主线，以保障主要农产品有效供给和促进农民持续较快增收为主要目标，以提高农业综合生产能力、抗风险能力和市场竞争能力为主攻方向，构建集约化、专业化、组织化、社会化相结合的新型农业经营体系，用现代物质条件装备农业，用现代科技改造农业，以现代产业体系提升农业，用现代经营形式推进农业，用现代发展理念引领农业，以培养高素质农民发展农业，提高土地产出率、资源利用率和农业劳动生产率。对于黑龙江省来说，要走黑龙江特色农业现代化道路，坚持以两大平原农业综合开发区为牵动，以千亿斤粮食产能巩固提高工程为抓手，紧紧围绕保障国家粮食安全和促进农民持续增收，大力发展现代化大农业。基本思路是：在生产经营上，实行"大规模"，实现"大产出"；在经营主体上，依靠"大组织"，进行"大合作"；在生产手段上，采用"大科技"，使用"大农机"；在支撑条件上，建立"大市场"，开展"大服务"；在环境上，兴建"大水利"，利用"大生态"；在理念上，发展"大产业"，实现"大功能"；在目标上，追求"大效益"，做出"大贡献"。

（本节内容发表于《农业经济与管理》2013年第1期，作者：郭翔宇。）

第三节　推动黑龙江全面振兴、全方位振兴

一、推动黑龙江省经济社会高质量发展

（一）建设质量龙江，推动高质量发展，是实现全省经济社会持续健康发展的必然选择

黑龙江省第十三次党代会提出要着力建设"六个龙江"，其中第一个龙江是建设质量龙江。建设质量龙江，就是要推动黑龙江经济社会高质量发展，这是未来五年黑龙江振兴发展的主题。习近平总书记指出，高质量发展，是能够很好满足人民日益增长的美好生活需要的发展，是体现新发展理念的发展。具体地说，在高质量发展中，创新发展应成为第一动力，协调发展应成为内生特点，绿色发展应成为普遍形态，开放发展应成为必由之路，共享发展应成为根本目的。

在我国经济进入新常态之后，建设质量龙江，推动高质量发展，是实现全省经济社会持续健康发展的必然选择，也是适应我国社会主要矛盾变化、实现黑龙江现代化和共同富裕的必由之路。这是我们当前和今后一个

时期，确定发展思路、制定发展政策、实施政府调控的根本要求，必须深刻认识其重大意义，全面领会其内涵实质，并在具体工作中真正贯彻和落实。

黑龙江省第十三次党代会用着力建设"六个龙江"描绘了未来五年黑龙江全面振兴、全方位振兴可期可待的美好愿景，涵盖了经济、政治、文化、社会、生态文明和党的建设。从相互关系来看，建设"六个龙江"是紧密联系、相互促进的，"六个龙江"构成了一个完整的建设系统。其中，建设质量龙江处于统领的地位。在未来五年乃至更长时间里，黑龙江省要走出一条质量更高的振兴发展之路，要努力实现更高质量的发展目标。可以说，建设质量龙江，是未来五年黑龙江振兴发展的主题、方向和道路选择；建设创新龙江、绿色龙江、开放龙江、勤廉龙江，是实现黑龙江高质量发展的驱动力、基本路径和重要保证；建设幸福龙江，是黑龙江振兴发展的根本目标，是质量龙江的重要体现。

（二）建设质量龙江，是系统工程，需从多方面共同发力

建设质量龙江，涉及的建设任务很多，是一个综合性的系统工程，需要从多方面共同发力。

首先，建设质量龙江，最重要的，是要坚持质量第一、以质取胜的原则，使高质量成为黑龙江振兴发展的显著特征。高质量的特征，在产出上主要表现为产品质量高和服务质量高，要求第一产业能够生产出更多的优质农产品，第二产业能够制造出更多的高质量工业产品，第三产业能够提供更多的高质量服务。以农业为例，黑龙江省是农业大省和粮食主产区，粮食产量已连续11年位居全国首位，为保障国家粮食数量安全做出了重要贡献。今后，要大力发展质量农业，努力生产出知名度和美誉度更高、数量更多的优质农产品。产品质量优，可以卖出更高的销售价格，这样才有利于促进农业增效和农民增收；同时，可以更好地满足消费者既要吃得好、又要吃得安全健康和富有营养的多样化需求。

其次，建设质量龙江，要加快转变发展方式。转变发展方式，是建设质量龙江、实现高质量发展的必由之路和关键。在经济发展新常态下，要加快经济增长方式从规模速度型向质量效益型转变，实现粗放增长向集约增长转变，努力推动质量变革、效率变革、动力变革，全面提升黑龙江省的综合实力。

第三，建设质量龙江，要不断优化产业结构。产业结构的调整与优化，是建设质量龙江、实现高质量发展的重要途径和标志。在总体上，应以协调

发展理念为引领，以深化供给侧结构性改革为主线，不断促进三次产业结构的合理化与高级化。在第一产业发展上，要不断提高农业现代化水平。黑龙江省是农业大省，农业现代化建设走在全国前列。2021 年黑龙江省主要农作物耕种收综合机械化水平达到 98%，高于全国平均水平 26 个百分点；农业科技进步贡献率 69%，高于全国平均水平近 10 个百分点；人均粮食占有量 2 517.7 千克，是全国平均水平的 5.2 倍。今后，黑龙江省应在发挥农业生产规模优势的基础上，大力提升农业质量、效益和竞争力，到"十四五"期末，具有条件的地区要率先基本实现农业现代化，全省农业现代化要实现新突破，努力当好农业现代化建设排头兵，为全国推进农业现代化起到引领和示范作用。在第二产业发展上，要大力发展制造业，做大做强工业经济。黑龙江省是全国重要的老工业基地，制造业又是实体经济的主体，在经济发展中发挥着十分关键的作用，今后要显著提升制造业增加值占地区生产总值的比重。在第三产业发展上，要大力促进现代服务业提质扩量。生产性服务业，要向专业化、高端化延伸；生活性服务业，要向高品质、多样化升级。

第四，建设质量龙江，要重点提升企业和区域发展质量。一方面，企业是经济发展的主体，建设质量龙江要依靠优质企业的大量涌现，来供给更多的优质产品和服务；另一方面，区域是经济社会发展的载体，建设质量龙江既要提升城市的发展质量，又要提升乡村的发展质量，努力推进城乡区域发展更协调更充分，从而增强黑龙江可持续发展能力，使高质量发展成果更多更公平惠及全省人民。

（三）保持较快的增长速度，在质的提升中实现量的快速扩张

党代会报告提出，全省地区生产总值要迈上 2 万亿元新台阶。这意味着，在建设质量龙江过程中，还要保持较快的增长速度。在建设质量龙江过程中，准确认识和处理质量与速度的关系非常重要。高质量发展是建立在一定增长速度基础上的发展，今后五年黑龙江振兴发展，既要提升发展质量，又要加快增长速度，要在质的提升中实现量的快速扩张。2021 年，黑龙江省地区生产总值是 14 879 亿元，是 10 个低于 2 万亿元的省份之一，在全国 31 个省份中排在第 25 位。实现全省地区生产总值迈上 2 万亿元新台阶这个目标，按平均增速计算，今后五年全省 GDP 年均增速需达到 6.1%。保持 6% 以上年均增速虽然有一定难度，但综合分析黑龙江省一二三产业发展能力和主要增长因素，经过努力是能够实现的。

（四）把高质量发展贯穿全省经济社会发展的各领域各环节全过程

建设质量龙江，要全面贯彻高质量发展要求，把高质量发展贯穿全省经

济社会发展的各领域各环节全过程。一要在经济、社会、文化、生态等各领域，都需体现高质量发展的要求。高质量发展不只是一个经济要求，而是对经济社会发展方方面面的总要求。二要在生产、流通、分配、消费等经济社会发展的各环节和全过程，都需表现出高质量发展的特征。三要在所有地区，不管是城市还是农村，不管是经济社会发展发达地区还是相对落后地区，都需坚持以推动高质量发展为主题。总之，我们要以新发展理念引领高质量发展，以高质量发展推进未来五年黑龙江全面振兴全方位振兴实现新突破、迈上新台阶、开创新局面。

（本部分内容为 2022 年 6 月 19 日黑龙江电视台新闻联播《智库专家谈振兴》专家访谈"'质量龙江'为龙江全方位振兴按下'加速键'"，摘要发表于《黑龙江日报》2022 年 6 月 18 日，原文题目为"质量龙江：系统工程须多方发力"，作者：郭翔宇。）

二、实现黑龙江全面振兴发展要坚持把发展现代农业作为重要内容

黑龙江省第十二次党代会全面贯彻落实习近平总书记系列重要讲话精神和治国理政新理念新思想新战略，全面贯彻落实习近平总书记对黑龙江省两次重要讲话精神，提出了今后五年要"决胜全面建成小康社会，奋力走出黑龙江全面振兴发展新路子"的总体要求，确立了"争取到 2030 年左右，实现黑龙江全面振兴"的奋斗目标，从开辟新境界、担负崇高使命、筑牢坚实基础、激发动力活力、强化重要保障、营造政治生态等六个方面进行了重点部署。

在实现黑龙江省全面振兴发展路径上，省第十二次党代会牢牢把握习近平总书记提出的"四个坚持"的发展思路，明确把坚持发展现代农业作为振兴发展的重要内容。

（一）重大任务：争当农业现代化建设排头兵

2016 年 5 月 23—25 日，习近平总书记在黑龙江省考察调研时强调，在努力走出一条新形势下老工业基地振兴发展新路子的过程中，黑龙江省要坚持把发展现代农业作为振兴发展的重要内容，要坚持发展现代农业方向，争当农业现代化建设排头兵。

什么叫排头兵？就是站在队伍最前面的战士，而且这些战士一定是综合素质最优秀的，能起到带头和示范作用。那么，农业现代化建设排头兵，应该是在农业现代化建设过程中走在最前列，农业现代化程度和水平最高、对全国各地现代农业发展能起到示范和引领作用。具体地说，农业现代化建设

排头兵应该具备两个基本特征：一方面，成为农业现代化建设排头兵，要求黑龙江省农业现代化水平排在全国最前列；另一方面，成为农业现代化建设排头兵，要求黑龙江省在推进农业现代化建设、深化现代农业改革和制度创新上走在全国最前列。

争当农业现代化建设排头兵，是习近平总书记寄予黑龙江省的重要嘱托和殷切期望，是党中央赋予黑龙江省的重大任务和历史使命。黑龙江省作为粮食主产区，长期以来为国家粮食安全做出了突出贡献，是维护国家粮食安全的一块"压舱石"。但是，近年来，黑龙江省经济发展相对落后，财政收入、城镇居民收入水平偏低，机会成本较大。因此，建议国家进一步完善粮食主产区利益补偿机制，加大利益补偿力度。

（二）基本目标：保障国家粮食安全，促进农民持续增收

党代会报告指出，坚持把发展现代农业作为振兴发展的重要内容，要以保障国家粮食安全、促进农民持续增收为目标。

1. 发展现代农业要以保障国家粮食安全为首要任务，提高农业综合生产能力

农业是安天下稳民心的产业，粮食是关系国计民生的特殊商品。解决好全国14亿人口的吃饭问题，始终是治国安邦的头等大事。在发展现代农业过程中，要不断增强农业综合生产能力，确保谷物基本自给、口粮绝对安全，把14亿中国人的饭碗牢牢端在自己手中，自己的饭碗主要装自己生产的粮食。因此，确保国家粮食安全，保障重要农产品有效供给，始终是发展现代农业的首要任务。黑龙江省作为农业大省和国家重要商品粮基地，是我国21世纪粮食增产和粮食供给能力潜力最大的地区，维护国家粮食安全是黑龙江省义不容辞的责任。今后，要进一步发挥黑龙江省农业生产优势，按照国务院《关于建立粮食生产功能区和重要农产品生产保护区的指导意见》，积极创建国家水稻、玉米生产功能区和大豆生产保护区。一要进一步发挥黑龙江省农业生产优势，稳定发展水稻生产，叫响龙江大米品牌，使中国人的饭碗装更多的龙江米；二要扩大大豆种植面积，提高大豆市场竞争力和占有率；三要积极发展绿色食品产业，培育壮大绿色生态农产品知名品牌和龙头企业，推行绿色生产方式，深入实施"三减"行动，扩大中高端绿色有机农产品供给，推动黑龙江成为全国的绿色粮仓。

2. 发展现代农业要以促进农民持续增收为目标，缩小城乡居民收入差距

增加农民收入是"三农"工作的中心任务。党的十八大提出，全面建成小康社会的一个重要数量指标是，到 2020 年城乡居民人均收入要比 2010 年翻一番；同时，进一步缩小城乡居民收入差距。实现农民收入十年翻一番的目标，年均增长速度需在 7.2% 以上。在过去的 2011—2015 年，黑龙江省农民人均纯收入年均增长了 9.6%，比 7.2% 高出 2.4 个百分点，因此，在"十三五"期间达到年均增长 4.8% 即可实现翻番目标。从"十二五"时期的实际增长情况来看，这应该是容易达到的。但是，按照农民收入与经济增长同步的要求，要进一步缩小城乡居民收入差距，则难度就大了。特别是在目前国际大宗农产品价格低迷、国内库存积压严重的情况下，持续较快增加农民收入难度更大。

习近平总书记强调，小康不小康，关键看老乡。全面建成小康社会，重点和难点在于持续较快地增加农民收入，缩小城乡居民收入差距。从当前实际情况和今后一个时期的发展趋势来看，有三个问题值得特别关注：

一是农民收入没有城镇居民工资性收入那样的正常刚性增长机制，不会是一直增加的。受农产品价格下跌、自然灾害等因素影响，农民收入会出现下降。2015 年，因国家临时玉米收储价格下调 0.11 元/斤，黑龙江省玉米种植户户均减收 3 300 元左右。2017 年，国家已经发布，水稻收购保护价每斤降低三分钱。因此，如何完善农民收入增长的支持政策体系，建立农民持续较快增收的长效机制，是解决这一问题的关键。特别是对于农产品主产区，更应高度关注农民经营性收入增长问题。

二是近年来城乡居民收入相对数差距在逐渐缩小的同时，绝对数差距还在不断扩大。从 2010 年开始，农民收入增长速度超过城镇居民，城乡居民收入相对数差距逐年缩小，特别是 2014 年首次降至 3 倍以下，而此前已连续 12 年在 3∶1 以上，2016 年进一步降至 2.72∶1。但是，与发达国家 1.5∶1 的水平相比，我国现在的城乡居民收入相对数差距还是很大。更主要的问题是城乡居民收入的绝对数差距一直在不断扩大。2010 年城乡居民收入相对数差距为 3.23∶1 时，绝对数差距为 13 190 元，这个差距是当年农民人均纯收入的 2.23 倍；2016 年相对数差距缩小到 2.7∶1 时，绝对数差距扩大到 21 253 元，比 2010 年又增加了 8 063 元，增长 61.1%。到 2020 年，如果城乡居民收入同时翻一番的话，二者相对数差距还是 3.3∶1，但绝对数差距将再扩大 1倍。按 2010 年价格计算，将由 13 190 元增加到 26 380 元。即便"十三五"时期继续保持近年来城乡居民收入相对数差距不断缩小的趋势，二者的绝对数差距也会继续扩大。只有城乡居民收入相对数差距缩小到 2∶1 以下时，绝对数差距才会减小（表 10-1）。

表 10-1　全国城乡居民收入差距及其变化

年　份	2009	2010	2011	2012	2013	2014	2015	2016
城乡居民人均可支配收入（元）	17 175	19 109	21 810	24 565	26 955	28 844	31 195	33 616
农村居民人均可支配收入（元）	5 153	5 919	6 977	7 917	8 896	9 892	10 772	12 363
城乡居民收入差距相对数（倍）	3.33	3.23	3.13	3.10	3.03	2.92	2.90	2.72
城乡居民收入差距绝对数（元）	12 022	13 190	14 833	16 648	18 059	18 952	20 423	21 253
绝对数差距比上年扩大（元）	—	1 168	1 643	1 815	1 411	893	1 471	830
绝对数差距比上年扩大（%）	—	9.7	12.5	12.2	8.5	5.0	7.8	4.1

三是农村还存在 5 575 万贫困人口，实现农村贫困人口全部脱贫是"十三五"时期全面建成小康社会的最大短板和最艰巨的任务。从黑龙江省情况来看，在现行标准下，有 28 个贫困县、211 万农村贫困人口。打赢脱贫攻坚战，要多管齐下，采取综合举措，精准施策，但关键是建立长效机制助农增收。

基于以上分析，"十三五时期"在促进城乡居民收入翻番过程中，要加快农民收入增长速度；在加快农民收入增长的基础上，要积极缩小城乡居民收入差距；在缩小城乡居民收入相对数差距的同时，要努力降低城乡居民收入绝对数差距扩大的程度。

在具体政策建议上：一要扩大农业合作化、组织化、规模化经营程度，通过降本增效、优质优价等方式增加农民经营性收入。二要促进农民充分就业，增加农民工资性收入。一方面，进一步推进农村富余劳动力转移就业，加快农村转移人口市民化进程；另一方面，对于农村务农人员，帮助其充分利用剩余劳动时间，特别是在北方农产品主产区较长农闲时期，创造更多的就地或就近就业机会。三要推进农村土地制度、宅基地制度、集体产权制度改革，增加农民财产性收入。四要加大农业补贴力度，完善农村社会保障制度，增加农民转移性收入。五要加快发展政策性农业保险，积极探索实施农产品目标价格补贴，防范、减轻农民因自然灾害和市场风险而对收入造成的不利影响。六要根据农村贫困原因，对症下药，精准扶贫，实现农村贫困人口全部脱贫。

（三）主要抓手：构建现代农业产业体系、生产体系、经营体系

现代农业是包含产业体系、生产体系、经营体系在内的有机整体，要以构建三个体系为抓手加快推进农业现代化。一要加快构建现代农业产业体

系，提高农业产业化程度，丰富农业功能，使农业产业向横向拓展，向纵向延伸。二要加快构建现代农业生产体系。要用现代技术装备武装农业，进一步提高农业机械化水平；用现代科学技术提升农业，进一步提高农业科技化水平。三要加快构建现代农业经营体系。在适度规模经营的基础上，培育新型的规模化经营主体，发展多元化的农业经营方式，提高现代农业组织化程度。

（四）根本途径：推进农业供给侧结构性改革和农村三产融合

在我国粮食产量连续十多年增长的同时，国产粮食入库，进口粮食入市，近年来出现了粮食生产量、进口量、库存量"三量齐增"的困境。在这种情况下，必须推进农业供给侧结构性改革，这是当前现代农业发展的迫切需要，是提高农业发展质量效益和竞争力的必然选择。

推进黑龙江省农业供给侧结构性改革，应坚持四项基本原则：一是坚持市场导向原则。农产品只有符合市场需求，才能由种得好转向卖得好，实现其价值，要根据市场需求确定农业供给侧结构性改革的方向和目标。二是坚持区域比较优势原则。推进农业供给侧结构性改革，必须从黑龙江省实际出发，因地制宜，充分合理地利用各地的自然条件和社会经济资源，把市场需求与本地的比较优势结合起来，提高农业生产的专业化水平，比较集中地生产当地最具有资源条件和市场竞争力的优势产业与特色产品。三是坚持效益最大化原则。推进农业供给侧结构性改革，既要提高农业生产的微观效益，促进农民持续增收；又要提高农业生产的宏观效益，促进农业与农村经济健康发展；还要实现经济效益与生态效益的有机结合。四是坚持外向化原则。黑龙江省作为农业大省，农产品商品率高，特别是粮食总产量的80％以上调出省外，要坚持外向化原则推进农业供给侧结构性改革，建立面向国内外市场的开放式农业发展模式。

推进农业供给侧结构性改革，应抓住三个关键词作为切入点。首先，应以供给侧为切入点，提高农业供给质量和效率，更好地满足消费者的多样化需求。农业供给侧结构性改革的目的，是为了减少低效和无效供给，扩大有效供给，提高农业供给的质量和效率。其次，应以农业结构为切入点，多层次地调整优化农业生产和农村产业结构，更好地适应市场需求的变化。农业供给侧结构性改革的主要任务和途径，是调整和优化农业结构：一要调整和优化农产品结构，重点是优化农产品品种和品质结构，进一步增加绿色优质安全和特色农产品供给，提高农产品优质化率；二要调整和优化农业生产结构，推进农林牧渔结合，优化种植业和畜牧业内部结构；三要调整和优化农村产业结构，大力发展农村新产业新业态，推进农村一二三产业深度融合。第三，应以改革为切入点，一方面推进科技创新和理论创新；另一方面推进制度创新和管理创新，走出产出高效、产品安全、资源节约、环境友好的农业现代化道路。

当前情况下发展现代农业的另一条根本途径是推进农村一二三产业融合发展，这是拓宽农民增收渠道、构建现代农业产业体系的重要举措，是加快转变农业发展方式、探索中国特色农业现代化道路的必然要求。推进农村三次产业融合发展，关键是要准确把握其内涵实质。农村三产融合，不是一般意义的农村一二三产业的简单相加，其实质是在农产品生产即农村第一产业发展的基础上，进一步发展以农产品加工为主的第二产业和以农产品及其加工品销售为主的第三产业，使农村一二三产业在同一农业经营主体下交叉融合，实现农产品产加销、农工贸一体化，推进农业延长产业链，融入供应链，提升价值链，最终让农民更多地分享二三产业创造的价值增值和收益分配。

（五）核心动力：深化农村改革与制度创新

推进农业现代化，必须坚持创新发展理念，充分发挥创新引领农业发展的第一动力作用。2013年6月，国务院批复黑龙江省《"两大平原"现代农业综合配套改革试验总体方案》，这是国家层面的重大发展战略。四年来，各项改革试验工作稳步有序推进，取得了阶段性成果。今后，应进一步深化"两大平原"现代农业综合配套改革试验。在深化改革试验过程中，"胆子要大"，要积极探索，大胆试验，要敢于突破，勇于创新。实现农业现代化，在发展农业生产力层面主要依靠科技创新来驱动；在完善农业生产关系层面主要依靠改革和制度创新来推动。实际上，改革的本质就是创新，现代农业改革的过程就是通过制度创新来推动现代农业建设与农村发展的过程。实现创新，是农业与农村深化改革的基本要求，是改革要实现的过程性目标和阶段性结果，最终目的是要促进和加快现代农业的发展；同时，创新也是判断、评价农业与农村改革进展程度与成效的重要标准。因此，加快发展现代农业，必须全面深化农业与农村改革，加大制度创新力度，破解制约现代农业发展的体制机制障碍和深层次矛盾。特别是推进"两大平原"现代农业综合配套改革试验，更应突出创新思维，进一步增强创新意识，加大创新力度。

针对我国现代农业建设中存在的主要问题和矛盾，应从改革体制、完善机制、调整政策、健全体系、理顺关系、优化模式、修改法律等方面进行深化改革和制度创新。归纳起来，应从四个大的方面进行创新：

一要推进农村集体产权制度创新。核心是探索农村集体所有制经济的有效组织形式和实现方式，重点是进行土地制度改革。要改革农村土地征收和集体经营性建设用地制度，完善土地增值收益的合理分配机制；改革农村宅基地制度，完善农民住房保障机制，探索宅基地有偿使用与自愿退出机制和农民住房财产权抵押、担保、转让的有效途径；改革耕地保护制度，完善基本农田保护补偿机制；探索实行耕地轮作休耕制度；改革创新农村集体资产和水利、林业等管理体制。

二要推进农业经营制度创新。一方面，改革农业生产经营组织形式，加快培育新型农业经营主体，构建新型农业经营体系；另一方面，创新农业社会化服务机制，大力培育多种形式的农业经营性服务组织，健全新型农业社会化服务体系。

三要推进农业支持保护制度创新，加大农业支持保护力度，完善农业生产激励机制。要完善财政支农政策，建立农业投入稳定增长机制；改革主要农产品收购收储政策，完善农产品价格形成机制；改进农产品市场调控制度，创新农产品流通方式；改革农业补贴制度，提高农业补贴政策效能；完善粮食主产区利益补偿机制，调动主产区政府抓粮积极性；创新农村金融制度，建立现代农村金融体系，提升农村金融服务水平；创新农业保险品种，完善农业保险制度，提高保障水平。

四要推进管理创新，更好地发挥政府的主导作用。科学而有效的政府管理与宏观调控，既是促进农业生产力各要素高效有机结合的重要因素，也是推动农业科技创新的关键因素和农业制度创新的决定性因素。适应市场经济和新常态下现代农业运行与发展变化，为更好地发挥政府的作用，在管理目标上，要在保障主要农产品有效供给的基础上更加注重增加农民收入、促进农民充分就业、优化农业结构、提高农业生产效率、促进农业可持续发展；在管理职能上，主要是科学制定农业发展战略和中长期农业发展规划，调整、优化农业结构与布局，完善农产品市场体系，规范市场行为与秩序，完善农产品质量和食品安全体系；在管理方式上，应以宏观间接调控为主，创新调控思路与政策工具，采取相机调控、精准调控措施，加大定向调控力度，适时预调微调；在管理手段上，应以经济手段和法律手段为主，注重宏观经济政策之间的协调配合，增强宏观调控的针对性和协调性，并及时修改不适应现代农业发展的法律法规，研究制定新的法律法规。

（本部分内容发表于《理论探讨》2017年第4期，作者：郭翔宇。）

坚持"三性"要求，自觉为党和人民
述学立论、建言献策

（代后记）

中国特色社会主义进入新时代以来，党中央高度重视哲学社会科学事业和智库建设。2016 年 5 月 17 日，习近平总书记主持召开哲学社会科学工作座谈会并发表重要讲话指出：哲学社会科学是人们认识世界、改造世界的重要工具，是推动历史发展和社会进步的重要力量。一个没有发达的自然科学的国家不可能走在世界前列，一个没有繁荣的哲学社会科学的国家也不可能走在世界前列。坚持和发展中国特色社会主义，需要不断在实践和理论上进行探索、用发展着的理论指导发展着的实践。在这个过程中，哲学社会科学具有不可替代的重要地位，哲学社会科学工作者具有不可替代的重要作用。习近平总书记强调，坚持和发展中国特色社会主义，必须高度重视哲学社会科学，要结合中国特色社会主义伟大实践，加快构建中国特色哲学社会科学；要加强中国特色新型智库建设，建立健全决策咨询制度。

2019 年 3 月 4 日，习近平总书记在参加全国政协十三届二次会议文化艺术界、社会科学界委员联组会时发表重要讲话，在充分强调哲学社会科学工作在党和国家全局工作中、在新时代坚持和发展中国特色社会主义中具有十分重要的地位与作用的基础上，指明了哲学社会科学事业进一步发展的方向，描绘了哲学社会科学发展的光明前景；在赋予哲学社会科学工作者重大使命和职责的基础上，对哲学社会科学工作者在新时代"立德、立功、立言"提出明确要求和希望，并提供了科学的方法论指导。

作为哲学社会科学工作者和智库专家，深入贯彻落实习近平总书记重要讲话精神，加快推进哲学社会科学建设与发展，应坚持"三性"要求，述学立论，建言献策。

一、坚持时代性，与时代同步伐，勇于回答时代课题

习近平总书记强调，中国特色社会主义进入了新时代，新时代呼唤着杰出的理论家，学术创新拥有无比广阔的空间。他希望广大哲学社会科学工作者坚定理论自信，把握时代脉搏，勇于回答时代课题，深刻反映我们这个时代的历史巨变，为时代画像、为时代立传、为时代明德。

坚持时代性推进哲学社会科学建设与发展，最根本的是要在深入、系统学习和研究的基础上，坚持、贯彻习近平新时代中国特色社会主义思想。发展我国哲学社会科学，必须坚持马克思主义指导地位。习近平新时代中国特色社会主义思想是马克思主义中国化的最新成果，是当代中国和21世纪的马克思主义。只有以习近平新时代中国特色社会主义思想为指导，才能真正坚持和发展马克思主义，保证哲学社会科学研究坚持正确的政治方向和学术导向；才能做到用马克思主义观察时代、解读时代、引领时代，不断开辟马克思主义新境界；才能与时代同步伐、与人民齐奋进，实现哲学社会科学的大繁荣大发展。

坚持以习近平新时代中国特色社会主义思想指导、引领新时代哲学社会科学发展，在认同自觉的前提下，关键是要强化学理性支撑，不能停留在简单地、概念化地搬用套用，应深化、细化对习近平新时代中国特色社会主义思想的学习、领会和研究，并科学地把政治话语转化为学术话语；同时，应有效地把习近平新时代中国特色社会主义思想生动、具体地贯穿、融入哲学社会科学各个学科之中，各学科在科学研究中应鲜明地体现习近平新时代中国特色社会主义思想。

二、坚持人民性，以人民为中心，把学问写进群众心坎里

习近平总书记指出，哲学社会科学研究首先要搞清楚为谁立言的问题，这是一个根本问题。他强调，哲学社会科学工作者要走出象牙塔，多到实地调查研究，了解百姓生活状况、把握群众思想脉搏，着眼群众需要解疑释惑、阐明道理，把学问写进群众心坎里。

坚持人民性推进哲学社会科学建设与发展，就是要坚持以人民为中心的研究导向。为谁著书、为谁立说，为什么人的问题是哲学社会科学研究的根本性、原则性问题，是首先必须搞清楚的核心问题。哲学社会科学工

作者必须坚持人民是历史创造者的观点，树立为人民做学问的理想，尊重人民主体地位，聚焦人民实践创造，自觉把个人学术追求同国家和民族发展紧紧联系在一起，努力多出经得起实践、人民、历史检验的研究成果。

坚持以人民为中心的研究导向不能抽象化，更不能空谈，要求哲学社会科学工作者在学术研究过程中，必须把人民性具体化。以农业经济问题研究为例，一方面，要注重总结、分析农民的实践创造，从中提炼出带有规律性的理论和政策建议，用以指导农业的进一步发展和农村改革的深化；另一方面，要以保护和增进农民利益为出发点和落脚点，使研究成果在指导农业与农村发展过程中有利于促进农民增收，加快农民小康实现步伐。

三、坚持现实性，立足中国现实，提出具有自主性、独创性理论观点

习近平总书记指出，一切有价值、有意义的学术研究，都应该反映现实、观照现实，都应该有利于解决现实问题、回答现实课题。他希望哲学社会科学研究要立足中国特色社会主义伟大实践，提出具有自主性、独创性的理论观点，构建中国特色学科体系、学术体系、话语体系。

坚持现实性，立足中国现实，最主要的就是要立足中国特色社会主义伟大实践。中国特色社会主义建设必然要求构建中国特色哲学社会科学，在指导思想、学科体系、学术体系、话语体系等方面充分体现中国特色、中国风格、中国气派。哲学社会科学要具有中国特色，必须站在中国立场，反映中国特色社会主义伟大实践，提出具有自主性、独创性的理论观点。自主性、独创性是哲学社会科学创新的内在要求。哲学社会科学必须在创新中发展，在探索和解决社会发展新情况新问题中实现创新。因此，要把研究、回答新时代重大理论和现实问题作为主攻方向，从当代中国改革发展实践中挖掘新材料，发现新问题，提出新观点，构建具有学理性的新理论，提出具有创新性和指导性的政策建议。

四、建言献策，助力农业强国建设

黑龙江是农业大省，但大而不强。黑龙江省是粮食主产区，是第一粮食生产大省，是维护国家粮食安全的"压舱石"，但与此形成强烈反差的是，较长时间以来黑龙江省经济发展相对滞后，难以有效摆脱"粮食大省、经济弱省、财政穷省"的困境和怪圈。习近平总书记指出，黑龙江省

要坚持把发展现代农业作为振兴发展的重要内容，争当农业现代化建设排头兵。在新时代推进黑龙江全面振兴过程中，如何促进黑龙江省由农业大省转变为农业强省；如何以"粮头食尾、农头工尾"为抓手，推动粮食精深加工，促进黑龙江省粮食生产由资源优势转变为经济优势；如何使黑龙江省在推进农业现代化建设、深化现代农业改革和制度创新上走在全国最前列，使黑龙江省农业现代化程度和水平最高，并对全国各地现代农业发展起到示范和引领作用，等等。这是哲学社会科学工作者和智库研究人员，尤其是农业经济管理学科领域专家学者要深入研究的现实课题。

东北农业大学是一所农、工、理、经、管、文、法、艺等多学科协调发展的国家"211工程"重点建设大学和"世界一流学科"建设高校，在促进哲学社会科学发展过程中坚持以农业经济管理学科为优势和特色进行重点建设。本学科于1985年获得硕士学位授权，1997年获得博士学位授权，2003年获批设立博士后科研流动站。目前，农林经济管理学科是黑龙江省重点一级学科，是东北农业大学国家"双一流"建设学科群的参与建设学科和黑龙江省"高水平大学"国内一流学科建设学科。

依托本学科的东北农业大学现代农业发展研究中心，作为省级高端智库，坚持以习近平新时代中国特色社会主义思想为指导，以深入学习和贯彻党的二十大精神为主线，围绕全面推进乡村振兴与中国式农业农村现代化、"四个农业"与农业农村高质量发展、以农业强省支撑农业强国建设、全方位夯实粮食安全根基与构建多元化食物供给体系、健全种粮农民收益保障机制和主产区利益补偿机制等重大问题，继续深化前瞻性、创新性理论研究和针对性、储备性政策研究，通过提交更有价值的专业化、建设性、可操作的政策建议充分发挥咨政建言作用，通过发表、出版更高水平科学阐释党的"三农"理论、及时解读国家"三农"政策的学术论著充分发挥理论创新作用，通过更高质量的战略规划、评估论证、咨询指导、政策宣讲、培训辅导等方式充分发挥社会服务作用，努力为哲学社会科学发展、为更好地服务黑龙江和国家农业和农村发展做出更大贡献。

（后记主要内容系智库首席专家郭翔宇在2019年5月17日黑龙江省哲学社会科学工作座谈会上的发言，摘要发表于《黑龙江日报》2019年5月20日。）